AF636186

Francine Rivers

Saat des Segens

Über die Autorin

Francine Rivers war bereits eine bekannte Bestsellerautorin, als sie sich dem christlichen Glauben ihrer Kindheit wieder zuwandte. Danach schrieb sie 1986 ihr bekanntestes Buch, „Die Liebe ist stark“, dem noch rund 20 weitere großartige Romane folgten. Heute lebt Francine mit ihrem Mann in Nordkalifornien und genießt es, Zeit mit ihren drei mittlerweile erwachsenen Kindern zu verbringen und ihre Enkel zu verwöhnen.

FRANCINE
RIVERS

Saat des Segens

ROMAN

Aus dem Englischen von
Friedemann Lux

GerthMedien

Der Verlag weist ausdrücklich darauf hin, dass im Text enthaltene externe Links vom Verlag nur bis zum Zeitpunkt der Buchveröffentlichung eingesehen werden konnten. Auf spätere Veränderungen hat der Verlag keinerlei Einfluss. Eine Haftung des Verlags ist daher ausgeschlossen.

Die automatisierte Analyse des Werkes, um daraus Informationen insbesondere über Muster, Trends und Korrelationen gemäß § 44b UrhG („Text und Data Mining") zu gewinnen, ist untersagt.

FSC
www.fsc.org
MIX
Papier | Fördert gute Waldnutzung
FSC® C014496

Die amerikanische Originalausgabe erschien im Verlag Tyndale House Publishers (Reprint/Compilation Edition 2009) unter dem Titel „A Lineage Of Grace".
Published in association with Browne and Miller Literary Associates, LLC,
410 Michigan Avenue, Suite 460, Chicago, IL 60605
© „Tamar" und „Rahab" 2000 by Francine Rivers
© „Ruth", „Batseba" und „Maria" 2001 by Francine Rivers
All Rights Reserved.
© 2016 Gerth Medien in der SCM Verlagsgruppe GmbH,
Berliner Ring 62, 35576 Wetzlar

Die Bibelstellen wurden, wenn nicht anders angegeben, der folgenden Übersetzung entnommen: Lutherbibel, revidierter Text 1984, durchgesehene Ausgabe in neuer Rechtschreibung, © Deutsche Bibelgesellschaft, Stuttgart

7. Auflage 2025
Bestell-Nr. 817184
ISBN 978-3-95734-184-6

Umschlaggestaltung: Hanni Plato
Umschlagmotiv: Robert Papp
Satz: Apel Verlagsservice, Celle
Druck und Verarbeitung: GGP Media GmbH, Pößneck
Printed in Germany

www.gerth.de

Einleitung

Liebe Leser,

dies sind die Geschichten von fünf Frauen, die im Stammbaum von Jesus auftauchen und ihm den Weg bereitet haben. Sie lebten im alten Orient, aber ihre Probleme, Wünsche und Freuden sind durchaus mit unseren heute zu vergleichen. Sie mussten Entscheidungen treffen. Sie bewiesen Mut. Sie taten manchmal Dinge, die uns aus heutiger Sicht seltsam oder verwerflich vorkommen. Sie wagten etwas, und manchmal begingen sie Fehler – große Fehler. Diese Frauen waren nicht vollkommen, aber sie hatten dennoch Anteil daran, den Heiland und Erlöser Jesus Christus in die Welt zu bringen.

Wir leben in einer schwierigen, aufgewühlten Zeit, in der viele Menschen nach Antworten suchen. Und die Antworten, die die Frauen in diesem Buch finden, sind heute noch genauso gültig wie vor Tausenden von Jahren.

Dieses Buch ist ein historischer Roman. Das Handlungsskelett stammt aus der Bibel, und auf diesem Fundament aufbauend habe ich Szenen, Dialoge, innere Motive und in einigen Fällen auch zusätzliche Personen geschaffen, die meines Erachtens mit dem biblischen Bericht harmonieren.

Ich hoffe, dass dieses Buch Ihnen Appetit darauf macht, die Bibel selbst zu lesen und den großen Rettungsplan Gottes zu entdecken – einen Plan, der auch Sie einschließt.

Francine Rivers

Die Ahnenreihe von Jesus Christus

Dies ist der Bericht über die Vorfahren von Jesus Christus, dem Nachkommen Davids und Abrahams:
Abraham war der Vater von Isaak.
Isaak war der Vater von Jakob.
Jakob war der Vater von Juda und seinen Brüdern.
Juda war der Vater von Perez und Serach;
die Mutter war ***Tamar.***
Perez war der Vater von Hezron.
Hezron war der Vater von Ram.
Ram war der Vater von Amminadab.
Amminadab war der Vater von Nachschon.
Nachschon war der Vater von Salmon.
Salmon war der Vater von Boas;
die Mutter war ***Rahab.***
Boas war der Vater von Obed; die Mutter war ***Ruth.***
Obed war der Vater von Isai.
Isai war der Vater von König David.

David war der Vater von Salomo;
die Mutter war ***Batseba,*** *die Frau Urijas.*
Salomo war der Vater von Rehabeam.
Rehabeam war der Vater von Abija.
Abija war der Vater von Asa.
Asa war der Vater von Joschafat.
Joschafat war der Vater von Joram.
Joram war der Vater von Usija.
Usija war der Vater von Jotam.
Jotam war der Vater von Ahas.
Ahas war der Vater von Hiskija.
Hiskija war der Vater von Manasse.

Manasse war der Vater von Amon.
Amon war der Vater von Joschija.
Joschija war der Vater von Jojachin
und seinen Brüdern.
Das war zu der Zeit, als die Bevölkerung von
Jerusalem und Juda nach Babylonien in die
Verbannung weggeführt wurde.

Nach dem babylonischen Exil:
Jojachin war der Vater von Schealtiel.
Schealtiel war der Vater von Serubbabel.
Serubbabel war der Vater von Abihud.
Abihud war der Vater von Eljakim.
Eljakim war der Vater von Azor.
Azor war der Vater von Zadok.
Zadok war der Vater von Achim.
Achim war der Vater von Eliud.
Eliud war der Vater von Eleasar.
Eleasar war der Vater von Mattan.
Mattan war der Vater von Jakob.
Jakob war der Vater von Josef, dem Mann von Maria.
***Maria** wurde die Mutter von Jesus, der Christus*
genannt wird.

Matthäus 1, 1–16

Tamar

Der Gott, der mich segnet

Prolog

Jakob hatte Josef von allen seinen Söhnen am liebsten, weil er ihm erst im Alter geboren worden war. Deshalb ließ er ihm ein prächtiges Gewand machen. Als seine Brüder sahen, dass der Vater ihn mehr liebte als sie alle, begannen sie ihn zu hassen und konnten kein freundliches Wort mehr mit ihm reden.

Einmal hatte Josef einen Traum. Als er ihn seinen Brüdern erzählte, wurde ihr Hass noch größer. „Ich will euch sagen, was ich geträumt habe", fing Josef an. „Wir waren miteinander auf dem Feld, schnitten Getreide und banden es in Garben. Auf einmal stellt sich meine Garbe auf und bleibt stehen. Und eure Garben, die stellen sich im Kreis um sie herum und verneigen sich vor meiner."

Seine Brüder sagten zu ihm: „Du willst wohl noch König werden und über uns herrschen?" Wegen seiner Träume und weil er sie so offen erzählte, hassten ihn seine Brüder noch mehr.

Er hatte nämlich noch einen anderen Traum, und auch den erzählte er ihnen. „Ich habe noch einmal geträumt", sagte er. „Ich sah die Sonne, den Mond und elf Sterne. Stellt euch vor: Die alle verneigten sich vor mir."

Als er das seinem Vater und seinen Brüdern erzählte, fuhr sein Vater ihn an und sagte: „Was ist das für ein dummer Traum, den du da geträumt hast? Ich und deine Mutter und deine Brüder, wir alle sollen uns vor dir niederwerfen?"

Die Brüder waren eifersüchtig auf Josef; aber sein Vater behielt die Sache im Gedächtnis.

Einmal waren Josefs Brüder unterwegs; sie weideten die Schafe und Ziegen ihre Vaters in der Nähe von Sichem. Da sagte Jakob zu Josef (…): „Geh hin und sieh, ob es deinen Brüdern gut geht und ob auch bei den Herden alles in Ordnung ist. Dann komm wieder und bring mir Nachricht!"

(…)

Die Brüder sahen Josef schon von Weitem. Noch bevor er herangekommen war, stand ihr Entschluss fest, ihn umzubringen. Sie sagten zueinander: „Da kommt der Kerl, dem seine Träume zu Kopf gestiegen sind! Schlagen wir ihn doch tot und werfen ihn in die nächste Zisterne! Wir sagen einfach: Ein Raubtier hat ihn gefressen. Dann wird man schon sehen, was aus seinen Träumen wird!"

(...)

Da sagte Juda zu seinen Brüdern: „Was nützt es uns, wenn wir unseren Bruder umbringen? Wir werden nur schwere Blutschuld auf uns laden. Lassen wir ihn leben und verkaufen ihn den Ismaelitern; er ist doch unser Bruder, unser eigen Fleisch und Blut!"

Die anderen waren einverstanden. Als die reisenden Kaufleute herankamen, zogen sie Josef aus der Zisterne. Sie verkauften ihn für 20 Silberstücke an die Ismaeliter, die ihn nach Ägypten mitnahmen.

(...)

Die Brüder schlachteten einen Ziegenbock und tauchten Josefs Prachtgewand in das Blut. Sie brachten das blutbefleckte Gewand zu ihrem Vater und sagten: „Das haben wir gefunden! Ist es vielleicht das Gewand deines Sohnes?"

Jakob erkannte es und schrie auf: „Mein Sohn! Es ist von meinem Sohn! Ein Raubtier hat ihn gefressen! Zerfleischt ist Josef!"

Er zerriss seine Kleider, band den Sack um seine Hüften und betrauerte Josef lange Zeit. (...) Die Kaufleute aber brachten Josef nach Ägypten und verkauften ihn dort an Potifar, einen Hofbeamten des Pharaos, den Befehlshaber der königlichen Leibwache.

Um diese Zeit trennte sich Juda von seinen Brüdern und zog hinunter ins Hügelland. Er wohnte in Adullam bei einem Mann namens Hira. Dort sah er die Tochter des Kanaaniters Schua und heiratete sie. Sie wurde schwanger und gebar einen Sohn, dem er den Namen Er gab. Dann wurde sie wieder schwanger und gebar einen zweiten Sohn; den nannte sie Onan. Und den dritten Sohn nannte sie Schela. Als dieser geboren wurde, war Juda gerade in Kesib.

Juda verheiratete Er, seinen erstgeborenen Sohn, mit einer Frau namens Tamar (1. Mose 37, 1–38,6).

Kapitel 1

Als Tamar Juda sah, wie er mit einem mit Säcken und einem schönen Teppich beladenen Esel herbeikam, nahm sie ihre Hacke und floh in die äußerste Ecke des Feldes ihres Vaters. Mit dem Rücken zum Haus arbeitete sie weiter. Ihr war schlecht vor Angst. Hoffentlich – hoffentlich würde er vorbeigehen, um bei jemand anderem eine Frau für seinen Sohn zu suchen. Als ihre Amme sie rief, tat sie, als hörte sie sie nicht, und hackte heftig weiter, Tränen in den Augen.

„Tamar!", keuchte Aksa, als sie sie erreichte. „Hast du Juda nicht gesehen? Komm mit mir nach Hause, jetzt sofort! Deine Mutter schickt gleich deine Brüder nach dir, und sie werden es gar nicht schätzen, dass du so trödelst." Aksa verzog das Gesicht. „Schau mich nicht so an, Kind, ich bin unschuldig. Und möchtest du etwa lieber einen dieser reisenden ismaelitischen Händler heiraten?"

„Du hast doch auch gehört, was Judas Sohn für einer ist."

„Das habe ich." Sie streckte ihre Hand aus. Tamar legte ihre Hacke widerwillig hin. „Vielleicht ist er gar nicht so schlimm, wie du denkst."

Aber Tamar las in Aksas Augen, dass sie da selbst ihre Zweifel hatte.

Tamars Mutter packte sie zur Begrüßung grob am Arm. „Wenn ich Zeit hätte, würde ich dir eine Abreibung geben!" Sie zog sie in das Frauengemach.

Sofort begannen ihre Schwestern sie auszuziehen. Tamar keuchte schmerzlich auf, als eine von ihnen ihr mit dem Schleier fast auch ein Büschel Haare ausriss. „Hört auf!" Sie hob ihre Hände, um sie abzuwehren.

„Halt still, Tamar!", befahl ihre Mutter. „Aksa hat so lange gebraucht, um dich zu holen, jetzt müssen wir uns beeilen!"

„Lass mich doch so gehen, wie ich bin!"

„Direkt vom Feld? Nichts da, du wirst schön gemacht! Juda hat Geschenke mitgebracht. Und wag es ja nicht, uns mit Tränen Unehre zu machen, Tamar."

Tamar schluckte schwer. Sie hatte keine andere Wahl, als die Vorbereitungen ihrer Mutter und Schwestern über sich ergehen zu lassen. Für den Hebräer Juda waren die besten Kleider und das beste Parfüm gerade gut genug. Der Mann hatte drei Söhne, und wenn Tamar ihm gefiel, würde der Älteste, Er, ihr Mann werden. Als Juda und seine Söhne im vergangenen Herbst ihre Herden auf den abgeernteten Feldern hatten weiden lassen, hatte Tamars Vater ihr befohlen, in der Nähe zu arbeiten. Sie hatte gewusst, warum. Und jetzt schien sein Plan aufgegangen zu sein …

„Mutter, bitte, ich bin noch zu jung zum Heiraten."

„Ob du alt genug bist, entscheidet dein Vater", antwortete ihre Mutter, ohne sie anzuschauen. „Du hast kein Recht, sein Urteil infrage zu stellen."

Tamars Schwestern schnatterten wie eine Entenschar durcheinander. Ihre Mutter klatschte in die Hände. „Ruhe! Helft mir, Tamar fertig zu machen!"

Tamar presste die Zähne zusammen und schloss die Augen. Es musste wohl sein. Sie wusste schon lange, dass ihr Vater ihr einen Ehemann aussuchen würde. Ihr einziger Trost waren die zehn Monate Verlobungszeit; wenigstens diese Zeit würde sie haben, um sich innerlich auf das Leben vorzubereiten, das dann vor ihr liegen würde.

Aksa berührte ihre Schulter. „Ganz ruhig, mein Kind." Sie löste Tamars Haar und begann es mit langen, festen Bewegungen zu bürsten. „Denk an was Schönes."

Sie kam sich vor wie eine Ziege, die verkauft werden sollte. Und war es nicht auch genau so? Warum musste das Leben so ungerecht sein?

„Petra, hol das Duftöl und reib sie damit ein. Sie darf nicht wie eine Feldsklavin riechen!"

„Wäre es nicht besser, sie riecht nach Schafen und Ziegen?", sagte Aksa. „Das mögen die Hebräer doch."

Die Mädchen lachten, dem strengen Blick der Mutter zum Trotz. „Deine Witze machen es nicht besser, Aksa. Ruhig jetzt."

Tamar packte das Gewand ihrer Mutter. „Bitte, Mutter! Kannst du nicht mit Vater reden? Er ist … Er ist böse!" Die Tränen schossen aus ihren Augen. „Bitte, ich will ihn nicht heiraten."

Der Mund ihrer Mutter zuckte, aber sie gab nicht nach. Sie löste Tamars Finger von ihrem Kleid und nahm sie fest in ihre eigenen. „Du weißt, dass ich an den Plänen deines Vaters nichts ändern kann, Tamar. Was würde es bringen, wenn ich etwas gegen diese Verbindung sagte, außer Schimpf und Schande über uns alle? Juda ist bereits da und wartet!"

Tamar schluchzte auf. Diese brennende Angst in ihr …

Ihre Mutter packte sie am Kinn, sodass sie sie ansehen musste. „Ich habe dich auf diesen Tag vorbereitet. Du wirst uns nichts nützen, wenn du Er nicht heiratest. Betrachte das Ganze so, wie es ist: Segen und Glück für das Haus deines Vaters. Du wirst eine Brücke bauen zwischen Zimran und Juda. Durch dich werden wir Frieden haben."

„Wir sind doch viel zahlreicher als die Hebräer, Mutter."

„Zahlen sind nicht immer das Entscheidende. Du bist kein Kind mehr, Tamar, du hast mehr Mut-"

„Mehr Mut als Vater?"

Die Augen ihrer Mutter wurden dunkel vor Zorn. Sie ließ sie abrupt los. „Du wirst tun, was man dir sagt, oder die Folgen deines Ungehorsams tragen."

Tamar verstummte. Alles, was sie erreicht hatte, war Schande über sich selbst zu bringen. Sie hatte Lust, ihre Schwestern anzuschreien, dass sie mit ihrem Geschnatter aufhören sollten. Wie konnten sie sich nur an diesem Unglück freuen? Was hatte sie davon, dass Er ein gut aussehender Mann war? Hatten sie nicht von seiner Grausamkeit gehört? Von seiner Überheblichkeit? Wo Er hinging, da gab es Ärger, das sagten alle.

„Mehr Khol für die Augen, Aksa; damit sieht sie älter aus."

Tamar spürte, wie ihr Herz protestierend hämmerte und ihre Hände feucht wurden. Wenn alles so lief, wie ihr Vater es erhoffte, würde heute über ihre Zukunft entschieden werden.

Das ist gut, versuchte sie sich einzureden. *Das ist gut.* Doch dieser elende heiße Kloß in ihrer Kehle ließ sich nicht herunterschlucken.

„Stell dich gerade hin, Tamar", sagte ihre Mutter. „Lass dich anschauen."

Tamar gehorchte. Ihre Mutter zupfte mit einem Seufzer an ihrem feinen Gewand herum. „Wir müssen kaschieren, dass sie noch keine Kurven hat, Aksa, oder Juda wird Zimran nicht glauben, dass sie alt genug ist, um Kinder zu bekommen."

„Ich kann ihm das Tuch zeigen, Herrin."

„Gut. Halte es bereit, falls er es sehen will."

Tamar spürte, wie sie heftig errötete. Mussten sie die intimsten Dinge ans Licht zerren? Ihr erstes Menstruationsblut hatte bewiesen, dass sie nun eine Frau war und somit ein nützliches Verhandlungskapital für ihren Vater. Sie war eine Ware, die verkauft werden sollte, ein Vertragspunkt für ein Bündnis zwischen zwei Stämmen, eine Opfergabe zur Besiegelung von Frieden und Eintracht. Sie hatte gehofft, dass sie noch ein, zwei Jahre in Ruhe gelassen würde. Vierzehn Jahre schien viel zu jung, um das Interesse eines Mannes zu erregen.

Das ist gut, sagte sie sich wieder vor. Sie wiederholte die Worte immer wieder, wie ein Bollwerk gegen den wachsenden Knoten in ihrem Magen und die anderen Gedanken, die sich dazwischendrängen wollten. *Das ist gut …*

Vielleicht, wenn sie die Geschichten nicht gehört hätte … So weit sie sich zurückerinnern konnte, hatte ihr Vater immer Angst vor Juda und seinen Leuten gehabt. Sie kannte sie alle, die Geschichten über die Macht des Hebräergottes, der Sodom und Gomorra mit einem Hagelsturm aus Feuer und Schwefel vernichtet hatte, sodass nur eine Wüste und ein wachsender Salzsee übrig geblieben waren. Keiner der kanaanitischen Götter hatte jemals solch eine Macht bewiesen.

Und dann die Geschichten über das, was die Hebräer in Sichem angerichtet hatten …

„Warum muss es so sein, Mutter? Habe ich denn gar nichts dabei mitzureden, was mit mir passiert?"

„Nicht mehr als jedes andere Mädchen auch. Ich weiß, wie dir jetzt zumute ist. Ich war nicht älter als du, als ich in das Haus deines Vaters kam. Das ist der Lauf der Welt, Tamar. Habe ich dich nicht schon als kleines Mädchen auf diesen Tag vorbereitet? Mit seinem Schicksal zu hadern ist, als wolltest du mit dem Wind kämpfen." Sie packte Tamars Schulter. „Sei eine gute Tochter und gehorche ohne Widerworte. Werde eine gute Ehefrau, die viele Söhne bekommt. Tu das, und du wirst Ehre ernten und wenn du Glück hast, wird dein Mann dich lieben. Und auch wenn keine Liebe zwischen euch wächst, wird deine Zukunft doch in den Händen deiner Söhne sicher sein; wenn du alt bist, werden sie für dich sorgen, so wie deine Brüder für mich sorgen werden. Die einzige Befriedigung, die eine Frau in dieser Welt bekommen kann, ist viele Söhne zu bekommen und die Familie ihres Mannes aufzubauen."

„Aber es geht um Judas Sohn, Mutter. Es ist Er, den ich heiraten soll."

Die Augen ihrer Mutter flackerten, aber sie blieb fest. „Finde einen Weg, deine Pflicht zu tun und Söhne zu gebären. Du musst stark sein, Tamar. Diese Hebräer sind wild und unberechenbar. Und sehr stolz."

Tamar wandte ihr Gesicht ab. „Ich will Er nicht heiraten. Ich kann nicht …"

Ihre Mutter ergriff ihr Haar und ruckte ihren Kopf zurück. „Willst du etwa unsere Familie zerstören, indem du einen Mann wie diesen Hebräer abweist? Denkst du etwa, dein Vater wird dich am Leben lassen, wenn du vor Juda darum bettelst, Er nicht heiraten zu müssen? Denkst du, Juda würde eine solche Beleidigung hinnehmen? Ich sage dir, ich würde deinem Vater dabei helfen, dich zu steinigen, wenn du es wagst, das Leben unserer Söhne aufs Spiel zu setzen. Hörst du? Wen und wann du heiratest, entscheidet allein dein Vater und nicht du!" Sie ließ sie abrupt los und trat zurück, am ganzen Leib zitternd. „Sei nicht so dumm!"

Tamar schloss die Augen. Die Stille in dem Raum war wie eine schwere Decke. Sie spürte die Blicke ihrer Schwestern und der

Amme auf sich. „Es … tut mir leid." Ihre Lippen bebten. „Entschuldige. Ich werde tun, was ich muss."

„Wie wir alle." Ihre Mutter nahm mit einem Seufzer ihre Hand und rieb sie mit Duftöl ein. „Sei klug wie eine Schlange, Tamar. Juda hat mit dir eine weise Wahl getroffen. Du bist stark – stärker als die anderen. Du hast deine fünf Sinne beisammen und mehr Kraft, als du denkst. Dieser Hebräer hat ein Auge auf dich geworfen. Du musst ihn zufriedenstellen – für uns alle. Sei seinem Sohn eine gute Frau. Bau eine Brücke zwischen unseren Stämmen. Bewahre den Frieden zwischen uns."

Das plötzliche Gewicht der Verantwortung ließ Tamar den Kopf senken. „Ich versuche es."

„Nein, du wirst es nicht nur versuchen. Du wirst es schaffen." Ihre Mutter beugte sich zu ihr und gab ihr einen raschen Kuss auf die Wange. „Und jetzt setz dich gerade hin und sammle dich, während ich deinem Vater mitteilen lasse, dass du bereit bist."

Tamar versuchte klar zu denken. Juda war einer der Jakobssöhne, die aus Zorn über die Schändung ihrer Schwester die ganze Stadt Sichem zerstört hatten. Hätte der Sohn Hamors mehr über diese Hebräer gewusst, er hätte das Mädchen in Ruhe gelassen. Als er seinen Fehler begriff, hatte er alles unternommen, um die Jakobssöhne zu besänftigen. Sie wollten Blut. Der Prinz und sein Vater hatten ihre Zustimmung gegeben, dass alle Männer von Sichem sich mit dem hebräischen Ritus der Beschneidung verstümmeln ließen. Sie waren bereit gewesen, alles zu tun, um eine Heirat zustande zu bringen und den Frieden zwischen den beiden Stämmen zu sichern. Alle Bedingungen der Hebräer hatten sie erfüllt – und dann, drei Tage nach der Beschneidung, als die Männer von Sichem im Wundfieber lagen, hatten Juda und seine Brüder sich ihre Rache geholt. Sie waren nicht mit dem Blut des Schuldigen zufrieden gewesen, nein, ausnahmslos alle Männer der Stadt hatten sie mit dem Schwert niedergemacht und die Stadt geplündert.

Die Hebräer waren ein übler Gestank in den Nüstern der Kanaaniter. Ihre bloße Gegenwart verbreitete Angst und Misstrauen. Obwohl Juda die Zelte seines Vaters verlassen und sich unter

Tamars Volk niedergelassen hatte, hatte ihr Vater in seiner Nähe nicht ruhig geschlafen. Selbst seine alte Freundschaft mit Hira von Adullam konnte ihn nicht beruhigen. Auch nicht die Tatsache, dass Juda sich eine kanaanitische Frau genommen hatte, die ihm drei Söhne geboren und sie nach der Art der Kanaaniter erzogen hatte. Juda war ein Hebräer. Juda war ein Fremder. Juda war ein Stachel in Zimrans Fleisch.

Im Laufe der Jahre hatte ihr Vater Verträge mit Juda ausgehandelt, die es diesem erlaubten, seine Herden auf Zimrans abgeernteten Feldern weiden zu lassen. Das Arrangement hatte sich als für beide Seiten nützlich erwiesen, beide hatten davon profitiert, aber all die Jahre hatte Tamars Vater eine bessere, dauerhaftere Methode gesucht, um den Frieden mit den Hebräern zu erhalten. Eine Ehe zwischen den beiden Sippen wäre genau der richtige Weg – wenn es Tamar denn gelingen würde, Judas Haus mit Söhnen zu segnen.

Oh, Tamar verstand die Entschlossenheit ihres Vaters, sie an Er zu verheiraten, nur zu gut. Sie wusste, wie wichtig diese Vermählung für ihn war und was für eine Rolle sie in all dem hatte. Aber das machte es nicht besser. Sie war es, die als Opfer herhalten musste, egal, ob sie wollte oder nicht. Das Einzige, was sie wählen konnte, war die Art, wie sie ihrem Schicksal gegenübertreten würde.

Als ihre Mutter zurückkam, war sie bereit. Sie verneigte sich vor ihr, ihre Gefühle verborgen. Als sie ihren Kopf wieder hob, legte ihre Mutter ihr beide Hände auf und murmelte einen Segen. Dann hob sie Tamars Kinn an. „Das Leben ist nicht leicht, Tamar, das weiß ich besser als du. Jedes junge Mädchen träumt von Liebe, aber das Leben ist kein Traum. Wenn du als Erste geboren wärest, hätten wir dich in den Tempel von Timna geschickt und nicht deine Schwester."

„Dort wäre ich auch nicht glücklich geworden." Lieber hätte sie sich selbst das Leben genommen, als den Weg ihrer Schwester zu gehen.

„Dann ist dies hier das einzige Leben, das dir bleibt, Tamar. Nimm es an."

Tamar erhob sich entschlossen und versuchte, ihr Zittern zu verbergen, als sie ihrer Mutter aus der Frauenkammer hinaus folgte. Vielleicht fand Juda doch, dass sie zu jung war. Oder zu dünn oder zu hässlich. Oder noch nicht genügend Kurven hatte. Vielleicht bräuchte sie Er doch nicht zu heiraten. Noch nicht. Aber das würde am Ende nichts ändern. Die Wahrheit war klar und hart: Sie musste heiraten, denn eine Frau ohne Mann und ohne Söhne war so gut wie tot.

Juda musterte Zimrans Tochter aufmerksam, als sie in den Raum trat. Sie war groß und dünn und sehr jung. Aber sie war auch anmutig. Er mochte die Art, wie sie sich bewegte, während sie zusammen mit ihrer Mutter das Essen auftrug. Bei seinem letzten Besuch nach der Ernte war ihm ihre jugendliche Grazie aufgefallen. Zimran hatte das Mädchen auf dem Feld direkt neben der Weide arbeiten lassen, sodass Juda und seine Söhne sie sehen konnten. Zimrans Motive waren sonnenklar gewesen. Aber jetzt … nein, das Mädchen sah zu jung aus, um eine Braut zu werden. Es konnte kaum älter sein als Schela, und Juda sagte das geradeheraus.

Zimran lachte. „Sicher ist sie jung, aber das ist doch umso besser! Ein junges Mädchen ist formbarer als ein älteres, nicht wahr? Dein Sohn wird ihr Baal sein und ihr Lehrer."

„Und … wie ist es mit Kindern?"

Zimran lachte wieder. Er ging Juda auf die Nerven. „Ich versichere dir, mein Freund Juda, Tamar ist bereit, um Söhne zu gebären – seit der letzten Ernte schon, als Er sie das erste Mal bemerkte. Wir können es beweisen."

Die Augen des Mädchens flackerten zu ihrem Vater hin. Sie errötete, sichtlich verlegen. Juda fühlte sich merkwürdig berührt von ihrer Reaktion. Er sah sie offen an. „Komm näher, Mädchen", sagte er und winkte ihr mit der Hand. Er musste ihr in die Augen sehen; vielleicht würde er dann besser verstehen, warum er überhaupt an sie gedacht hatte, als das Thema „Ehe" in seinen Kopf kam.

„Sei nicht so schüchtern, Tamar", sagte Zimran. „Zeig Juda, wie schön du bist." Sie hob ihren Kopf, und Zimran nickte. „So ist's recht. Lächle. Zeig deine guten Zähne."

Juda waren ihr Lächeln und ihre Zähne egal, obwohl beides tatsächlich nicht schlecht aussah. Was zählte, war ihre Fruchtbarkeit. Sicher sein, ob sie Söhne für sein Haus gebären konnte, konnte man natürlich erst, wenn sie mit Er verheiratet war; nichts war garantiert im Leben. Aber das Mädchen kam aus einer fruchtbaren Familie; ihre Mutter hatte sechs Söhne und fünf Töchter zur Welt gebracht. Kräftig schien sie auch zu sein; er hatte sie auf den Feldern beim Hacken und Steineschleppen beobachtet. Ein schwächliches Mädchen ließ man im Haus töpfern und weben.

„Tamar." Ihr Vater wedelte mit der Hand. „Knie dich vor Juda hin, dass er dich genauer ansehen kann."

Sie gehorchte, ohne zu zögern. Ihre Augen waren dunkel, aber nicht hart, ihre Haut rein und leuchtend. Ein solches Mädchen konnte vielleicht das verbogene Herz seines Sohnes anrühren und ihn von seinen krummen Wegen abbringen. Ob sie wohl den Mut hatte, den es brauchte, um Ers Respekt zu gewinnen? Ihr Vater war feige – war sie es auch? Und Er ... der Junge hatte Juda nichts als Kummer gebracht, seit er Laufen gelernt hatte, und er würde auch diesem Mädchen Kummer machen. Sie würde stark und widerstandsfähig sein müssen.

Juda wusste, dass er selbst sein Maß Schuld daran trug, dass sein Sohn so missraten war. Er hätte seiner Frau nie freie Hand bei der Erziehung seiner Söhne geben dürfen. Er hatte gedacht, dass völlige Freiheit sie glücklich und stark machen würde. Und sie waren auch glücklich – solange alles nach ihrem Willen ging. Und stark genug, ihre Fäuste zu gebrauchen, wenn es nicht danach ging. Sie waren stolz und arrogant und kannten keine Grenzen. Hätte er nur öfter die Rute benutzt!

Würde dieses Mädchen Ers Herz erweichen? Oder würde er nur noch härter werden und sie zerbrechen?

Als sie ihn anblickte, sah Juda Unschuld und Intelligenz in ihren Augen. Er spürte wieder diese wachsende Verzweiflung in sich. Wie war er stolz gewesen, als der Junge geboren wurde, der Erstling seiner Lenden. *Ah,* hatte er gedacht, *hier ist Fleisch von meinem Fleisch, Bein von meinem Bein!* Wie hatte er gelacht, als sein Sprössling sich mit zornrotem Kopf geweigert hatte, seiner Mutter zu gehorchen. Er hatte ihn amüsiert, der kleine Rebell, und auf irrationale Weise stolz gemacht. *Der wird einmal ein starker Mann werden,* hatte er gedacht. Seinem Er würde keine Frau vorschreiben, wie er zu leben hatte.

Nie hätte Juda gedacht, dass sein Sohn auch *ihm* den Gehorsam verweigern würde.

Onan, sein Zweiter, schien ebenso schwierig zu werden wie Er. Er war mit der wütenden Eifersucht seines älteren Bruders aufgewachsen und hatte früh gelernt, sich durch List und Tücke zu schützen. Juda war sich nicht sicher, welcher seiner Söhne der Schlimmere war. Trauen konnte man keinem von ihnen.

Und der Dritte, Schela, kam seinen älteren Brüdern gleich. Judas Söhne logen und schoben anderen die Schuld zu, und wenn alles nichts half, hielten sie sich an ihre Mutter, die alles und jedes, was sie taten, verteidigte und beschönigte. Ihr Stolz ließ es nicht zu, die Fehler ihrer Söhne zu sehen. Sie waren *ihre* Jungen, und sie waren Kanaaniter durch und durch.

Es musste etwas geschehen, oder Judas Haupt würde in Schmach und Schande zur Erde sinken. Fast bereute Juda es, Söhne zu haben, so viel Chaos hatten sie in sein Leben gebracht. Es gab Augenblicke, wo sein Zorn auf sie so groß war, dass er an sich halten musste, um nicht einen Speer zu nehmen und auf einen von ihnen zu schleudern.

Oft musste Juda an seinen Vater Jakob denken und daran, wie viel Not dieser mit seinen Söhnen gehabt hatte. Nicht zuletzt mit ihm selbst. Onan und Er erinnerten Juda an seine Brüder Simeon und Levi. Und jedes Mal, wenn er an sie dachte, musste er an die furchtbare Untat denken, die er selbst begangen hatte – die Sünde, die ihn verfolgte, die ihn aus dem Haus seines Vaters getrieben hatte, weil er es nicht aushielt, jeden Tag den Schmerz zu sehen, den er – ja, er – seinem Vater bereitet hatte, oder in der Gesellschaft seiner Brüder zu sein, die damals mitgemacht hatten.

Jakob wusste bis heute nicht, was damals in Dotan wirklich geschehen war.

Manchmal versuchte Juda sich zu trösten: Hatte er nicht Simeon und Levi davon abgehalten, Josef totzuschlagen? Aber er war auch derjenige gewesen, der die Idee gehabt hatte, den Jungen stattdessen an die ismaelitischen Händler zu verkaufen, die auf dem Weg nach Ägypten waren. Er hatte das Elend seines Bruders in Geld umgesetzt – er und die anderen. Gott allein wusste, ob Josef die lange, harte Reise nach Ägypten überhaupt überlebt hatte. Vielleicht war er irgendwo in der Wüste gestorben. Und wenn nicht, dann war er jetzt der Sklave irgendeines Ägypters.

Manchmal, in den dunkelsten Stunden der Nacht, lag Juda wach auf seinem Lager, voller Schmerz und Reue, und dachte an Josef. Wie viele Jahre würde es noch dauern, bis er endlich die Vergangenheit hinter sich lassen und vergessen würde, was er getan hatte? Wie viele Jahre, bis er seine Augen schließen konnte, ohne Josefs gefesselte Hände zu sehen und den Strick um seinen Hals, an dem die Ismaeliten ihn fortführten? Die Hilfeschreie des Jungen … immer noch hallten sie in Judas Kopf wider.

Er hatte noch den ganzen Rest seines Lebens, um seine Sünden zu bereuen; Jahre und Jahrzehnte. Manchmal spürte er förmlich, wie Gottes Hand das Leben aus ihm herauspresste, weil er seinen eigenen Bruder verkauft hatte.

Zimran räusperte sich, und Juda riss sich aus seinen Gedanken. Er durfte nicht die Pflichten der Zukunft von den Erinnerungen der Vergangenheit ersticken lassen. Sein Sohn brauchte eine Frau – eine junge, schöne und starke Frau, die ihn von seinen bösen Wegen ablenkte und ihn auf andere Ideen brachte. Judas Mund presste sich zusammen, als er das Mädchen musterte; das da vor ihm kniete. Stand er gerade im Begriff, seinen nächsten Fehler zu machen? Er hatte selbst eine Kanaaniterin geheiratet und es bitter bereut. Und jetzt war er drauf und dran, die nächste in sein Haus zu holen. Aber irgendwie gefiel es ihm, dieses Mädchen. Warum?

Er hob ihr Kinn an. Bestimmt hatte sie Angst, aber sie wusste es gut zu verbergen – eine höchst nützliche Eigenschaft, wenn es um Er ging. Wie jung und unschuldig sie aussah. Würde sein Sohn auch sie verderben, wie er es so gern tat?

Er zog seine Hand fort und lehnte sich zurück. Er hatte nicht die Absicht, Er denselben Fehler machen zu lassen, wie er selbst ihn gemacht hatte. Es war die pure Lust gewesen, die ihn dazu bewegt hatte, die Mutter des Jungen zu heiraten. Schönheit war ein Fallstrick für einen Mann, und ungezügelte Leidenschaft verbrannte den Verstand. Der Charakter einer Frau war das Wichtigste. Juda wusste, dass er besser daran getan hätte, der Sitte zu folgen und seinen Vater die Frau für ihn aussuchen zu lassen. Jetzt zahlte er bitter für seine Eile und Starrsinnigkeit damals.

Es reichte nicht, dass eine Frau die Leidenschaft ihres Mannes anfachte. Sie musste auch stark sein, aber gleichzeitig bereit, sich zu fügen. Eine störrische Frau war ein Fluch für einen Mann. In seinem jugendlichen Leichtsinn war Juda sicher gewesen, jede Frau nach seinem Willen formen zu können. Stattdessen hatte er Batsuba ihren Willen gelassen. Er hatte sich eingebildet, dass es nichts schaden würde, wenn er seine Frau weiter ihre kanaanitischen Götzen verehren ließ – und jetzt verehrten seine Söhne dieselben Götter.

Tamar schien stiller zu sein als Batsuba. Sie machte einen mutigen Eindruck. Und einen intelligenten. Er wusste, dass sie auch körperlich stark war, und seine Frau würde hocherfreut darüber sein; ohne Zweifel würde sie dem Mädchen im Nu alle ihre Pflichten aufhalsen. Die wichtigste Eigenschaft einer Frau war natürlich Fruchtbarkeit, aber das konnte nur die Zeit zeigen. Die Qualitäten, die er jetzt schon sah, genügten ihm eigentlich. Aber dieses Mädchen hatte noch mehr – ein gewisses Etwas, das Juda nicht definieren konnte, etwas Seltenes und Wunderbares, das ihn drängte, sie in seine Familie zu holen. Es war, als ob eine leise Stimme ihm befahl, sie zu wählen.

„Sie gefällt mir."

Zimran atmete tief aus. „Du bist ein weiser Mann!" Er nickte seiner Tochter zu, zum Zeichen, dass sie entlassen war. Tamar erhob sich. Der Kanaaniter konnte es sichtlich kaum abwarten, mit den Mitgiftverhandlungen zu beginnen. Juda sah dem Mädchen hinterher, als es mit seiner Mutter den Raum verließ. Zimran klatschte in die Hände, und zwei Dienerinnen eilten herein, die eine mit einem Tablett Granatäpfel und Weintrauben, die andere mit einem Lammbraten. „Iss, mein Bruder, und dann können wir reden."

Juda beschloss, das Spiel abzukürzen. Noch bevor er den ersten Bissen anrührte, machte er sein Angebot für das Mädchen. Zimran biss mit leuchtenden Augen an und begann, um den Brautpreis zu feilschen.

Juda hatte keine Lust, die Verhandlungen unnötig in die Länge zu ziehen. Lieber war er etwas großzügiger. Das Eheleben hatte ihn zwar nicht glücklich gemacht, aber doch eine gewisse Stabilität und Ausrichtung in sein Leben gebracht. Vielleicht würde es auch Er auf andere Gedanken bringen. Und Zimrans ölige Art ging ihm gewaltig auf die Nerven; je eher er wieder auf dem Heimweg war, umso besser.

Tamar. Der Name bedeutete „Dattelpalme". Es war ein Name, den man einem Mädchen gab, das schön und graziös zu werden versprach. Eine Dattelpalme überlebte in der unwirtlichen Wüste und brachte aus der Dürre reiche, nahrhafte Frucht, und das Mädchen kam aus einer fruchtbaren Familie. Eine Dattelpalme bog sich im Wüstenwind, ohne zu brechen oder umzufallen, und dieses Mädchen würde mit Ers hitzigem Temperament fertig werden müssen. Eine Dattelpalme gedieh auch in einer feindseligen Umgebung, und Juda wusste, dass Batsuba dieses Mädchen als ihre persönliche Rivalin betrachten würde.

Tamar.

Juda hoffte, dass das Mädchen halten würde, was sein Name versprach.

Als ihre Mutter in die Türöffnung trat, wusste Tamar, dass ihr Schicksal entschieden war. „Komm, Tamar. Juda hat Geschenke für dich mitgebracht."

Sie erhob sich wie eine Schlafwandlerin. *Weine nicht, lächle; dein Vater braucht keine Angst mehr zu haben …*

„Ah, Tochter." Ihr Vater begrüßte sie mit einem breiten Lächeln. Er schien einen hohen Brautpreis ausgehandelt zu haben, denn noch nie hatte er sie so fest umarmt. Er küsste sie sogar auf die Wange.

Sie hob den Kopf und sah ihm in die Augen, mit einem Blick, der ihm deutlich machen sollte, was er ihr mit einem Mann wie Er antat. Würde er sich wenigstens ein bisschen schämen, dass er sie benutzt hatte, um sich selbst zu schützen?

Er schämte sich nicht. „Begrüße deinen Schwiegervater."

Tamar warf sich resigniert vor Juda nieder. Der Hebräer legte seine Hand auf ihren Kopf, segnete sie und ließ sie aufstehen. Dann holte er aus einem Beutel, den er um den Leib trug, goldene Ohrringe und Armbänder und legte sie ihr an. Die Augen ihres Vaters glänzten, doch ihr Herz sank.

„Mach dich bereit, morgen mit mir zu ziehen", sagte Juda.

Die Worte kamen aus ihrem Mund, bevor sie sie aufhalten konnte. „Morgen schon?" Sie sah ihren Vater an. „Aber die Verlobungszeit ..."

Zimrans Blick gebot ihr zu schweigen. „Juda und ich feiern heute Abend, meine Tochter. Aksa wird deine Sachen packen und morgen mit dir gehen. Es ist alles geregelt. Dein Ehemann wartet schon auf dich."

Hatte ihr Vater eine solche Angst, dass er auf die übliche zehnmonatige Verlobungszeit verzichtete? Noch nicht einmal eine Woche hatte sie, um sich auf ihre Hochzeit vorzubereiten!

„Du kannst jetzt gehen, Tamar. Sei morgen früh bereit."

Als sie in das Frauengemach trat, waren ihre Mutter und ihre Schwestern schon dabei, für sie zu packen. Unfähig, ihre Gefühle noch länger zu unterdrücken, brach sie in Tränen aus. Die ganze Nacht hindurch weinte sie, so viel ihre Schwestern sie auch baten, sich zu beruhigen. „Wartet nur ab", schluchzte sie, „bis es bei euch auch so weit ist, dann werdet ihr es verstehen!"

Aksa hielt sie in den Armen, und eine letzte Nacht lang durfte Tamar ein Kind sein.

Als die Sonne aufging, wusch sie sich das Gesicht und legte ihre Brautschleier an.

Ihre Mutter kam zu ihr. „Du kannst zufrieden sein, Liebes. Juda hat viel für dich gezahlt." Ihre Stimme war tränenerstickt und eine Spur bitter. „Dieser Hebräer hat einen Esel voll beladen mit Geschenken mitgebracht, und jetzt kehrt er nur mit seinem Siegelring und Stab wieder zurück."

„Und mit mir", sagte Tamar leise.

Die Augen ihrer Mutter füllten sich mit Tränen. „Pass gut auf sie auf, Aksa."

„Das werde ich, Herrin."

Ihre Mutter nahm Tamar in die Arme und küsste sie. „Möge dein Mann dich lieben und dir viele Söhne schenken", flüsterte sie. Tamar drückte sich fest an sie, sog ein letztes Mal ihre weiche Wärme ein. „Es ist Zeit", sagte ihre Mutter schließlich leise, und Tamar trat zurück. Ihre Mutter berührte kurz ihre Wange, bevor sie sich umdrehte.

Tamar trat in das Licht des Morgens hinaus. Aksa ging mit ihr zu ihrem Vater und Juda, die etwas entfernt standen und auf sie warteten. Sie hatte sich in der Nacht ausgeweint; heute würde sie keine kindischen Tränen mehr vergießen, obwohl dies nicht einfach war, denn hinter sich hörte sie Aksa leise schluchzen.

„Vielleicht stimmt nicht alles, was wir gehört haben", sagte Aksa. „Vielleicht ist Er nicht so schlimm, wie sie sagen."

„Was ändert das jetzt?"

„Du musst ihn dazu bringen, dass er dich liebt, Tamar. Ein Mann, der liebt, ist wie Ton in den Händen seiner Frau. Mögen die Götter sich unser erbarmen!"

„Erbarme du dich und sei still!"

Als sie die beiden Männer erreichten, küsste ihr Vater sie. „Sei fruchtbar und mehre Judas Familie." Er schien es kaum erwarten zu können, dass sie losgingen.

Juda ging voran, Tamar und Aksa folgten. Juda war ein hochgewachsener Mann und seine Schritte lang; Tamar hatte Mühe, mit ihm mitzuhalten. Aksa murmelte die ganze Zeit vor sich hin, aber Tamar achtete nicht darauf. Sie versuchte, an das zu denken, was vor ihr lag. Sie würde sich alle Mühe geben, eine gute Ehefrau zu sein. Sie würde tun, was sie konnte, um ihrem Mann Ehre zu bringen. Sie wusste, wie man einen Garten anlegte, Tiere versorgte, kochte, webte und töpferte. Sie konnte genügend lesen und schreiben, um Buch über den Haushalt zu führen. Sie wusste, wie man Wasser und Getreide für schlechte Zeiten aufbewahrte und dass man in guten Zeiten großzügig war. Sie konnte Seife, Körbe, Stoffe und Werkzeug herstellen und sie wusste mit Dienern umzugehen. Aber der größte Segen, den sie ihrem Mann schenken konnte, waren Kinder – Kinder, um sein Haus groß zu machen.

Es war Judas zweiter Sohn, Onan, der herauskam, um sie zu begrüßen. „Er ist weg“, meldete er seinem Vater, während er Tamar anstarrte.

Juda rammte seinen Stock in den Boden. „Weg? Wohin?“

Onan zuckte die Schultern. „Mit seinen Freunden unterwegs. Er war wütend, als er hörte, wohin du gegangen bist. Ich hab mich lieber von ihm ferngehalten; du weißt ja, wie er sein kann.“

„*Batsuba!*“ Juda marschierte zu seinem Steinhaus.

Eine dralle Frau mit stark geschminkten Augen erschien in der Tür. „Was schreist du denn diesmal so?“

„Hast du Er nicht gesagt, dass ich heute seine Braut nach Hause bringe?“

„Doch.“ Sie lehnte sich lässig an den Türpfosten.

„Und wo ist er?“

Sie hob das Kinn. „Ich bin seine Mutter, Juda, nicht seine Hüterin. Er wird schon kommen, wenn er so weit ist. Du kennst ihn doch.“

Judas Gesicht verfinsterte sich. „Und ob ich ihn kenne!“ Er packte seinen Stock so fest, dass seine Knöchel weiß wurden. „Darum braucht er ja eine Frau!“

„Das mag sein, Juda, aber du hattest doch gesagt, das Mädchen sei hübsch.“ Sie warf Tamar einen abschätzigen Blick zu. „Glaubst du wirklich, dieses dürre Ding wird ihm gefallen?“

„Tamar ist viel mehr, als sie scheint. Bring sie in Ers Kammer.“ Juda drehte sich um und ging.

Batsuba musterte Tamar von Kopf bis Fuß, ihr Mund ein dünner Strich. Dann schüttelte sie den Kopf. „Ich frage mich, was in Judas Kopf vorgegangen ist, als er dich ausgewählt hat.“

Sie drehte sich um, ging zurück ins Haus und ließ Tamar und Aksa einfach allein stehen.

Er kam spät am Nachmittag wieder, zusammen mit mehreren seiner kanaanitischen Freunde. Sie waren betrunken und lachten grölend. Tamar ließ sich nicht blicken; sie wusste, wie Männer waren, wenn sie zu viel getrunken hatten. Ihr Vater und ihre Brüder hatten mehr als einmal zu tief in den Becher geschaut und anschließend heftig zu streiten begonnen. Es war besser, man ging ihnen aus dem Weg, bis die Wirkung des Weins nachgelassen hatte.

Aber früher oder später würden sie sie rufen, und so ließ sie sich von Aksa den Brautschmuck anlegen. Während sie dasaß und wartete, befahl sie sich selbst, all das Schlimme zu vergessen, das sie über Er gehört hatte. Vielleicht hatten die Menschen, die so schlecht über ihn sprachen, unlautere Motive gehabt. Nein, sie würde ihn so achten, wie es einem Ehemann gebührte, und auf seine Wünsche eingehen. Wenn der Gott von Ers Vater gnädig auf sie herabsah, würde sie Er Söhne schenken, und dies schon bald, und sie würde sie zu starken, ehrlichen Männern erziehen, die treu und verlässlich waren. Ja, falls Er dies wünschte, würde sie sogar den Gott Judas anbeten und ihre Söhne dazu erziehen, ihn zu ehren und nicht die Götter ihres Vaters. Aber ihr Herz zitterte, und mit jeder Stunde wuchs ihre Angst.

Als man sie endlich rief und sie ihren zukünftigen Ehemann sah, verspürte sie ein wenig Bewunderung. Er war groß wie sein Vater und begann bereits breitschultrig und stark zu werden. Er hatte den wilden schwarzen Lockenhaarschopf seiner Mutter, den er nach kanaanitischer Art nach hinten gebunden hatte. Das Messingband, das er um die Stirn trug, verlieh ihm aus Aussehen eines kanaanitischen Prinzen. Tamar war von seinem guten Aussehen wie geblendet, doch dann sah sie seine Augen und schrak zurück. Kalt waren sie und dunkel und ohne Gnade. Es lag Stolz in der Art, wie er seinen Kopf hielt, Grausamkeit im Schwung seines Mundes, Gleichgültigkeit in seinen Gesten. Er ergriff nicht ihre Hand.

„Ist das also die Frau, die du für mich ausgesucht hast, Vater."
Sein Tonfall ließ Tamar frösteln.

Juda legte seine Hand fest auf die Schulter seines Sohnes. „Sorge gut für das, was jetzt dein ist, und möge der Gott Abrahams dir durch dieses Mädchen viele Söhne schenken."

Ers Gesicht war eine undurchdringliche Maske.

Den ganzen Abend lang machten Ers Freunde grobe Witze über das Eheleben. Sie zogen ihn erbarmungslos auf, und obwohl er mitlachte, spürte Tamar, dass ihm nicht nach Spaßen zumute war. Ihr Schwiegervater sagte nicht viel und trank umso mehr, während Batsuba sich die besten Leckereien des Hochzeitsmahls in den Mund schob und so tat, als sei Tamar Luft. Tamar fragte sich verunsichert, was sie ihrer Schwiegermutter getan hatte. Die Frau schien fest entschlossen, ihr auch nicht das geringste Entgegenkommen zu zeigen.

Der Abend schritt voran, und Tamars Angst ging in eine unbestimmte Traurigkeit über. Sie fühlte sich allein und fehl am Platz in dieser lauten Versammlung. Man hatte sie mit dem Erben des Hauses Juda verheiratet, aber niemand sprach mit ihr, noch nicht einmal ihr junger Ehemann, der neben ihr saß. Die Stunden krochen dahin. Sie war furchtbar müde von der halb schlaflosen Nacht und dem langen Fußmarsch zu ihrem neuen Heim, und die Anspannung zehrte ihre letzten Kräfte auf. Sie kämpfte darum, die Augen offen zu halten. Und noch mehr musste sie kämpfen, um nicht zu weinen.

Als Er sie unvermittelt in den Arm kniff, fuhr sie zusammen. Sie begriff, dass sie an seiner Seite eingenickt war, und wurde puterrot. Ers Freunde rissen grölend Witze über Tamars Alter und die bevorstehende Hochzeitsnacht. Er lachte mit. „Deine Amme hat das Brautgemach für uns bereitet." Er ergriff ihre Hand und zog sie auf die Füße.

Kaum hatte Aksa die Tür hinter ihnen geschlossen, als Er von Tamar wegtrat. Aksa nahm ihren Platz draußen vor der Tür ein und begann zu singen und ihre kleine Trommel zu schlagen. Tamars Haut prickelte. „Es tut mir leid, dass ich eingeschlafen bin, mein Herr."

Er antwortete nicht. Sie wartete angespannt. Er genoss ihre Nervosität, malträtierte sie mit seinem Schweigen. Sie faltete die Hände und beschloss, zu warten. Langsam, beinahe bedrohlich nahm er seinen Gürtel ab. „Ich habe dich letztes Jahr bemerkt, als wir die Schafe auf die Felder deines Vaters brachten. Wahrscheinlich hat mein Vater deshalb gedacht, du gibst eine brauchbare Frau für mich ab." Er musterte sie von oben bis unten. „Er kennt mich nicht sehr gut."

Sie nahm ihm die gemeinen Worte nicht übel. Er hatte ja recht. Ihr Herz hatte schließlich auch nicht gerade vor Freude gehüpft, als Juda gekommen war und einen Brautpreis für sie geboten hatte.

„Du hast Angst vor mir, nicht wahr?"

Wenn sie Nein sagte, wäre das eine Lüge. Aber Ja zu sagen war unklug.

Seine Brauen hoben sich. „Du solltest Angst haben. Ich bin wütend, das merkst du doch wohl?"

Ja, das merkte sie. Was würde er wohl als Nächstes tun? Sie wartete still ab. Oft genug hatte sie die Wutanfälle ihres Vaters miterlebt, um zu wissen, dass es besser war, nichts zu sagen. Worte waren wie Öl auf ein hitziges Gemüt. Ihre Mutter hatte ihr schon vor langer Zeit erklärt, dass Männer unberechenbar waren und gern handgreiflich wurden, wenn man sie provozierte. Sie würde Er nicht provozieren.

„Du bist ein vorsichtiges kleines Ding, was?" Er lächelte langsam. „Na, wenigstens kannst du die Klappe halten." Er trat zu ihr. „Du hast ein paar Sachen über mich gehört, stimmt's?" Er strich mit den Fingern über ihre Wange. Sie versuchte, nicht zurückzuzucken. „Haben deine Brüder Geschichten über mich erzählt?"

Ihr Herz hämmerte immer schneller.

„Wie mein Vater gesagt hat: Du gehörst jetzt mir. Du bist meine kleine Maus, mit der ich machen kann, was ich will. Erinnere mich bei Gelegenheit daran, ihm Danke zu sagen." Er hob ihr Kinn an. Seine Augen glitzerten wie die eines Schakals im Mondlicht. Als er sich zu ihr hinunterbeugte und sie auf den Mund küsste, stellten sich ihre Nackenhaare auf. Er trat wieder zurück, sein Blick prüfend. „Du solltest die Gerüchte besser glauben. Alle!“

„Ich werde versuchen, dir zu gefallen, mein Ehemann.“ Sie hörte, wie ihre Stimme zitterte, und wurde prompt rot.

„Oh ja, das wirst du versuchen, meine Süße, aber du wirst es nicht schaffen.“ Sein Mund verzog sich zu einem Grinsen, das eher ein Zähnefletschen war. „Das kannst du gar nicht.“

Nur ein Tag der eine Woche dauernden Hochzeitsfeierlichkeiten verging, und Tamar wusste, was er meinte.

Kapitel 2

Tamar schrak zusammen, als sie Ers Gebrüll aus dem Haus hörte. Seine Mutter schrie zurück. Obwohl die Mittagssonne auf Tamars Rücken brannte, wurde ihr kalt. Juda hatte seinen Ältesten angewiesen, ihm mit den Herden zu helfen, aber Er schien andere Pläne zu haben. Er hatte sich so in seine Wut hineingesteigert, dass er sie an jemandem auslassen musste, und seine junge Frau wäre ein leichtes Opfer; niemand würde es wagen, dazwischenzugehen.

Tamar hielt ihren Kopf gesenkt und hackte weiter das steinige Stück Land, das Batsuba ihr zu bearbeiten gegeben hatte. Sie wünschte sich, so klein wie eine Ameise zu werden und in einem Loch verschwinden zu können. Das Gezeter und Gekeife im Haus ging weiter. Tamar kniete sich hin, um einen größeren Stein aus dem Boden zu ziehen, während sie mit den Tränen kämpfte. Sie warf den Stein auf den wachsenden Haufen neben ihr und stellte sich vor, wie sie eine Mauer um sich baute, hoch und dick, mit dem hellen Himmel darüber. Sie wollte jetzt nicht an Ers Launen denken und daran, was er diesmal mit ihr machen würde.

„Sie kann ihn bald nicht mehr bändigen", sagte Aksa, die ein paar Schritte entfernt arbeitete, grimmig.

„Es hilft nichts, sich Sorgen zu machen, Aksa." Die Worte sollten eher sie selbst daran erinnern als ihre Amme. Tamar arbeitete verbissen weiter. Was konnte sie sonst auch tun? Vier Monate in Judas Haus hatten sie gelehrt, ihrem Mann aus dem Weg zu gehen, wann immer es ging, vor allem wenn er schlechte Laune hatte. Sie hatte auch gelernt, ihre Angst zu verbergen. Mochte ihr Herz wie eine Trommel schlagen, ihr Magen ein Knoten sein und ihre Haut kalt und klamm, sie durfte ihre Gefühle nicht zeigen, denn Er genoss Angst. Die Angst anderer war sein Lebenselixier.

„Wenn wenigstens Juda hier wäre." Aksa schnalzte verächtlich mit der Zunge. „Aber er ist natürlich nie hier." Sie schlug ihre Hacke in den harten Boden. „Und wer wollte ihm das verübeln?"

Tamar antwortete nicht. Ihr Gehirn suchte fieberhaft nach einem Ausweg und fand keinen. Wäre Juda nur nicht vorausgegangen. Hätte er Er nur gleich mitgenommen, anstatt nachträglich einen Diener nach ihm zu schicken. Wenn Juda in der Nähe war, war Er einigermaßen zu ertragen; war er fort, drehte Er durch. Juda übte seine Autorität nicht oft genug aus – das war das Problem in dieser Familie. Juda war lieber in den Bergen und auf den Weiden als zu Hause, und Tamar konnte ihn gut verstehen; die Schafe und Ziegen waren eine friedlichere Gesellschaft als seine ewig nörgelnde Frau und diese Hitzköpfe von Söhnen. Manchmal benahmen Er und Onan sich wie zwei Wölfe, die man aneinandergebunden und in eine Kiste gesteckt hatte!

Juda konnte vor dem Ungemach und vor seiner Verantwortung fliehen. Tamar musste Tag für Tag mit der Gefahr leben.

Ein lautes Krachen aus dem Haus ließ sie zusammenfahren. Batsuba belegte ihren Sohn mit wüsten Flüchen. Er schoss zurück. Weitere Teller und Krüge krachten an die Wand. Eine Bronzetasse kam aus der Tür geflogen und hüpfte über den Boden.

„Du gehst heute besser nicht ins Haus", sagte Aksa leise.

„Vielleicht schafft Batsuba es noch, ihn zu bändigen." Tamar wandte sich ab und sah zu den fernen Hügeln hin, während hinter ihr der Kampf weitertobte. Sie wischte sich zitternd den Schweiß von der Stirn und schloss aufseufzend die Augen. Vielleicht würde Judas Befehl diesmal ausreichen.

„Batsuba schafft es immer, wenn nicht so, dann eben anders", sagte Aksa bitter. „Wenn Schreien nichts bringt, schmollt sie, bis sie ihren Willen kriegt."

Tamar versuchte, nicht hinzuhören und an etwas Angenehmeres zu denken. Ihre Schwestern zum Beispiel. Ja, auch sie hatten sich hin und wieder gestritten, doch sie hatten einander auch geliebt. Sie erinnerte sich, wie sie bei der Arbeit gesungen und sich Geschichten erzählt hatten. Ihr Vater war so launisch, wie Männer nun einmal waren, und manchmal hatten ihre Brüder sich lautstark gestritten. Aber nichts von alledem hatte sie auf das vorbereitet, was sie in Judas Haus erlebte. Jeden Tag versuchte sie, mit neuer Hoffnung aufzustehen, nur um erleben zu müssen, wie sie wieder zunichte gemacht wurde.

„Wenn ich nur einen Platz hier hätte, Aksa, wenn ich nur ein bisschen gelten würde ..." Sie sagte es ohne Selbstmitleid.

„Das kommt schon noch, wenn du einen Sohn zur Welt bringst."

„Einen Sohn." Tamars Herz schmerzte. Sie sehnte sich mehr nach einem Kind als alle anderen, mehr auch als ihr Mann, dessen Wunsch nach einem Sohn nur eine Erweiterung seines Stolzes war als ein echtes Bedürfnis, seine eigene Familie zu gründen. Mit einem Sohn würde Tamar endlich etwas gelten in diesem Haus – und sie würde sich nicht mehr so grenzenlos einsam fühlen. Einen Sohn könnte sie lieben und an sich drücken und ihre Liebe erwidert bekommen. Vielleicht würde er sogar Ers Herz weicher machen. Und seine Hände.

Sie musste wieder an Batsubas vernichtende Worte denken: „Wenn du meinen Sohn nicht ständig so enttäuschen würdest, würde er dich nicht so oft schlagen! Tu, was er dir sagt, dann behandelt er dich vielleicht besser."

Tamar kämpfte gegen die Tränen des Selbstmitleids an. Selbstmitleid würde sie nur noch schwächer machen. Sie gehörte zu dieser Familie, ob sie wollte oder nicht; sie durfte sich nicht von ihren Gefühlen mitreißen lassen. Sie wusste, wie spitz Batsubas Zunge war; kein Tag verging, ohne dass ihre Schwiegermutter eine Gelegenheit fand, ihrem Herzen einen Stich zu versetzen.

„Jetzt ist schon wieder ein Monat vorbei, Tamar, und du bist immer noch nicht schwanger! Ich war eine Woche nach der Hochzeit mit Juda bereits guter Hoffnung!"

Tamar konnte nichts sagen, ohne dass Er wütend wurde. Was sollte sie zu ihrer Verteidigung vorbringen, wenn nichts, was sie tat, ihrer Schwiegermutter oder ihrem Ehemann gefiel? Sie hatte es aufgegeben, so etwas wie Freundlichkeit oder Mitgefühl von ihnen zu erwarten. Und Loyalität oder Ehre schienen in dieser Familie auch unbekannt zu sein, denn Batsuba musste sich auf

Drohungen verlegen, um Er dazu zu bringen, Juda zu gehorchen.

Ers lautstarkes „Genug jetzt!", brachte Tamars Aufmerksamkeit zurück zu dem Gefecht zwischen Mutter und Sohn. „Es reicht! Ich gehe zu Vater, aber nur, damit ich meine Ruhe vor deinem Gekeife habe!" Damit stürmte er aus dem Haus. *„Ich hasse Schafe!* Wenn ich könnte, würde ich sie alle abschlachten!"

Batsuba erschien in der Tür, die Hände in den Seiten; ihre Brust hob und senkte sich heftig. „Und was hättest du dann? Nichts!"

„Ich hätte das Geld von dem Fleisch und den Fellen!"

„Und nach einer Woche hättest du alles versoffen, und was dann? Was für einen Trottel hab ich nur aufgezogen!"

Er bedachte sie mit einem derben Tiernamen, machte eine unanständige Geste und stampfte davon. Tamar hielt die Luft an, bis sie sah, dass er den Weg einschlug, der von Kesib wegführte, was bedeutete, dass sie ein paar Tage Ruhe vor seiner Grausamkeit haben würde.

„Es scheint, dass Batsuba gewonnen hat", sagte Aksa. „Für den Moment jedenfalls ..."

Tamar lächelte und fuhr jetzt mit etwas leichterem Herzen mit ihrer Arbeit fort. „Jeder Tag hat seine eigene Plage, Aksa, da will ich mich nicht auch noch wegen morgen sorgen."

„*Tamar!*" Batsuba kam nach draußen. „Wenn du genügend Zeit hast, faul herumzuschwätzen, kannst du auch reinkommen und hier aufräumen!" Sie drehte sich um und marschierte zurück ins Haus.

„Jetzt erwartet sie auch noch, dass du hinter ihr und Er herputzt", sagte Aksa angewidert.

„Sei still, oder wir bekommen noch mehr Ärger."

Batsuba erschien wieder. „Lass Aksa den Garten fertig machen. Ich brauche dich im Haus, jetzt sofort!"

Tamar musste aufpassen, um den Scherben auszuweichen, die überall auf dem Lehmboden verstreut herumlagen. Batsuba betrachtete mürrisch ihren zerbrochenen Webstuhl. Tamar hockte sich hin und begann, die Scherben eines Kruges in die Schürze ihres Umhangs zu sammeln.

„Ich hoffe, Juda ist zufrieden mit dem, was er angerichtet hat“, sagte Batsuba wütend. „Da dachte er, eine *Frau* würde Ers Laune verbessern …“ Sie funkelte Tamar an, als sei sie an allem schuld. „Aber er ist schlimmer als je zuvor. Du bist nicht gut für meinen Sohn.“

Tamar schwieg, den Tränen nahe. Batsuba hob grummelnd den Webstuhl an. Der Rahmen war zerbrochen, der Teppich, an dem sie gearbeitet hatte, ruiniert. Sie schlug die Hände vor das Gesicht und begann bitterlich zu weinen.

Die Gefühlsausbrüche der Frau beschämten Tamar immer wieder. Beim ersten Mal war Tamar zu ihr gegangen, um sie zu trösten, nur um eine kräftige Ohrfeige und bittere Anschuldigungen zu ernten. Tamar hatte dazugelernt. Sie blieb, wo sie war, und senkte den Blick.

War Batsuba wirklich blind für das, was sie in diesem Haus anrichtete? Dauernd brachte sie den Sohn gegen den Vater und Bruder gegen Bruder auf. Über alles und jedes stritt sie mit Juda, und das vor ihren Söhnen, wie um ihnen zu demonstrieren, wie sie es sich möglichst mit allen verdarb und das Schlechteste für die Familie tat. Kein Wunder, dass ihre Schwiegermutter unglücklich war. Und der Rest des Hauses mit ihr.

„Juda will, dass Er die Schafe hütet.“ Batsuba riss an dem Webstuhl, sodass der Teppich sich noch mehr verhedderte. „Und warum? Weil mein Ehemann es nicht aushält, seinen lieben Papa längere Zeit nicht zu sehen! Dauernd muss er hin und nachschauen, wie es dem elenden Greis geht. Und dann sieh ihn dir an, wenn er zurückkommt! Tagelang brütet er nur, spricht mit niemandem, isst nichts. Und dann besäuft er sich und sagt den gleichen Blödsinn wie jedes Mal, wenn er bei Jakob war.“ Sie ließ die Schultern sinken und äffte den Tonfall ihres Mannes nach: *„Die Hand Gottes liegt auf mir!“*

Tamar schaute auf.

Batsuba erhob sich und begann, hin- und herzulaufen. „Wie kann der Mann nur so blöd sein und an einen Gott glauben, den es gar nicht gibt?“

„Vielleicht gibt es ihn doch.“

Batsuba warf ihr einen finsteren Blick zu. „Und wo ist er dann, bitte sehr? Hat dieser Gott einen Tempel, in dem er wohnt, und Priester, die ihm dienen? Er hat noch nicht einmal ein *Zelt*!" Sie trat an ihren Schrein. „*Das* hier – das sind richtige Götter!" Sie ließ die Finger über eine der Statuen gleiten. „Man kann sie sehen und anfassen. *Diese* Götter hier, die kanaanitischen, machen unser Land und unsere Frauen fruchtbar." Ihre Augen glitzerten kalt. „Wenn du mehr Ehrfurcht vor ihnen hättest, wäre dein Bauch vielleicht nicht mehr so flach!"

Tamar spürte den Stich, aber diesmal ließ sie ihn nicht tief eindringen. „Hat Judas Gott nicht Sodom und Gomorra zerstört?"

Batsuba lachte spöttisch auf. „Ja, so heißt es, aber ich glaube das nicht." Sie funkelte Tamar an. „Würdest du deine Söhne vor einem Gott knien lassen, der ganze Städte auslöscht?"

„Wenn Juda es will."

„Juda." Batsuba schüttelte den Kopf. „Hast du je gesehen, dass mein Mann zu dem Gott seines Vaters betet? Ich auch nicht. Warum sollten dann seine Söhne oder ich zu ihm beten? Du wirst deine Söhne in der Religion erziehen, die Er bevorzugt. Ich habe mich nie vor einem Gott verneigt, den man nicht sehen kann. Nicht ein Mal bin ich den Göttern Kanaans untreu geworden, und ich rate dir, dass du es auch so machst, wenn du weißt, was gut für dich ist …"

Tamar hörte die unausgesprochene Drohung.

Batsuba setzte sich auf ein Kissen an der Wand und lächelte kalt. „Er würde sicher nicht gern hören, dass du auch nur daran denkst, den Hebräergott anzubeten." Ihre Augen wurden schmal. „Ich glaube, *du* bist der Grund für unsere Probleme."

Tamar begriff: Wenn Er zurückkam, würde Batsuba ihm erzählen, dass es in seinem Haus eine religiöse Rebellion gab. Die Frau war die geborene Unruhestifterin. Tamar juckte es in den Fingern, die Scherben zurück auf den Fußboden zu werfen und ihrer Schwiegermutter zu sagen, dass *sie* es war, die die Familie zugrunde richtete. Aber sie schluckte ihre Wut hinunter und sammelte weiter unter Batsubas wachsamem Auge die Scherben auf.

„Die Götter haben mich mit drei guten Söhnen gesegnet, und ich habe sie in der *wahren* Religion erzogen, wie jede *gute* Mutter es tun würde."

Ja, drei Hitzköpfe, die noch weniger arbeiten als du, wollte Tamar sagen, aber sie hielt ihren Mund. Einen Krieg mit ihrer Schwiegermutter konnte sie nicht gewinnen.

Batsuba beugte sich nach vorn und hob das Tablett, das auf dem Boden lag, so weit hoch, dass sie die Weintrauben darunter hervorziehen konnte, dann ließ sie es wieder fallen. „Vielleicht solltest du öfter zu Aschera beten und Baal größere Opfer bringen, dann würde dein Leib geöffnet."

Tamar hob ihren Kopf. „Ich kenne Aschera und Baal. Mein Vater und meine Mutter haben meine Schwester in den Tempel in Timna gegeben." Sie fügte nicht hinzu, dass sie den Glauben ihrer Eltern nie hatte teilen können und dass sie ihre Schwester für die Bedauernswerteste aller Frauen hielt. Einmal, als sie zu einem Fest in Timna waren, hatte sie gesehen, wie ihre Schwester auf einer Altarplattform von einem der Priester genommen wurde. Das Ritual sollte Baal aufwecken und den Frühling zurück ins Land bringen. Tamar hatte es mit Angst und Ekel erfüllt, und die Begeisterung der gaffenden Menge noch mehr. Sie war aus dem Tempel geflohen und hatte sich in einem Olivenhain versteckt, wo ihre Mutter sie am Abend gefunden hatte.

„Du bist nicht demütig genug", sagte Batsuba.

Das stimmt, musste Tamar denken. Aber wie sollte sie demütig sein, wenn sie nicht glauben konnte? Diese Götter und der Glaube an sie machten einfach keinen Sinn. Ihre halbherzigen Versuche, sie zu verehren, erfüllten sie nur mit einer eigenartigen Mischung aus Widerwillen und Scham.

Batsuba stand wieder auf und ging zurück an ihren Webstuhl. Sie hatte sich jetzt so weit beruhigt, dass sie anfangen konnte, die Fäden des Teppichs zu entwirren. „Wenn du die Gunst der Götter hättest, wärst du längst schwanger." Sie warf Tamar einen abschätzigen Blick zu, um zu sehen, ob ihre Worte getroffen hatten. „Es scheint, dass die Götter zornig auf dich sind, findest du nicht?"

„Vielleicht", sagte Tamar, halb schuldbewusst. Batsubas Götter waren Figuren aus Stein, Ton und Holz, sonst nichts. Sie konnte nicht zu ihnen beten, wie Batsuba das tat. Oh, sie sprach die Gebete mit, die man von ihr erwartete, aber ihre Worte waren leer und ohne Kraft und berührten ihr Herz nicht.

Wenn die Götter der Kanaaniter so mächtig waren, warum hatten sie dann die Menschen von Sodom und Gomorra nicht beschützt? Ein Dutzend Götter musste doch wohl stärker sein als einer – wenn es denn Götter waren. Nein, sie waren nichts als Steine, Holzstücke und Tonklumpen, die Menschenhände bearbeitet hatten!

Vielleicht gab es überhaupt keinen wahren Gott.

Aber auch gegen diesen Gedanken rebellierte ihr Herz. Die ganze Welt um sie herum – der Himmel, die Erde, der Wind und der Regen – sagte ihr, dass da etwas sein musste. Vielleicht war der hebräische Gott dieses Etwas. Ein Schild gegen Feinde. Eine Zuflucht im Sturm. Eine sichere Burg … Wie sie sich danach sehnte, einen solchen Gott zu kennen.

Aber sie traute sich nicht zu fragen. Was für ein Recht hatte sie, Juda mit Fragen zu belästigen, wo er so viele andere Sorgen hatte?

Aber vielleicht würde sich eines Tages doch eine Gelegenheit ergeben … Bis dahin würde sie warten und auf einen kleinen Einblick, eine Geste, ein Zeichen hoffen, was Juda glaubte und wie er seinem Gott begegnete.

Fünf Tage später kamen Juda und Er zurück. Tamar hörte ihre streitenden Stimmen schon lange, bevor sie ins Haus traten.

Batsuba seufzte tief. „Geh und melke eine der Ziegen, Tamar, und sag deiner Amme, sie soll Brot backen. Wenn die Männer etwas gegessen haben, bessert sich ihre Laune vielleicht."

Als Tamar mit einem Krug frischer Ziegenmilch zurückkam, saß Juda auf ein paar Kissen gelehnt da. Seine Augen waren geschlossen, aber sie wusste, dass er nicht schlief. Sein Gesicht war angespannt, und Batsuba schaute ihn düster an. Wahrscheinlich hatte sie ihn wieder geärgert, und er versuchte, so zu tun, als sei sie Luft.

„Fünf Tage, Juda. *Fünf Tage!* Musstest du so lange bleiben?"

„Du hättest ja mitkommen können."

„Und wozu? Um mir das Geschwätz deiner Schwägerinnen anzuhören? Was hab ich mit denen zu tun? Und deine Mutter kann mich nicht ausstehen!" Sie klang wie ein quengelndes Kleinkind.

Tamar bot Er von der Milch an. „Wein", sagte er unwirsch. „Ich will Wein!"

„Ich nehme die Milch", sagte Juda. Er öffnete die Augen gerade so weit, dass er Tamar ansehen konnte.

Batsubas Kopf schnellte hoch. „Gib mir die Milch! Ich bediene meinen Mann und du meinen Sohn." Fast brutal riss sie Tamar den Krug aus der Hand.

Sie hackte immer noch auf Juda herum, als Tamar mit dem Wein zurückkam: „Was hast du denn davon, deinen Vater zu besuchen? Hat sich je etwas geändert? Jedes Mal, wenn du zurückkommst, bist du unglücklich. Lass ihn doch weiter seine zweite Frau und seinen Lieblingssohn betrauern und vergiss ihn. Immer, wenn du bei ihm warst, machst du mir das Leben schwer!"

„Ich lasse meinen Vater nicht im Stich", sagte Juda zähneknirschend.

„Warum denn nicht? Er hat dich doch auch verlassen! Am besten stirbt er endlich, damit wir alle-"

„*Genug!*", brüllte Juda. Es klang eher schmerzvoll als wütend. „Kannst du nicht *ein Mal* deinen Mund halten, Batsuba?" Er hob den Kopf und funkelte sie an. „Oder noch besser, geh und lass mich in Ruhe!"

„Wie kannst du so mit mir reden?" Sie schluchzte wütend auf. „Ich bin die Mutter deiner Söhne. *Drei* Söhne!"

„Drei Taugenichtse." Judas Augen wurden zu kalten Schlitzen, als er zu Er hinübersah.

Tamar wurde flau im Magen. Was würde Juda als Nächstes sagen, das sie dann ausbaden musste? Solange sein Vater in der Nähe war, beherrschte Er sich, aber kaum war er fort, ließ er alles an ihr aus. Batsuba nörgelte weiter, bis Tamar sie am liebsten angeschrien hätte, sie solle endlich still sein. Sie atmete erleichtert aus, als Batsuba aus dem Raum stürmte, eine eisige Stille hinterlassend.

Jetzt hatte Tamar allein die beiden Männer zu bedienen. Die stumme Anspannung in dem Raum riss an ihren Nerven. Sie goss Er Wein nach. Er kippte ihn hinunter und hielt ihr den Becher sofort wieder zum Nachfüllen hin. Sie schaute kurz zu Juda hin, bevor sie es tat. Ihr Ehemann sah finster zu ihr hoch, dann zu seinem Vater. „Onan und Schela sollen sich ein paar Tage um die Herden kümmern. Ich gehe meine Freunde besuchen."

Juda hob seinen Kopf und sah ihn an. „So?" Er sagte es leise, aber sein Blick war hart.

Er schaute in seinen Becher und trank ihn wieder aus. „Mit deiner Erlaubnis natürlich."

Juda sah zu Tamar hin, dann zur Seite. „Na schön. Aber mach diesmal keinen Ärger."

Ers Wange zuckte. „Ich mache nie Ärger."

„Nein, nein, natürlich nicht!", sagte Juda sarkastisch.

Mit einem Schnauben erhob sich Er und trat zu Tamar. Sie wich instinktiv zurück, doch Er packte sie am Arm und zog sie an sich. „Ich werde dich vermissen, meine Süße." Sein Blick strafte seine Worte Lügen, seine Finger bissen in ihr Fleisch. Er ließ sie wieder los und kniff sie in die Wange. „Nicht traurig sein, ich bleibe nicht lange fort!"

Juda stieß einen Seufzer der Erleichterung aus, als Er fort war. Tamars Anwesenheit schien er kaum zu bemerken. Er beugte sich nach vorne und hielt sich mit beiden Händen den Kopf, als ob er ihm wehtat. Tamar hockte sich geräuschlos hin und wartete darauf, dass er ihr befahl zu gehen. Er tat es nicht. Als Aksa mit dem Brot kam, nahm Tamar ihr den Korb ab und nickte ihr zu, sich neben der Tür auf ein Kissen zu setzen, wie es sich für eine Dienerin schickte.

„Aksa hat frisches Brot gebacken, mein Herr."

Juda reagierte nicht. Tamar brach ein Stück von dem Brot ab und legte es vor ihn hin. Sie goss etwas von der Ziegenmilch in eine Tasse, nahm ein paar Weintrauben von einem Tablett und schnitt einen Granatapfel auf. „Geht es deinem Vater Jakob gut?"

„So wie es zu erwarten ist bei einem Mann, der seinen Lieblingssohn betrauert", sagte Juda bitter.

„Ist einer deiner Brüder gestorben?"

Juda hob seinen Kopf etwas und sah sie an. „Ja, vor vielen Jahren. Du warst damals noch nicht einmal geboren."

„Und er trauert immer noch um ihn?", fragte sie verwundert.

Juda nickte „Er wird die Trauer um den Jungen mit ins Grab nehmen."

Noch nie hatte Tamar einen so gequälten Blick gesehen. Sie spürte tiefes Mitleid mit Juda. Was konnte sie nur tun, um ihm zu helfen? Sein Gesicht wurde etwas weicher, während er sie intensiv musterte. Dann wurden seine Augen kälter. „Er hat dich geschlagen!"

Sie bedeckte rasch ihre Wange mit ihrer Hand und drehte sich weg. „Das ist nichts." Sie sprach zu niemandem über Ers Misshandlungen; selbst Aksa gegenüber schwieg sie. „Trauerst du auch um deinen Bruder?"

„Ich bedauere die Art, wie er gestorben ist."

Verwundert über seinen Tonfall sah sie ihn an. „Wie ist er denn gestorben?"

Judas Gesicht wurde hart. „Er wurde … von einem Tier zerrissen. Alles, was man fand, war sein blutverschmierter Mantel." Die Worte klangen so, als ob er sie schon Hunderte Male gesagt hatte und selbst nicht mehr hören mochte. Tamars Augenbrauen wanderten in die Höhe. Er sah sie herausfordernd an. „Glaubst du mir nicht?"

„Warum sollte ich dir nicht glauben?" Sie wollte ihn nicht reizen. „Ich würde nur gern mehr über meine Familie wissen."

„*Deine* Familie?" Sein Mund verzog sich bitter.

Hitze stieg ihr in die Wangen. Wollte er sie auch ausschließen? Juda war es doch gewesen, der sie in dieses Haus gebracht, der sie für seinen Sohn ausgewählt hatte! Sicher würde wenigstens er sie annehmen. „Die Familie, in du mich hineingebracht hast, Herr. Die Familie, der ich dienen möchte, wenn sie mich nur lässt."

„Wenn Gott will …“ Seine Mundwinkel gingen nach unten. Er nahm ein Stück von dem Brot und begann zu essen.

„Willst du mir also gar nichts erzählen?“, fragte sie leise und mit schwindendem Mut.

„Was willst du denn wissen?“

„Alles. Irgendetwas. Vor allem über deinen Gott. Wo wohnt er? Wie ist sein Name? Wie betest du ihn an? Ist er wirklich *unsichtbar*, wie mein Vater behauptet? Woher weißt du, dass es ihn gibt?“

Judas Blick wurde argwöhnisch. „Ich dachte, du wolltest etwas über meinen Vater und meine Brüder hören.“

„Ich habe gehört, dass der Gott deines Vaters die Städte zerstört hat, die in der Salzebene lagen.“

„Das stimmt.“ Er sah zur Seite. „Der Engel des Herrn sagte zu Abraham, dass er die Städte zerstören würde, wenn sich keine zehn Gerechten in ihnen fänden. Abraham hat das Feuer und den Schwefel, die vom Himmel kamen, mit eigenen Augen gesehen.“ Judas Blick war ernst. „Es spielt keine Rolle, ob man ihn sehen und hören kann. Er wohnt nicht in Tempeln wie die Götter deines Vaters. Er ist …“

„Was ist er?“

„Er … *ist* einfach. Aber jetzt frag mir keine Löcher in den Bauch. Du bist eine Kanaaniterin. Such dir eine Figur aus Batsubas Götzenschrein aus und bete die an!“ Sein Ton war spöttisch.

Tränen brannten ihr in den Augen. „Du bist doch das Haupt dieses Hauses.“

Judas Gesicht lief rot an, sein Mund zog sich zu einem Strich zusammen. Er sah sie prüfend an, dann sagte er leise: „Der Gott Jakobs kann aus Felsen Wasser schießen lassen. Oder mit einem einzigen Gedanken einen Menschen zermalmen.“ Seine Augen wurden stumpf.

„Und wo ist er?“

„Wo er will. Überall.“ Juda zuckte die Achseln. „Ich kann dir nicht erklären, was ich selbst nicht verstehe.“ Seine Brauen zogen sich zusammen, als blickte er in eine weite Ferne. „Manchmal will ich nicht wissen …“

„Wie hat dein Volk ihn kennengelernt?“

„Er sprach mit Abraham, und er hat mit meinem Vater gesprochen."

„So wie du und ich jetzt miteinander reden? Wie kann ein solch mächtiger Gott sich dazu herablassen, mit einem Menschen zu sprechen?"

„Ich weiß es nicht. Als Abraham ihn das erste Mal hörte, war er … eine Stimme. Aber der Herr zeigt sich, wann und wie er will. Er sprach von Angesicht zu Angesicht mit Abraham. Mein Vater kämpfte mit ihm, in Gestalt eines Fremden, und rang ihm einen Segen ab. Der Engel des Herrn renkte ihm die Hüfte aus und machte ihn für immer zum Krüppel. Manchmal begegnet er Menschen auch in Träumen." Das Letztere schien ihn tief zu beunruhigen.

„Und hat er je mit dir geredet?"

„Nein, und ich hoffe, er wird es nie tun."

„Warum?"

„Weil ich weiß, was er sagen würde." Juda seufzte schwer und warf das Brot auf das Tablett.

„Jeder Gott verlangt Opfer. Welches Opfer verlangt deiner?"

„Gehorsam." Er winkte ungeduldig mit der Hand. „Aber jetzt hast du genug gefragt. Gönn mir etwas Ruhe!"

Sie murmelte errötend eine Entschuldigung. Sie war ja nicht besser als Batsuba, sie bedrängte ihn genauso mit ihren Bedürfnissen und Wünschen. Schnell erhob sie sich. „Möchtest du, dass ich Batsuba hole, um dich zu bedienen?"

„Lieber würde ich von einem Skorpion gestochen werden. Ich will allein sein."

Aksa folgte ihr aus dem Raum hinaus. „Was hast du gesagt, das ihn so aufgeregt hat?"

„Ich habe ihn nur etwas gefragt."

„Und was?"

„Ach, Aksa. Nichts von Bedeutung für dich." Aksa würde ihren Wunsch, den Gott der Väter Judas kennenzulernen, nie begreifen. Aksa betete zu denselben Göttern wie Batsuba und ihre Söhne und Tamars Eltern und Geschwister. Warum war sie selbst nur so anders? Warum hungerte und dürstete sie nach mehr?

„Alles, was dich betrifft, ist von Bedeutung für mich", sagte Aksa verärgert. „Bin ich etwa nicht mehr deine Amme?"

„Doch, aber ich bin kein Kind mehr." Nein, sie konnte Aksa unmöglich sagen, dass sie mehr über Judas Gott erfahren wollte. Alle Menschen um sie herum verehrten Götzen aus Stein, Holz oder Ton, aber sie tat nur so. Die Götter ihrer Eltern hatten einen Mund, aber sie redeten nicht, sie hatten Augen, aber konnten sie sehen? Sie hatten Füße und konnten nicht laufen. Konnten sie etwa denken oder fühlen oder atmen? Und etwas hatte Tamar begriffen: Die Menschen, die sie verehrten, wurden nach und nach so wie sie – kalt und hart. Wie Batsuba. Wie Er. Wie Onan. Und Schela würde eines Tages genauso sein.

Aber Juda war nicht kalt. Sie spürte seine innere Zerbrochenheit. Sie sah seine Qual. Warum liebten die Menschen ihn nicht, die ihm am nächsten standen? Seine Frau und seine Söhne schienen sich nur für sich selbst zu interessieren. Keinen Augenblick schien er Frieden zu haben, selbst wenn er allein war. Er hatte eine selbstsüchtige, zänkische Frau und missratene Söhne – aber es konnte nicht alles nur an ihnen liegen, es musste noch tiefere Gründe für Judas Elend geben. Kannte Batsuba sie? Eigentlich beklagte sie sich nur darüber, dass Juda nach jedem Besuch bei Jakob vor sich hinbrütete.

Tamar runzelte nachdenklich die Stirn.

Vielleicht hatte Judas Verzweiflung etwas mit der Trauer seines Vaters zu tun? Und mit dem Bruder, der gestorben war?

Juda wünschte sich, er wäre nicht so bald zurück nach Hause gekommen. Am besten wäre er direkt zu seinen Herden gegangen, die Er so gern links liegen ließ, wenn er nicht da war. Nach ganzen drei Tagen hatte sein Ältester die Arbeit Onan aufgehalst! Er war wirklich nicht zum Hirten zu gebrauchen; er hatte keine Liebe für die Schafe, die doch eines Tages ihm gehören würden. Stattdessen stand Er ungerührt dabei, wenn Wölfe ein Lamm rissen. Es machte ihm Freude, einen guten Schafbock totzuschlagen und anschließend das Fleisch zu braten und zu essen.

Manchmal, wenn Juda seine Söhne betrachtete, sah er, wie ihm alles, was er aufgebaut hatte, zwischen den Fingern zerrann. Er sah Simeon und Levi. Und sich selbst.

Und er sah Josef, wie er in der flimmernden Wüstenhitze weggeführt wurde.

Juda hatte gedacht, dass er weglaufen konnte. Dass er die Verantwortung für das, was er getan hatte, abschütteln konnte.

Manchmal dachte er an die alten Tage mit seinen kanaanitischen Gefährten zurück. Hira, sein Freund aus Adullam, hatte die passende Lebensphilosophie parat gehabt. „Iss, mein Bruder, trink, und freu dich des Lebens! Und wenn die Leidenschaft brennt, dann fach die Flamme noch an."

Und Juda hatte gebrannt. Gebrannt, um zu vergessen. Trink genug, und dein Gedächtnis bewölkt sich. Schlaf mit zügellosen Tempelhuren, und das Feuer deiner Leidenschaft schmilzt dein Gewissen ein. Er hatte seiner wütenden Eifersucht auf Josef freien Lauf gelassen; warum sollte er jetzt nicht auch allen anderen Gefühlen nachgeben, die an ihm rissen? Warum nicht den Instinkt und die Lust herrschen lassen? Jahrelang hatte er versucht, eine Hornhaut auf der Seele zu bekommen, damit das Bild seines jüngeren Bruders ihn nicht mehr verfolgte.

Aber nichts konnte die Erinnerung löschen oder weicher machen. Sie verfolgte ihn, sie ließ ihn nicht los.

Wenn er nachts allein draußen war und zum Himmel hinaufsah, fragte er sich oft, was wohl aus Josef geworden war. Bleichten die Gebeine des Jungen irgendwo auf dem Weg nach Ägypten in der Sonne vor sich hin, oder hatte er durch ein Wunder die Tortur der Reise überstanden? Und wenn ja, war er dann jetzt ein Sklave, der unter der Wüstensonne schuftete, ohne Hoffnung und ohne Zukunft?

Was Juda auch tat, sein Leben stank nach kalter Asche. Er konnte den Folgen seiner Taten nicht entfliehen. Es war zu spät, um seinen Bruder zu suchen und zu retten, zu spät, ihn vor einem Leben zu bewahren, das schlimmer war als der Tod, zu spät, die Sünde ungeschehen zu machen, die Judas eigenes Leben vergiftete. Die Sünde, die er begangen hatte, war so scheußlich, so unvergebbar, dass er mit ihrer Schwärze auf seiner Seele in den Scheol hinabfahren würde. Jedes Mal, wenn er seinen Vater sah, wollten die Scham und die Reue ihn ersticken. Er konnte Jakob nicht in die Augen sehen, denn jedes Mal las er in ihnen die unausgesprochene Frage: *Was ist in Wirklichkeit passiert, damals in Dotan? Was haben du und deine Brüder mit meinem geliebten Josef gemacht? Wann wirst du mir die Wahrheit erzählen, Juda?*

Und Juda spürte die Augen seiner Brüder auf sich, wie sie abwarteten, den Atem anhielten in der Angst, dass er alles bekennen würde.

Noch heute, nach all den Jahren, stieg der alte Zorn in ihm hoch, loderte die alte Eifersucht. *Wenn du uns so gut kanntest, Vater, warum hast du den Jungen zu uns geschickt? Warum gabst du ihn in unsere Hände, wenn du doch wusstest, wie sehr wir ihn hassten? Warst du so blind?* Und dann kam der Schmerz zurück. Josef war nicht nur deswegen Jakobs Liebling gewesen, weil er der Sohn seiner Lieblingsfrau Rahel war. Josef hatte Jakobs Liebe verdient gehabt. Er hatte seinem Vater alle Wünsche von den Augen abgelesen und alles für ihn getan, während seine Brüder immer nur an sich dachten.

So gern Juda die Schuld an Josefs Schicksal auch losgeworden wäre, sie haftete wie eine Klette an ihm. Die Sünde bohrte sich in ihn, durchdrang ihn bis in die tiefsten Tiefen, bis er fühlte, wie sie sein Blut schwarz färbte. Er war schuldig, und er wusste es.

Und jetzt fragte Ers junge Frau ihn über Gott aus. Juda wollte nicht über Gott reden, er wollte noch nicht einmal an ihn denken.

Er würde ihm noch früh genug gegenüberstehen.

Juda schickte einen Boten zu Onan und Schela. Sie sollten die Herden zurückbringen. Dann befahl er Batsuba, ein Festmahl zuzubereiten.

„Warum das? Es ist doch noch nicht Neumond."

„Ich möchte mit meinen Söhnen über die Zukunft sprechen." Juda nahm seinen Mantel und ging hinaus. Die Dunkelheit und die Geräusche der Nacht waren angenehmer als das Lampenlicht und Genörgel seiner Frau.

Batsuba folgte ihm. „Das mit der Zukunft wissen sie doch schon! Sie haben schon oft darüber gesprochen."

„Aber nicht mit mir!"

Sie stemmte die Hände in die Hüften. „Was willst du jetzt wieder Schlimmes über mein Haus bringen, Juda?"

Er knirschte mit den Zähnen. „Es gibt ein paar Dinge, die geklärt werden müssen."

„Was für Dinge?" Sie war wie ein Hund, der seinen Knochen verteidigte.

„Das wirst du schon sehen, wenn es so weit ist."

„Sie sind *meine* Söhne! Ich kenne sie besser als du. Du könntest mir wenigstens helfen, den Frieden zu bewahren! Sag mir, was du vorhast, damit ich sie vorbereiten kann."

Juda funkelte sie an. „Das ist schon immer das Problem gewesen mit dir, Batsuba. Ich habe dir freie Hand gelassen, und du hast *meine* Söhne verdorben!"

„*Ich* sie verdorben? Sie sind genauso wie du: stur und launisch und ständig im Streit miteinander! Sie denken nur an sich selbst!"

Juda ging einfach weg.

Tamar hatte geahnt, dass das Mahl in einem Desaster enden würde. Batsuba hatte den ganzen Tag damit verbracht, auf ihrem Hausaltar Weihrauch zu verbrennen und zu den Göttern zu beten, während Tamar, Aksa und die Diener das Festmahl vorbereiteten, das Juda angeordnet hatte. Batsuba war noch schlechter gelaunt als sonst, aber Tamar hütete sich, alles noch schlimmer zu machen, indem sie ihre Schwiegermutter fragte, warum es sie so aufregte, dass ein Vater seine Söhne zu einem Gespräch über ihre Zukunft versammelte.

Er hatte ein gemästetes Lamm zu dem Mahl beigesteuert. Tamar hörte, wie eine der Dienerinnen sagte, dass er es wahrscheinlich gestohlen habe, aber Batsuba stellte keine Fragen, sondern befahl rasch, das Tier zu schlachten und auf den Bratspieß zu stecken. Die Diener trugen Körbe mit frisch gebackenem Brot und Tabletts mit Obst und Nüssen herein. Batsuba befahl, alle Krüge mit Wein zu füllen.

„Mit Wasser und Milch würde der Abend gesitteter verlaufen", sagte Tamar, der klar war, dass Er sich hoffnungslos betrinken würde. Wusste Batsuba das etwa nicht?

Aber Batsuba sagte nur: „Männer lieben Wein. Also geben wir ihnen Wein, und zwar so viel sie wollen."

„Aber Batsuba ..."

„Kümmer dich um deine eigenen Sachen! Dies ist *mein* Haus!", keifte Batsuba und ging durch den Raum, mit dem Fuß Kissen zurechtschiebend. „Juda will ein Festmahl, also kriegt er eins! Alles, was dabei passiert, wird auf ihn zurückfallen!" In ihren Augen blitzten wütende Tränen.

Noch bevor Juda in Haus kam, begannen seine Söhne mit dem Essen. Tamar erwartete, dass er wütend werden würde, wenn er sie ohne ihn zu Tisch sitzen sah, aber er setzte sich nur ruhig hin und aß schweigend. Seine Söhne hatten die besten Stücke von dem Fleisch bereits für sich genommen. Der bereits angeheiterte Er war gerade dabei zu erzählen, wie einer seiner Freunde auf dem Weg nach Timna einem Blinden ein Bein gestellt hatte.

„Das hättet ihr sehen sollen, wie er auf dem Bauch im Staub herumgekrochen ist und seinen Stock gesucht hat." Er kicherte und warf sich ein paar Weintrauben in den Mund. „‚Da drüben', hab ich gesagt, ‚da drüben.' Und der alte Trottel ist gehorsam in die Richtung gekrabbelt. Wahrscheinlich ist er jetzt noch da und sucht die Straße ab." Er warf seinen Kopf zurück und lachte. Seine Mutter stimmte ein.

Tamar versuchte, sich nicht anmerken zu lassen, wie angewidert sie war.

Er hielt seinen Becher hoch. „Mehr Wein, Frau." Er sprach das Wort „Frau" so aus, als sei es eine Beleidigung. Sie goss seinen Becher voll, und er sah die anderen an. „Wartet nur, bis ich euch erzähle, wie ich an das Lamm gekommen bin."

Juda warf sein Brot hin. „Ihr habt genug geredet. Jetzt habe ich etwas zu sagen."

Er grinste. „Darum sind wir ja alle hier, Vater. Um zu hören, was du uns zu sagen hast."

„Es ist für mich noch nicht klar, wer mein Erbe sein wird."

Es war, als ob ein Blitz den Raum getroffen hätte. Die Stille knisterte förmlich. Tamar sah ihre neuen Verwandten an. Batsuba war kreidebleich, ihre Hände zu Fäusten geballt. Ers Gesicht, das der Wein schon gerötet hatte, wurde beinahe violett. Onans Augen glühten. Am besten schien es noch Schela zu gehen, den der Wein bereits ins Reich der Träume befördert hatte.

„*Ich* bin dein Erbe", presste Er hervor. „Ich bin der Erstgeborene!"

Juda sah ihn ruhig an, seine Augen kühl. „Wer mein Erbe wird, bestimme ich. Wenn ich will, kann ich auch alles einem Diener vermachen."

„Wie kannst du auch nur an so etwas denken?", kreischte Batsuba.

Juda ignorierte sie. Seine Augen waren weiter auf seinen Ältesten geheftet. „Die Schafe leiden unter dir, statt zu gedeihen. Und deine Frau genauso."

Tamar spürte, wie sie erst rot und dann blass wurde, als ihr Mann und ihre Schwiegermutter sie beide ansahen. Beide öffneten gleichzeitig den Mund; Er stieß ein rüdes Schimpfwort aus, während Batsuba sofort zur Verteidigung ansetzte: „Sie hat kein Recht, sich zu beklagen!"

„Tamar hat sich mit keiner Silbe beklagt", sagte Juda kühl. „Aber jeder, der auch nur ein Auge und so viel Verstand hat wie eine Nuss, kann sehen, was sie von *deinem* Sohn empfängt."

„Wenn du auf den blauen Fleck auf ihrem Gesicht anspielst, Vater – sie ist vor ein paar Tagen gegen den Türpfosten gelaufen. Nicht wahr, Tamar? *Sag's ihm*!"

„Vielleicht hast du ihr genauso ein Bein gestellt wie dem Blinden auf der Straße."

Er wurde blass, aber seine Augen glühten wie Kohlen. „Du wirst mir nicht wegnehmen, was mir gehört."

„Verstehst du immer noch nicht, Er? Solange ich es nicht sage, gehört dir gar nichts."

Noch nie hatte Tamar Juda so ruhig, so kalt und so fest reden gehört. Auf einmal strahlte er Autorität und Kraft aus. Zum ersten Mal, seit sie in sein Haus gekommen war, bewunderte sie ihn. Sie hoffte, dass er nicht nachgeben würde.

Juda sah seine Frau und seine Söhne an. „Nichts wird von meinem Besitz genommen werden, wenn ich es nicht ausgebe. Ich habe euch heute Abend hier versammelt, um euch mitzuteilen, dass derjenige meine Herden erben wird, der sich als der beste Hirte für die Schafe erweist."

„Soll das eine Prüfung sein?" Ers Stimme war verächtlich. „Ist das so?" Er grinste höhnisch. „Gib die Herden von mir aus gleich Onan, wenn es dir gefällt, Vater. Denkst du, dass mich das interessiert? Onan ist besser mit den Schafen, schön, aber ich bin besser mit dem Schwert!"

„Siehst du, was du getan hast?", keifte Batsuba. „Du hast meine Söhne gegeneinander aufgehetzt!"

„Wenn ich nicht mehr bin, wird Gott darüber entscheiden, was geschieht."

„Genau!", rief Er. „Sollen die Götter entscheiden!" Er riss seinen Becher hoch, sodass der Wein über seine Hände schwappte. „Ein Prost auf die Götter Kanaans! Ich gelobe hiermit, dass ich meine erste Tochter dem Tempel in Timna opfern werde und meinen ersten Sohn dem Feuer des Moloch!"

„Nein!", schrie Tamar, während Juda aufsprang.

Der Atem wollte ihr versagen. Sollte sie etwa Kinder zur Welt bringen, nur um sie in den Flammen in Tofet sterben oder vor aller Augen auf einem öffentlichen Altar geschändet zu sehen?

Jetzt war auch Er aufgestanden. Sein stolzer Blick bohrte sich in den seines Vaters. „Denkst du etwa, mich juckt es, was du tust? *Meine Brüder werden mir folgen, Vater!* Sie werden dasselbe tun wie ich, oder ich werde ..."

Er hielt abrupt inne, als ob ihm jemand den Atem abgeschnitten hatte. Seine Augen wurden weit und angststarr. Der Becher rutschte aus seiner Hand, und eine rote Spur ergoss sich über sein gutes Gewand. Er griff sich an die Brust.

Batsuba kreischte: „Tu etwas, Juda! *Hilf ihm*!"

Er versuchte zu sprechen, aber kein Wort kam heraus. Er griff sich an die Kehle, als wolle er unsichtbare Hände wegreißen. Schela, den die Schreie seiner Mutter aufgeweckt hatten, sprang mit einem Aufschrei zurück, während Onan stumm zusah, wie Er auf die Knie sackte. Juda wollte ihn auffangen, aber Er kippte nach vorne, fiel mit dem Gesicht zuerst auf das Tablett mit dem Braten und rührte sich nicht mehr.

„Er!“, kreischte Batsuba. „*Er!*“

Tamar zitterte am ganzen Leib, ihr Herz raste. Ihr war klar, dass sie als gute Ehefrau zu ihrem Mann eilen sollte, aber sie hatte Angst, sich zu rühren.

Batsuba wollte Juda wegschieben. „Das ist alles deine Schuld!“

Juda stieß sie zurück, ging auf ein Knie und legte seine Hand an den Hals seines Ältesten. Als er sich wieder aufrichtete, sah Tamar, wie seine Augen ihr eigenes Entsetzen spiegelten. „Er ist tot.“

„Das kann nicht sein!“ Batsuba fiel neben Er auf die Knie. „Du täuschst dich, Juda. Er ist betrunken, er ist nur …“

Sie rollte Er mit einiger Mühe auf seinen Rücken. Als sie sein Gesicht sah, begann sie zu schreien.

Kapitel 3

Tamar weinte mit Judas Familie während der vorgeschriebenen Trauerzeit. Juda war überzeugt, dass Gott selbst seinen Erstgeborenen gerichtet hatte. Batsuba weigerte sich, dies zu glauben, und war untröstlich. Onan tat so, als ob er trauerte, doch Tamar sah immer wieder, wie er sich mit den kanaanitischen jungen Männern, die sich Ers Freunde genannt hatten, traf und mit ihnen redete und lachte.

Tamar schämte sich ein wenig dafür, dass sie Er nicht so betrauern konnte, wie sich das für eine gute Ehefrau gehörte, aber sie weinte eher Tränen der Erleichterung. Sie hatte ihren Mann gefürchtet und verachtet. Doch in die Erleichterung über seinen Tod mischte sich auch eine tiefe Furcht vor dem Gott Judas, der eindeutig Macht über Leben und Tod hatte. Sie merkte, dass sie vor diesem Gott viel mehr Angst hatte, als sie je vor einem Menschen gehabt hatte. In dem einen Augenblick hatte Er noch laut gelobt, seine Kinder zu opfern und seine Brüder in die Irre zu führen, und im nächsten war er tot gewesen! Indem der Gott Abrahams, Isaaks und Jakobs Judas ältesten und rebellischsten Sohn getötet hatte, hatte er gleichzeitig Tamar aus einem Leben des Elends erlöst.

Aber war sie wirklich frei geworden? Allmählich, mitten hinein in den Wirbel ihrer Gefühle, dämmerte ihr die Wahrheit: Sie war mitnichten frei, denn jetzt war sie ja eine Witwe. Ihre Lage hatte sich nicht verbessert, ja eher sogar verschlechtert. Jetzt hatte sie keinen Mann, keine Söhne, keine Position in diesem Haus. Sie konnte aber auch nicht zurück nach Hause gehen. Und wenn Juda nicht das tat, was die Sitte gebot, und ihr Onan zum Mann gab, würde sie nie Söhne oder Töchter zur Welt bringen und ihr Leben wäre nutzlos und ohne Hoffnung.

Nur ein Sohn konnte sie erlösen!

Die Tage schlichen dahin, und Juda schwieg. Tamar wartete geduldig. Sie hatte nicht erwartet, dass er die Sache schon während der Trauerzeit ansprechen würde. Aber sicher würde er tun, was seine Pflicht war, denn er war weise und wusste, dass sein Haus nicht gedeihen würde, wenn er nichts unternahm. Judas Stamm brauchte Söhne und Töchter, oder sein Haus würde kleiner werden und schließlich ganz aussterben.

Dass sie bisher keine Kinder bekommen hatte, machte Tamar als Frau zur Versagerin. Juda hatte sie gewählt, damit sie seinem Haus Kinder brachte, und daran hatte sich nichts geändert. Er musste ihr Onan zum Mann geben! Onan musste mit ihr einen Sohn zeugen, der Ers Erbteil bekommen würde. In dieser Hinsicht hielten es die Kanaaniter wie die Hebräer; Bruder musste Bruder helfen.

Aber wer war dieser Gott der Hebräer? Tamars Herz zitterte, wenn sie über die Macht nachdachte, die er offenbar hatte. Sie war voller Fragen, aber sie kannte keinen Menschen, dem sie sie stellen konnte. Juda hatte ihr bereits zu verstehen gegeben, dass er nicht bereit war, über den Gott seines Vaters zu sprechen.

Und so brütete und grübelte sie allein über ihren Fragen, suchte Antworten und fand keine. Wenn dieser Gott Er getötet hatte, weil er seine Kinder den kanaanitischen Göttern versprochen hatte, warum hatte er nicht auch Juda getötet, der doch Batsuba erlaubt hatte, ihre Söhne zu Baalsdienern zu erziehen? Oder war das Elend in Judas Leben eine Strafe für irgendeine schlimmere Tat, die sie nicht kannte? Juda hatte doch einmal gesagt, dass die Hand Gottes ihn drückte. Er war überzeugt davon, und folglich musste es stimmen; Juda musste es doch wohl wissen.

Tamar spürte, wie die Angst sie bei diesen Gedanken beschlich, denn wenn Gott gegen Juda war, was konnten dann die anderen Mitglieder seiner Familie erhoffen?

Wie besänftigte man das Herz eines Gottes, der gegen einen war? Was konnte man tun, wenn man noch nicht einmal wusste, was er von einem wollte? Was für Opfer brachte man ihm, was für Geschenke? *Gehorsam*, hatte Juda gesagt. Aber was hieß das bei diesem Gott – Gehorsam?

Aber inmitten dieser Furcht vor Judas Gott spürte Tamar auch einen merkwürdigen Trost. Jetzt war Er nicht mehr ihr Herr. Ihr Schicksal lag nun in Judas Händen. In dem Jahr, das sie in seinem Haus war, hatte sie nicht ein Mal gesehen, wie ihr Schwiegervater den Göttern Kanaans Opfer dargebracht hatte. Es war Batsuba, die Aschera und Baal und einem Dutzend anderen inbrünstige Verehrung angedeihen ließ. Sie war diejenige, die Öl und den Wein auf den Hausaltar goss und sich in die eigenen Arme ritzte. Doch nie ging sie zu den Teraphim, wenn Juda in der Nähe war.

Aber Tamar hatte auch nie gesehen, wie Juda seinem Gott opferte. Tat er es vielleicht draußen auf den Weiden? Oder wenn er bei seinem Vater und seinen Brüdern war? Ihr Schwiegervater ließ nie ein Wort darüber fallen, und Tamar traute sich nicht, Batsuba zu fragen.

Wenn Judas Gott es gestattete, würde sie Onan Kinder schenken und Judas Hoffnungen für sein Haus erfüllen. Jetzt, wo Er tot war, würden ihre Kinder wenigstens nicht in die Arme des Moloch gelegt und in die Feuer von Tofet geworfen werden; sie würden auch nicht Opfer der Lustgöttin Aschera werden. Sie würden in den Wegen von Judas Vater aufwachsen. Sie würden sich vor Judas Gott verneigen und nicht vor den Götzen Batsubas.

Wie ihr Herz sich danach sehnte, dass es so kommen würde! Aber sicher war es nicht. Das eine Jahr in Judas Haus hatte Tamar gezeigt, dass Batsuba die Oberhand hatte. Das eine Mal, wo Juda seine Autorität geltend gemacht hatte, hatte sein Ältester rebelliert und war tot umgefallen.

Sie konnte nicht zu Juda gehen und mit ihm über diese Dinge reden. Es war zu früh, zu schmerzlich. Juda würde sie holen lassen, wenn er bereit war. Was sonst konnte er tun? Sie musste die Gebärerin werden.

Juda grübelte lange über die Zukunft seiner Familie nach. Er wusste, was er tun musste. Aber er wartete 70 Tage, bis er Tamar zu sich rief. Als sie vor ihm stand in ihrem schwarzen Gewand, schlank und würdevoll, den Kopf erhoben, merkte er, dass sie sich verändert hatte. Ihr Gesicht hatte keine blauen Flecken mehr, ihre Haut war glatt und gesund. Aber da war noch mehr. Eine neue Gelassenheit. Sie war nicht mehr die zitternde Kindsbraut, die Juda zu Er gebracht hatte.

Juda wusste, dass Tamar Er nie geliebt hatte. Sie hatte ihm gehorcht und den Respekt erwiesen, den ein Ehemann von seiner Frau erwarten konnte, und obwohl Er sie geschlagen hatte, hatte sie sich nie geduckt wie ein geprügelter Hund. Sie hatte sich in ihr Schicksal gefügt und nach Kräften versucht, ein Teil seiner Familie zu werden. Jedem Befehl hatte sie sich gebeugt. Sie würde auch jetzt Judas Entscheidung akzeptieren und befolgen.

„Ich gebe dir Onan zum Mann, damit du einen Sohn für Er gebären kannst."

„Ja, mein Herr." Sie verneigte sich tief.

Juda wollte etwas sagen – irgendetwas, das dem Mädchen Trost und Hoffnung spenden würde. Aber was konnte er sagen, ohne schlecht von Er zu sprechen? Wie böse Ers Wege auch gewesen waren, er war immer noch Juds Erstgeborener, der erste Beweis seiner Manneskraft. Er konnte nichts gegen Er sagen, ohne gegen sich selbst zu sprechen.

Aber vielleicht würde ein Segen sein Gewissen besänftigen. „Mögest du fruchtbar sein und mein Haus bereichern, Tamar." Bei Onan würde sie wenigstens nicht leiden. Soviel Juda wusste, machte es seinem zweiten Sohn keinen Spaß, Hilflose zu quälen.

Als Tamar sich wieder aufrichtete, sah sie ihn direkt an. Die Wärme in ihren Augen war ihm unbehaglich. Er nickte. „Du kannst gehen."

Sie drehte sich um, dann sofort wieder zurück. „Darf ich mit dir reden, mein Herr?" Etwas schien sie zu plagen.

Er hob seine Augenbrauen.

„Da ich für dein Haus Kinder gebären soll – würdest du mich in den Wegen deines Gottes unterweisen?"

Er versteifte sich. „Ich werde mit Onan sprechen, wenn es so weit ist."

„Ist es nicht schon längst so weit?"

Er ballte die Fäuste. „Wagst du es, mich zu tadeln?"

„Nein, mein Herr“, sagte sie rasch. Ihr Gesicht wurde blass. „Verzeih mir bitte, ich habe nur gemeint …“

Er ignorierte die Tränen in ihren Augen. „Geh.“ Er schloss seine Augen und ruckte befehlend mit dem Kopf; gleich darauf hörte er, wie ihre Schritte sich hastig entfernten.

Warum musste Tamar ihn dauernd über Gott befragen? Was konnte er ihr denn sagen? Gott hatte Er wegen seiner Frechheit und Grausamkeit getötet und sich damit auch an Juda gerächt. Auge um Auge, Leben um Leben. Er für Josef.

Juda fuhr sich mit den Fingern durchs Haar und hielt sich den Kopf. Vielleicht konnte er sie jetzt endlich vergessen, die Wahrheit.

„Dies ist es, was er von dir verlangt: dass du das Rechte tust, Gnade übst und demütig wandelst vor deinem Gott.“ Die Worte seines Vaters kamen zu ihm, als ob Jakob neben ihm stünde und sie ihm ins Ohr flüsterte.

Juda erhob sich und ging hinaus.

Tamar ging zurück in ihr Zimmer und berichtete Aksa, was Juda gerade gesagt hatte. Onan sollte also mit ihr schlafen und einen Sohn für Er zeugen.

„Juda hat schon vor acht Tagen mit mir gesprochen“, sagte Aksa. „Er hat die Tage gezählt.“

Tamar errötete. Aksa lächelte sie an. „Onan ist ein besserer Mann als Er; er wird dich nicht schlagen.“

Tamar senkte ihre Augen. Onan war ebenso gut aussehend und stattlich wie Er und konnte genauso gut reden. Aber vielleicht hatte er auch die gleichen Hammerfäuste? Sie atmete langsam ein. Sie durfte sich nicht der Angst hingeben. Angst konnte eine Empfängnis verhindern.

Trotz all ihrer Entschlossenheit flatterten dunkle Ahnungen durch ihren Bauch. Nein, sie hatte keinen Grund zu der Erwartung, dass Onan freundlich zu ihr sein würde. Warum sollte er? Er umgab sich mit den gleichen Freunden wie Er.

Aksa nahm ihre Schulter. „Freu dich, Tamar. Juda ist auf deiner Seite gegen Batsuba.“

Tamar schüttelte ihre Hand ab. „Sei nicht dumm, Aksa. In dieser Sache gibt es keine ‚Seiten'. Das ist reine Notwendigkeit."

„Notwendigkeit? Was redest du? Deine Schwiegermutter hat Juda wochenlang in den Ohren gelegen wegen dir. Sie wollte nicht, dass Onan in demselben Haus ist wie du, geschweige denn in demselben Bett!"

„Kannst du ihr das verübeln? Ich würde genauso trauern, wenn ich einen Sohn verloren hätte."

„Oder einen Mann, der dich liebte." Aksa senkte ihre Stimme zu einem verschwörerischen Flüstern. „Wenigstens Er sind wir los."

Tamar wandte sich ab.

Aksa seufzte. „Du musst vorsichtig sein, Tamar. Batsuba sucht einen Schuldigen."

Tamar setzte sich auf ein Kissen. „Da muss sie sich an den Gott Judas halten."

„Sie hat *dich* im Verdacht. Sie sagt, du hast einen bösen Zauber auf Er gelegt."

Tamar sah sie überrascht an. „Was für eine Macht habe ich denn, jemandem in diesem Haus Gutes oder Böses zu tun? Ich bin doch nichts! Und was hätte ich gewinnen können durch den Tod meines Mannes? Geht es mir denn jetzt, wo er tot ist, besser?" Sie schüttelte den Kopf und sah zur Seite. „Niemand wird Batsuba glauben. Sie haben doch alle gehört, wie Er den Gott seines Vaters verwarf, sie haben alle gesehen, wie er starb."

Aksa hockte sich vor ihr hin. „Denkst du etwa, das zählt?" Sie nahm Tamars Hände und hielt sie fest. „Ers Mutter hatte ein gerütteltes Maß Schuld daran, wie er war, aber meinst du, dass sie das je einsehen wird?"

Tamar zog ihre Hände weg und schlug sie sich vors Gesicht. „Ich habe Er nichts Böses getan!" Sie holte verzweifelt Luft. „Was ist das für ein Haus, wo einer den anderen vernichten will?"

Aksa drückte ihre Fingerspitzen auf Tamars Lippen. „Ich weiß doch, dass du Er nichts getan hast, und Juda weiß das auch. Kein einziges Mal hast du etwas gegen Er gesagt. Alle wussten, dass er dich schlug, und alle haben sie weggeschaut."

„Wie kannst du dann sagen …"

„Du bist zu jung, um zu verstehen, was für eine Frau Batsuba ist. Sie ist eifersüchtig. Sie hat Angst, ihre Stellung zu verlieren. Und so verlegt sie sich aufs Lügen. Eine Lüge, die genügend oft wiederholt wird, wird schließlich als Wahrheit geglaubt."

„Ich kann nur das sein, was ich bin, Aksa!" Die Tränen strömten Tamar über die Wangen.

Aksa tätschelte ihre Wange. „Sei getrost, meine Liebe. Du hast doch gewonnen. Juda hat dir Onan gegeben; das zeigt, dass er glaubt, dass es der Gott seines Vaters war, der Er das Leben genommen hat, auch wenn Batsuba dich beschuldigt. Aber pass auf: Sie ist listig wie eine Schlange. Jetzt, wo Juda seine Entscheidung getroffen hat, wird sie eine Weile still sein. Aber vergiss nie: Sie ist deine Feindin."

„Das war sie immer schon, Aksa."

„Und jetzt erst recht. Aber Juda wird dich schützen."

Tamar lachte traurig und schüttelte den Kopf. „Juda steht weder zu meiner Rechten noch zu meiner Linken. Er steht allein, wie immer. Er hat nur die nötigen Schritte unternommen, um seine Familie zu bewahren." Sie wandte sich ab, damit Aksa ihre schmerzliche Enttäuschung nicht sah. Juda hatte sich geweigert, sie in den Wegen seines Gottes zu unterweisen, obwohl dieser Gott eindeutig die Macht über Leben und Tod hatte. „Ich trage jetzt eine größere Last als an dem Tag, als ich hierherkam, Aksa. Ich will, dass dieses Haus gedeiht. Ich will meine Pflicht erfüllen."

„Das wirst du auch."

„Wenn ich Kinder bekomme."

„Du wirst Kinder bekommen." Aksa lächelte. „Onan wird dir ein Kind schenken, da habe ich keine Zweifel."

Tamar teilte ihren Optimismus nicht. Schließlich war Onan Ers Bruder.

Aksa war froh, dass Juda sich endlich entschieden hatte. Die Gleichgültigkeit in dieser Familie tat ihr weh. Keiner hier hatte Tamar verdient. Sie war sanft und hübsch, fleißig und treu.

Manchmal schwoll Aksas Herz vor Stolz, wenn sie sah, mit wieviel Würde und Anstand dieses Mädchen durch den Tag ging, vor allem angesichts von Batsubas Beleidigungen und Ausfällen. Manchmal musste Aksa sich auf die Zunge beißen, um nicht laut ihre Meinung zu sagen und Schläge oder Schlimmeres zu riskieren.

Juda hatte lange genug gezögert mit seiner Entscheidung, Tamar Onan zur Frau zu geben. Aksa hatte schon befürchtet, dass es Batsuba gelungen war, ihn gegen Tamar einzunehmen. Aksa liebte Tamar wie ein eigenes Kind, und es schmerzte sie zu sehen, wie sie behandelt wurde.

Sie hatte sich gefreut, als Juda zu ihr kam und sie fragte, wie es um Tamars Befinden stand. Es war ihm sichtlich peinlich gewesen, aber sie hatte verstanden, was er meinte, und ihm gerade heraus gesagt: „Die beste Zeit für eine Empfängnis ist in zehn Tagen."

„In zehn Tagen? Bist du sicher?"

„Ja, mein Herr." Aksa hatte ihre Pflichten gegenüber Tamar und gegenüber Judas Haus treu erfüllt. Das Mädchen hatte keine Geheimnisse vor ihr. Aksa kannte ihren Monatszyklus und zählte die Tage immer vom Vollmond an, sodass sie genau wusste, welches die fruchtbarsten waren.

Aber Tamars seelischer Zustand gefiel ihr nicht. Sie war neuerdings so grüblerisch und in sich gekehrt, ganz anders als früher. Vielleicht lag das nur daran, dass aus dem Mädchen allmählich eine Frau wurde, aber es tat ihr doch weh, nicht mehr in allen Dingen Tamars Vertraute zu sein. Wie konnte sie Tamar aufmuntern, wenn sie nicht wusste, was in ihr vorging? Wenn sie sie fragte, erntete sie nur Schweigen. Sie konnte nur annehmen, dass Tamar vor der Hochzeitsnacht mit Onan Angst hatte, und das verstand sie gut, wusste sie doch, wie herzlos Er ihr liebes Mädchen behandelt hatte. Ein blauer Fleck hier und da war nichts Besonderes, aber brutale Schläge konnten zu inneren Verletzungen und dauerhaften Schäden führen. Und was wäre dann aus Tamar geworden?

Aber jetzt war Er tot, und Aksa konnte sich eine heimliche Freude nicht verkneifen. Der elende Kerl hatte das bekommen, was er verdient hatte. Nie mehr würde er seine Hand gegen Tamar erheben. Und wer der Gott auch war, der ihn getötet hatte, Aksa war ihm dankbar. Wie oft hatte sie sich gewünscht, selbst diese Macht zu haben. Sie hatte sich die Ohren zuhalten müssen, um nicht verrückt zu werden, wenn sie hinter verschlossenen Türen Tamars gedämpfte Schmerzensschreie hörte.

Vor Onan brauchte Tamar keine Angst zu haben. Judas zweiter Sohn war anders als der erste. Onan war klug und ehrgeizig. Er kümmerte sich um die Herden seines Vaters, als seien es bereits seine eigenen. Und mehr als einmal hatte Aksa den Verdacht gehabt, dass Onan nicht nur auf den Erbteil seines Bruders erpicht war, sondern auch auf dessen Frau. Wie er Tamar manchmal angesehen hatte … Vielleicht würde die Lust des jungen Mannes zu Liebe werden, und Tamars Leben würde einfacher werden.

Bestimmt konnte Onan es kaum abwarten, seiner Pflicht gegenüber Tamar nachzukommen. Der erste Sohn, den sie gebären würde, würde als Ers Sohn gelten, aber weitere Söhne würden folgen, und sie würden Onan zugerechnet. Wie Aksa ihn herbeisehnte, den Tag, wo sie Tamar dabei helfen würde, ihr erstes Kind zur Welt zu bringen! Wie schön es wäre, wenn sie wieder lachen und ihre Augen vor Glück glänzen würden! Der bloße Gedanke trieb Aksa die Tränen in die Augen.

Sie nahm ihren Besen und Korb und trat in das Zimmer, das Tamars und Onans Brautkammer werden würde. Sie setzte den Korb neben der Tür ab und ging sofort ans Werk: Sie murmelte die richtigen Zaubersprüche, die die Geister aus dem Zimmer vertreiben würden. Es gab Geister, die die Begierde dämpften und so eine Empfängnis verhinderten. Sie musste sie gründlich austreiben, sodass sie nicht wiederkamen. Es war Aksa eine heilige Pflicht, das junge Paar vor solchen bösen Mächten zu schützen.

Sie arbeitete langsam und sorgfältig, achtete darauf, dass sie jedes Stückchen der Wände, der Decke und des Fußbodens sauber fegte. Dann rührte sie etwas Mörtel an und verschloss die Löcher in den Steinwänden, damit keine bösen Geister eindringen konnten. Sie holte frische Binsenmatten und legte sie säuberlich auf den Lehmfußboden. Sie goss Duftöl in mehrere kleine Öllampen und stellte Weihrauchbehälter in die vier Ecken des Gemachs, um der Luft eine schwere, betörende Süße zu verleihen. Dann holte sie eine Alraune aus ihrem Korb und schnitt mehrere dünne Scheiben der kostbaren Wurzel, die die Fruchtbarkeit erhöhen sollte, in eine Tasse, die sie neben den Weinkrug stellte. Zuletzt holte sie ein gewebtes Tuch und breitete es über die Matten, auf denen das junge Paar liegen würde.

Sie stellte sich in die Tür und begutachtete ihr Werk. War alles an seinem Platz, hatte sie auch nichts vergessen? Aus dem großen Zimmer kamen Stimmen und Musik. Das Hochzeitsfest hatte begonnen. Bald würden sie das Paar in dieses Zimmer führen.

Sie trat noch einmal in das Zimmer, holte eine Handvoll feines Mehl aus dem Beutel, der um ihre Taille hing, und streute es auf den Boden, von den Wänden bis zur Tür. Mit jeder Bewegung ihres Armes murmelte sie Beschwörungen, um die bösen Geister auch ganz bestimmt aus dem Raum zu vertreiben. Sie war erst zufrieden, als der Boden von einer gleichmäßigen hellen Mehlschicht bedeckt war. Falls ein Geist es wagen sollte, zurückzukommen, würden sie seine Fußspuren in dem Mehlstaub sehen und so vorgewarnt sein.

Aksa schloss die Tür fest und füllte auch die Ritzen um sie herum mit Mehl, bis der ganze Raum versiegelt war.

Endlich fertig! Sie setzte sich zufrieden hin. Eine gute Stunde würde sie Tamar noch zum Feiern geben, und ein oder zwei Becher Wein würden dem Mädchen sicher guttun. Aksa flüsterte lächelnd ein paar Gebete zu ihren Göttern. Bald würde sie die Frischvermählten in ihr Brautgemach führen. Sie würde sich noch einmal vergewissern, dass keine Geister darin waren, und dann würde sie die Tür hinter Tamar und Onan schließen und Wache halten. Sie würde mit dem Rücken an der geschlossenen Tür sitzen und auf ihrer kleinen Trommel spielen und ein Lied dazu singen, das die Dämonen vertrieb und junge Herzen in Leidenschaft entbrennen ließ. Wenn sie die eifersüchtigen Geister nur lange genug vom dem Haus fernhalten konnte, würde Tamar ein Kind empfangen. Und dann – endlich! – würde dieses Mädchen, das Aksa so liebte wie ihr eigenes Kind und dessen Dienerin sie war, die Achtung bekommen, die einer Frau gebührte, die Kinder gebar.

Tamar merkte bald, dass Onan in der Tat anders war als Er: Er war auf eine raffiniertere Art böse.

Obwohl Tamar etwas benebelt war von dem Wein und dem Räucherduft und Aksas monotonem Trommeln, bemerkte sie doch deutlich den Augenblick, in dem Ers Bruder ihr die Chance versagte, ein Kind von ihm zu empfangen. Sie wollte aufschreien, aber er bedeckte ihren Mund mit dem seinen und erstickte so ihren Protest. Sie kämpfte heftig, wand sich frei und rutschte von ihm weg.

„Du hast mich entehrt!“ Sie riss ihr Gewand an sich. „Und deinen eigenen Bruder verraten!“

Onan setzte sich schwer atmend auf. „Ich werde dich besser behandeln als Er, das verspreche ich dir!“

„Ist das hier etwa besser?“

„Ich werde freundlich zu dir sein und …“

„*Freundlich?* Wir sind hier zusammen, um einen Sohn für Er zu zeugen!“

Onan legte sich auf die Seite. „Was ist denn schlimm daran, wenn wir es uns nett machen?“

Tamar funkelte ihn schweigend an.

Onans Augen wurden schmaler. „Jetzt sieh mich nicht so an, als ob ich eine Giftspinne wäre.“

„Du musst deine Pflicht gegenüber meinem toten Mann, deinem Bruder, erfüllen.“

„Ich *muss*?“ Onans Gesicht verfinsterte sich. „Wer bist du, dass du mir sagst, was ich tun muss?“

„Du weißt, wer ich bin und was für eine Stellung ich in diesem Haus habe. Wirst du tun, was recht ist, oder nicht?“

„Ich verspreche dir, für dich zu sorgen. Du wirst immer gut zu essen und ein Dach über dem Kopf haben. Ich werde dir alles geben, was du brauchst.“

Sie lief rot an. Bildete er sich im Ernst ein, dass er sie wie eine Hure behandeln konnte? Sie musste sich überwinden, ihn anzusehen. „Es gibt nur eines, was ich von dir erwarte, Onan, und das hast du gerade an den Fußboden verschwendet." Sie warf ihm sein Gewand an den Kopf.

Onan schlüpfte hinein und besaß immerhin den Anstand zu erröten, aber seine Augen verloren ihren berechnenden Schimmer nicht. „Er hat mir gesagt, dass du störrisch bist. Du könntest auch versuchen, meine Lage zu verstehen."

Seine Lage. Sie hatte gewusst, dass er von der gierigen Sorte war, aber diese schreiende Ungerechtigkeit hatte sie nicht erwartet. „Du willst nicht nur *deinen* Erbteil, sondern Ers noch dazu!"

„Und warum nicht? Ich habe dafür gearbeitet."

„Du hast deinen eigenen Erbteil. Du hast kein Recht auf Ers; es gehört seinem Sohn."

Onan grinste. „Welchem Sohn?"

Wütende Tränen stiegen in ihre Augen. „Das kannst du nicht machen, Onan! Ich bin keine Hure!"

„Jetzt sei doch vernünftig, Tamar. Wer hat sich denn um die Herden gekümmert – Er oder ich? Habe ich dich geschlagen und beschimpft? War Er auch nur einmal freundlich zu dir? Was hat mein Bruder dir je Gutes getan?"

„Darum geht es doch gar nicht! Er war der älteste Sohn deines Vaters, der Erstgeborene. Du musst deine Pflicht gegenüber deinem Bruder erfüllen, oder seine Linie wird aussterben. Was meinst du, was Juda davon halten wird, wenn ich ihm sage, was du heute getan hast?"

„Dann sag's ihm besser nicht."

„Ich will bei dieser Sache nicht mitmachen! Was für eine Zukunft habe ich, wenn du deinen Kopf durchsetzt?"

„Die Zukunft, die ich dir biete."

„Ich soll also einem Mann vertrauen, der seinem eigenen Bruder den Erben versagt?"

Onan stand auf. Er war jetzt wütend. „Ers Name soll ausgelöscht werden! Er hatte den Tod verdient! Es geht uns allen besser ohne ihn."

Sein plötzlicher Hass schockierte Tamar. „Aber du darfst mir doch nicht mein Recht versagen, Onan. Damit betrügst du das Haus deines Vaters."

Onan schnalzte wegwerfend. „Du weißt ja nicht, was ich unter meinem Bruder habe leiden müssen. Jedes Mal, wenn meine Mutter nicht hinsah, hat er mich mit den Fäusten bearbeitet. Wenn du es ganz genau wissen willst: Ich habe mich gefreut, als er gestorben ist. Am liebsten wäre ich singend durch den Raum getanzt!" Er lächelte sie spöttisch an. „Und du doch sicher auch, oder?"

„Lass mich aus dem Spiel! Ers Anteil gehört nicht dir. Es gehört dem Sohn, den er hätte haben können – dem Sohn, den du mir geben *musst.*"

Onan legte sich wieder hin, auf seinen Ellbogen gestützt. „Und wenn ich das nicht tue?"

„Das kann doch nicht dein Ernst sein, Onan! Willst du etwa, dass Ers Name mit ihm ins Totenreich geht?"

„Da gehört er doch hin."

Was Onan da tat … es war schlimmer als Mord, fand Tamar. Er beraubte Er der Nachkommen, die er durch die Generationen hindurch haben konnte. Wenn Onan seinen Willen durchsetzte, würde sie nie Kinder bekommen, und was würde dann aus ihr werden?

„Bitte, Onan, tu das nicht! Überleg dir das Ganze noch mal!"

„Das habe ich schon getan. *Mein* Name ist mir wichtiger als seiner."

„Was für ein Mensch bist du, dass du das Haus deines eigenen Bruders zerstören willst?"

„Welches Bruders? Was für ein Haus?" Er lachte leise. Er nahm den Saum ihres Gewandes zwischen seine Finger und rieb ihn. „Ich bin ein Mann, der das festhält, was ihm gehört." Er grinste. „Ich kann dich glücklich machen. Soll ich dir zeigen, wie?"

Tamar riss ihm das Gewand weg und rutschte noch weiter fort von ihm. Sie hatte Lust, Aksa laut zuzurufen, dass sie mit ihrem Trommeln und Singen aufhören sollte. Diese Hochzeitsnacht war ein böser Scherz!

Onans Gesicht wurde kühler. „Sei zufrieden mit dem, was ich dir biete."

„Das werde ich nicht hinnehmen."

„Was willst du denn dagegen machen?" Sein Ton war genauso herablassend wie der von Er.

„Ich kann mit Juda reden."

Onan lachte auf. „Tu das ruhig. Vater wird nichts unternehmen; das tut er nie. Außerdem wird dein Wort gegen meines stehen, und wer wird dir glauben, Tamar? Meine Mutter hasst dich mit jedem Atemzug mehr. Sie ist sowieso davon überzeugt, dass du meinen Bruder mit einem Zauberspruch getötet hast. Ich brauche nur zu sagen, dass ich alles getan habe, um meine Pflicht zu erfüllen, aber dass die Götter deinen Schoß verschlossen haben."

Sie blinzelte die Tränen zurück. „Ich werde deinem Vater die Wahrheit sagen, und möge der Gott seiner Väter der Richter sein zwischen dir und mir!" Sie stand auf, um zu gehen.

Onan packte ihr Fußgelenk. Sie versuchte auszutreten, doch er schlug ihre Füße unter ihr weg, sodass sie zu Boden fiel. Er presste sie mit seinem Körper auf die Matte.

„Sei zufrieden mit dem, was du hast, Mädchen, denn du kriegst nicht mehr, als ich dir geben werde! Und wenn mein Vater stirbt, wirst du noch nicht mal das haben, wenn du dir keine Mühe gibst, mir zu gefallen!"

Sie atmete schluchzend ein und drehte ihr Gesicht weg. Onan lockerte seinen Griff. „Schsch …" Er streichelte ihre Wange und küsste sie auf den Hals. „Jetzt komm, mein Bräutchen, wein doch nicht." Seine Berührung ekelte sie an. „Alle sind froh, dass Er tot ist. Du solltest es auch sein." Er packte die am Kinn und drehte es so, dass sie ihn ansehen musste. „Ich habe dich seit dem Tag gewollt, als du hierherkamst. Und jetzt bist du mein." Er versuchte sie zu küssen. Sie drehte ihr Gesicht zur Seite, presste ihre Zähne zusammen und lag steif wie ein Brett da.

„Finde dich mit dem ab, was ist. Es wird nicht mehr anders werden."

„Lieber will ich tot sein."

Onan fluchte. „Bring mich nicht auf Ideen." Die Matten raschelten leise, als er sich von ihr wegdrehte. „Also gut, wie du willst. Dann kriegst du eben nichts." Ein paar Minuten, und er war fest eingeschlafen.

Tamar lag in der Ecke, ihre Hände vor dem Gesicht, während draußen vor der Tür Aksa weiter ihre Liebeslieder sang.

Tamar verbrachte den Rest der Nacht damit, sich innerlich auf den Kampf vorzubereiten, der vor ihr lag. Sie war entschlossen, nicht einfach aufzugeben. Sie musste zu Juda gehen! Bestimmt würde er ihr helfen. Ohne Kinder würde seine Familie aussterben; der Wind würde seinen Namen fortblasen wie ein Staubkorn.

Sie musste mutig sein und stark. Sie musste ihr Recht einklagen, wenn die Söhne dieses elenden Hauses nur an sich selbst dachten.

Noch bevor Onan aufwachte, ging sie zu Juda. Sie erzählte ihrem Schwiegervater genau, was sein Sohn getan hatte, und zeigte ihm zum Beweis das Tuch, das Aksa auf die Bettmatten gelegt hatte.

Judas Gesicht lief dunkelrot an. „Du hast doch erst eine Nacht mit Onan verbracht! Er wird schon noch zu sich kommen. Gib ihm Zeit."

Zeit? War das alles, was Juda ihr zu sagen hatte? Warum war er nicht wütend, dass sein Sohn ihn um sein Recht betrügen wollte? Onan versündigte sich doch gegen das ganze Haus! Sein Motiv war die reine Gier, sein Vergehen einem Mord gleich. Wie konnte Juda eine solche Sünde gegen seine Familie durchgehen lassen? Egal, wie oft Er sie misshandelt hatte, es durfte nicht sein, dass ihr verstorbener Mann so entehrt wurde. Musste sie Onans Sünde auf den Dächern hinausschreien, damit Juda ihn zur Rechenschaft zog?

„Ich werde Onan nicht erlauben, mich unter diesen Umständen zu berühren. Ich kann es nicht!"

Judas Augen blitzten. „Wie kannst du es wagen, mir vorzuschreiben, was in meinem Haus zu geschehen hat?"

„Ich bin die Frau deines Erstgeborenen! Willst du etwa, dass Ers Name ausstirbt, weil Onan sich seiner Pflicht verweigert hat?"

„Sei still, Mädchen!"

Sie spürte, wie heiße Wut in ihr hochstieg. „Ich bin eine Frau, Juda, und ich bin gedemütigt worden, und kein Gebrüll der Welt kann das auslöschen!" Hatte sie nicht das Recht, ja die Pflicht, Kinder zu gebären? „Warum bist du gegen mich? Es ist doch in unser aller Interesse, dass Söhne geboren werden!" Was würde aus Judas Stamm werden, wenn das so weiterging? „Man kann kein Land bearbeiten und keine Herden hüten, wenn man keine Kinder hat!"

„Das brauchst du *mir* nicht zu erzählen!"

Juda brüllte wie ein verwundeter Löwe, aber Tamar ließ sich nicht beirren. Sie wusste, dass Juda nicht wie Er war. Er würde nicht seine Fäuste gegen eine Frau erheben. „Es ist mein Recht, Kinder zu bekommen!"

Juda sah zur Seite, sein Unterkiefer zuckte. „Na schön", murmelte er. „ich werde mit Onan sprechen, wenn es sich ergibt. Halt so lange Ruhe."

Sie öffnete den Mund, um zu protestieren. Er hob Schweigen gebietend seine Hand. „Lass mich ausreden! Vielleicht gewinnt mein Sohn dich noch lieb. Hast du daran schon einmal gedacht? Anstatt ihn anzuklagen, könntest du es mit den Waffen der Frau versuchen. Versuche, seine Liebe zu dir zu entfachen. Wenn Onan dich erst einmal liebt, wird er dir selbst dein Recht geben, ohne dass du ein Wort zu sagen brauchst."

Ihre Wangen brannten. Onan hatte also recht gehabt; Juda würde nichts unternehmen. Er würde zurück zu seinen Schafen gehen und es ihr überlassen, sich die Gerechtigkeit zu erschmeicheln, die Onan ihr schuldete.

„Kennst du deine Söhne so wenig, Juda?" Schon Er war zur Liebe unfähig gewesen, und Onan wurde von Gier schier zerfressen und kannte nur ein Ziel: alles an sich zu reißen, jetzt, wo sein älterer Bruder tot war. Warum sagte Juda es nicht geradeheraus: *Sieh selbst zu, wie du das Erbteil deines ersten Mannes verteidigst! Sieh selbst zu, wie du zu einem Kind kommst!*

„Ich kenne meine Söhne." Juda funkelte sie an.

Sie kämpfte ihre Tränen nieder, denn sie wusste, dass Juda sich davon nicht beeindrucken lassen würde. „Warum weigerst du dich, der Sünde entgegenzutreten, die sich vor deinen eigenen Augen abspielt? Du hast Er nie zur Rechenschaft gezogen, und jetzt schaust du zu, wie Onan …"

„Willst du mir vorschreiben, wie ich mein Haus zu führen habe?"

„Nein! Ich würde nicht im Traum daran denken, Batsuba ihren Platz wegzunehmen!"

Juda schaute überrascht, dann wurde er bleich vor Zorn. „Du hast genug gesagt."

Tamar sah seine Wut. Sie war ihr egal. Sollte er sie ruhig schlagen. Sie war schon oft geschlagen worden, und in diesem Haus würde sie wieder geschlagen werden, da war sie sicher. Sie würde diesem zahnlosen Löwen nicht wehrlos gegenübertreten wie eines seiner Schafe!

Sie zwang sich, ruhig zu sprechen. „Als du meinem Vater den Brautpreis gezahlt hast, habt ihr einen Bund geschlossen. Ich wurde die Frau deines Sohnes Er, und damit wurde ich *deine Tochter*. Willst du zulassen, dass deine Tochter wie eine Hure behandelt wird? Ein Mann, der seine Schwester gegen den Prinzen von Sichem verteidigt hat, wird doch wohl-"

„Das war etwas anderes!"

Sie merkte, dass sie gerade eine alte Wunde aufgerissen hatte. „Ich gehöre zu deiner Familie, Juda." Auch wenn er sich noch so abweisend verhielt – sie hatte doch wohl ihre Rechte; es konnte nicht sein, dass er Onan diese Rechte mit Füßen treten ließ.

„Sei geduldig, Tamar. Ich habe Er verloren, ich will jetzt keinen Krieg mit Onan." Er stöhnte frustriert auf. „Es muss eine andere Lösung geben!"

Sie wusste, dass es eine gab, aber sie zögerte, sie zu erwähnen. Sicher wusste er genauso gut wie sie, was die einzige Alternative war. Sie schluckte heftig, ihre Wangen brannten. „Wenn dir das lieber ist, kannst du auch dem kanaanitischen Brauch folgen und diese Pflicht selbst erfüllen."

Sein Kopf fuhr hoch. Ihr Vorschlag widerte ihn sichtlich genauso an wie sie selbst. „Ich bin ein Hebräer und kein Kanaaniter."

„Ich wollte dich nicht beleidigen."

„Wenn du eine richtige Frau wärst, könntest du Onan umgarnen, anstatt dein Problem auf mich abzuschieben!"

Ihre Augen füllten sich mit Tränen. Sie war Frau genug, um ein Kind zu empfangen, und das war alles, was von ihr verlangt wurde. Hatte er das vergessen? Erwartete er etwa, dass sie sich wie eine Hure aufführte und Onan das abtrotzte, was er ihr schuldete? Sollte sie vielleicht zu ihrer Schwester zum Tempel in Timna gehen und sie um Nachhilfeunterricht in der Kunst der Verführung bitten? Sollte sie sich mit Schleiern und Glöckchen herausputzen, damit Onan so von Lust überwältigt wurde, dass er seinen Geiz vergaß und seine Pflicht tat?

Tamar zitterte vor Zorn. Schon wieder wollte Juda sich vor seiner Verantwortung drücken! „Ich werde nicht die Hure spielen."

„Und warum nicht?" Er lachte zynisch auf. „Das machen die Frauen doch schon immer so."

„*Wann wirst du tun, was recht ist?*"

„Hinaus!"

Tamar lief in Tränen aufgelöst aus dem Haus, Aksa hinterher. „Was ist denn los, Tamar? Was habt ihr so geschrien, Juda und du?"

Tamar nahm ihre Hacke und begann wütend, den Boden zu bearbeiten. Sie wischte sich die Tränen ab, die ihr die Wange hinunterliefen, und arbeitete verbissen.

„Sag schon, Tamar! Hat Onan dich schlecht behandelt? Ist er doch so wie Er?"

„Lass mich in Frieden, Aksa. Lass mich einfach arbeiten." Sie würde ihre Demütigung nicht noch größer machen, indem sie ihr Elend und Judas Feigheit einem anderen Menschen anvertraute.

Zum zweiten Mal wurde das Brautgemach gerichtet, denn noch fehlten sechs Tage der Hochzeitswoche. Onan war in bester Laune, den Kopf wie ein siegreicher Krieger erhoben, als er Tamars

Hand nahm und sich von Aksa wieder in das Brautzimmer führen ließ.

Tamar ging willig mit. Hatte er es sich anders überlegt? Würde er diesmal seine Pflicht erfüllen?

Er tat es nicht.

Während er schlief, saß Tamar weinend in der hintersten Ecke des Raumes, ihr Kopf unter ihrem schwarzen Tuch versteckt. Diese Schande, diese Demütigung! Onan war dabei, ihre Hoffnung auf eine Zukunft in Ehre zu zerstören. Wenn er sich durchsetzte, würde sie nie Kinder für Judas Haus gebären. Sie konnte genauso gut tot sein!

Als die Sonne aufging, entdeckte sie, dass der Tod gekommen war und Onan geholt hatte.

Kapitel 4

Das Haus war ein brodelnder Kessel, und Tamar war mittendrin. Selbst die, die Batsubas Geschichte, dass Tamar Er verhext hatte, nicht geglaubt hatten, waren nun überzeugt, dass sie für Onans Tod verantwortlich war, ja Tamar selbst begann sich zu fragen, ob sie nicht einen Teil Schuld hatte. In einem Jahr zwei Ehemänner tot – wie konnte das sein? Sicher, Er und Onan waren böse gewesen. Aber es gab viele böse Menschen, die sich bester Gesundheit erfreuten. Warum musste dies ausgerechnet *ihren* Ehemännern passieren?

Nein, Tamar hatte die Hand des Todes nicht gelenkt. Aber die Gerüchte ließen sich nicht aufhalten. Der Klatsch riss Judas Haus in Parteien und Meinungen auseinander, und am allermeisten spaltete Batsuba. Tamar wollte sich verteidigen, laut herausschreien, dass sie nie im Leben einen einzigen Zauberspruch gesprochen oder eine Beschwörung gemurmelt hatte, aber jedes Mal, wenn sie ihren Mund öffnen wollte, sah sie den Blick in den Augen der anderen und wusste: Es hatte keinen Zweck; sie glaubten der Lüge bereits. Und sie hatten Angst.

Auch Tamar hatte Angst. Von dem Tag an, an dem sie in dieses Haus gekommen war, hatte man sie wie eine verachtete Sklavin behandelt. Jeder hatte gewusst, dass Er sie schlug, aber niemand hatte einen Finger zu ihrer Verteidigung gerührt oder auch nur ein Wort des Mitleids gesprochen. Und jetzt hatte Onan ihr das Recht versagt, einen Sohn zu empfangen, der Ers Erbteil bekommen würde – und alle glaubten, dass sie ihm den Tod gewünscht hatte. Und in Wirklichkeit war sie doch in der Hoffnung in dieses Haus gekommen, eine gute Ehefrau zu sein und viele Kinder zu bekommen! Es war der Gott von Judas Vater, der die beiden jungen Männer getötet hatte. Hatte Juda das nicht selbst gesagt an dem Tag, an dem Er starb?

Aber jetzt sagte Juda überhaupt nichts mehr. Er brütete Wein trinkend vor sich hin, während Batsuba ihn mit ihrem Gekeife bestürmte. Tamar wusste: Es war einfacher für ihre Schwiegermutter, zu glauben, dass alles Tamars Schuld war, als dass Judas Gott dabei war, seine Familie zu zerstören. Wer würde der Nächste sein? Schela? Batsuba?

Jedes Mal, wenn Juda sie ansah, sah sie seinen Zorn und Argwohn. Er suchte einen Sündenbock für sein Elend, und alle im Haus zeigten auf sie.

Batsubas Hass war förmlich greifbar. Selbst wenn Tamar draußen arbeitete, konnte sie sie hören: „Ich will Tamar nicht mehr sehen! Sie muss weg!"

Begriff Batsuba nicht, dass sie ihr Haus nur noch mehr zerstörte, indem sie Öl ins Feuer goss? Warum flehte sie nicht zu Judas Gott um Gnade? Warum fragte sie nicht Jakob, was geschehen musste, um das Ruder herumzureißen? Warum saß Juda in seinem stummen Elend da und tat nichts, um den Zerfall seiner Familie zu verhindern?

„Versuch doch, mit ihm zu reden, Tamar", sagte Aksa immer wieder.

„Das kann ich nicht. Ich antworte nicht auf Batsubas Lügen, noch nicht einmal, um mich zu verteidigen."

„Alle sind gegen dich!"

„Was kann ich denn machen, wenn Judas Gott ihm Er und Onan weggenommen hat? Das ist Judas Sache, er ist das Haupt des Hauses."

„Batsuba ist das Haupt."

„Ja, weil Juda sie lässt! Was aus mir wird, liegt in seiner Hand, ich kann nur abwarten."

Egal, was die anderen über sie dachten oder sagten, die Sitte verlangte nach wie vor, dass der nächste Sohn des Hauses Tamar Kinder gab. Aber würde Juda seinen dritten Sohn mit ihr verheiraten, nachdem zwei bereits tot waren? Würde er ihr Schela anvertrauen, nachdem Er und Onan schon im Grab lagen?

Wenn sie allein war, ließ Tamar ihren Tränen freien Lauf, aber vor den anderen beherrschte sie sich. Was hätte es gebracht, wenn sie vor Batsuba zu Kreuze gekrochen wäre? Es hätte Batsubas Herz keinen Deut weicher gemacht. Nein, sie würde die Selbstachtung bewahren vor allen, die ihr feindlich gesonnen waren.

Die Trauerzeit für Onan ging vorüber, die Wochen zogen dahin und Tamar wartete. Früher oder später musste ihr Schwiegervater zu einer Entscheidung kommen.

Nach 75 Tagen ließ Juda Tamar zu sich rufen. Er hatte gegrübelt und gegrübelt. Tamar hatte ein Recht darauf, Schela zu heiraten und Kinder von ihm zu bekommen – aber was, wenn auch sein letzter Sohn starb, wenn er sie heiratete? Batsuba war felsenfest davon überzeugt, dass Tamar eine Zauberin und böse Hexe war. Aber warum sollte das Mädchen so etwas tun? Sie brauchte doch Söhne, die für sie sorgen würden, wenn sie alt wurde, und sie brauchte einen Mann, der diese Söhne zeugte. Warum sollte sie ihre einzige Chance auf eine sichere Zukunft zerstören? Eine kinderlose Witwe war eine Frau ohne Hoffnung.

Aber Batsuba blieb eisern. „Ich werde dich bis in mein Grab hassen, wenn du ihr auch noch meinen letzten Sohn gibst!“, heulte sie. „Sie darf Schela nicht bekommen! Tamar muss weg! Ich kann nicht länger unter einem Dach wohnen mit dieser Hexe!“

Und wenn Batsuba nicht geiferte und drohte, suchte sie den Rat ihrer Teraphim. Das ganze Haus roch nach Weihrauch, und ein Seher nach dem anderen stand vor der Tür, angeblich mit Botschaften von den Toten.

Juda hatte Tamar kein einziges Mal bei einer Beschwörung oder Zauberzeremonie überrascht, aber dies bedeutete natürlich nicht, dass sie nicht insgeheim doch solche Dinge tat. Vielleicht war sie nur nicht so ehrlich wie seine Frau, die nie ein Geheimnis aus ihrer Leidenschaft für die kanaanitischen Götter gemacht hatte.

Juda wusste, dass es Gott gewesen war, der Er und Onan getötet hatte. Wenn er Tamars Bitte erfüllt und Onan wegen seiner Sünde zur Rede gestellt hätte, vielleicht … Juda verwarf den Gedanken sofort wieder. Selbst wenn es Gott gewesen war, der seine Söhne weggenommen hatte – dieses Mädchen war ein böses Omen. Seit er sie ins Haus geholt hatte, hatte er nichts als Ärger mit ihr gehabt. Vielleicht würde er endlich etwas Frieden finden, wenn er sie wieder los war.

Schela war der einzige Sohn, der ihm noch geblieben war. Batsuba hatte recht; er musste ihn schützen. Und die eine Konstante in der Unglücksserie, die über sein Haus gekommen war, war Tamar. Er konnte, er durfte Schelas Leben nicht auch noch riskieren.

Und Schela hatte sowieso Angst vor Tamar, nachdem Batsuba ihm eingeredet hatte, dass er sterben würde, wenn er mit Tamar schlief.

„Wann wirst du das tun, was recht ist, Juda?"

Tamars Worte stachen in sein Gewissen. Er schüttelte sie ab. Er beschützte doch nur seine Familie.

Dies war ein Notfall. Warum auch seinen letzten Sohn diesem gefährlichen Mädchen zum Mann geben? Warum dieses Risiko eingehen? Warum den Keil zwischen ihm selbst und Batsuba noch tiefer treiben? Warum das Elend noch größer machen?

Und war Tamar nicht wahrscheinlich sowieso unfruchtbar? Immerhin hatte sie in den Monaten, die sie Ers Frau gewesen war, kein Kind empfangen. Sie war nicht bereit gewesen, Onan zu betören. Warum jetzt auch noch Schela für sie verschleißen? Schela – sein letzter noch lebender Sohn, sein einziger Erbe, seine letzte Hoffnung. Nein, er würde Schela nicht opfern!

Er ließ ihn zu sich rufen. „Geh zu Hira in Adullam und bleib dort, bis ich zu dir senden lasse."

Schela, sichtlich erleichtert, gehorchte auf der Stelle. Juda spürte einen kleinen Gewissensstich, aber er ging bald wieder vorbei. Er würde seinen Sohn schützen, und wenn es ihn seine Ehre kostete.

Tamar spürte gleich, dass etwas nicht stimmte, als Aksa zu ihr hinauskam und stumm wie ein Fisch neben ihr zu arbeiten begann. „Was ist, Aksa? Was ist passiert?"

„Heute Morgen hat Juda Schela fortgeschickt."

Tamars Herz sank. „Sicher will er, dass er nach den Herden sieht."

„Schela ist nach Adullam gegangen, und da sind gerade keine Herden."

Tamar schaute zu Boden. „Dann kann ich nur noch warten, Aksa. Und hoffen."

„Nichts kannst du machen." Aksa begann zu weinen.

Als Juda sie zu sich rief, ging Tamar voller Hoffnung zu ihm. Vielleicht gab es doch eine andere Erklärung? Aber als sie ihren Schwiegervater sah, wusste sie, dass Aksa recht hatte. Schela war fort, und sie konnte nichts daran ändern.

Juda sprach langsam und ohne sie anzusehen. „Ich habe eine schwierige Entscheidung getroffen. Schela ist noch zu jung, um die Aufgaben eines Ehemannes zu erfüllen."

Schela ist zwei Jahre älter als ich, dachte Tamar. Laut sagte sie es aber nicht. Sie wusste, dass es nur eine Ausrede war, und Juda wusste es auch. Aber wenn sie ihn jetzt zur Rede stellte, würde sie ihn nur noch mehr gegen sich verhärten. *Soll Batsuba ihn weiter mit ihren Lügen bearbeiten, die Wahrheit wird doch noch herauskommen …* Sie würde gehorchen, sie würde geduldig sein, sie würde sich würdevoll verhalten. Die Zeit war auf ihrer Seite. Die Zeit und die Notwendigkeit. Juda brauchte sie; er brauchte einen Sohn, der die Sippe weiterführte. Wenn Juda ihr das Recht versagte, diesen Sohn zu gebären, wäre er ein Mann, der seine Ehre aufgegeben hatte, ein Mann, dem man nicht mehr trauen konnte.

„Ich werde dich holen lassen, wenn Schela älter ist."

Tamar runzelte verwirrt die Stirn. „Holen lassen? Wie meinst du das?" Sie suchte in seinem Gesicht und sah, wie seine Augen hart wurden.

„Batsuba lässt gerade deine Sachen packen. Einer der Diener wird dich und deine Amme zurück zu deinem Vater begleiten."

„Zu meinem Vater? Aber, Herr, das ist …"

„Keine Widerworte! Es ist am besten so. Du wirst als Witwe im Hause deines Vaters bleiben, bis ich dich rufen lasse."

„Am *besten*?“ Sie spürte, wie sie sich versteifte. „Soll ich nun also verstoßen werden wegen der Sünden, die andere gegen *mich* begangen haben?“

„Du wirst nicht verstoßen. Du gehst nach Hause.“

„*Hier* ist mein Zuhause, auch wenn es nie warm und freundlich gewesen ist!“

„Sag nichts mehr gegen meine Familie! Ich habe diese Entscheidung für sie getroffen. Deine Anwesenheit hat mein Haus zu einem Kriegsschauplatz gemacht.“

„Du bist *ungerecht*!“ Die Tränen überwältigten sie.

Er sah zur Seite. „Mit Tränen kannst du mich nicht umstimmen.“

Verzweiflung und Wut drohten sie zu ersticken. „Glaubst du, mein Vater wird mich mit offenen Armen wieder aufnehmen?“ Sie kämpfte um den letzten Fetzen ihrer Selbstbeherrschung. „Eine zweifache Witwe? Ohne Kinder? Verworfen und vor die Tür gesetzt?“

„Sag ihm, dass ich will, dass du in seinem Haus bleibst, bis Schela erwachsen ist. Wenn der Tag kommt, werde ich nach dir schicken.“

Tamar hob den Kopf und starrte ihm in die Augen. „Wirst du das?“

„Ich habe es doch gerade gesagt.“

Sie sah ihn weiter unverwandt an. Sollte er ruhig sehen, was sie von seinen Versprechungen hielt.

Juda wurde rot und blinzelte. „Glaubst du mir etwa nicht?“

Sie antwortete nicht, aber dachte sich ihren Teil. Wann hatte sie je erlebt, dass Juda das tat, was recht war?

„Ich gebe dir mein Wort!“, sagte er rasch. „So! Wirst du jetzt gehen?“

Tamar senkte gehorsam den Kopf.

Gleich draußen vor der Tür stand Batsuba, ein Bild des Triumphes. „Deine Amme wartet draußen auf dich.“

Tamar schob sich an ihr vorbei, mit den Tränen kämpfend. Batsuba folgte ihr zur Haustür und stemmte die Hände in die Hüften. „Endlich sind wir dich los.“

Tamar sah sich nicht zu ihr um. Sie schaute auch nicht zu Aksa hin. Sie durfte jetzt nicht weinen und Batsuba noch mehr Grund zum Triumph geben. „Juda schickt uns zu meinem Vater zurück."

Aksas Augen blitzten. „Ich werde Batsuba und ihr Haus verfluchen!" Sie trat vor; Tamar packte ihren Arm und zog sie zurück.

„Das wirst du nicht tun! Dies ist mein Haus, meine Familie. Egal, was Juda denkt, ich gehöre hierher."

Aksas Augen füllten sich mit Tränen der Wut. „Sie haben dich nicht verdient", flüsterte sie.

„Juda hat mich gewählt, Aksa, und ich will weiterhoffen, dass ich dieser Wahl würdig bin. Wenn du unbedingt etwas sagen musst, dann sprich Gebete für seine Familie."

Es kam kein Diener, um sie auf der Reise zu begleiten, aber man gab ihnen immerhin Proviant mit: zwei kleine Gerstenbrote und einen Schlauch mit Wasser.

Als sie außer Sichtweite des Hauses waren, fiel Tamar auf die Knie und begann hemmungslos zu schluchzen. Sie füllte ihre Hände mit Staub und Sand und warf ihn sich auf den Kopf. Aksa weinte mit, genauso trostlos wie sie.

Es war nicht mehr als ein halber Tagesmarsch zu Zimrans Haus. Die Hitze der Sonne drückte die beiden Frauen, aber noch schwerer waren ihre Herzen. Die Sonne ging unter, als Tamar an der Tür ihres Vaterhauses ankam. Zimran war nicht erfreut, sie zu sehen.

Zimran befahl allen, den Raum zu verlassen. Tamars Mutter, ihre Schwestern und Brüder und Aksa beeilten sich, zu gehorchen. Tamar wünschte, auch sie könnte vor dem Zorn ihres Vaters fliehen, aber sie hatte keine Wahl. Sie musste still vor ihm stehen und das, was jetzt kommen würde über sich ergehen lassen.

„Ich habe dich Judas Sohn gegeben, damit du ihm Kinder schenkst und Friede zwischen unseren Sippen ist! Du hast mich verraten! Du hast uns alle verraten!"

Mühsam riss sich Tamar zusammen und bemühte sich, sachlich zu bleiben. „Juda hat mir sein Wort gegeben, dass er mich wieder holen lässt, wenn Schela alt genug ist, um seine Pflicht an mir zu erfüllen."

Zimran sah sie verächtlich an. „Und du hast diesem Hebräer geglaubt? Närrin! Schela ist nur ein paar Jahre jünger als Er, höchstens drei oder vier! Und da behauptet Juda, er ist nicht alt genug, um Kinder zu zeugen? *Ha!* Wenn er so jung ist, warum nimmt Juda ihn dann zur Schafschur mit? Du hättest auf deinem Recht bestehen sollen!"

Sie taumelte unter dem Schlag, den er ihr versetzte, und fiel auf die Knie. „Ich habe getan, was ich konnte, Vater."

„*Aber das war nicht genug!*" Zimran marschierte wie ein gefangener Löwe durch den Raum, das Gesicht rot, die Fäuste geballt. „Warum bist du nicht in seinem Haus geblieben, anstatt hierher zurückzukommen? Was nützt du mir denn hier? Du bringst Schande über mein Haus!"

Tamar legte ihre Hand an ihre pochende Wange. Ihr Herz stolperte vor Angst. Sie wagte kaum zu atmen, aber sie durfte der Angst nicht nachgeben, sie musste *denken*! „Juda hat es versprochen, Vater. *Versprochen.*"

„Was gilt schon das Versprechen eines Hebräers? Mit den Leuten von Sichem hatten sie auch einen Bund geschlossen, und was kam dann?" Er blieb vor ihr stehen. „Ich bin nicht mehr verantwortlich für dich! Wenn Juda dich nicht in seinem Haus haben will, warum sollte ich dich in meinem wollen? Du bringst uns allen nur Unglück!"

Sie musste überleben. „Wenn du das riskieren willst, Vater, dann tu es. Kümmer dich nicht um Judas Wünsche und wirf mich hinaus!"

„Judas Wünsche? Was für Wünsche?"

„Dass ich sein Haus aufbaue." Hatte ihr Vater immer noch Angst vor Juda? Hoffentlich. „Wird Batsuba Juda etwa noch mehr Söhne gebären, Vater? Sie ist so trocken wie der Wüstenstaub und kalt wie Stein. Und kann Juda Schela denn einer anderen Frau geben, bevor er seine Pflicht an mir getan hat? Juda will sein Haus bauen, und ich bin es, die er als Gebärerin erwählt hat. Ist das jetzt anders geworden?"

Die Augen ihres Vaters flackerten. „Wenn Juda vorhätte, sein Wort zu halten, hätte er dich behalten. Doch offenbar will er dich los sein. Bald werden alle wissen, dass Juda eine Tochter aus meinem Haus für die Ursache seines Unglücks hält!"

Die Worte ihres Vaters durchbohrten sie wie Pfeile. „Gib Juda Zeit zum Trauern, Vater. Gib ihm Zeit, nachzudenken!"

„Zeit! Alle Vorteile, die ich durch deine Heirat gewonnen hatte, habe ich wieder verloren! Glaubst du etwa, Juda wird seine Herden noch auf meinen Feldern weiden lassen, wenn du wieder hier bist? Jetzt muss ich andere Hirten suchen, die ihre Tiere bringen, oder mein Boden wird nicht gedüngt." Er funkelte sie an. „Du bist nutzlos! Du bist ein Fluch für mein Haus! Ich habe andere Töchter, die Männer brauchen, aber welcher Mann hält um die Hand einer Schwester von einer Verfluchten an? Wahrscheinlich würde Juda es als einen Gefallen ansehen, wenn ich dich töte!"

Die grausamen Worte trafen sie mehr als Schläge. Heiße Tränen stiegen ihr in die Augen, aber sie durfte jetzt keine Schwäche zeigen. „Wie du willst, Vater, dann schlag mich tot. Und wenn Juda nach mir schickt, damit sein Sohn Söhne mit mir zeugt, dann sag ihm, dass du mich im Zorn umgebracht hast!"

„Ich werfe dich ebenso hinaus, wie er es getan hat!"

„Er hat mich in die Obhut meines Vaters geschickt. Willst du Juda sagen, dass du mich nicht aufgenommen hast? Willst du diesem Hebräer wirklich erzählen, dass du seine Schwiegertochter fortgeschickt hast, sodass sie auf den Feldern von Fremden Ähren lesen, um Brot betteln und ihren Körper verkaufen musste, um zu überleben? Bestimmt wird er das verstehen. Die Hebräer lassen sich doch leicht überzeugen, nicht wahr? Sie sind stets gnädig und vergeben gern alle Übel, die man ihnen angetan hat. Mein Schwiegervater wird so gnädig zu dir sein wie du zu mir!"

Sie merkte, dass er ihr zuhörte, und redete schnell weiter. „Wenn ich zugrunde gerichtet bin und nicht mehr für Schela tauge, was wird dann mit Judas Haus geschehen? Ich werde immer Judas Schwiegertochter sein. Schela ist sein letzter Sohn, Vater. Ist Juda etwa die Art Mann, die sein Haus aussterben lässt, weil keine

Nachkommen mehr da sind? Er hat mich *ausgewählt*!“ Sie hielt inne, um Zimran vielsagend anzusehen. „Es sei denn natürlich, du möchtest ihm den Brautpreis zurückzahlen.“

Ihr Vater wurde blass.

Sie sprach leiser weiter. „Juda hat nicht viel von dir verlangt, Vater. Gib mir zu trinken, zu essen und ein Dach über dem Kopf und erhalte seinen Segen dafür.“

„Für wie lange?“

„Ein paar Jahre vielleicht. So lange Schela braucht, um Manns genug zu werden und mich zu heiraten.“

Die Wurzel der Angst saß tief in ihrem Vater. Sie musste diese Angst zu ihrem Schutzzaun machen. „Du brauchst Juda als Verbündeten, Vater, und nicht als Feind. Du bist nicht stark genug, um gegen ihn zu bestehen.“

Seine Augen blickten plötzlich listig. „Er ist nur *ein* Mann und hat nur noch einen Sohn.“

Ihr wurde kalt. Hatte sie jetzt Judas Familie in Gefahr gebracht, indem sie ihren Vater daran erinnerte, dass ihre Zahl kleiner wurde? Sie konnte seine Gedanken förmlich lesen: Er selbst hatte sechs Söhne. „Juda hat viele Brüder, Vater. Kämpferische Brüder mit vielen ebenso kämpferischen Nachkommen. Und ihr Vater ist Jakob, ein Mann, der mit dem unsichtbaren, lebendigen Gott spricht, der Sodom und Gomorra vernichtet hat. Vergiss nicht, was Jakobs Söhne mit Sichem gemacht haben. Eine ganze Stadt ausgelöscht um der Ehre eines einzigen Mädchens willen. Und bin ich jetzt nicht auch Judas Tochter, die Ehefrau seines Erstgeborenen Er, die Ehefrau Onans und die Verlobte seines letzten Sohnes, Schela? Was wird Judas Gott mit dir tun, wenn du versuchst, sein Haus zu zerstören?“

Zimran erblasste wieder, seine Zunge fuhr nervös über seine Lippen. „Du wirst arbeiten!“, sagte er schroff. „Du wirst nicht herumsitzen, dich bedienen lassen und fett und faul werden, bis Juda an sein Versprechen denkt. Eine Dienerin in meinem Haus wirst du sein.“

Sie neigte ihren Kopf, damit er ihre Erleichterung nicht sah. „Ich bin deine gehorsame Magd, Vater.“

„Ich hatte darauf gehofft, dass du eine Brücke bauen würdest", sagte er bitter. „Die Sterne haben die Not, die du mir bringen würdest, nicht vorhergesehen."

Sie schluckte ihre Tränen hinunter und zwang sich, ruhig und respektvoll zu sprechen. „Eines Tages wird Juda dir danken."

Zimran lachte zynisch auf. „Das bezweifle ich. Aber ich werde wegen eines Mädchens nichts riskieren. Du wirst bei den Mägden schlafen. Für deine Schwestern bist du nicht die richtige Gesellschaft."

Tamar wusste, dass er sie einfach nur demütigen wollte. Sie hob den Kopf und sah ihn direkt an. Er blickte zur Seite. „Du kannst gehen."

Sie erhob sich würdevoll. „Möge der Gott Judas dich segnen für die Freundlichkeit, die du mir erweist."

Seine Augen wurden zu schmalen Schlitzen. „Bevor du gehst, möchte ich dir noch etwas zu bedenken geben. Du bist jung, und bald wirst du deiner Witwenkleidung überdrüssig werden. Die Jahre werden vergehen, und deine Aussichten darauf, Kinder zu bekommen, werden immer geringer."

„Ich werde treu sein, Vater."

„Das sagst du jetzt. Aber es wird eine Zeit kommen, wo du dich danach sehnen wirst, das Sackleinen und den schwarzen Schleier auszuziehen. Ich warne dich: Wenn du das tust, werde ich Juda über dein Schicksal entscheiden lassen, und du weißt, welches das sein wird."

Ohne Zweifel ihr Tod, gefolgt von einer Feier.

„Ich werde treu sein, ich schwöre es bei meinem Leben. Was ich auch tue, ich werde Judas Haus Ehre machen!" Sie hob das Kinn und sah ihn durch ihre Tränen an. Dann ging sie hinaus.

Juda hätte Tamar rasch vergessen, wenn Batsuba nicht so davon besessen gewesen wäre, sich an dem Mädchen zu rächen. Selbst nachdem Tamar fort war, gab sie keine Ruhe. „Meine Söhne müssen gerächt werden! Ich werde keine Ruhe haben, solange sie lebt!"

Und er auch nicht.

Batsuba hörte auf, den Haushalt zu führen, und überließ ihre Arbeit einigen trägen Dienerinnen, während sie selbst Tag und Nacht ihre Götter um Rache anflehte. Tamar musste sterben, das Haus Zimrans musste untergehen!

„Das Mädchen ist doch fort!", rief Juda frustriert aus. „Gönn mir meine Ruhe und vergiss sie!"

„Wie du etwa? Zwei meiner Söhne liegen wegen ihr im Grab! Wenn du ein Mann wärst, hättest du sie getötet! Ich werde nie vergessen, was sie mir angetan hat, nie!" Und sie betete weiter zu ihren Götzen.

Juda ließ sie gewähren. Konnten steinerne Götzenbilder hören? Konnten Teraphim aus Holz oder Ton etwas ändern? Sollte sie ruhig versuchen, bei ihnen Trost zu finden.

Er spielte mit dem Gedanken, sich eine zweite Frau zu nehmen, die ihm weitere Söhne schenken würde. Aber die Vorstellung, zwei Frauen unter seinem Dach zu haben, war furchtbar. Er war in einem Haushalt mit vier Ehefrauen aufgewachsen und wusste nur zu gut, wie viel Ärger und Elend mehrere Ehefrauen einem Mann bringen konnten, selbst wenn sie an denselben Gott glaubten wie er. Sein Vater hatte es schwer gehabt. Judas Mutter Lea und Rahel, die Lieblingsfrau seines Vaters, hatten einen Dauerkrieg darum geführt, welche von ihnen die meisten Söhne bekommen konnte. Noch schlimmer war es geworden, als sie Jakob ihre Mägde als Nebenfrauen aufgezwungen hatten, damit diese noch mehr Kinder stellvertretend für sie bekamen. Es war ein bitterer Machtkampf gewesen – und das Herz seines Vaters hatte ohnehin immer nur Rahel gehört. Von dem Augenblick an, als er sie das erste Mal gesehen hatte, hatte Jakob sie innig geliebt, und ihr Tod bei der Geburt von Benjamin hatte ihn fast selbst ins Grab gebracht. Er liebte sie immer noch, und er hatte Josef und Benjamin mehr geliebt als alle seine anderen Söhne, weil sie von Rahel waren.

Nein, Juda würde sein Elend nur noch größer machen, wenn er sich eine zweite Frau nahm. Eine war schon mehr als genug, um einem Mann graue Haare wachsen zu lassen. Und dabei hatte er Batsuba sogar aus Liebe geheiratet. Oder was er dafür gehalten hatte. Sie war die Frau seiner Jugend, die Mutter seiner Söhne. Er würde sie nicht für eine andere beiseiteschieben, egal, wie schwierig sie war.

Und er müsste auch ein zweites Haus bauen, um seine zweite Frau vor dem Zorn der ersten zu schützen. Ihm stand noch deutlich vor Augen, wie sie Tamar behandelt hatte.

Juda hielt sich draußen bei seinen Herden auf, so oft es ging, um seiner Frau aus dem Weg zu gehen. Manchmal blieb er wochenlang fort. Aber selbst auf den Weiden verfolgte ihn das Unglück: Seine Kälber und Lämmer wurden von Krankheiten und Raubtieren dahingerafft. Die Sonne verbrannte das Gras. Als er die Tiere in die Täler führte, wo die Raubtiere sie nicht verfolgen konnten, riss eine Springflut nach einem Wolkenbruch die halbe Herde mit sich, ihre aufgedunsenen Kadaver ein Festschmaus für die Geier. Als er zurück nach Hause kam, musste er feststellen, dass die Braunfäule seine Weinreben vernichtet hatte. Die große Palme war von Schädlingen befallen. Der Garten lag brach, weil sich niemand darum gekümmert hatte. Der Himmel war aus Bronze, die Erde aus Eisen.

Dann wurde Batsuba krank, als die Unzufriedenheit sich wie ein Gift in ihren Körper fraß. Ihr Gesicht wurde schmaler, ihre Stimme rauer, ihre dunklen Augen hart wie Obsidian. Ständig klagte sie über Schmerzen im Nacken, im Rücken, im Magen, in den Gedärmen. Juda ließ Heiler kommen, die sein Geld mitnahmen und nutzlose Tränke daließen.

Was er in 20 Jahren harter Arbeit aufgebaut hatte, verwandelte sich vor seinen Augen in Staub und Asche, und er wusste genau, warum.

Gott ist gegen mich!

Juda lag vor seinem Schafspferch auf dem harten Boden mit einem Stein als Kopfkissen, starrte zu dem Abendhimmel hoch und erinnerte sich an die Verheißung, die Gott seinem Vater Jakob vor so vielen Jahren gegeben hatte – die gleiche, die er zuvor schon Jakobs Großvater Abraham gegeben hatte: *Land und Nachkommen so zahlreich wie die Sterne am Himmel!* Und der Herr hatte Jakob-Israel mit zwölf Söhnen gesegnet.

Dann kamen wieder die Albträume von dem unglückseligen Tag in Dotan, in denen Judas eigene Worte ihn verfluchten: *„Was bringt es uns, unseren Bruder zu töten? Verkaufen wir ihn doch an die ismaelitischen Händler dort!"* Die Zisterne, in die sie Josef geworfen hatten, gähnte wie ein schwarzer Abgrund in diesen Träumen, und er hörte wieder die verzweifelten Schreie seines jüngeren Bruders.

Er wusste genau: Was seine Brüder und er mit Josef gemacht hatten, war der Grund dafür, dass sein Leben jetzt misslang. Und es gab kein Zurück, keine Möglichkeit, das ungeschehen zu machen, was er selbst damals getan hatte.

„Helft mir, Brüder! Helft mir doch!" Wie der arme Junge gegen seine Fesseln angekämpft hatte, wie er schluchzend um Gnade gebeten hatte. *„Helft mir doch!"* Josefs Schreie hallten genauso laut in Judas Kopf wie an jenem Tag, an dem seine Brüder ungerührt zugeschaut hatten, wie die fremden Händler ihn nach Ägypten schleppten.

Damals hatte Juda Josef keine Gnade gezeigt. Warum sollte Gott ihm dann jetzt gnädig sein?

Vier Jahre vergingen, und äußerlich tat Tamar demütig und gehorsam ihre Arbeit. Aber innerlich kämpfte sie gegen ihr Schicksal an. Es konnte, es durfte nicht sein, dass sie alt werden und sterben würde, ohne Kinder bekommen zu haben! Aber noch war sie jung, noch hatte sie Zeit.

Sie arbeitete fleißig für ihren Vater und gab ihm keinen Grund zur Klage. Sie töpferte, sie flocht Körbe, webte Stoff. Sie stellte Werkzeuge für die Feldarbeit her. Erst als die Hirten ihre Herden fortgebracht hatten, schickte ihr Vater sie aufs Feld. Die Arbeit war hart, aber sie war gern im Freien. Besser Steine schleppen als die Verachtung der anderen ertragen.

Zimrans Felder trugen gute Früchte. Im dritten Jahr konnte er doppelt so viel Ernte einfahren wie zuvor.

„Wo ist das Unglück, das durch mich über dich kommt?", fragte Tamar ihn.

„Warten wir ab, was das nächste Jahr bringt“, antwortete er.

Im fünften Jahr ging es dem Hause Zimrans so gut, dass man Tamar nachsah, dass sie immer noch da war. Ihre Schwestern wurden verheiratet, und sie durfte wieder im Haus der Familie wohnen. Ihr jüngerer Bruder nahm sich eine Frau und Tamar wurde zu ihrem Missfallen allmählich ein Objekt des allgemeinen Mitleids. Sie hasste das Gefühl, wie die anderen auf sie und auf Judas Haus herabsahen.

Aber sie hielt mit der Zähigkeit einer Klette an ihrer Hoffnung fest. Eines Tages würde Juda nach ihr schicken. Eines Tages würde sie Kinder bekommen. Eines Tages würde das Haus Judas stark und hoch geachtet sein wegen der Söhne, die sie ihm geschenkt hatte. Sie hatte solche Sehnsucht danach, ihren Platz als Gebärerin im Stamm ihres Mannes einzunehmen. Was für einen größeren Traum konnte es für eine Frau geben?

Manchmal, wenn sie nachts das Schreien des erstgeborenen Sohns ihres Bruders hörte, weinte sie. Würde sie je ein eigenes Kind in den Armen halten?

Bestimmt hatte Juda sie nicht abgeschrieben. Bestimmt würde er sie holen lassen. Er hatte es doch versprochen. Dieses Jahr vielleicht. Oder im nächsten. Oh, wenn es nur bald so weit wäre!

Wenn sie allein auf den Feldern war, hob sie ihre Augen zum Himmel, und die Tränen rannen über ihr Gesicht. *Wie lange, o Gott, wie lange werde ich verlassen sein? Wann werde ich endlich Gerechtigkeit erfahren? O Gott Judas, hilf mir! Wann wird Juda sehen, dass ich seinem Haus die Kinder schenken kann, die er braucht, damit sein Name nicht erlischt? Wirke du in seinem Herzen, Gott, verändere ihn!*

So betete Tamar zu Judas unsichtbarem Gott. Und dann tat sie das Einzige, das ihr zu tun blieb: Sie wartete … und wartete … und wartete …

Kapitel 5

Es war ein Markttag, an dem Tamars Vater und ihre Brüder am Stadttor mit Freunden zusammensaßen, während sie mit ihrer Mutter an ihrem Stand aus Ziegenleder saß und Flachstuch verkaufte. Tamar ließ sich von keinem noch so geschickt feilschenden Kunden über den Tisch ziehen; bei ihr warf der Stand immer einen satten Gewinn ab. Ihre Mutter war zufrieden und überließ ihr gern das Verhandeln.

Die Geschäfte gingen gut an diesem Nachmittag, und Tamar hatte alle Hände voll zu tun, während ihre Mutter Sonne, Mond und Sterne auf ein rotes Kleid stickte, das sie für ihre Tochter im Tempel in Timna genäht hatte. Wie jedes Jahr bekam Tamars Schwester auch in diesem ein neues Kleid mit Schleier. Zimran fand den Stoff und das bunte Garn zwar teuer, aber ließ seine Frau stets kaufen, was sie für nötig hielt. Für eine Tempeldienerin war das Beste gerade gut genug, und Zimran war nur zu begierig, die Götter – alle Götter – günstig zu stimmen. Tamars Mutter verbrachte Stunden damit, die importierten Stoffe mit feinem Garn und winzigen Perlen zu verzieren. Sie fertigte auch mit kleinen Schellen besetzte Schmuckbänder für die schlanken Fesseln des Mädchens an.

Obwohl Tamar ihre Trauerkleider trug, bis sie fadenscheinig wurden, bat sie nie um Ersatz, geschweige denn um ein feines Kleid, sondern gab sich mit ihrem weiten schwarzen Umhang zufrieden, der sie von Kopf bis Fuß einhüllte. Er störte sie nicht – die trostlose Wüste ihres Alltags dafür umso mehr. Sie merkte, wie die Verzweiflung ihre Entschlossenheit auffraß.

Sie war für mehr geboren als für solch ein Dasein! Sie war dazu erzogen worden, eine Frau und Mutter zu werden! Aber inzwischen waren sechs Jahre vergangen, und immer noch hatte Juda sie nicht holen lassen.

Tamar erhob sich, um mit dem nächsten Kunden zu feilschen. Der Nachmittag war schon vorangeschritten, und der Mann schien beste Qualität zum Billigpreis zu wollen. Sie lehnte sein Angebot ab und setzte sich wieder. Er bot mehr, und das Feilschen ging von vorne los. Schließlich kaufte der Mann das letzte Stück Tuch und ging. Tamar setzte sich aufseufzend neben ihre Mutter.

„Ich brauche noch etwas von dem blauen Garn“, sagte ihre Mutter. „Ich dachte, ich hätte genug für diese Schärpe, aber es reicht nicht. Geh und hol welches, aber mach schnell.“

Tamar ging an den anderen Ständen vorbei. Körbe mit Feigen und Granatäpfeln und Weintrauben, Krüge mit Olivenöl und Honig, Weinschläuche, arabische Gewürze, die die großen Karawanen gebracht hatten … Kinder spielten neben ihren Müttern. Tamar sah andere Witwen, die meisten viel älter als sie, die zufrieden dasaßen, während ihre Söhne oder Schwiegertöchter ihren Geschäften nachgingen.

Sie kaufte das blaue Garn und nahm einen anderen Weg zurück, diesmal vorbei an Ständen mit Teraphim aus Holz, Ton und Stein, diversen Töpferwaren, Körben und Waffen. Sie fühlte sich deprimiert und ruhelos.

Zwei junge Männer kamen ihr entgegen. Der eine sah vage bekannt aus. Sie kniff die Augen zusammen. Vielleicht ein Freund ihrer Brüder?

Er kam näher, und da begriff sie. *Schela!* Sie starrte ihn an. Er war ein erwachsener Mann mit vollem Bart und breiten Schultern! Sein Begleiter war ein junger Kanaaniter. Beide waren mit gebogenen Messern bewaffnet, trugen Weinschläuche über ihren Schultern und waren offensichtlich betrunken. Schela stieß mit einem Mann zusammen und schubste ihn fluchend beiseite. Tamar stand wie angewurzelt da und starrte die beiden an. Ihr Herz raste.

„Guck dir die junge Witwe da an“, lachte Schelas Freund. „Wie sie dich anglotzt! Vielleicht will die was von dir.“

Schela schob sich an ihr vorbei, ohne sie eines Blickes zu würdigen. „Mach Platz!“

Die Röte schoss ihr ins Gesicht. Judas Sohn hatte sie noch nicht einmal erkannt! Er war genau wie sein Bruder Er, genauso arrogant und verächtlich. Jetzt stieß er gegen einen der Teraphim-Stände, sodass die Tonfiguren laut gegeneinanderklapperten. Die Hände des Standbesitzers fuhren erschrocken nach vorne. Schela und der andere gingen lachend weiter.

„Macht Platz ..."

Tamar kämpfte gegen die Wut und Verzweiflung an, die in ihr hochstiegen. Juda hatte also nie vorgehabt, sein Versprechen zu halten ... Was würde aus ihr werden, wenn ihr Vater starb? Würde sie um die Reste vom Tisch ihrer Mutter betteln müssen oder hinausgehen und die übrig gebliebenen Ähren auf dem Feld eines Fremden lesen? Für den Rest ihres Lebens hätte sie die Schmach der Sitzengelassenen zu tragen und wäre vom Mitleid der anderen abhängig. Und alles, weil Juda sie preisgegeben hatte. Das war nicht gerecht! Ihr Schwiegervater hatte sie angelogen. Sie hatte nichts zu erwarten – keine Kinder, keine Zukunft, nichts.

Sie kehrte zum Stand ihres Vaters zurück und reichte ihrer Mutter das blaue Garn. Dann setzte sie sich in die Ecke, wo der Schatten am tiefsten war, das Gesicht abgewandt.

„Du bist lange fort gewesen. Was hat dich aufgehalten?"

Heiße Tränen stachen in Tamars Augen. Sie vermied es, ihre Mutter anzusehen. „Die Frau war etwas hartnäckig mit dem Preis." Nein, sie würde ihre Schande nicht zeigen.

Ihre Mutter tadelte sie nicht weiter, aber Tamar spürte ihren argwöhnischen Blick. „Stimmt etwas nicht, Tamar?"

„Ich bin nur müde." Das stimmte. Müde von dem endlosen Warten und Hoffen, dass Juda sein Versprechen halten würde. Müde von der Trostlosigkeit eines nutzlosen Daseins. Sie ballte ihre Hände zu Fäusten. Sie brauchte Rat. Weisen Rat. Aber wem konnte sie trauen? Mit ihrem Vater konnte sie nicht reden; er würde ihr nur sagen, dass er es ja immer schon gewusst hatte, dass Juda sie verstoßen hatte. Auch nicht mit ihrer Mutter, denn die war ganz zufrieden damit, wie es war; sie wurde älter und konnte ein paar helfende Hände gut gebrauchen. Zimran war zwar mittlerweile reich genug, um sich Diener zu leisten, aber er zog es vor, seinen Gewinn in einen neuen Getreidespeicher aus Stein zu stecken.

Der Markttag endete, alle bauten die Stände ab. Tamars Vater und ihre Brüder kamen, um den Esel zu beladen. Der Weg nach Hause war lang.

Die Begegnung mit Schela erwähnte Tamar erst, als sie allein mit Aksa war.

„Hat er mit dir gesprochen?"

„Er hat gesagt, ich soll ihm Platz machen." Tamar presste die Hand auf ihren Mund, um das Schluchzen zu unterdrücken, das in ihr hochstieg. Sie schloss die Augen, um sich wieder zu fassen, und schüttelte den Kopf.

Aksa umarmte sie und streichelte ihr über den Rücken. „Ich wusste, dass dieser Tag kommen würde."

„Ich stand direkt vor ihm, Aksa, und er hat mich nicht erkannt."

„Du warst ein junges Mädchen, als du in Judas Haus kamst. Jetzt bist du eine Frau. Es ist normal, dass Schela dich nicht wiedererkannt hat. Ich weiß nicht, ob Juda dich noch erkennen würde."

„Verstehst du nicht, was das bedeutet?"

„Doch, ich schon. Du bist diejenige, die es nie verstanden hat."

„Ich dachte …"

Aksa schüttelte den Kopf. „Du hast gehofft. Du warst die Einzige, die Glauben an diesen Mann hatte." Sie berührte zart Tamars Wange. „Er ist derjenige, der treulos gewesen ist."

„Ich muss etwas tun, Aksa! Ich kann das nicht einfach so hinnehmen!"

Sie berieten sich bis spät in die Nacht, ohne eine Lösung zu finden. Schließlich fiel Tamar völlig erschöpft in einen unruhigen Schlaf.

Tamar war gerade dabei, die Ziegen zu melken, als ihre Mutter zu ihr kam, ihr Gesicht bestürzt. Tamar stand auf. „Was ist geschehen, Mutter?"

„Judas Frau ist tot." Tränen liefen die zerfurchten Wangen ihrer Mutter hinunter, aber ihre Augen waren wie Feuer.

Tamar wich einen Schritt zurück. Ihr Rücken war auf einmal eiskalt. „Wer hat die Nachricht geschickt?"

„Niemand! Dein Vater hat es zufällig von einem Bekannten gehört, der mit den Hebräern Handel treibt. Judas Frau ist schon begraben! Sie haben dich noch nicht einmal geholt, um sie zu betrauern. Dass meine Tochter von einem Hebräer so schimpflich behandelt wird und keiner unternimmt etwas dagegen … das bringt mich noch in mein Grab!" Tamars Mutter begann nun ernstlich zu weinen.

Tamar wandte sich ab und wünschte sich, im Erdboden zu versinken.

Ihre Mutter trat noch näher. „Wann siehst du endlich ein, wie deine Lage wirklich ist? Dein Bruder hat Schela auf dem Markt gesehen. Aus Mitleid mit dir hat er es nur mir erzählt und nicht deinem Vater. Schela ist längst ein erwachsener Mann! Vielleicht hat er das Haus seines Vaters schon verlassen. Vielleicht wird er sich selbst seine Frau aussuchen und tun, was ihm beliebt – gerade so wie sein Vater Juda!"

Tamar drehte sich zur Seite. Was ihre Mutter da sagte, stimmte. Juda hatte seine Söhne noch nie zügeln können, weder Er noch Onan; warum sollte das bei Schela anders sein? Alle Männer in Judas Haus lebten für das Vergnügen des Augenblicks, ohne an das Morgen zu denken. Tamar zitterte am ganzen Körper. Sie musste etwas tun, um nicht laut loszuschreien. Sie setzte sich wieder, um die Ziegen weiterzumelken.

„Hast du gar nichts dazu zu sagen? Dieser elende Kerl hat dich verraten!"

„Genug!" Tamar funkelte zu ihrer Mutter hoch. „Ich werde nicht gegen Juda oder seine Söhne sprechen. Ich werde dem Haus meines Mannes treu bleiben, egal, wie sie mich behandeln. Oder wie ihr mich behandelt." Sie wünschte sich, ihre Gedanken genauso gut zügeln zu können wie ihre Zunge.

„Wir geben dir zu essen."

„Von dem ich mir jeden Bissen verdienen muss."

„Dein Vater sagt, du sollst nach Kesib gehen und im Tor ausrufen, dass dir Unrecht geschehen ist."

Ihr Vater wusste also alles. Ihre Demütigung war komplett. Tamar drückte ihre Stirn gegen die Flanke der Ziege, der Schmerz zu tief für Tränen.

„Und das hättest du schon längst tun sollen!" Ihre Mutter ließ nicht locker. „Es ist dein gutes Recht! Willst du für den Rest deines Lebens hier sitzen und nichts tun? Wer wird für dich sorgen, wenn du alt wirst? Was soll aus dir werden, wenn du nicht mehr arbeiten kannst?" Sie kniete sich neben Tamar und nahm ihren Arm. „Sag den Stadtältesten, wie dieser Hebräer dich behandelt und uns gedemütigt hat! Sie sollen alle erfahren, dass Juda wortbrüchig ist!"

Tamar sah sie an. „Ich kenne den Mann besser als du, Mutter. Er wird mich nicht segnen, wenn ich ihn vor ganz Kesib und Adullam bloßstelle! Wenn ich den Namen meines Schwiegervaters schlechtmache, wird er mir dann wohl Gnade zeigen und mir Schela geben?"

„Dann willst du noch weiterwarten und dich nicht wehren? Willst du noch mehr Jahre vorbeiziehen lassen und kinderlos alt werden?" Ihre Mutter schluchzte auf. „Wie viele Jahre wird es dauern, bis du keine Kinder mehr bekommen kannst? Du wirst nicht ewig jung sein! Wer wird sich über dich erbarmen, wenn dein Vater stirbt?"

Tamar schlug die Hände vor das Gesicht. „Jetzt dräng mich doch nicht so! Ich suche ja nach …" Sie brach ab und schluchzte.

Einen langen Augenblick sagte ihre Mutter nichts. Dann legte sie sachte ihre Hand auf Tamars Schulter. „Das Leben ist hart für eine Frau, Tamar. Aber ohne einen Mann ist es unmöglich."

Tamar holte zitternd Luft und hob ihren Kopf. „Das weiß ich am allerbesten." Sie wischte sich die Tränen ab und sah ihre Mutter an. „Ich werde einen Weg finden."

Ihre Mutter sah seufzend zu den Hügeln hin. „Der Mann, der mit deinem Vater sprach, sagte, dass Judas Frau lange krank gewesen ist, mindestens zwei Jahre. Ein langsames, schweres Sterben." Sie zögerte. „Juda hatte doch nur eine Frau, oder?"

„Nur Batsuba."
„Keine Konkubinen?"
„Keine." Die Milch der Ziege plätscherte in den Tonkrug. Tamar versuchte, sich ganz auf das Melken zu konzentrieren und nicht an die sanfte Hand ihrer Mutter zu denken. Sie hatte schon genug geweint.

„Der Mann sagte auch, dass Juda bald mit seinem Freund aus Adullam nach Timna gehen wird." Ihre Mutter ließ die Worte einen Augenblick in der Luft hängen, bevor sie hinzufügte: „Zum Schafschurfest, das jetzt bald beginnt, du weißt ja."

Tamar sah zu ihr hoch. Die Spur eines Lächelns lag in den Augen ihrer Mutter. Sie ließ ihre Fingerspitzen wie eine stumme Aufforderung über Tamars Schulter hinabgleiten und ging dann fort.

Tamar fuhr mit dem Melken fort. Ihr Kopf arbeitete fieberhaft. Mochte Juda hundertmal keine Lust haben, sein Versprechen zu halten – sie hatte immer noch ihre Rechte. Nach der Sitte ihres Stammes war Juda selbst verpflichtet, ihr einen Sohn zu schenken, wenn er nicht Schela mit ihr schlafen ließ.

Seine Frau war tot, und Juda hatte nichts Dringenderes zu tun, als zum Schafschurfest nach Timna zu gehen … Der gerechte Zorn stieg in Tamar hoch. Sie konnte sich gut vorstellen, was ihr Schwiegervater in Timna machen würde. Die Stadt war das Zentrum des Handels und des Astarte-Kultes. Es gab dort Dutzende von Huren, die bereit waren, ihren Körper für einen Bissen Brot und einen Becher Wein zu verkaufen. Das konnte leicht Tamars eigenes Schicksal werden, falls ihr Vater sie aus dem Haus warf.

Nein, sie durfte nicht länger dasitzen und darauf warten, dass Juda ein Versprechen einlöste, das er nie ernst gemeint hatte. Wenn sie nicht bald etwas tat, würde Juda sich seinen Gelüsten hingeben und den Samen, der von Rechts wegen ihr zustand, an die erstbeste Prostituierte in Timna verschwenden.

Sie biss sich auf die Unterlippe. Was sollte sie tun? Weiter keusch darauf warten, dass Juda ihr ihr Recht gewährte – aber jetzt wusste sie, dass er es nie tun würde. Oder sie konnte die Sache selbst in die Hand nehmen. Sie konnte … Jawohl, sie konnte sich als Hure verkleiden und an die Straße setzen, auf der Juda in die Stadt kommen musste. Schela hatte sie nicht mehr erkannt; warum sollte es Juda tun?

Sie trug den Milchkrug ins Haus, wo ihre Mutter dabei war, den neuen Schleier für ihre Schwester fertig zu besticken. Sie setzte den Krug ab und schaute auf den Schleier. Was, wenn sie einfach die Kleider ihrer Schwester anzog?

„Das ist der schönste Schleier, den ich je genäht habe." Ihre Mutter biss den Faden ab. „So. Fertig." Sie hielt ihr Werk hoch.

Tamar nahm den Schleier und ließ ihn vorsichtig über ihre Hand gleiten. „Er ist sehr schön."

„Schau dir das Kleid an." Ihre Mutter nahm das Gewand und hielt es ihr hin. „Ich habe alles gemacht, was deine Schwester braucht: Stirnband, Schleier, Kleid, Schärpe, Fußschellen und Sandalen." Sie drehte sich zu Tamar hin. „Der Schleier war das letzte Stück."

Sie streckte ihren Arm aus, und Tamar legte den Schleier vorsichtig darüber. Sie sah, dass die Hände ihrer Mutter zitterten, als sie den Schleier sorgfältig zusammenlegte und in den Korb legte. „In zwei Tagen will dein Vater deiner Schwester die Sachen schicken. Sie braucht sie rechtzeitig zum Fest."

Ahnte ihre Mutter etwas von dem Plan, der gerade in ihrem Kopf Gestalt annahm? „Ich arbeite morgen auf den Feldern, Mutter. Ich komme vielleicht erst spät heim."

Ihre Mutter erhob sich nicht, sah sie auch nicht an. „Zur Wegkreuzung bei Enajim sind es drei Stunden Fußweg. Du musst vor Sonnenaufgang losgehen."

Tamars Herz hüpfte. Sie sagte nichts.

Ihre Mutter neigte ihren Kopf. „Wenn Juda dich erkennt, wird er dich töten. Das weißt du, nicht wahr?"

„Wenn ich sterbe, sterbe ich."

„Schela hat nicht viel im Kopf; ihn könntest du leichter überlisten."

„Vielleicht, Mutter. Aber ich will nicht noch einen Schakal. Diesmal will ich den Löwen."

Die Öllampe brannte noch, als Tamar aufstand. Ihre Mutter wusste genau, wie viel Öl nötig war, damit die Lampe die ganze Nacht brannte. Bald würde sie zu flackern beginnen und ausgehen, pünktlich zum ersten grauen Lichtschein der Morgendämmerung. Tamar schlich auf Zehenspitzen durch das Zimmer und nahm den Korb mit den Kleidern ihrer Schwester. Dann ging sie hinaus.

Draußen ließen die ersten Sonnenstrahlen die Sterne am Himmel verblassen. Tamar ging rasch über die Felder ihres Vaters und erreichte bald die Hügel. Die Sonne stand hoch am Himmel und die Erde war warm, als sie die Wegkreuzung von Enajim erreichte. Sie ging geradewegs in den Olivenhain. Als sie sicher war, dass niemand sie von der Straße aus sehen konnte, streifte sie ihr Witwenkleid ab und legte die Kleider und den Schmuck an, die ihre Mutter für ihre Schwester gemacht hatte. Sie löste ihr Haar und kämmte mit den Fingern durch ihre langen, dicken schwarzen Locken. Die kleinen Schellen um ihre Fesseln klingelten leise, als sie ihren schwarzen Witwenumhang in den Korb stopfte und diesen hinter einem Baum versteckte.

Sie ging zurück, die Zähne entschlossen zusammengebissen, setzte sich am Rand des Hains, wo die Vorbeigehenden sie nicht sehen konnten, und begann ihr Warten. Jedes Mal, wenn sie zwei Männer die Straße hinabkommen sah, schlug ihr das Herz bis zum Hals, aber sie blieb in ihrem Versteck. Sie würde sich niemandem zeigen als allein Juda und seinem Freund aus Adullam.

Die Sonne hatte ihren höchsten Punkt schon überschritten, als oben auf dem Kamm endlich Juda erschien, an seiner Seite Hira. Tamar ging ein Stück vor und setzte sich direkt neben dem Weg hin. Die Männer kamen näher. Sie stand auf und trat auf die Straße. Die Glöckchen an ihren Füßen klingelten leise. Juda wurde langsamer und sah zu ihr hin.

Ihre Handflächen waren feucht, ihr Herz hämmerte wild. Am liebsten wäre sie zurück in den Hain gerannt, aber sie durfte jetzt nicht schwach werden. Sie tat so, als bemerke sie die Männer nicht, bückte sich, hob den Saum ihres Gewandes an und zog die dünnen Riemen ihrer einen Sandale fester.

Die Männer hielten an. „Wir haben es nicht eilig", sagte der Adullamiter. Es klang amüsiert.

Tamar richtete sich wieder auf, aber sie sah nicht ihn an, sondern Juda. Sie musste Juda auf sich aufmerksam machen, nicht den anderen. Würde er sie erkennen? Der Atem wollte ihr stocken, als er sie ansah und näher kam. Direkt vor ihr blieb er stehen. Seine lächelnden Augen musterten sie von oben bis unten. Nein, er erkannte sie nicht. Ihr verschleiertes Gesicht sah er kaum an.

„Du", sagte er. „Ich will mit dir schlafen."

Wie prompt er auf ein bisschen weibliche Verführungskünste hereinfiel, und das von einer Frau, die keinerlei Erfahrung darin hatte! So ging es also zu, wenn Männer sich die Dienste einer Hure erkauften? Was musste sie jetzt sagen?

„Sie kann es kaum erwarten, Juda", grinste Hira. „Sieh nur, wie sie zittert."

„Vielleicht ist sie schüchtern." Juda lächelte trocken. „Geh schon mal vor, Hira, ich komme später nach."

Hira kicherte. „Es ist lange her, mein Freund, nicht wahr?"

Er ging, und Tamar war mit Juda allein. Die Intensität seines Blicks ließ sie fast die Nerven verlieren. Er ließ sie keinen Augenblick aus den Augen.

„So", sagte er. „Jetzt sind wir allein. Was meinst du?"

Er schien es eilig zu haben; sein Bedürfnis musste groß sein. Aber nicht größer als ihre Wut. Hätte ihre Schwester jetzt Mitleid verspürt? Tamar empfand keines. Vor sieben Jahren hatte sie diesen Mann angebettelt, Onan nicht zu erlauben, sie wie eine Hure zu behandeln, und er hatte vorgeschlagen, dass sie Onan nach allen Regeln der Kunst verführen sollte. Gut, so würde sie es jetzt mit Juda selbst machen.

Sie wich einen Schritt zurück und schaute kokett über ihre Schulter. „Wie viel bist zu bereit zu zahlen?" Sie sprach leise und hoffte dass ihr Tonfall verführerisch klang.

„Ich schicke dir einen jungen Ziegenbock von meiner Herde."

Und wo war seine Herde? Wut stieg in ihr hoch. Wie typisch für Juda – ein Versprechen zu machen, das er nicht einhalten wollte. Erst sein Sohn, jetzt eine Ziege! Nein, sie würde kein Versprechen mehr von seinen Lippen annehmen. Nicht heute, nie mehr. „Was für ein Pfand kannst du mir geben, damit ich auch sicher sein kann, dass du das Tier schickst?“ Sie senkte ihre Augen, damit er nicht das Feuer sah, das in ihr loderte. Spürte er es schon an ihrer Stimme, oder hielt er das Zittern für unterdrückte Leidenschaft?

Juda trat noch näher. „Nun, was möchtest du als Pfand?“

Sie dachte hastig nach. Wenn sie schwanger wurde, würde sie etwas brauchen, das bewies, dass er der Vater war. „Ich möchte dein Siegel, das Band und den Stock in deiner Hand.“ Kaum waren die Worte über ihre Lippen, bereute sie sie schon. Was hatte sie da verlangt? Kein Mann im Vollbesitz seiner geistigen Kräfte würde freiwillig so viel hergeben, und dann noch einer Hure! Bestimmt erriet Juda jetzt, wer sie war. Gleich würde er ihr den Schleier vom Gesicht reißen und sie auf der Stelle töten.

Seine Hand ging nach vorne, und sie zuckte zusammen. Dann begriff sie, was er tat: Er reichte ihr seinen Stock! Sie nahm ihn und schaute verblüfft zu, wie er die Schnur mit seinem Siegelring von seinem Hals nahm und ihr beides ebenfalls reichte. Ohne ein Wort des Protests. Der Mann musste halb verrückt vor Begierde sein.

Sie nahm ihre ganze Willenskraft zusammen, um nicht zu weinen. Die ganzen Jahre hatte sie darauf gewartet, dass dieser Mann das Rechte tun würde – nur um jetzt erleben zu müssen, dass er ohne mit der Wimper zu zucken die Schlüssel zu seinem Haus einer Frau übergab, die er für eine gewöhnliche Prostituierte hielt.

Doch schon machte die Empörung freudiger Erregung Platz. Sie hatte sich tief erniedrigt, aber jetzt war ihre Stunde da, die große Gelegenheit, dem Haus Judas ein Kind zu schenken. Aksa hatte gesagt, dass die Zeit gerade richtig war; sie hoffte, dass sie recht hatte.

„Hast du ein Zimmer in der Stadt?“, fragte Juda.

„Der Tag ist schön, mein Herr, und das Gras weicher als ein Bett.“

Mit Judas Stock in der Hand ging sie in den Hain. Er folgte ihr.

Juda holte sich im Schatten eines großen Olivenbaums seine Befriedigung und schlief anschließend in der Hitze des Nachmittags ein. Tamar stand auf, rannte zu ihrem Versteck und zog hastig die Kleider ihrer Schwester aus und ihre Witwenkleider wieder an. Judas Siegelring hängte sie sich um den Hals, gut versteckt unter dem schwarzen Umhang. Sie faltete das rote Kleid, den Schleier und die Schärpe zusammen und legte sie behutsam in den Korb, die Fußglöckchen so in den Falten versteckt, dass sie kein Geräusch machen konnten.

Sie spürte eine wilde Hoffnung in sich aufkeimen und legte ihre Hände über ihren Leib. Stille Tränen liefen ihr über die Wangen. Sie senkte den Kopf und murmelte: „Ich will nur Gerechtigkeit!"

Judas Söhne hatten sie geschlagen und ausgenutzt, und Batsuba hatte ihr noch die Schuld daran gegeben. Juda hatte sie hinausgeworfen und sein Wort gebrochen. Aber jetzt hatte sie doch noch eine Chance, in den Baum Abrahams, Isaaks und Jakobs eingepfropft zu werden. Vielleicht hatte Juda gerade unwissentlich ein Kind gezeugt. Vielleicht würde sie doch noch ihren Platz bekommen in dem Volk, das der Gott der ganzen Schöpfung sich zu dem Seinen erwählt hatte. Und wenn das Kind ein Junge war, wäre er ihr Erlöser.

Fast andächtig berührte sie das Siegel unter ihrem Kleid. Dann nahm sie den Korb und Judas Stock, den sie gegen einen der Bäume gelehnt hatte, und machte sich auf den Heimweg.

Ein Lichtstrahl berührte Judas Augenlider und weckte ihn auf. Die Hure war fort. Er erhob sich und ging zurück zur Straße. Auch dort war sie nicht; sie musste wohl in die Stadt gegangen sein.

Er setzte seinen Weg fort. Ihm war auf einmal unbehaglich zumute. Er war nicht besser als Esau, der sein Erstgeburtsrecht für einen Linseneintopf verkauft hatte! Wie hatte er so verrückt sein können, seinen Stab, sein Siegel und seine Siegelschnur einer Tempelprostituierten zu geben? Er hatte sein Vergnügen gehabt, schön; jetzt wollte er sein Eigentum wiederhaben.

Er holte Hira in der Nähe von Timna ein. Sein Freund steigerte seinen Ärger mit seinen anzüglichen Bemerkungen noch. „Was hast du denn mit deinem Stock gemacht, Juda? Du hast doch nicht etwa …“

„Den kriege ich zurück, wenn ich der Frau einen Ziegenbock geschickt habe.“

„Und dein Siegel und das Band auch?“ Hira schlug ihm lachend auf den Rücken. „Ich hoffe, sie war diesen Preis wert!“

Juda antwortete nicht. Bald entschuldigte er sich und ging Schela suchen, der mit den Herden vorangezogen war. Zusammen scherten sie die Schafe. Juda vereinbarte mit mehreren Bauern Weiderechte für seine Schafe nach der Ernte.

Hira kam dazu, machte aber keine weiteren Bemerkungen über die Straßenhure. „Komm, Brüderchen, trink“, sagte er, selbst schon halb schwankend vom Alkohol. „Mach dir keine Sorgen, das Leben sorgt für sich selbst. Denk daran, wie schön wir es hatten, bevor unsere Frauen und Söhne und Sorgen kamen. Timna hat einem Mann viel zu bieten.“

Schela konnte es kaum erwarten, alles anzuschauen und auszuprobieren, aber Juda verspürte eine merkwürdige Unlust. Er musste daran denken, was eine Stunde Vergnügen ihn schon gekostet hatte. Er vermisste das Gefühl des Stocks in seiner Hand, und ohne seinen Siegelring war er nur ein halber Mann. Lange bevor das Fest vorbei war, war er aufbruchbereit. Als es dann so weit war, konnte er den Gedanken, auf dem gleichen Weg heimzukehren, nicht ertragen.

Er ging zu Hira. „Ich muss meine Herden auf bessere Weiden bringen. Du gehst sicher über Enajim zurück?“

„Wie immer.“

„Ich habe dir doch schon oft einen Gefallen getan, Hira, nicht wahr? Sei so gut und bring diesen Ziegenbock zu der Hure an der Wegkreuzung bei Enajim. Lass dir von ihr meinen Stock, das Siegel und das Siegelband zurückgeben und bring die Sachen zu mir nach Hause. Tu das für mich, mein Freund, und ich werde dir meine Dankbarkeit zeigen, wenn wir uns wiedersehen!“

Hiras Augen glänzten. „Gern.“

„Und noch etwas …"

Hira hob seine Hand. „Du brauchst nichts zu sagen, Juda. Du bist mein Freund. Kein Wort über diese Sache wird über meine Lippen kommen." Er grinste. „Es wird mir ein Vergnügen sein, deinen Wunsch zu erfüllen." Er ging los, nicht ohne über die Schulter zurückzurufen: „Vielleicht gehe ich selbst mal für eine Stunde in den Olivenhain!"

Juda dachte nicht mehr an die Hure, bis Hira einige Wochen später mit leeren Händen zu ihm kam. „Ich habe das Mädchen überall gesucht, Juda. Ich habe sogar in der Stadt nachgefragt, aber alle sagten, dass an der Wegkreuzung noch nie eine Tempelprostituierte gewesen ist. Sie haben mich ausgelacht und gefragt, wie ich auf die Idee komme, dass dort eine herumhockt, wo doch der Tempel in Timna ist."

Eine Tempelhure draußen auf der Straße – jetzt, wo Juda darüber nachdachte, war das in der Tat merkwürdig. Er wurde ärgerlich. Irgendjemand hatte ihn hinters Licht geführt. Aber warum? Warum hatte diese Hure ihn angelogen? Was konnte eine Prostituierte mit seinem Siegelband und dem Stock anfangen? Einen Ziegenbock konnte man verkaufen und von dem Erlös leben, aber wer kaufte schon ein Siegel und einen Stock mit dem Namen eines anderen Mannes – vor allem, wenn der Name so bekannt war wie der seine?

„Was nun, Juda?" Hira schlürfte seinen Wein. „Sollen wir beide noch einmal gehen und sie suchen?"

„Ach, lass, soll sie ihr Pfand behalten! Wir haben jedenfalls versucht, ihr den Bock zu geben. wenn wir jetzt noch einmal hingehen, machen wir uns nur lächerlich."

Als Hira wieder fort war, ging Juda hinaus und schnitt einen geraden, kräftigen Zweig von einem Mandelbaum. Er entrindete ihn und schnitzte seinen Namen in das Holz. Der neue Stock war gut, aber er lag nicht so perfekt in der Hand wie der, den sein Vater ihm gegeben hatte. Und das neue Tonsiegel, das er sich machen ließ, es war nicht das Gleiche wie das alte Steinsiegel.

Ein paar Wochen später hatte Juda das Rätsel von der Wegkreuzung bei Enajim vergessen.

Kapitel 6

Tamar sagte nichts über ihren Ausflug nach Enajim und dass es ihr gelungen war, mit Juda zu schlafen, und ihre Mutter fragte sie nicht danach. Am folgenden Morgen brach Zimran mit Tamars älterem Bruder nach Timna auf. Den Korb mit dem Tempelgewand nahmen sie mit.

Als sie nach zwei Wochen immer noch nicht ihre Blutung hatte, war Tamar sicher, dass sie schwanger war. Halb jubelte sie, halb hatte sie Angst. Sie behielt ihr Geheimnis für sich und verhielt sich wie immer, stand in aller Frühe auf und arbeitete den ganzen Tag. Niemand merkte etwas; nur Aksa wunderte sich über ihre plötzliche Schamhaftigkeit.

Nachts, wenn die anderen schliefen, ließ Tamar ihre Hände über ihren Bauch wandern. Manchmal kroch die Angst in ihr hoch, und sie fragte sich, wie sie Juda so hatte hinters Licht führen können. Was würde er tun, wenn er es herausfand? Sie war bereit gewesen, alles, sogar ihr Leben, für die Chance zu riskieren, Mutter zu werden, aber jetzt hatte sie Angst um das Kind, das sie in sich trug. Nicht mehr lange, und ihre Schwangerschaft würde für alle sichtbar werden. Aksa hatte es vermutlich sowieso schon erraten. Ihr Vater war imstande, sie in einem Wutanfall totzuschlagen. Aber dann würde Judas Kind mit sterben und seine Linie würde erlöschen.

Sie versuchte, klar zu denken und ihre Gefühle nicht mit ihr durchgehen zu lassen. Sie gehörte immer noch zu Judas Haus, ob er dies nun anerkannte oder nicht. Die Entscheidung darüber, was mit ihr geschehen würde, lag bei ihm, nicht bei ihrem Vater. Ihr einziger Schutz war die Wahrheit. Aber sie durfte sie nicht auf eine Art enthüllen, die Schande über Juda brachte; hätte sie das gewollt, hätte sie die Wahrheit schon längst vor den Toren der Stadt hinausgeschrien.

Noch nicht einmal Aksa zog sie ins Vertrauen, die sie täglich mit Fragen bearbeitete. „Wo warst du an diesem Tag? Warum hast du mich nicht geweckt? Ich habe dich auf den Weiden gesucht. Sage mir doch, wo du warst und warum!"

Schließlich stellte Aksa sie unter vier Augen zur Rede. „Was hast du getan, Tamar? Mit wem hast du geschlafen? Bei den Göttern, wir sind beide verloren!"

„Ich habe getan, was ich musste, Aksa. Es ist Gesetz in Judas Stamm wie in unserem, dass ich das Recht auf ein Kind von Schela oder von Juda selbst habe. Aber ich habe alles riskieren müssen, um mein Recht von Juda zu bekommen. Ich habe mich erniedrigt und mich auf schmutzige Ränke verlegt, um dieses Kind zu bekommen, damit ich nicht in Schande sterbe." Sie packte die Hände ihrer Amme. „Du musst mir vertrauen."

„Du musst es sagen …"

„Nein. Noch nicht."

„Und wenn dein Vater es herausfindet? Meinst du, er wird dir gnädig sein, wenn er merkt, dass du Unzucht getrieben hast?"

„Derjenige, der entscheiden muss, was mit mir geschieht, ist Juda."

„Dann bist du des Todes, und das Kind mit dir. Juda denkt jetzt schon, dass du ihm nur Unglück bringst und Schuld bist am Tod seiner Söhne. Du wirst ihm nur eine Gelegenheit geben, dich endgültig loszuwerden!"

„Hör auf."

Aksa schloss ihre Augen und schlug die Hände vor das Gesicht. „Du hättest warten sollen."

„Ich wäre alt und grau geworden, bevor Juda mich gerufen hätte."

„Und jetzt willst du dich umbringen lassen und das Kind dazu? Du hast Juda verraten und Schmach über sein Haus gebracht. Sag mir, was geschehen ist!"

„Ich sage nichts." Vorsicht und Hoffnung verschlossen ihr den Mund. Dies war ihr Geheimnis. Und Judas, obwohl er noch nichts davon wusste. Sie würde dieses Wissen für sich behalten; es war zu kostbar. Unter ihrem Bett lag Judas Stock, und die Schnur mit dem Siegel hing um ihren Hals, gut versteckt unter ihrer Witwentracht. Sie würde diese Dinge nicht einmal Aksa zeigen, sie würde nicht damit hausieren gehen oder ihrem Vater einen Grund geben, sich über Juda lustig zu machen. Sie wollte ihre Pflicht gegenüber seinem Haus erfüllen, wollte anerkannt werden. Würde Juda es ihr etwa danken, wenn sie ihn zum Spott der Leute machte?

Sie musste an Judas Stolz denken. Und an das, was er verloren hatte, und an seinen Schmerz. Sie würde nicht noch das Öl der Demütigung in das Feuer seines Elends gießen. Juda hatte sie im Stich gelassen, aber sie würde den Vater ihres Kindes vor keinem anderen Menschen bloßstellen.

An dem Morgen, an dem sie über die Weiden ihres Vaters gegangen war und bei der Wegkreuzung auf Juda gewartet hatte, hatte sie alle Zeit der Welt gehabt, darüber nachzudenken, was für ein Risiko sie da einging und was die Zukunft bringen würde. Leben oder Tod – Juda würde entscheiden. Sie hatte vor Zorn gezittert, als sie sich über ihren schlafenden Schwiegervater gebeugt hatte. Fast war sie versucht gewesen, ihn zu treten und mit seiner Sünde zu konfrontieren. Sie hatte ihn schütteln und rufen wollen: „Schau, wozu du mich getrieben hast, Juda! Schau, was du getan hast!“

Er hatte ihr geraten, für Onan die Hure zu spielen. Stattdessen hatte sie sie für ihn gespielt.

Aber sie hatte ihren Zorn losgelassen. Nein, sie wollte keine Rache, sie wollte Gerechtigkeit. Sie hattte alles auf eine Karte gesetzt, in der Hoffnung auf etwas Besseres, etwas Wichtiges, etwas Bleibendes. Ein Kind. Ein Grund, weiterzuleben! Eine Zukunft und eine Hoffnung! Sie blies die winzige Hoffnungsflamme in ihrem Inneren an, in dem vollen Wissen, dass nach wie vor alles in Judas Händen lag.

„Vielleicht hast du Glück und erleidest eine Fehlgeburt“, sagte Aksa.

„Wenn das geschieht, sterbe ich hoffentlich zusammen mit dem Kind.“

„Oder schon vorher.“ Aksa schlug die Hände vor das Gesicht und weinte.

Tamar lächelte traurig. Warum hoffte sie so auf einen Mann, der kein einziges Mal das Rechte getan hatte, solange sie ihn kannte? Hatte er sie etwa vor Ers Brutalität geschützt? Hatte er dafür gesorgt, dass Onan seine Pflicht gegenüber seinem Bruder erfüllte? Auch sein Versprechen, ihr Schela zu geben, hatte er gebrochen. Wie konnte sie hoffen, am Leben zu bleiben, wenn dieses Leben in den Händen dieses Mannes lag?

Und doch hoffte sie. Sie wählte die Hoffnung. Sie weigerte sich, vor den Ängsten zu kapitulieren, die an ihr zerrten. Den Ängsten um das Kind, das sie trug. Judas Kind. Judas Hoffnung. Judas Zukunft.

Aber würde Juda sie anhören, wenn die Zeit da war, die Wahrheit zu sagen?

Zwei weitere Monate vergingen, bis der Tag des Zorns über Tamar hereinbrach. Sie wachte davon auf, dass Aksa sie schüttelte. Erschrocken setzte sie sich auf, einen Augenblick benommen, dann merkte sie, dass sie neben der Steinmauer eingeschlafen war, an der sie gearbeitet hatte.

Aksa war in Tränen aufgelöst. „Du bist verloren! Eine Dienerin hat deinen Bauch gesehen und es deinem Vater erzählt. Er hat mich rufen lassen, und ich musste es ihm sagen. Ich musste.“ Sie packte Tamars Arm. „Lauf weg, du musst dich verstecken!“

Eine merkwürdige Ruhe erfüllte Tamar. Das Warten war also vorbei. „Nein“, sagte sie leise und stand auf. Zwei ihrer Brüder kamen über das Feld gelaufen. „Hurenschwester …“ Sie fluchten laut; Tamar sagte nichts. Sie packten sie und führten sie zum Haus.

Zimran kam heraus. Sein Gesicht war dunkelrot, die Hände zu Fäusten geballt. „Bist du schwanger?“

„Ja.“

Der erste Schlag warf sie zu Boden. Als er sie treten wollte, rollte sie sich zusammen, um das Kind zu schützen. „Du hast kein Recht, über mich zu richten!“, schrie sie, ihre Wut so groß wie die seine.

„Kein Recht? Du bist meine Tochter!" Er trat sie wieder.

Sie schnappte nach Luft und wollte aufstehen. Er packte ihr Kopftuch und ihr Haar darunter und riss sie daran hoch. Ihre Fingernägel gruben sich tief in seine Arme. Sie trug das Löwenjunge in ihrem Leib, und sie würde wie eine Löwin kämpfen, um es zu retten. Sie stemmte die Füße in den Boden und hob ihre Hände. „Ich gehöre zu Judas Haus, nicht zu deinem! Hast du das vergessen?"

„Er wird mir danken, wenn ich dich töte!"

„Juda muss der Richter sein, nicht du! Juda und kein anderer!"

Zimran starrte sie keuchend an. „Du hast vor meiner Nase herumgehurt! Ich sollte dich totschlagen!"

Sie sah die Tränen der Wut und Scham in seinen Augen, aber sie durfte jetzt nicht nachgeben. „Warum willst du Juda die Arbeit abnehmen, Vater? Warum willst du mein Blut an deinen Händen haben? Er hat mich vor sechs Jahren verstoßen. Lass es über sein Haupt fallen, was mit mir und meinem Kind geschieht!"

Zimran rief einen Diener. „Geh zu Juda und sage ihm, dass Tamar durch Hurerei schwanger ist! Frag ihn, was mit ihr geschehen soll!" Der Diener rannte los. Zimran funkelte sie an. „Und du, Hure, geh mir aus den Augen und warte!"

Tamar gehorchte. Als sie allein war, begann sie heftig zu zittern. Sie ballte ihre Hände. Sie waren klamm vor Schweiß. Ihr Herz hämmerte.

Was, wenn Juda nicht kam?

Tamar war schwanger ... Die Nachricht traf Juda wie ein Schlag. Es war zwar schon sechs Jahre her, dass er sie fortgeschickt hatte, aber er hatte erwartet, dass sie für den Rest ihres Lebens keusch bleiben würde. Wenn er jetzt gnädig war und sie am Leben ließ, würde dieses Kind – egal, wer sein Vater war – ein Mitglied seines Hauses werden! Das durfte nicht geschehen; er würde es nicht zulassen.

Doch in die Wut mischte sich auch eine hinterlistige Befriedigung. Tamar gab ihm eine Gelegenheit, sie endgültig loszuwerden!

Sie hatte sich auf die schändlichste Art gegen sein Haus versündigt, und es war sein gutes Recht, sie zu richten. Schade nur, dass Batsuba das nicht mehr erleben durfte. Sie hatte also doch recht gehabt: Tamar taugte nichts. Das Mädchen war schlecht. Sie hatte ihn Er und Onan gekostet! Das Klügste, was er je getan hatte, war, ihr Schela vorzuenthalten.

Sollte sie ruhig leiden. Hatte er nicht genug gelitten wegen ihr? Sie zu steinigen wäre zu schnell, zu leicht. Sie musste den ganzen Schmerz ihrer Sünden gegen ihn spüren. „Verbrennt sie! Sie soll im Feuer sterben!“, rief er.

Noch bevor Zimrans Diener wieder durch die Tür hinaus war, wusste Juda, dass das Blatt sich endlich gewendet hatte. Morgen schon könnte er eine Frau für Schela suchen. Es war Zeit, dass er für den Fortbestand seiner Familie sorgte.

Als Tamar den Tumult hörte, wusste sie, wie Juda entschieden hatte. Ihre Mutter weinte laut, ihr Vater brüllte.

Gott des Himmels und der Erde, hilf mir! Ich weiß, dass ich keine von deinem Volk bin, ich weiß, dass ich unwürdig bin. Aber wenn dir Juda etwas wert ist, der doch dein Sohn ist, dann rette mich! Rette dieses Kind, das ich trage!

Aksa kam hereingestürmt. „Juda hat gesagt, sie sollen dich verbrennen! Oh, Tamar …“

Tamar stimmte nicht in ihr Wehklagen ein. Stattdessen stand sie auf, hob ihre Matratze hoch und nahm Judas Stab heraus. Dann nahm sie die Schnur mit dem Siegel von ihrem Hals und drückte alles Aksa in die Hand. „Bring diese Sachen zu Juda, Aksa! Mach schnell. Sag ihm: ‚Tamar lässt dir ausrichten: Der Mann, dem dieses Siegel und dieser Stock gehören, ist der Vater meines Kindes. Erkennst du sie wieder?‘“

Der Lärm draußen wurde lauter. Tamars Mutter jammerte laut um Gnade, während ihr Vater schrie: „*Ich habe sie gewarnt!* Ich habe ihr gesagt, was passieren würde, wenn sie je ihre Witwentracht auszieht!“

„Aber du kannst doch nicht-“

„Sei still, Frau! Das hat Tamar sich selbst eingebrockt!"

Tamar gab ihrer Amme einen Stoß. „Geh, Aksa! Lass mich jetzt nicht im Stich! *Renn, renn*!"

Aksa verschwand. Tamar stellte sich in die hinterste Ecke des Zimmers, wo sie sich am besten verteidigen konnte. Ihre Brüder kamen herein. „Wollt ihr eurer eigenen Schwester keine Gnade erzeigen?"

„Nachdem du uns solche Schande gemacht hast?" Sie packten sie unter unflätigen Flüchen. Tamar kämpfte verbissen, doch schließlich zerrten sie sie zur Tür hinaus.

Draußen wartete Zimran. „Juda hat gesagt, du sollst brennen, und das wirst du auch!"

Dachten sie, sie würde sich kampflos ergeben? Bildeten sie sich ein, dass sie nicht für das Leben ihres Kindes kämpfen würde? Sie trat und kratzte, biss und schrie. „Dann soll Juda mich selbst verbrennen!" Sie schlugen sie; sie schlug zurück. „Soll er sehen, wie sein Urteil vollzogen wird! *Bringt mich zu Juda!* Warum soll mein Tod auf eure Häupter kommen? Er soll selbst die Fackel an mich halten!"

Juda sah die Frau, die über die Felder gerannt kam, ein Bündel in der Hand. Er hob eine Hand, um seine Augen gegen die Sonne abzuschirmen, und schaute angestrengt in die Richtung. Es war Aksa, Tamars Amme. Er presste einen Fluch durch die Zähne. Sicher kam sie, um für das elende Mädchen um Gnade zu betteln.

Da war sie schon und fiel vor ihm auf die Knie. Ihr Atem ging stoßweise, sie zitterte vor Anstrengung. Sie ließ das Bündel vor seine Füße fallen. „Tamar schickt mich …" Die Stimme versagte ihr. Sie packte das eine Ende des schwarzen Tuchs und zog fest daran. Ein Stock rollte heraus – Judas Stock. Dann hielt sie ihm ihre Hand hin und öffnete sie. Darin lag eine rote Schnur mit einem Steinsiegel.

Juda riss es ihr aus der Hand. „Wo hast du das her?"

„Tamar …"

„Rede, Frau!"

„Tamar hatte es! Sie lässt dir sagen: ‚Der Mann, dem dieses Siegel und dieser Stock gehören, ist der Vater meines Kindes. Erkennst du sie wieder?'" Sie verneigte sich, immer noch nach Luft ringend.

Juda spürte Übelkeit in sich aufsteigen, als er den Stock in die Hand nahm. Sein Stock. Kein Zweifel. Und das Siegel auch. Tamar! Die „Hure" bei Enajim war Tamar gewesen. Sie musste sich verkleidet haben, um ihr Recht auf ein Kind erfüllt zu bekommen. Und er war darauf hereingefallen. Ihm wurde kalt, dann heiß. Scham überflutete ihn. Sein Abenteuer war nicht im Verborgenen geschehen. Nichts war im Verborgenen geschehen. Gott hatte alles gesehen. Seine Haut kribbelte, seine Nackenhaare standen ihm zu Berge.

„Wann wirst du tun, was recht ist, Juda?"

Die Worte waren wie ein Flüstern in seinen Ohren. Einst hatte Tamar sie zu ihm gesagt, aber jetzt war die Stimme eine andere – leise und schrecklich, eine Stimme, die in die letzten Winkel seines Herzens drang. Er merkte, dass er zitterte.

„Mein Herr?" Aksas Augen waren weit aufgerissen.

Sein Herz hämmerte. Plötzlich schrie er auf und begann zu rennen. Er musste das Urteil aufhalten, das er selbst in Gang gesetzt hatte! Wenn er nicht rechtzeitig bei Zimran war, würden zwei weitere Menschen sterben: Tamar und das Kind, das sie im Leib trug. *Sein* Kind!

„Herr, vergib mir!" Er rannte noch schneller, schneller als je zuvor in seinem Leben. „Lass mich noch rechtzeitig kommen!" Warum war er damals nicht so schnell gelaufen, als die Ismaeliten Josef fortführten? Warum hatte er seinen Bruder nicht aus ihren Händen gerettet? Aber es war zu spät, um ungeschehen zu machen, was er damals getan hatte. *O Gott, erbarme dich, du Gott meines Vaters Israel! Gib mir Kraft! Verschone ihr Leben und das des Kindes!*

Zimran und seine Söhne kamen ihm entgegen. Halb schleiften sie Tamar mit sich, die wie eine Wahnsinnige kämpfte. Einer ihrer Brüder trat sie, während Zimran sie an den Haaren packte. Er riss sie auf die Füße und schob sie wild fluchend zu Juda hin.

„Lasst sie los!", rief Juda. Zimran versetzte Tamar den nächsten Hieb, und die blanke Wut kochte in Juda hoch. „Schlag sie noch einmal, und ich töte dich!"

„Was redest du da?", brüllte Zimran zurück. „Du hast doch selbst gesagt, wir sollen sie verbrennen! Und recht hast du! Sie hat dich betrogen und Unzucht getrieben."

Tamar stand schweigend da, ihr Gesicht von Blut und Dreck verschmiert. Sie hatten sie mit sich geschleift, geschlagen und verhöhnt. Für *seine* Sünde. Ihr eigener Vater und ihre Brüder hatten nicht das geringste Mitleid mit ihr. Und sie sagte kein Wort.

Die Röte schoss in Judas Gesicht. Wann hatte er denn selbst dieser jungen Frau je Mitgefühl gezeigt? Er hatte nichts unternommen, als Er sie geschlagen hatte. Sie hatte ihn gebeten, ihr ihr Recht bei Onan zu verschaffen, und er hatte sie im Stich gelassen. Nicht ein Mal hatte sie im Stadttor öffentlich ihr Recht verlangt und so Schande über ihn gebracht. Stattdessen hatte sie sich zutiefst gedemütigt und als Hure verkleidet, um ein Kind für sein Haus zu empfangen. Und selbst danach hatte sie seine Sünde nicht offengelegt.

Plötzliche Tränen traten in seine Augen. Ein Kloß war in seinem Hals. Blutig geschlagen stand sie vor ihm und sagte immer noch nichts zu ihrer Verteidigung, wartete nur – wie sie die ganze Zeit gewartet hatte, dass er endlich wie der Mann handelte, der er sein sollte.

„Wann wirst du tun, was recht ist, Juda?"

„Sie ist eher im Recht als ich, weil ich mein Versprechen nicht gehalten habe, ihr meinen Sohn Schela zu geben."

„Das mag ja sein, aber das gibt ihr nicht das Recht, unter meinem Dach die Hure zu spielen!"

Juda schaute in die dunklen Augen des Kanaaniters und sah in ihnen wie in einem Spiegel sein eigenes kaltes Herz. Zimrans Stolz war verletzt, und dafür wollte er Tamar töten. Juda spürte, wie sein eigener Stolz zerbrach. Hatte er nicht Tamar die Schuld an den Sünden der anderen gegeben? Ohne den geringsten Gewissensbiss hatte er sie verstoßen und ihrem Schicksal überlassen. Es hatte ihm sogar Freude gemacht, das Todesurteil über sie auszusprechen und sich vorzustellen, wie sie qualvoll in den Flammen starb. Hundert Mal hatte er sich gegen sie versündigt, vor den Augen Gottes, und es war ihm egal gewesen, was es sie kosten würde. Und jetzt – jetzt hatten seine Sünden ihn eingeholt, und er hatte die Wahl: sich noch weiter versündigen oder umkehren.

Tamar hob den Kopf und sah ihn an. Er sah, wie etwas in ihren Augen aufblitzte. Sie konnte ihn jetzt bloßstellen, wenn sie wollte, konnte einen Ozean der Demütigung über ihn ausgießen. Sie konnte alles haarklein erzählen, was in Enajim geschehen war, konnte ihn vor ihrem Vater und Brüdern zum Gespött machen. Und er hätte es verdient. Er sah ihren Zorn, ihre Enttäuschung, ihre Trauer, und er verstand alles. Es änderte nichts an dem, was er jetzt zu tun hatte.

Er trat vor und nahm seinen Stock kampfbereit in beide Hände. „Lass sie los, Zimran. Das Kind ist von mir."

Er machte noch einen Schritt nach vorn. Zimran wurde blass und wich zurück, seine Söhne ebenfalls.

„Ich ... gut, dann ... nimm sie. Mach mit ihr, was du willst." Zimran drehte sich zögernd um und ging fort. Juda sah, wie er den Kopf schüttelte. Seine Söhne folgten ihm.

Tamar atmete tief aus und sank zu Boden. Sie legte ihre Hände auf Judas staubige Füße. „Vergib mir, mein Herr." Ihre Schultern bebten, sie begann zu schluchzen.

Judas Augen füllten sich mit Tränen. Er ging auf ein Knie und legte sacht seine Hand auf Tamars Rücken. „*Ich* bin der, der Vergebung braucht, Tamar."

Ihr Weinen brach ihm das Herz. Er half ihr auf die Füße. Sie zitterte heftig; ein Auge war blau und verschwollen, ihre Oberlippe blutete. Ihr Kleid war zerrissen, ihre Haut zerschunden, wo sie sie über die Steine geschleift hatten.

Als er sie zum ersten Mal auf Zimrans Feldern gesehen hatte, hatte er das Gefühl gehabt, dass etwas Besonderes an diesem Mädchen war, und er hatte sie für seinen Sohn gewollt. Tamar war eine Kanaaniterin, aber sie war ehrenhaft und treu. Und mutig und stark. Es musste Gott selbst gewesen sein, der ihn dieses Mädchen hatte wählen lassen. Und jetzt hatte sie alles riskiert, um das Kind zu bekommen, das sein Haus vor dem Untergang retten konnte. Er nahm ihr Gesicht in seine beiden Hände. „Möge der Gott meines Vaters Israel mir meine Sünden gegen dich vergeben!" Er küsste sie auf die Stirn.

Ihr Körper entspannte sich. „Und mir die, die ich gegen dich begangen habe." Sie lächelte ihn mit feuchten Augen an.

Juda verspürte eine tiefe väterliche Zärtlichkeit ihr gegenüber, als sie nebeneinanderher nach Hause gingen. Als sie zu stolpern begann, hob er sie kurzerhand hoch und trug sie den Rest des Weges. Aksa kam ihnen entgegengerannt, um Tamars Wunden zu versorgen.

Juda wartete vor seinem Haus, den Kopf in den Händen. Sein Stolz war zerbrochen, und er betete, wie er noch nie gebetet hatte, bestürmte Gott diesmal für einen anderen als sich selbst. Es wurde schon dämmrig, als Aksa zu ihm nach draußen kam.

„Wie geht es ihr?"

„Sie schläft, Herr", lächelte Aksa. „Es wird alles gut werden."

Tamar hatte sein Kind nicht verloren. „Preis sei Gott."

Er ging zu seinen Herden und wählte das beste Schaf aus, das er finden konnte, ein fehlerloses männliches Lamm. Er bekannte seine Sünden vor Gott und vergoss das Blut des Tieres zur Sühne, dann fiel er vor dem Gott Abrahams, Isaaks und Jakobs nieder und bat ihn um Vergebung und Heilung.

In dieser Nacht hatte Juda keine Albträume. Zum ersten Mal seit wie vielen Jahren? Er wusste es nicht.

Aksa fühlte sich, als ob sie hoch oben auf einem Felsen saß, von dem sie jeden Augenblick herunterfallen konnte. Tamar hatte sich enorm verändert. Sie hatte das Kommando im Haus übernommen, als ob sie Judas Lieblingsfrau sei, und als Erstes hatte sie befohlen, Batsubas Götzen zu zerstören. Schela protestierte heftig, aber Juda hielt zu Tamar. Aksa versteckte einige der Teraphim und brachte ihnen heimlich Opfer dar, bis Tamar sie dabei überraschte und schier explodierte. „Entweder du gehorchst mir, oder behalt deine Götzen und geh mit ihnen zurück ins Haus meines Vaters!"

„Ich will dir doch nur helfen", weinte Aksa. „Verachte doch nicht unsere alten Wege. Ich bete für dich und das Kind zu den Göttern!"

„Unsere alten Wege waren falsch, Aksa, und ich will sie nicht mehr. Wenn du ihnen weiter folgen willst, musst du gehen!"

Sie nahm eine der Figuren und schleuderte sie gegen die Wand. Aksa schrie auf. „Willst du die Rache der Geister über uns bringen?"

„Dieses Kind gehört Juda und dem Gott seines Volkes, und keine anderen Götter werden mehr in sein Haus eingeladen! Wenn ich dich noch einmal dabei erwische, wie du Baal Opfer darbringst, muss ich dich fortschicken!" Sie nahm Aksas Hand, nun selbst weinend. „Zwing mich nicht dazu, Aksa. Du weißt, ich liebe dich, aber wir werden den Gott Israels anbeten und keinen anderen!"

Noch nie hatte Aksa sie so wild entschlossen erlebt. Hatte die Schwangerschaft ihr den Kopf verdreht? Aksa ging zu Juda, um ihn um Hilfe zu bitten. Sicher würde er Wert darauf legen, dass alle Götter beschwichtigt wurden, um sein Kind zu schützen!

Aber Juda sagte nur: „Es soll keine anderen Götter in meinem Haus mehr geben. Tu, was Tamar dir sagt."

Aksa gehorchte schweren Herzens. Die nächsten Monate verbrachte sie damit, über Tamars Gesundheit zu wachen. Sie bereitete ihre Mahlzeiten zu und sagte ihr, wann es Zeit war, sich auszuruhen. Sie fühlte das erste Strampeln des Kindes im Bauch. Sie nahm Teil an Tamars Freude. Stundenlang konnte sie bei ihr sitzen und ihren wachsenden Bauch streicheln, und ihr Gesicht glühte vor Liebe und Staunen. Endlich hatte Tamar Frieden gefunden, und eines Tages erwischte Aksa sich dabei, wie sie selbst zu dem unsichtbaren Gott betete und ihn bat, Tamar und dem Kind, für das sie alles riskiert hatte, gnädig zu sein.

Als die Zeit ihrer Niederkunft kam, fragte Aksa Tamar, ob sie ihr eine Hütte dafür bauen sollte. „Ja", sagte Tamar. „Aber nicht mit den alten Göttern, versprichst du mir das?"

Aksa versprach es und hielt ihr Wort. Sie baute die Hütte selbst. Sie fegte den Lehmboden und legte ihn mit Schilfmatten aus, aber sie murmelte keine Beschwörungen und verstopfte nicht jedes kleine Loch, um die Geister draußen zu halten. Stattdessen betete sie zu Judas Gott, denn dies war Judas Kind.

Gott Judas, beschütze Tamar. Sei ihr gnädig. Lass dieses Kind, das sie trägt, ein Sohn sein, der sie liebt und für sie sorgt, wenn sie einst alt wird.

Es war eine schwierige Geburt. Aksa hatte schon damit gerechnet, nachdem sie festgestellt hatte, dass in Tamars Bauch nicht ein Erbe Judas war, sondern zwei.

Aksa hatte schon viele Male bei Geburten in Zimrans Haus geholfen, doch noch nie hatte sie eine so schwere Geburt erlebt. Dass Tamar trotzdem nicht jammerte, machte ihre Liebe zu ihr noch größer. Die Stunden vergingen, und Tamar schwitzte und litt. Sie biss fest auf einen Lederriemen, um nicht zu schreien.

„Schrei ruhig, Tamar, das hilft!"

„Nein, dann hört Juda es und macht sich Sorgen."

„Er ist doch die Ursache deiner Schmerzen! Lass es ihn hören! Batsuba hat bestimmt so laut geschrien, dass man es bis nach Jerusalem gehört hat!"

„Ich bin nicht Batsuba!" Die Adern in Tamars Hals traten hervor, Tränen liefen ihr über die Wangen. „Sing für mich, Aksa. Sing für Judas Gott." Sie stöhnte, als die nächste Wehe kam. Der Geburtsstein, auf dem sie saß, war nass von Blut und Wasser.

Und Aksa sang, mit dem Gehorsam der Verzweiflung. „Ich will den Namen des Herrn verkündigen! Ich will seinen Namen rühmen und den Gott Judas, den Gott Jakobs, den Gott Isaaks und Abrahams groß machen!"

„Seine Wege sind gerecht." Tamar keuchte und zog mit ihren Händen die Knie an.

Die Hand des ersten Kindes kam heraus, und Aksa band rasch einen roten Faden darum. „Dies hier ist das Erste", verkündete sie.

„O Gott, erbarme dich!", rief Tamar. Die Hand verschwand wieder. Aksa betete fieberhaft, während sie ihre Hände auf Tamars Bauch legte, in dem die beiden Kinder miteinander zu kämpfen schienen. Sie zappelten, rollten, drückten. Wieder schrie Tamar, und jetzt kam das erste Kind mit dem Kopf zuerst, hinein in Aksas wartende Hände.

„Ein Sohn!" Aksa lachte vor Freude, dann keuchte sie überrascht. „Was?" Es war nicht das Kind mit dem Faden um die Hand! „Wie bist du als Erster herausgekommen? Er sollte Perez[1] heißen."

Ein paar Minuten, und auch das zweite Kind war da. Ein zweiter Sohn, den sie wegen des roten Fadens Serach[2] nannten und der als der Erstgeborene galt.

Tamar lächelte erschöpft. Als die Nachgeburt kam, legte sie sich auf den Boden und schloss mit einem Seufzer ihre Augen. „Söhne!", flüsterte sie.

Aksa schnitt die Nabelschnüre durch, wusch die Jungen, rieb sie mit Salz ab und wickelte sie in saubere Tücher. Dann legte sie sie in die Arme ihrer Mutter. Tamar sah die beiden lächelnd an. „Siehst du, was der Herr getan hat, Aksa? Er hat die Niedrigen erhoben. Er hat mich aus dem Staub und dem Aschehaufen herausgeholt und mir meine Söhne gegeben!" Sie lachte, und ihre Augen leuchteten vor Freude.

Juda brachte kein Wort heraus, als er Tamar mit den beiden Neugeborenen in den Armen sah. Trotz seiner Sünden hatte Gott ihm durch diese mutige junge kanaanitische Frau einen doppelten Segen geschenkt. Er sah seine beiden Söhne und ihre Mutter an, die noch erschöpft von der Geburt war, und er merkte, dass er Tamar liebte, achtete und bewunderte. Als er das junge Mädchen für Er nach Hause gebracht hat, hatte er sich nicht vorstellen können, dass Gott sie benutzen würde, um ihn zur Buße zu bringen, zur Umkehr seines Herzens und Lebens. Tamar war eine Frau, die jedes Lobes und Ruhmes würdig war!

Sie sah ihn fest und offen an. „Ich will, dass meine Söhne Männer Gottes werden, Juda. Ich möchte, dass du das tust, was Gott von dir verlangt, damit sie zu seinem Volk gezählt werden."

---

1 Perez = hebräisch für Riss, Durchbruch

2 Serach = hebräisch Scharlach

„In acht Tagen werde ich sie beschneiden, und sobald du kräftig genug bist, um zu reisen, werden wir diesen Ort verlassen und zu den Zelten meines Vaters zurückkehren."

Er sah, wie zwei Tränen über ihre Wangen rollten. Ihr Blick war plötzlich wieder unsicher, und er glaubte zu ahnen, warum. Wann hatten Batsuba oder ihre Söhne ihr auch nur ein liebes Wort gegönnt? „Mein Vater Jakob wird dich willkommen heißen, Tamar, und meine Mutter wird dich lieben. Sie wird dich und das, was zwischen uns geschehen ist, besser verstehen als alle anderen." Tamar war noch jung und verletzbar. Keine Frau war ihm je schöner erschienen als sie jetzt, kostbar über alle Maßen. Er würde ihr den Weg leicht machen.

Sie hob ihre Augen. „Wie kannst du sicher sein, dass deine Mutter mich annehmen wird?"

„Meine Mutter ist auch als jemand anderes verkleidet zu meinem Vater gekommen."

Ihre dunklen Augen weiteten sich überrascht. „Als Hure?"

„Als Braut, aber sie war nicht die, die er eigentlich heiraten wollte." Er lächelte wehmütig. „Aber später hat mein Vater sie doch auf seine Art lieben gelernt. Sie gebar ihm viele Söhne. Ich bin der vierte von sechs."

Tamar sah tief beunruhigt aus. Es dauerte einen Moment, bevor er begriff, warum. Er legte seine Hand über die ihre. „Versteh mich nicht falsch, Tamar, und hab keine Angst, was die Zukunft betrifft. Ich werde dir die Achtung erweisen, die ein Mann vor seiner Frau haben sollte, aber du bist nun meine Tochter. Ich werde es nicht so machen wie die Kanaaniter, das verspreche ich dir." Er lächelte entschuldigend. „Und diesmal werde ich das Versprechen halten!"

Ihre Augen leuchteten auf. „Ich vertraue dir, Juda. Du wirst tun, was recht ist."

Juda schluckte schwer. Vergebung. Versöhnung. Er nahm sanft ihre Hand und küsste sie.

Epilog

In den Jahren, die folgten, war Juda ein anderer Mann. Er versöhnte sich mit seinem Vater und wurde wieder zum Leiter seiner Brüder. Er führte sie nach Ägypten, um Getreide zu kaufen, damit Jakobs Haus die Hungersnot im Land überlebte. Dort in Ägypten ließ Gott ihn dem Bruder begegnen, den er einst verraten und verkauft hatte: Josef.

Juda erkannte ihn nicht, denn Josef war jetzt Zafenat-Paneach, die rechte Hand des Pharao. Als Josef von den Hebräern verlangte, Rahels jüngsten Sohne Benjamin als Sklaven bei ihm zu lassen, trat Juda vor, bekannte, dass dieses ganze Unheil auf seiner fatalen Fehlentscheidung gewachsen war, und bot sich als Ersatz für Benjamin an. Da gab Josef, von Judas Sinneswandel überwältigt, sich unter Tränen seinen Brüdern zu erkennen. Vergeben hatte er ihnen schon lange, aber jetzt umarmte er sie und schickte sie zurück nach Kanaan, um Jakob und sein ganzes Haus nach Ägypten zu holen, wo sie sich in dem reichen Land Goschen niederlassen durften.

Tamar kam mit Juda zurück. Ihre Söhne waren mittlerweile längst erwachsen und hatten selbst Söhne.

Auf dem Sterbebett versammelte Jakob seine Söhne um sich und gab jedem von ihnen einen Segen. Den größten bekam Juda: Nie würde das Zepter aus seiner Hand weichen, und von ihm und den Söhnen, die Tamar ihm geboren hatte, würde einst der Verheißene kommen, Gottes Gesalbter – der Messias.

Bis zu seinem letzten Erdentag blieb Juda seinem Versprechen an Tamar treu. Obwohl er sie liebte, schlief er nie wieder mit ihr.

Und auch mit keiner anderen Frau.

Rahab

Zukunft und Hoffnung

Prolog

Als eine große Hungersnot kam, zogen die Söhne Israels, das erwählte Volk Gottes, mit ihren Familien nach Ägypten, wo einer der Ihren, Josef, zur rechten Hand des Pharaos aufgestiegen war. Der Pharao nahm die Hebräer als seine Ehrengäste auf.

Doch als im Laufe der Jahre die Hebräer immer mehr wurden, verloren sie die Gunst der Ägypter, die sie schließlich zu Sklaven machten. Es brauchte einen Mose und eine ganze Serie von Wundern Gottes, um das Volk zu befreien. Gott führte die Israeliten hinaus aus Ägypten, um sie nach Kanaan zu bringen, in das Land, das er ihnen versprochen hatte.

Doch an der Schwelle des „Gelobten Landes" erstarb das Gottvertrauen der Israeliten. Ihre Angst vor den Kanaanitern war stärker als ihr Gehorsam gegenüber Gott. Die Erfüllung von Gottes Verheißung verzögerte sich um vierzig Jahre, in denen die Israeliten als Nomaden durch die Wüste zogen. Die ganze Generation derer, die aus Ägypten ausgezogen waren und gegen Gott rebelliert hatten, starb in der Wüste.

Schließlich war eine neue Generation herangewachsen, die bereit war, als Gottes Armee das ihren Vorfahren verheißene Land einzunehmen. Von denen, die ursprünglich aus Ägypten ausgezogen waren, waren jetzt nur noch Mose und seine beiden Helfer Josua und Kaleb übrig.

Als das Volk Israel zum zweiten Mal vor dem Land Kanaan ankam, konnte ihm niemand widerstehen. Der König von Arad, der Amoriterkönig Sihon, König Og von Baschan – alle fielen sie durch das Schwert und ihre Armeen wurden vernichtet. König Balak von Moab versuchte, die Israeliten mithilfe des Zauberers Bileam aufzuhalten, der sie verfluchen sollte – doch auf Gottes Befehl hin musste Bileam das Volk stattdessen segnen.

Selbst die fünf Midianiterkönige zusammen konnten die israelitische Armee nicht aufhalten. Ewi, Rekem, Zur, Hur und Reba – sie alle fielen, ihre Armeen wurden vernichtet, ihre Städte und Dörfer geplündert.

Es war so weit: Das Volk Gottes war bereit, sein Erbe anzutreten – das Verheißene Land. Mose starb, nachdem er Josua zu seinem Nachfolger bestimmt hatte, und das Volk machte sich bereit, die letzte große Grenze nach Kanaan zu überschreiten – den von den Frühjahrsfluten angeschwollenen Jordan.

Unsere Geschichte beginnt, als das Volk Israel in Schittim lagert, kurz vor Jericho. Die stark befestigte Stadt, das Tor nach Kanaan, wartet.

Kapitel 1

Rahab stand an ihrem Fenster in der Stadtmauer und sah in die weite Ebene vor Jericho hinaus. Angst und gespannte Erwartung kämpften in ihr um die Vorherrschaft. Da draußen, direkt hinter dem Jordan, lagerten die Israeliten; nur das Hochwasser hielt sie zurück. Bald würden sie den Fluss überschreiten und über Jericho kommen, mit der gleichen ungestümen Kampfeswut, die sie schon gegen Sihon, Og und die fünf midianitischen Könige gezeigt hatten. Und alle in Jericho würden sterben.

Der König hatte die Wachen am Tor verdoppelt und Soldaten auf den Mauern postiert. Es würde nichts nützen. Der Untergang wartete am Horizont. Die einzige Hoffnung für Jericho war, sich zu ergeben und um Gnade zu bitten. Dem König war die Größe der Armee, die da heranzog, nicht geheuer, aber die eigentliche Bedrohung sah er nicht: den Gott der Hebräer. Alle Soldaten des Pharao hatten vor vierzig Jahren nicht ausgereicht, um ihn zu besiegen. Ihr reich bevölkerter Götterhimmel hatte den Ägyptern nicht geholfen. Aber alles, woran der König von Jericho zu denken schien, war, die Mauern zu verstärken, Waffen zu horten und die Zahl der Soldaten zu vergrößern. Lernten die Männer denn nie dazu?

Jericho war verloren!

Und Rahab war gefangen in dieser Stadt, gefesselt an das Leben, das sie sich aufgebaut hatte. Worauf konnte sie hoffen – sie, eine Hure? Ihr Schicksal war besiegelt worden, als sie kaum mehr als ein Kind war, eine Bauerntochter, die der König zu sich rufen ließ.

„Du musst gehen!“, hatte ihr Vater gesagt. „Solange du im Palast lebst und ihm gefällst, wird es uns gut gehen. Er wird für deine Schwestern gute Ehen arrangieren. Wenn du dich weigerst, holt er dich trotzdem, und wenn er mich dafür töten muss. Denk an die Ehre, die er dir erweist. Er wählt nur die allerschönsten Mädchen, Rahab."

Ehre? „Wird er mich heiraten, Vater?" Ihr Vater war ihrem Blick ausgewichen, aber sie hatte die Antwort schon gekannt. Der König hatte mehrere Ehefrauen, die er alle aus politischen Gründen geheiratet hatte. Sie hatte nichts, was ein König gebrauchen konnte – außer einem Körper, den er benutzen wollte.

So jung sie gewesen war, hatte sie bereits gewusst, dass brennende Lust irgendwann zu Asche wird. Nach einer Woche, einem Monat, vielleicht einem Jahr würde der König ihrer überdrüssig werden und sie zurück nach Hause schicken, mit einem schönen babylonischen Kleid und ein bisschen Goldschmuck, den ihr Vater an sich nehmen und verkaufen würde.

„Wenn ich zurückkomme, Vater, darf ich dann wieder Datteln und Granatäpfel auf dem Markt verkaufen, oder soll es mir so gehen wie den anderen, die ihren Körper für ein Stück Brot verkaufen müssen?"

Er hatte die Hände vor das Gesicht geschlagen und geweint. Und sie hatte ihn gehasst – weil er sie benutzte, sich herausredete, ihr weismachen wollte, dass es ihr im Palast des Königs besser gehen würde als in der Hütte, in der er und ihre Mutter und ihre Geschwister wohnten. Sie hasste ihn, weil er nicht die Macht hatte, sie zu retten.

Aber am allermeisten hatte sie ihre eigene Hilflosigkeit gehasst.

In ihrer Wut hatte Rahab gewusst, dass ihr Vater sie nicht vor den Gelüsten des Königs schützen konnte. Ein König nahm sich, was er wollte, und die Geschenke, die er gab, sollten Rachegedanken beschwichtigen. Das Leben war hart und ungewiss, aber eine schöne Tochter konnte, wenn das Glück ihr hold war, den Weg ihres Vaters ebnen. Steuerbefreiungen. Landbesitz. Eine hohe Stellung am Hof. Der König war großzügig, wenn er Vorteile davon hatte, aber meist dauerte seine Großzügigkeit nur so lange an wie seine Lust.

Rahab legte die Arme auf die Fensterbank und schaute hinaus. Sie erinnerte sich noch gut daran, wie sie in den Palast gekommen war, wild entschlossen, nicht wie eine weggeworfene Sandale zu enden, sondern ihre Lage und den Mann, der sie benutzen wollte, zu ihrem Vorteil zu nutzen. Sie hatte sich ihre Wut und Abscheu nicht anmerken lassen und so getan, als genösse sie die Umarmungen des Königs – doch die ganze Zeit war sie wie eine Löwin gewesen, die geduldig ihre Beute beobachtet, um die schwache Stelle zu finden, jederzeit zum Sprung bereit. Und sie hatte sie bald gefunden: Es war der beständige Strom der Boten, Spione und Gesandten, die dem König ihre Geheimnisse und Gerüchte zuflüsterten und ohne die er nicht gewusst hätte, wer seine Feinde waren oder wo sich gerade eine Rebellion zusammenbraute.

„Gib mir ein Haus, und ich sammle Informationen für dich", hatte sie ihm kühn vorgeschlagen. Der König hatte über ihre Vermessenheit gelacht. Und sie hatte mit ihm gelacht. Und weiter geschmeichelt und geworben und gedrängt. Sie war entschlossen, etwas in der Hand zu haben, wenn sie den Palast verließ, etwas, womit sie ihren Lebensunterhalt absichern konnte. Sie hatte es verdient, nachdem sie die Zärtlichkeiten dieses fetten, übel riechenden, arroganten alten Bocks über sich hatte ergehen lassen!

Und sie hatte ihren Willen bekommen: ein Dach über dem Kopf, bescheidener Wohlstand und die Illusion der Freiheit. Der König hatte ihr dieses Haus beim Osttor der Stadt geschenkt, von dem aus sie das Kommen und Gehen der Menschen beobachten konnte.

Seit zwölf Jahren schaute sie jetzt aus diesem Fenster, um zu sehen, welche Männer sie in ihr Bett einladen konnte – Männer, die ihr Dinge erzählen würden, die den Thron des Königs schützten und seinen Reichtum mehrten. Jede Transaktion brachte ihr einen doppelten Lohn: Die Männer bezahlten ihr ihre Liebesdienste und der König die Informationen, die sie ihm zutrug. Sie wusste besser Bescheid über das, was sich vor den Mauern Jerichos tat, als der König selbst. Und wenn sie wissen wollte, was hinter den Mauern des Palastes vor sich ging, lud sie den Hauptmann der Wache zu sich ein, der in ihren Armen jedes Geheimnis verriet.

Sie besaß ein halbes Dutzend babylonischer Gewänder und etliche mit Elfenbein verzierte und wohlgefüllte Schmuckkästchen. In ihrem Haus standen Vasen und Tonfiguren, der Boden war mit bunten Webteppichen ausgelegt. Ihre Kunden betteten sich auf dem feinsten, mit Myrrhe, Aloe und Zimt parfümierten ägyptischen Leinen. Sie konnte sich die edelsten Speisen und Weine leisten. Jeder in der Stadt wusste, dass sie eine Vertraute des Königs war. Und eine Hure.

Aber niemand wusste, wie sehr sie ihr Dasein hasste und dass sie sich immer noch als Marionette ihres Vaters und des Königs vorkam. Hatte sie nicht ein gutes, ja beneidenswertes Leben? Der König achtete sie, die Männer begehrten sie, und sie konnte sich ihre Kunden aussuchen. So manche Frau in der Stadt neidete ihr ihre Unabhängigkeit. Sie wussten nicht, wie das war, benutzt und entmenschlicht zu werden. Trotz ihres Hauses und der schönen Möbel – sie war eingesperrt und nicht in der Lage, irgendetwas an ihrem Leben zu ändern.

Keiner wusste, was für ein leidenschaftlicher Hunger in ihrem Herzen brannte, endlich frei zu sein. Sie saß in einem Gefängnis, das andere für sie gebaut hatten und das sie mit irdischen Schätzen hatte füllen können. Aber sie hatte andere Pläne, andere Träume und Hoffnungen.

Und sie hingen alle an dem Gott da draußen, dem Einen, der Macht hatte, seine Erwählten zu retten. Schon als junges Mädchen, als sie die Geschichten zum ersten Mal gehört hatte, hatte sie tief in ihrem Inneren gewusst, dass er ein wahrer Gott war, ja der einzige. Wenn er sein Volk über den Jordan brachte, würde er diese Stadt packen und zerschmettern, wie er alle seine Feinde zerschmettert hatte.

Das Ende der Welt, wie sie sie kannte, war in Sicht.

Wir werden alle sterben! Warum sieht das niemand? Sind sie denn alle blind und taub für das, was in den letzten vierzig Jahren geschehen ist? Die Menschen gehen ein und aus wie immer und denken, ihnen könne nichts passieren. Sie glauben, dass die Mauern, die wir erbaut haben, uns schützen werden, so wie ich damals dachte, dass die Mauern der Hütte meines Vaters mich schützen würden. Aber wir sind nicht sicher – niemals und nirgends!

Sie hatte Angst vor dem Tod – aber noch stärker war die tiefe Sehnsucht, ein Teil davon zu sein, zu diesem Gott gehören zu dürfen. Sie kam sich wie ein kleines Mädchen vor, das sich danach sehnt, von den starken Armen ihres Vaters aus Not und Gefahr gerettet zu werden.

Vor ein paar Monaten hatte ein Ägypter ihr die halbe Nacht Geschichten über den Gott der Israeliten erzählt. „Das sind doch alles nur Märchen", hatte sie gesagt, „das weiß doch jeder." Glaubte er im Ernst, was er da sagte?

„O nein", hatte er geantwortet. „Mein Vater war dabei, als die Plagen kamen ..." Und er hatte ihr bis tief in die Nacht von den Zeichen und Wundern erzählt, die dieser Gott getan hatte, und von einem Mann namens Mose. „Mose ist jetzt tot, aber er hat einen Nachfolger: Josua."

Am nächsten Morgen war sie zum König gegangen, aber der hatte sich nur für Kriegstaktik, Waffen und Truppenstärke der Feinde interessiert. „Der *Gott* der Hebräer ist es, den du zu fürchten hast, mein König", hatte sie gesagt, aber er hatte sie ungeduldig fortgewinkt.

„Du enttäuschst mich, Rahab. Du redest wie ein hysterisches Weib."

Sie hätte ihn am liebsten angeschrien. Mose mochte ein großer Anführer gewesen sein, aber kein Mensch konnte die Macht Ägyptens brechen – nur ein wahrer Gott konnte das! Und dieser Gott war jetzt da draußen und bereitete sein Volk darauf vor, ganz Kanaan einzunehmen.

Aber ein Blick in die Augen des Königs, und sie hatte gewusst, dass sein Stolz noch immer sein höchstes Gut war. Und dieses Gut war er nicht bereit aufzugeben. Die Menschen hörten immer nur das, was sie hören wollten.

Und jetzt saß sie an ihrem Fenster und breitete ihre Hände aus. *Oh, wie gern würde ich zu deinem Volk gehören, denn du allein bist der wahre Gott!* In ihren Augen brannten heiße Tränen. *Ich würde vor dir niederfallen und dir Opfer bringen!* Sie ließ ihre Hände sinken und wandte sich ab. Sie konnte so viel wünschen, wie sie wollte – auf sie wartete das gleiche Schicksal wie auf alle anderen, die in diesen Stadtmauern gefangen waren. Diese Festung würde ein Schlachthaus werden.

Weil der König dumm und stolz war. Weil er dachte, dass diese Mauern hoch und dick genug seien, um Sicherheit zu geben. Der König hatte Angst vor den Israeliten, aber der, den er eigentlich zu fürchten hatte, war ihr Gott. Sie kannte die Männer ihr ganzes Leben lang, und im Grunde waren sie alle gleich. Aber dieser Gott war anders. Auf eine merkwürdige, undefinierbare Art *spürte* sie seine Gegenwart, fühlte eine drängende Ehrfurcht in sich. Wie glücklich mussten die sein, die zu ihm gehörten! Sie hatten *nichts* zu fürchten.

Sie hatte weiter versucht, den König zu warnen. Er hatte ihre Worte beiseitegewischt. „Seit wann bist du so ängstlich, meine Süße? Diese Hebräer werden den Schwanz einziehen und fliehen, wie damals vor vierzig Jahren, als die Amalekiter sich mit uns gegen sie verbündet haben. Mein Vater trieb sie aus dem Land. Wenn sie einen so mächtigen Gott haben, warum haben sie damals nicht gesiegt? Plagen … ein Fußmarsch durchs Schilfmeer …“ Er grinste höhnisch. „Das sind doch alles Ammenmärchen.“

„Hast du Sihon vergessen?“

Er wurde ein wenig blass, seine Augenbrauen zogen sich zusammen. „Durch unsere Mauern kommt keine Armee der Welt.“

„Schick Friedensboten mit Geschenken für ihren Gott zu ihnen, bevor es zu spät ist.“

„Was? Bist du verrückt? Denkst du, unsere Priester würden da mitmachen? Wir haben unsere eigenen Götter, und sie haben uns noch immer beschützt! Sie werden uns auch jetzt beistehen!“

„So wie die Götter Ägyptens Ägypten beschützt haben? Die Ägypter beten Insekten an, und dieser Gott hat Schwärme von Insekten geschickt, die ihre Ernten vernichtet haben. Sie verehren den Nil, und dieser Gott hat sein Wasser in Blut verwandelt.“

„Das sind doch nur Geschichten, Rahab. Gerüchte, um uns Angst zu machen. Und du unterstützt das auch noch! Geh nach Hause und tu das, was du so gut kannst: Halt die Augen und Ohren offen …“

Und sie hielt die Ohren offen. Aber nicht für ihn.

Kabul war besonders gesprächig gewesen. In den höchsten Tönen hatte er die Soldaten der Stadt, die Waffen und die vielen

Opfer an die Götter Kanaans gerühmt. „Wir schaffen das schon! Zerbrich dir nicht deinen hübschen Kopf."

Elende Narren! Der Gott, der die Götter Ägyptens zum Gespött gemacht und das Schilfmeer geöffnet hatte, würde die Mauern Jerichos im Nu zerstören. Was sollten Steine und Mörtel gegen einen Gott ausrichten, dem Wind, Feuer und Wasser gehorchten? Mit einem Hauch konnte er die Tore Jerichos öffnen, da war Rahab sicher. Ein Schlenker seiner Hand, und die Befestigungen des Königs lägen in Trümmern!

Aber niemand wollte auf sie hören.

Nun gut, sie hatte den König gewarnt. Sollte das, was mit Jericho geschah, auf sein Haupt kommen. Sie würde einen Weg finden, sich mit den Hebräern zu verbünden. Und wenn nicht, dann würde sie sterben.

Aber wie konnte sie die Stadt verlassen, ohne das Leben ihrer Angehörigen aufs Spiel zu setzen? Wenn sie ging, würde der König sie verfolgen lassen. Man würde sie fangen und als Verräterin hinrichten lassen, und mit ihren Verwandten würde man das Gleiche machen, um die angebliche Rebellion im Keim zu ersticken. Nein, sie konnte Jericho nur verlassen, wenn sie ihre Eltern und Geschwister und deren Familien mitnahm. Und das war unmöglich! Sie würden nie und nimmer mitgehen. Ihr Vater glaubte jedes Wort aus dem Mund des Königs; er war es nicht gewohnt, selbstständig zu denken.

Von unten kam eine Stimme. „Rahab!" Sie sah nicht hin; sie hatte keine Lust, sich mit einem Händler aus Jebus oder dem Eigentümer einer Gewürzkarawane nach Ägypten oder dem nächsten Soldaten aus einer besiegten Armee abzugeben. Sie waren alle so gut wie tot, sie wussten es nur noch nicht. Nur diese Hebräer da drüben hinter dem Fluss waren lebendig. Denn ihr Gott war keine von Menschenhänden gemachte Steinfigur; er war der Schöpfer des Himmels und der Erde!

Und ich bin eine Ratte in einem Loch in dieser Mauer …

Was für ein merkwürdiger und wunderbarer Gott das war! Er hatte die Hebräer – ein Sklavenvolk – erwählt und aus dem eisernen Griff Ägyptens, der mächtigsten Nation auf Erden, befreit.

Er hatte die Niedrigsten der Niedrigen genommen und benutzt, um die Mächtigen zu Fall zu bringen. Sie hatte gehört, dass er für sein Volk sogar in der Wüste Brot hatte regnen lassen. Sie hatten nichts zu fürchten, diese Hebräer, mit so einem mächtigen Gott, der ihnen so viel Güte und Gnade erzeigte. Wer konnte einen solchen Gott nicht lieben?

Ihr König. Ihr Volk.

Ich würde ihn lieben! Ihr Kinn bebte, ihre Augen brannten. *Ich würde ihm dienen und alles für ihn tun! Wenn ich nur dürfte, ich würde mich vor ihm verneigen und mich glücklich schätzen, zu seinem Volk zu gehören!*

Von dem Bett hinter ihr erklang Kabuls lautes Schnarchen. Sie presste die Hände auf ihre Ohren und schloss fest die Augen. Wenn sie ihren Gefühlen nachgab, würde sie den Mann wachschütteln und ihn anschreien, er solle endlich gehen. Er vergeudete nur ihre Zeit.

Sie schaute wieder auf die Straße hinaus. Ein kleiner Hoffnungsschimmer hatte sich an etwas entzündet, was ihr Vater gesagt hatte: Vor vierzig Jahren hatte Mose Kundschafter in das Land geschickt. „Wir haben sie zurückgeschlagen." Was war wohl der Grund für diese Niederlage der Israeliten gewesen? Ihr mächtiger Gott hatte sie doch aus der Knechtschaft in Ägypten befreit. Aber vielleicht hatten sie immer noch wie Sklaven gedacht und nicht wie die Soldaten eines wahren Gottes. Vielleicht hatten sie diesem Gott nicht gehorcht. Sie konnte über den Grund ihrer Niederlage nur spekulieren. Aber eines wusste sie: Es konnte nicht daran liegen, dass der Hebräer-Gott versagt hatte.

Die Israeliten, die vor all den Jahren gegen ihren Gott rebelliert hatten, waren jetzt bestimmt alle tot. Eine neue Generation war aufgewachsen, eine Generation, die an das harte Wüstenleben gewöhnt war, eine Generation, die von Geburt an die Gegenwart und Macht dieses Gottes erlebt hatte. Sie konnte nur hoffen, dass Josua es so wie Mose machen und Kundschafter vorschicken würde. Nicht, dass die Israeliten mit ihrem Gott Kundschafter brauchten, aber Rahab hoffte, dass Josua als guter Führer nichts für selbstverständlich nehmen würde. Es mochte nicht nötig sein, das Land und seine Befestigungen auszuspionieren, aber es wäre klug. Und Rahab würde die Erste sein, die diese Kundschafter entdeckte.

Bitte kommt. Bitte, bitte, bitte kommt … Ich will nicht sterben. Ich will nicht, dass meine Lieben sterben. Gott - schick jemanden … Öffne meine Augen, dass ich ihn erkenne, bevor die Wächter es tun. Wenn sie die Kundschafter sehen und dem König melden, ist alles verloren!

„Rahab!", kam wieder die Männerstimme von draußen.

Sie schaute unwirsch nach unten. In der Menschenmenge vor dem Tor stand ein ismaelitischer Händler und winkte ihr zu. Sie breitete bedauernd ihre Hände aus, zuckte die Achseln und schüttelte den Kopf. Sollten seine Kamele ihn doch warm halten. Er hielt eine goldene Kette hoch, um sie zu bestechen. Ha! Was nützte ihr Gold, wenn bald der Tag des Gerichts da war?

„Schenk die einer deiner Frauen!", rief sie ihm zu. Die Umstehenden lachten. Ein anderer Mann sprach sie an, doch sie überhörte auch seine Bitten und Schmeicheleien und beobachtete weiter die Straße.

Lass sie zu mir kommen. Bitte …

Wenn die Kleidung der Kundschafter mitgenommen war, würde sie ihnen schöne babylonische Gewänder schenken. Wenn sie durstig waren, würde sie ihnen vom besten Wein geben. Denn sie würden als Diener des höchsten Gottes kommen, und sie würde sie so ehren, wie es ihnen zustand. Ihr Gott war mächtig und aller Ehre wert!

Ihre Brust zog sich zusammen vor Sehnsucht. Sie wollte endlich in Sicherheit sein. Solange sie in dieser Stadt war, hinter dieser Mauer, war sie verdammt. Um zu überleben, musste sie zu den Israeliten gezählt werden. Die Götter Kanaans würden ihr nicht zu Hilfe kommen. Sie waren steinerne Tyrannen mit korrupten Priestern, die ständig Opfer verlangten. Rahab hatte miterlebt, wie man Neugeborene ihren Müttern weggenommen und die kleinen Leiber so lange gekocht hatte, bis das Fleisch abfiel und man die Knochen in ein Säckchen sammeln und als Talisman unter dem Fundament eines neuen Hauses oder Tempels vergraben konnte. Als ob ein ermordetes Kind jemals Glück bringen konnte! Sie war dankbar, dass sie selbst nie ein Kind bekommen hatte.

Und wenn ich eins hätte, würde ich es dem Gott da draußen geben, dem unsichtbaren Gott, der bei seinem Volk wohnt, der es bei Tag beschattet und bei Nacht warm hält, dem, der die Seinen so beschützt, als wären sie seine Kinder. So einem Gott könnte ich vertrauen …

„Das Licht", stöhnte Kabul. „Mach den Vorhang zu!"

Rahab biss die Zähne zusammen; sie drehte sich nicht zu ihm um. Wann verschwand dieser Mann endlich wieder aus ihrem Bett und ihrem Haus? „Die Sonne ist aufgegangen", sagte sie in ihrem freundlichsten Ton. „Zeit zum Aufstehen."

Sie hörte einen unterdrückten Fluch und das Rascheln der Laken. „Du hast ein hartes Herz, Rahab."

Sie schaute über ihre Schulter zu ihm hin und lächelte anzüglich. „Das hast du gestern Abend nicht gesagt." Suchend schaute sie wieder zum Fenster hinaus. War da wirklich niemand, der wie ein israelitischer Kundschafter aussah? Aber woher wollte sie eigentlich wissen, wie diese Leute aussahen? Woran sollte sie sie erkennen?

Kabul packte sie um die Taille. „Komm zurück ins Bett, Liebste." Er presste seine Lippen an ihren Hals.

Sie ergriff seine Hand, bevor er sie noch weiter streicheln konnte. „Der König wird erfahren, dass du nicht auf deinem Posten bist. Ich möchte dich nicht in Schwierigkeiten bringen."

Er lachte leise, sein Atem heiß in ihrem Haar. „Ich komme nicht zu spät."

Sie drehte sich in seinen Armen um. „Du musst jetzt gehen, Kabul." Sie drückte sich mit beiden Händen von ihm weg. „Die Leute werden merken, dass du nicht am Tor bist, und es soll nicht heißen, dass Rahab einen Mann in Schwierigkeiten gebracht hat."

„Ist da unten ein reicher Händler, den du bedienen willst?"

„Nein."

„Ich hab aber gehört, wie jemand deinen Namen gerufen hat."

„Na und?" Dachte er, dass er irgendwelche Rechte auf sie hatte, weil er ihr ein paar Münzen in die Hand gedrückt hatte? „Du kennst doch meinen Beruf."

Er runzelte die Stirn, seine Augen wurden dunkler. Sie schluckte ihren Ärger hinunter, streichelte ihm über die Wange und sagte sanfter: „Vergiss nicht, dass ich extra mein Haus verlassen habe, um dich zu suchen." In ihrem Beruf war es nie ein Fehler, einem Kunden das Gefühl zu geben, dass er etwas Besonderes war.

Er grinste. „Dann liebst du mich also ein bisschen?"

„Jedenfalls genug, um dir nichts Böses zu wünschen." Sie gestattete ihm einen kurzen Kuss, dann entwand sie sich seinen Armen. „Vor dem Tor wartet schon eine ganze Menschenmenge, Kabul; es ist Zeit, dass du es öffnest. Es wäre nicht gut, wenn die Händler verärgert sind." Sie ging durch das Zimmer, beugte sich zu seinen Kleidern hinunter und warf sie ihm zu.

Lachend schaute sie ihm zu, wie er sich hastig anzog, dann schloss sie die Tür hinter ihm. Sie schob den Riegel vor, um ungebetene Gäste auszusperren, und ging zurück an ihren Posten am Fenster.

Endlich allein. Sie setzte sich in das Fenster und ließ ein Bein hinausbaumeln. Die bewundernden Pfiffe von unten ignorierte sie und sah in die Ebene hinaus. War das da hinten eine Wolke? Sie hatte gehört, dass der Gott der Israeliten sie tagsüber als Rauchsäule begleitete und nachts als Feuersäule.

Als die Hitze zu groß wurde, schloss sie den Vorhang, verließ das Fenster und kämmte sich das Haar. Sie aß etwas Brot und trank ihren Wein. Aber alle paar Minuten schob sie das rote Leinen des Vorhangs ein Stückchen zur Seite und schaute wieder hinaus, jeden Fremden musternd, der die Straße entlangkam.

Sein ganzes Leben lang hatte Salmon darauf gewartet, seinen Fuß in das Gelobte Land zu setzen. Von seinem Lager aus konnte er es sehen. Er brannte bereits auf die Kämpfe, die vor ihnen lagen. Er zweifelte nicht daran, dass der Gott, der seinem Volk schon so viele Siege gegeben hatte, auch diesmal mit ihnen sein würde. Der schwierige Teil war das Warten. Salmon kam sich wie ein Rennpferd vor, das vor Ungeduld fieberte. Es war noch früh am Morgen, aber schon übte er sich mit seinem Freund Ephraim an den Waffen. Jeder Tag war eine Gelegenheit zu trainieren, sich vorzubereiten auf den Einzug in das Verheißene Land.

Er stieß seinen Holzstock nach vorne. Ephraim parierte den Stoß und schlug zurück, aber Salmon konterte sofort. Die Stöcke knallten gegeneinander. Ephraim ging in die Offensive, aber Salmon war bereit. Mit einer raschen Drehbewegung ließ er den Stock kreisen und schlug Ephraim die Füße weg. Doch Salmon freute sich zu früh; Ephraim schwang, auf dem Boden liegend, seinen Stock noch einmal, sodass auch Salmon auf dem Rücken im Sand landete. Die beiden grinsten sich keuchend an.

Salmon schnappte nach Luft und lachte. „Nächstes Mal passe ich besser auf."

„Was meinst du, wann wir Jericho angreifen?", fragte Ephraim, während er aufstand und sich den Sand abklopfte.

Salmon setzte sich auf und sah zu dem Hügel hin, auf dem Josua jeden Tag stand und betete. „Der Herr wird Josua zeigen, wann der richtige Tag da ist."

„Ich hoffe, es ist bald so weit! Das Warten ist schwerer als der Kampf."

Salmon stand auf, den Stock in der Hand. Der Wüstenwind riss an Josuas Gewand. Seit dem Tod von Mose war Salmons Aufmerksamkeit ganz auf Josua und Eleasar, den Priester, gerichtet. Was sie sagten, war Gesetz, denn sie folgten dem Herrn von ganzem Herzen und sagten nur die Worte, die er ihnen auftrug. Als Junge hatte Salmon auf dem Knie seines Vaters die Geschichte gehört, wie Josua und Kaleb das Gelobte Land ausgekundschaftet und berichtet hatten, dass die Israeliten es einnehmen konnten. Sie hatten Gottes Verheißung geglaubt. Aber die anderen Kundschafter hatten dem Volk, ja sogar dem großen Mose selbst, einreden wollen, dass ein Sieg unmöglich war. Das Volk hatte Gott nicht vertraut und eine große Gelegenheit verpasst, und die Verheißung war auf die nächste Generation übergegangen. Salmons Generation.

Salmon war noch nicht auf der Welt gewesen, als Gott das Volk zurück in die Wüste geschickt hatte, aber er war im Schatten dieser Konsequenz aufgewachsen. Wie oft hatte er es gehört, das „Hätten wir nur …" seines Vaters. „*Wenn wir nur Josua und Kaleb geglaubt hätten … Hätten wir Gott nur gehorcht, dann würden wir jetzt nicht wie verirrte Schafe durch die Wüste wandern …*" Wenn es möglich gewesen wäre, Gott mit Jammern zu zermürben – Salmons Vater hätte es geschafft.

Salmon verzog unwillkürlich das Gesicht bei der Erinnerung an das Selbstmitleid seines Vaters, das so stark nach dem alten, rebellischen Unglauben roch. *Barmherziger Gott,* betete er, *bewahre mich davor, auch so zu denken. Mache mich zu dem Mann, als den du mich gedacht hast – einen Mann voller Mut, Gehorsam und Entschlossenheit.*

Aber es war einfach, über die Fehler der anderen die Nase zu rümpfen. Und hochmütig. Salmon wusste, dass er nicht besser war als der Mann, der ihn gezeugt hatte. Die große Gefahr war, zu weit nach vorne zu schauen. Er musste *warten,* so wie Josua wartete. Der Herr würde sprechen, wenn der rechte Zeitpunkt da war. Und wenn er redete, dann hatte Salmon nur die Wahl zwischen Gehorsam und Ungehorsam. Er wollte nicht zögern, wie sein Vater es getan hatte. Nein, er würde nicht seiner menschlichen Schwäche und seinen Befürchtungen nachgeben. Er nicht. Wie konnte man Gott gefallen, wenn man Menschen fürchtete?

Gott hatte seinem Volk das Land Kanaan verheißen, und der Tag würde kommen, an dem er es aufrufen würde, es in Besitz zu nehmen. Es war Salmons Sache und die seiner ganzen Generation, dann zu gehorchen.

Bis jetzt war niemand weich geworden, aber einige murrten über das lange Warten, und ein paar begannen zu zweifeln.

Herr, Gott des Himmels und der Erde, betete Salmon, *ich bitte dich: Gib mir das Vertrauen Josuas. Pflanze deinen Willen in mich ein. Lass mich nicht schwach werden. Denn du allein bist Gott und sonst keiner!*

„Bereit?", fragte Ephraim.

Salmon drehte sich um, riss seinen Stock hoch und blockierte Ephraims Stoß.

Oh ja, er war bereit.

„Salmon."

Er erkannte die tiefe Stimme sofort, sprang auf, zog den Zelteingang zur Seite und starrte Josua überrascht an.

„Ich habe eine Aufgabe für dich", sagte der ältere Mann ruhig.

„Bitte komm herein, Herr." Salmon trat zurück und hieß seinen Befehlshaber willkommen.

Der Krieger trat, leicht geduckt, in das Zelt und schaute sich kurz um, dann sah er wieder Salmon an. Der zitterte innerlich vor Erregung. Was für eine größere Ehre konnte es geben, als dass Josua ihn persönlich besuchte? „Bitte setz dich, Herr." Er bot ihm das bequemste Kissen an.

Josua neigte den Kopf, setzte das Bündel ab, das er bei sich trug, und setzte sich so geschmeidig wie ein junger Mann. Als er zu Salmon aufsah, waren seine Augen durchdringend.

Dass der große Anführer persönlich zu ihm kam, anstatt ihn zu sich rufen zu lassen – das war außerordentlich. „Was kann ich dir anbieten?", sagte Salmon, seine Neugier mühsam bezähmend. Josua würde sich sicher bald erklären.

Josua lächelte. „Danke, nichts. Aber du könntest dich setzen."

Salmon gehorchte und schwieg abwartend. Der ältere Mann schloss kurz die Augen, dann hob er den Kopf und sah ihn an. „Ich brauche zwei Männer, die einen sehr gefährlichen Auftrag für mich ausführen."

„Ich bin dabei." Salmon setzte sich auf, sein Herz hämmernd.

Josua legte seinen Kopf zur Seite und musterte ihn schmunzelnd. „Es wäre vielleicht weise, wenn du dir zuerst anhörst, was für ein Auftrag das ist, bevor du dich bereiterklärst."

„Wenn du es verlangst, dann ist es nötig, und das ist alles, was ich wissen muss. Der Herr redet durch dich. Dir gehorchen heißt Gott gehorchen. Ich werde gehen, wohin du mich sendest, und tun, was du mir sagst."

Josuas Augen leuchteten. Er beugte sich näher zu Salmon. „Dann hör gut zu: Du und dein Gefährte, ihr sollt das Land auf der anderen Seite des Jordans auskundschaften, besonders um Jericho herum. Schaut euch an, wie die Verteidigungsanlagen sind. Und wie die Stimmung der Menschen ist."

Plötzliche Angst wollte ihn überfallen. Salmon stemmte sich gegen sie. „Wann soll ich aufbrechen?“

„Binnen einer Stunde. Kaleb gibt gerade Ephraim seine Anweisungen.“ Josua hob den Kopf. „Ich sehe, dass du am liebsten sofort dein Schwert nehmen und aufbrechen möchtest, aber hör mich zu Ende an. Außer Kaleb und Ephraim weiß niemand, dass du das Lager verlässt. Dies ist eine Geheimmission. Du bist jung und leidenschaftlich, mein Sohn, aber für diesen Auftrag musst du einen kühlen Kopf behalten und klug wie eine Schlange sein. Stolzier nicht wie ein Eroberer in die Stadt, sondern verhalte dich unauffällig. Such dir Leute, die wissen, wie die Stadtbewohner denken. Misch dich unter sie, halt deine Augen und Ohren offen. Noch wichtiger als die Dicke der Stadtmauern ist, was die Menschen in Jericho denken. Finde so viel heraus, wie du kannst, und dann komm schnell zurück. Vergeude keine Zeit. Hast du verstanden?“

„Ja, Herr.“

Josua nahm das Bündel, das er mitgebracht hatte, und legte es vor Salmon. „Amoritische Kleider und eine Waffe.“

Die Kleider mussten von der Leiche eines getöteten Feindes stammen, denn Salmon sah einen Blutfleck. Er würde vorsichtig sein müssen, wenn er dieses Gewand trug, am besten einen Mantel darüber tragen. Jeder, der den Blutfleck sah, würde ahnen, dass der vorherige Besitzer des Gewandes eines gewaltsamen Todes gestorben war – keine gute Voraussetzung, um unauffällig zu sein.

Josua erhob sich und Salmon sprang ebenfalls auf die Füße. Bevor er ging, drehte Josua sich noch kurz um, legte seine Hand auf Salmons Schulter und drückte sie fest. „Der Herr sei mit dir und behüte dich!“

„Gelobt sei der Name des Herrn.“

Josua ließ ihn los, duckte sich aus dem Zelt und ging. Salmon sah ihm nach, wie er zwischen den anderen Zelten verschwand, dann atmete er tief durch und ging auf die Knie. Er warf den Kopf zurück, hob seine Hände und dankte Gott für diese Gelegenheit, ihm zu dienen. Dann warf er sich flach auf den Bauch und betete um die Weisheit und den Mut, seine Aufgabe gut zu erfüllen.

Im fahlen Schein des Mondlichts rüsteten Salmon und Ephraim sich für ihren Marsch, indem sie ihre Gewänder rafften und in ihren Gürtel steckten. So konnten sie schneller laufen. Sie trabten los und erreichten das Ostufer des Jordans eine Weile vor Sonnenaufgang. Salmon ließ keuchend sein Bündel fallen, packte sein Gewand und zog es sich über den Kopf.

„Der Fluss hat eine ziemlich starke Strömung", sagte Ephraim. Auch er zog sich aus und fing das amoritische Gewand auf, das Salmon ihm zuwarf.

Der von den Frühlingsregen angeschwollene Fluss war über seine Ufer getreten. Und Ephraim hatte recht – die Strömung war stark.

Salmon schlüpfte in das amoritischen Kleidungsstück. Er nickte zu der flachen Uferböschung hin, während er sich seinen Ledergürtel umlegte. „Wir gehen da runter und schwimmen rüber."

Ephraims Mund verzog sich sarkastisch. „Apropos Schwimmen – ich kann nicht schwimmen."

Salmon lachte trocken. „Meinst du denn, *ich?* Wo hätten wir es auch lernen sollen in der Wüste?"

„Schön – was machen wir also?"

Salmon hob die Schultern. „Augen zu und durch. Wenn Gott will, schaffen wir es."

„Und wenn nicht, saufen wir ab", sagte Ephraim.

„Glaubst du, der Herr hat uns bis hierhin gebracht, nur um uns scheitern zu lassen?"

Ephraim betrachtete den Fluss. „Mir wäre wohler, wenn ich mich an einem Baumstamm festhalten könnte."

„Der Herr selbst wird uns festhalten." Salmon sagte es mit mehr Überzeugung, als er empfand. *Gib mir Mut, Herr.* „Atme tief ein, streck deine Arme aus und strample wie ein Frosch mit den Beinen. Die Strömung wird uns tragen."

„Ja, bis ins Salzmeer."

Salmon überhörte den Sarkasmus seines Freundes und deutete auf das gegenüberliegende Ufer. „Wir versuchen, zu den Bäumen da hinten zu kommen." Er band die Scheide seines Dolchs an seinen Gürtel und steckte die Waffe hinein. „Los."

Er trat ins Wasser. Die Strömung riss an seinen Beinen. Plötzliche Angst überkam ihn. Er schob sie entschlossen zur Seite und watete in den Fluss hinein, bis das Wasser ihm zu den Hüften ging. Vielleicht konnte er es so schaffen, wenn er ganz vorsichtig weiter watete? Der nächste Schritt zeigte ihm, dass das nicht funktionieren würde. Er rutschte aus und fiel der Länge nach in die Strömung. Sie riss ihn sofort mit. Einen Augenblick geriet er unter Wasser, dann kämpfte er sich hoch und konnte Luft holen. Er stieß an etwas Hartes, kämpfte gegen die Angst und gegen den Fluss. *Gott, hilf mir*!

Er sah die Bäume am gegenüberliegenden Ufer und bearbeitete das Wasser heftig mit Händen und Füßen. Dabei nutzte er die Strömung, um seinen Körper zu steuern. Es klappte – sein Kopf blieb über Wasser. Gut. Von hinten rief Ephraim etwas, aber er hatte keine Zeit, sich zu ihm umzudrehen. Vor sich sah er einen überhängenden Ast und reckte sich zu ihm hoch. Er bekam ihn zu packen, hangelte sich höher und drehte sich dann um. Ephraim stand immer noch an dem anderen Ufer.

„Komm schon!", rief Salmon.

Ephraim trat in das Wasser, sichtlich zögerlich. Dann streckte er die Arme aus und machte einen Kopfsprung in den Fluss. Die Strömung packte ihn sofort. Salmon versuchte sich so weit hinauszustrecken wie möglich, damit sein Freund seinen Fuß erreichen konnte. „Halt dich an mir fest!"

Er spürte, wie Ephraim seinen Fuß packte. Der Ruck riss ihn um ein Haar zurück in die Strömung. Mit der einen Hand weiter den Ast festhaltend, ergriff er mit der anderen Ephraim und versuchte, ihn hochzuziehen.

„Komm rauf!" Ephraims Finger gruben sich in Salmons Schenkel. Er zog sich höher, jetzt kam sein Kopf aus dem wirbelnden Wasser. Er japste nach Luft. Salmon packte ihn an seinem Gürtel, zog ihn noch höher und schob ihn zum Ufer hin.

Ephraims Füße fanden Halt. Er richtete sich auf, nahm Salmons Hand und zog. Der Ast brach und fiel in die Strömung, aber Salmon stand bereits sicher im flachen Uferwasser. Auf wackligen Beinen watete er aus dem Fluss ans Ufer, wo er erschöpft auf die Knie sank. Ephraim hustete heftig.

Salmon sog keuchend die Luft ein, immer wieder. Er grub seine Finger in den Boden und hielt sie dann an seine Nase, um den Geruch einzuatmen. „Der Herr hat uns hinübergebracht“, sagte er und hatte plötzlich einen Kloß im Hals. Sie waren die Ersten ihrer Generation, die einen Fuß in das Gelobte Land setzten! „Der Herr sei gepriesen!“

Ephraim hustete noch immer das trübe Flusswasser aus. Er krächzte: „Möge er uns lange genug leben lassen, um uns an dem Land zu erfreuen.“

„Amen.“ Salmon stand auf. „Die Sonne geht bald auf.“ Er konnte es kaum erwarten, seinen Auftrag auszuführen, aber es wäre nicht sehr weise gewesen, mit nassen, schlammbedeckten Kleidern in Jericho zu erscheinen. Oder auffällig früh am Morgen. Er ging zurück zum Ufer, hockte sich hin und wusch sich den Schlamm ab. „Wenn wir schnell machen, können wir bei den Palmen sein, bevor es richtig hell ist.“

„Kann ich noch einen Moment ausruhen?“

„Wir haben keine Zeit zu verlieren!“

Gerade als sie die Straße erreichten, ging hinter ihnen die Sonne auf. Vor ihnen, noch meilenweit entfernt, schimmerte das Grün der Oase von Jericho, und in ihm die hohen Mauern der Palmenstadt, das Tor nach Kanaan. Je näher sie kamen, umso weiter sank Salmons Herz. Diese Stadtmauern waren so gewaltig, dass man sie unmöglich mit einem Sturmangriff einnehmen konnte. Es würde auch nichts bringen, die Stadt zu umgehen und von hinten anzugreifen, denn gleich hinter ihr stiegen die steinernen Zähne der Berge auf.

„Die haben die Stadt klug angelegt.“

„Ja, sie ist praktisch uneinnehmbar. So eine Festung habe ich in meinem ganzen Leben noch nicht gesehen. Wie sollen wir die erobern?“

Salmon betrachtete stumm die Mauern. Sie waren mindestens sechsmal so hoch wie ein Mann, und das Tor war auf beiden Seiten mit Zinnen bewehrt. Eine herannahende Armee wäre für die Wächter meilenweit sichtbar; die Stadt hätte mehr als genügend Zeit, die Tore zu schließen und sich auf den Kampf vorzubereiten.

Würde Josua sie Leitern bauen lassen, um die Mauern zu ersteigen? Wie viele Israeliten würden bei dem Versuch sterben, sie aufzustellen und so lange festzuhalten, bis genügend Soldaten hinaufgeklettert waren? Wie sollte man diese mächtigen Tore einrammen oder verbrennen? Tausende würden fallen! Und würde er selbst auch einer davon sein – falls er denn nicht schon heute auf dieser Erkundungsmission starb?

„Möge Gott uns vor solch einem Ende bewahren", flüsterte Salmon.

„Was machen wir jetzt?", sagte Ephraim. „Mischen wir uns unter die Leute, die vor dem Tor stehen und darauf warten, dass es geöffnet wird?"

„Nein, wir warten besser noch, bis die Wächter schon etwas ermüdet sind. Wir wollen nicht, dass sie uns zu genau kontrollieren."

Sie fanden ein schattiges Plätzchen nicht weit von einem Bach und ruhten sich noch ein wenig aus.

Kapitel 2

Zuerst hielt Rahab die beiden Männer für amoritische Krieger. Aber als sie näher kamen, sah sie, dass sie keinerlei Gepäck dabeihatten, dafür aber die Stadtmauern mit sichtlichem Interesse musterten und sich eifrig gestikulierend unterhielten. Jetzt waren sie fast unterhalb von ihr. Ihre Gesichter waren merkwürdig ernst. Aber das Auffälligste war, dass sie sich keinen Deut für sie zu interessieren schienen. Es gab keinen Soldaten, der nicht ständig Ausschau nach Frauen wie Rahab hielt. Eine lustvolle Nacht in einem bequemen Bett, dazu ein gutes Essen und ein paar Becher Wein – es zog sie alle wie magisch an. Vor allem die Amoriter, deren Geilheit sprichwörtlich war.

Aha, jetzt hatten sie sie doch gesehen. „Seid gegrüßt, meine hübschen Freunde!", rief sie, ihnen zuwinkend. Sie wandten ihre Gesichter ab. Seltsam. Sie waren jung, aber nicht so jung, dass es sie in Verlegenheit bringen sollte, von einer Frau angesprochen zu werden.

Oder … war es vielleicht Abscheu, die da über ihre Gesichter gehuscht war? Ein unangenehmes Gefühl zog durch ihren Bauch. Es war Jahre her, dass sie das letzte Mal das Bedürfnis gehabt hatte, sich vor Scham in eine Ecke zu verkriechen. Damals, in den ersten Wochen beim König. Egal, was ihr Vater gesagt hatte, tief drinnen hatte sie gewusst, dass das, was da mit ihr geschah, unrecht war und dass es falsch war, wenn sie willig mitmachte und ihren Profit daraus zog. Es war eine verwirrende Zeit gewesen, voller Erniedrigung und Hochgefühle. Aber niemand hatte es gewagt, offen auf eine Gefährtin des Königs herabzusehen. Man hatte sie in den Monaten im Palast mit allem Respekt behandelt. Und mit der Zeit hatte sie gelernt, ihre Gefühle zu verbergen – ihren Kopf hochzuhalten und wie eine Königin zu schreiten, auch wenn ihr jede Aussicht auf ein ehrenwertes Leben genommen war.

Scham hin, Unbehagen her – sie merkte, wie ihr Interesse an den beiden Männern wuchs. Nie und nimmer waren das amoritische Soldaten. Die Amoriter kamen stets großspurig daherstolziert, riefen ihr eindeutige Angebote zu, holten ihre Geldbeutel heraus und prahlten mit ihren Frauengeschichten.

Waren dies am Ende die israelitischen Spione, auf die sie hoffte?

Jetzt riss ein Windstoß das Obergewand des Größeren auf. Er zog es hastig wieder zu, aber nicht schnell genug für Rahab. Ein Blutfleck. Aha.

Ihr Herz machte einen Satz. Sie holte tief Luft und beugte sich so weit aus dem Fenster, dass ihr schwarzes Haar sich wie ein Wasserfall über die Mauer ergoss. „He, ihr da! Ihr zwei!"

Der Größere schaute zu ihr hinauf. Sein Gesicht wurde rot. Sie winkte. „Ich möchte euch willkommen heißen!"

„Danke, aber wir haben kein Interesse!" Er murmelte seinem Gefährten etwas zu und ging weiter.

Sie gab nicht auf. „Ihr seid die ersten Männer seit Langem, die so tun, als würden sie mich nicht sehen!"

Er hielt an, sichtlich irritiert. „Wir haben nicht genug Geld für deine Dienste."

„Hab ich denn einen Preis genannt?"

Er winkte ab, nickte seinem Begleiter, der sie angaffte, unwirsch zu und setzte sich wieder in Bewegung.

Wann hatte sie je einen Mann dazu überreden müssen, zu ihr zu kommen? Wenn sie sich noch weiter hinauslehnte, würde sie diesen Männern vor die Füße fallen! „Ich habe kühlen Wein, frisches Brot und ein bequemes Bett für euch beide."

Keine Reaktion. Sie zog ihren Pantoffel aus und warf ihn dem einen an den Rücken. „Die meisten Amoriter rufen schon meinen Namen, wenn sie ans Tor kommen!" *Sie* war immer die gewesen, die alle abwies, es sei denn, der Soldat war ein Offizier, der Informationen hatte, die den König interessieren konnten. Einem gewöhnlichen Soldaten gönnte sie keinen zweiten Blick. Aber dies hier waren israelitische Kundschafter, jetzt war sie sicher! Kundschafter, die sie für eine gewöhnliche Hure hielten, die auf Kundenfang war.

Ihr wurde mulmig. Wussten die beiden denn nicht, in welcher Gefahr sie waren? Bildeten sie sich wirklich ein, die Torwächter würden sich von ihrer Verkleidung täuschen lassen? Ein Blick, und die Wächter würden sich mit gezogenem Schwert auf sie stürzen, und morgen früh würden ihre um einen Kopf kürzer gemachten Leichen als Geierfutter an der Mauer hängen!

„Selbst der König hat aus meinem Weinbecher getrunken und Brot aus meiner Hand gegessen!"

Der Größere blieb wieder stehen und sah zu ihr hoch. „Was verschafft uns dann die Ehre deiner Aufmerksamkeit?"

Sie schluckte ihren Stolz hinunter und antwortete: „Ich habe mehr Weisheit als Jahre, junger Mann – Weisheit, die ich mit euch teilen kann, wenn ihr klug genug seid, mir zuzuhören." Sie hielt ihren Ton neckend-aufreizend, für den Fall, dass einer der Torwächter sie hörte. „Ich weiß, was ihr wollt."

„So?"

Dieser eingebildete Grünschnabel! „Jeder Mann braucht Nahrung und Ruhe." Wenn er sich jetzt wieder abwandte, würde sie einen Krug nach ihm werfen. „Und einige schätzen auch ein vernünftiges Gespräch." Sie sah, wie sein Körper sich plötzlich anspannte. Sie lächelte vielsagend. „Der Jordan ist tief um diese Jahreszeit, nicht wahr?" Sie zog die Brauen hoch. Einen Augenblick hatte sie Angst, dass sie zu weit gegangen war. Dieser Blick ...

„Wir sind müde und hungrig, ja", sagte der Große.

„Ihr werdet es nicht bereuen, wenn ihr mich besucht."

„Wie finden wir dich?"

„Ich warte im Tor auf euch und zeige euch den Weg." Sie sah, dass der Wächter zu ihnen hinschaute, und warf den beiden eine Kusshand zu. Sie zitterte vor Aufregung, als sie von dem Schemel herunterstieg und die Vorhangschnur zuzog. Sie machte rasch ihr Haar zurecht, dann rannte sie die Treppe hinunter und um die Ecke. Es war die Zeit der Nachmittagshitze, und auf dem Weg, der an der Innenseite der Stadtmauer entlangführte, waren nur wenige Menschen unterwegs. Viele Stadtbewohner hatten am Vormittag gearbeitet und hielten jetzt ihre Mittagsruhe. Als sie in das Tor trat, sah sie, dass Kabul die Männer bemerkt hatte. Sie verlangsamte ihren Schritt und lehnte sich an die kühle Steinmauer. „Kabul!"

Er drehte sich um, grinste und kam zu ihr. „Was bringt dich an einem so heißen Nachmittag nach draußen, meine Schöne?"

„Du natürlich", trällerte sie.

Er lachte. „Na, eher wohl ein reicher Händler oder ein Bote von den Philistern."

Sie hob die Brauen und warf ihm einen vielsagenden Blick zu. „Man weiß nie."

Er lachte leise und nahm ihre Hand. Seine Augen wurden schmaler. „Du zitterst ja."

„Zu viel Wein gestern Abend." Sie trat noch näher und spielte mit dem Heft seines Schwertes herum, während sie an ihm vorbeisah. Die beiden Fremden traten gerade in das Tor.

Kabul hob ihr Kinn an. „Also, mit *mir* hast du nicht getrunken. Was hältst du davon, wenn ich nach meiner Schicht zu dir komme, und wir trinken uns zusammen einen Rausch an?"

„Ich glaube, die nächsten Tage lasse ich es mit dem Wein."

„Dann könnten wir ja ..."

Sie schlug ihm scherzhaft auf den Arm. Niemand hielt die beiden Fremden an. Mehrere der Stadtältesten waren in einer heftigen Diskussion begriffen, und der Soldat, der mit Kabul Dienst hatte, schien sich mehr für Rahab zu interessieren als für zwei vom Staub der Straße bedeckte junge Männer.

„Bist du nur hier runtergekommen, um mich zu ärgern?"

„Aber nein." Sie sah ihn an. „Du weißt doch, dass ich dich für den hübschesten Burschen im Dienste des Königs halte." Er war eitel genug, um es zu glauben.

Er öffnete den Mund, um etwas zu sagen, als er die beiden Fremden erblickte. Der Größere sah gerade zu Rahab hin. Kabuls Stirn legte sich in Falten. „Amoritische Fußsoldaten? Bist du so tief gesunken?"

Sie zuckte die Achseln. „Wer weiß? Vielleicht haben die Neuigkeiten, die den König interessieren."

Er sah die Männer wieder an. „Es sind gefährliche Zeiten, Rahab. Das könnten Spione sein."

Ihr Herz hämmerte in ihren Ohren. „Spione? Wieso meinst du …"

„Ihr Haar ist so kurz."

„Vielleicht haben sie ein Gelübde abgelegt." Sie berührte seinen Arm und lächelte zu ihm hoch. „Es rührt mich, dass du so um mein Wohl besorgt bist, aber lass das meine Sorge sein. Der König würde es nicht schätzen, dass du dich einmischst. Wenn es wirklich Spione sind, wird er wissen wollen, was sie vorhaben."

„Liegt dir das Wohl des Königs so sehr am Herzen, Rahab?"

Sie sah ihn fest an. „Was meinst du? Natürlich."

„Dann pass auf. Die Israeliten kennen keine Gnade, selbst gegenüber Frauen und Kindern." Seine dunklen Augen waren besorgt. „Ich lasse ihm besser Bescheid geben."

„Warte noch etwas. Du willst doch nicht, dass sie wieder gehen, bevor wir wissen, warum sie gekommen sind." Sie spürte seine innere Anspannung. Er schwieg einen Augenblick; zweifellos überlegte er, was dem König am meisten gefallen würde. Schnell fuhr sie fort: „Gib mir etwas Zeit mit ihnen, Kabul. Sie werden viel gesprächiger sein, wenn ich sie mit gutem Wein abgefüllt habe."

„Da könntest du recht haben, ja."

„Natürlich habe ich recht." Sie spielte mit seinem Mantel. „Und ich kenne den König besser als du." Sie sah neckisch von unten zu ihm hoch. „Diese Männer können mir einen fetten Beutel Gold einbringen, und wenn du mir mehr als eine Stunde mit ihnen gönnst, kannst du einen Teil davon haben."

Sein Unterkiefer mahlte, während seine Gier mit seinem Pflichtbewusstsein kämpfte. „Ich gebe dir so viel Zeit, wie ich kann", sagte er schließlich.

Er ging, und sie sah die beiden Männer an, die sich so auffällig darum bemühten, unauffällig zu erscheinen. Sie winkte ihnen zu. Vielleicht zögerten sie, weil sie gesehen hatten, wie sie mit Kabul sprach und eine Falle witterten?

Kabul sah zu ihr hin und ruckte mit dem Kinn, wie um zu sagen: *Los, mach schon*! Sie konnte sich vorstellen, was er dachte: *Besser sie riskiert ihren Kopf als ich.*

Nun gut. Sie schlenderte lächelnd zu den beiden Männern. „Willkommen in Jericho."

Salmon folgte der Frau den Weg an der Mauer entlang. War sie ihm schon von Weitem schön erschienen, so nahm sie ihm aus der Nähe schier den Atem. Er hatte nicht damit gerechnet, auf dieser Mission solcher Art von Versuchungen zu begegnen, aber er fand es plötzlich schwierig, seine Augen von ihren Hüften abzuwenden und seine Gedanken bei seinem Auftrag zu halten. Wie alt mochte sie sein? Dreißig? Fünfunddreißig? Nicht mehr ganz jung auf jeden Fall. Ihr Körper ließ es nicht erahnen, aber ihre Augen.

Sie stieg eine Treppe hoch, öffnete eine Tür und ging rasch hinein. Drinnen winkte sie ungeduldig mit der Hand.

Salmon trat als Erster ein, dann Ephraim.

„Sieh dir das an", flüsterte Ephraim, als sie in dem Raum standen: kostbare Teppiche, bunte Kissen, schwere rote Vorhänge mit purpurroten Schnüren. Salmon starrte die Pracht an. Er versuchte, nicht auf das Bett zu schauen, das den Mittelpunkt des Zimmers darstellte. Die Luft duftete nach Weihrauch und Zimt. Die Frau schien bestens zu verdienen.

Sie schloss die Tür hinter ihnen und nahm ihr Tuch ab. „Ich muss euch verstecken!"

„Wovon redest du, Frau?"

„Tut nicht so ahnungslos! Ihr seid doch hebräische Spione!" Sie ging zu einer Leiter an der hinteren Wand.

Ephraim sah Salmon an. „Was machen wir jetzt?", flüsterte er.

Salmon starrte die Frau an. „Spione? Wie kommst du denn darauf?"

Sie rollte die Augen und schüttelte den Kopf. „Du meinst, abgesehen davon, dass ihr so auffällig die Mauern und Zinnen gemustert habt?" Sie zog die Leiter durch den Raum. „Auf deinem Gewand ist ein Blutfleck. Ich schätze, der Mann, der es vor dir trug, ist darin gestorben."

Salmon trat vor sie. Wäre das nicht das Beste, kein Risiko einzugehen und die Frau zu töten? Sie schien seine Gedanken zu lesen. Ihre braunen Augen bohrten sich in die seinen. „Der Soldat, der vorhin mit mir gesprochen hat, weiß auch, wer ihr seid."

„Hast du es ihm gesagt?"

„Nein. Er hat es selbst erraten." Sie wurde ungeduldig. „Wenn ihr Kundschafter seid, solltet ihr zusehen, dass ihr lange genug lebt, um eure Aufgabe zu erledigen!" Sie hielt ihm die Leiter hin und zeigte zur Decke hoch, in der eine Falltür sichtbar war. „Los! Worauf wartet ihr? Eine persönliche Einladung vom Scharfrichter?"

Ephraim protestierte. „Auf dem Dach suchen die uns doch als Erstes!"

„Wenn ihr hier mitten im Zimmer steht, brauchen sie gar nicht zu suchen!"

Ephraim schaute um sich. „Es muss doch etwas Besseres geben!"

„Schön." Die Frau stemmte die Hände in ihre Hüften. „Wenn ihr das Dach nicht wollt, wie wär's mit meinem Bett?"

Ephraim wurde blass und begann, die Leiter hinaufzusteigen.

Die Frau schaute ihm nach, ihr Gesichtsausdruck plötzlich traurig. „Ich wusste es." Sie sah Salmon an, und er fand, dass sie die schönsten Augen hatte, die er je gesehen hatte. Kein Wunder, dass Josua und Kaleb sie so oft vor den fremden Frauen gewarnt hatten. „Und du?", sagte sie.

Salmon setzte seinen Fuß auf die unterste Sprosse, dann sah er wieder die Frau an. „Wie heißt du?"

„Rahab. Aber wir haben jetzt keine Zeit zu reden. Rauf mit dir!"

Sie folgte ihm die Leiter hinauf, schob ihn nach vorne und winkte Ephraim zu. „Legt euch dahinten in die Ecke, dann breite ich das Flachs über euch."

Sie legten sich, und Salmon schaute zu, wie sie mit raschen, sicheren Bewegungen einige Flachsbündel nahm und über sie legte. Dann beugte sie sich zu ihnen hinunter und flüsterte: „Tut mir leid, dass ich euch nichts Bequemeres bieten kann. Verhaltet euch ruhig, bis ich wiederkomme." Sie stieg wieder hinunter und klappte die Falltür zu.

„Wir legen unser Leben in die Hände einer Hure!“, flüsterte Ephraim rau.

„Hast du eine bessere Idee?“

„Ich wünschte, wir hätten unsere Schwerter dabei!“

„Es ist gut, dass wir sie nicht haben, oder der Wächter, mit dem Rahab gesprochen hat, hätte uns schon eingesackt!“

„Rahab? Hast du sie nach ihrem Namen gefragt?“

„Ja. Es schien mir in Anbetracht der Umstände richtig.“

„Was macht sie denn so wichtig? Du weißt doch, was sie ist.“

„Sei leise!“

„Sollen wir jetzt wie zwei Feiglinge unter diesem Flachshaufen liegen bleiben? Besser, wir töten sie und verschwinden!“

Salmon packte ihn am Arm. „Besser, wir führen unseren Auftrag aus! Oder hast du vergessen, was Josua uns aufgetragen hat: in die Stadt gehen, Informationen sammeln und wieder zurückkommen! Von Blutvergießen war keine Rede.“ Er ließ seinen Freund los. „Ich möchte lieber durch das Schwert sterben, als mich hinter dem Rock einer Frau zu verstecken!“

„Wir sind ja nicht hinter ihrem Rock versteckt.“ Salmon kicherte. „Sondern unter ihrem Flachs.“

„Wie kannst du darüber auch noch lachen? Wir haben nur ihr Wort. Warum sollen wir einer Hure glauben?“

„Hast du sie dir mal angesehen?“

„Nicht so genau wie du.“

„Sie ist schön genug, um einem König zu gefallen.“

„Vielleicht, aber hast du nicht gesehen, wie dieser Wächter mit ihr geschäkert hat? Die hat doch schon mit jedem Mann in der Stadt etwas gehabt, und mit Hunderten anderer dazu.“

„Na, eben. Deshalb weiß sie über die Vorgänge in der Stadt sicher mehr als jeder andere Mensch.“

„Und über jede Krankheit, die es gibt.“

„Sei ruhig! Wir sind genau dort, wo Gott uns hingestellt hat.“ Salmon wunderte sich selbst darüber, wie wütend die Worte seines Freundes ihn machten. Vermutlich hatte Ephraim recht mit seinem Urteil über Rahab. Warum verteidigte er sie dann so? Und warum gab er ihrer beider Leben in ihre Hand?

Er zwang sich, gleichmäßig zu atmen. „Wir ruhen uns jetzt besser aus. Ich habe das Gefühl, dass wir so oder so nicht lange in diesen Mauern sein werden."

Rahab wusste, dass die Männer des Königs bald kommen würden. Bestimmt war Kabul direkt zu seinem Vorgesetzten gegangen, um ihm von den beiden Fremden zu erzählen, die da in die Stadt gekommen waren.

Und richtig. Nicht lange danach klopfte es an die Tür. „Rahab! Mach auf!"

Mit klopfendem Herzen strich sie sich das Haar zurecht und glättete ihr Kleid, dann ging sie zu der Tür und öffnete sie. Sie hoffte, dass ihr Gesicht hinreichend erleichtert wirkte, als sie die Männer ansah. „Kabul! Wärt ihr nur eher gekommen!"

Kabuls Gesicht war rot vom Laufen und wirkte unsicher. Hinter ihm standen andere Soldaten, bewaffnet und kampfbereit. Wenn Kabul vorschriftsmäßig vorging, würde er ihr gesamtes Haus durchsuchen, einschließlich des Dachs, und wenn er die Kundschafter fand, wäre sie eine tote Frau.

„Der König hat befohlen, dass du uns die Männer übergibst, die in dein Haus gekommen sind. Es sind Spione, die auskundschaften sollen, wie man unsere Stadt am besten einnehmen kann." Sein Blick ging an ihr vorbei. „Hol sie."

„Die Männer sind hier gewesen, aber ich wusste nicht, wer sie waren. Sie haben die Stadt schon wieder verlassen, bei Sonnenuntergang, kurz bevor die Tore geschlossen wurden, und ich weiß nicht, wo sie hin sind. Aber wenn ihr euch beeilt, könnt ihr sie sicher noch einholen."

„Wo sind sie hingegangen?"

„Ich weiß es nicht", wiederholte sie. Jetzt hatte Kabul es nicht mehr nur mit zwei Spionen zu tun, sondern auch mit einem König, der wütend sein würde, weil er sie nicht verhaftet hatte. „Schnell! Verfolgt sie! Ihr könnt sie sicher noch kriegen!"

Kabul fragte nicht weiter. Warum sollte er diese Frau des Verrats verdächtigen, die sich dem König gegenüber so viele Male als loyal erwiesen hatte? Lebte sie nicht davon (und das nicht schlecht), dass sie Fremde aushorchte und die Informationen dem König hinterbrachte? Ihr Wort genügte ihm. Kabul drehte sich auf dem Absatz um, bellte einen Befehl und marschierte in Richtung Stadttor.

Rahab trat nach draußen in die rasch einbrechende Abenddämmerung und schaute ihnen hinterher. Sobald sie um die Ecke waren, eilte sie zurück in ihr Haus, schloss die Tür, verriegelte sie und rannte zum Fenster. Ihre Hände schwitzten, ihr Herz trommelte. Die Soldaten hatten das Tor erreicht. Sie hörte, wie Kabul den Wächtern zurief, sie sollten es öffnen, damit sie die Spione verfolgen konnten. Wenn er sich die Zeit nahm, die Wächter zu befragen, würde er womöglich erfahren, dass niemand, auf den die Beschreibung der beiden Fremden passte, die Stadt verlassen hatte.

Sie atmete auf, als Kabul draußen vor der Mauer erschien, gefolgt von den anderen. Sie trabten, Speere in der Hand, nach Osten, in Richtung Jordan, um die Kundschafter einzuholen, bevor sie den Fluss überqueren konnten. Sie hörte, wie das Tor hinter ihnen geschlossen wurde.

Rahab schloss die Augen und lächelte. Sie wartete noch ein paar Minuten, bis sie sicher war, dass Kabul und seine Männer weit genug waren, dann nahm sie einen Krug Wein, Brot und einen Korb Datteln und Granatäpfel und zog wieder ihre Leiter hervor.

Kein Laut kam von den Männern auf dem Dach. Waren sie eingeschlafen? Sie setzte den Korb ab, ging leise über das Dach, nahm eines der Flachsbündel hoch und legte es beiseite. Sie wollte sie nicht unnötig erschrecken. „Die Soldaten sind weg. Ihr könnt herauskommen."

Der Größere setzte sich als Erster auf. Er sah sie an, und sie spürte seinen Blick wie eine Berührung. Eine Mischung aus Neugier und Befangenheit; er fand sie anziehend, und es war ihm nicht geheuer. Er sagte nichts, während sein Gefährte aufstand. „Wir haben Rufe gehört."

„Das waren die Soldaten, die euch gesucht haben. Sie haben die Stadt verlassen, um euch hinterherzujagen." Sie zeigte auf den

Korb und merkte, dass ihre Hand sichtbar zitterte. „Ich habe Essen und Wein für euch."

Sie verstand ihr Zögern gut. Sie war eine Frau aus Jericho, und eine Hure dazu. Warum sollten sie ihr vertrauen? Bestimmt fragten sie sich, warum eine Kanaaniterin ihnen half. Oder wie sie es geschafft hatte, die Soldaten so schnell loszuwerden, ohne Hausdurchsuchung. Ja, warum sollten sie ihr glauben? Aber sie mussten es, so viele Menschenleben hingen davon ab!

Sie ließ die Hand sinken. „Ich weiß, dass Gott der Herr euch dieses Land gegeben hat. Alle zittern vor euch. Wir haben gehört, wie der Herr euch einen trockenen Weg durch das Schilfmeer bahnte, als ihr aus Ägypten auszogt. Wir wissen, was ihr mit Sihon und Og gemacht habt. Kein Wunder, dass unsere Herzen vor Furcht schmelzen wollen!"

Sie fragte sich, warum sie überhaupt in die Stadt gekommen waren. Sie wussten doch auch so, dass dieses Land ihnen gehörte! Warum ein Land auskundschaften, das Gott ihnen bereits versprochen hatte? Zweifelten sie? Brauchten sie eine Bestätigung?

„Nach all diesen Vorfällen hat keiner mehr den Mut, gegen euch zu kämpfen. Denn ich weiß, der Herr, euer Gott, ist der höchste Gott des Himmels und der Erde." Ihre Augen füllten sich mit Tränen. Wie sie sich danach sehnte, auch zu dem erwählten Volk dieses Gottes zu gehören.

Sie schluckte, machte einen Schritt nach vorn und breitete ihre Hände aus. „Schwört mir bei dem Herrn, eurem Gott, dass ihr freundlich zu mir und den Meinen sein werdet, weil ich euch geholfen habe. Gebt mir euer Wort, dass ihr mich bei der Eroberung Jerichos verschonen werdet – mich und meinen Vater und meine Mutter, meine Brüder und Schwestern und ihre Familien."

Der Große schaute zu seinem Begleiter hin. Der starrte Rahab an. Im ersten Licht des Mondes war seine Überraschung deutlich sichtbar. Dann sah der Große sie wieder an, sein Gesicht auf einmal freudig erregt. „Ich heiße Salmon, und dies ist Ephraim. Wir verbürgen uns mit unserem eigenen Leben für deine Sicherheit."

Sie spürte, wie ihr Herz einen erleichterten Satz machte, und sah den anderen an.

„So soll es sein." Ephraim klang weniger begeistert und warf Salmon einen skeptischen Blick zu. Dann sah er wieder Rahab an. „Wenn du uns nicht verrätst, werden wir unser Versprechen halten, wenn der Herr uns das Land gibt."

Sie lächelte. Ihr Leben und das ihrer Lieben lag nun in der Hand dieser Fremden. Sie hatten es ihr geschworen, beim Namen ihres Gottes. Sie würden es nicht wagen, einen solchen Schwur zu brechen; dafür war ihr Glaube an diesen Gott die beste Garantie.

Sie wies auf die Kissen in einer Ecke des Flachdachs. „Bitte setzt euch und macht es euch bequem. Ihr seid meine Gäste." Sie begann, den Korb auszupacken. „Was kann ich euch anbieten? Ich habe Datteln, Mandeln, Honig und Rosinenkuchen, Brot, Wein …"

„Nichts", sagte Ephraim kalt.

„Aber vielen Dank", fügte Salmon hinzu, wie um das Nein abzumildern.

Rahab drehte sich zu ihnen um und sah sie an. Eben noch hatten sie versprochen, sie und ihre Familie zu schonen – aber mit ihr zu tun haben wollten sie offenbar nichts. Vor allem nicht der Mann, der Ephraim hieß. Sie kam sich plötzlich wie ein hässliches Insekt vor. Der Große musterte sie mit unverhüllter Neugier.

Sie setzte sich auf eines der Kissen und sah ihn an. „Frag mich alles, was du wissen willst."

Er sah ihr in die Augen. „Wie kommt es, dass du an unseren Gott glaubst?"

„Ich habe die Geschichten über ihn gehört, seit ich ein kleines Mädchen war."

„Das haben wohl alle in Jericho."

Sie blinzelte. „Ja, das weiß ich. Ich kann es auch nicht erklären, warum ich glaube, dass er der einzige Gott ist und wirklich alle diese Wunder getan hat, obwohl alle anderen es nicht tun."

„Die Leute hier haben Angst", fiel Ephraim ein. „Wir haben im Tor genug gehört, um das zu wissen."

„Ja. Sie haben Angst vor euch, wie vor jedem anderen Eroberer. Aber sie begreifen nicht, dass es euer Gott ist, der euch den Sieg gibt."

Salmons Augen leuchteten merkwürdig, während er ihr Gesicht betrachtete. Es war überdeutlich, dass sie ihm gefiel. Und ihr ging es andersherum genauso. Er war ein sehr gut aussehender Mann.

Doch Ephraim schien entschlossen, sie in ihre Schranken zu weisen. „Ihr habt eure eigenen Götter, nicht wahr?"

„Ja, nutzlose Figuren aus Stein oder Holz", sagte sie wegwerfend. „Habt ihr in meinem Haus etwa welche gesehen?" Ephraims Gesicht wurde unsicher. „Du kannst gerne nachschauen. Suche, wo du willst, Ephraim, bei mir wirst du keine Götzenbilder finden. Ich habe den Glauben an die Götter meines Volkes schon lange verloren."

„Warum?"

Dieser Hebräer ließ nicht locker. Nun gut. „Weil sie mich nicht retten können. Sie sind bloß Gegenstände, die Menschen gemacht haben, und ich weiß, wie schwach die Menschen sind." Sie breitete die Hände zu einer bittenden Geste aus. „Ich würde so gern zu eurem Volk gehören."

Ephraim runzelte die Stirn und sah Salmon an. Der beugte sich leicht nach vorne. „Du musst verstehen, dass wir bestimmte Regeln haben – Gesetze, die unser Gott selbst uns gegeben hat."

„Könnt ihr mir diese Gesetze erklären?" Den Blicken nach zu urteilen, die die beiden Männer austauschten, mussten sie von großer Bedeutung sein.

Salmon sah sie einen Augenblick lang an und sagte dann leise: „Es gibt zum Beispiel Gesetze gegen Unzucht und Ehebruch."

Ephraim fuhr fort: „Prostitution ist nicht erlaubt. Wer das missachtet, ist des Todes."

Rahab erinnerte sich, wie sie sich aus ihrem Fenster gelehnt und die beiden angesprochen hatte, wie bei Hunderten anderen schon, und die Röte schoss ihr ins Gesicht. Sie ekelte sich plötzlich vor sich selbst. Kein Wunder, dass die Israeliten so gezögert hatten und ihr Essen nicht wollten.

„Ich habe mir meinen Beruf nicht ausgesucht", sagte sie rasch. „Mein Vater brachte mich zum König, als ich noch ein Kind war und …" Sie unterbrach sich, als sie Salmons Gesichtsausdruck sah. War es wirklich so wichtig, *wie* sie zu dem geworden war, was sie war? Dass sie ein Mädchen gewesen war, das keine Wahl hatte – war das eine Entschuldigung dafür, dass sie als erwachsene Frau ihren Beruf beibehalten und sich damit ihre Taschen gefüllt hatte? Sie schaute weg, kam sich innerlich wie nackt vor unter den Blicken der Hebräer. Dann sah sie sie wieder an, jetzt ruhiger. „Wenn euer Gott es so hasst, dann höre ich auf."

Salmon erhob sich und trat an den Rand des Dachs. Eine ganze Weile schaute er auf die Stadt, dann drehte er sich um und sah wieder sie an. „Wir sollten jetzt gehen. Wir haben unseren Auftrag erfüllt, Ephraim."

Rahab stand abrupt auf. Sie wusste, dass sie jetzt schnell handeln mussten. Sie stieg die Leiter hinunter und band die kräftige rote Vorhangschnur los. „Ihr könnt nicht durch das Tor hinaus. Aber hiermit kann ich euch aus meinem Fenster hinunterlassen." Sie machte eine Schlaufe in die Schnur und ließ das eine Ende über die Fensterbank nach draußen. „Sie reicht bis kurz über den Boden."

„Das geht schon." Salmon nahm das Seil aus ihrer Hand und nickte seinem Freund zu. „Du zuerst." Ephraim drückte sich hoch und schwang seine Beine aus dem Fenster.

„Wartet!", sagte Rahab. „Flüchtet in die Berge und versteckt euch dort drei Tage, bis die Männer, die euch suchen, zurückgekommen sind. Geht erst dann zu den Euren."

Ephraim nickte, packte das Ende des Seils und schob sich ganz durch das Fenster. Rahab hörte ein leises Rieseln von losem Mörtel, dann einen dumpfen Plumps. Salmon reichte ihr das Seil und setzte sich auf die Fensterbank.

„Hör mir gut zu, Rahab. Wir können nur dann für deine Sicherheit garantieren, wenn du dieses rote Seil hier aus dem Fenster hängen lässt. Und alle deine Verwandten – Vater, Mutter, Brüder und alle anderen – müssen in diesem Haus sein. Wenn sie auf die Straße gehen, werden sie umkommen, und wir werden unseren Eid nicht halten können. Aber wir schwören dir, dass niemand, der in diesem Haus ist, getötet werden wird; kein Haar wird ihm gekrümmt werden."

Sie biss sich auf die Lippe und nickte, einen dankbaren Kloß im Hals.

Er schwang das erste Bein nach draußen und drehte sich zu ihr um. „Aber wenn du uns verraten solltest, ist der Eid nicht mehr bindend."

„Ich nehme eure Bedingungen an", erwiderte sie.

Sein Blick veränderte sich. Er ließ das Seil los und zog ihren Kopf zu sich hin. Einen Augenblick lang dachte sie, er wollte sie küssen, und ihr Herz schien stehen zu bleiben.

„Hab keine Angst", sagte er, „ich komme zurück."

„Das hoffe ich."

Er ließ sie los und nahm wieder das Seil. „Bist du stark genug, um mich zu halten?"

Sie lachte. „Das muss ich wohl." Sie hielt die Vorhangschnur mit all ihrer Kraft fest und staunte selbst darüber, dass es klappte.

Als das Seil leicht wurde, stellte sie sich auf die Zehenspitzen und schaute nach unten. Ephraim sah sich vorsichtig um; Salmon grinste breit zu ihr hoch und hob seine Hand zu einer Geste des Grußes und des Versprechens. Mit wedelnden Händen bedeutete sie ihnen, schnell zu gehen.

Sie lächelte, als sie sah, dass sie den Weg nahmen, der in die Berge führte.

Kapitel 3

Salmon und Ephraim folgten die ganze Nacht dem Pfad in die Berge. Die Sonne ging schon auf, als sie bei einem Bach Rast machten. Sie knieten sich hin und tranken ausgiebig.

Ephraim gelang es, an einer tieferen Stelle ein paar Fische zu fangen und auf das Ufer zu werfen, wo Salmon ein kleines Feuer gemacht hatte. Salmon nahm die Fische aus und briet sie an einem Stock. Er hatte bisher noch nie Fisch gegessen und fand den Geschmack ein neues, erfrischendes Erlebnis für seinen Gaumen. Sie sahen, wie weiter unten ein kanaanitischer Hirte seine Ziegen zum Trinken zu dem Bach brachte. Er sah flüchtig in ihre Richtung, bevor er seine Herde wieder wegtrieb, in Richtung Westen.

„Der hat Angst vor Fremden", sagte Ephraim.

„Ja, der Schrecken des Herrn liegt über dem Land", antwortete Salmon. Er konnte kaum noch die Augen offen halten und legte sich hin. „Unsere Tage in der Wildnis sind fast vorbei." Er atmete tief den Duft des Landes ein. Am Himmel segelten ein paar weiße Wolkenfetzen vorbei. *O Herr, mein Gott, du bringst uns nach Hause in ein Land, das du für uns vorbereitet hast. Du hast uns dieses Geschenk hingelegt. Gib uns den Mut, es in Besitz zu nehmen.*

Er schloss die Augen und schlief ein, das Murmeln des Bachs in den Ohren. Er träumte von einer schönen Frau, die aus einem Fenster zu ihm herabsah. Der Wind spielte mit ihrer schwarzen Lockenpracht.

Am späten Nachmittag des folgenden Tages, als die Stadttore noch offen waren, sah Rahab durch ihr Fenster, wie Kabul und die Soldaten des Königs zurückkamen. Müde und entmutigt sahen sie aus. Rahab trat vom Fenster zurück, damit Kabul sie nicht sah.

„Rahab!"

Sie reagierte nicht und hoffte einfach, dass er nicht kommen und sie ausfragen oder Trost in ihren Armen suchen würde. Sie wollte nichts mehr mit ihm zu tun haben. Gestern hatte der König sie zu sich kommen lassen und ausgefragt, und sie hatte ihre Lüge über die Kundschafter wiederholt. Er hatte ihr geglaubt.

Am Abend klopfte Kabul an ihre Tür. Sie schluckte ihre Angst hinunter und öffnete. Hatte der König vielleicht Verdacht geschöpft? Nein, Kabul wollte nur das nächste Schäferstündchen. Sie erklärte ihm, dass sie sich nicht gut fühle. Das war keine Lüge. Ihr war wirklich schlecht – wegen ihm, wegen des Lebens, das sie führte, wegen der Erkenntnis, dass bald alle in dieser Stadt tot sein würden. Am liebsten hätte sie sich einfach eingeschlossen und an nichts mehr gedacht. Aber es gab noch andere, an die sie denken musste.

Sie ließ eine weitere Nacht verstreichen. Am dritten Tag ging sie auf den Markt, wo ihr Vater wie immer seine getrockneten Datteln und Rosinen verkaufte. Als sie zu seinem Stand kam, lächelte er ihr kurz zu, bevor er seine Aufmerksamkeit wieder dem Kunden zuwandte, der vor ihm stand. Ihr lieber Vater. Sie grollte ihm nicht mehr für das, was er damals mit ihr getan hatte. Er musste selbst um sein tägliches Brot kämpfen und hatte nie aufgehört, sie zu lieben. Ihre Mutter hatte große Hoffnungen für sie gehabt, als der König sie in sein Gemach gerufen hatte; sie hatte sich von der Schönheit ihrer Tochter viel versprochen. Doch Rahab hatte sich keine Illusionen gemacht. Die Männer, vor allem die Mächtigen, waren wankelmütige Wesen, und sie hatte nicht erwartet, dass ihre Anziehungskraft auf den König lange anhalten würde. Aber sie hatte es geschafft, sich ihren Lebensunterhalt zu sichern, und sie konnte ihren Lieben noch abgeben – soweit deren Stolz es erlaubte.

„Wie ist dein Tag, meine Tochter?"

„Es ist ein Tag der Hoffnung, Vater."

„Hoffnung ist etwas Gutes. Komm und setz dich zu mir altem Mann und erzähl mir, was für Neuigkeiten du in den letzten Wochen gehört hast." Er stellte zwei Schemel hin, setzte sich auf den einen und bedeutete ihr, auf dem anderen Platz zu nehmen.

Rahab sah, wie er sich sein Knie rieb. Sein Körper war von den Jahren harter Arbeit gezeichnet, und heute schien er mehr Schmerzen zu haben als sonst. Aber er würde es ihr nicht danken, wenn sie ihn darauf ansprach. „Wie geht es Mutter?“

„Gut. Sie hütet drei der Enkel, während deine Schwestern den Flachs brechen und schwingen.“

„Und meine Brüder?“

„Arbeiten an den Mauern.“

Kein Wunder, dass sein Bein schmerzte. „Du bist wieder auf die Dattelpalmen gestiegen, nicht wahr?“ Was hatte er für eine Wahl, wenn der König ihre Brüder zur Arbeit an den Stadtmauern einzog?

„Ich bin dabei, einen der Enkel einzuarbeiten.“

„Oh, Vater, du kannst von Glück reden, dass du dir nicht den Hals gebrochen hast!“

„Der König braucht meine Söhne dringender als ich.“

„Er kann die Stadt befestigen, so viel er will – es wird ihm nichts nützen.“

Ihr Vater hörte auf, sein Bein zu reiben; sein Kopf fuhr hoch. „Die Israeliten lagern in Schittim“, sagte er.

„Nicht mehr lange.“

„Nicht?“

„Nein. Ihr Gott hat ihnen dieses Land gegeben.“

Er musterte ihr Gesicht. „Ich habe gehört, dass vor ein paar Tagen Kundschafter in unsere Stadt gekommen sind.“

„Ja. Inzwischen werden sie wieder ihr Lager erreicht und Bericht erstattet haben.“

Seine Augen waren voller Angst. „Hast du ihnen geholfen zu entkommen?“

Sie beugte sich vor und nahm seine verwitterten Hände in die ihren. „Ich habe die Wahrheit erkannt, Vater. Ich weiß, was kommen wird. Aber hier kann ich nicht darüber reden. Komm zu mir, bevor du heute Abend nach Hause gehst. Ich habe Neuigkeiten, die unserer Familie Grund zum Feiern geben.“

Seine Hände schlossen sich um ihre. Sie waren kalt. Er sah sie forschend an. „Was hast du getan, Tochter?“

„Etwas, das uns retten wird – wenn wir Vertrauen haben. Kommt heute Abend zu mir, du und die anderen aus der Familie, und ich werde euch alles erklären."

„Werden sie gegen Jericho ziehen?"

„Ja, Vater, und sie werden es zerstören." Sie stand auf und beugte sich zu ihm, um seine Wange zu küssen. „Aber unsere Rettung steht vor der Tür."

Rahabs Vater brachte ihre beiden Brüder mit. Sie begrüßte sie herzlich und bat sie, auf den Kissen Platz zu nehmen, die um den niedrigen Tisch lagen. Dann goss sie ihnen Wein ein und bot ihnen zu essen an.

„Ich möchte nichts", sagte Mizraim. „Wie kannst du Appetit haben, wenn hinter dem Jordan die Israeliten lagern?"

Ihr jüngster Bruder, Jobab, sah sie an, halb wütend, halb ängstlich. „Vater hat gesagt, du hast die Spione beherbergt. Was für ein Dämon hat dich geritten, dass du unser Leben so aufs Spiel setzt? Wenn der König …"

„Der König weiß, dass die Kundschafter bei mir waren." Sie sah, wie die drei Gesichter blass wurden. „Er hat Soldaten geschickt, um sie gefangen zu nehmen, und ich habe ihnen erzählt, dass die Männer die Stadt schon wieder verlassen hatten."

„Dann müssen sie entkommen sein", sagte Mizraim. „Sonst würden ihre Leichen jetzt an der Mauer hängen."

Rahab lächelte. „Sie haben sie nicht erwischt, weil ich sie versteckt habe."

„Du hast *was*?", keuchte ihr Vater.

„Ich habe sie versteckt, und danach habe ich sie aus meinem Fenster hinausgelassen und ihnen gesagt, dass sie sich drei Tage in den Bergen verstecken sollen, bevor sie zurück über den Jordan gehen."

Ihr Vater und ihre Brüder starrten sie an. Mizraim stand abrupt auf. „Bei den Göttern, was hast du uns angetan?"

Jobab stützte seinen Kopf in die Hände. „Dein Verrat wird uns alle das Leben kosten!"

„Nein. Ich habe das Leben gewählt“, erklärte sie.

„Das Leben?“ Mizraims Gesicht war rot vor Zorn geworden. „Was redest du da? Und wir? Was sollen wir wählen?“

Sie zügelte ihre Wut. Wie oft hatte sie schon ihren Lieben geholfen? Hatte Mizraim das alles vergessen? „Deshalb habe ich euch ja kommen lassen.“ Sie stellte den Weinkrug fest auf den Tisch und setzte sich. „Vater, du hast uns einmal erzählt, wie du vor Jahren in dem Palmenhain einen israelitischen Kundschafter gesehen hast. Du sahst in seinen Augen, dass er wiederkommen würde, hast du gesagt.“

„Sie sind zurückgekommen und geschlagen worden.“

„Ja, aber damals kamen sie ohne die Bundeslade ihres Gottes – hast du das nicht auch erwähnt?“

„Doch, ja.“ Die Stirn ihres Vaters runzelte sich nachdenklich. „Und Mose führte sie nicht an.“

Mizraim setzte sich wieder. „Ich habe gehört, dass Mose tot ist.“

„Glaubt ihr etwa, das ändert etwas?“ Sie musste ihnen klarmachen, dass ihr Pakt mit den Kundschaftern ihre einzige Überlebenschance war! „Mose war groß, sicher, aber er war nur ein Mensch. Dieses Volk steht unter dem Schutz des Gottes der ganzen Schöpfung. Als sie das erste Mal hier waren, kamen sie wie ein wirrer Haufen Diebe über die Hügel. Sie wurden geschlagen, weil ihr Gott nicht mit ihnen war. Doch die, die jetzt hinter dem Fluss kampieren, sind eine neue Generation. Sie warten auf die Stimme ihres Gottes. – Lass mich ausreden, Mizraim! Wenn die Zeit da ist, *werden* die Israeliten den Jordan überqueren, und sie *werden* siegen.“

Mizraim nahm seinen Weinbecher in die Hand. „Sie werden Jericho niemals einnehmen! Ich bin seit dem letzten Vollmond mit dabei, an den Befestigungen zu arbeiten. Du weißt selbst, wie hoch und dick diese Mauern sind; da kommt keine Armee der Welt durch!“

„Und doch sehe ich die Angst in deinen Augen. Was sind ein paar Steine für einen Gott, der das Meer teilen kann? Wir haben es doch alle gehört. Wie Gott zehn Plagen über Ägypten brachte.

Wie er durch Mose redete und ein ganzes Volk aus der Sklaverei herausführte. Wie er die Israeliten durch das Schilfmeer führte, als gingen sie über trockenes Land. Hast du je von solch einer Macht gehört? Der Gott der Israeliten ist *der* Gott, der einzige Gott! Ich habe euch immer alles weitererzählt, was ich gehört habe. Warum zittern denn die Menschen hier alle vor Furcht – und du auch?"

„Aber dies ist *unser* Land!", sagte Jobab. „Sie haben kein Recht darauf. Wir haben diese Mauern erbaut! *Wir* haben die Felder bestellt und die Häuser errichtet! Der Vater unseres Vaters und sein Vater vor ihm haben schon die Datteln von den Palmen Jerichos geerntet!"

„Wir sind all die Jahre vor den Baalen niedergefallen und haben gedacht, sie seien die Herren dieses Landes. Aber das Land gehört dem Gott da draußen, und er wird es sich nehmen!" Sie lachte tonlos. „Bildet ihr euch ein, uns könne nichts passieren, weil wir den Götzenbildern Opfer gebracht haben, die wir uns selbst gemacht haben? Was für eine Macht über die Elemente haben sie denn? Es sind Figuren aus Stein und Ton, die nicht fühlen und nicht denken!" Sie schlug mit der flachen Hand auf den Tisch. „Und jetzt hat sich der wahre Herr offenbart. Es ist der Gott der Israeliten. *Er* besitzt die Palmen und Terebinthen und Weinstöcke, *er* herrscht über die Honigbienen, *ihm* gehören die Heuschrecken, die Ägypten verwüstet haben! Alles gehört ihm, und er kann dieses Land und alles, was darin ist, geben, wem er will. *Und er hat es dem Volk versprochen, das hinter dem Fluss in Schittim lagert*!"

Die Männer schwiegen wie vor den Kopf geschlagen. Dann sah Rahabs Vater sie an. Er zitterte. „Ist das die Neuigkeit, die du uns erzählen wolltest, Tochter?"

„Ja, dann sollten wir wohl unsere Familien versammeln und ein Fest feiern", sagte Jobab sarkastisch. „Am besten mischen wir Schierling in den Wein, dann können uns die Schwerter Israels nicht mehr töten."

„Wie tapfer", höhnte Mizraim.

„Wir werden überleben", sagte Rahab.

Mizraim nahm wieder seinen Becher. „Wie denn? Die Israeliten lassen niemanden am Leben, das weißt du doch."

„Ich habe den Kundschaftern geholfen zu entkommen, und sie haben mir dafür versprochen, uns zu verschonen, wenn sie die Stadt erobern!"

„Und das hast du ihnen geglaubt?" Mizraim schüttelte den Kopf. „Jeder weiß doch, dass sie alles töten, was sich bewegt."

„Sie haben mir einen Eid geschworen."

„Ein Eid ist nicht mehr wert als der Mann, der ihn schwört!"

Rahab hob ihr Kinn. „Das weiß ich besser als du, mein Bruder. Ich habe mehr mit Männern zu tun gehabt, als mir lieb ist."

„Und uns damit Schande gebracht, ja."

Ihr Vater knallte die Faust auf den Tisch. „Du wirst deiner Schwester zuhören! Sie ist älter als du und weiser in der Welt als wir alle."

Mizraim zuckte zusammen und senkte den Kopf.

„Sie sind Fremde", fuhr ihr Vater fort. „Warum vertraust du ihnen?"

„Ich habe die Männer gebeten, es mir bei dem Namen ihres Gottes zu versprechen, und das haben sie getan. Wer würde es wagen, vor diesem Gott einen Meineid zu schwören? Wenn sie ihr Wort brechen sollten, werden sie sich vor ihm verantworten müssen."

„Nicht, dass das einen großen Unterschied für uns macht, wenn wir tot sind", murmelte Jobab.

Rahab legte ihre Hand auf seine. „Du musst selbst entscheiden, wem du vertraust, Jobab. Du kannst auf den König von Jericho bauen, der nur ein Mensch ist. Oder du glaubst an den König der Könige, den Gott Israels. Es stimmt, ich kenne diese Männer nicht, die als Kundschafter zu uns gekommen sind, und ihren Gott kenne ich nur vom Hörensagen. Aber ich glaube das, was ich gehört habe. Jedes Mal, wenn ich etwas über ihn vernommen habe, habe ich eine … Gewissheit gespürt. Ich kann es nicht erklären, aber ich *weiß*, dass dies Gott ist – der einzige Gott. Und ich habe beschlossen, meinen Glauben und meine Hoffnung auf ihn zu setzen." Sie lehnte sich zurück und sah die anderen an. „Ihr müsst selbst entscheiden, ob ihr das Leben oder den Tod wählen wollt."

„Wir wählen das Leben", antwortete ihr Vater.

„Unsere Rettung liegt beim Herrn, dem Gott Israels." Ihr Herz hämmerte vor Aufregung und plötzlicher Dankbarkeit. „Wir müssen uns vorbereiten auf das, was kommt. Wenn die Israeliten uns retten, wollen wir ihnen nicht mit leeren Händen gegenübertreten. Verkauf nicht alles auf dem Markt, Vater; bring einen Teil des Getreides, der Rosinen und Datteln hierher zu mir, damit wir zu essen haben, wenn die Belagerung beginnt, und Geschenke für danach." Sie nickte zu der gegenüberliegenden Ecke hin. „Ich habe einen großen Wasserkrug gekauft und werde jeden Tag zur Quelle gehen, um ihn zu füllen. Und meine Schwestern sollen Wasserschläuche füllen, damit genug für uns alle da ist."

Sie erhob sich und trat an das Fenster. „Packt euren Besitz zusammen. Gürtet euch und habt allezeit eure Waffen bereit. Und wenn die Israeliten den Fluss überschreiten, nehmt eure Frauen und Kinder und kommt schnell hierher zu mir." Sie drehte sich um. „Verliert keine Zeit! Wir müssen uns von allen in dieser Stadt absondern, denn sie werden alle umkommen. Die beiden Gottesmänner haben mir versprochen, dass jeder, der in meinem Haus ist, verschont wird. Alle anderen werden sterben."

Ihr Vater beugte sich vor und faltete die Hände auf dem Tisch. „Es gibt Dutzende von Fenstern in der Stadtmauer, Rahab. Wie werden die Israeliten wissen, welches dein Haus ist?"

Sie zeigte lächelnd auf die rote Vorhangschnur. „An diesem Zeichen werden sie uns erkennen, und der Tod wird an uns vorübergehen."

„Wir sind zwanzig Menschen, Rahab. Wie willst du uns alle unterbringen – uns und den Proviant, den wir brauchen werden?"

„Oh, Mizraim, du sorgst dich um so viele Dinge – darum, was du essen und wo du schlafen wirst. Aber nur eins ist wirklich wichtig: Folge den Anweisungen! Wenn du überleben willst, pack deine Sachen und komm in mein Haus." Sie lächelte. „Und vergiss nicht, Basemat und die Kinder mitzubringen."

Nach drei Tagen verließen Salmon und Ephraim das Bergland und überquerten den Jordan. Sie zogen die amoritischen Gewänder aus und ihre eigenen wieder an und eilten nach Schittim, wo sie von Josua und Kaleb schon erwartet wurden.

„Der Herr wird das ganze Land in unsere Hand geben", sagte Ephraim, noch vom raschen Laufen keuchend, „denn alle Menschen dort sind vor Angst vor uns wie gelähmt!"

„Kommt erst einmal zu Atem und setzt euch." Josua nickte ihnen zu, sich vor das Feuer zu setzen. Er war ruhig, sein Blick fest, als ob nichts von dem, was sie da sagten, ihn überraschte.

Es juckte Salmon in allen Gliedern, aufzuspringen, durch das ganze Lager zu rennen und allen die Nachricht zuzuschreien. „Das Land ist unser, und es ist reicher, als wir uns je vorgestellt haben! Gott hat sein Versprechen gehalten! Die Herzen der Kanaaniter sind wie Wasser vor seiner Macht!"

„Eine Hure in Jericho hat es uns erzählt", sagte Ephraim.

Eine Hure. Salmon gefiel es nicht, dass Ephraim Rahab so nannte.

Salmon hatte immer gedacht, dass es Josuas und Kalebs Glaube war, der sie von allen anderen im auserwählten Volk abhob, aber ein einziger Abend in Rahabs Gesellschaft hatte ihm gezeigt, dass Gott seinen Namen in das Herz jedes beliebigen Menschen schreiben konnte – sogar das einer kanaanitischen Prostituierten. Da drüben, jenseits des Jordans, hinter den Mauern einer heidnischen Stadt, lebte eine Frau von zweifelhaftem Ruf, die nie ein Wunder gesehen, einen Bissen Manna gekostet oder auch nur ein Wort aus dem Gesetz gehört hatte – und doch war ihr Glaube so groß, dass sie die, die kamen, um sie und ihr Volk zu vernichten, willkommen geheißen und beschützt hatte. „*Euer Gott ist der einzige Gott*!", hatte sie erklärt.

„Die Frau heißt Rahab", sagte er zu den beiden Kriegern. „Sie hat uns willkommen geheißen und in ihr Haus geführt. Als die Soldaten kamen, hat sie uns auf dem Dach versteckt und ihnen weisgemacht, dass wir die Stadt verlassen hätten."

„So war es", bestätigte Ephraim. „Die Soldaten glaubten ihr und sind Schatten jagen gegangen."

Salmon fuhr fort mit seinem Bericht. „Sie hat uns freundlich aufgenommen und uns geraten, wir sollten drei Tage in den Bergen abwarten, bevor wir zu euch zurückgehen. Sie war sicher, dass der Herr uns dieses Land gegeben hat. *Der Herr, euer Gott, ist der höchste Gott des Himmels und der Erde, sagte sie.* Und sie bat uns, ihr vor dem Herrn zu schwören, dass wir sie und ihre Familie schonen werden, wenn wir Jericho einnehmen."

Josuas Augen wurden etwas schmaler. „Und habt ihr diesen Eid geschworen?"

Salmon spürte, wie ihm der Schweiß auf die Stirn trat. Hatte er vielleicht eigenmächtig gehandelt und den Willen Gottes übertreten? „Wenn ich falsch gehandelt habe, bete ich darum, dass Gott, der Herr, allein mich zur Rechenschaft ziehen und diese Frau nicht bestrafen wird. Ja, wir haben vor dem Herrn, unserem Gott, geschworen, dass jeder, der in Rahabs Haus ist, verschont wird."

„Dann wird es so sein", sagte Josua.

Salmon atmete leichter.

„Wie werden wir sie erkennen?", fragte Kaleb.

„Wir haben ein Zeichen mit ihr vereinbart", sagte Salmon. „Sie hat uns an einem purpurroten Seil aus ihrem Fenster in der Stadtmauer hinuntergelassen und so unser Leben gerettet. Ich habe sie angewiesen, dieses Seil dort hängen zu lassen; es wird von außerhalb der Mauern gut sichtbar sein."

Josua stand auf. „Der Herr behütet die Seinen."

„Gelobt sei der Name des Herrn." Salmon war erleichtert.

Kaleb warf einen Zweig in das Feuer, sodass ein Funkenregen hochstob, und starrte mit gefalteten Händen in die Flammen. Josua sah kurz zu ihm hin, dann kam er zu Salmon und legte seine Hand auf seine Schulter. „Du und Ephraim, ihr werdet dafür sorgen, dass dieser Frau und den Ihren nichts geschieht. Der Herr hat heute Morgen zu mir gesprochen, und ich habe sein Wort an die Anführer der Stämme weitergegeben. Wir werden den Jordan heute in drei Tagen überqueren. Macht euch bereit."

Er ging, und Ephraim sah ihm nach. „Dann war unser Einsatz ja gar nicht nötig. Er hatte schon alles entschieden, bevor wir unseren Bericht abgeliefert haben."

Kaleb brach einen Zweig in zwei Stücke. „Stell die Wege des Herrn oder der Diener, die er über sein Volk gesetzt hat, nicht infrage!" Er sah Ephraim an, dann Salmon. „Josua ist Gottes Werkzeug."

Salmon teilte Ephraims Enttäuschung nicht. Ihm war es Ehre genug, dass Josua ihm genügend vertraute, um ihn nach Jericho zu schicken. Was machte es, wenn Gott noch vor ihrer Rückkehr zu Josua gesprochen hatte? Brauchte Gott ihren Bericht? Salmon hatte den Eindruck, dass er und Ephraim aus einem ganz anderen Grund nach Jericho gesandt worden waren, einem Grund, den nur der Herr selbst gekannt hatte. Vielleicht hatten sie Rahab finden und die Tür zu ihrer Rettung öffnen sollen.

Kaleb sah die beiden an. „Wer von euch wird sich um die Frau kümmern?"

„Ich", sagte Salmon.

„Danke, Bruder", sagte Ephraim und klopfte Salmon lachend auf den Rücken. „Ich hätte gewisse Probleme damit gehabt, Hawila zu erklären, woher ich eine Prostituierte kenne!"

„Deine Angehörigen wollen bestimmt wissen, ob du heil wieder zurückgekommen bist", sagte Kaleb.

Ephraims Gesicht wurde wieder ernster. „Ja, sicher." Er warf Salmon noch einen raschen Blick zu, dann ging er zu den Zelten seiner Verwandten.

Salmon sah Kaleb abwartend an. Seit dem Tod von Mose gab es außer Josua keinen Zweiten, den Salmon mehr respektierte als diesen Patriarchen seines Stammes, des Stammes Juda. Er war einer der ganz wenigen der aus Ägypten Befreiten, die Gott immer treu geblieben waren.

Der Ältere hob den Kopf, sein Blick durchdringend. „Sie ist eine fremde Frau. Du kennst die Warnungen vor fremden Frauen."

„Sie will eine der Unseren werden." Salmon überlegte kurz. Doch, es war das Beste, wenn er seine Gefühle vor Kaleb offenlegte und ihn um seinen Rat bat. „Und ich … ich möchte diese Frau in mein Zelt führen."

„Nicht so schnell, mein Sohn. Ein Kampf nach dem anderen."

Salmon begegnete seinem Blick. „Ich dachte, es ist besser, wenn ich gleich mit dir darüber spreche."

„Sie muss etwas Besonderes sein", sagte Kaleb, die Augen verschmitzt. Salmon spürte, wie er rot wurde. Das Lächeln des Alten wurde zum Grinsen. „Du errötest wie ein kleiner Junge."

Salmon schluckte. „Ich bin sechsundzwanzig Jahre alt und habe bisher nie eine Frau getroffen, die mein Herz so sehr der Ehe zugeneigt hätte."

Kaleb schüttelte den Kopf, halb amüsiert, halb sorgenvoll. „Es sind immer die heidnischen Frauen, die unsere Männer von Gott wegziehen."

„Rahab ist keine Heidin!"

„Sie ist eine Kanaaniterin."

„Diese Frau hat mehr Glauben an den Tag gelegt als mein Vater und meine Mutter. Aber zählen wir doch gleich alles auf, was gegen sie spricht: Sie ist älter als ich, und sie hat sich ihr Brot als Hure verdient."

In Kalebs Augen war ein merkwürdiges Leuchten. „Und eine solche Frau willst du dir zur Ehefrau wählen?"

„Rahab ist tatsächlich etwas Besonderes."

Kaleb schürte das Feuer mit einem Stock. „Vielleicht ist sie nur eine raffinierte Lügnerin, die ihr eigenes Volk verrät, um ihre Haut zu retten."

„Aber wer ist ihr Volk?"

Kaleb hob seine Hand, wie um Salmons Worte wegzuwischen. Salmon sprach rasch weiter. „Du und Josua, ihr habt mich gelehrt, in allem nach Gottes Willen zu fragen. Hilf mir, ihn zu finden, was diese Frau angeht!"

Kaleb atmete langsam aus und rieb sich mit beiden Händen über sein Gesicht. „Josua hat dir bereits seine Anweisungen gegeben. Du wirst für die Sicherheit dieser Frau und all derer sorgen, die zu ihr gehören. Und wenn du willst, wird sie als Kriegsbeute dir gehören."

Salmons Herz schlug heftig. Es fühlte sich an, als habe Kaleb ihm gerade ein kostbares Geschenk überreicht, so kühl seine Worte auch klangen.

Der Ältere ließ seine Hände sinken. „Du solltest sie und ihre Familie allerdings zunächst draußen vor dem Lager lassen. Vielleicht will sie gehen und die Ihren mitnehmen."

„Sie möchte eine von uns werden."

„Wie kannst du da so sicher sein?"

Salmon hockte sich hin. „Ich habe ihre Augen gesehen und ihre Worte gehört." Er musste Kaleb dazu bewegen, dass auch er Rahab vertraute. „Waren wir nicht Sklaven, als Gott uns erlöste? Ich glaube, dass der Herr Ephraim und mich nach Jericho geschickt hat, damit wir Rahab begegnen. Es ist der einzige Grund, der Sinn macht, wenn ich bedenke, dass Gott schon zu Josua gesprochen hat, bevor wir zurück waren. Ich glaube, der Herr will, dass diese Frau gerettet wird, so wie er uns aus Ägypten gerettet hat."

„Sieh dich vor, dass du Gott nichts in den Mund legst, was er nicht gesagt hat, Salmon. Du musst nach dem Willen Gottes fragen und nicht nach den Wünschen deines eigenen Herzens. Meine Generation dachte, sie könnte das, und sie sind alle in der Wüste gestorben."

„Seit ich ein kleiner Junge war, hast du mich die Wahrheit gelehrt und sie vor meinen Augen ausgelebt. Eines ist mir immer ganz klar gewesen: Gott hat uns nicht aus Ägypten befreit, weil wir so gut gewesen wären oder die Freiheit verdient hätten, sondern er hat uns aus Gnade gerettet." Salmon breitete seine Hände aus. „Und will der Herr seine Gnade nicht jedem geben, der sich danach sehnt, zu ihm zu gehören? Ich habe diese Sehnsucht in Rahabs Augen gesehen, ich habe sie davon reden gehört. Sie *glaubt,* dass der Herr Gott ist, und sie hat ihre Treue zu ihm darin gezeigt, dass sie uns das Leben gerettet hat." Er hielt inne, die nächsten Worte sorgfältig abwägend. Dann sprach er sie aus, die Frage, die ihm seit drei Tagen auf dem Herzen brannte: „Könnte es nicht sein, dass Gott das Wünschen meines Herzens und seinen guten Plan für Rahab zusammengebracht hat?"

Kalebs Gesicht verzog sich nachdenklich. „Du kannst nur Vermutungen darüber anstellen, was im Herzen dieser Frau vor sich geht, Salmon."

„Könnte sie denn so sicher sein, dass der Herr der einzige Gott ist, der Gott des Himmels und der Erde, wenn nicht Gott selbst seinen Namen in ihr Herz geschrieben hätte?"

„Wenn du eine schnelle Antwort von mir willst, mein Sohn – ich habe keine. Wir müssen beide beten und Gottes Ratschluss in dieser Sache suchen."

Salmon kämpfte gegen das Drängen in seiner Seele an. „Wenn jemand in der Stadt herausfindet, dass sie Ephraim und mir geholfen hat, bleibt sie vielleicht nicht lange genug am Leben, dass wir sie retten können. Ob ich wohl zurückgehen sollte?"

„Hat sie das von dir verlangt?"

„Nein, aber ..."

Kalebs Augen loderten. „Dann muss ich dich dies fragen: Wo ist *dein* Glaube, Salmon? Wenn es wirklich Gottes Plan ist, diese Frau zu retten, *dann wird er es tun.*"

Salmon wollte weiterreden, aber der Ausdruck in Kalebs Augen ließ ihn verstummen. Die Falten im Gesicht des alten Mannes zeugten von einer in Jahren des Leids erworbenen Weisheit. Die Sünden anderer Menschen, darunter Salmons Eltern, hatten Josua und Kaleb mehr Kummer gebracht, als er je ermessen konnte. Fast vierzig Jahre war es jetzt her, dass Josua und Kaleb die Verheißung bekommen hatten, dass sie die Einzigen aus ihrer Generation sein würden, die ihren Fuß in das Verheißene Land setzen durften. Nur zwei Männer aus einem ganzen Volk – weil die anderen sich geweigert hatten, Gottes Verheißungen zu glauben.

„Ich glaube, dass der Herr sie beschützen wird", sagte Salmon. Er senkte seinen Kopf. „Möge Gott mir meinen Unglauben vergeben."

Kalebs Stimme wurde sanfter. „Ich war selbst einmal jung und ungeduldig. Du musst es noch lernen. Gott braucht unsere Hilfe nicht."

Salmon hob seinen Kopf wieder und lächelte. „Wenn du Rahab kennenlernst, wirst du verstehen, was ich in ihr sehe."

„*Wenn* ich sie kennenlerne, werde ich wissen, dass ihr Leben durch Gottes Willen und nicht durch deine Bemühungen verschont worden ist." Der Alte erhob sich. „Aber jetzt ist es spät, und wir brauchen beide Ruhe. Wir müssen uns auf die kommenden Tage vorbereiten."

Salmon erhob sich ebenfalls, ging aber noch nicht vom Feuer weg. Er brauchte Kalebs Segen für die Pläne, die er mit Rahab hatte. „Dann wärst du also nicht dagegen, dass ich Rahab in mein Zelt führe?"

Kaleb sah ihn halb mitleidig an. „Es wäre weise, wenn du erst einmal abwartest, was *sie* darüber denkt. Wenn Gott sie aus Jericho errettet, wird sie zu entscheiden haben, was sie mit dem Leben anfängt, dass er ihr geschenkt hat." Er zwinkerte Salmon zu. „Wenn sie so klug ist, wie du sagst, wird sie vielleicht einem älteren Mann den Vorzug geben."

Salmon lachte, alle Anspannung auf einmal wie weggeblasen. Hatte Kaleb ihn nur testen wollen? „Vorhin hast du gesagt, dass sie mir als Kriegsbeute gehört."

Kaleb lachte mit. „Ja, das stimmt, aber eine Frau mit so viel Glauben und Mut wird ihren eigenen Kopf haben." Er legte seine Hand auf Salmons Schulter, sein Blick wurde wieder ernst. „Wenn der Kampf vorbei ist, wird Josua über ihr Schicksal entscheiden, und ihre Gründe werden auf die Probe gestellt werden." Er ließ ihn los. „Wenn sie so ist, wie du sagst, brauchst du dich nicht um das Ergebnis zu sorgen."

Salmon war nicht zufrieden. Er hatte eine eindeutige Antwort gewollt und stattdessen die Anweisung bekommen zu warten.

Würde Rahab sich als die Frau erweisen, für die er sie hielt? Wenn nicht, würde ihm die Aufgabe zufallen, dafür zu sorgen, dass sie sich von Israel fernhielt.

Kapitel 4

Rahab war dabei, Getreide in das große Tongefäß zu schütten, das Mizraims Sohn ihr gebracht hatte. Noch zwei Körbe, und der Krug wäre voll. In drei anderen großen Krügen befand sich Wasser. Sie hatte zwei Körbe mit Datteln und zwei mit Rosinen. In den vergangenen Tagen hatten ihre Mutter, ihre Schwestern und ihre Schwägerinnen ihr Bohnen, Knoblauch, Linsen und Zwiebeln gebracht, und allmählich sah es in ihrem Haus aus wie auf dem Markt. Aber würden die Vorräte reichen, wenn die Belagerung länger als eine Woche dauerte? Sie ließ ihren Blick wieder durch das Zimmer schweifen. Die Zeit war knapp, und mit jedem Tag, der verging, wuchs die Unruhe in ihr, eine merkwürdige Mischung aus Angst und Vorfreude.

Jobab und Mizraim kamen jeden Abend nach der Arbeit an den Stadtmauern zu ihr zum Essen und erzählten ihr, was sie alles gehört hatten. Jede kleine Neuigkeit, die sie ihr brachten, konnte später wichtig sein. Doch das Allerwichtigste war, dass sie ihren Vater und ihre Brüder ermutigte, ihr Vertrauen auf den Gott Israels zu setzen und nicht auf den König und seine Pläne.

„Der König ist überzeugt, dass uns nichts passieren kann", sagte Mizraim eines Abends. „Die Israeliten haben noch nie vor einer Stadtmauer gestanden, die so hoch und dick ist wie unsere."

Jobab riss ein Stück von dem Brot ab und tauchte es in den Linseneintopf, den Rahab gekocht hatte. „Wenn sie überhaupt bis zur Mauer kommen. Der König hat Tausende von Pfeilen anfertigen lassen. Die gesamte Armee wird auf den Zinnen stehen und jeden erschießen, der sich heranwagt."

„Täusch dich nicht, Bruder." Rahab füllte seinen Weinbecher nach. „Vertrau nicht darauf, dass der König uns retten wird. Ich kenne ihn besser als du. Und alle seine Soldaten und Waffen werden nichts ausrichten, wenn die Israeliten über uns kommen. Sie haben ihren Gott auf ihrer Seite. Macht es so, wie ich es euch gesagt habe: Sobald die Israeliten den Fuß an das Westufer des Jordans setzen, lasst alles liegen und stehen und kommt hierher."

„Aber wie sollen sie an das Westufer kommen?"

„Das weiß ich nicht." Rahab setzte den Weinkrug ab. „Vielleicht bauen sie sich Flöße. Oder sie schwimmen einfach. Oder sie *laufen* hinüber."

Mizraim lachte. „Ja, oder es kommen ein paar Adler und tragen sie hinüber. Falls ihnen nicht gleich Flügel wachsen, sodass sie selbst fliegen können!"

„Du wagst es zu lachen?" Rahab boxte ihm gegen den Arm. „Wenn Gott das ganze Schilfmeer teilen konnte, glaubst du dann, dass dieser Fluss ihn aufhalten kann?" Sie nahm den Krug und starrte ihre beiden Brüder frustriert an. „Gott kommt, und ihr bereitet euch besser darauf vor!"

Jobab schob seinen Stuhl zurück und stand auf. Er schaute zu den Vorratskrügen, den Binsenmatten in der Ecke und dem Deckenstapel auf dem Bett hin. „Was brauchen wir noch?"

Sie schloss fest die Augen, versuchte, das Zittern zurückzudrängen. „Geduld."

Wenn die Israeliten den Jordan schon in diesem Augenblick überquerten, wäre ihr das sehr recht gewesen.

Solange die Israeliten in Schittim lagerten, regnete jeden Tag Manna vom Himmel, allerdings mit jedem Tag weniger, bis es nur noch wie ein dünner Tau war, wenn die Sonne aufging.

Salmon schloss sich den Tausenden anderer Männer, Frauen und Kinder an, die sich hinknieten, um ihre Tagesration zu sammeln. Er formte die kleinen Flocken zu einem Fladen und legte diesen auf den Herd, den seine Eltern aus Ägypten mitgebracht hatten. Er musste oft an seine Eltern denken in letzter Zeit, und er betete, dass er nicht die gleichen Fehler machen würde wie sie, sondern fest im Glauben stehen und im Angesicht des Feindes nicht verzagen würde – nicht nur ein Mann zu sein, sondern ein Mann Gottes.

Er atmete den aromatischen Duft des Mannafladens ein, der in Olivenöl briet, nahm eine Gabel und drehte ihn um. Sein Magen knurrte. Als der Fladen fertig gebacken war, rollte er ihn zusammen und setzte sich hin, um ihn langsam zu essen. Bald würde es kein Manna mehr geben, denn sie würden es nicht mehr brauchen, wenn sie in Kanaan waren, in dem Land, wo Milch und Honig flossen. Milch – das waren die Vieh- und Ziegenherden, und Honig – das stand für die Obstbäume, den Wein, das Getreide und das Gemüse, lauter Nahrungsmittel, die seine Generation nur vom Hörensagen kannte. Der Herr hatte gesagt, dass sie Obstgärten und Weinberge in Besitz nehmen würden, die sie nicht gepflanzt hatten, und den Weizen und die Bohnen und die Linsen ernten, die ein anderes Volk gesät hatte, und Herden hüten, die die fliehenden Feinde zurückgelassen hatten. Bei aller Freude wuchs auch eine gewisse Traurigkeit in Salmon.

Der Geschmack des Mannas war so sehr ein Teil von ihm wie seine Finger oder Füße. Als Ephraim und er in dem Bach in Kanaan Fische gefangen und gegessen hatten, was das eines der wenigen Male gewesen, dass er etwas anderes als Manna gekostet hatte. Es war ein köstliches Mahl gewesen, aber es ließ sich nicht vergleichen mit dem, was Gott ihnen gegeben hatte und was er jetzt bald wieder wegnehmen würde.

Salmon hielt das Himmelsbrot ehrfürchtig in der Hand. Sein ganzes Leben lang war es ihm selbstverständlich gewesen; jetzt erkannte er, wie kostbar es war, und die Tränen kamen ihm, als er es aß, denn dieses Brot kam aus der Hand Gottes, ein Geschenk des Lebens. Konnte es etwas Süßeres geben? Konnte irgendetwas anderes so nahrhaft sein?

Bald würden die Israeliten keine verirrten Kinder mehr sein, die durch die Wüste wanderten, sondern als Männer und Frauen Gottes in dem Gelobten Land stehen, und wie die Muttermilch würde ihnen das Manna genommen werden. Er und die anderen würden pflügen, säen, pflanzen, Herden hüten und Ernten einbringen. Sie würden Kinder bekommen und Häuser und Städte bauen.

O Gott, lass uns treu bleiben!, betete er. *Lass uns nicht wieder so unmündig wie quengelnde Kinder werden! Lass die Siege, die du uns schenken wirst, uns nicht zu Kopf steigen. Die Sünden unserer Väter sind uns stets bewusst. Wenn sie nur ein für alle Mal ausgelöscht werden könnten, sodass wir so vor dir stehen können wie einst Adam und Eva, als du sie erschaffen hast …*

Das Schofar ertönte und rief das Volk zu einer Versammlung zusammen.

Die Zeit war da, vorwärtszugehen und das Geschenk entgegenzunehmen, das Gott ihnen in seiner Gnade vorbereitet hatte.

Die Ältesten gingen durch das Lager und gaben Josuas Anweisungen weiter: „Wenn ihr seht, wie die Priester mit der Bundeslade des Herrn losgehen, folgt ihnen. Sie werden euch führen, denn ihr seid diesen Weg noch nicht gegangen. Haltet aber einen Abstand von zweitausend Ellen von ihnen, kommt der Lade nicht zu nahe."

Salmon brach rasch sein Zelt ab, rollte die Lederplane um die Stangen und befestigte sie an seinem Gepäck. Er nahm seine Last auf die Schultern und stellte sich zu den Tausenden anderen aus dem Stamm Juda, die auf den Marschbefehl warteten. Am liebsten wäre er kurzerhand zum Fluss gerannt, aber er beherrschte sich.

Die Bundeslade setzte sich in Bewegung, und er spürte, dass seine Seele singen wollte. Die Priester trugen die Lade in Richtung Jordan, und die Stämme begannen, ihr im vorgeschriebenen Abstand zu folgen. Ein breiter Menschenstrom ergoss sich über das Land – Tausende, die siegesgewiss vorwärtsmarschierten.

In der Nähe des Flusses machten sie Halt, und Josua sprach: „Reinigt euch, denn morgen wird der Herr große Wunder tun."

Männer und Frauen gingen getrennt ans Wasser und wuschen ihre Kleider. Salmon fastete den ganzen Tag, bis auf die kleine Portion Manna, die er am Morgen gegessen hatte, und verbrachte den Abend allein in seinem Zelt im Gebet.

Als die Sonne aufging, stand er wieder unter den Tausenden und wartete darauf, dass Josua ihnen das Wort des Herrn verkündigte. *„Söhne Israels, kommt und hört die Worte des Herrn, eures Gottes!"*

Salmon trat mit seinen Brüdern und Vettern näher zu Josua, sodass sie Schulter an Schulter standen. Josua hob seine Hände, seine starke Stimme erreichte auch den Letzten in der Versammlung. „Hört, was der Herr, euer Gott, euch zu sagen hat! Heute werdet ihr sehen, dass der lebendige Gott unter euch ist. Er wird die Kanaaniter, die Hetiter, die Hiwiter, Perisiter, Girgaschiter, Amoriter und Jebusiter vor euch vertreiben. Die Lade des Bundes, die dem Herrn der ganzen Erde gehört, wird euch über den Jordan führen! Die Priester werden die Lade über alle Welt tragen. Wenn ihre Füße das Wasser berühren, wird das Wasser des Flusses stehen bleiben wie ein Wall."

Auf Josuas Kommando hin setzten die Priester, die die Bundeslade trugen, sich wieder in Bewegung. Salmon reckte den Hals, um sie zu beobachten. Sein Herz hämmerte. Seine Ehrfurcht vor Gott war ebenso groß wie seine Liebe zu ihm. Jedes Mal, wenn die Bundeslade ihnen voranzog, regte sich eine unerklärliche Erregung in ihm, seine Haut prickelte und seine Nackenhaare sträubten sich. Er hatte als Kind gesehen, wie die Wolke sich von der Stiftshütte erhob, zum Zeichen, dass das Volk weiterziehen sollte. Er hatte die nächtliche Feuersäule gesehen. Aber er war noch nicht auf der Welt gewesen, als sein Volk aus Ägypten ausgezogen war. Er hatte nicht die Wunder dort erlebt oder die Teilung des Schilfmeers. Wie würde der Herr es anstellen, dass sein Volk durch den vom Hochwasser angeschwollenen Fluss gehen konnte?

Hätten sie es gedurft, sie hätten sich dicht um die Lade gedrängt, aber sie war weit vor ihnen, ihr Gold leuchtete wie ein Signalfeuer im Sonnenlicht. Als sie sich dem Fluss näherten, verstummten alle Gespräche.

Jetzt hatten die Priester das Ufer erreicht. Ohne zu zögern gingen sie geradewegs in das Wasser hinein. Und im gleichen Augenblick ertönte ein Donnern und Rauschen, wie Salmon es in seinem ganzen Leben noch nicht gehört hatte. Mit angehaltenem Atem schaute er zu, wie das Wasser sich zurückzog und eine gewaltige Gischtwolke emporstieg. Die Priester trugen die Bundeslade des Herrn in die Mitte des Flussbetts und blieben dort stehen. Das Gold der Lade blitzte und tanzte in der Morgensonne.

Und Tausende und Abertausende folgten.

Als das ganze Volk sicher über den Fluss war, erklärte Josua, dass Gott ihm geboten hatte, zwölf Männer auszuwählen, einen aus jedem Stamm. Dann nannte Kaleb als Haupt des Stammes Juda den Namen des Mannes, der Juda vertreten würde, und Jedidja trat vor. Er war nicht zu übersehen, so hochgewachsen und stark war er, und die Männer von Juda klopften ihm anerkennend auf den Rücken und machten im Platz, sodass er nach vorne zu Kaleb gehen konnte. Der Alte legte seine Hand auf Jedidjas Schultern, sprach leise mit ihm und ließ ihn dann wieder los. Jedidja ging zu Josua und trat zu den anderen elf Stammesvertretern.

„Geht in die Mitte des Jordans, vor die Lade des Herrn, eures Gottes", rief Josua den Zwölfen zu. „Jeder von euch soll einen Stein aus dem Fluss auf seine Schulter nehmen. Zwölf Steine, einen für jeden der zwölf Stämme. Mit diesen Steinen wollen wir ein Denkmal bauen. Wenn eure Kinder euch einmal fragen, was diese Steine bedeuten, dann sagt ihnen: ‚Sie erinnern uns daran, dass der Jordan stehen blieb, als die Bundeslade des Herrn hindurchzog.' Diese Steine sollen ein ewiges Andenken sein für Israel."

Josua und die zwölf Männer gingen los.

Rahab hörte einen Schrei und rannte zum Fenster. Ein Soldat kam die Straße entlanggerannt. „Sie kommen! Sie kommen! Die Israeliten marschieren zum Fluss!"

Jetzt sah sie es auch. Am Ostufer des Jordans markierte eine große Staubwolke den Vormarsch der Israeliten. Und vor der Staubwolke war etwas, das hell in der Sonne glitzerte und sie in alle Richtungen spiegelte. War das die Bundeslade, von der sie gehört hatte?

Ihr Mund öffnete sich, ohne dass sie es merkte. Die ferne Menschenmasse schob sich geradewegs in den Fluss hinein, und etwas wie eine Dampfwolke stieg in die Luft und bewegte sich flussaufwärts, von den Israeliten fort. Rahabs Haut begann zu prickeln.

Angst, Begeisterung und Ehrfurcht durchfluteten sie. Sie lachte und weinte gleichzeitig, ihr Herz hämmerte, und sie lehnte sich so weit aus dem Fenster, dass sie fast hinausfiel. *Ein Wunder.* Sie sah ein Wunder! „Was für ein mächtiger Gott er ist!", rief sie aus. Von den Zinnen kamen laute Rufe.

Der Dampf stieg immer höher, bis er eine Wolke über dem Fluss bildete. Jetzt kam ein neues Geräusch: ein vielstimmiges Schreien und Trampeln. Die Menschen, die vor der Stadt wohnten, kamen wie eine aufgeschreckte Viehherde herbeigerannt. Und ertönte da irgendwo ein Widderhorn, oder bildete Rahab sich das nur ein? Jetzt hatten die ersten Abteilungen der Israeliten das diesseitige Ufer des Jordans erreicht. Es wurden unaufhörlich mehr – Tausende, die sich über die Ebene ergossen. Sie schienen so zahlreich zu sein wie die Sterne des Himmels, und sie bewegten sich rasch, aber geordnet.

Rahab schaute zum Palmenhain hin. „Komm schon, Vater, komm! Wo bleibst du?"

Bauern und Arbeiter rannten auf Jericho zu. Sie schlug ungeduldig mit der Hand auf die steinerne Fensterbank. Da – endlich sah sie ihren Vater. Hinter ihm kam ihre Mutter. Beide trugen große Bündel auf den Schultern.

„Lasst alles liegen!", rief Rahab. „Kommt so, wie ihr seid!"

Niemand hörte ihr Rufen; es ging glatt unter in dem allgemeinen Lärm der Flüchtenden, die auf die verstopften Tore zu rannten. Rahab winkte heftig. Ihr Vater sah sie, ließ aber seine Last nicht fallen. Ihre Mutter ließ ihr schweres Bündel auf den Boden gleiten und fing an, es hinter sich herzuziehen.

„*Rennt!*" Rahab gestikulierte heftig. „Alles, was ihr braucht, ist hier!"

Sie stolperten weiter. Rahab stieß einen Fluch aus. Sie hörte, wie im Tor ein Tumult ausbrach. Jemand schrie laut auf; wahrscheinlich war er gestürzt und wurde jetzt von den anderen niedergetrampelt. Fluchen, Schreien, Schläge. Fäuste flogen, als die Stärkeren sich ihren Weg bahnten.

Es hämmerte an ihre Tür. „Rahab!", kam Mizraims Stimme. „Lass uns rein!"

Sie schob den Riegel zurück und öffnete die Tür so weit, dass ihr Bruder und seine Frau Basemat hereinkonnten. Sie trugen ihre beiden Kinder auf den Armen. Jobab und seine Frau Gulan kamen auf der Straße herbeigerannt, ihren Kindern zurufend, dass sie sich beeilen sollten. Ihre Gesichter waren bleich vor Angst, und jeder trug etwas. Rahab schüttelte den Kopf darüber, was sie alles mitgebracht hatten: ein Topf, eine bemalte Vase, ein Korb mit Schminke, Salben und Schmuck.

Mizraims kleiner Sohn schrie und schrie, bis Basemat sich auf Rahabs Bett setzte und ihn stillte. Als laute Schritte über Rahabs Dach hämmerten, ließ Mizraims Tochter vor Schreck die Vase fallen. Mizraim fuhr sie an; das Mädchen begann zu weinen und rannte zu seiner Mutter.

„Ruhig, Mizraim. Du führst dich ja so auf wie diese Verrückten im Tor. Du machst den Kindern nur noch mehr Angst." Rahab nahm das kleine Mädchen hoch und drückte es an sich. „Hier sind wir alle in Sicherheit, Bosem." Sie küsste die Kleine auf die Wange. „Es wird alles gut."

Sie winkte den übrigen Kindern zu. „Kommt alle her, ich habe etwas für euch!" Sie stellte Bosem zurück auf den Boden und holte einen Korb mit bemalten Stöckchen und Spielsteinen hervor. „Komm, Abib, spiel mit deinen Vettern und Kusinen."

Rahabs Schwestern Hagri und Gera und ihre Ehemänner Waheb und Sebach kamen mit ihren Kindern im Schlepptau an. „Die drehen da draußen alle durch!" Die Jungen und Mädchen begannen ohne Umschweife mit den anderen Kindern zu spielen.

„Wo sind Vater und Mutter?", fragte Jobab.

„Ich habe sie nicht mehr gesehen, seit sie das Tor erreicht haben", antwortete Rahab unruhig. Sie nickte zum Fenster hin, während sie Basemat das Kind abnahm. „Schau nach, ob du sie sehen kannst, Mizraim." Sie hob den Kleinen auf ihre Schulter und tätschelte ihm den Rücken, während sie hin- und herging.

„Ich habe gehört, die Wächter wollen das Tor schließen", sagte Jobab.

„Aber keine Angst, sie lassen vorher alle rein", antwortete Rahab. „Der König wird jeden gesunden Mann in der Stadt haben wollen. Wenn seine Armee untergeht, wird er die Bürger auf die Mauern stellen und Steine hinabwerfen lassen." Sie war wütend, dass ihr Vater nicht auf sie gehört hatte. Warum hatten er und ihre Mutter nicht beim ersten Alarmruf alles liegen und stehen gelassen und waren losgerannt? Dann wäre ihnen das Gedränge und Gekämpfe am Tor erspart geblieben. Sie hoffte nur, dass sie sich nicht in dem Chaos verletzt hatten.

„Ich gehe sie suchen", sagte Mizraim. „Schließ die Tür hinter mir, Sebach."

Als er nach einer Stunde immer noch nicht zurück war, begann Basemat zu weinen.

Rahab versuchte wegen der Kinder, ruhig zu bleiben. „Sobald er Vater und Mutter gefunden hat, kommt er wieder."

Die Menschenmenge draußen wurde immer noch größer. Jeder, der außerhalb der Stadt wohnte, wollte herein; selbst reisende Händler und Karawanenführer schrien um Einlass.

„Lass uns rein!" Das war Mizraims Stimme. Die Frauen seufzten erleichtert auf, als Sebach den Riegel zurückriss und die Tür öffnete. Basemat rannte zu ihrem Mann und schluchzte in sein halb zerrissenes Gewand. Rahabs Vater folgte direkt hinter ihm; sein Gesicht war blutverschmiert.

Rahab goss etwas Wasser in eine Schüssel, als auch ihre Mutter durch die Tür kam, die immer noch ihr Bündel schleppte. Rahab ging zu ihr hin. „Was ist denn da Wichtiges drin, dass ihr euer Leben riskiert habt, um es hierher zu bringen?" Sie griff nach dem Bündel.

„Nein!" Ihre Mutter stieß sie zurück. „Nein, nein!"

Rahab kämpfte mit den Tränen, halb erleichtert, halb wütend. Wie dumm war dieses Verhalten? Sie zwang sich, ruhig zu sprechen. „Komm, gib es mir, ich bin auch ganz vorsichtig. Lass es los!"

Ihre Mutter sank erschöpft auf den Boden, zog ihr Kopftuch vor ihr Gesicht und schluchzte.

Ihr Vater schob Hagris helfende Hände von sich und stolperte müde zum Fenster. „Hast du das gesehen? Der Jordan hat sich aufgerollt wie ein Teppich, bis hinauf nach Adam."

„Ja, ich habe es gesehen“, sagte Rahab. „Die Hand Gottes ist über das Land gekommen, und er wird seine Feinde wegfegen wie Spielsteine auf einem Brett.“

Ihr Vater ließ sich auf die Trittstufe sinken, die sie vor dem Fenster angebracht hatte. Noch nie hatte Rahab ihn so erschöpft gesehen. Er zitterte, und sein Gesicht glänzte vor Schweiß. „Du hattest recht, Rahab, sie werden uns vernichten. Sie kommen wie Heuschrecken über die Ebene Moab, und sie werden alles fressen, was sie finden.“

„Psst, Vater.“ Es war nicht nötig, dass er die Angst der anderen noch größer machte. Sie nahm Hagri die Wasserschüssel ab und kniete sich vor ihrem Vater hin. Dann sagte sie so laut, dass alle es hören konnten: „Solange wir in diesem Haus bleiben, sind wir in Sicherheit.“ Sie drückte das Tuch aus und wischte ihm vorsichtig das Blut aus dem Gesicht.

„So was habe ich in meinem ganzen Leben noch nicht gesehen.“ Er schloss, immer noch zitternd, die Augen und schluckte. „So etwas hätte ich mir in meinen wildesten Träumen nicht vorstellen können.“ Er ballte die Fäuste, sein ganzer Körper steif vor Angst. „Noch nie habe ich solch einen furchtbaren Gott gesehen!“

„Und die Männer, die diesem Gott dienen, haben versprochen, uns zu verschonen.“ Rahab stellte die Schüssel zur Seite, legte ihre Hände auf die seinen und hielt sie fest. „Hast du das rote Seil gesehen, das aus meinem Fenster hängt? Das ist unsere Rettung.“

Das Volk stand am Westufer des Jordans bei Gilgal, östlich von Jericho, und schaute zu, wie jeder der zwölf Stammesvertreter den größten Stein, den er tragen konnte, auf die Schulter nahm und in die Mitte des Lagers trug. Dort stellten sie die Steine aufrecht auf, in einer Reihe, als Denkmal für das, was Gott an diesem Tag getan hatte. Danach ging Josua mit den Männern zurück in das trockene Flussbett und richteten dort weitere zwölf Steine auf, um die Stelle zu markieren, an der die Priester mit der Bundeslade gestanden hatten.

Als die Priester die Lade aus dem Flussbett hinauf auf das westliche Ufer trugen, kam das Wasser mit einem ohrenbetäubenden Tosen zurück. Ein paar Augenblicke, und es schäumte über die Gedenksteine in der Mitte des Flusses. Der Fluss trat wieder über die Ufer, als sei nichts gewesen.

Ein vielstimmiger Freudenchor erscholl, als die Priester die Bundeslade in das neue Lager in Gilgal trugen. Salmon fiel jubelnd ein. Mit hoch erhobenen Händen und lauter Stimme lobte die Menge den Herrn, den Gott Abrahams, Isaaks und Jakobs, den Gott, der sie in das Verheißene Land gebracht hatte.

Hinter den Mauern Jerichos warteten die Menschen, gelähmt vor Angst. Diejenigen, die es nicht mehr in die Stadt geschafft hatten, bevor die Tore geschlossen und die Riegel vorgeschoben wurden, waren in die Berge geflohen. Einige kamen bis zum Mittelmeer. Und überall, wo sie hinkamen, verbreiteten sie die Nachricht, dass der Gott Israels das Wasser des Jordans aufgehalten hatte, sodass die Hebräer trockenen Fußes hindurchziehen konnten.

Die Israeliten sind in Kanaan!

Kapitel 5

Kaleb versammelte alle Männer und Jungen des Stammes Juda um sich. „Wir sind am Rüsttag für das Passahfest in das Land Kanaan gezogen, und Josua hat vom Herrn die Weisung empfangen, dass alles, was männlich ist in Israel, sich beschneiden lassen muss."

Alle Anwesenden wussten, dass ihre Väter, die beim Auszug aus Ägypten beschnitten worden waren, unter Gottes Zorn gefallen waren, weil sie weiter wie Sklaven gedacht und gelebt hatten und nicht wie das erwählte, heilige Gottesvolk. Gott hatte ihnen daher nicht gestattet, ihre Söhne zu beschneiden. Aber jetzt stand die Verheißung Gottes kurz vor ihrer Erfüllung. Die Hand des Herrn würde das Volk Israel sicher ins Land Kanaan bringen. Doch bevor das geschehen konnte, wollte Gott, dass sein Volk wieder eine Nation von Beschnittenen wurde.

Salmon stand zusammen mit Tausenden seiner Stammesbrüder in der Warteschlange. Männer und Jungen aller Altersstufen, von Säuglingen in den Armen ihrer Mütter bis zu erwachsenen Männern, die zehn Jahre älter waren als Salmon. Er sah zu den Stadtmauern Jerichos hinüber, um nicht an das Messer denken zu müssen. Machte es etwas aus, wenn der Feind erfuhr, dass er und der ganze Rest der Krieger mehrere Tage kampfunfähig wären? Sie wären so wehrlos wie vor 400 Jahren die Männer Sichems, als die Jakobsöhne aus Rache für die Vergewaltigung ihrer Schwester über die Stadt hergefallen waren, nachdem sie die Sichemiter durch eine List dazu gebracht hatten, sich beschneiden zu lassen.

Aber Salmon verspürte keine Angst. Gott hatte bereits vor den Augen der Leute von Jericho ein großes Wunder vollbracht. Sie würden es nicht wagen, die Tore zu öffnen und zu kämpfen; nein, sie würden schön hinter den Mauern ihrer Stadt bleiben. Sollten sie ruhig zuschauen bei der Massenbeschneidung. Zuschauen, zittern und nichts tun. Das Passahfest stand vor der Tür; ganz Israel würde der Nacht gedenken, in der der Todesengel an den Türen der Hebräersklaven vorbeigegangen war, an denen das Blut des Passahlamms klebte.

Ein Junge schrie vor Schmerzen auf. Salmon zuckte mitfühlend zusammen. Noch sechs Männer, bevor er an der Reihe war.

„Salmon", sagte Kaleb feierlich, als er kam. Als er den Ritus vollzogen hatte, segnete er ihn. „So wie du jetzt in den Bund eingetreten bist, mögest du eintreten in die Ehe und in gute Werke."

„Der Herr mache mich zu seinem Diener!" Salmon richtete sich auf. Einen Augenblick hatte er Angst, ohnmächtig zu werden und sich zu blamieren, dann war das schwindelige Gefühl wieder vorbei. Er ging zurück zu seinem Zelt und kniete sich auf seine Matte. Dann neigte er den Kopf bis zum Boden und dankte Gott dafür, dass er zu seinem erwählten Volk gehörte.

Am Abend lag er matt auf dem Boden, und jede Bewegung tat ihm weh. Sämtliche männlichen Israeliten waren beschnitten. Jetzt waren sie freie Kinder Gottes, keine Sklaven mehr, die vom Götzendienst Ägyptens befleckt waren.

Der Bund war erneuert.

„Gib das her!" Rahab riss eine tönerne Götzenfigur aus der Hand ihrer Schwester und ging damit zum Fenster.

„Was machst du denn?" Hagri sprang auf. „Nein!"

„Wie kannst du es wagen, so etwas in mein Haus zu bringen?" Rahab schleuderte die Figur durch das Fenster und schaute zu, wie sie auf den Steinen unten in tausend Stücke sprang.

Hagri wurde weiß. „Die Götter werden dich bestrafen!"

„Wenn dieses Ding Macht hätte, hätte es sich dann von mir aus dem Fenster werfen lassen? Benutze doch mal deinen Kopf, Hagri. Glaubst du im Ernst, so ein Götze kann uns etwas antun? Das ist eine Tonfigur, sonst nichts. Es gibt nur *einen* Gott, und er ist der Gott des Himmels und der Erde. Der Gott, der vor ein paar Tagen den Jordan zurückgedrängt hat! Hast du das so schnell vergessen? Wirf dich vor *ihm* nieder!"

Ihre Eltern und Geschwister standen da und starrten sie mit offenem Mund an. Sie war so wütend, dass sie zitterte, aber sie merkte, dass sie mit Schreien nichts erreichen würde.

Sie zwang sich, ruhiger zu sprechen. „Unsere einzige Hoffnung ist der Gott der Hebräer. Wir müssen uns von allem trennen, was ihn beleidigt. Habt ihr noch andere Götzenfiguren dabei?" Sie sahen sie stumm an, und sie platzte fast. „Kommt, zeigt mir alles! Zeigt mir, was für Scheußlichkeiten ihr noch mit in mein Haus gebracht habt!"

Sie begannen zögernd, ihre Sachen hervorzuholen. Waheb, Hagris Mann, legte einen mit Ton gefüllten Totenschädel, in dessen Augenhöhlen Muschelschalen lagen, auf den Tisch. „Mein Vater", erklärte er. „Er war ein weiser Mann."

„Weise und *tot.*"

„Unsere Ahnen geben uns Hilfe und Rat!"

„Wozu? Damit wir so werden wie sie? Glaubst du, dieser Totenschädel voll Dreck kann dir sagen, wie du dem kommenden Gericht entfliehen kannst? *Wirf ihn weg*!"

„Das ist mein Vater!"

„Dein Vater ist tot, Waheb. Warum habt ihr seinen Kopf nicht mit ihm begraben?"

„Rahab!", sagte ihr Vater. „Das reicht!"

„Es reicht erst, wenn diese Dinge alle aus dem Haus sind!" Ihre Brüder und Schwestern protestierten, aber sie schrie lauter als sie. „Soll ich euren Tod auf mein Gewissen laden? Hört mir zu, ihr alle! Dieser mit Dreck gefüllte Schädel hier ist nichts als ein Götze und eine Beleidigung des Gottes der Hebräer. Weg mit ihm! Ich will ihn nicht in meinem Haus sehen!"

„Abjasaf!" Waheb sah Rahabs Vater an. „Siehst du das auch so wie sie?"

Rahab spürte, wie das Blut ihr in den Kopf schoss. Würden sie sich gleich alle gegen sie wenden? Sie zeigte zu dem Fenster hin. „Schaut nach da draußen! Wie viele Tausende seht ihr? Und sie sind alle trockenen Fußes durch den Jordan *gegangen.* Wem wollt ihr glauben – dem Gott, der sie in die Ebene vor Jericho gebracht hat, oder dem Schädel eines Toten?"

Einen Augenblick sagte niemand etwas. Dann sprach ihr Vater. „Tut, was Rahab euch sagt."

Waheb versuchte zu verhandeln. „Kann ich ihn nicht einfach irgendwo hinlegen, wo ihn keiner sieht?"

„Wenn du deinen Götzen behalten willst, hast du in meinem Haus nichts zu suchen."

„Was?" Er starrte sie an. „Du willst uns hinauswerfen? Deine eigene Schwester und unsere Kinder? Bist du so hartherzig?"

Die Tränen brannten in ihren Augen. „Entweder sie gehen mit dir und deinem toten Ahnen durch die Tür hinaus, oder sie bleiben hier und trauen dem allmächtigen Gott zu, dass er sie rettet!" Sie sah die anderen an. „Das gilt für euch alle! Ihr müsst euch entscheiden. Unser Volk opfert Tag und Nacht in der Hoffnung, dass seine Götter es beschützen, wenn seine Mauern es nicht schaffen. Aber gegen den lebendigen Gott kann kein Tongötze kämpfen."

Sie zeigte auf den Schädel in Wahebs Händen. „Schau in diese Augen, Bruder! Können sie zurückblicken? Hat dieser Mund sich je geöffnet und Worte der Weisheit gesprochen? Kann dieses Ding *denken*? Es ist tot! Vor drei Tagen haben wir ein echtes Wunder gesehen. Setz deine Hoffnung auf den Gott, der die Israeliten durch den Jordan geführt hat, den Gott, der in ihrem Lager wohnt. Dieser Gott wird Jericho in ihre Hand geben."

„Ich habe Angst!" Gera warf sich weinend an die Brust ihres Mannes Sebach.

„Wir haben alle Angst", sagte Rahab, jetzt sanfter. „Aber wir haben uns zu lange an Götter geklammert, die tot sind und nicht helfen können. Lass deine falschen Götter fahren, Mutter! Erwarte dein Heil vom Gott Israels, Waheb!"

Rahabs Vater erhob sich umständlich und trat zu ihrer Mutter. „Wir müssen es tun, Darda. Gib mir die Götter."

„Aber Abjasaf ..."

„Sie haben uns fast das Leben gekostet, als wir in die Stadt gerannt sind. Rahab hat recht." Er streckte ihr seine Hände hin. Sie öffnete zögernd das Bündel, das sie mitgebracht hatte. Darin lagen ein kleiner Götzenschrein und sechs sorgfältig in Schaffelle gewickelte runde Gegenstände. Rahab schauderte. Sie erinnerte sich noch gut daran, welche Angst die Totenschädel ihrer Ahnen mit ihren leeren Augen ihr als Kind eingejagt hatten. Sie hatten einen Ehrenplatz in der Hütte ihres Vaters gehabt – gruselige Erinnerungen an vergangene Generationen.

„Können wir nicht wenigstens den Schrein behalten?", fragte ihre Mutter.

„Warum?", sagte Rahab.

„Er ist kostbar. Dies ist Elfenbein, und diese Steine hier …"

„Er würde uns nur an die Götzen erinnern, die darin gewesen sind."

Ihr Vater warf den Schrein aus dem Fenster hinaus. Er prallte auf, und die steinerne Statue in ihm rollte heraus und den Wall hinunter. Als Nächstes warf ihr Vater die Schädel hinunter. Einer nach dem anderen krachten sie auf die Steine.

Rahab sah wieder in die Runde. „Nimm den Kindern die Talismane ab, Gera."

Gera gehorchte und reichte Rahab die Talismane, die sie aus dem Fenster warf. Die anderen begannen, das Zimmer nach sonstigen Gegenständen zu durchsuchen, die den Gott der Hebräer beleidigen könnten. Rahab wandte sich ab, ihr Herz auf einmal warm und überwältigt von Dankbarkeit. Sie wünschte sich plötzlich, all die dunklen Dinge ihres Lebens auch so durch das Fenster werfen zu können wie die Götzen, die jetzt zerbrochen unten vor der Mauer lagen. Was hatte sie nicht alles für unsichtbare Götzen und Talismane gehabt – ihr Streben nach Geld und Sicherheit; ihre Fähigkeit, innerlich aus ihrem Körper herauszutreten, während unzählige Männer ihn benutzten; ihre Bereitschaft, einem König zu dienen, der sein Volk als seinen persönlichen Besitz betrachtete. Oh, wenn sie nur noch einmal von vorn anfangen, ein neues Geschöpf werden könnte! Wenn sie nur gereinigt werden könnte von all dem Schmutz, sodass sie in Dankbarkeit und ohne Scham vor diesem Gott niederfallen konnte!

Sie drängte die Tränen zurück und schaute wieder aus dem Fenster. Langsam streckte sie ihre Hände zu dem fernen Zelt hin, in das die Israeliten die goldene Truhe gestellt hatten. *O Gott Israels, wie sehne ich mich danach, vor dir niederzuknien! Sag mir, was du von mir erwartest, und ich werde es dir geben – jedes Opfer, ja mein Leben. Ich habe dir die Tür meines Herzens und meiner Seele geöffnet, denn du allein bist es wert, angebetet zu werden, du allein.*

Mizraim packte sie und zog sie von dem Fenster zurück. „Wenn die Wächter dich sehen …"

„Sollen sie ruhig." Sie schob seine Hände weg, stieg wieder auf den Tritt und streckte erneut ihre Hände aus. Sollte *Gott* sie ruhig sehen …

Nach dem Ritus der Beschneidung feierten die Kinder Israels das Passahfest – das Fest zur Erinnerung an ihren Auszug aus Ägypten.

Salmon zog seine Sandalen an und ging zu seinen älteren Brüdern und ihren Frauen und Kindern. Seine noch nicht verheiratete Schwester Lea würde den Familienkreis abrunden. Als die Dämmerung kam, schlachtete Aminadab, der älteste Bruder, das Passahlamm. Seine Frau bereitete die bitteren Kräuter und das ungesäuerte Brot zu. Als das Lamm über dem Feuer briet, setzten sich alle zusammen, um die Geschichte von der Befreiung Israels aus der Knechtschaft in Ägypten zu hören.

„Warum ist dieser Abend so besonders?", fragte der Kleinste der Jungen, der an seinen Vater gelehnt dasaß, Salmons zweiten Bruder, der nach ihrem Vater Naschon hieß.

„Vor vierzig Jahren befahl Gott unseren Vätern und Müttern, die Sklaven in Ägypten waren, das Blut eines Lammes auf die Oberschwelle ihrer Tür zu streichen." Aminadab sprach langsam und deutlich, damit die Kinder alles mitbekamen. „Das war ein Zeichen, damit der Todesengel an dieser Tür vorübergehen würde, wenn er kam, um alle Erstgeborenen der Ägypter zu töten."

Eines der anderen Kinder setzte sich auf den Schoß seiner Mutter. „Waren wir immer Sklaven?"

„Nein. Lange bevor unser Volk in Ägypten lebte, war unser Erzvater Jakob ein aramäischer Nomade. Jakob hatte zwei Frauen und zwei Nebenfrauen, die ihm zwölf Söhne gebaren; sie waren die Väter der Stämme, die heute hier versammelt sind. Zehn dieser Söhne, darunter auch unser Stammvater Juda, waren neidisch auf ihren jüngeren Bruder Josef und verkauften ihn an eine ismaelitische Karawane, die nach Ägypten unterwegs war. Dort wurde Josef der Sklave Potifars, des Obersten der Palastwache des Pharao, und der Herr segnete ihn in allem, was er tat. Selbst als Potifars Frau Josef zu Unrecht eines Verbrechens beschuldigte und ins Gefängnis werfen ließ, blieb Gottes Segen über ihm. Gott benutzte die Zeit seiner Sklaverei und Gefangenschaft, um seinen Vater und seine Brüder vor dem Hungertod zu retten."

Die Kinder rutschten näher und setzten sich um Aminadab herum, fasziniert von der Geschichte.

„Als Josef eine Weile im Gefängnis gewesen war, wurde der Pharao von bösen Träumen geplagt. Einer seiner Diener erzählte ihm, dass Josef Träume auslegen könnte, und so ließ der Pharao ihn holen. Und Gott zeigte Josef die Bedeutung der Träume: Eine große Hungersnot würde über Ägypten und alle Völker ringsumher kommen. Der Herr sagte Josef auch, wie er Ägypten retten konnte. Als der Pharao sah, dass Josef der weiseste Mann im ganzen Land war, setzte er ihn über ganz Ägypten."

Aminadabs Frau drehte langsam den Spieß mit dem Lamm, während er fortfuhr.

„Während dieser Hungersnot kamen die Söhne Jakobs nach Ägypten, um Getreide zu kaufen. Josef vergab ihnen, was sie ihm angetan hatten, und lud sie ein, mit ihren Familien nach Ägypten zu ziehen. Der Pharao gab ihnen das Land Goschen, das fruchtbarste Gebiet in ganz Ägypten."

Er setzte den kleinsten Jungen auf sein Knie. „Josef und seine Brüder lebten also in Ägypten, und ihre Nachkommen bekamen viele Kinder und Enkelkinder, bis Israel zu einem großen Volk wurde. Dann kam ein neuer Pharao, der nicht mehr wusste, dass Josef Ägypten errettet hatte. Er fühlte sich von unserem Volk bedroht und machte es zu Sklaven. Er setzte brutale Sklaventreiber über uns, um unser Volk mit schwerer Arbeit klein zu halten. Doch der Herr segnete uns auch in dieser Unterdrückung, und wir wurden immer mehr. Da bekamen die Ägypter Angst und machten uns unsere Knechtschaft noch bitterer. Sie zwangen uns, Ziegel herzustellen und schwer auf den Feldern zu arbeiten. Aber selbst das war dem Pharao noch nicht genug, und er befahl den hebräischen Hebammen, alle neugeborenen Jungen zu töten. Doch die Hebammen fürchteten Gott mehr als den Pharao und taten nicht, was der Pharao wollte. Darauf befahl der Pharao den Ägyptern, alle neugeborenen israelitischen Knaben in den Nil zu werfen."

Aminadab legte seine Hand auf den Kopf eines der Jungen neben ihm. „Tausende von Kindern wurden in den Nil geworfen. Neugeborene wie euer Bruder Samuel. Aber da gab es eine tapfere Frau, die Jochebed hieß. Sie versteckte ihren kleinen Sohn drei Monate lang. Als sie ihn nicht länger verstecken konnte, nahm sie einen Korb aus Schilfrohr, dichtete ihn mit Harz und Pech ab und legte das Kind hinein. Dann setzte sie ihn im Schilf am Ufer des Nils aus, und dort fand ihn die Tochter des Pharao."

„Mose!", sagten die Kinder alle auf einmal. Sie lachten und klatschten in die Hände.

„Ja, dieses Kind war Mose", sagte Aminadab leise. Sein feierlicher Tonfall ließ die Kinder wieder verstummen. „Mose war der erwählte Diener Gottes, der Mann, der Israel das Gesetz gab, das Gott mit seinem eigenen Finger auf die Steintafeln geschrieben hatte. Das Gesetz, für das die Bundeslade gebaut wurde." Er streichelte über das Haar seiner Tochter und sah die anderen Kinder an. „Weil unsere Väter und Mütter Gott nicht vertrauten, mussten wir fast vierzig Jahre lang durch die Wüste ziehen. Das Gesetz ist uns gegeben, damit wir in ihm forschen und lernen, wie wir ein Leben führen, das Gott gefällt."

„Und das Gesetz soll auch in unser Herz geschrieben werden", sagte Salmon.

Sein Bruder sah kurz zu ihm hin. „Wenn so etwas möglich ist."

Salmon musste an Rahab denken. Sie kannte das Gesetz Gottes nicht, aber in ihrem Leben zeigte sich sein Geist. *Du sollst den Herrn, deinen Gott, von ganzem Herzen lieben, von ganzer Seele und mit all deiner Kraft.* Wie konnte Rahab einen solchen Glauben haben, wenn nicht Gott selbst ihn ihr geschenkt hatte? Konnte ein Mensch Gottes Wege begreifen? Gab es jemanden, der seine große Gnade verstand? Rahab war eine Heidin, dem Tod geweiht, aber Gott würde dafür sorgen, dass dieser Tod an ihr vorüberging.

Aminadab fuhr fort. „Der Herr sandte Mose zum Pharao. Mose bat den Pharao, unser Volk ziehen zu lassen. Aber der Pharao wollte nicht auf ihn hören."

Naschon trat mit einem Becher Wein nach vorn. Er hockte sich hin und begann den Wein langsam auf den Boden zu gießen. „Da goss Gott, der Herr, seinen Zorn in zehn Plagen über Ägypten aus. Er verwandelte das Wasser des Nils in Blut, er schickte Frösche und Fliegen in unfassbaren Mengen, er ließ das Vieh sterben, er schickte Krankheiten, Geschwüre, Hagel und Heuschrecken, er ließ es mitten am Tag dunkel werden, und schließlich tötete er alle Erstgeborenen Ägyptens." Die letzten Tropfen des Weins rannen auf den Boden.

„Vor jeder der Plagen", sagte Aminadab, „gab der Herr dem Pharao die Gelegenheit, das Volk ziehen zu lassen, aber jedes Mal wurde sein Herz nur noch härter und hochmütiger. Als die letzte Plage bevorstand, ließ der Herr Mose wissen, dass alle Israeliten ein fehlerloses Lamm schlachten und die Oberschwelle ihrer Türen und die Türpfosten mit dessen Blut bestreichen sollten. Als dann in der Nacht der Todesengel kam, ging er an den markierten Türen vorüber."

„Warum weinst du denn, Mama?", fragte eines der Kinder.

„Ich weine über das Leiden unserer Väter und Mütter in der Sklaverei, aber ich weine auch um all die, die sterben mussten, weil der Pharao so uneinsichtig war."

„Ganz Ägypten wurde schwer geschlagen, weil das Herz des Pharaos verhärtet war", erklärte Aminadab. „Er hatte weder Erbarmen mit Israel noch mit seinem eigenen Volk."

„Einige von ihnen sind mit uns gezogen", warf Naschon ein.

Aminadabs Augen blitzten. „Ja, aber die meisten starben in der Wüste, weil sie ihre Götzen nicht aufgeben konnten." Er sah Salmon an. „Sie führten unser Volk in die Irre!"

Salmon errötete heftig. Alle im Raum hatten von Rahab gehört. „Unser eigenes Herz ist es, das uns in die Irre führt", sagte er leise. „Gott sagt: ‚Höre, Israel, der Herr ist unser Gott, der Herr allein. Und du sollst den Herrn, deinen Gott, lieben von ganzem Herzen, von ganzer Seele und mit all deiner Kraft.'"

„Ich kenne das Gesetz", sagte Aminadab.

„Rahab kennt nicht den Buchstaben des Gesetzes, aber sie gehorcht ihm dennoch, weil ihr Herz Gott erkannt hat."

Aminadab ließ sich nicht besänftigen. „Es ist nicht gut, wenn wir Fremde unter uns haben. Sie bringen ihre falschen Götter mit und verursachen Unruhe!"

„Das stimmt", sagte Salmon. „Aber wenn sie ihre falschen Götter ablegen und den Herrn lieben, sind sie keine Fremden mehr."

Aminadabs Augen blitzten wieder. „Und wie willst du wissen, ob sie es ehrlich meint? Wie kannst du einer Frau glauben, die sich anderen Göttern hingegeben hat – ganz zu schweigen von anderen Männern?"

„Wer?", meldete sich ein Kind, doch niemand reagierte.

„So wie unsere Väter und Mütter sich dem Goldenen Kalb hingegeben haben?" Salmon hatte jetzt Mühe, seinen Zorn zu zügeln. „Du vergisst ja schnell unsere eigene Schwäche und siehst nur die der anderen, die nicht den Segen der Gegenwart Gottes gehabt haben!"

Aminadab setzte seinen Sohn auf den Boden und erhob sich. „Du bringst uns alle in Gefahr, indem du diese Frau und ihre Verwandten verschonst!"

Die Kinder blickten verwirrt und ängstlich in die Runde. Salmon sah sie an, dann wieder seinen älteren Bruder. „Gott hat uns Jericho versprochen, Bruder. Ich weiß nicht, wie er es tun wird, aber er wird die Stadt in unsere Hand geben. Wenn Rahab und die Ihren das überleben, dann deswegen, weil der Todesengel an ihnen vorübergeht wie damals in Ägypten an uns. Das rote Seil …"

„Rot ist die Farbe der Huren", sagte Naschon.

Salmon weigerte sich, klein beizugeben. „Und die Farbe des Blutes des Passahlamms." Salmon sah Aminadab wieder an. „Das Herz dieser Frau gehört dem Herrn, da bin ich sicher. Sie hat ihren Glauben genausoso offen bekannt wie Mirjam, die Schwester des Mose. Und bedenke auch dies: Aus all den Tausenden in dieser Stadt hat der Herr uns sie über den Weg geführt. Warum hat er dies getan, wenn es nicht sein Wille ist, sie zu retten?"

Er wandte sich den Kindern zu. „Der Herr hat unser Volk nicht errettet, weil wir seiner Gnade würdig gewesen wären. Schaut euch nur an, wie unsere Väter und Mütter von Gott abgefallen sind! Sie hatten die zehn Plagen über Ägypten miterlebt, sie waren dabei, als Gott das Schilfmeer teilte und ihnen immer und immer wieder Nahrung und Wasser gab, und doch klagten und jammerten sie und machten sich ein Götzenbild. Und einige von ihnen haben ihre Knie vor den Baalen von Moab gebeugt. Nein, wir sind *nicht* würdig."

„Und doch hat Gott uns ausgewählt *und* errettet und kein anderes Volk", sagte Aminadab.

Salmon erhob sich und sah in die Runde. „Ja, er hat uns errettet. *Er* hat uns aus Ägypten herausgeholt, so wie *er* Rahab aus Jericho holen wird. *Der Herr* hat uns errettet. *Der Herr* hat uns zu seinem Volk gemacht. Unsere Erlösung gründet nicht darauf, wer *wir* sind, sondern darauf, wer *er* ist."

„Wer ist denn nun Rahab?" Die Kinder ließen nicht locker.

„Niemand Wichtiges", sagte eine der Frauen leise.

„Eine Amoriterin aus Jericho", sagte Naschon.

Salmon schluckte seinen Zorn hinunter. „Rahab ist eine Frau des Glaubens. Sie hat Ephraim und mich versteckt, als der König von Jericho seine Soldaten schickte, um uns gefangen zu nehmen. Sie hat uns gesagt, dass der Herr uns die Stadt schon vorbereitet hat." Er lächelte die Kinder an. „Und bald werde ich sie wiedersehen."

„Wenn der Herr will", sagte Aminadab.

Rahab schaute auf die Ebene vor Jericho hinaus, wo Tausende von Lagerfeuern unter dem Sternenhimmel flackerten. Jobab trat neben sie. „Was ist das für ein Geräusch?"

„Sie singen."

„Feiern sie schon ihren Sieg, bevor sie ihn errungen haben?"

„Aber sie *haben* ihn ja. Ihr Gott ist auf ihrer Seite." Oh, sie hoffte, dass sie bald zu ihnen gehören würden – zu dem Volk und zu dem Gott, der Himmel und Erde gemacht hatte.

„Was denkst du, warum sie mit dem Angriff warten?“

„Ich weiß nicht. Vielleicht, weil ihr Gott es ihnen befohlen hat.“

„Vielleicht haben sie es sich anders überlegt, nachdem sie die Stadtmauern gesehen haben“, warf Mizraim ein, der auf der anderen Seite des Zimmers auf ein paar Kissen lag.

„Sie werden mit Jericho dasselbe machen wie mit den anderen amoritischen Städten“, sagte Rahab, „aber uns werden sie verschonen.“

„Ich habe Hunger“, jammerte Bosem.

Rahab stieg von dem Fenstertritt herunter und lächelte. „Ich mache uns Brot.“ Sie legte Holz zu den Kohlen im Kohlebecken und legte das Blech darauf. Dann tat sie etwas von dem Mehl, das sie am Morgen mit ihren Schwestern gemahlen hatte, in eine Schüssel, gab Wasser und Gewürze dazu und begann, den Teig zu kneten.

„Ich hoffe nur, du hast recht“, sagte Mizraim, „und wir werden wirklich gerettet.“

„Gott wird sie an ihren Eid binden.“ Sie drückte das erste Teigstück, bis es ganz dünn war. Dann legte sie es vorsichtig auf das heiße Backblech. Der Teig begann dampfende Blasen zu werfen. Sie wendete ihn mit einer Gabel und der Duft von frisch gebackenem Getreide zog durch das Haus.

Der kleine Abib hockte sich neben sie und sah ihr zu.

„Das Brot ist bald fertig, Kleiner. Sag deinem Papa, er kann schon den Wein eingießen.“

Als der erste Brotfladen fertig gebacken war, hatte sie schon den nächsten vorbereitet. Sie legte das fertige Brot zum Abkühlen auf eine Schilfmatte und fing an, den Teig für den dritten Fladen zu machen. Ihr Vater brach ein Stück von dem Brot ab und reichte es an seinen Ältesten weiter. Nach den Männern aßen die Kinder. Rahab riss einen der runden Fladen für ihre Schwestern in Viertel. Der restliche Teig in der Tonschüssel reichte noch für ein kleines ungesäuertes Brot für sie selbst.

Mizraim füllte den Weinbecher seines Vaters nach. „Vielleicht warten sie einfach, bis wir in der Stadt keine Vorräte mehr haben.“

„Das dauert Monate!“, sagte Jobab. „Wahrscheinlich überlegen sie eher, wie sie das Tor durchbrechen oder anzünden können.“

„An das Tor kommen sie gar nicht heran. Der König hat Bogenschützen auf der Mauer postiert.“

„Ihr begreift es immer noch nicht“, sagte Rahab. „Denkt ihr, Gott wird das Leben der Menschen, die ihn ehren, sinnlos riskieren? Der Gott Israels ist nicht wie die Götter der Kanaaniter. Er beschützt sein Volk. Er verlangt nicht sein Blut. Du vergeudest mit deinen Sorgen nur deine Zeit.“

Mizraim überhörte sie. „Wenn der Kampf beginnt, wird das Chaos herrschen.“

„Nur *in* der Stadt, Bruder“, erwiderte sie. „Nicht da draußen. Die Israeliten sind ganz ruhig. Gott bereitet sie auf die Schlacht vor.“

„Warum musst du nur andauernd über ihren Gott reden?“, rief ihre Mutter aus.

„Es muss doch etwas geben, was wir tun können“, sagte Jobab. „Sollten wir nicht besser versuchen, schon jetzt die Stadt zu verlassen, bevor der Kampf beginnt?“

Rahab holte frustriert Luft. „Wir warten, wie die Männer es mir befohlen haben. Wenn wir versuchen, uns aus eigener Kraft zu retten, werden wir mit dem Rest der Stadt untergehen. Nein, wir vertrauen den Männern Gottes. Sie werden das rote Seil sehen und sich an ihren Eid erinnern. In diesem Haus hier sind wir sicher.“ Sie brach ein Stück von ihrem Brot ab, tauchte es in den Wein und aß.

Ihre Brüder blieben nervös und fahrig. Warum fiel Männern das Warten so schwer? Sie rief sich zur Ordnung: *Hab Geduld mit ihnen.* Sie waren jetzt seit Tagen in diesem Haus eingesperrt und alle begannen einander auf die Nerven zu gehen. Rahab liebte ihre Familie, aber auch sie merkte, wie ihr Geduldsfaden dünner wurde. Egal, wie oft sie ihnen Mut machte und sie an das Versprechen der Kundschafter erinnerte, sie grübelten und sorgten sich weiter, wie Hunde, die nicht von einem abgenagten Knochen lassen wollen.

„Am besten legen wir uns jetzt hin“, sagte sie. „Der morgige Tag kommt ohnehin, so oder so.“ Sie brauchte dringend etwas Ruhe.

Als alle sich schlafen gelegt hatten, ging Rahab zurück ans Fenster. Mit einem zufriedenen Seufzer legte sie ihr Kinn auf ihre Hände und betrachtete das Lager der Israeliten. Wie still die Nacht war; es war, als ob alles um Jericho herum den Atem anhielt und darauf wartete, dass die Hebräer ihren Angriff begannen. Sie ließ ihre Finger an dem roten Seil entlanggleiten, das aus ihrem Fenster hing.

Komm, Herr des Himmels und der Erde! Bitte komm! Durchbrich die Tore und nimm die Stadt ein! Schick deine Männer, dass sie uns retten! O Gott der ganzen Schöpfung, ich bitte dich um Gnade. Lass den Tag unserer Befreiung anbrechen!

Aber wenn der Kampf vorbei war, würden die Hebräer ihr erlauben, eine der Ihren zu werden? Ephraim war nicht gerade freundlich zu ihr gewesen, für ihn war sie einfach eine heidnische Hure. Wenn Menschen wie er über ihre Zukunft entschieden, was für eine Hoffnung hatte sie dann? Er würde sein Versprechen einhalten, sie und ihre Angehörigen zu retten, aber zu mehr hatte er sich nicht verpflichtet. Und sie hoffte doch auf so viel mehr. Hätte sie um mehr bitten sollen? Die Frage machte sie noch ganz verrückt. Sie konnte nur warten … und hoffen, dass Gott gnädiger war als die Menschen, die ihm dienten.

Wie immer stand sie beim ersten Morgenlicht auf, um nachzusehen, ob sich im Lager der Israeliten etwas tat. Sie stieg über Mizraim und Basemat hinweg und ging um Waheb und Hagri herum zum Fenster. Am Himmel waren noch blass die Sterne sichtbar.

Was war das? In Bogenschützenreichweite von der Stadtmauer stand hoch aufgerichtet ein alter Mann und sah zur Mauer hinauf. Er trug einen Waffenrock, seine Haltung war die eines Anführers und Königs. Wer war dieser Mann? Wusste er nicht, dass die Schützen von Jericho ihn erreichen konnten? Suchte er die Mauern nach Schwachenstellen ab? War dies … war dies am Ende der Befehlshaber der Israeliten? Aber warum hatte er dann keine Soldaten als Leibwache bei sich? Rahab spähte angestrengt in die Dämmerung hinaus, suchte nach weiteren Gestalten. Aber der Mann war allein, und im Lager hinter ihm war alles ruhig.

Als sie wieder zu ihm hinsah, stand ein zweiter Mann neben ihm, ein Soldat, der sein Schwert gezogen hatte. Wo war er plötzlich hergekommen?

Jetzt trat der Alte zu dem Soldaten. Sein Schritt war entschlossen, sein Körper erwartungsvoll nach vorn gelehnt. Er war so nah an der Mauer, dass sie sah, wie seine Lippen sich bewegten.

Jetzt ging der Alte auf die Knie und fiel vor dem Soldaten nieder! Dann erhob er sich halb wieder und zog seine Sandalen aus. Rahabs Herz begann zu hämmern, ihre Haut kribbelte merkwürdig. Wer war dieser Mann, der vor dem Alten stand? Warum verneigte der Ältere sich vor dem Jüngeren?

Hinter ihr rollte Mizraim sich geräuschvoll auf die Seite. Sie sah zu ihm hin. „Mizraim", flüsterte sie laut. „Komm her und sieh dir das an!"

Als sie sich zurück zum Fenster drehte, war der Soldat wieder weg, und der alte Mann ging mit langen Schritten zurück ins Lager, den Kopf hoch erhoben, die Schultern gerade. Sie spürte, wie ein Schauer durch ihren Körper lief.

„Was ist denn?", murmelte Mizraim schläfrig. Er stand jetzt neben ihr und sah aus dem Fenster hinaus. Draußen begann der Morgen die Nacht zu vertreiben.

Rahab lehnte sich so weit aus dem Fenster, wie sie konnte. Der Soldat war nirgends zu sehen. Sie spürte eine undefinierbare Erregung. „Es ist so weit, Mizraim!"

Kapitel 6

„Der Befehlshaber der himmlischen Heerscharen hat mir die Weisung des Herrn überbracht", rief Josua den israelitischen Kriegern zu. Er streckte seinen Arm zu den Priestern hin. „Nehmt die Bundeslade und lasst sieben Priester vor ihr hergehen, die jeder ein Widderhorn tragen." Er drehte sich wieder zu den Kriegern hin. „Marschiert um die Stadt herum, ihr vor der Bundeslade, das übrige Volk hinter ihr her."

Salmon hörte, wie die Männer um ihn herum zu murmeln begannen. Hatten sie richtig gehört? Wäre es nicht besser, Gräben auszuheben oder Belagerungswälle zu errichten? Und wie sollten sie ohne Rammbock die Tore Jerichos zerbrechen?

Josua hob seine Hand, und die Männer wurden wieder still. „Und erhebt kein Kampfgeschrei, wenn ihr um die Stadt zieht, unterhaltet euch auch nicht. Keiner von euch sagt ein Wort, bevor ich es euch befehle!"

Ein Schweige-Fasten also.

Die Stämme formierten sich, die Anführer über je hundert Mann wiederholten den Befehl. Dann wurden alle still, als die große Armee sich in Bewegung setzte, dem Befehl ihres Gottes gehorchend. Das einzige Geräusch, das man hörte, war der rhythmische Schritt der Füße und der Klang der Widderhörner.

Rahab hörte die Schreie der Soldaten von den Türmen zu beiden Seiten des Tors.

„*Sie kommen! Die Israeliten kommen*!"

Schritte trommelten über ihr Dach, als die Soldaten ihre Posten entlang der Mauer einnahmen.

Mizraim rannte zum Fenster. „Was machen wir jetzt? Mit dem Seil winken? Oder …"

„Wir warten", sagte Rahab ruhig. Die Israeliten steuerten genau auf die Stadt zu. Von ferne erklang das dumpfe Dröhnen der Widderhörner, aber es war das tausendfache Schrittgeräusch der Marschierenden, das ihr Herz schneller schlagen ließ. Da kamen sie, Tausende und Abertausende. Immer näher. Sie spürte, wie die Erde unter ihr erzitterte. Oder war es nur ihre halb ekstatische, halb bange Erwartung, dass er jetzt da war, der Tag des Gottes von Israel? Jetzt konnte sie die Priester mit den Widderhörnern und die in der Sonne glänzende Bundeslade sehen.

„Ist das ihr Gott?", fragte Mizraim neben ihr. „Ist er das?"

Noch nie hatte sie etwas so Schönes gesehen wie diese vergoldete Kiste mit den fremdartigen geflügelten Wesen auf ihrem Deckel. „Der Gott, der Himmel und Erde erschaffen hat, lässt sich nicht in eine Kiste einsperren", antwortete sie.

„Was ist es dann, was sie da tragen?"

„Ich habe gehört, dass sie es die Bundeslade nennen. Ihr Anführer Mose soll auf den Berg Sinai gestiegen sein, wo ihr Gott mit eigener Hand seine Gesetze auf Steintafeln schrieb. Sicher liegen sie da drin."

„Wenn diese Bundeslade erbeutet würde, würde ihre Kraft dann auf jemand anderen übergehen?"

Sie wusste, woran ihr Bruder dachte. „Gott hat die Israeliten zu seinem Volk erwählt und ihnen seine Gesetze gegeben. Warum, das weiß ich nicht. Aber seine Macht hängt nicht an dieser Bundeslade, Bruder. Waren es Menschen, die die zehn Plagen über Ägypten brachten und das Schilfmeer teilten? Haben Menschen den Jordan wie einen Teppich zurückgerollt? Die Macht gehört allein dem Herrn. Und der Herr ist …" Sie breitete ihre Hände aus, vergeblich nach Worten suchend. „Er *ist* einfach."

„Sie haben keine Rammböcke", sagte Jobab, der ihr über die Schulter sah.

Ihr Vater trat zu dem Fenster. „Und keine Belagerungsmaschinen", sagte er.

Die Männer drängten sich um sie und drückten sie zur Seite in ihrem Eifer, einen Blick auf die heranrückende Armee zu erhaschen.

„Wie wollen die durch die Tore und in die Stadt hineinkommen?“, fragte Mizraim.

„Das werden wir bald sehen“, antwortete ihr Vater grimmig. „Sie kommen immer näher.“

„Bald sind sie so nah, dass unsere Bogenschützen sie erreichen können“, sagte Jobab.

Die erste Abteilung der israelitischen Soldaten schwenkte zur Seite und begann, die Mauer entlangzumarschieren.

„Was soll denn das?“, fragte Mizraim.

Sein Vater runzelte die Stirn. „Vielleicht wollen sie uns umzingeln oder von der anderen Seite angreifen.“

Den ganzen Morgen zogen die Soldaten vor ihrem Fenster vorbei. Als die Bundeslade wieder in Sicht kam, schloss Rahab die Augen und neigte ehrfürchtig den Kopf.

„Sie gehen wieder! Sie gehen wieder weg!“, kamen die Schreie von der Mauer, als die israelitische Armee zurück in die Ebene marschierte. Die Soldaten Jerichos riefen und lachten und johlten.

Rahab zuckte zusammen, als sie die Spottrufe hörte, mit denen sie die fortmarschierende Armee und ihren Gott bedachten. Wussten diese Männer nicht, dass sie ihre Eroberer verspotteten? Sie hätte sich am liebsten die Ohren zugehalten. Wie sie sich schämte über ihr Volk, über seinen Hochmut, über seine Verachtung für den allmächtigen Gott. Wenn sie nur ein bisschen Verstand gehabt hätten, sie hätten Boten mit Geschenken zu den Israeliten geschickt! Der König selbst wäre hinausgegangen, um dem Gott Israels seine Aufwartungen zu machen! Das Volk hätte die Tore Jerichos geöffnet und den Herrn des Himmels und der Welt willkommen geheißen. Doch stattdessen hatten diese stolzen, dummen Menschen die Stadt verriegelt und verrammelt und zu einem Grab gemacht.

„Sie sind wieder weg!“, sagte Mizraim. „Die Israeliten ziehen ab!“ Er drehte sich abrupt um, plötzliche Zornesröte im Gesicht. „Und was soll jetzt aus uns werden?“

„Du hast unrecht gehabt, Rahab!“ Auch Jobab klang enttäuscht. „Die Mauern sind doch hoch und stark genug, um uns zu schützen!“

„Wenn der König herausfindet, dass du die Kundschafter versteckt und seine Wachen angelogen hast, sterben wir alle für deinen Verrat!", fuhr Mizraim fort.

„Aber er kann es nur herausfinden, wenn einer von uns es ihm sagt!" Die Stimme ihres Vaters war angespannt. „Hört mir zu, ihr alle! Behaltet das für euch, sagt kein Wort weiter! Eure Schwester hat es gut gemeint, sie wollte euer Leben retten."

Gera nahm eines ihrer Kinder auf den Arm. „Tagelang haben wir uns in diesem Haus eingeschlossen, und alles umsonst!"

Rahab weigerte sich zuzugeben, dass sie enttäuscht war. Doch, sie hatte gehofft, dass heute der Tag der Rettung war. Aber offenbar hatte Gott einen anderen Plan. Und eines wusste sie gewiss: „Die Mauern werden sie nicht abhalten."

„Du hast gesagt, sie kommen heute!"

„Sie sind ja auch gekommen, Basemat. Und morgen kommen sie bestimmt wieder." Sie breitete ihre Hände aus. „Fragt mich nicht, warum die Israeliten das so machen, ich weiß es nicht. Bin ich Gott? Ich kann nur raten." Warum hatte sie nur diese störrischen Menschen am Hals?

„Und was rätst du?", fragte ihre Mutter.

Rahab drehte sich zu ihr hin, um sie zu trösten. Ihre Mutter hatte geweint, als der Rhythmus aus Tausenden marschierender Füße erklungen war, und saß jetzt zusammengesunken da, während ihre Kinder sich stritten. „Ich glaube, dass wieder ein Wunder geschehen wird, wie damals in Ägypten und am Schilfmeer und wie erst vor ein paar Tagen am Jordan – da bin ich sicher." Sie sah die anderen an. „Ich bin ganz sicher. Ich habe mein Leben auf den Gott der Hebräer gesetzt."

„Und unseres", murmelte Mizraim.

Hatten sie Schuppen auf den Augen und Fett in ihren Ohren? „Ja, auch eures, das gebe ich zu. Aber ihr könnt euch noch entscheiden. Ihr könnt immer noch so handeln wie die vielen anderen da draußen, die an Mauern glauben und nicht an den lebendigen Gott. Aber ich werde hierbleiben und abwarten, was Gott tut. Die Kundschafter haben mir *versprochen,* dass wir gerettet werden, wenn wir in diesem Haus bleiben!"

„Aber Rahab“, sagte Jobab. „Sie können nicht eindringen, sie haben ja noch nicht mal Rammböcke!“

Wie vergesslich konnte der Mensch sein? Sie warf ihre Hände hoch. „Haben sie etwa *Flöße* gebraucht, um über den Jordan zu kommen?“ Sie beruhigte sich und fuhr fort: „Jetzt wartet doch ab. Seid geduldig. Bald werdet ihr selbst sehen, dass Gott der Herr über diese Stadt und über das ganze Land ist. Die ganze Welt gehört ihm und nichts, was die Menschen in dieser Stadt tun, kann ihn aufhalten.“

„Das glaub ich auch“, piepste Abib.

Rahab lachte und streckte die Arme nach ihm aus. Der Junge eilte zu ihr. „Mögen die anderen genauso weise sein wie du.“ Sie setzte ihn auf ihre Hüfte und ging wieder zu ihrem Posten am Fenster.

Salmon trat in sein Zelt. Er war hundemüde. Dass dieses bisschen Marschieren ihn so mitgenommen hatte! Er kniete sich zum Beten hin und dankte Gott, dass er heute nicht hatte kämpfen müssen; er bezweifelte, dass er genügend Kraft gehabt hätte, sein Schwert zu heben. Er zuckte schmerzlich zusammen, als er sich hinlegte. Die Wunde von der Beschneidung war noch nicht ganz verheilt.

Im Lager war es still.

Salmon legte sich auf sein Bett, die Arme hinter dem Kopf verschränkt, und runzelte die Stirn. Wie mochte es Rahab jetzt gehen? War es ihr gelungen, alle ihre Verwandten in ihr Haus zu holen? Was, wenn doch jemand gesehen hatte, wie sie die beiden Männer aus ihrem Fenster gelassen hatte? Dann hatte der König sie womöglich schon hinrichten lassen. Salmons Magen zog sich bei dem Gedanken zusammen. Er zwang sich, nicht gleich an das Schlimmste zu denken, sondern sich zu entspannen. Nein, eine Frau, die ihren Glauben an ihn nicht nur bekannt, sondern auch unter Beweis gestellt hatte, würde Gott bestimmt beschützen. Ihre Schönheit hatte ihm schier den Atem genommen, wie sie sich da aus dem Fenster gebeugt und ihn unverblümt angerufen hatte, aber sie war nichts gegen den Mut, den sie gezeigt hatte, als sie ihn und Ephraim unter Einsatz ihres Lebens gerettet hatte. Schönheit, Glaube und Mut.

Er dachte wohl besser an etwas anderes.

Die Stille umgab ihn von allen Seiten, drang auf ihn ein, bis sie in seinen Ohren dröhnte. Was für eine bessere Methode konnte es geben, dem Murren, Fragen und Diskutieren einen Riegel vorzuschieben, als ein Schweigefasten? Gott kannte sein Volk gut. Sie schien den Menschen angeboren zu sein, diese Neigung, ständig an allem zu zweifeln und zu streiten und sich gegen jeden Befehl aufzulehnen. Kaum waren die Worte aus Josuas Mund heraus gewesen, hatte es schon angefangen.

Sein Vater und seine Mutter waren in der Wüste gestorben, weil ihre Generation sich gegen den Herrn aufgelehnt hatte. Josua war weise, dass er den Israeliten dieses Schweigen auferlegte. Sie wurden so schnell ungeduldig und bildeten sich ein, dass sie einfach so in Jericho einmarschieren und das Land aus eigener Kraft erobern konnten. Dabei hatten sie diesen verheerenden Fehler schon einmal gemacht.

O Herr, auch ich zittere, wenn ich diese mächtigen Mauern ansehe. Wie viele von uns werden sterben, wenn wir sie stürmen und durch die Tore brechen wollen? Wir werden leichte Ziele für die Soldaten auf den Mauern sein. Werde ich womöglich sterben, bevor ich mein Versprechen an Rahab einlösen kann?

Er schloss die Augen. In seinem Kopf hörte er noch das Echo ihres Marschschritts. Stunde um Stunde, Meile um Meile. Als sie den Rückmarsch ins Lager angetreten hatten, hatte er die Spottrufe von der Mauer gehört. Er hatte die Zähne zusammengebissen und war weitermarschiert.

Ist das vielleicht der Grund für deinen merkwürdigen Plan, Herr? Willst du uns demütig machen? Willst du uns lehren, uns ganz auf dich zu verlassen? Ob wir es schaffen oder nicht, hängt ja nicht von unseren Anstrengungen ab, sondern allein von deiner Macht. Willst du uns das in unsere dicken Schädel und harten Herzen einhämmern?

Es kam keine Antwort.

Als Salmon am nächsten Morgen aufstand, stellte er sich zu den übrigen Kriegern Judas, um den Tagesbefehl entgegenzunehmen, den die Führer der Hundertschaften von Josua bekommen hatten.

Die Krieger von Ruben, Gad und dem Halbstamm Manasse führten den Zug über die Ebene von Jericho an, gefolgt von den Kriegern der anderen Stämme und den Priestern mit der Bundeslade, die wieder die Widderhörner bliesen; dahinter kam das übrige Volk. Sie marschierten einmal um Jericho herum und kehrten darauf nach Gilgal zurück, genauso wie am Tag zuvor.

Das Gleiche wiederholte sich am dritten Tag. Und am vierten.

Jeden Tag wurde der johlende Spott der Soldaten und Bürger von Jericho lauter, die auf den Mauern standen. Sie hielten sich die Seiten vor Lachen über die Israeliten. Und bei jeder Umrundung der Mauer sah Salmon das rote Seil aus einem der Fenster in der Mauer hängen – Rahabs Fenster. Zweimal glaubte er, jemanden im Fenster zu sehen, aber wollte nicht so auffällig hinsehen, als dass er ausmachen konnte, ob es Rahab oder einer von ihren Verwandten war. Aber sie war also da. Das rote Seil bezeugte, dass sie in Sicherheit war. *Gott, schütze sie, wenn der Kampf beginnt*!

Salmon spürte, wie mit jedem Tag, den er und seine Landsleute mit erhobenen Köpfen um die Stadt zogen, der Zorn der Gerechten in ihnen wuchs. Sein eigenes Herz brannte förmlich davon. Sie gehorchten dem Schweigegebot, sie erwiderten die Pfeile des Spotts nicht, die von den Mauern kamen. Gehorsam hoben und senkten sie ihre Füße und warteten auf den Tag der Vergeltung, den Gott bringen würde. Und wenn er da wäre, würden sie ihm mit gezogenem Schwert freien Lauf lassen.

Am fünften Tag merkte Salmon, dass seine Kraft wieder voll da war. Die Armee Israels war gesund, ausgeruht und bereit, die zu vernichten, die täglich den Namen Gottes, des Herrn, so lästerten.

„Ich höre sie immer noch marschieren“, sagte Basemat, als die israelitische Armee am sechsten Tag um die Stadt marschiert und wieder abgezogen war. „Es trommelt mir durch den Kopf. Diese Tausende von Männern, dieses Trampeln ihrer Füße.“

„Heute ist es mir lauter vorgekommen als gestern", sagte Gera.

„Ja. Jedes Mal, wenn die Israeliten um die Stadt marschieren, scheint die Erde ein bisschen mehr zu beben", sagte Sebach. „Merkt ihr das auch? Oder bilde ich mir das bloß ein?"

Rahab schaute zu, wie Mizraim mit der Hand über einen kleinen Schrank fuhr, der von Staub bedeckt war, der am frühen Morgen, als die Israeliten mit ihrem Marsch um die Stadt begonnen hatten, noch nicht da gewesen war. Er rieb seine Finger zusammen und wischte sich die Hände ab. Dann sah er zur Decke und den Wänden hoch und runzelte die Stirn. „Bei der Tür ist ein Riss in der Wand." Er sah zu Rahab hin.

Sie lächelte gepresst. „Vielleicht ist Morgen der Tag unserer Befreiung, Mizraim."

Am Morgen des siebten Tages, des Sabbats, änderte sich der Marschbefehl. Salmon holte tief Luft; er brauchte alle seine Beherrschung, um still zu bleiben und nicht triumphierend die Fäuste hochzurecken und loszujubeln. Sein Herz trommelte vor Vorfreude.

Heute also würde der Kampf beginnen. Heute würde er sich einen Weg in die Stadt bahnen, Rahab finden und sie und die Ihren in Sicherheit bringen, bevor das Gericht über sie kam.

Denn heute würde Jericho fallen!

Kapitel 7

Mizraim stand am Fenster. „Diesmal gehen sie nicht. Sie ziehen noch einmal um die Stadt herum!"

Jobab trat zu ihm und beugte sich aus dem Fenster, um besser sehen zu können. „Stimmt!"

Rahab schaute in die Wasserkrüge. Es war noch genügend für alle da. Sie füllte eine Schüssel und winkte Abib zu. „Komm, wir müssen uns bereit machen. Wir wollen doch sauber sein, wenn sie uns holen."

Abib verzog das Gesicht, als sie seine Ohren reinigte. „Kommen sie bald?"

„Wir werden bereit sein und hoffen, dass dies der Tag ist, den der Herr gewählt hat."

„Und wie kommen die Soldaten in die Stadt?"

„Ihr Gott wird sie hineinführen. Und jetzt geh und frag deine Mutter, ob sie ein frisches Gewand für dich hat. – Bosem, komm und wasch dir dein Gesicht und deine Hände." Sie sah zu ihrer Mutter und ihren Schwestern hinüber, die sie mit offenem Mund anstarrten. Sie konnte sich kaum halten vor Freude! „Los, steht auf und wascht euch! Bürstet euer Haar, zieht eure besten Sachen an! Sollten wir unsere Befreier mit staubigen Gesichtern und schmutzigen Kleidern begrüßen?" Sie lachte. „Wir wollen uns anziehen wie zu einer Hochzeit!" Sie öffnete ihre Schränke und begann, all die schönen Kleider herauszuholen, die sie im Laufe der Jahre gekauft hatte. „Heute wird ganz Kanaan sehen, dass Mauern nichts ausrichten gegen den Herrn, unseren Gott. Heute ist der Tag unserer Erlösung!"

Ungläubige Gesichter, Stöhnen. „Das hast du gestern auch gesagt." – „Und vorgestern."

Dreimal marschierten die Israeliten an diesem Tag um die Stadt. Dann ein viertes, fünftes, sechstes Mal. Salmon schien es, dass seine Kraft jedes Mal größer wurde. Dies war der Tag des Herrn! Aus dem Fenster beim Osttor hing nach wie vor das rote Seil. Salmon heftete seine Augen darauf, als sie die siebte Umrundung begannen. Ephraim marschiert neben ihm.

Dann kam der neue Befehl. Josua rief laut: „Erhebt ein Kampfgeschrei! Denn der Herr hat die Stadt in eure Hände gegeben! Ihr müsst die Stadt und alles, was in ihr ist, völlig zerstören, als Opfer für den Herrn. Nur die Hure Rahab und die Menschen in ihrem Haus werden verschont, denn sie hat unsere Kundschafter beschützt. Nehmt euch nichts von dem, was zur Vernichtung bestimmt ist, oder ihr werdet selbst vernichtet werden und Unglück über ganz Israel bringen. Alles, was aus Silber, Gold, Bronze oder Eisen ist, ist dem Herrn geweiht und muss in seinen Schatz gebracht werden."

Als die siebte Runde begann, schlug Salmons Herz immer heftiger und schneller. Seine Füße traten fester auf, ebenso wie die der Tausenden anderen, sodass der Lärm ihres Trampelns von den Bergen im Westen widerzuhallen schien.

Dann hielt die ganze gewaltige Armee an und drehte sich zu der Stadt hin. Die Widderhörner ertönten, begleitet vom donnernden Kriegsgeschrei einer Million Stimmen.

Rahabs Herz erbebte, als sie das Kampfgeschrei hörte. Dann kam ein tiefes Rumpeln und Dröhnen, in das sich angsterfüllte Schreie mischten. Das Haus begann zu beben, sodass Rahabs Hände die Fensterbank umkrampften. Ihre Mutter und Schwestern schrien auf. Dann rief ihr Vater: „Die Mauern!"

In einer riesigen Staubwolke lösten sich die ersten Steine und polterten nach unten. Ein ganzer Abschnitt der Mauer zwischen Rahabs Haus und dem Tor begann einzustürzen, und eine Lawine von Steinen ergoss sich auf die Straße.

Und jetzt kamen sie, die Israeliten, und ihr Kampfgeschrei ließ Rahabs Nackenhaare zu Berge stehen. Zu Tausenden rannten sie herbei, die Schwerter erhoben. Einige der Soldaten, die mit der Mauer gefallen waren, aber noch lebten, versuchten aufzustehen. Die erste Linie der Israeliten machte sie nieder.

Rahab sprang von dem Fenstertritt hinunter. „Packt eure Sachen. Wir müssen bereit sein, wenn unsere Retter kommen! Schnell, Basemat! Kinder, stellt euch hinter mich!"

Sie trat nach vorn. Der Kampflärm draußen wurde immer lauter. Die Außenwand des Hauses riss ein, ein ganzer Teil der Mauer löste sich.

„Stellt euch alle hinter mich, schnell!", schrie sie über den Lärm hinweg. „Habt keine Angst, steht fest!"

„Löst euer Versprechen ein!", rief Josua Salmon und Ephraim zu. „Geht zum Haus der Hure und holt sie und ihre Verwandten heraus!"

Salmons Blut kochte vor Kampfeslust und Glaubensfeuer für den Herrn. Die aufgestaute Wut über die tagelangen Verhöhnungen und Gotteslästerungen von den Mauern verlieh seinen Beinen Flügel. Den Kampfschrei Israels auf den Lippen, stürmte er voran, weder nach links noch nach rechts schauend, direkt auf das halb umgestürzte Tor zu. Er sprang über die Trümmer, das Schwert in der Hand, und machte einen gegnerischen Soldaten nieder, der versuchte, der entfesselten Gottesarmee zu entkommen.

„Hierher!", schrie er. „Hierher, Ephraim!"

Sie bogen nach rechts ab, die Straße entlang, durch die Rahab sie bei ihrer Erkundung geführt hatte. Zu Tausenden strömten die israelitischen Soldaten jetzt über die eingestürzten Mauern in die Stadt, während die Einwohner sich verzweifelt wehrten, um sie herum ein einziges Chaos. Salmon parierte einen Hieb und schlug dem Angreifer die Waffe aus der Hand. Er durchbohrte ihn mit seinem Schwert, zog es wieder heraus und rannte weiter.

Schreien und Rufen überall. Die Verteidiger fielen unter den Schwertern der Sieger. „Rahab!", rief er, an eingestürzten Häusern vorbeirennend. Wo war sie? Ein Teil der Wand ihres Hauses stand noch, aber überall bröckelten die Steine aus der Mauer. „Rahab!"

„Wir sind hier!“

Sein Herz machte beim Klang ihrer Stimme einen kleinen Satz. Die Tür ihres Hauses lag auf der von Trümmern übersäten Straße. Er trat durch die Öffnung in der Mauer. Ja, da stand sie und hinter ihr über ein Dutzend weiterer Menschen. Ihre Arme waren ausgestreckt, als wolle sie ihre Familie beschirmen. Ihr schönes Gesicht war blass, aber ihre Augen leuchteten. Ephraim kam hinter ihm herbeigerannt.

Rahab neigte ihren Kopf. „Seid gegrüßt!“

Salmon ließ sein Schwert sinken, trat zu ihr und streckte seine Hand aus. „Komm mit mir.“ Ihre Finger fühlten sich kalt an. Er musterte sie genauer. Die Ader an ihrem Hals pochte, sie war nicht so ruhig, wie sie schien. „Du bist jetzt in Sicherheit, Rahab. Wir bringen euch hier raus.“ Er zog sie zu der klaffenden Türöffnung.

„Wenn ihr leben wollt, kommt mit!“, sagte Ephraim zu den anderen.

Rahab spürte, wie das Blut in ihr Gesicht schoss, als Salmon sie bei der Hand nahm. Sie schaute zurück, um ihren Angehörigen zu bedeuten, dass sie mitkommen sollten, aber sie gehorchten bereits Ephraims Befehl; er bildete den schützenden Abschluss der kleinen Gruppe.

Gegenüber auf der Straße brannte ein Haus. Die Leichen von Rahabs Nachbarn lagen in der Tür. Aus dem Stadtzentrum kamen Schreie. Sie hörte, wie hinter ihr die nächste Steinlawine herunterkam. Als sie sich umdrehte, sah sie, wie ihr Haus in sich zusammenstürzte.

Salmon ließ ihre Hand los und packte sie um die Taille. „Schnell!“ Er hob sie hoch und trug sie über einen Trümmerhaufen. Über seine Schulter hinweg sah sie, wie ihre Verwandten nachkamen.

Als Salmon sie absetzte, um den anderen zu helfen, streckte Rahab ihre Arme nach Abib aus. Er klammerte sich an sie, sein Gesicht an ihrem Hals vergraben. Sie packte ihn und kletterte über die Trümmer der Stadtmauer. Einmal drehte sie sich zu den anderen um.

„Lauf, Rahab, lauf!", rief Salmon. „Sieh dich nicht um! Wir kümmern uns um deine Leute. Warte unter den Palmen auf uns."

Als Rahab die Trümmer hinter sich gelassen hatte, begann sie zu rennen. Sie rannte und rannte, bis sie den Schatten der Palmen erreicht hatte. Dort stellte sie Abib auf seine Füße, pumpte Luft in ihre brennenden Lungen und sah erleichtert, dass ihre Mutter und ihre Schwestern mit dem Rest der Kinder herbeigerannt kamen. Ihr Vater und ihre Brüder folgten etwas langsamer, schwer beladen mit den Habseligkeiten der Familie. Salmon und Ephraim bildeten mit gezogenen Schwertern die Nachhut.

Das Gesicht ihrer Mutter war aschfahl, als Rahab ihr half, sich unter eine Palme zu setzen, den Rücken gegen den Stamm. Basemat, Gulan und Gera weinten, die Kinder an sich gedrückt. Hagri schaute mit den Tränen kämpfend zur Stadt zurück. Rahab folgte ihrem Blick.

Jericho sah aus, als ob eine Hand vom Himmel gekommen sei und es zerdrückt hätte. Die Mauern und Türme waren in traurige Steinhaufen verwandelt. Schreie zerrissen weiter die Luft, überall war Rauch und Feuer.

„Hier entlang." Salmon nahm ihren Arm und drehte sie in die Richtung, wo das Lager der Israeliten lag.

Bei Sonnenuntergang war die große Handelsstadt Jericho nur noch ein brennender Trümmerhaufen. Dichter Rauch stieg in den Abendhimmel und die Luft roch beißend nach verbranntem Fleisch.

Rahab saß zitternd da, die Knie an die Brust gezogen. Erschöpfung, Erleichterung über ihre Rettung und eine abgrundtiefe Traurigkeit stritten in ihr. All diese Menschen – tot, weil sie ihr Vertrauen auf von Menschen errichtete Mauern gesetzt hatten und nicht auf den lebendigen Gott, der die Steine geschaffen hatte. Die Geschichten über Israel hatten sie doch genauso gehört wie sie. Warum hatten sie nur nicht glauben wollen?

Salmon und Ephraim waren immer noch bei ihnen, als die Israeliten aus dem Kampf zurückkehrten.

„Keiner eurer Männer hat Beute dabei", bemerkte Mizraim überrascht.

„Jericho ist verflucht", sagte Ephraim knapp.

Salmon war gesprächiger. „Der Herr hat uns durch Josua geboten, alle Lebewesen in der Stadt zu töten: Männer, Frauen, Kinder, Jung und Alt, Ochse, Schaf und Esel. Und was nach dem Feuer an Silber, Gold, Bronze oder Eisen bleibt, kommt in den Schatz des Herrn. Wir nehmen nichts für uns selbst."

Rahab ließ ihren Kopf auf die Knie sinken. Sie wollte nicht, dass Salmon oder Ephraim ihre Tränen sahen. Womöglich würden sie sie falsch verstehen und denken, dass sie über die gefallene Stadt trauerte oder nicht dankbar war, dass sie ihren Eid gehalten hatten. Ihr Herz war voll Dankbarkeit gegenüber Gott, dem Herrn des Himmels und der Erde, der diese Menschen an ihr Versprechen gebunden hatte. Sie und alle ihre Lieben waren am Leben und in Sicherheit.

Aber sie hatte auf mehr gehofft. Oh, auf so viel mehr.

Jemand berührte ihre Schulter. Sie schaute hoch; es war ihr Bruder Jobab. „Entschuldige, dass ich dir erst nicht geglaubt habe, Rahab."

„Ja, und ich auch nicht", sagte Mizraim. „Der Gott der Hebräer ist wahrlich ein mächtiger Gott." Er saß bei seiner Frau und seinen Kindern, die Arme fest um sie gelegt.

Die letzten Israeliten kamen nach Gilgal zurück.

„Hier seid ihr in Sicherheit", sagte Salmon. Er neigte seinen Kopf in Rahabs Richtung, dann drehte er sich um und ging fort, gefolgt von Ephraim.

Als die beiden Männer zwischen den Zelten Israels verschwunden waren, schloss Rahab ihre Augen und kämpfte gegen die Traurigkeit an, die in ihr hochkommen wollte.

Nach einer langen Weile trat ihr Vater zu ihr und legte seinen Arm um ihre Schultern. „Wir sind alle so froh, meine Tochter. Durch deine Weisheit sind wir gerettet worden."

Sie ließ ihre Hände sinken. „*Gott* hat uns alle gerettet."

„Ja, natürlich."

Worte der Höflichkeit, aber nicht des Glaubens. Sie schüttelte traurig den Kopf. Keiner ihrer Angehörigen würde ihren Schmerz verstehen. Selbst jetzt, nach allem, was sie gehört und gesehen hatten, teilten sie nicht ihren Glauben und die Sehnsucht ihres Herzens nach Gott. Sie war unwürdig, eine Israelitin zu werden. Sicher, Gott hatte sie vor dem Tod gerettet und sich ihrer und ihrer ganzen Familie erbarmt. Aber das bedeutete nicht, dass sie vor seinen Augen bestehen konnte. Es bedeutete nicht, dass sie einen Platz in seinem Volk haben konnte. Sie hatte es in den Gesichtern ihrer Retter gesehen; für sie war sie nach wie vor „die Hure aus Jericho".

Ihre Schultern bebten; sie schlug die Hände vor den Mund, um ihr Schluchzen zu unterdrücken.

„Weinst du um die Gefallenen, Rahab?"

„Nein", sagte sie rau.

Sie weinte, weil ihr Traum, dem wahren Gott nachzufolgen, dabei war, zu Staub zu zerfallen. Sie hatten sie nicht mitgenommen in das Lager Israels.

Nach einer unruhigen Nacht stand Rahab früh am Morgen auf und schaute zu, wie das Lager der Israeliten erwachte. Als die Sonne aufging, kamen drei Männer auf sie zu. Ihr Herz machte einen Satz, und sie weckte sofort die anderen. Sie standen rasch auf und traten zu ihr. Rahab stellte sich neben ihren Vater.

Sie erkannte Salmon und Ephraim, aber nicht den älteren Mann, der mit ihnen ging, sein Schritt gemessen und würdevoll. Sie und die anderen verneigten sich vor den dreien.

„Das ist *er*", flüsterte ihr Vater. „Der Mann, den ich vor vierzig Jahren in dem Palmenhain sah!" Er kniete sich hin und drückte seine Hände und Stirn auf die Erde. „Ich würde ihn unter tausend Männern wiedererkennen."

Es war der Mann, den sie draußen vor der Stadtmauer gesehen hatte, bevor die Israeliten kamen. Der Mann, der vor dem Soldaten mit dem gezogenen Schwert niedergefallen war.

„Steht auf!“, sagte der Alte und klopfte mit seinem Stab auf den Boden. „Verneigt euch vor Gott, nicht vor Menschen.“

Rahab erhob sich rasch und half ihrem Vater auf die Füße. Sie spürte, wie er zitterte. Es wunderte sie nicht, denn als sie in die Augen des Alten sah, zitterte auch sie. Noch nie hatte sie eine solche Kraft in einem menschlichen Gesicht gesehen.

„Ich bin Josua.“

„Du und ich, wir sind uns vor vielen Jahren hier in diesem Palmenhain begegnet“, sagte Rahabs Vater. „Ich wusste, dass du wiederkommen würdest.“

„Ich erinnere mich an dich, Abjasaf.“

Ihr Vater neigte erneut seinen Kopf. „Ich danke dir, dass du Erbarmen mit den Meinen gehabt und unser Leben verschont hast.“

„Es war Gott, der euch gerettet hat, Abjasaf, nicht ich“, sagte Josua. „Aber jetzt könnt ihr entscheiden, was ihr mit dem Leben machen wollt, das euch geschenkt worden ist. Habt ihr euch überlegt, was ihr tun wollt?“

„Unser einziger Wunsch ist weiterzuleben.“

„Dies ist euch gewährt“, antwortete Josua. „Niemand aus dem Volk Israel wird euch ein Leid antun. Wohin wollt ihr gehen?“

„Wenn es so ist, wie du sagst, und wir selbst entscheiden können …“, fuhr ihr Vater vorsichtig fort, „dann möchte ich darum bitten, dass wir in unser Haus hier in diesem Palmenhain zurückkehren dürfen, um dort zu wohnen und unser Auskommen zu haben.“

Rahab schloss die Augen; ihr Herz sank.

Josua neigte zustimmend seinen Kopf. „Ihr könnt gehen, Abjasaf, du und die Deinen. Friede sei mit euch!“

Rahab trat vor. Wenn Josua jetzt wieder ging, war ihre Chance vertan. „Ich will nicht mitgehen!“

Aller Augen richteten sich auf sie; der Blick ihres Vaters und ihrer Brüder war überrascht, der ihrer Mutter und Schwestern ängstlich.

Sie sah, wie Salmons Augen sich weiteten; er schien bereit, für sie zu sprechen. Aber sie wandte ihren Blick ab. Sie konnte sich vorstellen, was er sich hatte anhören müssen, weil er seinen Eid gegeben hatte, sie und die Ihren zu retten. Nein, sie wollte ihn nicht noch mehr in Verlegenheit bringen. Und sie hoffte auf keinen Menschen; Gott sollte ihr Retter sein. Wenn Gott ein Adler wäre und sie eine hilflose Maus, sie würde unter seinen mächtigen Flügeln Schutz suchen.

Josua betrachtete sie nachdenklich. „Du bist Rahab, die Hure, die unsere Kundschafter versteckt hat."

„Ich bin Rahab."

„Und was ist dein Wunsch, Frau?"

Ihr Vater hatte schon für sich und die anderen entschieden, aber dies hier war der kurze Augenblick, in dem sie den Wunsch ihres Herzens vielleicht ergreifen konnte.

„Hab keine Angst", sagte Josua. „Sprich nur."

„Ich möchte zum Volk Gottes gehören, egal, was es mich kostet."

Josua drehte sich zu Salmon hin und sah ihn an. Rahab hielt den Atem an, den Blick ängstlich auf die beiden Männer gerichtet. Sie glaubte, einen stummen Tadel in Josuas Blick zu sehen: *Was hast du mir da aufgehalst?* Sie konnte sich vorstellen, was er jetzt dachte: *Wie kann diese Hure die Stirn haben zu glauben, dass sie es verdient hätte, zu Gottes Volk zu gehören? Reicht es ihr nicht, dass der Herr ihr Leben verschont hat? Was für ein Recht hat sie, noch mehr zu verlangen?*

„Wenn ich nicht in Gottes Volk aufgenommen werden kann, wäre es besser gewesen, ich wäre mit all den anderen dort in Jericho gestorben!"

Ihr Vater packte ihr Handgelenk und schüttelte sie. „Sei still, Tochter. Sei dankbar, dass du lebst!"

Sie riss sich los und sprach weiter. „Ich danke Gott für meine Rettung, aber du hast gesagt, dass wir wählen können, und ich will nicht zurück in mein altes Leben gehen. Ich will ganz neu anfangen. Oh, ich wollte, ich könnte ein ganz neues Geschöpf Gottes werden!"

„Sie weiß nicht, was sie redet", sagte ihr Vater rasch.

Salmons Kopf fuhr zu ihm herum. „Doch, sie weiß es sehr genau", sagte er.

„Sie redet wie eine törichte Frau", fiel Mizraim ein. Seine Augen geboten ihr zu schweigen. Das machte sie wütend. Was hatte dieser Mann, der seine Hoffnung auf die Mauern und Götzen Jerichos gesetzt hatte, ihr denn zu gebieten?

Josua hob seine Hand. „Der Herr hat euch allen Erbarmen erwiesen", sagte er. „Aber dieser Frau hat er Gnade ohne Maßen erzeigt. – Abjasaf, dein Wunsch ist dir gewährt. Nimm deine Familie und geh in Frieden. Wohne in dem Palmenhain, wie du es willst. Aber lass dich warnen: Jericho ist verflucht. Jeder Mann, der es wieder aufbaut, wird nicht nur seinen erstgeborenen Sohn verlieren, sondern auch seinen jüngsten."

„Und was ist mit meiner Tochter?"

„Wenn Rahab hierbleiben will, so darf sie das tun."

Sie ließ den Kopf hängen, als Josua und die beiden Kundschafter wieder gingen. Ihre Augen füllten sich mit Tränen.

„Da siehst du, wie es ist", sagte Mizraim, während seine Frau begann, ihre Sachen zusammenzupacken. „Die denken, sie sind was Besseres als wir. Eine Frau wie dich wollen sie nicht bei sich haben."

Sie antwortete nicht. Er hatte ja recht, aber sie wollte nicht, dass er ihren Schmerz sah.

„Wir bauen dir ein Haus bei der Straße, Rahab", sagte Jobab. „Da kannst du …"

„Ich bleibe hier." Sie setzte sich.

„Sei doch vernünftig!"

„Vernünftig?" Sie funkelte ihn mit blitzenden Augen an. „Was ist vernünftig daran, von einem Gott wegzugehen, der sein Volk beschützt?"

„*Unseres* hat er nicht beschützt!" Mizraim machte eine Geste zu den Trümmern der Stadt. „Der Wind riecht immer noch nach verbranntem Fleisch."

„Mein Volk ist dort drüben." Sie zeigte auf das Lager.

Ihre Mutter begann zu weinen. „Ich will nach Hause. Wann können wir zurück zu unserem Haus im Hain?"

„Willst du auch wieder zu deinen kleinen hölzernen Götzen zurück?", fragte Rahab bitter.

„Der Gott, der Jericho zerstört hat, ist nicht der unsere“, sagte ihr Vater langsam. „Wir sind am Leben, und das ist alles, was zählt.“

„Nein, Vater. Es reicht nicht zu leben, aber nicht dem einen wahren Gott zu dienen, der uns errettet hat.“

„Nicht für dich vielleicht“, sagte Mizraim. „Aber für uns.“

„Dann geht!“

„Bitte komm doch mit uns, Tochter“, bettelte ihre Mutter. „Was soll aus dir werden, wenn du allein hierbleibst? Die Israeliten werden dich nie als eine der Ihren annehmen.“

„Ich nehme sie mit“, sagte Mizraim ärgerlich. Er wollte sie packen.

Sie schlug seine Hand weg. „Es haben schon stärkere Männer als du versucht, mir ihren Willen aufzuzwingen! Spar dir die Mühe!“

„Lasst sie“, sagte ihr Vater, während er sich ein Bündel auf den Rücken lud. „Gebt ihr ein paar Tage Zeit zum Nachdenken. Sie wird schon noch zur Einsicht kommen.“

„Und wann kommt *ihr* zur Einsicht?“, rief sie. „Wie könnt ihr einfach weitermachen wie zuvor, nachdem ihr die Wahrheit gesehen habt?“

„Was für eine Wahrheit?“, fragte Jobab.

„Dass Gott euch gerettet hat!“

„*Du* hast uns gerettet, Rahab“, sagte ihr Vater. „Und dafür sind wir sehr dankbar.“

„Aber ihr kennt doch die Geschichten über Gott genauso wie ich. Habe ich sie euch nicht alle weitererzählt, so wie ich sie gehört habe?“

„Ja, dieser Gott hat große Macht.“

„*Alle* Macht!“

„Umso mehr Grund haben wir zu gehen, Kind. Solch einem Gott geht man besser aus dem Weg.“

„Und wie willst du das machen, Vater? Wo kannst du dich vor ihm verstecken?“

Er sah einen Augenblick unsicher aus, dann sagte er. „Wir werden still für uns unter den Palmen wohnen, wie Josua es uns erlaubt hat. Wir werden uns abseits halten und die Israeliten nicht stören. Auf diese Weise werden wir Frieden haben mit dem Volk Israel und mit seinem Gott."

Sie schüttelte den Kopf, sah zu dem israelitischen Lager in Gilgal hin und ließ den Tränen freien Lauf.

„Komm doch mit uns", sagte Hagri. „Bitte, Schwester. Hier wirst du ganz allein sein."

„Ich bleibe hier."

„Und wenn sie das Lager abbrechen und weiterziehen?"

„Dann folge ich ihnen."

„Warum?"

„Weil ich es muss." Wie konnte sie ihnen erklären, dass sie nach Gott lechzte wie ein Hirsch nach frischem Wasser?

Hagri küsste sie auf die Wange und wandte sich zum Gehen.

Salmon stand neben Josua am Rande des Lagers. „Es ist so, wie ich es dir gesagt habe. Sie geht nicht mit."

„Gib ihr noch ein paar Tage Zeit, um über ihre Entscheidung nachzudenken. Wenn sie tatsächlich bleibt, kannst du zu ihr gehen und sie in dein Zelt holen."

„Sie ist eine Frau und ganz allein. Wäre es nicht besser, einen Wächter für sie zu abzuordnen?"

Josua lächelte ihn an. „Sie hat schon einen."

Als die Sonne über dem vierten Tag ihrer Einsamkeit aufging, sah Rahab, wie ein Mann aus dem Lager der Israeliten auf sie zukam. Es war Salmon. Als er näher kam, sah sie, dass sein Gesicht ernst war. Hatte Josua ihn vielleicht geschickt, um ihr zu sagen, dass sie weggehen sollte?

Er blieb auf der anderen Seite des Feuers stehen. „Du bist jetzt seit drei Tagen hier."

„Josua hat gesagt, dass ich mich frei entscheiden kann, und ich will hierbleiben." Sie schürte das Feuer; sie hatte gerade noch genug Getreide, um für heute ihr Brot zu backen.

„Wie lange willst du hierbleiben?“

„So lange, wie Israel in Gilgal bleibt.“

„Wir werden bald aufbrechen.“

„Dann breche ich wohl auch auf.“

Er richtete sich auf. Wollte er wieder gehen? „Ich möchte dich in mein Zelt holen und dich mit meinem Mantel bedecken.“

Ein Heiratsantrag!? Ihr Gesicht wurde heiß. „Du?“ Sie legte überrascht die Hände an ihre Wangen.

Er runzelte leicht die Stirn. „Willst du nicht?“

„Du bist so jung!“

Er grinste. „Ich bin alt genug.“

Sie lachte bitter auf. „Du willst *mich* heiraten? Hast du nicht gehört, was Josua gesagt hat? Ich bin die *Hure* Rahab. Eine Hure in den Augen von ganz Israel und von jedem, der von mir hört.“

„Eine Frau mit einer Vergangenheit, der Gott eine Zukunft geschenkt hat.“

„Scherze nicht über solche Dinge“, sagte sie ärgerlich gegen die Tränen ankämpfend. Wenn sie ihr Leben noch einmal hätte leben können, hätte sie so vieles anders gemacht.

„Ich scherze nicht, Rahab.“ Er trat um das Feuer herum zu ihr, nahm ihre Hand und zog sie auf die Füße. „Warum, meinst du wohl, sind Ephraim und ich nach Jericho gekommen?“

„Um die Stadt auszukundschaften.“

„So sagte man uns damals, ja. Und damals dachten wir das auch. Aber seit ich dich gesehen habe, ist mir eine Frage nicht mehr aus dem Kopf gegangen.“

„Was für eine Frage?“ Sein Finger wanderte über ihre Wange, und ihr Herz schlug schneller.

„Ob Gott uns nicht eigentlich nach Jericho geschickt hat, um dich zu finden.“

„Warum sollte Gott sich um eine unwürdige Frau wie mich kümmern?“

„Weil der Herr die Seinen kennt, wo sie auch sind. Sogar hinter den Mauern einer heidnischen Stadt. Er kannte dich, Rahab, und er erhörte das Gebet deines Herzens. Er hat dich vor dem Tod gerettet und bietet dir an, zu seinem Volk zu gehören.“

Sie schüttelte den Kopf und machte einen Schritt rückwärts. Nein, das ging doch nicht! „Ich weiß, dass Gott mein Retter ist. Ich weiß auch, dass er der Herr über die ganze Welt ist und damit auch über mein Leben."

„Dann nimm den Segen an, den er dir jetzt anbietet." Salmon lächelte und legte seine Hand auf ihr Herz. „Einen jungen Ehemann."

Sie lachte tonlos. „Jung und impulsiv." Sie machte sich frei und wandte sich ab. „Nimm dir ein paar Tage Bedenkzeit, und du wirst froh sein, dass ich Nein gesagt habe."

„Ich habe mich schon entschieden, als ich dich das erste Mal sah."

Sie drehte sich zurück zu ihm und sah ihn unter hochgezogenen Brauen an. „So?" Wie oft hatte sie schon diesen Unfug gehört? Der König von Jericho hatte damals etwas Ähnliches zu ihr gesagt. „Wann hast du dich entschieden, Salmon? Als ich mich aus dem Fenster lehnte und euch so unverblümt anrief?" Sie strich sich über das Haar. „Hat mein langes schwarzes Haar dein Herz in Brand gesetzt? Oder meine anderen weiblichen Attribute?" Sie befingerte den Ausschnitt ihres Kleides.

Seine Augen ließen die ihren nicht los. „Als ich dich das erste Mal in der Mauer von Jericho sah, sah ich nur eine Hure. Aber als ich in dein Haus kam und du mit uns geredet hast, da sah ich, was du wirklich bist – eine Frau voller Weisheit, eine Frau, die des Ruhmes würdig ist."

„Oh, Salmon …" Sie wollte sich wieder umdrehen. Er hielt sie fest und drehte sie zurück, sodass sie ihn ansehen musste.

„Von dem Augenblick an, in dem du deinen Glauben an Gott erklärt hast, habe ich dich geliebt."

„Geliebt?"

„Ja, *geliebt*. Ich habe in ganz Israel keine Frau gefunden, die mehr Lob verdient hätte als du. All die jungen Frauen, die ich kenne, haben die Feuersäule gesehen und die Wolkensäule, die sich vor uns erhob und uns durch die Wüste führte. Sie haben Wasser aus dem Felsen getrunken und Manna vom Himmel gegessen. Und doch reicht ihr Glaube nicht an deinen heran. Von dir werden Propheten kommen … wer weiß, vielleicht sogar der Messias."

„Der Messias?" Was bedeutete dieses Wort?

Er lächelte wieder. „Es gibt so viel, was du noch nicht weißt und was ich dich lehren kann. Die Geschichte unseres Volkes, das Gesetz, die Verheißungen Gottes …" Er nahm ihr Gesicht sanft zwischen seine beiden Hände. „Werde meine Frau, und ich will dein Lehrer sein."

„Und was werden deine Verwandten sagen?"

„Dass ich weise bin, mir eine solche Frau ausgesucht zu haben. Kaleb hat bereits seine Zustimmung gegeben."

„Wer ist Kaleb?"

„Der Anführer meines Stammes, des Stammes Juda. Er war mit Josua unterwegs, als Mose vor vierzig Jahren Kundschafter nach Kanaan sandte. Er und Josua sind die Einzigen, die aus der Generation meines Vaters noch leben. Kaleb ist bei allen hoch geachtet." Sein Mund verzog sich eine Spur ironisch, als er ihr über das Haar strich. „Erst wollte er dich lieber selbst heiraten, aber ich habe ihm klargemacht, dass er schon eine Frau zu viel hat."

Sie schluckte, sprachlos vor der Güte Gottes. Erst hatte er ihr das Leben gerettet, und jetzt schenkte er ihr einen Mann Gottes als Ehemann. *Einen Ehemann*! Das hätte sie sich nie träumen lassen.

„Du bist die Frau, auf die ich gewartet habe", sagte Salmon leise. „Komm mit mir."

Sie hob ihre Hand, um ihm zu zeigen, dass sie einen Moment brauchte. Sie brachte kein Wort an dem Kloß in ihrer Kehle vorbei. Er runzelte besorgt die Stirn, und sie wusste, dass sie ihm ein Zeichen geben musste. Sie kniete sich hin und erstickte das Feuer mit Erde. Dann sammelte sie ihre Habseligkeiten in ein Bündel und richtete sich auf. Freudentränen liefen ihr über die Wangen.

Salmon, wieder lächelnd, trat zu ihr und wischte sie ab, und jeder Zweifel, den sie an seinen Worten gehabt haben mochte, verschwand, denn in seinem Gesicht leuchtete die Freude eines

Menschen, der soeben seinen größten Herzenswunsch erfüllt bekommen hatte.

Salmon hob ihr Bündel auf, nahm ihre Hand und führte sie nach Hause.

Epilog

Rahab und Salmon bekamen einen Sohn namens Boas; Boas war der Vater von Obed, Obed der Vater von Isai, Isai der Vater von König David. Und aus der Linie Davids vom Stamm Juda kam der verheißene Messias, unser Herr und Retter Jesus Christus.

Ruth

Dein Gott ist mein Gott

Prolog

Zu der Zeit, als die Richter regierten, kam eine Hungersnot über das Land. Da zog ein Mann mit seiner Frau und seinen beiden Söhnen aus Bethlehem in Juda fort, um sich als Fremder im Grünland Moabs niederzulassen. Der Mann hieß Elimelech, seine Frau Noomi, und seine Söhne hießen Machlon und Kiljon; sie waren Efratiter aus Bethlehem in Juda.

Als sie im Grünland Moabs ankamen, blieben sie dort. Elimelech, der Mann Noomis, starb, und sie blieb mit ihren beiden Söhnen zurück. Diese nahmen sich moabitische Frauen, Orpa und Ruth … (Ruth 1, 1-4).

Kapitel 1

Ruth ging durch die engen, belebten Gassen von Kir Hareset. Ihr Herz war schwer. Ihr geliebter Mann Machlon war dabei, den Kampf gegen die Krankheit zu verlieren, die seit Monaten in ihm tobte. Wieder einmal drängte Ruth die Tränen und die Angst zurück. Wie sollte sie ohne Machlon leben? Sie hatte davon geträumt, ein ganzes Leben an seiner Seite zu verbringen, seine Kinder zu bekommen, zusammen mit ihm alt zu werden. Und jetzt … er litt so schrecklich. Und nie würde es Kinder geben, die seinen Namen weitertrugen.

Sie seufzte. Es war Neumond, und ihre Mutter erwartete ihren allmonatlichen Besuch. Sie würden Tee trinken, die Köstlichkeiten vom Tisch ihres Vaters essen und die Familienneuigkeiten austauschen. Ruth graute es vor diesem Besuch. Sie hatte keine Lust zu hören, was ihre Mutter über ihre Sorgen und deren Ursachen dachte.

Die arme Noomi! Wie sollte ihre Schwiegermutter mit diesem neuen Schlag fertig werden? Vor fünfzehn Jahren hatte sie ihren Mann Elimelech verloren, und im letzten Frühjahr war ihr jüngerer Sohn Kiljon gestorben. Würde sie immer noch Trost und Frieden in ihrem Glauben an den Gott Israels finden, oder würde sie zusammenbrechen unter dem Schmerz, auch noch ihren letzten Sohn zu verlieren?

Oh Herr, Gott Israels, höre unser Flehen!

Von dem Tag an, an dem Noomi ihr zum ersten Mal von dem einen wahren Gott erzählt hatte, hatte Ruth an ihn geglaubt. Weil sie den Frieden gesehen hatte, den ihre Schwiegermutter ausstrahlte. Einen unerschütterlichen inneren Frieden, wie sie ihn noch nirgends erlebt hatte, schon gar nicht im Haus ihrer Eltern. Sie hatten oft über Gott gesprochen, Noomi und sie, vor allem, wenn Ruth Fragen gehabt hatte. Und die Antwort war immer gewesen: *Vertraue Gott, bleib innerlich weich und aufnahmebereit, sei gewiss, dass alles einen Sinn hat, auch wenn du ihn jetzt nicht sehen kannst.*

Aber manchmal wollte der Schmerz in Ruths Herz unerträglich werden. Und die Angst. Würde es ihr genauso gehen wie ihrer Schwägerin Orpa, die von ihrer Trauer fast aufgefressen wurde, als Kiljon starb, die geweint und geschrien und nichts mehr gegessen hatte, sodass Ruth und Noomi Angst um sie bekamen?

O Herr, lass mich für Noomi nicht zu einer Last werden! Gib mir die Kraft, ihr zu helfen!

Vor ihr lag das Haus ihres Vaters. Sie holte tief Luft und klopfte an. Eine Dienerin öffnete lächelnd und trat beiseite, um sie vorbeizulassen. „Ruth! Komm herein!"

Es fiel Ruth schwer, das gediegene Haus ihres Vaters zu betreten, ohne es innerlich mit ihrem eigenen schlichten Heim zu vergleichen. Wohin das Auge blickte, war Reichtum: kostbare Vasen, edle Teppiche, schön gemusterte Leinenvorhänge, Tische mit Elfenbeineinlegearbeiten. In diesem Haus war sie groß geworden, all der Luxus war ihr selbstverständlich gewesen. Und dann hatte sie ihr Herz einem jungen hebräischen Kaufmann geschenkt, der Mühe hatte, sie beide über die Runden zu bringen.

Ruths Eltern waren stolz auf ihren Besitz, aber in den Jahren, die sie mit Noomi gelebt hatte, hatte Ruth erkannt, wie arm sie innerlich waren. Noomi besaß einen Reichtum, der völlig unabhängig davon war, in was für einem Haus sie wohnte und wie viel sie hatte.

„Ah, meine schöne Tochter." Ruths Mutter trat ein und sie tauschten den Begrüßungskuss aus. „Setz dich, meine Liebe." Sie klatschte in die Hände, gab einer anderen Dienerin rasch eine Anweisung und ließ sich auf einem der dunkelrot-blauen Sitzkissen nieder. „Na, fällt dir nichts auf?"

Ruth schaute sich um. Hatten ihre Eltern sich einen neuen Tisch oder Wandbehang oder Teppich angeschafft? Sie sah wieder ihre Mutter an, die andächtig eine goldene Halskette betastete.

„Was meinst du? Die ist schön, nicht wahr? Dein Vater hat sie mir geschenkt. Echt ägyptisch."

„Ja, Vater war immer schon großzügig", murmelte Ruth. Ihre Gedanken wanderten zu Machlon zurück. Er hatte darauf bestanden, dass sie heute ihre Mutter besuchte. Noomi war bei ihm. „*Geh und mach dir einen schönen Tag*", hatte er gesagt. Aber wie sollte sie das tun? Alles, woran sie denken konnte, war Machlon und die Frage, wie bald sie wieder bei ihm sein könnte – da, wo sie hingehörte.

Eine Dienerin trat mit einem mit Obst, Brot, zwei Bechern und einem Weinkrug beladenen Tablett ein. Eine zweite Dienerin setzte einen großen Teller mit Hirse und Lammfleisch ab. Der Duft der Köstlichkeiten ließ Ruths Magen knurren, aber sie streckte ihre Hand nicht nach dem Essen aus, auch nicht, als ihre Mutter sie drängte. Wie konnte sie sich den Bauch vollschlagen, wenn Machlon zu krank war, um auch nur einen Bissen bei sich zu behalten? Wie konnte sie die Leckereien genießen, die ihre Mutter ihr da auftragen ließ, wenn ihre Schwiegermutter nur Brot, Olivenöl und sauren Wein im Haus hatte?

„Du musst etwas essen, Ruth", sagte ihre Mutter leise. „Kind, du bist viel zu dünn!"

„So schlimm ist es nicht, Mutter."

„Gestern habe ich auf dem Markt Orpas Mutter getroffen. Habt ihr wirklich … alles versucht, was möglich ist?"

Ruth nickte stumm. Noomi, die die Hoffnung nicht aufgeben wollte, hörte nicht auf, Gott um Hilfe und Heilung zu bitten. Auch Ruth betete. Das Beten war ihr zur zweiten Natur geworden.

„Oh, Schatz, es tut mir ja so leid, was du durchmachen musst." Ihre Mutter nahm ihre Hand. Einen Augenblick war sie still, dann fuhr sie fort: „Was wirst du tun, wenn er stirbt?"

Die unverblümte Frage trieb Ruth die Tränen in die Augen. „Trauern. Und Noomi trösten. Mehr weiß ich noch nicht, und ich will auch nicht darüber nachdenken."

„Aber du *musst* darüber nachdenken."

„Mutter …!" Ruth schlug die Hände vor das Gesicht, ein Schluchzen unterdrückend.

Ihre Mutter sprach rasch weiter. „Ich habe dich nicht eingeladen, um dir noch mehr wehzutun. Ich weiß doch, wie sehr du an Machlon hängst. Wenn dein Vater dich nicht so lieben würde, hätte er darauf bestanden, dass du Kasim heiratest; dann hättest du jetzt nicht diese Not. Dein Vater will, dass du weißt, dass sein Haus dir immer offen steht. Und du weißt ja, wie gerne ich dich wieder bei mir hätte, und wenn es nur für eine Weile ist. Du brauchst nicht bei Noomi zu bleiben, wenn Machlon stirbt. Komm zurück zu uns."

Ruth ließ ihre Hände sinken und sah ihre Mutter durch einen Tränenschleier hindurch an. „Ich soll Noomi verlassen nach allem, was sie durchgemacht hat? Ich bin dem Haus meines Mannes verpflichtet, Mutter, das weißt du doch."

„Noomi wird die Erste sein, die dir sagt, dass du zu uns zurückgehen sollst. Du glaubst doch wohl nicht, dass sie hierbleibt, wenn auch noch ihr letzter Sohn gestorben ist. Sie wird zurück in ihre Heimat gehen, zu ihrem eigenen Volk."

Die Worte schnitten in Ruths Herz. Ihre Mutter redete ja so, als ob Machlon schon tot sei und sie Noomi am besten vergaß. „Ich muss jetzt gehen, Mutter." Sie wollte aufstehen.

Ihre Mutter ergriff ihre Hand. „Nein, Kind, hör mir zu, bitte! Noomis Mann hat sich sehr darum bemüht, einer von uns zu werden, aber deine Schwiegermutter ist immer für sich geblieben. Sie kleidet sich immer noch wie eine Hebräerin. Sie hat nie einen unserer Tempel betreten oder einem unserer Götter geopfert. Vielleicht muss sie deshalb so sehr leiden … weil unsere Götter zornig auf sie sind?"

„Sie hat ihren eigenen Gott."

„Ja, sicher, und was hat sie davon? Was hat er ihr denn gegeben? Nur Armut, Tod und Not!" Ruths Mutter machte eine ausholende Geste. „Schau dich doch um, Mädchen, sieh, wie die Götter Moabs uns segnen. Schau, was wir von *unserem* Glauben haben!"

„Aber du bist nie zufrieden, Mutter."

Der Blick ihrer Mutter verfinsterte sich. „Ich *bin* zufrieden."

„Warum willst du dann immer noch mehr? Noomi sind Besitztümer egal."

Ihre Mutter ließ ihre Hand los. „Natürlich sind sie ihr egal! Weil sie nie welche haben wird."

„Du verstehst das nicht, Mutter."

„Ich verstehe sehr wohl! Du hast dich von den Göttern deines eigenen Volkes abgewandt, um Noomis Gott anzubeten, und was hast du davon? Du wirst bestraft. Komm zurück zu den Göttern unseres Volkes, Ruth. Verlasse dieses Haus des Elends und komm heim!"

Heim? Was für ein Heim? Bei ihren Eltern ging es immer nur ums Haben. Nur ein paar Tage, und ihre Mutter würde ihre goldene Kette schon wieder vergessen haben und nach dem nächsten Geschenk hungern, das sie allen stolz zeigen konnte.

Noomis größter Reichtum war der Gott Israels. Im schlimmsten Chaos fand sie Frieden, wenn sie mit ihm sprach.

O Gott, hilf mir! Es gibt so vieles, was ich nicht verstehe. Ich weiß nicht, was ich meiner Mutter antworten soll. Erhörst du die Stimme einer verängstigten Moabiterin? Ich will nicht, dass mein Glaube stirbt, wenn du mir Machlon nimmst. Die Worte meiner Mutter sind wie Speere in meinem Herzen. Beschütz mich. Hilf mir!

„Wir wissen, dass du bis zum Ende bei Machlon bleiben musst, Ruth. Wir verstehen es auch, wenn du anschließend noch ein paar Wochen bei Noomi bleibst, um sie zu trösten. Erfülle die Pflicht, die du ihr gegenüber hast. Aber dann komm zu uns nach Hause, meine Liebe. Komm nach Hause, wo du hingehörst und wo dein Leben so viel leichter sein wird. Jeder wird das verstehen. Noomi liebt dich, sie wird dein Bestes wollen, genau wie wir. Es muss nicht sein, dass du in Armut lebst. Du bist jung und schön, du hast noch dein ganzes Leben vor dir."

Aber Ruth konnte sich kein Leben vorstellen ohne den Mann, den sie liebte, oder die Schwiegermutter, die ihr das Herz für Gott und das Leben geöffnet hatte. Was sie ihr verdankte, konnte sie ihr niemals vergelten. Und Pflicht – das war es nicht, was sie verband. Es war Liebe. Nicht nur die Liebe zueinander, sondern auch Liebe zu dem Gott, an den sie beide glaubten.

„Ich kann Noomi nicht verlassen, Mutter."

„Aber denk doch an deine eigene Familie! An deinen Vater! An *mich*! Ich soll mit ansehen, in was für einer Armut du lebst, wenn …"

Ruth fühlte sich hin- und hergerissen zwischen ihrer Liebe zu ihren Eltern und der zu Noomi und Orpa. Konnte sie Noomi und Orpa wirklich einfach so verlassen, wenn Machlon tot war? Konnte sie zurück in ihr altes Leben gehen und vor den Figuren im Haus ihrer Eltern niederfallen, die für Götter standen, an die sie nicht mehr glaubte? Ihre Bindung mit Noomi war tiefer als das übliche Verhältnis zwischen Schwiegermutter und Schwiegertochter. Ruth hatte den Glauben an den unsichtbaren Gott Israels angenommen. Sie erinnerte sich noch lebhaft daran, wie ihre Eltern sie ausgelacht hatten, als sie ihnen davon erzählt hatte. *„Wie kannst du so einen Unsinn glauben? Ein Gott, den man nicht sehen kann!"* Ruth liebte ihre Eltern sehr, aber sie war nicht bereit, Noomi und die Wahrheit, die sie ihr gebracht hatte, aufzugeben.

„Meine Familie sind Machlon, Noomi und Orpa, Mutter. Genauso, wie du in Vaters Familie kamst, als du ihn geheiratet hast."

Jetzt fing ihre Mutter an zu weinen. Ruth umarmte sie. „Du weißt, dass ich dich liebe, Mutter. Ich werde dich immer lieben. Aber ich muss das tun, was richtig ist."

„Aber es ist nicht richtig! Du wirfst dein Leben weg!"

Ihre Mutter schien nicht zu begreifen, dass ihre Tochter kein Kind mehr war. Sie war jetzt eine Frau, mit einem Mann und einer Schwiegermutter und Verpflichtungen. Ihr Leben gehörte nicht mehr nur ihr selbst – und selbst wenn, hätte sie sich dann anders entschieden?

O Herr, gib mir Kraft! Ich fühle mich wie ein zerbrochener Krug, aus dem das Öl herausläuft.

Sie musste ihrer Mutter die Wahrheit sagen. Sie durfte ihr keine falschen Hoffnungen machen.

„Ich werde Noomi nicht verlassen, Mutter. Du hast Vater und meine Brüder und Schwestern und ihre Familien. Aber wen hat Noomi noch, wenn Machlon stirbt?"

„Sie hat Orpa", sagte ihre Mutter trotzig. „Soll die doch bei ihr bleiben."

Orpa glaubte nicht an den Gott Israels. Sie betete Götzen an und verbrannte Weihrauch vor der Astarte. „Orpa ist eine liebevolle Schwiegertochter, aber sie teilt Noomis Glauben nicht."

Die Augen ihrer Mutter funkelten zornig. „Wie kannst du immer noch an diesen unsichtbaren Gott glauben, nach all dem, was geschehen ist? Es geht einfach nicht, dass du dein Leben an diese unglückselige Familie verschleuderst! Wenn Noomi gehen will, dann *lass sie gehen!*"

Ruth stand auf. „Machlon braucht mich. Ich muss gehen."

Ihre Mutter erhob sich ebenfalls und begleitete sie unter Tränen zur Tür. „Überleg es dir noch mal, Ruth, bitte! Wirf dein Leben nicht weg!"

Ruth spürte, wie die Gefühle in ihr sich stritten. Liebe … Traurigkeit … Ungeduld … Verwirrung. Sie drehte sich zu ihrer Mutter um und umarmte sie rasch. „Ich liebe dich", sagte sie mit erstickter Stimme. „Sag Vater, dass ich ihn auch liebe." Sie machte sich los und eilte zur Tür hinaus.

Als sie durch die schmalen Gassen lief, hielt sie ihr Kopftuch vor ihr Gesicht, damit die Menschen ihre Tränen nicht sahen.

Der Schmerz wird stärker, wenn die Sonne untergeht und mit dem Mond und den Sternen die Erinnerungen kommen. Die Straßen von Kir Hareset lagen verlassen da, alles schlief. Aber Noomi schwirrte der Kopf, als sie auf ihrem Lager saß, mit dem Rücken an die kalte Steinwand ihres Häuschens gelehnt. Sie fühlte sich einsam, obwohl ihre beiden lieben Schwiegertöchter nur ein paar Schritte von ihr entfernt lagen und schliefen, erschöpft vom Weinen. Beide hatten sie ihre Ehemänner verloren, erst Orpa und jetzt Ruth. Aber nie würden sie den noch tieferen Schmerz erfahren, durch den eine Frau geht, wenn ihr Kind stirbt, denn sie hatten keine.

Meine Söhne sind tot! Meine Söhne, oh, meine Söhne … Noomi hätte am liebsten laut geschrien, aber sie beherrschte sich, um ihre Schwiegertöchter nicht zu stören.

Die Schwärze der Nacht trug Verzweiflung und Angst ins Haus. Noomi versuchte zu beten, aber ihre geflüsterten Worte schienen von der Decke abzuprallen. Hatte Gott ihre Gebete überhaupt jemals erhört?

Die Stille summte wie ein Heuschreckenschwarm in ihrem Kopf, der alle guten Gedanken in ihr kahlfressen wollte. Sie presste die Hände auf ihre Ohren und biss die Zähne zusammen. Manchmal war die Dunkelheit so still, dass sie ihr eigenes Blut durch ihre Adern rauschen hörte wie ein heftiger Sturm, der die Türen ihres Gedächtnisses aufriss, sodass die Erinnerungen kamen, die sie lieber nicht mehr sehen wollte.

Die Stimme ihres verstorbenen Mannes schien durch den Raum zu hallen: „Wir gehen nach Moab, ob du willst oder nicht, Noomi! Dort haben wir wenigstens zu essen."

„Wie kannst du aus Bethlehem fortwollen, Elimelech? Hier ist unsere Heimat!"

„Unsere Heimat wird zur Wüste!"

„Wenn wir Gott vertrauen und ihm gehorchen, wird er für uns sorgen."

„Bist du blind? Sieh dich doch um, Frau. Gott hat uns verlassen!"

„Ja, weil du und die anderen vor Götzen niederfallen!"

„Ich falle vor Baal nieder, weil er der Herr dieses Landes ist!"

„Mose sagte unseren Vätern, dass der Herr Gott ist, der Herr allein!"

„Und was hat dieser Gott für uns getan? Wie lange ist es her, dass es das letzte Mal geregnet hat? Wann haben unsere Felder auch nur ein bisschen mehr erbracht, als wir brauchen, um zu leben?"

„Aber du sagst es doch selbst, Elimelech! Der Herr hat uns immer gegeben, was wir zum Leben brauchen."

„Ich kann es nicht mehr hören, Noomi! *Ich* bin derjenige, der für uns sorgt. *Ich* arbeite mich halb kaputt auf diesen steinigen Feldern und muss mit ansehen, wie die Hälfte der Ernte verdorrt. Schau dir meine Schwielen an, und dann sag mir, ob es Gott ist, der für dich und unsere Söhne sorgt! Gott schaut allerhöchstens tatenlos zu, wie alles, was ich unternehme, zu Staub wird. Er hat uns verlassen! Aber du bist eben eine Frau, was verstehst du schon von diesen Dingen? Ich werde das tun, was ich für das Richtige halte."

Und noch am gleichen Tag hatte Elimelech das Land verpfändet, das er von seinem Vater geerbt hatte, die Siebensachen der Familie auf zwei Esel gepackt und sich mit Noomi und ihren beiden Söhnen Machlon und Kiljon auf den Weg gemacht. Noomi hatte kaum Zeit gehabt, sich von ihren Freunden und Verwandten zu verabschieden.

Elimelech war so sicher gewesen, dass seine Entscheidung richtig war! Sie hatte nicht ständig nörgeln wollen, und so hatte sie ihre Zweifel für sich behalten. Und still gebetet. Gleich morgens beim Aufwachen. Dann den ganzen Tag lang bei der Arbeit. Und abends, wenn sie sich ins Bett legte. Sie betete und betete und betete – und ihr Leben zerfiel zu Staub und Asche.

Elimelech hatte in Kir Hareset Arbeit gefunden. Er schnitt sich das Haar, rasierte sich den Bart und zog moabitische Kleider an, um sich einzufügen. Es gab noch andere Israeliten in Kir Hareset, die ebenfalls vor der Hungersnot geflohen waren. Auch sie passten sich rasch den Gebräuchen der Menschen in Moab an und vergaßen das Gesetz des Mose und die Verheißungen ihres Gottes.

Es war Sommer, als Elimelech starb.

„Ich muss mich etwas ausruhen, morgen geht es mir bestimmt besser", hatte er gesagt. Er war mit Schmerzen in der Brust nach Hause gekommen, hatte sich dorthin gesetzt, wo sie jetzt saß, und mit schmerzverzerrter Miene seinen Arm massiert.

„Noomi?" Seine Stimme hatte merkwürdig geklungen. Sie hatte sich vor ihn hingekniet, plötzlich besorgt, hatte seine Hand genommen und sie tröstend gestreichelt.

„Noomi", hatte er wiederholt. Auf seiner Stirn hatte plötzlich der kalte Schweiß gestanden, in seiner Stimme lag nackte Angst. „Ich habe nur das gemacht, was ich für das Richtige hielt."

Seine Lippen waren blau geworden. Sie hatte ihn in den Armen gehalten und versucht, ihm irgendwie zu helfen. Doch es war umsonst gewesen.

Und jetzt, fünfzehn Jahre später, kam der Schmerz von damals wieder in ihr hoch, aufgeweckt durch Machlons Tod, genauso wie vor einem Jahr, als Kiljon starb. Es gab kein Entrinnen von ihm, er ließ sich nicht verdrängen, nicht irgendwo im Keller ihrer

Seele begraben. Es stand alles wieder vor ihr, grell und scharf. Vor allem die unerhörten Gebete. Sie hatte Gott angefleht, ihr nicht den Mann zu nehmen, Erbarmen zu haben – und noch während sie betete, war das Lebenslicht in Elimelechs Augen erloschen.

Ihre Söhne hatten ihren Vater unter den Moabitern begraben. Erst hatte sie nicht glauben können, dass Elimelech nicht mehr da war. Sicher würde sie bald aus diesem Albtraum erwachen und er würde sich über irgendetwas beklagen, wie immer … Als sie schließlich begriff, dass sie ihn nie mehr sehen würde, war sie wütend auf ihn geworden. Aber auch das war vorübergegangen; sie war zu sehr damit beschäftigt gewesen, ihren Söhnen dabei zu helfen, Essen auf den Tisch zu bringen.

Fünfzehn Jahre, und immer noch kam der Schmerz unerwartet und reißend wie ein wildes Tier über sie. Nicht mehr so heftig wie in jenen ersten Wochen, aber auch nicht wirklich abgestumpft. Sie hatte gedacht, dass das das Schlimmste sei – seinen Mann zu verlieren. Aber das war vor dem Tod ihrer Söhne gewesen. Und jetzt ertrank sie schier in dem Meer der Trauer.

Sie konnte noch nicht einmal mehr beten. Sie hatte immer einen Hoffnungsschimmer gehabt, etwas von Gottes Gegenwart gespürt. Jetzt schien Gott weit weg zu sein, und ihre Gebete waren wie Rauch, den ein zorniger Wind fortblies. Vielleicht hatte Elimelech doch recht gehabt: Gott sah nur unbeteiligt zu, wie sie litt.

Gott, wo bist du? Wo kann ich dich finden?

Sie versuchte, sich zu verteidigen. Hatte sie ihren Mann nicht gebeten, in Bethlehem zu bleiben? Hatte sie ihn nicht angefleht, doch auf Gott zu vertrauen? Hatte sie nicht nach Bethlehem zurückkehren wollen, als Elimelech starb? Hatte sie nicht verzweifelt versucht, ihre Söhne dazu zu bringen, zurück in das Land zu gehen, das Gott ihnen verheißen hatte? Aber Machlon und Kiljon waren bereits alt genug gewesen, um selbst zu entscheiden.

„Was sollen wir denn in Israel, Mutter? *Hier* ist unser Zuhause."

Die Herzen ihrer Söhne waren dem Gott und dem Land ihrer Jugend entfremdet. Bethlehem – das war nur eine unschöne, vage Erinnerung für sie, ein Ort der Mühe und Last. Ihr Vater hatte nie ein gutes Wort über ihre Heimat gesagt. Was für einen Grund sollten seine Söhne also haben, dorthin zurückzukehren? Die hebräischen Gebräuche und Gesetze waren ihnen fast fremd, denn Elimelech hatte seine Pflicht versäumt und seine Söhne nie die Geschichte Israels, das Gesetz des Mose und den Weg des Gerechten gelehrt. Er hatte so gelebt wie die anderen Moabiter auch, und als er tot war, hörten seine Söhne auf den Rat der Ältesten von Kir Hareset. Und auf die Priester des Kemosch. Und auf ihre eigenen Wünsche und Gedanken. Sie taten, was ihnen richtig erschien; sogar moabitische Frauen hatten sie genommen.

Was sie ihnen auch sagte, sie hatten nicht auf sie gehört. Sicher, sie liebten ihre Mutter, aber sie war eben nur eine Frau, was wusste sie schon? So dachten sie, wie ihr Vater es sie gelehrt hatte.

Noomi betrachtete ihre schlafenden Schwiegertöchter. Wie merkwürdig, dass sie jetzt ihr einziger Trost waren, diese jungen Frauen, über deren Eindringen in ihre Familie Noomi erst so entsetzt gewesen war. Fremde Frauen – welch eine Schande für Israel! Aber sie hatte sich zu einem Lächeln und zur Freundlichkeit gezwungen, als Machlon Ruth und Kiljon Orpa ins Haus gebracht hatten. Was hätte sie auch sonst tun sollen?

Jetzt waren die beiden Witwen wie sie, und sie liebte sie, als wären sie ihre eigenen Töchter. *Nichts bringt die Menschen so zusammen wie geteiltes Leid.* Sie erinnerte sich daran, wie sie ihre Schwiegertöchter angenommen und versucht hatte, eine Beziehung zu ihnen aufzubauen, um den Frieden im Haus zu bewahren. Und wie sie heimlich darum gebetet hatte, dass Ruths und Orpas Herzen offen würden für den Gott Israels. Wenn sie zum Glauben fanden, gäbe es vielleicht Hoffnung für die nächste Generation.

Aber jetzt war ihre Zukunft zerstört.

Erst hatte im vergangenen Frühling ein plötzliches Fieber Kiljon dahingerafft. Dann kam Machlons langes Leiden. Kiljon war innerhalb von ein paar Tagen gestorben, aber mit Machlon meinte das Schicksal es nicht so gnädig. Hilflos hatte sie mit ansehen müssen, wie ihr Ältester, der Erstling Elimelechs, bei lebendigem Leib zerfressen wurde. Unzählige Male hatte sie zu Gott gebetet, sein Leiden zu beenden, so oder so, aber die Tage hatten sich endlos dahingezogen. Die arme, treue, liebevolle Ruth. In wie vielen Nächten hatte das Mädchen versucht, Machlons Qualen zu lindern, und aus lauter Hilflosigkeit geweint? Manchmal hatte Noomi sich gewünscht, aus der Stadt in die Felder hinausrennen und schreien und ihr Haar raufen und sich mit Staub bedecken zu können. Sie hatte geweint, wenn Machlon sie ansah wie ein verwundetes Tier in Todesqualen.

Ihr eigener Schmerz hatte sie fast verzehrt in diesen langen, schrecklichen Monaten, aber oft hatte sie mit Machlon behutsam über die Güte und Gnade Gottes gesprochen. *Gnade! Herr, Gott, Gnade!* Während Ruth ihn gepflegt hatte, hatte Noomi an seinem Lager gesessen und ihm von den Zeichen und Wundern erzählt, die Gott in Ägypten und in der Wüste und im Land Kanaan getan hatte. Er musste ihr wohl oder übel zuhören, aber war er auch bereit, Buße zu tun und den Herrn zu suchen?

Sie erzählte ihm, wie Gott die Israeliten aus Ägypten gerettet hatte, nicht, weil sie das verdienten, sondern weil er sie erwählt hatte. Sie erzählte ihm von Mose und dem Gesetz und wie halsstarrig das Volk gewesen war und sich gegen Gott aufgelehnt hatte. Sie erzählte ihm von Segen und von Fluch. Und von den Verheißungen. Wenn sie abends schlafen ging, betete sie. *O Gott, Herr …* Sie fand die richtigen Worte nicht. *O Herr, erforsche mein Herz …* Sie betete und betete.

Aber Machlon war gestorben.

Ruth war bei ihm gewesen und hatte seine Hand gehalten. Als er seinen letzten Atemzug getan hatte, hatte sie einen langen, verzweifelten Schrei ausgestoßen und aufschluchzend ihren Kopf verhüllt.

War das wirklich erst zweiundzwanzig Tage her?

Orpa hatte versucht, Noomi und Ruth zu trösten: Jetzt hatte Machlon endlich Frieden, seine furchtbaren Schmerzen waren vorbei. Die Worte klangen so hohl. Was wusste Orpa denn von Gott?

Noomis Schmerz war so übermächtig, dass sie sich wie gelähmt fühlte. Sie konnte nichts tun, außer zu warten. Wie war es möglich, dass das Leben weiterging, wenn ihre beiden Söhne tot waren? Sie hasste das Lachen ihrer Nachbarn. Waren ihre geliebten Söhne so unwichtig wie Sandkörner, die man ins Meer warf, ohne dass das Wasser sich auch nur bewegte? Nur Orpa und Ruth nahmen teil an ihrer Trauer.

Mit jedem Tag, der verging, hasste Noomi Kir Hareset und Moab mehr. Sie hasste die Leute um sie herum. Und sie hasste sich selbst dafür, dass sie sie hasste; es war ja nicht ihre Schuld, dass Elimelech, Kiljon und Machlon gestorben waren. *Der Mensch erdenkt sich seinen Weg, aber Gott ist der Richter.*

Die Sonne ging auf, und Noomi wünschte sich einmal mehr, einfach die Augen schließen und auch sterben zu können. Aber nein, sie lebte. Sie hörte, wie Orpa und Ruth sich unterhielten – leise, um sie nicht zu stören. Sie aß etwas, wenn sie sie drängten, und legte sich hin, wenn sie meinten, dass sie sich ausruhen musste. Und die ganze Zeit war sie innerlich völlig leer.

Sie gab sich den Erinnerungen hin. Die ersten Jahre ihrer Ehe mit Elimelech. Wie oft hatten sie zusammen gelacht und von der wunderbaren Zukunft geträumt, die sie sich mit harter Arbeit aufbauen würden. „Noomi, meine Fröhliche", hatte er sie genannt. Wie sehr hatte sie sich gefreut, als sie schwanger war. Und als dann ein Sohn zur Welt kam. Und dann der zweite. Sie hatte sie gestillt und genährt, hatte über ihren kindlichen Überschwang gelacht, sich in ihrer Gegenwart gesonnt. Ihr Leben war golden und erfüllt gewesen, und in jedem Segen hatte sie Gottes Gegenwart gespürt.

Und was habe ich jetzt? Nichts! Ich werde nie mehr Freude verspüren.

Das Leben war in Bethlehem nicht einfach gewesen, aber als sie nach Moab zogen, war es schlimmer geworden. Vergeblich hatte sie versucht, auf Elimelech einzuwirken. Sie hatte ihre Söhne in den Wegen des Herrn erziehen wollen, aber Elimelech hatte die Gesetze des Mose zu eng und intolerant gefunden.

„Unser Weg ist nicht der einzige, Noomi. Schau dich doch um, wie gut es den Moabitern geht, während die Unseren in Bethlehem kaum genug zum Leben aus dem Boden bringen!"

In ihrem Herzen hatte sie gewusst, dass Elimelech das falsch sah, aber sie hatte nie die richtigen Worte gefunden, um ihm deutlich zu machen, dass er umkehren musste.

Werde ich darum jetzt so bestraft? Hätte ich mich weigern müssen, mit Elimelech zu gehen, als er aus Bethlehem wegwollte? Hätte ich mich an seine Brüder wenden sollen? Wäre vielleicht alles anders geworden, wenn wir dortgeblieben wären? Wären mein Mann und meine Söhne dann jetzt noch am Leben?

Fragen. Grübeln. Was wäre gewesen, wenn …

Warum nur habe ich Kiljon und Machlon nicht gelehrt, wie wichtig das Gesetz ist? Ich hätte eine bessere Mutter sein sollen. Ich hätte sie zwingen müssen, mich anzuhören. Ich hätte weniger Angst davor haben dürfen, ihre Liebe zu verlieren, und mehr davor, ihre Seelen zu verlieren. Und jetzt habe ich sie für immer verloren. Meine Söhne … oh, meine Söhne …

Sie sprach die Worte nicht laut aus, aber Tag für Tag und Nacht um Nacht waren die Selbstanklagen da.

Vater, vergib mir. Ich war schwach. Ich war dumm. Ich habe es mir leicht gemacht und bin mit Elimelech gezogen, um des lieben Friedens willen. Ich wollte keine zänkische Frau sein, ich wollte ihn unterstützen, seine Gehilfin sein. O Vater, ich wollte dir treu sein. Ich habe es versucht. O Gott, was habe ich gebetet die ganzen Jahre, und kein einziges meiner Gebete hast du erhört. Mein Mann ist tot, meine Söhne sind tot! Alles hast du mir genommen! Du hast mich auf die Erde ausgegossen. Was bleibt mir jetzt noch als nur du, Vater? An wen kann ich mich halten, außer an dich?

Sie schaukelte leise wimmernd mit dem Oberkörper vor und zurück.

Ruth trat zu ihr und legte die Arme um sie. „Mutter, ich lasse dich nicht allein."

Die zärtlichen Worte wollten Noomi das Herz brechen. Sie weinte in den Armen ihrer Schwiegertochter, ließ sich von ihr wiegen wie ein kleines Kind. Aber auch jetzt wollte kein Trost kommen; dafür andere Gedanken, die ihre Tränen noch bitterer machten: Es würde keine Kinder geben, die die Namen ihrer Söhne weitertrügen. Es wäre gerade so, als hätten sie nie gelebt.

Ihre Namen werden mit ihnen zu Staub zerfallen. Keine Kinder … keine Kinder …

Siebzig Tage vergingen, bis Noomi durch die Tür ihres kleinen Hauses nach draußen trat. Das Sonnenlicht tat ihren Augen weh. Sie war geschwächt vom Trauern. Sie hatte genügend Tränen vergossen, um eine ganze Zisterne zu füllen; es war Zeit aufzuhören. Weinen brachte die Toten nicht zurück; sie musste an die Lebenden denken. Ruth und Orpa waren junge Frauen – zu jung, um den Rest ihres Lebens damit zu verbringen, um Machlon und Kiljon zu trauern. Oder für eine alte Frau zu sorgen, deren Leben vorbei war.

Sie setzte sich auf den Schemel vor ihrer Tür und sah den Nachbarskindern beim Spielen zu. Sie rannten die Straße hinunter und um eine Ecke, ihr Lachen kam als fröhliches Echo zurück. Kinder waren Leben – und ihre Kinder waren nicht mehr. Aber Noomis Schwiegertöchter hatten noch eine Chance. Wenn sie das tat, was sie tun musste.

Wenn sie in Kir Hareset blieb, würden Ruth und Orpa weiter bei ihr leben. Sie würden ihre Jugend dafür verschwenden, für die Mutter ihrer verstorbenen Ehemänner zu sorgen. Wie konnte sie zulassen, dass diese lieben Mädchen ihre Zukunft für sie opferten? Sie liebte sie zu sehr, um weiter mit anzusehen, wie sie eine Handvoll Getreide von Fremden erbettelten oder sich von Verwandten ein Stück Brot geben ließen. Wenn Noomi aber Kir Hareset und Moab verließ, dann könnten ihre Schwiegertöchter zurück zu ihren Familien gehen, die sie mit offenen Armen wieder aufnehmen würden. Bestimmt würden ihre Väter ihnen rasch neue Männer besorgen, denn sie waren beide jung und schön. Dann würden Ruth und Orpa ihren verdienten Kindersegen bekommen, den Noomi ihnen mehr als alles andere wünschte.

Sie selbst würde zurück nach Bethlehem gehen. Sie wusste nicht, ob ihre Verwandten und Freunde noch dort waren und die Hungersnot überlebt hatten, aber sie hatte gehört, dass die Dürre endlich vorbei war. Vielleicht waren auch die Überfälle der

Midianiter vorbei. Und selbst wenn nicht – sie wollte nach Hause, und sie würde annehmen, was auch immer sie dort vorfinden würde. Wenn sie den Rest ihres Lebens als Bettlerin verbringen müsste – so sei es. Wenn sie nur wieder im Verheißenen Land war, dort, wo alle den wahren Gott anbeteten.

O Herr, bitte bring mich nach Hause, bevor ich sterbe. Ich will doch das tun, was in deinen Augen das Rechte ist. Hilf mir!

Mehrere Nachbarinnen, die vorbeikamen, grüßten sie. Sie nickte ihnen mechanisch lächelnd zu. *Warum sitze ich hier? Warte ich darauf, dass Gott zu mir spricht wie einst zu Mose? Aber wer bin ich, dass Gott mit mir reden sollte? Ich weiß doch, was ich tun muss! Ich werde Buße tun und in mein Heimatland zurückkehren.*

Noomi stand auf, zog ihr Tuch um die Schultern und ging zurück in ihr Haus. Ruth kniete gerade vor dem Herd und legte Brotfladen auf den Rost, während Orpa ein Gewand ausbesserte. Die beiden jungen Frauen sahen zu ihr hin und lächelten. Sie blieb stehen, sah die beiden an, suchte nach Worten, die nicht kamen. Sie drehte sich um und begann, ihre Habseligkeiten zusammenzusuchen.

Ruth erhob sich. „Was machst du da, Mutter?"

„Ich packe."

„Packen?", sagte Orpa. „Wo willst du denn hin?"

„Nach Hause."

Noomi hatte geahnt, dass ihre beiden Schwiegertöchter darauf bestehen würden, sie nach Bethlehem zu begleiten. Leidenschaftliche Jugend … Sie ließ sie gewähren; bald würden sie merken, was es hieß, Moab und ihre Familien zu verlassen. Spätestens wenn sie den Arnon erreichten, würden sie nur zu gern umkehren und zurückgehen. Sie versuchte nicht daran zu denken, dass sie sie anschließend nie mehr wiedersehen würde. Doch sie würde sie nicht vergessen und jeden Tag für sie beten, bis an ihr Lebensende.

Die Mädchen begannen zu packen, und Noomi fragte sich, ob sie es auch nur bis zum Stadttor schaffen würden mit all den

Sachen, die Orpa mitschleppen wollte. Das arme Mädchen. Sie brachte es nicht fertig, etwas zurückzulassen. Sie war von Kopf bis Fuß bepackt mit den Dingen, die sich während ihrer Ehe mit Kiljon angesammelt hatten; sogar ein kleiner Schemel war dabei. Orpa seufzte bedrückt auf. „Ach, könnten wir doch nur den Tisch und den Teppich mitnehmen …"

Ruths Gepäck dagegen bestand nur aus ein paar bunten Schärpen, die sie selbst gemacht hatte, einem Wasserschlauch und genügend Mehl und Rosinenküchlein für mehrere Tage. „Wo sind deine anderen Sachen, Ruth?", fragte Noomi.

„Ich habe alles, was ich brauche. Lass mich den Kochtopf tragen, Mutter, der ist zu schwer für dich."

Noomi hatte den Nachbarn erklärt, dass Orpa und Ruth in ein paar Tagen zurückkehren würden, und sie gebeten, so lange auf ihr Haus aufzupassen. Wenn die beiden Mädchen nach Kir Hareset zurückkehrten, würden sie sicher alles verkaufen, auch das Haus, und sich den Erlös teilen. Noomi war das recht. In Bethlehem könnte sie sowieso nichts damit anfangen.

Sie hatte den Verdacht, dass Ruth alles Orpa schenken würde. Die liebe Ruth – sie hatte ein so großzügiges Herz, nicht zu vergessen einen reichen Vater, der sie gern wieder in sein Haus aufnehmen würde. Bestimmt hatte er schon ein Auge auf einen neuen Mann für Ruth geworfen – einen reichen Kaufmannssohn oder einen Beamten am königlichen Hof. Der Gedanke, dass Ruth mit einem anderen verheiratet sein würde als ihrem Sohn, wollte Noomi das Herz zusammenziehen. Seltsam – bei Orpa ging es ihr nicht so.

Lag das vielleicht daran, dass Ruth ihr Herz dem wahren Gott geöffnet hatte? Noomi hatte sich so sehr gefreut, als sie merkte, wie der Glaube langsam, aber stetig in dem Herzen des Mädchens Fuß gefasst hatte.

„Hast du gestern deine Eltern besucht, Ruth?", fragte sie.

Ruth schüttelte den Kopf.

„Warum nicht? Sie müssen doch erfahren, dass du die Stadt verlässt."

„Sie können sich denken, dass ich bei dir bin."

„Und wissen sie, dass ich zurück nach Bethlehem gehe?"

„Meine Mutter hat gesagt, dass du bestimmt nach Bethlehem zurückwillst, und ich habe ihr gesagt, dass ich zur Familie meines Mannes gehöre, komme, was will."

Noomi beschloss, es vorerst damit bewenden zu lassen. Sie gingen los. Ihr Gepäck bestand aus einem kleinen Sack mit getrocknetem Getreide, einem Wasserschlauch und einem Lederbeutel, in dem ein Sandelholzkästchen mit Weihrauch lag. Sie würde den Weihrauch bei ihrer Ankunft in Bethlehem dem Priester übergeben, als Opfer für den Herrn.

Sie fühlte sich merkwürdig erleichtert, als sie durch die Gassen von Kir Hareset ging und dann das weite Tal und die Berge vor sich sah. Was auch an Mühsal kommen mochte, sie war auf dem Weg zurück nach Kanaan. Sie drehte sich nicht um. Orpa dagegen sah sich um, leise weinend.

Ruth lächelte nur und schaute zum Königsweg, der bis zum Toten Meer führte. „Heute ist ein guter Reisetag, Mutter."

Die Sonne stieg höher, wurde heißer und drückender. Noomi spürte, wie neue Verzweiflung sich um ihr Herz legen wollte. Jetzt würde sie bald endgültig Lebewohl zu ihren Töchtern sagen müssen. *Herr, gib mir die Kraft, dass ihr Wohl mir wichtiger ist als meine Angst vor dem Alleinsein. Vater, vergelte ihnen ihre Freundlichkeit. Segne sie, bring sie sicher wieder nach Hause. Und gib mir Mut, alleine weiterzugehen.*

Am Mittag machten sie unter einer Terebinthe Rast. Noomi nahm den Rosinenfladen und das Wasser, das Ruth ihr anbot, aber Orpa wollte nichts essen. Sie war sehr still, die Augen niedergeschlagen. Ruth setzte sich und wischte sich den Schweiß von der Stirn. „Geht es dir nicht gut, Orpa?"

„Wenn ich mich ausgeruht habe, geht es schon wieder."

Noomi wusste, was Orpa fehlte. Sie musste die beiden jetzt zurückschicken. Noch konnten sie rechtzeitig vor Einbruch der Nacht wieder in der Stadt sein. Sie aß rasch fertig, stand auf und hob das Bündel hoch, das Ruth bisher für sie getragen hatte.

„Was hast du vor?", fragte Ruth, die ebenfalls aufstand.

„Ich gehe von jetzt an allein weiter."

„Nein, Mutter!“

Orpa rappelte sich hoch und trat neben Ruth. „Geh nicht! Bitte geh nicht!“

Noomis Herz wollte brechen, aber sie wusste, dass sie fest bleiben musste. „Geht zurück zu euren Familien und lasst mich allein weiterziehen. Möge der Herr euch eure Güte reich vergelten und euch mit einer neuen Ehe segnen.“

Ruth schluchzte auf. „Nein.“ Sie schüttelte den Kopf. „Nein, *nein* ... “ Sie trat vor. „Wir wollen mit dir in deine Heimat gehen.“

„Warum wollt ihr mit mir gehen?“ Noomi versuchte vergeblich, ihre Stimme ruhig zu halten. „Kann ich noch andere Söhne gebären, die einmal eure Männer werden könnten? Nein, meine Töchter. Mein Los ist zu bitter für euch. Gott selbst hat dieses Leid über mich gebracht.“

Ruth und Orpa weinten noch heftiger. Dann umarmte Orpa sie. „Ich werde dich nie vergessen, Noomi. Mögest du sicher nach Hause kommen.“

„Ich werde dich auch nicht vergessen.“ Noomi küsste sie auf beide Wangen. „Komm auch du gut nach Hause.“

Orpa nahm ihre Bündel und ging zurück in Richtung Kir Hareset. Nach ein paar Schritten hielt sie an und schaute zurück. „Kommst du nicht mit, Ruth?“

„Nein.“ Ruth schüttelte den Kopf, Tränen in den Augen. „Ich gehe mit Mutter.“

Orpa setzte ihre Sachen ab und rannte zurück, um sie zu umarmen. „Bist du ganz sicher, meine Schwester?“

„Ich bin noch nie sicherer gewesen. Geh du nur zurück, ich gehe mit Noomi.“

Orpa sah sie und Noomi an, dann drehte sie sich um, nahm ihre Bündel wieder auf und ging. Noomi sah ihr hinterher, dann zeigte sie auf die Silhouette von Kir Hareset. „Siehst du, deine Schwägerin geht zurück zu ihrer Familie. Tu du das besser auch, Ruth.“

Die Tränen rannen Ruth über das Gesicht, aber sie blieb stehen. „Verlang nicht von mir, dass ich zurückgehe. Ich werde es nicht tun.“

„Aber wie sollte ich dir nicht dazu raten?“ Noomi trat näher zu ihr. „Du hast doch gehört, was ich gesagt habe, Ruth. Willst du mit mir nach Betlehem kommen, damit du genauso endest wie ich? Willst du ohne Mann und Kinder alt und grau werden? Geh mit Orpa! Kehr zurück und finde ein neues Leben!“

„Nein! Ich werde dich nicht verlassen! Ich will eure Wege und Gesetze lernen.“

Noomis Herz zog sich zusammen. „Oh, meine Liebe, du weißt ja nicht, was du da sagst! Das Leben meines Volkes ist nicht so einfach wie das, was du kennst. Wir müssen den Sabbat und viele Feiertage einhalten, an denen wir nur eine kleine Strecke reisen dürfen.“

„Wo du hingehst, da will ich auch hingehen.“

Noomi wusste: Sie musste die Wahrheit sagen, auch wenn sie Ruth damit verletzte. „Wir dürfen auch nicht die Nacht bei Heiden verbringen.“

„Wo du lebst, da will auch ich leben.“

„Über sechshundert Gebote müssen wir halten!“

„Was dein Volk hält, werde ich auch halten, Mutter, denn dein Volk wird mein Volk sein.“

„Wir dürfen keine fremden Götter anbeten. Kemosch ist für uns ein Greuel!“

„Dein Gott soll mein Gott sein.“

Noomi breitete ihre Hände aus. „Wir haben vier Arten der Todesstrafe für Gesetzesbrüchige, Ruth: Steinigung, Feuer, den Strick und das Schwert. Überleg es dir gut!“

Ruth antwortete nicht und Noomi fuhr fort: „In meinem Volk werden die Toten in Grabhöhlen beigesetzt.“

„Dann soll es auch bei mir so sein, Mutter.“ Ruth fiel auf die Knie und schlang ihre Arme um Noomis Taille. „Ich will sterben, wo du stirbst, und auch dort begraben werden.“ Noomi versuchte, sich von ihr freizumachen, doch Ruth umklammerte sie nur umso fester. „Und möge der Herr mich hart strafen, wenn ich mich durch irgendetwas von dir trennen lasse, außer durch den Tod!“

Jetzt weinte Noomi selbst. Sie legte ihre Hände auf Ruths Kopf, streichelte ihr über das Haar und sah zum Himmel hoch. Dies hier – sie hatte das nie zu hoffen gewagt. Nie hatte sie erwartet, dass diese junge Moabiterin bereit sein würde, alles aufzugeben, um mit ihr zu gehen. Sie sah zu ihr hinunter und streichelte ihr geistesabwesend über das Gesicht. „Du wirst deine Mutter und deinen Vater, deine Brüder und Schwestern nie mehr wiedersehen, Ruth. Ist dir das klar?"

„Ja." Ruths Gesicht war nass von Tränen.

„Dein Leben wird leichter sein, wenn du jetzt zurückgehst."

„Oh, Noomi, wie kann ich zurück in mein altes Leben gehen, wenn du doch die Worte der Wahrheit hast?" Ihre Arme schlossen sich noch fester um Noomi, sie begann zu schluchzen. „Bitte verlang nicht von mir, dass ich dich verlasse. Führe mich nicht in Versuchung. Ich gehe mit dir! *Dein Gott soll mein Gott sein.*"

Wie konnte Noomi Nein sagen zu diesen Worten? Hatte sie nicht darum gebetet, dass Ruths Herz sich für den Gott Israels öffnen würde? Und jetzt war dieses Gebet erhört worden, eines unter Tausenden. „Hab keine Angst", sagte sie leise und wischte Ruth lächelnd die Tränen ab. „Es möge geschehen, wie Gott es will. Was auch kommt, wir werden gemeinsam gehen."

Ein erleichtertes Leuchten trat in Ruths Augen. „Ich werde auf jedes deiner Worte hören, denn ich weiß: Du wirst mich alles lehren, was ich wissen muss."

„Alles, was ich von meiner Mutter gelernt habe, werde ich dir weitergeben. Alles, was ich habe, ist dein, und ich gebe es dir mit Freuden." Noomi wurde klar, dass sie durch mehr als die Ehe mit ihrem Sohn an dieses Mädchen gebunden war und umgekehrt. Und jetzt würde sie darum beten, dass Ruth auch in ihr Volk eingepflanzt würde.

Herr, du hast mich doch nicht vergessen. Du wusstest, dass ich es nicht allein nach Hause schaffen würde. Du hast mich nicht verlassen.

„Komm", sagte Noomi. Sie nahm Ruths Hand und zog sie hoch. „Wir haben einen langen Weg vor uns."

Ruth dachte nicht an die Probleme und Mühen, die sie und Noomi erwarten mochten, wenn sie Bethlehem erreichten. Jeder neue

Reisetag hatte seine eigenen Schwierigkeiten. Hatte sie nicht die ganzen Monate von Machlons Krankheit in der Angst davor gelebt, was die Zukunft bringen würde? Es hatte ihr rein nichts gebracht. Sie hatte ihren Mann geliebt, aber sie hatte ihn nicht retten können, und mit all ihren Ängsten hatte sie den Tod keine Minute aufhalten können. Die Angst hatte ihr auch nicht geholfen, sich auf das Leben einer Witwe einzustellen. Als Machlon starb, hatte sie sich geschworen, sich nie mehr den Kopf über Dinge zu zermartern, die sie doch nicht beeinflussen konnte, und eines dieser Dinge war die Zukunft. Nein, sie würde alles auf sich zukommen lassen und das Beste aus dem machen, was Gott ihr gab.

Oft tröstete Noomi sie, ohne es selbst zu merken. „Der Herr wird für uns sorgen", hatte sie gestern Abend gesagt, und Ruth hatte noch lange wach auf dem harten Boden gelegen, zu den Sternen hochgesehen und über diese Worte nachgedacht. *Der Herr wird für uns sorgen.* So viel Schweres hatte Noomi durchgemacht, aber immer noch hielt sie an ihrem Glauben fest. Was für eine Kraft sie hatte! *Der Herr wird für uns sorgen.* Wenn ihre Schwiegermutter das sagte, dann musste es wahr sein ... dann konnte auch Ruth daran glauben.

Von dem ersten Tag an, an dem sie in Machlons Haus gekommen war, hatte Ruth gemerkt, dass Noomi ... anders war. Schon rein äußerlich: Obwohl sie schon seit Jahren unter den Moabitern wohnte, kleidete sie sich immer noch wie eine Hebräerin. Aber nicht so, als halte sie sich für etwas Besseres, sondern einfach, weil es ein Teil ihrer Identität war. Und dann ihr tiefer Glaube an den Gott Israels. Zuerst hatte Ruth nicht verstanden, was sie tat, wenn sie manchmal stundenlang schweigend in einer Ecke saß. Aber Machlon hatte sie aufgeklärt. „Sie betet nur", hatte er achselzuckend erklärt. „Das macht sie schon, so lange ich sie kenne. Lass dich nicht davon stören, es ist nichts Schlimmes. Ignorier es einfach."

Aber Ruth hatte es nicht ignoriert. Sie sah, dass das Beten für Noomi sehr wichtig zu sein schien, und sie wollte wissen, warum. Und so hatte sie begonnen, ihre Schwiegermutter heimlich zu beobachten. Manchmal war ihr Gesicht ein Bild des Friedens, wenn sie mit ihrem Gott sprach, dann wieder voller Angst und Not. Jeden Morgen, an vielen Mittagen und jeden Abend zog Noomi ihr Tuch über ihren Kopf, setzte sich die Ecke und wurde ganz still. Einmal hatte Ruth sie gefragt, um was sie betete, und Noomi hatte gelächelt und gesagt: „Um alles." Dann waren ihre Augen traurig geworden. „Meistens bete ich für meine Söhne." Und sie hatte ihre Hand auf Ruths gelegt und hinzugefügt: „Und für meine Töchter."

Die warmen Worte hatten Ruth die Tränen in die Augen steigen lassen. Sie bewunderte ihre Schwiegermutter sehr; sie war immer so freundlich und gelassen, gerecht und fleißig. Es war deutlich, dass sie ihre Söhne liebte, und obwohl sie aus einem anderen Volk kamen, behandelte sie Ruth und Orpa wie ihre eigenen Töchter. Liebe war ein Geschenk, das Noomi in Überfülle zu vergeben hatte. Und Ruth erahnte bei ihrer Schwiegermutter eine tiefe Weisheit – eine Weisheit, die sie sehr anzog.

Aber sie spürte auch Noomis Schmerz. Noomi schien nie in Kir Hareset zu Hause zu sein. Es musste mit ihrem Glauben zusammenhängen. Ruth hatte gezögert, Noomi selbst darauf anzusprechen, und so hatte sie stattdessen Machlon gefragt.

Machlon hatte nie viele Worte über den Gott seines Volkes verloren, ja er schien kaum etwas über ihn zu wissen. Als Ruth ihn darauf ansprach, sagte er: „Warum interessierst du dich so für diesen Gott?"

„Möchtest du nicht, dass ich deine Söhne in seinen Wegen unterweise?"

„Ach, unterweise sie doch in den Wegen Kemoschs, mir ist es gleich. Über Jahwe werden sie schon genug von meiner Mutter hören. Das Wichtigste ist sowieso, dass sie alle Religionen gleich gelten lassen; nur so können sie es hier in Kir Hareset zu etwas bringen."

In Machlons Augen war der eine Gott so gut wie der andere. Für Noomi schien es ganz anders zu sein. Sie sprach zwar nie herabsetzend über den Glauben anderer Menschen, aber sie hielt mit stiller Beharrlichkeit an ihrem Jahwe fest.

Jetzt sah Ruth ihre Schwiegermutter an, wie sie auf der Seite lag, ihr Kopf auf einem Stein, und schlief. Minuten nach der schlichten Abendmahlzeit aus Brot war sie eingeschlafen. Die Sonne war untergegangen, die Luft wurde rasch kühler. Ruth stand auf und breitete behutsam ihr Schultertuch über Noomi. Sie merkte, wie die Reise ihre Schwiegermutter anstrengte. In den Wochen nach Machlons Tod hatte sie so wenig gegessen, dass Ruth schon Angst gehabt hatte, sie würde vor Trauer verhungern. Mit schmackhaften Gerichten hatte sie versucht, den Appetit ihrer Schwiegermutter anzuregen. Jetzt war es die schiere Anstrengung, die ihren Appetit dämpfte; nach einem ganzen Tag auf den Beinen konnte sie kaum lange genug die Augen offen halten, um etwas zu essen. Fast kam es Ruth so vor, als ob ihre Rollen sich vertauscht hatten; jetzt war Noomi das Kind und sie die fürsorgliche Mutter.

„Das macht nichts", flüsterte sie und küsste Noomi sachte auf die Wange. Sie strich ihr die schwarzen Haarsträhnen aus dem sonnenverbrannten Gesicht.

Sie fröstelte leicht. In der Ferne war der Gipfel des Nebo zu sehen. Erst am Morgen hatte Noomi ihr erzählt, dass Mose auf diesen Berg gestiegen und dort gestorben war, nachdem er Josua die Führung des Gottesvolkes übertragen hatte. Bald danach hatten die Israeliten den Jordan überschritten und Kanaan eingenommen. Ruth hörte immer gern zu, wenn Noomi berichtete, was Gott für die Hebräer getan hatte. Seine mächtigen Taten, seine hartnäckige Liebe – sie rührten ihr Herz merkwürdig an.

Sie schloss die Augen und hob ihr Gesicht zum Himmel. „Gott, hilf mir, für deine Dienerin Noomi zu sorgen", flüsterte sie. „Durch sie bin ich zum Glauben an dich gekommen. Bitte leite du unsere Schritte und bringe uns sicher nach Bethlehem. Und, Herr, wenn das nicht zu viel verlangt ist, dann lass alte Freunde da sein, die Noomi freundlich empfangen, wenn sie wiederkommt, Menschen, die sie von früher her lieben und die sie auch in den schweren Tagen, die vor ihr liegen, lieben werden."

Kapitel 2

Die Tage waren lang und heiß und trocken. Frühmorgens brachen sie auf und gingen, bis die Sonne ihren höchsten Punkt erreichte und sie sich einen schattigen Platz zum Ausruhen suchten. Noomi schlief meistens ein wenig, während Ruth vor sich hinstarrte und sich fragte, was die Zukunft wohl bringen würde.

Sie erreichten das Wadi Arnon, das die Südgrenze des Stammes Ruben markierte, und folgten dem Königsweg nach Dibon, Heschbon und Abel Schittim. In jeder Stadt, durch die sie kamen, tauschte Ruth auf dem Markt eine der Schärpen, die sie gewoben hatte, gegen Proviant ein und erkundigte sich nach dem Weg.

„Den Weg von Jericho nehmt ihr besser nicht", sagte eine Frau, die Zwiebeln und Knoblauch verkaufte. „Die Berge dort sind voll von Räubern. Allein habt ihr keine Chance. Geht besser zum Kamelmarkt dort hinten und schaut euch nach einem Händler um, der euch mit seiner Karawane mitgehen lässt."

Als Ruth zu ihrem kleinen Lager bei der Stadtmauer zurückkehrte, war Noomi gerade dabei, ungesäuertes Brot über dem Feuer zu backen. Mit einem Spieß drehte sie den Laib geschickt um. „Ich habe mir schon Sorgen gemacht", sagte sie, ohne aufzublicken.

Ruth hockte sich neben sie. „Entschuldige, Mutter, dass ich so lange weg war. Eine Händlerin auf dem Markt hat mich vor Räubern gewarnt, die den Leuten in den Bergen auflauern, und da habe ich mich gleich nach Hilfe umgeschaut. Morgen früh können wir uns einer Karawane anschließen, die über die Jericho-Straße zieht. Der Mann ist ein Benjaminiter und hat bewaffnete Wachen dabei. Bei ihm sind wir in Sicherheit."

Noomis Schultern sanken nach unten. Sie legte das Brot zum Abkühlen beiseite. „Dass ich nicht selbst daran gedacht habe ..." Sie schlug die Hände vor das Gesicht.

Ruth nahm das Brot, brach es und hielt Noomi die eine Hälfte hin. Noomi schüttelte den Kopf. „Du musst essen, Mutter. Du brauchst doch Kraft."

Noomi weinte, die Hände weiter vor dem Gesicht. „Warum habe ich nicht an die Gefahren gedacht? Warum hab ich dich mitgenommen auf diese Reise? Was bin ich nur für eine selbstsüchtige Person!"

Ruth lächelte. „Du wolltest mich doch zurückschicken. Mach dir keine Sorgen, wir schaffen das schon."

Noomi hob ihren Kopf. „Eine junge Frau wie du ist in viel größerer Gefahr als eine alte wie ich."

„Wir sind beide in Gefahr, und wir sorgen entsprechend vor. Der Mann macht einen vertrauenerweckenden Eindruck."

„Heute kann man niemandem mehr trauen."

Ruth hielt ihr das Brot erneut hin. Noomi nahm es, brach ein kleines Stück davon ab und aß es langsam, die Stirn weiter gerunzelt.

Ruth lächelte sie an. „Wie oft hast du schon gesagt: ‚Der Herr wacht über die, die ihn lieben'?"

„Und straft die, die ihn verachten." Noomis Augen füllten sich erneut mit Tränen, und Ruth wusste, dass sie jetzt an Elimelech, Kiljon und Machlon dachte. Ach, Machlon ... Wie jung war er gewesen, so viele Jahre hatten noch vor ihm gelegen. Wie gern hätte Ruth ihm ein Kind geschenkt! Einen Sohn, um seinen Namen weiterzutragen.

„Ich bin so müde", sagte Noomi, die Stimme tränenerstickt. „Ich weiß nicht, ob ich es bis nach Hause schaffe. Die Berge – ich hatte sie nicht mehr so steil in Erinnerung."

„Wenn wir müde werden, ruhen wir uns eben aus."

„Ja, und die Karawane zieht dann ohne uns weiter."

„Dann schließen wir uns einer anderen an."

„Wenn wir nicht bis dahin überfallen werden ..."

„Sag nicht so was!" Ruth kniete sich neben Noomi hin und nahm ihre Hand. „Denk doch nicht an all das Schlimme, was passieren kann. Denk an das, was hinter diesen Bergen liegt: Bethlehem. Unsere Heimat. Bitte erzähl mir noch mehr von Gott,

Mutter. Wie er in der Wüste die Israeliten mit Nahrung versorgt hat. Wie er aus einem Felsen Wasser fließen ließ. Und bitte ihn, dass er sich unser erbarmt."

Noomi berührte Ruths Gesicht. „Manchmal denke ich nur an das, was ich verloren habe, und nicht an das, was ich noch habe."

„Wir haben einander", sagte Ruth. „Und wir haben Gott. Das ist mehr als genug. Das hast du selbst mir beigebracht."

„Ja, Kind. Erinnere mich daran, wenn ich es nötig habe."

Am Spätnachmittag des folgenden Tages überquerten sie mit der Karawane den Jordan. Am anderen Ufer sank Noomi unter den Bäumen zu Boden. „Ich kann nicht mehr."

Ruth half ihr, sich bequemer hinzusetzen, und brachte ihr Wasser. „Ruh dich hier aus, während ich Ashir Ben Hadar danke." Ruth trat vor den Besitzer der Karawane und verneigte sich. „Danke, dass du uns gestattet hast, unter deinem Schutz zu reisen."

„Wollt ihr uns schon wieder verlassen?"

„Die Kräfte meiner Schwiegermutter sind für heute erschöpft. Wir werden hier am Fluss kampieren und morgen weiterziehen."

„Das ist schade. Wir werden die Nacht in der Oase verbringen. Dort wärt ihr sicherer als hier."

„Möge der Herr euch gut an euer Ziel bringen und dich für deine Barmherzigkeit segnen, die du zwei Witwen gezeigt hast."

Der Karawanenbesitzer runzelte die Stirn. „Möge der Herr euch beschützen." Er wandte sich ab, stieg auf sein Kamel, klopfte mit dem Stock an seinen Hals und rief einem seiner Diener auf Ägyptisch einen Befehl zu. Das Kamel stand auf, heftig vor- und zurückschaukelnd, und Ruth verneigte sich erneut, während der Händler zur Spitze seiner Karawane ritt.

Fast hatte Ruth die Bäume am Ufer wieder erreicht, als einer der Diener Ashir Ben Hadars herbeigerannt kam und ihr einen Sack und einen prallen Schlauch reichte. „Geschenke von meinem Herrn", sagte er und eilte wieder fort.

Ruth kniete sich lächelnd neben Noomi. „Sieh nur, wie der Herr für die sorgt, die ihn lieben."

Noomi hob den Schlauch vorsichtig an ihren Mund und nahm einen kleinen Schluck. Ihre Augen wurden groß. „Das ist frische Ziegenmilch!"

Ruth öffnete auflachend den Sack. „Und Rosinenfladen, Mutter. Genug für mehrere Tage. Zusammen mit dem Getreide, das wir noch haben, haben wir jetzt genug Proviant bis Bethlehem."

Sie aßen und schauten zu, wie die Sonne hinter den Bergen versank. „Nicht weit von hier hat der Herr das Wasser des Jordans angehalten, sodass Josua unser Volk trockenen Fußes hinüberbringen konnte", erzählte Noomi. „Meine Mutter hat mir gesagt, dass das Volk nach dem Tod Moses dreißig Tage lang trauerte. Dann wurde Josua vom Geist des Herrn erfüllt und führte das Volk nach Schittim." Sie zeigte auf das andere Ufer des Flusses, in die Richtung, aus der sie gekommen waren. „Dort wartete er, bis der Herr ihm zeigte, was er tun sollte. Dann brachte er das Volk ans Ufer des Jordans, und Gott ließ das Wasser anhalten, sodass die Israeliten hindurchziehen konnten. Meine Mutter und mein Vater waren an diesem Tag dabei. Das Volk lagerte in Gilgal und feierte das Passahfest."

„Und was sind das für Steine, die dort drüben aufrecht am Fluss stehen?"

„Die Gedenksteine?" Noomi stand auf und trat neben Ruth. „Die haben sie damals aufgestellt, damit jeder, der vorbeikommt, sich daran erinnert, was der Herr für sein Volk getan hat. Es sind zwölf Steine, einer für jeden der Stämme, die von unserem Vater Jakob kommen. Und siehst du die Strudel dort hinten? Da stehen noch einmal zwölf Steine, mitten im Fluss, an der Stelle, wo die Priester mit der Bundeslade standen, während das Volk durch den Fluss zog." Sie zeigte auf das andere Ufer. „Und dort hinten ist der Altar, den die Söhne Rubens, Gads und Manasses erbauten. Die Stämme auf dieser Seite des Jordans fingen wegen ihm um ein Haar einen Krieg an."

„Warum das?"

„Weil die Stämme am Westufer des Jordans dachten, dass es ein Altar für fremde Götter sei. In Wirklichkeit ist er ein Denkmal dafür, dass die Stämme Ruben, Gad und Manasse Anteil am Erbe des Herrn haben. Er soll uns daran erinnern, dass wir Brüder und Schwestern sind."

Noomi sprach weiter, bis die Sterne hell am Himmel standen. Die Geschichten, die ihr Vater und ihre Mutter ihr erzählt hatten. Von den Jahren der Wüstenwanderung. Von den mächtigen Wundern, die Gott getan hatte, um sein Volk zu retten und zu formen. Als Noomi eingeschlafen war, schaute Ruth zum Sternenhimmel hoch und verspürte einen tiefen Frieden. Der Gott, der in der Wüste so liebevoll über sein störrisches Volk gewacht hatte, würde jetzt auch über Noomi wachen und sie beide sicher nach Hause bringen, nach Bethlehem.

Am nächsten Tag gingen sie bis zur Oase von Jericho und verbrachten die Nacht unter ihren Palmen. Vor dem Fuß der Berge sahen sie die Ruinensilhouette der einst so mächtigen Stadt, die jetzt ein von Eidechsen und Schlangen bewohnter Trümmerhaufen war. Nicht weit entfernt, um die Quelle herum, gab es eine kleine, aber blühende Siedlung, die gute Geschäfte mit den Reisenden machte, die über die Jericho-Straße in Richtung Jerusalem reisten.

Als sie den beschwerlichen Anstieg begannen, betete Ruth pausenlos, während ihre Augen wachsam über den Weg vor ihnen glitten: *Gott, schütze uns. Wache über uns und lenke unsere Schritte.*

Eine Karawane überholte sie. Ruth sprach mit ihrem Führer und erhielt die Erlaubnis, in der Nacht bei der Karawane zu kampieren. Am folgenden Morgen versuchte sie nicht, Noomi anzutreiben, sondern passte sich ihrem Tempo an, obwohl die Karawane schon bald ihren Blicken entschwunden war.

„Herr, hilf uns, über diese Berge zu kommen", flüsterte sie jeden Abend, bevor sie ihre Augen schloss.

Und mit jedem Tag war der Weg steiler und schwieriger, die Sonne heißer und der Proviant weniger. Als Noomi schwächer wurde, übernahm Ruth ihr Gepäck. Als sie in Depressionen verfiel, fragte Ruth sie über Bethlehem und ihre Kindheit aus, um ihr so neue Willenskraft zu geben. „Wir kommen mit jedem Tag näher, Mutter."

„Und was wartet auf uns? Von denen, die ich gekannt habe, lebt womöglich keiner mehr."

„Vielleicht sind Freunde da, die du vergessen hast."

„Und die mich vergessen haben." Noomi begann zu weinen, wie so oft, wenn die Erschöpfung sie überfiel. „Ich bringe dich heim in die Armut. Kein Mensch wird uns willkommen heißen."

„Schau doch mal zurück und sieh, wie weit wir schon gekommen sind", keuchte Ruth unter ihrer Last.

„Schau nach vorne, wie weit es noch ist. Die ganze Zeit nur bergauf, bergauf."

Ruth schaute in die Runde. Dort, wo sie jetzt waren, gab es keinen Platz, um Pause zu machen. Sie mussten weitergehen. Ruth war nahe daran, selbst loszuheulen. Ihr Rücken tat weh von der Last des Gepäcks, ihre Augen waren vom Staub verklebt, ihre Kehle ausgedörrt. Sie befingerte das Fläschchen, das sie an einem Band um den Hals trug. Es war mit den Tränen gefüllt, die sie für Machlon vergossen hatte, zum Zeichen ihrer Achtung und Liebe. Sie ließ es wieder los und schloss die Augen. „Der Herr sieht unseren Schmerz, Mutter. Er weiß, was wir brauchen."

„Wo ist er dann?"

Ruth presste ihre Lippen zusammen, um nicht vor lauter Verzweiflung aufzuschreien. Sie durfte jetzt nicht schwach werden; was sollte dann aus ihnen werden?

„Ich kann nicht weitergehen, Ruth. Ich schaffe es nicht. Lass mich einfach hier liegen, mir ist alles egal!"

Ruth legte ihren einen Arm um Noomi und stützte sie. „Du musst aber weiter. Nur noch ein bisschen. Wir finden sicher gleich eine Stelle, wo wir ausruhen können."

„Morgen werde ich genauso müde sein wie heute. Ich kann nicht mehr."

„Wir schaffen das, Mutter."

„Und wenn – was werden wir dort antreffen?", sagte Noomi bitter. „Ich habe kein Land, kein Haus, keinen Mann, keine Söhne, nichts. Was werden wir in Bethlehem haben?"

Ruth kämpfte gegen ihre Tränen an und sagte: „Das weiß ich nicht, aber Gott wird uns helfen, bestimmt."

Sie konnte nicht weiterreden. Sie hatte nur noch Kraft, um weiterzugehen, bis sie einen Lagerplatz fanden. *O bitte, Gott, hilf uns!*

Als sie um eine Biegung des Weges kamen, sah Ruth eine große Spalte in der Felswand vor ihnen. „Nur noch ein paar Schritte, Mutter." Sie zog Noomi weiter. Die Spalte war groß genug, um den beiden Frauen für die Nacht Schutz zu geben.

Noomi ließ sich aufseufzend niedersinken, mit dem Rücken an den Fels gelehnt. Ruth nahm mit schmerzendem Rücken ihre Bündel ab und rollte ihre Schultern, um die verkrampften Muskeln zu entspannen. „Wir sind jetzt fast oben", sagte sie, während sie ihren Hinterkopf gegen den kalten Stein sinken ließ.

Noomi antwortete nicht. Sie atmete schwer, die Augen geschlossen, das Gesicht bleich vor Erschöpfung.

Ruth stand auf und rollte die Bettmatte auseinander. Sie brach den letzten Rosinenkuchen in zwei Stücke. „Wenn du etwas gegessen hast, geht es dir sicher besser."

Noomi nahm den Kuchen und aß langsam. Ruth sah, wie ihre Augen feucht glänzten. „Wenn Gott will, sind wir morgen früh in Bethlehem", sagte sie. „Es liegt gleich hinter Jerusalem."

Ruth legte lächelnd ihre Hand auf Noomis. „Du bist fast zu Hause, Mutter."

Noomi schloss ihre Augen, während ein paar Tränen über ihre staubigen Wangen rollten. Ruth rutschte näher und legte ihren Arm um sie. Noomi lehnte ihren Kopf an Ruths Schulter. Kurz darauf war sie eingeschlafen.

Herr, Herr … Ruth wusste nicht, was sie noch beten sollte. Sie war zu müde, um zu denken – aber nicht, um Angst zu haben. *Danke, dass du uns so weit gebracht hast. Bitte verlass uns jetzt nicht.*

Die eigentliche Prüfung lag noch vor ihr. Dass ihre Schwiegermutter sie mit jedem Tag, den sie unterwegs waren, mehr brauchte, damit konnte sie leben. Aber in ihr bohrte eine Frage.

Was würde sie in Bethlehem erwarten?

Kapitel 3

Noch bevor die Sonne aufging, begannen die Frauen die letzte Etappe ihrer Wanderung. Das Wissen, dass Bethlehem so nah war, schien Noomi neue Kräfte zu geben; Ruth brauchte sie nicht mehr anzuspornen, im Gegenteil, es war Noomi, die sagte: „Es ist nicht mehr weit, wir sind bald da."

Sie folgten weiter dem Weg, vorbei an Jerusalem. Es war noch Vormittag, als sie Bethlehem erreichten. Um den Brunnen in der Ortsmitte standen lachend und schwatzend einige Frauen, um Wasser für den Tag zu schöpfen. Als sie Noomi und Ruth sahen, wurden ihre Stimmen plötzlich leiser, einige steckten die Köpfe zusammen.

Ruth spürte, dass Noomi nervös wurde. „Komm, Mutter", sagte sie. „Vielleicht ist hier jemand, der dich kennt. Und die Wasserschläuche füllen muss ich sowieso."

Eine der Frauen, die etwas älter als die anderen wirkte, löste sich aus der Gruppe. „Ja, ist das wirklich Noomi?" Sie legte ihre Stirn in Falten und den Kopf zur Seite, als könne sie nicht deutlich sehen.

Ruth berührte den Arm ihrer Schwiegermutter. „Siehst du?", sagte sie. Sie haben dich nicht vergessen, du hast noch Freunde in Bethlehem."

„Es *ist* Noomi!" Die Frau eilte nun mit ausgebreiteten Armen auf sie zu. „Noomi, du bist zurückgekommen!"

Jetzt kamen auch die anderen Frauen herbei, und alle begannen gleichzeitig zu reden. Ruth machte ihnen respektvoll Platz und schickte ein Dankgebet zu Gott hoch, dass Noomi so freundlich empfangen wurde.

„Noomi, du siehst ja aus, als ob du Hunderte von Meilen gelaufen wärst!" – „Wir haben gehört, dass du in Moab warst." – „Wie ist es dir ergangen?"

Noomi schien sich unbehaglich zu fühlen. Ruth sah, wie sie hin- und herschaute, als suche sie einen Fluchtweg vor der Neugier der Frauen.

„Ich weiß noch, wie ihr damals mit schwer beladenen Maultieren losgezogen seid." – „Ist es dir nicht gut ergangen in Moab?"

Arme Noomi. Sie war zu Hause, in Bethlehem, aber sie war arm und mittellos. Sie war von alten Freundinnen umgeben, aber die Zielscheibe von Mitleid und Neugier. Ruth war unschlüssig. Sollte sie versuchen, ihre Schwiegermutter zu retten? Oder würde das alles nur noch schlimmer machen?

„Wo ist denn dein Mann Elimelech?" – „So ein großer, stattlicher Mann." – „Und deine Söhne – wo sind die?" – „Du hast sie doch nicht etwa in Moab gelassen?" – „Ja, wo sind Machlon und Kiljon?"

Neugierige, spitze Fragen, die Noomis Elend nur noch schlimmer machten. Ruth war nicht überrascht, dass die Frauen kaum Notiz von ihr nahmen. Noomi hatte sie vorgewarnt, dass sie in Bethlehem nicht willkommen sein würde. „Meine Landsleute werden gleich sehen, dass du eine Fremde bist, und eine Moabiterin noch dazu." Alles an Ruth posaunte ihre Herkunft heraus: Ihre Kleidung, ihre dunklere Haut. Für neue Kleidung hatte sie kein Geld, und aus ihrer Haut konnte sie sowieso nicht hinaus. Es würde seine Zeit brauchen, bis diese Leute sie akzeptierten.

„Erwarte nicht, dass dich jemand einlädt", hatte Noomi ihr gesagt. Ein Hebräer, der einen Fremden hineinließ, beschmutzte sein Haus.

Noomi erklärte den Frauen, dass Elimelech, Kiljon und Machlon tot waren. Sie wichen zurück, schmerzliche Ausrufe ausstoßend. Auf einmal schienen sie unsicher. Hatten sie Angst, dass Noomi sie mit ihrem Elend anstecken würde, wenn sie ihr ihre Hilfe anboten? Ruth nahm die Gelegenheit wahr und schob sich nach vorn, bis die anderen sie sahen.

„Nennt mich nicht mehr Noomi", rief Noomi aus. „Nennt mich Mara, denn der Allmächtige hat mir das Leben bitter gemacht!" Sie begann laut zu weinen. „Voll bin ich ausgezogen, und leer hat der Herr mich wieder heimgebracht!"

Die Trostworte, die die Frauen sagten, klangen merkwürdig dünn. Konnten sie ihre Trauer nicht verstehen? Sie standen da und sahen einander fragend an.

Jetzt sah Noomi Ruth, und ihr Gesicht hellte sich erleichtert auf. „Ruth, o Ruth, meine Tochter, komm hierher zu mir!“

Die Frauen wichen vor Ruth zurück, als hätten sie Angst, von ihr berührt zu werden. Vorbei war die Nichtbeachtung; aller Augen starrten sie mit offener Verachtung an. Ruths Gesicht wurde ganz heiß. Hatten die Moabiterinnen Noomi genauso angestarrt, als sie nach Kir Hareset gekommen war?

„Dies ist meine Schwiegertochter Ruth, Machlons Witwe.“ Noomi nahm ihre Hand, und Ruth spürte, wie sie zitterte. War dies der Augenblick, vor dem ihre Schwiegermutter am meisten Angst gehabt hatte – dass sie ihren alten Freundinnen ihre Schwiegertochter vorstellte? Schämte Noomi sich ihrer? War sie nicht der Beweis dafür, dass einer von Noomis Söhnen sich von dem wahren Gott abgewandt und eine fremde Frau genommen hatte?

„Sie ist eine Moabiterin.“ Fast spuckten sie die Worte aus.

„Ja“, sagte Noomi nur.

„Will sie hierbleiben?“

Noch nie hatte Ruth sich so unwillkommen gefühlt.

Noomis Kinn ruckte nach oben, ihre Hand legte sich fester um Ruths. „Ja, sie wird bleiben. Sie wird bei mir wohnen.“

„Weißt du, was du da machst, Noomi?“

„Ohne Ruth wäre ich nicht mehr am Leben.“

„Du bist jetzt wieder bei deinem eigenen Volk, Noomi. Schick diese Fremde dahin zurück, wo sie hingehört; du weißt doch, was das Gesetz sagt.“

Noomi drehte sich steif zur Seite. „Als wir aus Ägypten auszogen, sind auch Ägypter mit uns gegangen.“

„Ja, und sie haben uns nichts als Ärger gebracht!“ – „Fremde Frauen sind von Gott verflucht!“ – „Sie wenden die Herzen unserer Männer vom Herrn ab!“

„*Genug!*“, rief Noomi. „Sollte ich etwa den Zweig abhauen, den Gott selbst eingepfropft hat? Ruth ist aus freien Stücken mit mir gekommen. Sie hat ihre Eltern und Geschwister und alles, was sie hatte, verlassen, um nach Bethlehem zu kommen und zusammen mit mir Gott anzubeten."

Ein Augenblick herrschte Stille. Aber Ruth spürte, dass diese Frauen nicht so leicht davon zu überzeugen wären, dass sie wirklich den Gott Israels gewählt und ihre Eltern und die Götzen ihres Volkes verlassen hatte. Sie würde es beweisen müssen. Und das würde Zeit brauchen.

„Du bist gerade rechtzeitig zum Passahfest zurückgekommen, Noomi. Es ist schön, dass du wieder da bist", sagte eine Frau versöhnlich.

Schließlich gingen sie nach Hause, eine nach der anderen, bis Ruth und Noomi allein am Brunnen standen.

Ruth weinte leise. „Ich habe Schande über dich gebracht. Ich habe deine Heimkehr noch schwerer gemacht."

„Nein", sagte Noomi müde. „Ich glaube, sie erinnern sich eher nur daran, wie ich früher war. Meinem Mann ging es gut, ich freute mich meines Lebens, habe mit ihnen gelacht und gesungen. Und jetzt ist so viel Not über mich gekommen und sie haben Angst, dass ihnen vielleicht auch so etwas passieren kann. Das ist kein schöner Gedanke."

„Du wirst wieder mit ihnen lachen und singen, Mutter."

Noomi schüttelte den Kopf. „Ich hatte gar nicht erwartet, eine bekannte Seele anzutreffen", sagte sie leise. „Aber das hier ..." Sie starrte vor ihre Füße. „Keine hat mir auch nur einen Bissen Brot oder einen Schluck Wasser angeboten."

„Wegen mir."

„Nein, nicht nur wegen dir. Ich habe zwanzig Jahre in Moab gelebt. Ich habe unter Götzendienern gewohnt und mein Haus fremden Frauen geöffnet, die meine Söhne geheiratet haben. In den Augen der Hebräer bin ich genauso schmutzig wie du. Vielleicht sogar noch mehr, weil ich es besser hätte wissen müssen." Noomis Augen wurden wieder nass. „O Kind, du bist jetzt alles, was ich habe. Du bist mein Segen Gottes. Sie werden uns nicht in ihre Häuser einladen, Ruth. So ist das nun mal. Wir werden es allein schaffen müssen." Die Tränen liefen ihr über die Wangen. „Und morgen ist das Passahfest. Daran habe ich gar nicht gedacht. Wie konnte ich einen so wichtigen Tag vergessen? Das größte Fest meines Volkes, und ich …"

Ruth nahm sie in die Arme und streichelte ihr über den Rücken, wie einem Kind, das sich wehgetan hat. Aus dem Augenwinkel sah sie, wie mehrere Frauen sie aus ihren Türen beobachteten. Als Noomi sich etwas beruhigt hatte, ließ Ruth weiter ihren Arm um sie. „Wir werden uns eine Bleibe suchen, Mutter. Wenn wir erst einmal richtig ausgeschlafen haben, sieht alles schon ganz anders aus."

Ruth zog eine Münze aus dem kleinen Beutel, den sie tief in ihrem Bündel versteckt hatte, aber als sie sie einem Gastwirt am Ortsrand anbot, schüttelte er den Kopf. „Wir haben keinen Platz."

Als Ruth sich umdrehte, sah sie, wie elend und bedrückt Noomi aussah. Sie war wahrlich „Mara" geworden; noch nie hatte sie so bitter ausgesehen. „Wir suchen weiter", sagte Ruth. „Wir finden schon noch etwas."

Aber auch die nächste Herberge wollte sie nicht aufnehmen, und als der Morgen zum Mittag wurde, begriff Ruth, dass niemand in Bethlehem sie haben wollte. Sie versuchte, fröhlich zu klingen. „Dann schlafen wir eben wieder unter den Sternen, das kennen wir ja jetzt."

„Nicht weit von hier liegt das Stück Land, das meinem Mann gehörte", sagte Noomi, als sie aus der Stadt hinausgingen. „Da in der Nähe gibt es Höhlen. Im Winter benutzen die Hirten sie als Ställe für ihre Schafe, aber jetzt werden keine Tiere dort sein. Nach der Ernte lassen sie sie auf den abgeernteten Feldern grasen."

Die größeren Höhlen waren von Familienmitgliedern der Hirten besetzt. Aber nicht weit entfernt war eine, die unbewohnt war. Sie war zu klein, um als Schafstall zu dienen, aber groß genug, um zwei müden, einsamen Frauen Schutz vor den Elementen zu bieten. Noomi trat ein und sah sich um, während Ruth die Bettmatte ausrollte.

Ihre Reise war vorbei, aber Ruth sah deutlich, dass der Schmerz und die Traurigkeit ihrer Schwiegermutter jetzt noch tiefer und heftiger waren als auf der anstrengenden Wanderung. Jahrelang hatte Noomi davon geträumt, wieder nach Hause zu kommen –

und jetzt hockte sie in einer Höhle, die noch nicht einmal die Schafe wollten, und hatte nichts als die Kleider auf dem Leib und ein paar kümmerliche Besitztümer – den tragbaren Herd, eine Decke, etwas Wasser. Draußen wurde es dunkler. Die Nacht würde kalt werden. Sie hatten kaum noch zu essen und keinen Menschen, der sich ihrer erbarmte.

Noomi ging in den hinteren Teil der Höhle, wo sie sich mit dem Rücken gegen einen Stein lehnte und vor sich hinstarrte. Ihr Gesicht war verzweifelt. Dachte sie daran, wie alles gewesen war, bevor sie fortgegangen war? Mischten sich Scham und Schuld in ihre Trauer?

„*Voll bin ich ausgezogen, und leer hat der Herr mich wieder heimgebracht*!", hatte sie am Brunnen gesagt.

Ruth sah auf die dunklen Felder hinaus und fragte sich, wie es wohl gewesen war, als Machlon ein kleiner Junge war. Der arme Machlon. Er war so jung gewesen, als er starb; alle seine Hoffnungen und Träume waren mit ihm gestorben. Und kein Sohn war da, der seinen Namen weitertragen konnte. Aber fort mit diesen Selbstmitleidsgedanken! Sie würden sie nur schwächer machen, und Noomi brauchte sie mehr denn je. Es war schön, wenn man gebraucht wurde …

Sie sog die Luft ein. „Es riecht herrlich, Mutter. Riechst du auch die Blumen?"

„Wir haben nichts, um das Passahfest zu feiern", murmelte Noomi.

„Ich besorge etwas."

„Womit denn? Willst du betteln? Sie werden dir nichts geben. Du hast doch gesehen, wie sie dich angeschaut haben."

„Wir haben noch ein paar Münzen."

„Und was machen wir, wenn die ausgegeben sind?"

„Der Herr wird uns helfen."

„Der Herr hat uns vergessen!" Noomis Blick wanderte durch die Höhle. „Er hat mich vergessen!" Sie zog ihr Tuch über ihr Gesicht und weinte bitterlich.

Ruth presste ihre Lippen zusammen. Nur nicht auch losweinen. „Wir sind zu Hause, Mutter. Wir sind wieder bei deinem

Volk. Gott hat uns geholfen herzukommen, und er wird uns hier erhalten." Sie legte ihre Hand auf Noomis Knie. „Du hast gesagt, dass wir auf Gott vertrauen müssen, und das werden wir jetzt tun. Du hast gesagt, dass wir ihn von ganzem Herzen, von ganzer Seele und mit all unserer Kraft lieben sollen, und das werden wir machen." Ihre Stimme brach leicht. „Und jetzt sag: Was brauchen wir für das Passahfest?"

Noomi ließ ihr Tuch sinken. „Ich weiß es schon gar nicht mehr, Ruth. Nach den ersten paar Jahren in Moab hat Elimelech die Feiertage des Herrn nicht mehr begangen. Und allein konnte ich es nicht."

Ruth setzte sich neben sie und streichelte ihre Hand. „Du wirst dich schon wieder daran erinnern. Erzähl mir einfach, wie es war, als du ein kleines Mädchen warst."

Noomi wurde ruhiger, und die Erinnerungen kamen. „Wir brauchen eine Lammkeule, bittere Kräuter, eine Zwiebel, eine Kerze und Getreide. Am Tag danach beginnt das Fest der Ungesäuerten Brote. Wir werden alles brauchen, was noch da ist ..."

„Wir haben genug."

„Und was machen wir, wenn das aufgebraucht ist?"

„Wir bewältigen immer nur einen Tag auf einmal. Für den nächsten wird Gott schon sorgen."

Noomi schüttelte den Kopf. „Wo hast du solchen Glauben gelernt?"

Ruth lächelte. „Von dir."

Ruth ging in die Stadt, kaufte mit den paar Münzen, die sie noch hatte – die Münzen, die ihr Kopfschmuck auf ihrer Hochzeit gewesen waren – das, was sie brauchten, und kam zurück. Am Brunnen füllte sie ihren Wasserschlauch.

Wasser gab es umsonst.

Am Tag nach dem Passahfest gab Ruth Noomi den Rest des gedörrten Getreides. „Ich gehe nach Bethlehem, neue Vorräte kaufen."

„Womit denn? Wir haben doch nichts mehr."

„Doch, das hier." Sie zog zwei dünne goldene Armreife ab.

„Ruth, nein! Die hat dir Machlon geschenkt!"

„Ja, und ich werde ihn nicht vergessen, so lange ich lebe." Sie küsste Noomis bleiche Wange. „Aber hätte dein Sohn gewollt, dass wir hungern müssen? Ruh dich aus, ich bin bald wieder zurück."

Den ganzen Tag kam Ruth nicht zur Ruhe. Wie sollte sie für ihre Schwiegermutter sorgen, wenn sie nichts mehr verkaufen konnte? Sie betete ununterbrochen, als sie über den Markt ging. *Herr, ich weiß nicht, was ich tun soll. Hilf mir, für Noomi zu sorgen.* Sie feilschte mit vier Händlern, bevor sie den Preis bekam, den sie für die Ringe wollte. Dann feilschte sie noch hartnäckiger um den niedrigsten Preis für Datteln, einen Krug Olivenöl, ein Scheffel Dörrgetreide und eine zweite Decke für Noomi, die die ganze Nacht gefroren hatte. Am Ende hatte sie ihr ganzes Kapital aufgebraucht.

Sie wusste, dass andere Frauen in ihrer Lage ihren Körper verkauften, aber lieber wollte sie sterben, als solche Schande über sich und Noomi zu bringen. Würde ihnen am Ende nichts anderes übrig bleiben als zu betteln? Sie war doch jung und gesund. Sollte sie sich vielleicht als Sklavin verkaufen und das Geld Noomi geben? Nein, es musste einen anderen Weg geben.

Gott, was soll ich tun? Ich bin bereit, alles für deine Dienerin Noomi zu tun, was nach deinem Gesetz ist. Aber wir haben nur noch Vorräte für ein paar Tage. Zeig mir, wie ich für meine Schwiegermutter sorgen kann, ohne noch mehr Schande über sie zu bringen.

Als Ruth am Brunnen anhielt, um den Wasserschlauch neu zu füllen, sah sie, wie einige Frauen die Türen ihrer Häuser mit Laub schmückten. Sie warfen verstohlene Blicke in Ruths Richtung, aber keine grüßte sie. Ruth schob den vollen Schlauch auf ihre Schulter und ging zurück zu der Höhle.

„Die Frauen waren gerade dabei, Laubgirlanden aufzuhängen", sagte sie Noomi.

„Ja, sie bereiten das Fest der Erstlingsfrucht vor."

„In deinem Volk gibt es ja viele Feste!" Ruth fragte sich, woher sie das Geld für all diese Feierlichkeiten nehmen sollte. *O Herr, was soll ich machen? Ich bin schon jetzt am Ende.*

„Setz dich ein Weilchen zu mir, dann erzähle ich dir von den Festtagen des Herrn“, sagte Noomi.

Ruth setzte sich in den Eingang der kleinen Höhle, wo sie vor der Sonne geschützt war.

„Wir sind gerade rechtzeitig zu vier Festen nach Bethlehem gekommen“, begann Noomi. „Insgesamt gibt es jedes Jahr sieben. Das Passah haben wir bereits gefeiert und beginnen jetzt die sechs Tage des Festes der ungesäuerten Brote. Das erste Getreide, das geerntet wird, ist die Gerste, und diese Ernte steht jetzt kurz bevor, sodass die Frauen das Fest der Erstlingsfrüchte vorbereiten. Einige ausgewählte Männer werden Gerstengarben für die Prozession schneiden. Die Garben bringen sie zum Priester, der sie dann dem Herrn darbringt. Fünfzig Tage danach feiern wir das vierte Fest, das Wochenfest, wenn die Weizenernte beginnt. Dazu backen wir Brote aus feinem Weizenmehl und Sauerteig, die wieder vom Priester dem Herrn dargebracht werden.“

Weizen war teuer. Ruth sah schnell zur Seite, damit ihre Schwiegermutter ihr besorgtes Gesicht nicht sah. Noomi durfte nicht wissen, wie knapp bei Kasse sie waren.

„Danach gibt es noch drei weitere Feste“, fuhr Noomi fort. „Das Posaunenfest, den Großen Versöhnungstag und das Laubhüttenfest.“

Ruth versuchte, alles aufzunehmen, was Noomi ihr da sagte, aber ihr Kopf schwirrte. Hundert Einzelheiten, tausend Sorgen. Nun ja, bald würden sie und Noomi sich keine Sorgen mehr über das Feiern zu machen brauchen. Sie hatte nichts mehr, was sie verkaufen konnte, keinerlei Möglichkeit zu arbeiten oder sonstwie an Geld zu kommen. Sie würden keinen Weizen haben, um Brote für Gott zu backen, sie würden selbst kein Brot mehr zu essen haben.

„Das Gesetz regelt unser ganzes Leben“, sagte Noomi. „Und wenn wir es missachten, straft uns der Herr. Wie er mich gestraft hat.“

Ruth verspürte den Impuls, ihr Gesicht zu verhüllen und zu weinen. Doch sie beherrschte sich und schaute stumm nach draußen. *O Herr, Herr …* Sie wusste noch nicht einmal, wie sie beten sollte. Gab es vielleicht bestimmte Worte, Opfer, Waschungen … irgendetwas, das helfen würde, dass ihr Gebet erhört würde? *O Gott, erbarme dich! Ich will dir doch dienen. Und dieser Frau, die ich liebe und die dich so sehr liebt. Hilf mir bitte. Zeig mir, was ich tun soll.*

Noomi streckte ihre Hand aus. „Siehst du dieses brachliegende Feld dort? Früher stand es voll Weizen, als Elimelech es noch bestellte. Ich weiß noch, wie der Wind über die Halme wehte, dass es wie goldene Wellen aussah. Wir hatten so viel, das Leben war so gut. Damals hat Elimelech die Ährenleser gerne gewähren lassen. Erst später hat er sie abgewiesen und jeden Halm selbst aufgehoben, bis zur äußersten Grenze seines Feldes.“ Noomi runzelte die Stirn. „Vielleicht ist deshalb …“

„Ährenleser?“ Ruth beugte sich nach vorn.

Noomi lehnte sich an die Wand. „Der Herr hat uns geboten, dass niemand sein Feld bis zu den letzten Ecken abernten soll. Das Getreide, das am Rand wächst, ist für die Armen, sie dürfen es ernten.“ Sie schaute wieder gedankenverloren auf das Feld hinaus. „Wenn alles so geschieht, wie der Herr es befiehlt, braucht keiner zu hungern.“

Ruth schloss in plötzlicher Erleichterung die Augen und neigte den Kopf. *O Jahwe, du bist wahrlich ein Gott der Barmherzigkeit.* Erst in diesem Augenblick, wo sie einen Hoffnungsschimmer sah, merkte sie, wie viel Angst sie vor der Zukunft gehabt hatte. Gott hatte sie doch nicht verlassen! Fast musste sie lachen über ihre Dummheit. Aber sie war in einer Stadt aufgewachsen und wusste nichts über die Sitten auf dem Land. Und sie war im Schatten des Kemosch groß geworden, eines falschen Gottes, der nur nahm und nie gab. Und hier war auf einmal der wahre Gott, der sein Volk liebte und selbst für die Ärmsten der Armen sorgte, für die, deren Herz und Geist zerbrochen war.

Was bist du doch für ein gnädiger Gott und Erlöser! Ich hatte fast vergessen, wie du uns beschützt hast, jeden Schritt unseres Weges von Kir Hareset über die Berge bis nach Bethlehem. Vergib mir, Herr; wie konnte ich glauben, dass du uns so weit gebracht hast, nur um uns verhungern zu lassen?

Sie hob lächelnd ihren Kopf und atmete tief ein, ihr Herz voll von Dankbarkeit und einem merkwürdigen Gefühl seliger Freiheit.

Und die Frauen tuschelten: „Die arme Noomi. Wisst ihr noch, wie sie früher immer lachte und so zuversichtlich war?"

„*Zu* zuversichtlich, wenn du mich fragst."

„Elimelech war nicht der einzige Mann, der sie heiraten wollte."

„Er war so stattlich!"

„Noomi ist nur ein Jahr jünger als ich, aber wie alt sie jetzt aussieht!"

„Und dünn."

„Das ist die Trauer. Der Mann und zwei Söhne tot ..."

„Das ist bestimmt eine Strafe Gottes."

„Alles, was sie mitgebracht hat, ist dieses Mädchen."

„Sie sieht ausländisch aus."

„Die Augen sind zu dunkel."

„Wisst ihr, was ich über die moabitischen Frauen gehört habe?"

„Nein, erzähl!" Sie steckten die Köpfe zusammen, flüsterten, keuchten auf, schüttelten die Köpfe.

„Noomi sollte sie zurück nach Moab schicken, wo sie hingehört. Solche wie sie können wir hier nicht gebrauchen."

„Da hast du wohl recht, aber wer von uns soll Noomi aufnehmen?"

„Also, ich kann es nicht!"

„Ich habe Mühe, meine eigene Familie über die Runden zu bringen."

„Ich habe keinen Platz."

„Was soll dann aus ihr werden?"

„Gott wird für sie sorgen."

Am Morgen nach dem Fest der Erstlingsfrüchte stand Ruth auf und bat Noomi um die Erlaubnis, auf die Felder zu gehen und die übrig gelassenen Ähren aufzusammeln.

„Sie werden dich nicht alle gern sehen, Ruth." Noomis Blick war besorgt.

„Aber du hast doch gesagt, das Gesetz …"

„Nicht jeder hier hält sich an das Gesetz. Mein eigener Mann und meine Söhne …"

„Ich muss es tun, Mutter. Es ist die einzige Möglichkeit."

„Aber ich habe Angst um dich. Auf den Feldern gibt es Männer, die dich womöglich ausnutzen wollen. Eine junge Moabiterin ist Freiwild für sie."

„Dann gehe ich eben zu den Frauen."

„Die sind nicht viel besser. Was soll ich denn machen, wenn dir etwas passiert?"

Ruth umarmte und küsste sie. „Ich werde den Herrn bitten, mich zu beschützen und wie ein Schild um mich zu sein." Sie lächelte in Noomis verängstigte Augen. „Vielleicht führt Gott mich zu dem Feld eines barmherzigen Mannes, der mir erlaubt, hinter den Erntearbeitern herzugehen und die übrig gelassenen Ähren zu lesen. Bete auch du darum."

„Pass auf dich auf."

„Das werde ich tun. Keine Angst, Mutter, ich schaffe das schon."

„Also gut, meine Tochter, geh", seufzte Noomi.

Ruth ging die Straße entlang. Da kam schon das erste Feld in Sicht, auf dem Frauen bei der Ernte waren. Ruth war nur ein paar Minuten dort gewesen, als eine von ihnen einen Stein nach ihr warf. Sie schrie auf, an der Wange getroffen, und stolperte hastig zurück auf die Straße. Die Frau kreischte hinter ihr her: „Hau ab, du moabitische Hure! Geh zurück dahin, wo du hergekommen bist!" Ruth wischte das Blut ab, das von ihrer Wange tropfte, und ging weiter.

Auf dem nächsten Feld erging es ihr nicht besser. „Moabiterhure! Geh weg und lass uns in Ruhe!" – „Und unsere Männer auch!"

Auf dem nächsten Feld arbeiteten Männer. Sie feixten und pfiffen, als sie sie sahen. „Komm her, meine Hübsche!", rief einer der Aufseher. „Ich könnte eine kleine Entspannungspause gebrauchen!" Die anderen lachten.

Ruth rannte zurück auf die Straße, das Gesicht hochrot. Die Arbeiter johlten hinter ihr her.

Sie ging weiter, vorbei an Weizenfeldern, die noch nicht reif zur Ernte waren. Dann kam sie zu einem anderen Gerstenfeld, auf dem mehrere Männer mit Sicheln bei der Arbeit waren. Hinter ihnen waren Frauen dabei, die Gerste aufzuheben und zu Garben zu binden. Bedürftige, die die übrig gebliebenen Ähren sammelten, waren keine zu sehen. Duldete der Besitzer dieses Feldes sie nicht? Oder lag es nur daran, dass es so weit von der Stadt entfernt lag? Ruth blickte sich vorsichtig um. Nein, ein Unmensch konnte der Besitzer eigentlich nicht sein; er hatte eine Hütte gebaut, in der die Arbeiter sich ausruhen konnten. Und einige der Männer und Frauen sangen bei der Arbeit.

Ruth schluckte ihre Angst hinunter und trat zu dem Aufseher, der bei der Hütte stand. Er war ein hochgewachsener, kräftiger, ernst aussehender Mann. Ruth faltete ihre Hände und verneigte sich, den Blick nach unten gerichtet. „Seid gegrüßt, Herr."

„Was willst du?"

Sie richtete sich auf. Ihr Herz hämmerte, während er sie finster musterte. Würde er sie auch abweisen, weil sie eine Fremde war? „Ich … ich wollte dich um Erlaubnis bitten, die Ähren auflesen zu dürfen, die die Erntearbeiter liegen lassen haben."

Der Mann musterte sie weiter, die Stirn in nachdenkliche Falten gelegt. Dann nickte er und zeigte zum Rand des Feldes hin. „Du wirst mehr finden, wenn du dich an den Rand und an die Ecken hältst."

Plötzliche Erleichterung überflutete sie. Ruth atmete tief durch und lächelte. „Danke, Herr!" Sie verneigte sich abermals. „Danke!" Er sah sie überrascht an, und sie errötete und senkte schnell wieder den Kopf.

„Halt am besten Abstand von den anderen", sagte er, als sie ging.

„Ja, Herr." Sie verneigte sich ein drittes Mal. „Und vielen Dank für Eure Freundlichkeit." Sie spürte seinen fragenden Blick in ihrem Rücken. Schnell ging sie zu der hintersten Ecke des Feldes. Die anderen sahen es. Eine der Frauen schaute kurz zu ihr hin.

Sie lächelte. Niemand rief ihr Beleidigungen nach oder warf mit Steinen. Sie arbeiteten einfach ruhig weiter und begannen wieder zu singen.

Erleichtert und dankbar machte Ruth sich an die Arbeit. Da sie keinerlei Geräte hatte, musste sie die Gerstenähren mit den bloßen Händen abbrechen. Schon bald waren ihre Finger voller Blasen, die sie ignorierte. Eine Stunde nach der anderen arbeitete sie unter der heißen Sonne. Als ihr von der Hitze schwindlig wurde, setzte sie sich in der Nähe des Grenzsteins in den Schatten eines Baumes und ruhte sich etwas aus. *Ich werde wie die Ameise sein, die sich im Frühling und Sommer Vorräte anlegt, damit sie den ganzen Winter zu essen hat,* dachte sie. Jede Stunde zählte, und sie warf sich mit aller Kraft in die Arbeit, dankbar, dass sie diese Möglichkeit hatte.

Die Lieder der Erntearbeiter beflügelten ihr Herz. „Die Erde ist des Herrn … der Himmel und Erde gemacht hat … Herrscher über alles …. der uns vor Pharao errettet hat … Heilig ist dein Name …"

Ruth merkte, wie sie unwillkürlich mitsummte. Und als sie den Text gelernt hatte, sang sie laut mit.

Boas hatte bereits alle seine Gerstenfelder inspiziert, nur das eine noch nicht. Er ritt auf seinem Pferd die Straße entlang und hob grüßend die Hand, wenn er einen Arbeiter oder Aufseher sah, den er kannte. Manche der Ältesten, die im Stadttor saßen, schüttelten den Kopf über Boas und fragten sich, warum um alles in der Welt er so viel Zeit draußen auf seinen Feldern verbrachte. Seine Aufseher waren verlässliche Leute; warum überließ er die Arbeit nicht ihnen und setzte sich zu den anderen seines Standes ins Tor? Unbegreiflich, dass dieser Mann darauf bestand, bei der Ernte dabei zu sein und nicht nur zu den Feierlichkeiten am Ende zu kommen.

Schon als Junge hatte er auf den Feldern seines Vaters gearbeitet – damals, als es vierfache Ernten gab. Und als junger Mann, als die Hungersnot kam, auch. Es musste wohl an Gottes Gnade liegen, dass es ihm gut ging, während viele andere damals kaum ihr Auskommen fanden. Viele hatten ihr Land überstürzt verkauft und ihr Glück in der Fremde gesucht. Sie hatten sich geweigert, zu Gott umzukehren, und weiter den Baalen und der Astarte gehuldigt.

Wie Elimelech. Boas hatte versucht, mit ihm zu reden, aber der Mann hatte sich noch nie etwas sagen lassen, selbst von einem engen Verwandten nicht. „Was habe ich vom Verheißenen Land, wenn es mir kein Getreide gibt?", hatte er geätzt. Dass Gott sich von seinem Volk abgewandt hatte, weil es ihm untreu geworden war, schien nicht in Elimelechs Kopf zu gehen.

„Höre auf, fremde Götter anzubeten, und bleib hier", hatte Boas ihm geraten. „Denk doch daran, was für deine Söhne das Beste ist. Bestelle dein Land. Der Herr wird dich wieder segnen, wenn du treu bist."

„Treu? Ich habe immer alles gemacht habe, was vorgeschrieben ist! Und was habe ich davon gehabt? Willst du etwa behaupten, dass du ein besserer Jude bist als ich, Boas? Du hast besseres Land, das ist alles."

Elimelech hatte noch nie seine Segnungen sehen können. Boas hatte keine Lust, an die Vergangenheit zu denken, aber immer wieder war sie da und weckte Gefühle, die er längst vergessen und unter harter Arbeit begraben geglaubt hatte. Sie waren hartnäckig wie das Unkraut, das aus den Steinritzen wuchs. Was brachte es, die harten Worte wiederzukäuen, die Elimelech und er vor zwanzig Jahren gewechselt hatten? Was half es, zum hundertsten Male den Schmerz und die Hilflosigkeit von damals zu verspüren, als er sich nicht helfen lassen wollte? Elimelech hatte nicht gesehen, nicht sehen *wollen*, wie reich Gott ihn gesegnet hatte, selbst in den Jahren der Hungersnot. Reicher Segen, aber blinde Augen. Boas hatte sich die Zunge halb lahm geredet – und was hatte es ihm gebracht? Einen verbitterten Vetter, der nichts mehr von ihm wissen wollte. Die Szene, als er im Stadttor stand und zuschaute, wie Elimelech Noomi und ihre beiden Söhne aus Bethlehem wegführte, stand so frisch vor ihm, als sei sie erst an diesem Morgen geschehen.

Ach, Noomi. Die strahlende, lebenslustige Noomi … Er hatte geweint an jenem Tag. Und nie jemandem gesagt, was sein großer Kummer war.

Seitdem hatte Gott den Segen des Himmels über ihn ausgeschüttet – so viel, dass er überfloss in die Hände anderer, die ihn brauchten. Die langen Jahre waren erfüllt gewesen, wenn auch nicht von der Freude, nach der Boas sich gesehnt hatte. Er hatte immer mehr gehabt, als er brauchte, und er wusste, dass er Gott dafür zu danken hatte. Und so pries er seinen Namen, auch wenn er ihm das eine, um das er ihn so sehnlichst gebeten hatte, nicht geschenkt hatte. Gott war allmächtig, und es stand einem Menschen nicht zu, mit ihm zu hadern wegen der Dinge, die er nicht bekam. Boas war damit zufrieden, das anzunehmen, was Gott ihm gab, und ihm dafür zu danken.

Er bog um die Ecke und sah das reife Feld vor sich liegen. Er lächelte, als er die Arbeiter singen hörte; er schätzte es, wenn seine Knechte gerne arbeiteten und nicht nur eine lästige Pflicht taten, um ihr Brot zu verdienen. Das Leben konnte schön sein, und er tat, was er konnte, um denen, die für ihn arbeiteten, ein solches Leben zu bieten. Essen und Trinken und mit seinen Händen arbeiten – das waren alles Gaben Gottes.

In der hintersten Ecke des Feldes war eine junge Frau, die er noch nie gesehen hatte. Ihr Kleid sah anders aus als das der Hebräerinnen; sie musste aus Moab sein. Die meisten Ährenleser blieben in der Nähe der Stadt; warum war sie wohl so weit hinausgelaufen?

Boas stieg ab und band sein Pferd in der Nähe der Hütte an. „Guten Tag, Schamasch. Die Arbeit geht gut voran, wie ich sehe."

„Sehr gut, Boas. Die Ernte ist noch besser als letztes Jahr."

„Wer ist das Mädchen dort drüben?"

„Die junge Frau aus Moab, die mit Noomi zurückgekommen ist. Heute Morgen fragte sie mich, ob sie hinter den Arbeitern Ähren lesen darf. Seitdem hat sie geschuftet und kaum ausgeruht."

Noomis Schwiegertochter! Er hatte schon bald nach der Ankunft der beiden Frauen von ihr gehört. Die junge Moabiterin war *das* Gesprächsthema in der Stadt.

„Sie ist einen weiten Weg gegangen, um Ähren zu lesen."

„Sie sah so aus, als ob es ihr auf den anderen Feldern nicht so gut ergangen sei."

„Dann ist es ja gut, dass sie hierhergekommen ist." Boas legte seine Hand auf Schamaschs Arm und lächelte. „Rede mit den jungen Männern, dass sie sie in Ruhe lassen."

Er ging in das Feld, um seine Knechte zu begrüßen. „Der Herr sei mit euch!"

„Und mit dir!", antworteten sie.

Als er zu der jungen Frau am Rand des Feldes kam, unterbrach sie ihre Arbeit und neigte respektvoll ihren Kopf. Sie sah ihm nicht in die Augen, sondern begrüßte ihn so demütig wie eine Sklavin ihren Herrn. Boas sah, wie die Gerstenhalme in ihrer Hand zitterten, und sein Herz wurde weich.

„Hör zu, meine Tochter", sagte er leise. „Komm zum Ährenlesen weiter zu uns. Geh nicht auf die anderen Felder. Bleib immer hinter den Frauen, die auf meinem Feld arbeiten. Ich habe die jungen Männer angewiesen, dich in Ruhe zu lassen. Und wenn du durstig bist, nimm dir von dem Wasser, das die anderen aus dem Brunnen gezogen haben."

Sie sah ihn überrascht an. „Danke." Wie schön ihr Lächeln war.

Er spürte ein merkwürdiges Gefühl in der Brust, als er in ihre dunklen Augen sah. Nanu, was war das? Einen Augenblick lang fühlte er sich fast verlegen; er war mehr als doppelt so alt wie diese Moabiterin.

„Warum bist du so freundlich zu mir?", fragte sie. Ihr Akzent klang reizvoll. „Ich bin doch nur eine Fremde."

Und sie war offensichtlich als solche behandelt worden, denn auf ihrer einen Wange war ein Bluterguss und die Haut war abgeschürft. „Ja, das weiß ich. Aber ich habe auch von der Liebe gehört, die du deiner Schwiegermutter seit dem Tod ihres Mannes erwiesen hast." Seine Stimme wurde tiefer und gefühlvoller. „Ich habe gehört, dass du deinen Vater und deine Mutter und dein eigenes Land verlassen hast, um hier unter Fremden zu leben. Möge der Herr, der Gott Israels, unter dessen Flügeln du Zuflucht gesucht hast, dich reich belohnen."

Ruths Wangen wurden rot. „Ich danke dir", erwiderte sie. „Deine freundlichen Worte trösten mich, auch wenn ich nicht so würdig bin wie deine Diener."

Er fragte leise: „Hat dich jemand geschlagen?"

Sie runzelte überrascht die Stirn, dann ging ihre Hand an ihre Wange und sie senkte den Kopf, wie um die Stelle zu verstecken. „Nur ein kleiner Stein. Das ist eben so."

„Auf meinem Feld haben solche Dinge nicht zu passieren", sagte er. Sein Gesicht wurde finsterer.

„Oh, es ist nicht hier passiert", antwortete sie rasch. „Seit ich hier bin, hat mir niemand etwas getan."

Dass einer seiner Nachbarn sie so behandelt hatte – es wollte Boas die Schamröte ins Gesicht treiben. Aber er wollte nicht, dass die junge Frau seine Absichten falsch deutete. Sie war schön und hatte zweifellos die Aufmerksamkeit viel jüngerer Männer erregt, als er es war. „Bei uns bist du in Sicherheit, Ruth."

Er ging. Machlon hatte eine ungewöhnlich weise Wahl getroffen, als er dieses Mädchen zur Frau genommen hatte. Nicht alle ausländischen Frauen zogen ihre hebräischen Männer von dem einen wahren Gott weg. Manche von ihnen hatte Gott wegen ihres großen Glaubens in sein erwähltes Volk eingepflanzt.

Seine eigene Mutter war eine solche Frau gewesen. Sie hatte zwei hebräische Kundschafter in ihrem Haus auf der Mauer Jerichos versteckt. Sie hatte ihnen ohne Wenn und Aber erklärt, dass sie an Jahwe glaubte, den Gott der Hebräer, und sie hatte ihr Leben riskiert, um zu diesem Gott und seinem Volk zu gehören. Einer der beiden Kundschafter war Boas' Vater Salmon gewesen. Gott hatte seine Eltern reich gesegnet; ihr ganzes Leben lang waren sie einander in Liebe zugetan gewesen.

Sicher, Gott hatte sein Volk davor gewarnt, Ehen mit Fremden einzugehen. Nur zu leicht konnte eine heidnische Frau ihren Mann von Gott abbringen. Aber was genau war denn eine Fremde? Diese junge Moabiterin jedenfalls gehörte zu Gottes Volk. Hatte sie nicht alles verlassen, um mit Noomi nach Bethlehem zu gehen? Dieses Mädchen war wie Boas' Mutter, die ein Fels des Glaubens inmitten von losem Schutt gewesen war. Schon mehr als einmal hatte Boas sich gefragt, ob es nicht der Glaube – und nicht das hebräische Blut – war, der einen zu einem Erwählten Gottes machte. Denn war es nicht Gott, der darüber entschied, wer zu ihm gehörte?

Aber vielleicht kamen diese Gedanken auch nur aus dem alten Schmerz, vielleicht wollte er mit ihnen nur die Wahl seines Vaters rechtfertigen? Noch nach all den Jahren spürte er den Stich der Ablehnung, als man ihm klargemacht hatte, dass ein Halbkanaaniter als Schwiegersohn nicht infrage kam. Es gab sie, die Leute in Gottes Volk, die sich einbildeten, dass die Abstammung von Abraham alles war, was zählte, und dass der Glaube ein bloßes Nebenprodukt des richtigen Blutes war.

Am Rand seines Feldes hielt Boas noch einmal an und schaute zurück zu der Moabiterin, die wieder hinter seinen Arbeiterinnen die übrig gebliebenen Halme abbrach und sammelte. Ihre Kleidung war die einer Städterin, aber da war sie auf seinem Feld, arbeitete in der Mittagshitze und war auch noch dankbar dafür. Um ihre hebräische Schwiegermutter zu versorgen. Wie viele junge Frauen aus seinem Volk waren bereit, so etwas für jemanden zu tun, der nicht Abrahams Blut in seinen Adern hatte?

Etwas lief durch sein Herz, eine Mischung aus Schmerz und Freude. Wie lange war es her, dass er das letzte Mal diese Sehnsucht in sich gespürt hatte? Er lächelte, halb spöttisch, und wandte sich ab.

Schade, dass diese Ruth so jung war und er so alt.

Ruth hörte, wie eine Männerstimme ihren Namen rief. Sie blickte auf und sah Boas. Er stand vor der Hütte und winkte ihr zu. „Komm und iss mit uns! Du kannst dein Brot in den Wein tauchen, wenn du willst."

Mit klopfendem Herzen legte sie ihr Ährenbündel hin. Sie staunte, dass ein Mann von Boas' Rang von einer schmutzigen, verschwitzten Fremden überhaupt Notiz nahm. Dass er sie sogar einlud, mit seinen Dienern zu essen, verschlug ihr die Sprache. Bevor sie in die Hütte trat, wusch sie sich die Hände in dem

Wasser, das draußen stand. Die neugierigen Blicke der anderen machten sie verlegen. Die Männer musterten sie vom Saum ihres Kleides bis zu ihrem Scheitel, während die Frauen miteinander flüsterten.

Bei den Frauen war ein Platz frei. „Darf ich mich hierher setzen?", fragte sie.

Das Mädchen, das am nächsten saß, rutschte zur Seite. „Wie könnte ich Nein sagen, wenn der Herr dich eingeladen hat?"

Ruth wurde rot. Sie setzte sich und merkte, wie das Mädchen noch weiter von ihr wegrutschte. Sie faltete die Hände in ihrem Schoß, neigte den Kopf und schloss die Augen, während Boas den Segen über die Mahlzeit sprach. Als er fertig war, begannen die anderen sich wieder zu unterhalten. Sie machten keine Anstalten, Ruth in das Gespräch mit einzubeziehen, und sie erwartete das auch nicht.

Mit einiger Überraschung sah sie, dass der Herr selbst seine Arbeiter bediente. Als er zu ihr kam, gab er ihr eine doppelte Portion. Sie schaute überrascht zu ihm hoch und sah, wie er stirnrunzelnd ihre Hände betrachtete. Sie zog sie hastig zurück und versteckte sie unter dem Tisch. Hatte sie gerade etwas falsch gemacht? Ihr Magen knurrte laut, und sie wurde noch verlegener. Boas hatte ihr mehr als genug gegeben, um satt zu werden. Sie legte die Hälfte der doppelten Brotportion für Noomi in ihr Tuch, dann riss sie das erste Stück von der anderen Hälfte ab und tauchte es in den Wein.

Nach und nach wurde das neugierige Flüstern weniger, und die jungen Frauen sprachen und lachten ungezwungen miteinander, ebenso wie die jungen Männer auf der anderen Seite des Tisches.

Ruth beobachtete verstohlen Boas, der neben seinem Feldaufseher saß. Trotz ihres Standesunterschieds redeten die beiden Männer miteinander wie gute Freunde. Der Aufseher war jung genug, um Boas' Sohn zu sein. Er war stattlich und muskulös, mit dunklem Haar und dunklen Augen. Boas sah neben ihm alt und müde aus. Sein Haar und sein Bart waren grau meliert, die beiden Locken an seinen Schläfen weiß. Er war nicht die Sorte Mann, deren Anblick Frauenherzen höherschlagen ließ. Aber er war so freundlich. Als er zu ihr hinsah, senkte sie ihre Augen wieder. Es war nicht schicklich, dass sie einen Mann anstarrte, und dann noch einen, der so weit über ihr stand. Als sie zur Seite blickte, merkte sie, dass mehrere der jungen Männer sie anschauten. Einer grinste. Sie sah rasch wieder weg.

Sie beendete ihr Mahl rasch und ging an die Arbeit zurück, in der hintersten Ecke des Feldes, wo sie weder die Mägde störte noch den Blicken der Knechte ausgesetzt war.

Bevor die Knechte auf die Felder zurückkehrten, nahm Boas Schamasch beiseite. „Die jungen Männer haben die Moabiterin anscheinend bemerkt."

Schamasch lachte leise. „Das tut wohl jeder Mann."

„Sorg dafür, dass niemand ihr zu nahetritt."

Schamaschs Grinsen verflog. „Natürlich." Er nickte.

Boas legte ihm eine Hand auf den Arm. „Ich weiß, dass du niemals zulassen würdest, dass ihr etwas zustößt, aber es gibt Leute, sogar unter unseren Knechten, denen es nicht passt, dass eine Moabiterin unter ihnen ist."

„Die jungen Frauen, ja."

Boas zog seine Hand wieder weg. „Hast du gesehen, wie zerschunden und blutig ihre Hände sind?"

Schamasch schaute in die Richtung, wo Ruth arbeitete. „Sie hat keine Werkzeuge."

„Genau. Wenn ich fort bin, geh zu ihr und sag ihr, dass sie hinter den anderen lesen soll. Gib ihr Zeit und Gelegenheit, sich zu beweisen."

Als Nächstes rief Boas die jüngeren Männer zu sich. Er sah jeden Einzelnen an, dann sagte er: „Ihr habt gesehen, dass eine junge Ährenleserin unter uns ist. Sie heißt Ruth und versucht, sich und ihre Schwiegermutter, Noomi, die Witwe unseres Bruders Elimelech, durchzubringen. Lasst sie zwischen den Garben lesen und haltet sie nicht ab. Besser noch, zieht hin und wieder etwas aus den Garben heraus und lasst es für sie liegen. Behandelt sie gut! Was ihr dieser jungen Frau tut, das tut ihr mir."

Boas entließ die Knechte und stieg auf sein Pferd.

„Mach dir keine Sorgen wegen der Moabiterin, Boas“, sagte Schamasch. „Es wird alles so gemacht, wie du es gewünscht hast.“

Boas schaute auf das Feld und die Knechte hinaus, die ihre Arbeit wieder aufgenommen hatten. Er mochte diese Menschen, die ihm anvertraut waren, und er wollte, dass sie die, denen es nicht so gut ging, respektvoll behandelten.

Dahinten arbeitete Ruth. „Vielleicht wird Gott sein Angesicht über ihr leuchten lassen und ihr einen jungen Ehemann aus unserem Volk geben.“ Er sah zu Schamasch hinunter und lächelte. „Gott sei mit dir, mein Freund.“

Schamasch lächelte zurück. „Und mit dir, mein Herr.“

Boas ritt zurück in die Stadt, den Blick fest auf die Straße geheftet. Er verkniff sich den Wunsch, sich zu der jungen Moabiterin umzudrehen. Stattdessen dankte er Gott, dass er ihm diese Gelegenheit gab, ihr zu helfen – und damit einem anderen Menschen, der ihm sehr am Herzen lag.

Die süße, strahlende Noomi. Das Mädchen, um dessen Hand er einst angehalten hatte.

Ruth schaute Boas nach, als er fortritt. *„Herr, bitte segne diesen Mann, der so freundlich zu mir und meiner Schwiegermutter ist. Gib ihm Freude in seinem Alter.“* Sie bückte sich lächelnd und arbeitete weiter.

Der Aufseher kam zu ihr. Sie unterbrach ihre Arbeit und neigte respektvoll den Kopf. „Ich habe Anweisungen von Boas für dich“, sagte er. „Du sollst hinter den anderen Knechten lesen, sie werden dir nichts tun.“

Sie schaute zu der Straße hin, auf der Boas verschwunden war. „Ich habe noch nie jemanden getroffen, der so freundlich ist.“

„Ja, Leute wie Boas gibt es nicht viele. Gott selbst hat dich wohl auf dieses Feld geführt. Möge er weiter über dir wachen.“ Er nickte zu den Erntearbeitern hin. „Na dann, geh zu ihnen.“

Die Frauen sangen bei der Arbeit. „Der Herr ist meine Kraft und mein Lied und mein Heil. Er ist mein Gott, ihn will ich preisen. Er ist der Gott meines Vaters, ich will ihn erhöhen. Der Herr ist ein mächtiger Held, ‚Herr' ist sein Name …"

Ruth merkte sich die Worte rasch und begann mitzusingen. Die anderen sahen überrascht auf, einige lächelten. Ein Knecht riss mit einer betont auffälligen Geste einzelne Ähren ab und ließ sie für sie fallen. Ruth legte dankend die Hände zusammen.

Bis zum Abend las sie Ähren auf, dann drosch sie sie. Sie staunte: Sie hatte einen halben Scheffel Getreide gesammelt! „Herr", flüsterte sie, „das ist alles nur deine Güte!" Voller Freude band sie die Zipfel ihres Tuches zusammen, in das sie das Getreide gelegt hatte, nahm die Last auf die Schulter und ging zurück zu der Höhle, wo Noomi auf sie wartete.

„Das ist das erste Mal, dass Boas sich so für eine Ährenleserin interessiert", sagte einer der Knechte zu den anderen.

„Na ja, er war schon immer freundlich zu Ährenlesern."

„Sie muss Mut haben, dass sie so weit hinausgekommen ist."

„Wahrscheinlich hat sie es erst auf anderen Feldern versucht. Hast du den Bluterguss in ihrem Gesicht gesehen?"

„Wusstet ihr schon, dass sie für eine unserer Witwen sorgt?"

„Nein."

„Das wussten die anderen bestimmt auch nicht."

„Deswegen darf man sie noch lange nicht mit Steinen bewerfen! Das Gesetz sagt sehr klar, dass man Ährenleser gewähren lassen soll."

„Aber auch, was man mit fremden Frauen machen soll …"

„Boas' Mutter war auch eine Fremde."

„Das geht uns nichts an, wir tun unsere Arbeit."

„Siehst du, wie auffällig die Männer Ähren abschneiden und ihr hinwerfen?", sagte eine Arbeiterin zu ihrer Freundin.

„Für eine hübsche Frau tun sie eben so einiges."

„Boas hat mit ihnen geredet, bevor er ging. Wahrscheinlich hat er sie angewiesen, ihr zu helfen."

„Dann interessiert sich sogar der Herr für sie. – Da, schau! Siehst du?“

„Was?“

„Schimei glotzt sie schon wieder an.“

„Das siehst du nur, weil du Schimei anglotzt!“

„Sie ist mir irgendwie unsympathisch.“

„Warum das?“

„Muss ich einen Grund dafür haben?“

„Also, ich mag sie.“

„Warum?“

„Ich kenne Leute, die weniger fleißig sind und sich mehr in anderer Leute Angelegenheiten einmischen.“

„So viel!“, rief Noomi aus, als Ruth in die Höhle trat und das Bündel mit dem Getreide absetzte. Ihre Schwiegertochter lächelte, ihre Augen leuchteten. „Wo hast du denn all dieses Getreide gesammelt? Möge der Herr den Menschen segnen, der dir geholfen hat!“

„Ich habe auf dem ganzen Heimweg Dankgebete für ihn zu Gott geschickt, Noomi. Sein Feld liegt ziemlich weit draußen.“

Noomi fragte sie nicht, warum sie so weit hinausgegangen war. Sie sah den blauen Fleck auf ihrer Wange und machte sich ihren Reim darauf. „Wie hieß der Besitzer des Feldes?“

„Boas.“

Noomis Hand ging an ihren Hals. „*Boas*?“

„Ja, Boas.“ Ruth holte das Brot heraus, das sie für Noomi aufgehoben hatte, und reichte es ihr. „Er hat mich in die Hütte eingeladen, in der seine Mägde und Knechte ihr Mittagsmahl essen, und mir eine doppelte Portion gegeben. Hier, nimm, Mutter. Dass ein Mann seines Standes seine Knechte bedient – so was habe ich noch nie erlebt.“

Noomi nahm das Brot mit zitternden Fingern entgegen. An Boas hatte sie noch gar nicht gedacht. Sie hatte ihn beinahe vergessen gehabt. Oder besser gesagt, sie hatte ihn aus ihren Gedanken fortgeschoben. Vor lauter Scham. Vor vielen Jahren war er zu ihrem Vater gekommen, um um ihre Hand anzuhalten. Doch sie hatte ein furchtbares Theater gemacht. Wie hatte sie geweint und ihren Vater angefleht, ihr stattdessen Elimelech zu geben.

„Er hat ja noch gar nicht gesagt, dass er dich heiraten will!", hatte ihr Vater gesagt, rot vor Zorn.

„Das tut er noch! Seine Schwester hat mir erzählt, dass er schon mit seinem Vater gesprochen hat."

„Boas ist ein guter Mann, meine Tochter."

Aber kein Mann, der das Herz einer jungen Dame schneller schlagen ließ. Noomi hatte einen Mann haben wollen, der groß und schön war, mit lachenden Augen und schnellem Verstand. Sie wollte Elimelech. Sein Name bedeutete „Mein Gott, ein König" und das sagte doch wohl etwas über ihn. Die Zuneigung und Wärme, die sie in Boas' Augen gesehen hatte, war ihr eher etwas peinlich gewesen. Seine Aufmerksamkeit hatte sie abgestoßen. Warum suchte er sich nicht eine andere aus, die genauso hausbacken war wie er?

Sie hatte gewusst, dass keiner dieser Gründe ihren Vater gegen Boas einnehmen würde. Aber halt – da war noch etwas, das er offenbar vergessen hatte. „Gut ist Boas sicher, Vater, aber hast du auch an seine Herkunft gedacht?" Boas' Mutter war eine Kanaaniterin. Und eine ehemalige Hure.

Noomi senkte ihren Kopf und presste die Augen zusammen. *O Gott, Herr, dass ausgerechnet Boas jetzt so freundlich zu Ruth ist!* Wie abweisend hatte sie diesen Mann in ihrer jugendlichen Dummheit behandelt. Und sie hatte auf seine Mutter herabgesehen, die einen so starken Glauben bewiesen hatte. Es war unverzeihlich! Und trotzdem hatte Boas Ruth willkommen geheißen und ihr eine doppelte Portion gegeben. „Gott sei gepriesen für diesen Mann! Möge der Herr ihn segnen!", presste sie hervor. Als junges Ding hatte sie nicht erkannt, was für ein besonderer Mensch er war. Aber das Leben hatte sie in die Schule genommen. Sie war jetzt älter. Und viel weiser.

Ein winziger Hoffnungsfunke stieg in ihr hoch. Sie hob langsam ihren Kopf und sah Ruth an. „Er ist nicht nur zu uns freundlich, sondern auch zu deinem verstorbenen Mann."

Sie sah den fragenden Blick in Ruths Augen. Es gab so viele Dinge, die Ruth noch nicht wusste über die Sitten und Gesetze der Hebräer. Wie würde sie reagieren, wenn sie ihr eröffnete, welche Pflichten Boas ihr gegenüber hatte? Würde sie genauso denken wie sie selbst als junges Mädchen und nur die äußere Erscheinung dieses Mannes sehen und nicht sein großes Herz? Wo gab es einen Mann, der entschlossener war, Gott zu dienen, als Boas? Aber es geschah nicht oft, dass das Herz einer jungen Frau von dem inneren Wesen eines Mannes gewonnen wurde.

„Dieser Mann ist einer unserer engsten Verwandten, Ruth. Einer der Löser unserer Familie."

„Oh! Dann liegt es daran, dass er so freundlich zu mir war?"

„Nein, Ruth! Boas ist nicht die Sorte, die nur ein Herz für die Verwandtschaft hat. Wenn ein Mensch in Not ist, kann er auf Boas zählen."

„Auch, wenn es ein Fremder ist?"

„Boas' Mutter war eine Kanaaniterin. Eine Hure sogar, die an der Stadtmauer von Jericho wohnte." Ruths Augen wurden groß, und Noomi beeilte sich fortzufahren. „Sie war eine wahre Glaubensheldin, aber es gab viele, die auf den jungen Boas herabsahen, weil er fremdes Blut in den Adern hatte; sein Vater war Hebräer und seine Mutter eben Kanaaniterin. Rahab war ihr Name. Sie bot zwei Kundschaftern Unterschlupf, die Josua ausgesandt hatte, bevor unser Volk das Gelobte Land eroberte. Sie proklamierte ihren Glauben an Gott und rettete den beiden das Leben, indem sie sie an einem Seil aus ihrem Fenster herabließ. Als die Stadt zerstört wurde, wurden sie und ihre Familie verschont, und seitdem wohnte sie unter unserem Volk. Ja, und einer dieser Kundschafter hat sie dann zur Frau genommen."

„Dann war Boas also um seiner Mutter willen so nett zu mir."

Noomi war sicher, dass dies nicht der einzige Grund war. „Er versteht wohl besser als jeder andere, was Gottes freie Gnadenwahl bedeutet." Wenn Gott Rahab in sein Volk aufgenommen hatte, dann konnte er auch eine junge moabitische Witwe berufen. Sie beugte sich nach vorn. „Hat er sonst noch etwas zu dir gesagt?" Hatte Boas vielleicht sogar sie erwähnt?

„Er hat mir gesagt, ich soll wiederkommen und bei seinen Knechten bleiben, bis die ganze Ernte eingebracht ist."

Noomi seufzte erleichtert. Bestimmt hätte Boas das nicht gesagt, wenn er Noomi ihre Ablehnung von damals noch nachtrug. „Das ist ja wunderbar! Tu, was er dir sagt, Ruth. Dort wirst du in Sicherheit sein."

Versonnen lächelnd aß Noomi das Brot, das Ruth ihr gebracht hatte. Sie schaute zu, wie ihre Schwiegertochter die Gerste in einen Korb schüttete, vorsichtig, damit auch nichts daneben ging. Es war also doch nicht alles verloren. Es gab eine Tür, durch die Ruth in eine Zukunft voller Hoffnung hineingehen konnte. Und wenn Gott wollte, würde diese Tür auch Noomi offen stehen.

Noomi wurde von dem Knirschen der Steine unter Ruths Sandalen wach, gleich draußen vor der Höhle. Die Sonne kletterte gerade über den Horizont, und Ruth kam mit einem großen Wasserschlauch vom Brunnen zurück.

„Du bist ja früh auf", lächelte sie.

„Ich dachte, heute gehe ich mal nach Bethlehem und besuche ein paar alte Freunde", antwortete Noomi.

Ruth goss das Wasser aus dem Schlauch in einen großen Tonkrug. „Das ist schön. Sie haben dich bestimmt vermisst und haben dir viel zu erzählen." Sie legte ihr schwarzes Tuch um ihr Haar und ihre Schultern. „Ich gehe aufs Feld, bis heute Abend dann."

„Gott sei mit dir, Ruth."

Ruth lächelte. „Und mit dir, Mutter."

Noomi stand auf, zog eine Decke um ihre Schultern und trat in die Öffnung der Höhle, um Ruth hinterherzusehen, wie sie die Straße hinunterging. Wie sehr hatte Gott sie mit dieser Schwiegertochter beschenkt! Ruth hätte eine gesicherte Zukunft und tausend Möglichkeiten in Kir Hareset haben können. Stattdessen war sie mit hierher nach Bethlehem gekommen, um mit einer müden, jammernden Alten in einer kahlen Höhle zu hausen. Sie könnte noch jetzt jederzeit zu ihren reichen Eltern zurückkehren, aber stattdessen ging sie jeden Morgen hinaus, um die Arbeit der

Ärmsten der Armen zu verrichten. Kein einziges Mal hatte sie geklagt. Jeden Abend kam sie mit einem Lächeln, viel Getreide, guten Nachrichten und einem dankbaren Herzen zurück.

Ein Mann wie Boas würde eine junge Frau mit Ruths Eigenschaften zu schätzen wissen, Moabiterin oder nicht.

Noomi rief sich zur Ordnung. Sie durfte nichts übereilen. Nun, sie hatte auch nicht die Absicht, sofort nach Bethlehem zu laufen und ihren Fall vor den Ältesten vorzutragen. Erst brauchte sie mehr Informationen. Es hatte keine Eile, jetzt, wo sie und Ruth Essen und ein Dach über dem Kopf hatten. Sie würde beobachten und den Menschen Zeit geben, ihre Schwiegertochter kennenzulernen. Und wer sie einmal kannte, würde ihr nur mit Hochachtung begegnen können. Gab es eine liebenswertere junge Frau als ihre Ruth? Vor allem aber würde Noomi Gott um seine Führung bitten, auch wenn es kein anderer als Gott selbst gewesen sein konnte, der ihr diesen Hoffnungssamen ins Herz gelegt hatte.

Zum ersten Mal, seit sie Machlon beerdigt hatten, sah Noomi nicht mehr das, was einmal gewesen war, sondern das, was noch sein konnte.

„Ich finde, sie ist hübsch“, sagte eine der jungen Mägde.

„Das sagst du nur, weil du sie magst.“

„Du bist wohl neidisch, weil Rimon, Nezer und Tirosch heute mit ihr reden wollten.“

„Habt ihr auch gesehen, dass sie nie bei den Männern arbeitet?“

„Ja, sie schaut noch nicht einmal zu ihnen hin.“

„Sie muss ihren Machlon sehr geliebt haben.“

„Und sie hält treu zu ihrer Schwiegermutter.“

„Meine Mutter sagt, Ruth kommt morgens in aller Frühe zum Brunnen und holt Wasser, bevor sie in die Felder geht.“

„Dann muss sie ja vor Sonnenaufgang aufstehen.“

„Schamasch passt richtig auf sie auf.“

„Das tun alle Männer!“

„Eine Moabiterin, die schon einen anderen gehabt hat, nimmt doch keiner!“

„Ja, sollen Ruth und ihre Schwiegermutter denn den Rest ihres Lebens in dieser Höhle wohnen?“

„Sie wohnen in einer Höhle?“

„In einer von denen, wo die Hirten im Winter ihre Herden unterbringen. Wusstest du das nicht?“

„Ich dachte, sie wohnen in der Stadt.“

„Noomi ist nur in der Stadt, um Freundinnen zu besuchen und Tauschgeschäfte zu machen.“

„Aber gibt es da nicht ein Haus, das einmal ihrem Mann gehörte?“

„Mein Vater hat gesagt, Noomis Mann hat das Haus und sein ganzes Land verpfändet, bevor er nach Moab ausgewandert ist.“

„Die ganze Stadt spricht über Ruth und Noomi.“

„Vor allem über Ruth.“

„Du bist wirklich eifersüchtig!“

„Bin ich nicht!“

„Warum bist du dann so gegen sie?“

„Weil fremde Frauen unsere Männer verführen.“

„Fremde Frauen gehen aber nicht zu unseren Gottesdiensten, so wie Ruth.“

„Willst du etwa behaupten, dass sie eine Jüdin ist?“

„Ruth geht mit ihrer Schwiegermutter in den Sabbatgottesdienst. Sie stehen immer ganz hinten, bei den anderen Witwen; deswegen hast du sie wohl nicht gesehen. Du konzentrierst dich eben immer nach vorne, wo du deinen Nezer sehen kannst.“

„Komm, Tirza, du bist doch auch nicht besser – du gaffst den halben Tag Lahad an.“

„Na und? Er ist ja auch ein schöner Anblick.“

Die jungen Frauen gingen lachend durch das Tor in die Stadt.

„Ist er nicht verheiratet?“ Noomi war überrascht über das, was sie da von ihrer alten Freundin Sigal hörte. „Was ist denn mit ihm los, dass er sich die ganzen Jahre keine Frau genommen hat?“

„Was soll mit ihm los sein?“ Sigal schüttete noch etwas Getreide auf den Mahlstein. „Wahrscheinlich hat er einfach nicht die

Zeit gehabt, sich eine Frau zu suchen. Er hat sein ganzes Leben in seine Ländereien gesteckt. Boas ist nicht wie andere Landbesitzer, er ist jeden Tag draußen auf den Feldern. Und wenn er nicht dort ist, ist er im Stadttor und hilft, Streitigkeiten zu schlichten."

„Aber was nützt einem das beste Land, wenn man keine Erben hat?"

„Er ist ja noch nicht tot, Noomi. Er kann sich immer noch nach einer Frau umsehen. Glaub mir, es gibt viele Väter hier in Bethlehem, die ihm ihre Töchter nur zu gern geben würden. Er ist der reichste Mann der Stadt."

„Und der einsamste."

Sigal lachte wegwerfend. „Er hat gar keine Zeit, einsam zu sein."

„Aber es ist doch schade, dass er nicht verheiratet ist."

„Vielleicht wartet er auf die Frau seiner Träume – eine, die so schön und klug und stark ist wie seine Mutter. Manche Männer haben so hohe Erwartungen, dass sie nie die Richtige finden."

Noomi wurde still. Hatte Boas etwa wegen ihrer Zurückweisung nie mehr nach einer Frau geschaut? Aber nein, das konnte, das durfte nicht der Grund für seine Ehelosigkeit sein. Boas war zu vernünftig, um wegen eines dummen Mädchens alle Heiratspläne aufzugeben.

Sollte sie ihn danach fragen?

Nein! Niemals! Sie konnte die Vergangenheit nicht ansprechen, ohne Boas in Verlegenheit zu bringen und womöglich die Zukunft aufs Spiel zu setzen. Sie wollte das, was sie ihm vor all den Jahren angetan hatte, wiedergutmachen. Was auch seine Gründe dafür sein mochten, der Gedanke, dass er allein lebte, machte sie traurig. Ein Mann war nicht zum Alleinsein geschaffen, und schon gar nicht ein Mann wie Boas. Er war so freundlich und großzügig. Gott hatte ihn mit Land und Gütern gesegnet, aber das eine, was er brauchte, um ein erfülltes Leben zu haben – eine Familie –, hatte er ihm nicht gegeben.

„Vor Jahren habe ich einmal so ein Gerücht gehört", sagte Sigal, während sie weiter das Getreide mahlte. „Über dich und Boas." Sie warf Noomi ein neckisches Lächeln zu.

„Gerüchte sind den Sand nicht wert, auf dem wir gehen", antwortete Noomi. Wenn diese alte Geschichte wieder aufgewärmt wurde, würde dies nur dazu führen, dass ein guter Mann gedemütigt wurde. „Elimelech hat meinem Vater den Brautpreis gezahlt, als ich vierzehn war."

„Die anderen Mädchen haben dich damals alle beneidet. Elimelech war so ein hübscher Bursche."

„Haben sie mich auch noch beneidet, als er das Land verpfändete und mich und unsere Söhne aus Bethlehem wegführte?"

Sigal blinzelte überrascht.

Noomi verzog das Gesicht über ihre eigene spitze Bemerkung. „Entschuldige, meine Liebe, aber nach all den Jahren spüre ich immer noch, wie bitter dieser Tag war."

Sigal hörte mit dem Mahlen auf und legte ihre Hand auf Noomis. „Ich habe oft an dich gedacht."

Noomis Augen wurden feucht. „Jeden Tag in Moab habe ich mich zurück nach Hause gesehnt." Sie atmete tief ein und seufzte zufrieden. „Es war sehr hart. Aber der Herr hat mich doch gesegnet – mit Ruth."

„Das stimmt", sagte Sigal. „Sie liebt dich, als ob du ihre leibliche Mutter wärest."

„Ich könnte sie nicht mehr lieben, wenn sie mein eigen Fleisch und Blut wäre."

„Gott hat dich durch sie getröstet, Noomi. Alle sagen, dass sie eine großartige junge Frau ist."

Noomis Blick hellte sich auf. Jetzt war Ruth also nicht mehr „die Moabiterin". Die Bewohner von Bethlehem waren dabei, ihren echten Wert zu erkennen.

Die Frage war nur: Erkannte Boas ihn auch?

Kapitel 4

Jeden Tag ritt Boas zum Gerstenfeld, um zu sehen, wie die Arbeit voranging. Und jeden Tag warf er ein heimliches Auge auf die junge Moabiterin, die hinter seinen Knechten und Mägden Ähren las. Er redete nicht mit ihr, aus Angst vor dem Klatsch, und wenn er zum Mittagsmahl blieb, achtete er darauf, die junge Frau nicht anzuschauen. Noch nie war ihm etwas so schwergefallen!

Nun war die Gerste geerntet, und der Weizen stand hoch und reif, bereit für die Schnitter. In ein paar Wochen würde das gesamte Getreide eingebracht sein. Hatte Ruth genug gelesen, um sich und Noomi durch den Winter zu bringen?

Er sah zu den Erntearbeitern hin. „Hat die junge Moabiterin Freunde unter unserem Volk?“, fragte er den Aufseher.

„Sie begegnen ihr alle mit Achtung und Bewunderung.“

Das war nicht das, wonach er gefragt hatte, aber Boas verstand: Die Leute hielten eine Art respektvoller Distanz zu Ruth … wie damals zu seiner Mutter.

„Und die jungen Männer? Interessiert sie sich für einen?“

„Sie bleibt stets bei den Mägden und kümmert sich nicht um die Männer, was man nicht von allen unseren jungen Frauen behaupten kann. Sie kommt früh aufs Feld und bleibt bis zum Schluss. Und sie scheint die Arbeit zu mögen. Sie singt mit den Mägden.“ Schamasch lächelte. „Und sie bittet mich immer, dir ihren Dank auszurichten. – Gibt es einen Grund, warum du nicht selbst mit ihr redest?“

„Ach, du weißt doch, wie die Leute reden.“ Boas stieg auf sein Pferd. „Du magst sie, Schamasch, nicht wahr?“

„Ich habe noch nie eine junge Frau erlebt, die mehr Lob verdient als Ruth. Selbst in der Stadt hört man kein böses Wort gegen sie.“ Schamasch sah in die Richtung, wo Ruth stand. „Sie wäre die ideale Ehefrau.“

Boas spürte ein flaues Gefühl im Magen. Wollte Schamasch Ruth etwa heiraten? Aber wer war er, dass er einem anderen Mann sein Glück neidete? Wer wusste besser als er selbst, dass ein Mann ohne Frau einsam war, selbst unter Freunden?

„Eine gute Ehefrau ist mehr als ihr Gewicht in Gold wert, Schamasch. Sie ist eine Krone auf dem Haupt ihres Mannes. Diese junge Moabiterin wäre eine Zierde und Ehre für jeden Mann." Er sah, wie Ruth aufblickte, und schaute schnell weg. „Möge der Herr dich segnen bei allem, was du tust, Schamasch."

Schamasch verneigte sich. „Und möge er dir geben, was dein Herz sich wünscht, Boas."

Der Ritt zurück nach Bethlehem war lang. Am Stadttor gab Boas das Pferd in die Obhut eines wartenden Dieners und setzte sich zu den Ältesten. Er war mit diversen Streitigkeiten und Geschäftsangelegenheiten beschäftigt, bis die Mägde von den Feldern zurückkamen. Sein Puls wurde schneller, als er Ruth unter ihnen erblickte. Sie ging neben den anderen Mädchen und hörte lächelnd ihren Gesprächen zu, beteiligte sich aber nicht daran. Und was war das? Da kam Noomi aus der anderen Richtung und hieß ihre Schwiegertochter willkommen. Sie gaben sich einen Begrüßungskuss und unterhielten sich kurz, während die Mägde durch das Tor gingen. Als sie sich umdrehten, um zu ihrer Höhle zu gehen, schaute Ruth kurz in seine Richtung und verneigte sich lächelnd. Auch Noomi sah zu ihm hin.

Er wandte den Blick von den Frauen ab und zwang sich, wieder den anderen Ältesten zuzuhören. Worüber sprachen sie gerade noch? Er schloss einen Augenblick die Augen, so, als denke er nach, und versuchte, sein galoppierendes Herz zu beruhigen.

Jedes Mal, wenn Ruth von Boas' Feldern zurückkam, beobachtete Noomi sie genau. Jede Einzelheit, die Ruth ihr erzählte, sog sie eifrig auf, begierig zu hören, was Ruth über Boas dachte. Doch Ruth sagte nichts über ihn. Sie redete über die Arbeit und die anderen Mädchen, und manchmal sang sie ihr ein neues Lied vor, das sie an diesem Tag gelernt hatte.

Aber heute … heute hatte sie im Stadttor gestanden, um auf Ruth zu warten. Boas hatte sie nicht bemerkt, aber sie hatte ihn beobachten können. Als er Ruth erblickt hatte, war ein Strahlen über sein Gesicht gegangen.

„Kommt Boas oft aufs Feld hinaus?“, fragte sie.

„In dieser Woche viermal, in der letzten dreimal.“

Aha! Das Mädchen zählt mit, wie oft er da ist! Das war ein gutes Zeichen. „Und redet er auch mit dir?“

Ruth schüttelte den Kopf. „Seit dem ersten Tag, als er mir erlaubt hat, Ähren zu lesen, hat er nicht mehr mit mir gesprochen. Er scheint ein sehr beschäftigter Mann zu sein.“

„Na, doch sicher nicht so beschäftigt, dass er nicht ein paar höfliche Worte mit dir wechseln könnte.“ Noomi sah Ruth aufmerksam an. Wie würde sie reagieren?

Ruth protestierte. Gut. „Oh nein, er ist sogar sehr zuvorkommend zu mir. Hast du vergessen, dass er seine Knechte angewiesen hat, mir Ähren liegen zu lassen, damit ich mehr zum Lesen habe? Wir stehen beide in seiner Schuld. Jedes Korn Gerste und Weizen, das wir haben, kommt von ihm.“

„Du magst ihn, nicht wahr?“

Ruth senkte den Blick. „Nicht mehr, als die anderen Erntearbeiter ihn auch mögen.“ Sie setzte sich in den Eingang der Höhle und sah auf Elimelechs brachliegendes Feld hinaus. „Ich frage mich, warum er nie geheiratet hat, Mutter. Wie kommt es, dass Gott ihn mit so vielen Gütern gesegnet hat, aber nicht mit einer Frau und Söhnen?“

Noomi lächelte versonnen. Die liebe Ruth. Sie sah also, was für ein großes Herz in der Brust dieses unauffällig aussehenden Mannes schlug. Warum sie nicht ein bisschen anstacheln und schauen, ob ihre Zuneigung sich in etwas anderes verwandeln konnte? „Nun ja, ein Fest für die Augen war er nie.“ Ruth sah sie überrascht an, und sie fuhr schnell fort: „Es ist wirklich schade, dass er so gar nicht gut aussieht. Oder hast du ihn attraktiv gefunden, als du ihn zum ersten Mal gesehen hast?“

Ruth wurde rot. „Nein, ich habe … ich meine …“ Sie schüttelte den Kopf. „Aber du findest doch nicht, dass Boas hässlich ist?!“

„Ich würde nie jemanden hässlich nennen, der mir Getreide in die Hände schüttet, Gott bewahre! Aber blind bin ich auch nicht. Boas ist ein guter Mann, jemand, der wirklich nach dem Gesetz Gottes lebt und es nicht nur predigt. Aber die Eigenschaften, die das Herz eines jungen Mädchens gewinnen – nein, die hat er nicht."

„Er ist ein sehr charakterfester Mann."

„Hm. Hast du dich in meinen Sohn verliebt, weil er so charakterfest war? Wenn Machlon klein, dürr und unansehnlich gewesen wäre, hättest du dich dann auch zu ihm hingezogen gefühlt?"

„Machlon war mehr als nur ein ansprechendes Gesicht, Mutter, das weißt du genauso gut wie ich."

„Wir sprechen nicht über die Liebe, die in der Ehe wächst, meine Tochter. Wir reden davon, was in dir vorging, als du Machlon in den Straßen von Kir-Hareset das erste Mal gesehen hast. Gott ist gnädig zu meinem Sohn gewesen; Machlon durfte die Liebe einer guten Frau erfahren." Sie schüttelte den Kopf. „Armer Boas. Er hat niemanden, und jetzt ist es zu spät."

Ruth sah besorgt aus. „Warum soll es zu spät sein?"

„Er ist alt."

„Ach, Noomi!" Ruth lachte. „Erst gestern hast du mir erzählt, dass Abraham mit hundert Jahren Isaak gezeugt hat! Boas ist höchstens halb so alt!"

Was für ein Juwel dieses Mädchen für Machlon gewesen war. Wenn er nur einen Sohn mit ihr gezeugt hätte, würden Machlons und Elimelechs Namen jetzt nicht aussterben. Das durfte nicht sein!

Oh Elimelech, wenn du stärker im Glauben gewesen wärst, würden jetzt deine Söhne in dem Feld dort stehen und den Weizen ernten. Du würdest das Erbe genießen, das Gott dir gegeben hat, und wärst so gesegnet wie Boas. Stattdessen hast du uns weggeführt und dich den Träumen vom Reichtum hingegeben, und alles, wofür du so hart gearbeitet hast, ist fortgeweht wie der Sand im Wind. Dein Leben war so unfruchtbar wie das brachliegende Feld dort draußen, und selbst die Frucht deiner Lenden ist gestorben. Du hast nichts hinterlassen, nichts, was von Dauer ist.

Ich bin so wütend auf dich, Elimelech, weil du unser Leben vergeudet hast. Und ich bin wütend auf mich selbst, weil ich mich so leicht von deinem Lächeln habe einnehmen lassen, von deiner charmanten Art und von den süßen Worten, die mir wie Wein hinuntergingen und dann zu Essig wurden. Du wirst nie wissen, wie viel Schmerz und Elend du dir selbst und mir gebracht hast, weil du den leichteren Weg gehen wolltest und nicht den geraden.

Aber Gott hat mir meine Sünden vergeben und mich nach Hause gebracht, und so vergebe ich auch dir. Weil ich dich bis zum Ende geliebt habe. Und weil du am allermeisten unter den Folgen deiner Entscheidungen leiden musstest.

Ja, Noomi hatte ihren Mann geliebt, aber sie wusste besser als jeder andere, dass Elimelech gegen Boas nicht bestehen konnte. Elimelech hatte die Verheißungen Gottes gering geachtet, sein Land verlassen und seine Söhne in der Fremde großgezogen. Seine beiden Söhne hatten fremde Frauen genommen und waren ebenso in Moab gestorben wie er selbst. Mit den Augen der Liebe sah Noomi die Wahrheit. Elimelech hatte gegen Gott gesündigt, ihm die Schuld an den Folgen gegeben und sich geweigert, Buße zu tun. Ihr Mann hatte sich eingebildet, dass er es aus eigener Kraft schaffen würde.

Oh, die Torheit der Menschen.

Boas war die andere Seite der Münze. In den schweren Jahren, als Gott sein halsstarriges Volk für seinen Götzendienst bestrafte, war er in Bethlehem geblieben. Er hatte die Verheißungen Gottes in Anspruch genommen und ein tadelloses Leben geführt. Und Gott hatte seinen beharrlichen Glauben gesegnet; jetzt war Boas ein reicher Mann, dessen Wort etwas galt in Bethlehem. Er saß mit den Ältesten im Stadttor und traf Entscheidungen, die das Leben der ganzen Stadt betrafen. Und dabei war er nicht stolz geworden, sondern demütig geblieben. Er nahm sich der Menschen an, die es nicht so gut getroffen hatten – sogar einer jungen Witwe aus Moab.

Elimelech hatte immer gesagt: „Gott hat uns verlassen, und darum werde *ich* jetzt für uns sorgen!" Boas' Motto hingegen war: „Gott sorgt für mich, und auf ihn vertraue ich."

Die Frau eines solchen Mannes konnte sich glücklich schätzen. Und Noomi wollte so sehr, dass dieses kostbare Mädchen, das alles verlassen hatte, um ihrer alternden Schwiegermutter zu helfen, doch noch erlebte, was *Freude* war!

Aber da gab es ein Problem: Boas war nicht der einzige Verwandte, den sie und Ruth hatten. Bei ihren Besuchen in der Stadt hatte Noomi erfahren, dass es noch einen anderen Mann gab, der enger mit ihr verwandt war als Boas. Ein jüngerer Mann, der die Blicke der Frauen anzog.

Ein Mann wie Elimelech.

Ruth wollte nicht aus dem Kopf gehen, was Noomi ihr über Boas gesagt hatte. Als er am nächsten Tag wieder aufs Feld kam, beobachtete sie ihn heimlich. Sie merkte, wie ihr Herz auf einmal merkwürdig schneller schlug. Alle Menschen in Bethlehem begegneten Boas mit Achtung, ja mit Liebe – aber es war die Art Liebe, die man zu einem Vater oder älteren Bruder hat.

Ob sich je eine Frau in Boas verliebt hatte? Einen Aufruhr im Herzen gespürt hatte, wenn er auch nur auf der Straße vorüberging, so wie es ihr bei Machlon ergangen war? Sie konnte es sich nicht vorstellen, und das machte sie traurig. Wie alt war Boas? Fünfzig? Sechzig?

Der arme reiche Mann. Was hatte er, das bleiben würde?

O Herr, Gott Israels, lass Boas' Namen nicht aussterben.

Sie beobachtete ihn, wie er mit Schamasch sprach. Wie ernst er aussah. Ob er auch mal lachte? Was machte er, wenn er nicht nach seinen Feldern und Knechten sah oder im Tor saß und die Geschicke der Stadt lenkte? Er hatte Freunde, aber konnte er sich diesen so öffnen wie einer Frau, die ihn liebte? Was für Träume hatte er? Sie hatte die Melancholie in seinen Augen gesehen. War er traurig darüber, niemanden zu haben, der das große Herz hinter seiner schmucklosen Fassade sah?

Er musste ihre Blicke wohl bemerkt haben, denn jetzt sah er zu ihr hin. Sie lächelte, nickte ihm respektvoll zu und sah rasch wieder zu Boden. Sie hatte allen Grund, dankbar zu sein, dass

Gott sie zu diesem Feld und diesem Mann geführt hatte. Sie spürte, dass er sie weiter ansah, und schaute wieder hoch. Er blickte zur Seite. Eine der Mägde, die den Blickwechsel bemerkt hatte, sah sie neugierig an, dann wechselte sie ein paar Worte mit einer anderen, und Ruth merkte, wie ihr das Blut in die Wangen stieg. Glaubten diese jungen Frauen womöglich, dass sie sich über Gebühr für ihren Herrn interessierte? Er war ein reicher Mann, und es gab sicher Frauen, die allein aus diesem Grunde von einer Ehe mit ihm träumten, ohne an seine Gefühle zu denken.

Den Rest des Tages zwang Ruth sich dazu, sich ganz auf ihre Arbeit zu konzentrieren. Sie wollte nicht, dass das Interesse, das sie an Boas zeigte, missverstanden wurde. Klatsch konnte ihren Ruf ruinieren und auch ihn in Verlegenheit bringen. Nein, sie würde ihre Augen im Zaum halten und stattdessen für diesen Mann beten.

O Gott, du Herr der Gnade, vergiss nicht, wie freundlich dieser Mann zu den Armen ist. Lass seinen Namen in Ehren gehalten werden, nicht nur in dieser Generation, sondern auch in den folgenden. Er ist ein Mann, der dir gefallen und dir gehorchen will. Ich weiß, dass du genug bist, aber ein Mann wie er ist doch nicht dazu gemacht, allein zu bleiben. Bitte gibt du ihm, was sein Herz begehrt …

So betete sie für ihren Wohltäter. Bald dachte sie an nichts mehr als an Boas, wenn sie in seinem Feld arbeitete. Und je mehr sie für ihn betete und an ihn dachte, umso deutlicher stand ihr seine Güte vor Augen.

Auch Noomi betete inbrünstig. Sie schob ihre eigene Trauer beiseite. Was zählte, war, dass ihre Schwiegertochter ein besseres Leben bekam, als in dieser Höhle zu hausen. Noomi spürte: Es war Zeit, dass sie aufhörte, sich in ihre Traurigkeit zu ergeben, und das Leben wieder anzupacken, egal, wie viel Anstrengung sie das kosten würde. Es war Zeit, dass sie ihr eigenes Verhalten kritisch betrachtete, anstatt dauernd Elimelechs Fehler wiederzukäuen. All ihre Ängste und Befürchtungen hatten sich nicht bewahrheitet. Hatte sie nicht damit gerechnet, ganz allein von KirHareset nach

Bethlehem reisen zu müssen? Aber Ruth war mit ihr gekommen. Ein Ende in Armut hatte sie vor sich gesehen, aber Ruth versorgte sie mit ihrer Arbeit auf den Feldern. Sie hatte erwartet, dass alle ihre Freunde und Verwandten tot oder weggezogen wären, und siehe da, sie hatte ein halbes Dutzend von ihnen angetroffen sowie Boas und einen weiteren Verwandten.

Es war überdeutlich, dass Boas sich von Ruth angezogen fühlte. Aber Noomi kannte ihn gut genug, um zu wissen, dass er nicht aus sich herausgehen und um sie werben würde. Die Haare dieses Mannes würden vollends weiß werden und ausfallen, ehe er offen seine Gefühle zeigte.

Und Ruth? Sie würde weiter ihre Lebensaufgabe darin sehen, für ihre alte Schwiegermutter zu sorgen. Sie würde arbeiten, bis ihr Rücken krumm und ihr Schoß vertrocknet waren. Und was würde dann aus ihr werden? Sollte Noomi zuschauen, wie Ruth für den Rest ihres Lebens Ähren las, anstatt einem Haushalt vorzustehen und Kinder aufzuziehen? Sollte sie nichts für Ruths Zukunft unternehmen? War es nicht die Aufgabe einer Mutter, die Feuer ein wenig zu schüren? Wen sonst kümmerte die Zukunft dieser kostbaren jungen Frau als Gott und sie?

Herr, was sollen wir machen? Wie bringen wir das Blut dieses Mannes in Wallung? Wenn wir hoffen, dass er selbst handelt, können wir lange warten.

Was, wenn sie sich einen Plan ausdachte, der Boas auf die Sprünge half? Ob Ruth bereit war, mitzumachen? Ohne sie ginge es nicht.

Die nächsten Tage und Nächte verbrachte Noomi damit, über verschiedene Möglichkeiten nachzudenken, wie sie Boas und Ruth verkuppeln konnte. Als die Weizenernte fast zu Ende war, war ihr Plan perfekt. Er war so kühn, dass Noomi ganz aufgeregt war, wenn sie daran dachte. Aber würde ihre Schwiegertochter den Rat einer alten Frau annehmen, die in ihrem Leben so viele Fehler gemacht hatte, dass man sie nicht mehr zählen konnte?

Noomi war sich selbst nicht sicher, was ihre wahren Motive waren. Sie wusste nur, dass Gott es schon recht machen würde. Sie liebte Ruth wie ihre eigene Tochter und wollte, dass sie glücklich im Leben wurde, und sie wollte auch einen Enkel haben, der Machlons Namen weitertragen würde. Und sie wollte ein Stückweit wiedergutmachen, was sie als junges Mädchen Boas angetan hatte – und wie konnte sie das besser tun, als indem sie ihm eine schöne junge Frau schickte, die noch viele Kinder gebären konnte?

Ruth und Boas. Boas und Ruth. Findest du nicht auch, dass sie richtig füreinander sind, Herr? Sicher, sie ist viel jünger als er, aber was für einen größeren Segen kann es für einen guten Mann wie Boas geben, als dass er in seinem Alter noch einen Köcher voll Kinder bekommt? Und was für Kinder das sein würden! Die Söhne und Töchter von Boas und Ruth würden sich nicht vor falschen Götzen verneigen!

Sie brachte ihr Anliegen vor Gott und wartete sehnsüchtig auf eine Antwort. Wie glücklich war Mose gewesen, der Gottes Stimme aus dem brennenden Busch hören durfte! Noomi ging davon aus, dass sie eine solche Stimme nicht vernehmen würde. War ihr Plan im Einklang mit Gottes Willen? Und wenn nicht, was konnte das für Ruth bedeuten?

Oh Herr, wenn meine Pläne nicht gut sind, lass es auf mich zurückfallen und nicht auf Ruth!

Die Ernte ging zu Ende und Noomi wusste: Jetzt musste sie ihren Plan ausführen – oder nie. Boas hatte reichlich Gelegenheit gehabt, Ruths Vorzüge zu bemerken, und Ruth hatte mehr als einmal gesagt, was für ein freundlicher Mann er war und wie sehr sie ihn mochte.

„Meine Tochter, es ist Zeit, dass ich ein anderes Heim für dich finde als diese Höhle hier. Ich möchte, dass du einen Mann heiratest, der dich versorgt und mit dem du glücklich bist."

Ruth lachte. „Und welcher Mann sollte eine wie mich heiraten wollen?"

„Ich denke an Boas."

„*Boas!*" Ruth fuhr zusammen, dass ein Teil des Getreides, das sie gerade in einen Vorratskrug schüttete, auf den Boden fiel. Sie starrte ihre Schwiegermutter an. „Das ist doch nicht dein Ernst!"

„Ich weiß, dass er alt ist …"
„Er ist nicht *alt!*"
„Also gut, aber unattraktiv. Ist das der Grund, warum du protestierst?"
„Mutter, er ist der angesehenste Mann in ganz Bethlehem! Er sitzt bei den Ältesten im Tor! Er ist reich und hat Land und Diener!"
„Umso mehr Grund, dass du an ihn denken solltest."
Ruth schüttelte ihren Kopf, halb amüsiert, halb fassungslos. „Ich weiß, dass du mich liebst, Mutter, aber du denkst zu hoch von der Witwe deines Sohnes. Wie kommst du auf die Idee, dass *ich* Boas' Frau werden könnte? Das ist doch lächerlich!"
„Du warst gut genug für meinen Sohn und du bist gut genug für Boas."
Ruth fuhr fort, das Getreide in den Krug zu füllen. „Er würde noch nicht einmal Notiz von mir nehmen, wenn ich mich vor seine Füße würfe!"
„So, meinst du? Er hat schon längst Notiz von dir genommen."
„Pah, ein väterliches Interesse vielleicht."
„Mehr als ein väterliches. Ich habe Boas beobachtet, wenn er in deiner Nähe ist. Sein Blick, wenn er dich sieht, spricht Bände. Er hält Abstand, aber er schätzt dich."
„Da irrst du dich, Mutter."
„Denkst du, ein Mann in den Fünfzigern kann einer jungen Witwe aus Moab offen den Hof machen, ohne dass geklatscht und getuschelt wird? Die Frauen würden denken, du bist eine Hure und er ein alter Narr. Und was die Männer denken würden, darüber wollen wir lieber nicht reden. Boas wird sich nur dann offenbaren, wenn er muss." Noomi beugte sich näher zu Ruth, nahm ihre Hände und lächelte breit. „Und das Gesetz ist auf unserer Seite."
Ruth sah verdattert aus. „Jetzt verstehe ich gar nichts mehr."
„Boas ist ein Verwandter von uns, und es ist großzügig von ihm, dass er dich zusammen mit seinen Knechten Ähren lesen lässt. Er ist ein guter Mann, der jedem hilft, der in Not ist. Aber als unser naher Verwandter kann er auch unser Löser sein."

„Löser?"

„Ja, ein Goel. Gott hat in seinem Gesetz für die Witwen gesorgt. Als Löser würde Boas dich zur Frau nehmen und dir einen Sohn schenken, der den Namen Machlons weiterführt und Elimelechs Teil des von Gott verheißenen Landes erbt."

Die Röte schoss in Ruths Gesicht. „Nachdem er schon so viel für uns getan hat, sollen wir ihn auch noch bitten, dass er mir einen Sohn schenkt, der den Namen eines anderen weiterführt? Und was ist mit seinem eigenen Erbe?"

„Boas hat keine Söhne, Ruth, und keine Aussichten, welche zu zeugen."

„Und du denkst also, ich soll …" Ruth hielt an, begann zu stottern, wurde noch roter. „E-er ist einer der Ältesten! Er weiß doch bestimmt, dass er unser Löser ist, und hat nichts gesagt, weil er diese Aufgabe nicht übernehmen will."

„Der Mann ist zu schüchtern, Kind. Wie sollte er das denn anfangen? Soll er sagen: ‚Ich will dir meine Dienste als Goel anbieten'? Das wird er nie im Leben tun. Ich kenne Boas schon lange und ich habe mir angehört, was meine Freundinnen über ihn zu berichten wissen. Er wird in dieser Sache niemals an dich herantreten!"

„Ja, weil ich nicht würdig bin, seine Frau zu werden!"

„Nein, sondern weil er über dreißig Jahre älter ist als du. Und weil er, wenn ich ihn richtig einschätze, darauf wartet, dass ein anderer Mann, der jünger, hübscher und redegewandter ist, um deine Hand anhält."

Was Gott verhüten möge! Damals hatte Boas Elimelech den Vortritt gelassen, weil Noomi dem Reiz des Äußerlichen erlegen war. Würde er jetzt wieder verzichten und warten, bis der andere Verwandte Ruths Wert erkannte? „Er würde es niemals riskieren, dich mit einem unerwünschten Heiratsantrag in Verlegenheit zu bringen."

Ruth schaute zur Seite, die Stirn gerunzelt. Als sie Noomi wieder ansah, stand ihr das Unbehagen ins Gesicht geschrieben.

„Könntest du dir vorstellen, mit Boas verheiratet zu sein?"

Ruth dachte nach. „Ich weiß nicht …"

„Bist du bereit, mir zu vertrauen, wenn ich dir sage, dass Boas dich glücklich machen wird? Er würde alles dazu tun, was er kann." Sie sah, wie Ruths Augen feucht wurden. Ruth öffnete den Mund, um zu protestieren, aber Noomi fuhr entschlossen fort: „Ich weiß zufällig, dass er heute Abend auf seiner Tenne Gerste worfeln wird. Tu, was ich sage: Bade und parfümiere dich und zieh deine besten Kleider an. Dann geh zu der Tenne, aber sieh zu, dass er dich nicht bemerkt, bis er gegessen und getrunken hat. Pass gut auf, wo er sich anschließend zum Schlafen hinlegt. Wenn er eingeschlafen ist, geh zu ihm und schlüpfe am Fußende unter seine Decke. Das Weitere wird er dir dann selbst sagen."

Ruths Gesicht war weiß geworden, ihre Augen groß. „Das ist ja … ist das dein Ernst, Mutter?"

„Vertraue mir, meine Tochter. Wenn du ihm nicht zeigst, dass du ihn gern heiraten würdest, wird er bis an sein Lebensende Junggeselle bleiben. Soll so ein guter Mann ins Totenreich hinabfahren, ohne eigene Söhne gezeugt zu haben?"

„Und was soll aus dir werden?"

„Aus mir? Wie meinst du das?"

„Wenn Boas mich wirklich zur Frau nimmt, was wird dann aus dir? Soll ich dich in dieser Höhle allein lassen?"

Die liebe Ruth! Noomi wurde mit jeder Sekunde entschlossener. „Boas hat dir gleich am ersten Tag alle Vorteile geschenkt. Denkst du im Ernst, er würde mich meinem Schicksal überlassen?" Sie schüttelte den Kopf und lächelte. „Vielleicht bekommen wir alle beide eine Zukunft und eine Hoffnung, Ruth. Aber wenn mein Plan gelingt, dann nur deshalb, weil Gott es so will, und nicht, weil eine alte Witwe sich als Kupplerin betätigt hat."

Ruth atmete langsam aus. „Gut", sagte sie und neigte den Kopf. „Ich werde alles so machen, wie du es gesagt hast."

Noomi schwieg einen Augenblick. Der Ernst ihrer Schwiegertochter ging ihr ans Herz. Ruth war im Frühling ihres Lebens, Boas im Herbst. Noomi konnte Ruths Zögern gut verstehen, aber sie war sicher, dass Boas ihr ein guter Mann sein würde. Und doch … War dieser Plan wirklich nach Gottes Willen oder ging sie einfach ihre eigenen Wege, wie so oft schon?

Herr, was soll ich tun? Zahlreich sind die Pläne der Menschen, aber dein Wille geschieht, heißt es in der Schrift.

Herr, bitte erbarme dich und sei gnädig! Heile uns alle von unserem Schmerz und lass uns wieder Liebe erfahren. Lass die Heimatlosen wieder ein Heim bekommen, ein Heim, in dem du der Herr bist. Boas wird meine Tochter den Weg des Lebens lehren und sie auf ihrer Reise führen. Ich habe die Einsamkeit in seinen Augen gesehen, Gott. Und die Liebe. Wenn es dein Wille ist, dann öffne du sein Herz für Ruth und ihr Herz für ihn. Und wenn sie nur aus gegenseitiger Achtung und Liebe zusammenkommen, Herr, dann lass diese Gefühle zu Liebe werden. Fache du ein Feuer in ihren Herzen an, das sie ihr ganzes Leben wärmt.

Boas ließ die Gerstengarben auf Esel laden und zu der alten Opferstätte bei Bethlehem bringen, die er als Tenne benutzte. Schamasch und die jungen Männer öffneten die Garben und warfen die Halme auf die festgestampfte Erde, wo ein Paar Ochsen, die einen schweren Holzschlitten zogen, im Kreis ging. Die an der Unterseite des Schlittens befestigten Steine zermalmten die Stengel und lösten die Körner aus den Ähren. Boas gürtete sich und arbeitete mit. Bald war die Luft erfüllt vom Staub und Geruch der gedroschenen Gerste, der Ochsen, der heißen Sonne und der Erde. Als der ganze Boden mit zermalmten Gerstenhalmen bedeckt war, wurden die Ochsen weggeführt, und die Männer nahmen ihre Worfgabeln zur Hand.

Mit gekonntem Schwung warf Boas das Getreide in die Luft. Der leichte Nachmittagswind erfasste die Spreu und wehte sie weg, während die schwereren Gerstenkörner zurück auf die Tenne fielen. Es war eine harte, schweißtreibende Arbeit. Wieder und wieder stieß Boas seine Gabel in die Getreidehaufen. Bald musste er sich ein Tuch um den Kopf binden, damit ihm der Schweiß nicht in die Augen rann. Er stimmte ein Erntedanklied an; die anderen fielen ein.

Boas stellte ein paar der Knechte zum Aufsammeln des Strohs ab, das als Futter für die Tiere und Brennmaterial in der Scheune gelagert wurde. Als die Stroh- und Getreidehaufen zu klein für die Gabeln wurden, legten die Männer diese beiseite und benutzten stattdessen Worfschaufeln. Sie machten eine Pause, um zu essen und zu trinken, dann ging die Arbeit weiter. Als der Wind nachließ, wedelten einige der Knechte mit Matten, um die Spreu von der Gerste zu trennen. Andere begannen, das Getreide zu sieben. Auch die Lolchkörner wurden entfernt, denn diese Unkrautsamen verursachten Schwindel und Übelkeit, wenn sie mitgegessen wurden. Die Ernte war so reich gewesen, dass das Dreschen mehrere Tage dauern würde.

„Das reicht für heute, Männer!", rief Boas.

Seine Knechte standen schon mit dampfenden Schüsseln mit einem schmackhaften Linseneintopf und großen Tabletts mit Obst, Brot und Wein bereit. Die Arbeiter lagerten sich zum Essen, unterhielten sich, sangen und lachten, während über ihnen die Sterne hervorkamen.

Sie zündeten wegen der Brandgefahr keine Laternen an.

Ruth hielt sich hinter einem Felsen versteckt und sah und hörte zu, wie Boas mit seinen Knechten sang, lachte und trank. Als die Sterne hervorkamen, schob sie sich etwas näher. Die Feiernden wurden leiser. Als Boas sich erhob, löste sich die Runde auf. Die Knechte legten sich, ihre Gewänder als Decken benutzend, zum Schlafen hin, wo gerade Platz war. Bei Sonnenaufgang würde die Arbeit weitergehen. Ruth beobachtete, wie Boas sich neben dem Haufen gedroschenen Getreides niederließ.

Noch eine Stunde blieb sie in ihrem Versteck. Sie musste ganz sicher sein, dass alle Knechte schliefen, bevor sie handelte. Sie konnte es sich nicht leisten, dass jemand sie bemerkte, der Klatsch würde wie ein Steppenbrand durch Bethlehem laufen. Schließlich kroch sie vorsichtig zu der Stelle, wo Boas lag und schlief. Ihr Herz trommelte vor Aufregung.

Jetzt war sie da. Sie hielt inne und betrachtete den Schlafenden im Licht des halben Mondes. Er sah jünger aus, als habe der Schlaf die Last seiner Aufgaben weggenommen. Der eine Arm lag über seinem Kopf. Ruth kniete sich zitternd zu seinen Füßen hin und zog behutsam sein Gewand ein Stück beiseite. Er drehte sich im Schlaf um, und ihr Herz stolperte. Ohne einen Laut rollte sie sich zu seinen Füßen zusammen und zog das Gewand über sie beide, damit die kühle Nachtluft ihn nicht aufweckte. Dann atmete sie langsam, langsam aus und befahl ihrem Herzen, ruhiger zu schlagen.

Aber wie sollte das gehen, so nah neben diesem Mann, dessen regelmäßigen Atem sie hörte und dessen Wärme seines Körpers sie spürte? Der Geruch seines Schweißes vermischte sich mit denen der Erde, des Strohs und der Gerste. Sie erinnerte sich noch, wie Machlon in den letzten Monaten seines Lebens gerochen hatte. Nach Krankheit und Angst. Boas dagegen roch nach Leben – nach harter Arbeit und ihrer Frucht, nach dem Land, das Gott ihm gegeben hatte. Es war ein Geruch, der zugleich anregend und beruhigend war.

Sie schluckte und schloss die Augen. Diese Gefühle, die sie plötzlich empfand und die sie noch nicht so richtig einordnen konnte … Sie schob ihre Hand unter ihre Wange und lauschte auf das rasche Klopfen ihres Herzens in ihren Ohren und das langsame, rhythmische Atmen des Mannes, der so nah bei ihr lag, dass seine Füße ihren Rücken berührten.

Mitten in der Nacht wurde Boas wach. Er lag einen Moment still da und dachte nach. Was hatte ihn aufgeweckt? Ein Traum? Er konnte sich nicht erinnern. Er horchte in die Nacht hinein. Kein Geräusch, ja im Gegenteil: eine fast unheimliche Stille herrschte. Dann kam von der anderen Seite des Getreidehaufens das laute Schnarchen eines der Männer. Gut. Boas atmete tief durch und versuchte, wieder einzuschlafen. Aber was war das? Die Luft roch anders als sonst, aromatischer, süßer. Er runzelte die Stirn und schnupperte. Er konnte sich nicht erinnern, je so einen sinnlich-verlockenden Duft gerochen zu haben. Wo kam er her? Trug der Abendwind ihm den Duft von Blumen zu? Nein, es roch eher wie ein Parfüm.

Er streckte ein Bein aus. Nanu, da war etwas. Etwas Warmes, Weiches. Was …? Er sog heftig die Luft ein, zog seinen Fuß abrupt zurück und warf die Decke von sich. Eine Hure! Wer sonst würde es wagen, mitten in der Nacht zu ihm zu kommen?

Die Frau hatte sich aufgesetzt und ihm den Kopf zugewandt. Es war zu dunkel, um ihr Gesicht sehen zu können. „Wer bist du?", flüsterte er rau. Wenn nur die anderen nicht wach wurden.

„Ich bin deine Dienerin Ruth."

Sein Herz begann zu hämmern. „*Ruth?*" Nun war er vollends verwirrt.

Ihre Stimme zitterte. „Breite den Zipfel deines Gewandes über mich, denn du bist mein Löser."

Eine heiße Woge schoss durch seinen ganzen Körper, von dem Fuß, mit dem er ihren Leib gespürt hatte, bis zum Kopf. Er konnte fast nicht atmen. Im Leben hätte er nicht gedacht, dass Ruth mit einer solchen Bitte kommen würde. Ahnte sie, wie sehr sein Herz sich nach einer Frau sehnte – einer Frau, die er lieben und umsorgen konnte, einer Frau, die mit ihm den Alltag teilen und ihm Kinder schenken würde?

Herr, Herr, wie kann ich je auf eine Frau wie Ruth hoffen? Stellst du mich auf die Probe? Ich muss das tun, was recht ist, und nicht das, was ich will. Du weißt, wie mein Herz sich zu ihr hingezogen gefühlt hat, vom ersten Tag an. Eine solche Frau … Aber Noomi weiß doch bestimmt von dem anderen Verwandten. Sie muss wissen, dass es nicht mein Recht ist, diese Aufgabe zu erfüllen, es sei denn … O Gott, gib mir die Kraft, das zu tun, was ich muss, selbst wenn es bedeutet, dass ein anderer die Frau meines Herzens bekommt.

„Der Herr segne dich, meine Tochter!" Seine Stimme war belegt. Er war froh, dass es so dunkel war, sodass sie die Sehnsucht in seinen Augen nicht sehen konnte. Ob sie begriff, was für ein Geschenk sie ihm machte, indem sie so zu ihm kam? Sein Kopf schwirrte. Vor Jahren hatte er die Hoffnung auf eine eigene Familie begraben. Gott war Gott, und aus irgendeinem Grund hatte er beschlossen, ihn nicht mit einer Frau zu segnen. Aber jetzt, hier, mitten in dieser Nacht, war Ruth da und fachte mit ein paar geflüsterten Worten all diese Hoffnung wieder an. Er versuchte, ruhig zu werden und nachzudenken. Was waren ihre Motive? Bestimmt tat sie dies für Noomi!

„Jetzt sehe ich noch mehr, wie sehr du deine Schwiegermutter und ihre Familie liebst! Du bist keinen jüngeren Männern nachgelaufen, weder reichen noch armen."

„Und du hast mir mehr Freundlichkeit gezeigt als sonst jemand, Boas. Wirst du dein Gewand über mich breiten?"

Er hörte das Zittern in ihrer Stimme. Er wollte sie an sich ziehen, sie seiner Liebe vergewissern. Dass sie seine Gefühle erwiderte – das war weit mehr, als er je zu hoffen gewagt hatte. Er wollte nichts lieber, als sie zu seiner Frau nehmen – aber war dies Gottes Wille?

„Mache dir keine Sorgen, meine Tochter. Ich werde tun, was recht ist, denn jeder in dieser Stadt weiß, dass du eine ehrenwerte Frau bist." *Niemand weiß es mehr als ich,* hätte er am liebsten hinzugefügt. „Aber es gibt da ein Problem."

„Ein Problem?" Ihre Stimme bebte noch mehr.

„Es stimmt, dass ich einer deiner Löser bin. Aber es gibt noch einen anderen, der näher mit dir verwandt ist als ich."

„Ein anderer?"

Die Enttäuschung in ihrer Stimme war deutlich. Sie rutschte näher, und seine Hand streifte ihr Bein. Sie zog es schnell zurück, aber sein Körper hatte bereits Feuer gefangen. Die Macht seiner Gefühle für sie erstaunte ihn; war er doch noch nicht so alt? Er spähte in die Nacht hinaus. Hatte jemand sie reden gehört? Was, wenn man sie hier entdeckte? Seine Gedanken flogen unwillkürlich zu den Vorteilen hin, die ihm dies bringen konnte: Der andere Verwandte hätte Anlass, Ruths Charakter in Zweifel zu ziehen, worauf er seine Pflicht ihr gegenüber verweigern könnte … Aber die ganze Stadt würde natürlich vor Klatsch und Spekulationen explodieren über das, was in dieser Nacht vorgefallen war.

Nein, sosehr Boas Ruth zur Frau haben wollte, dies durfte er ihr nicht zumuten. Wie würde er vor Gott dastehen? Würde er ihr noch in die Augen sehen können, wenn er sie ins Gerede brachte? Nein! Er musste ihre Ehre schützen, auch wenn dies bedeutete, dass er sie einem anderen überließ. Sein Herz wurde schwer bei dem Gedanken. Er biss die Zähne zusammen, kämpfte gegen seinen Wunsch an, sie selbst zur Frau zu bekommen. Aber egal, wie sehr er Ruth begehrte, er musste Gott gehorchen.

Du weißt, wie sehr ich mich nach ihr sehne, Herr! Oh, gib mir Kraft, nicht einfach meinen Wünschen nachzugeben. Halte mich auf deinem Weg, denn wenn ich ihn verlasse, bin ich verloren! Hilf mir, dass ich Ruth ihre Freundlichkeit recht vergelte und ihr helfe.

„Ja", sagte er. „Es gibt noch einen anderen Verwandten, der zuerst gefragt werden muss. Gleich morgen früh werde ich mit ihm reden. Wenn er dich lösen will, dann kann er dich heiraten. Aber wenn er nicht will, dann, so wahr der Herr lebt, werde ich dich zu meiner Frau nehmen! Leg dich wieder hin und verhalte dich still. Es darf niemand wissen, dass eine Frau hier auf der Tenne ist."

Ruth legte sich wieder hin. Boas spürte ihre Nähe so deutlich, dass sein Magen schmerzte. Sie gab keinen Laut von sich und bewegte sich nicht. Schlief sie? Wie er sich danach sehnte, sie zu berühren, mit ihr zu reden, aber er hielt sich im Zaum.

Stattdessen betete er. *Oh Herr, Herr …* Ihm fehlten die Worte für die Gefühle, die in ihm tobten. Wie viele Jahre war es her, dass er sich so gefühlt hatte? Über zwanzig mussten es sein! Damals, als er um Noomi geworben hatte …

Ruth zu lieben – der Gedanke ließ ihn zum ersten Mal seit Jahren Angst empfinden.

Ruth wachte abrupt auf, als eine Hand ihr sanft die Haare aus der Stirn strich. „Psst." Boas legte einen Finger an seine Lippen. Er kniete neben ihr, und es war hell genug, dass sie sein Lächeln sehen konnte. „Alle schlafen noch", flüsterte er. Der Morgen graute; es war Zeit, dass sie ging, bevor einer der Knechte wach wurde und sie sah.

„Nimm dein Tuch und breite es aus", flüsterte er. Sie folgte ihm zu dem Gerstenhaufen. „Ich kann dich nicht ohne ein Geschenk nach Hause schicken." Er schüttete Getreide in ihr Tuch, bis es über eineinhalb Scheffel waren. Dann band er das Tuch zusammen und legte ihr es über die Schulter. „Für Noomi."

Sie musste einmal mehr staunen über seine Großzügigkeit. Noch mehr Getreide hätte sie nicht tragen können. „Danke", flüsterte sie und sah zu ihm auf.

Ihre Blicke trafen sich, und plötzlich spürte sie, wie in ihrem Inneren gleichsam eine Tür aufging. Dieser Mann sah sie nicht einfach an wie jemand, der eine Frau hübsch findet, sondern so, als gehöre sie ihm bereits. Wie er jedes Detail ihres Gesichts in sich aufnahm … Ihr Herzschlag wurde schneller, sie blinzelte überrascht. Dieser Mann, der so viel wichtiger und vornehmer war als sie … dieser Mann begehrte sie!

Seine Hand bewegte sich zu ihr hin, und sie atmete zitternd ein, wartete auf seine Berührung. Aber dann zog er sie wieder zurück. „Möge das geschehen, was Gott will."

Sobald Ruth außer Sichtweite war, weckte Boas Schamasch auf. „Ich gehe in die Stadt. Ich weiß nicht, wann ich zurück bin."

Schamasch stand auf. „Ist etwas passiert?"

Boas legte eine Hand auf seine Schulter. „Nichts Schlimmes, mein Freund. Nur eine dringende geschäftliche Angelegenheit, um die ich mich gleich heute Morgen kümmern muss."

„Das muss ja wirklich etwas Wichtiges sein. Dass du die Tenne verlässt, habe ich noch nie erlebt."

Boas hatte keine Lust, sich weiter zu erklären. Am Abend dieses Tages würde Ruth einen Mann haben, und Boas würde tun, was in seiner Macht stand, damit *er* dieser Mann war. Ob es ihm gelang, das lag in Gottes Hand. Er drückte Schamaschs Schulter. „Bete für mich, mein Freund. Bete darum, dass ich das will, was Gott will."

Auf Schamaschs Stirn bildete sich eine Falte. „Möge der Herr dir seine Weisheit geben", antwortete er.

„Dein Wort in Gottes Ohr."

Boas machte sich auf den Weg nach Betlehem, sein Kopf voll von dem Plan, den er sich ausgedacht hatte.

Noch bevor die Sonne aufging, war Ruth zu Hause. Noomi erwartete sie. „Du bist ja schon auf, Mutter! Hast du die ganze Nacht auf mich gewartet?"

„Wie hätte ich in solch einer Nacht schlafen können? Wie war es, meine Tochter?"

Ruth setzte das Tuch mit dem Getreide ab und lachte tonlos. „Es ist noch nicht entschieden, Mutter. Boas hat gesagt, dass es noch einen anderen Löser gibt, der näher mit mir verwandt ist." Sie schaute zur Seite; sie wollte nicht, dass Noomi sah, wie betroffen diese Nachricht sie gemacht hatte. „Aber er hat mir gesagt, ich solle mir keine Sorgen machen, er wird sich um alles kümmern. Er hat gesagt, wenn dieser andere Mann mich nicht will, wird er mich heiraten; er hat es bei Gott geschworen." Sie konnte ihre Tränen nicht mehr zurückhalten. „Was, wenn ich diesen anderen heiraten muss? Ich weiß ja noch nicht einmal, wer das ist!"

Noomi runzelte die Stirn und klopfte sich mit den Fingern auf die Lippen.

Ruth sah sie an und wischte sich die Tränen von den Wangen. „Du hast es gewusst, nicht wahr? Du hast das mit dem anderen gewusst und mich trotzdem zu Boas geschickt?"

„Ich will, dass du den besten Mann bekommst."

Wusste Noomi etwas über den anderen, das ihn als Ehemann unattraktiv machte? „Wer ist der andere?"

„Er ist ein Mann wie alle anderen, aber nicht die Art, die ich dir wünschen möchte."

„Oh, Mutter, was bedeutet es schon, was du oder ich uns wünschen? Jetzt ist es uns aus den Händen genommen." Ruth begann heftig zu weinen. Sie wünschte sich plötzlich, sie wäre nicht zur Tenne gegangen. „Sind wir nicht auch so gut zurechtgekommen? Hat Gott uns nicht jeden Tag versorgt?"

Noomi umarmte sie. „Oh, mein liebes Mädchen, hab doch keine Angst! Boas will dich!"

„Woher willst du das wissen?" Vielleicht hatte sie den Blick in seinen Augen falsch gedeutet?

„Schau dir das hier doch an! Hätte Boas dir so viel Getreide mitgegeben, wenn es ihm egal wäre, wie die Sache ausgeht? Hab

Geduld, Tochter, warte ab, bis wir hören, wie es gelaufen ist. Der Mann wird nicht ruhen und rasten, bis es erledigt ist."

Boas ging mit schnellen Schritten durch die Straßen der Stadt zu seinem Haus. Die Diener waren bereits bei der Arbeit. Es roch nach frisch gebackenem Brot. „Avisemer, bringe mir Wasser! Und Jischmael soll mir ein frisches Gewand und ein Übergewand mit Schärpe holen."

Er wusch sich gründlich und kleidete sich um. Dann zog er sein Gebetstuch über seinen Kopf und betete wieder, bat Gott um Weisheit und die Kraft, das Rechte zu tun. Er ließ sich Zeit und blieb in seinem Zimmer, bis die Sonne voll aufgegangen und er innerlich zur Ruhe gekommen und bereit war, alles so anzunehmen, wie Gott es führen würde.

Als er aus seinem Zimmer herauskam, standen seine Diener zusammen und unterhielten sich flüsternd. Ihre Augen waren besorgt. „Jischmael, du kannst mir ein paar Dinge abnehmen." Boas lächelte den anderen zu. „Es ist alles in Ordnung, geht zurück an eure Arbeit."

Sie gehorchten, aber er spürte ihre besorgte Neugierde. Sein Mund verzog sich zu einem halb schuldbewussten Lächeln. Es geschah nicht jeden Tag, dass ihr Herr am helllichten Morgen ins Haus gerannt kam. Sie waren es gewohnt, dass er abends wiederkam, staubig von der Arbeit, und sich wusch, aß, betete und zu Bett ging. So war es jeden Tag. Aber heute ...

Er nannte Jischmael die Namen von zehn der Stadtältesten – lauter Männer, die gute Freunde von ihm und als ehrlich und rechtschaffen bekannt waren. „Bitte sie, zum Stadttor zu kommen, um etwas mit mir zu besprechen." Die meisten der Männer waren jetzt in der Synagoge, wo sie sich oft morgens versammelten, bevor sie die Geschäfte des Tages begannen. Einige saßen auch vielleicht schon im Tor, um Streitigkeiten zwischen den Bürgern anzuhören und zu schlichten. „Und wenn du mit ihnen gesprochen hast, geh zu Noomi und der Moabiterin Ruth. Sie wohnen in-"

„Ich weiß, wo sie wohnen, Herr."

„Gut. Bring sie mit zum Stadttor."

Boas ging auf den Markt, um den anderen Verwandten zu suchen. Er kannte den Ruf des jungen Mannes besser, als ihm lieb war, aber war entschlossen, ihn nicht nach dem Klatsch der Leute zu beurteilen. Er hatte vor, Ruths Fall auf eine Art vorzustellen, die den Charakter des Mannes offenbaren würde. Er ging zwischen den Ständen hindurch, bis er ihn sah: Rischon, den Sohn des Oved, des Bruders von Elimelech. Rischon unterhielt sich gerade mit einigen anderen jungen Männern, während seine Ehefrau Gerste aus einem Krug schöpfte und in den Korb einer alten Frau schüttete. Die beiden Frauen begannen zu streiten. Rischon drehte sich mit finsterer Miene zu ihnen, sagte etwas zu der Alten und machte eine ungeduldige Geste. Die Frau ließ den Kopf hängen und drehte sich um.

Boas zwang sich, ruhig zu atmen. Was er gesehen hatte, konnte man auch anders deuten. Er musste seinen Kopf klar halten für das, was jetzt kam. Rischons Kinder waren bei seiner Frau in dem Stand. Er zählte drei; das Jüngste, noch ein Baby, lag in den Armen von Rischons verwitweter Mutter.

„Rischon!", rief Boas. Der junge Mann drehte sich zu ihm um, und er winkte ihm. „Komm her, mein Freund! Ich muss mit dir reden." Er bemühte sich, so zu sprechen, als ob das, worüber er reden wollte, nichts weiter Wichtiges war.

Rischon trat eilig zu ihm, ein schuldbewusstes Erröten auf seinem Gesicht. „Geht es um die Frau eben? Sie will immer eine Extraportion-"

Boas hob eine Hand. „Ich möchte über etwas anderes mit dir reden."

Rischon war sichtlich erleichtert. „Und was?"

„Komm." Boas hielt ihm seine Hand hin. „Wir gehen ins Tor, dort ist es kühler."

Er sah den fragenden Ausdruck in Rischons Augen, als er sich im Schatten des Tores niederließ. Rischon setzte sich neben ihn, und Boas rief die Namen der zehn Männer, die sich im Tor versammelt hatten. „Seid ihr bereit, Zeugen dessen zu sein, was wir jetzt entscheiden?"

Sie nickten einer nach dem anderen und setzten sich zu ihnen, um zu hören, was die beiden Männer zu besprechen hatten.

Rischon sah verwirrt in die unerwartete Runde, dann schaute er wieder Boas an. „Was hast du vor, Boas?"

Boas schaute sich verstohlen um. Da stand Noomi im Schatten. Sein Herzschlag wurde schneller, als er hinter ihr Ruth sah. Als er Noomi wieder anschaute, lächelte sie leicht und nickte.

„Du kennst sicher Noomi", sagte Boas und zeigte auf sie. Rischon sah kurz zu ihr hin und nickte, dann wandte er sich wieder Boas zu. „Noomi, die aus Moab zurückgekehrt ist", sagte Boas.

„Ja, ich habe davon gehört."

Und keinen Finger für sie gerührt, dachte Boas wütend. „Sie möchte das Land verkaufen, das unserem Verwandten Elimelech gehörte."

Rischons Augen wurden merklich heller; das Land war Ackerland in der besten Lage, direkt vor der Stadt.

„Ich habe beschlossen, mit dir darüber zu reden, damit du es lösen kannst, wenn du möchtest. Wenn du das Land willst, dann kauf es jetzt im Beisein dieser Zeugen."

„Gut." Rischon stieß einen genüsslichen Seufzer aus. „Ich will es."

Der andere Löser war ein gut aussehender Mann. Er war viel jünger als Boas, gut gebaut, mit einer gesunden Hautfarbe und dunklem Lockenhaar und Bart. Er trug ein feines Gewand, trug den Kopf hoch erhoben, und der Blick, mit dem er den Kreis der Ältesten musterte, war abschätzend. Aber trotz dieser selbstsicheren Pose spürte sie ein Unbehagen in ihm, so als ob er erwartete, dass man ihm etwas vorwerfen wollte.

Und wie er Noomi ansah! Oder besser: nicht ansah. Ein flüchtiger Blick, nicht mehr, so als ob sie ihm gänzlich egal war.

Ruths Herz sank, als Boas sagte, dass Noomi das Land ihres Mannes verkaufen wollte. Sie umklammerte den Arm ihrer Schwiegermutter, um zu protestieren, doch Noomi flüsterte: „Boas weiß, was er tut; vertrau ihm."

„Wenn du das Land willst, dann kauf es jetzt im Beisein dieser Zeugen“, sagte Boas. „Aber wenn du es nicht willst, sag es, denn ich bin nach dir der nächste Löser.“

„Ich löse es, ich löse es“, sagte Rischon eifrig.

„Gut“, nickte Boas. Ruth merkte, wie alles Blut aus ihrem Gesicht wich. Hatte sie seine Äußerungen etwa doch missverstanden? Er schaute noch nicht einmal in ihre Richtung; es schien ihm egal zu sein, dass sie drauf und dran war, Rischons Eigentum zu werden.

„Es ist gutes Land“, sagte Rischon. „Nur schade, dass es so lange brachgelegen hat.“

Boas fuhr fort. „Wenn du das Land von Noomi kaufst, musst du allerdings auch Ruth heiraten, die moabitische Witwe von Noomis Sohn, damit sie Kinder bekommt, die den Namen ihres Mannes weitertragen, sodass das Land in der Familie bleibt.“

Rischons Gesicht wurde merklich länger. „Die Moabiterin?“ Er machte keinen Versuch, seine Enttäuschung zu verbergen. Er sah Boas an, dann die Ältesten. Sein Mund zog sich zusammen. „Also, das ... Dann kann ich es doch nicht lösen, denn damit würde ich ja mir selbst schaden, wenn das Land hinterher nicht meiner Familie gehört.“

„So redet er sich raus!“, flüsterte Noomi Ruth zu, ihre Stimme voll Verachtung.

Ruth fragte sich, was Rischon wohl mehr störte: Dass er seine Pflicht an ihr tun und Machlon einen Erben verschaffen sollte? Oder dass ein Teil seines Besitzes an das erste Kind ging, das sie zur Welt bringen würde? Die Umstehenden begannen aufgeregt zu flüstern.

„Das wäre seiner Frau bestimmt nicht recht“, sagte einer, der in der Nähe von Ruth stand.

„Aber er hat die Verpflichtung Noomi gegenüber.“

„Das Land will er schon, aber nicht die damit verbundenen Pflichten.“

Rischon sah in die Runde und fühlte sich sichtlich unwohl. Er band hastig eine seiner Sandalen los und reichte sie Boas – das traditionelle Zeichen dafür, dass man seine Rechte an jemand anderen abtrat. „Löse du das Land; ich will es nicht. Du kannst es haben." Dann erhob er sich hastig und bahnte sich einen Weg durch die Menge der Neugierigen.

Noomi packte Ruths Hand. „Er hat es geschafft!" Sie lachte leise auf. „Ich wusste es doch."

Ruth hielt den Atem an, als Boas sie nun ansah. Seine Miene war feierlich und respektvoll, aber in seinen dunklen Augen war ein Licht, das sie noch nie in ihnen gesehen hatte. Er schien sich selbst zur Ordnung zu rufen, denn er blinzelte und schaute weg.

Rischons Sandale fest in seiner Hand haltend, sagte er zu den zehn Ältesten und zu der Menge, die sich um sie versammelt hatte: „Ihr seid meine Zeugen, dass ich heute von Noomi den gesamten Besitz Elimelechs, Kiljons und Machlons kaufe. Und zusammen mit diesem Land nehme ich Ruth, die moabitische Witwe Machlons, zu meiner Frau, damit sie einen Sohn gebären kann, der den Namen ihres verstorbenen Mannes weiterführt und den Familienbesitz hier in seiner Heimatstadt erbt. Ihr alle seid Zeugen."

Die zehn Männer erhoben sich. Sie sahen majestätisch aus in ihren langen Gewändern, Gebetsmänteln und Gebetsriemen. „Wir sind Zeugen", sagten sie.

„Wir sind Zeugen!", fiel die Menge ein.

Noomi schob Ruth nach vorne. „Geh", flüsterte sie. Ihr Gesicht glühte. „Nun geh schon zu ihm, Kind."

Der Älteste der Stadtältesten hielt Ruth seine Hand hin. Die Menge teilte sich, um sie durchzulassen, und sie legte ihre Hand in die seine. Boas stellte sich auf die andere Seite des Ältesten.

Er lächelte Boas an, dann neigte er seinen Kopf zu Ruth hin. „Möge der Herr diese Frau, die jetzt in dein Haus kommt, wie Rahel und Lea machen, von denen alle Stämme Israels kommen!"

Er zog Ruth zu Boas hin, der ihr seine Hand hinstreckte. Sie spürte, wie ihre Hand in die seine glitt und seine Finger sich warm um ihre legten.

Der Älteste legte seine Hände über die verschränkten Hände des Paares und fuhr fort: „Mögest du groß werden in Efrata und berühmt in Bethlehem. Und möge der Herr dir durch diese junge

Frau Nachkommen geben, die wie die unseres Vorfahren Perez sind, des Sohnes von Tamar und Juda."

Der Diener, der sie und Noomi geholt hatte, drückte sich hastig durch die Menge und rannte die Straße hinunter. Männer und Frauen riefen Segenswünsche für Ruth und Boas und drängten sich um sie. Die Männer klopften Boas begeistert auf den Rücken, die Frauen umarmten Ruth und beglückwünschten sie. Boas lachte und redete mit allen, Noomi sprach aufgeregt gestikulierend mit ihren Freundinnen. Ruth wusste nicht, ob sie wachte oder träumte. Boas' Hand war fest um die ihre geschlossen, und er führte sie in die Stadt. Ruth, die Wangen leuchtend, das Herz galoppierend, sah sich um. Wo war Noomi? Kam sie mit ihnen?

„Ruth!" Noomi schob sich durch den Strom der Gratulanten, begleitet von mehreren anderen Frauen. „Jetzt müssen wir die Hochzeit vorbereiten!" Sie umarmte Ruth und zog sie auf die Seite, während sie Boas neckisch auf die Hand klopfte. „Deine Braut wird heute Abend für dich bereit sein." Und ehe Ruth es sich versah, zogen Noomi, deren Freundinnen und Boas' Mägde sie mit sich fort. Alle redeten durcheinander, sodass Ruth kaum Atem holen konnte.

Sie brachten sie in das Haus von Abigail, einer Kindheitsfreundin von Noomi. In einem der Gemächer zogen sie ihr ihr zerschlissenes Kleid aus, badeten sie und rieben sie mit Duftölen ein. Dann bürsteten sie ihr taillenlanges Haar, bis es glänzte.

Eine junge Dienerin kam und wollte Noomi sprechen. „Boas hat Geschenke für Ruth geschickt." Noomi ging aus dem Zimmer und kam kurz darauf mit einem schön geschnitzten, mit Elfenbein verzierten Kästchen wieder.

„Da, schau!" Sie öffnete es und hielt es Ruth hin. „Juwelen! So viel bist du ihm wert." Sie holte eine Halskette heraus, die mit Rubinen, Smaragden, Saphiren und Diamanten besetzt war. „Und deine Hochzeitskleider hat er auch geschickt."

Noomi reichte Abigail das Kästchen und half Ruth beim Anziehen. „Du wirst wie eine Königin aussehen." Als das lange weiße Untergewand über ihren Kopf glitt, seufzte Ruth genüsslich; noch nie im Leben hatte sie etwas so Weiches gefühlt. Dann kam ein bunt besticktes Obergewand und eine aus feinstem goldfarbenem, blauem und purpurnem Leinen gewobene Schärpe. Dann Armreife und Ohrringe mit Steinen in allen Farben des Regenbogens und eine mit goldenen Ketten verzierte Brautkrone.

Eine der Mägde Abigails flocht die Edelsteine, die Boas geschickt hatte, in Ruths Haar ein. Zum Schluss legten sie ihr einen durchsichtigen Schleier um, der mit Trauben-, Weinranken- und Weizengarbenmotiven bestickt war; er war federleicht und reichte ihr bis zu den Knien.

Noomi nahm Ruths Hand und küsste sie. „Bald kommen die Männer, um dich zu holen." Ihre Augen waren tränennass. „Ich freue mich so für dich."

Ruth nahm Noomis Hand in ihre beiden. „Für uns beide."

Noomi streichelte ihre Wange. „Habe keine Angst, Kind. Ich hätte dich nicht zu ihm geschickt, wenn ich nicht überzeugt wäre, dass er dich glücklich machen wird."

Plötzliche Tränen traten in Ruths Augen. „Aber werde *ich ihn* glücklich machen?"

„Hast du nicht sein Gesicht gesehen, als Rischon ihm seine Sandale reichte? Du bist sein Schatz, meine Tochter, ein Geschenk von Gott."

Ruth neigte den Kopf und schloss die Augen, tief bewegt von Noomis Worten. Konnte es sein, dass Boas sie so sehr wollte? Ein solcher Mann verdiente es, geliebt zu werden. Aber war sie fähig, ihm das zu geben, wonach er sich mehr sehnen musste als nach allem anderen? Würde ihr Herz sich ihm öffnen, wie es sich Machlon geöffnet hatte? Würde sie unter seiner Berührung erzittern? Würde ihr Herz schneller schlagen, wenn sie ihn sah? Sie mochte und bewunderte Boas, sie hatte große Achtung vor ihm. Aber Liebe? Könnte sie ihm ihr Herz und ihren Körper wirklich hingeben, ohne etwas zurückzuhalten? Würde sie so auf ihn eingehen können, dass es ihm Freude brachte? Oder würde sie ihn nur als einen gütigen Vater sehen oder als einen älteren Bruder?

Oh Herr, ich will nicht, dass Boas' Herz schwer wird. Bitte mache mich zu der Frau, die er braucht. Bitte füll mich mit Liebe zu ihm!

Mache mich zu einer Frau, die seine Krone und Zierde ist. Lieber will ich sterben, als diesem Mann wehzutun!

Sie spürte Noomis Hand auf ihrem Kopf, leicht und beruhigend, und hörte, wie sie leise, aber inbrünstig flüsterte: „Oh Gott Israels, stille die Ängste meiner Tochter. Sie gehört dir, wie auch ich. Bitte segne Ruth für die Liebe, die sie mir erzeigt hat. Und wenn es nicht zu viel verlangt ist, dann schenk ihr eine Liebe zu Boas ins Herz, die noch größer ist als die, die sie für Machlon hatte …" Ihre Stimme brach. „… meinen Sohn." Sie küsste Ruth auf den Kopf.

Noch nie in seinem Leben war Boas so nervös gewesen. Er versuchte es zu verbergen, aber die Blicke seiner Diener sagten ihm, dass es ihm nicht gelang. Er kapitulierte lachend. „Ich kann noch nicht mal die Schärpe binden!"

Schamasch trat vor. „Wenn du erlaubst, Herr?"

Boas ließ die Schärpe dankbar los und seufzte erleichtert, als sein Aufseher sie festband. Ein anderer Diener hielt ihm einen weißen Umhang mit purpurnen, roten und blauen Stickereien hin. Boas brachte die Goldbroschen an, die, durch eine goldene Kette verbunden, den Umhang zusammenhielten. Als Letztes setzte man ihm eine mit Juwelen besetzte goldene Krone auf den Kopf.

Seine Freunde kamen, das Haus füllte sich. Man pries die Braut und witzelte über den Bräutigam: „Das war aber auch Zeit, dass du dir endlich eine Frau nimmst, Boas!" – „Einen Verwandten hat er ausgetrickst, um sie zu kriegen!" – „Ruth ist ein Juwel von einer Frau, mein Freund." – „Sie wird dein Haus mit Kindern füllen." – „Dass so ein hübsches Ding so einen alten Kerl heiraten muss!"

Boas lachte mit, aber er war nicht so selbstsicher, wie er tat. Wie sah Ruth ihn überhaupt? Er war nicht jung und nie besonders ansehnlich gewesen. Was hatte er einer so schönen jungen Frau denn zu bieten? Die Zweifel nagten in seinem Hinterkopf.

„Runzel nicht so die Stirn", sagte Schamasch. „Du machst dem armen Mädchen ja Angst."

Boas zwang sich zu einem Lächeln. Sein Haus quoll über vor Freunden, darunter die wichtigsten Männer der Stadt. Er hatte alles auf das Genaueste arrangiert, sogar für Festkleider für die ärmeren Gäste war gesorgt. Alles war bereit – bis auf ihn.

„Was ist, Boas?“, sagte Schamasch.

Boas hatte Schamasch als seinen Zeremonienmeister gewählt, weil er sich in vielen Jahren als treuer Freund erwiesen hatte. Jetzt zog Boas ihn beiseite und beichtete ihm seine heimlichen Ängste. „Ich habe sie ja praktisch gezwungen, mich zu nehmen. Was habe ich mir da nur eingebildet? Sie hätte gewiss etwas Besseres verdient als …“

„Etwas Besseres? Es gibt nichts Besseres als dich! Reicht es nicht, dass das Mädchen dich achtet?“

„Ich möchte Ruth mehr bieten.“

Schamasch lächelte trocken. „Viele Männer beginnen mit weniger. Und im Übrigen ist es jetzt zu spät. Du *bist* bereits ihr Mann, alle im Tor waren Zeugen. Und jetzt ist es Zeit, dass du deine Braut holst, es wird schon dunkel.“ Seine Augen leuchteten. „Ruth ist eine kluge junge Frau, Boas. Ich glaube, du wirst angenehm überrascht sein, was für eine Zukunft Gott für euch beide bereit hat.“

Boas lachte nervös. „Angenehm überrascht bin ich bereits, mein Freund. Ich hätte nie gedacht, dass ich doch noch eine Frau bekomme – und dann so eine!“

Bevor er ging, vergewisserte Boas sich, dass alles vorbereitet war. Der Baldachin war aufgestellt, mit Blumen und grünen Zweigen geschmückt und mit Sitzkissen versehen. Der Duft von gebratenem Fleisch, frischem Brot, Gewürzen und Blumen durchzog das Haus. Auf dem Fußboden lagen Webteppiche. Die Tabletts waren bereits mit allen Köstlichkeiten beladen und warteten nur noch auf die Gäste. Boas zählte die großen Krüge, die an der hinteren Wand standen. „Haben wir genug Wein?“

„Mehr als genug, mein Herr“, antwortete Schamasch. „Und vom besten Jahrgang!“

Boas fragte nicht nach dem Brautgemach. Seine Mägde hatten es vorbereitet.

Schamasch trat näher. „Alles ist bereit, Boas. Wenn du noch länger wartest, denkt Ruth womöglich, du hast es dir anders überlegt."

Boas trat hinaus auf die Straße, seine Freunde in einer langen Prozession hinterher. Die Hochzeitsgesellschaft zog lachend und singend durch die Straßen von Bethlehem, einige spielten Flöten, Lauten und Leiern, andere tanzten.

Als Boas das Haus von Abigail erreichte, brauchte er nicht zu klopfen. Schon ging die Tür auf und Noomi stand vor ihm, ihr Gesicht wie verwandelt. Seit sie aus Moab zurückgekommen war, hatte er sie nicht ein Mal lächeln gesehen. Fast sah sie wieder jung aus, und er musste daran denken, wie er sie einst zu seiner Frau hatte haben wollen.

„Ich möchte meine Braut holen", sagte er. Sein Herz wollte ihm aus der Brust springen, als er an Noomi vorbeisah und die festlich gekleideten Brautjungfern erblickte … und in ihrer Mitte Ruth in ihrem Schleier. Er brachte kein Wort heraus, streckte ihr nur seine Hand entgegen, und Ruth nahm sie. Er spürte, wie ihre Finger zitterten, und wünschte, er könnte den Schleier heben und ihr in die Augen sehen, um zu wissen, was in ihr vorging.

Und schon kehrte der Hochzeitszug um, jetzt verstärkt durch die Frauen, zurück durch die dunklen Straßen der Stadt. Einige der Männer trugen Fackeln. Die Frauen spielten auf Tamburinen und kleinen Handtrommeln, schwangen Zimbeln und Glocken und sangen mit den Männern. Viele trugen Öllampen, um den Weg zu erleuchten.

Als Boas sein Haus betrat, hob er seinen Hochzeitsumhang hoch und hielt ihn über Ruth, während er sie auf die Kissen unter dem Baldachin zog. Er stellte erfreut fest, dass sie genau wusste, was sie zu tun hatte. Mehrere Male ging er mit ihr im Kreis herum, um allen Zeugen zu zeigen, dass sie nun unter der Decke der Ehe war. Als er anhielt, nahm Ruth ohne Zögern ihren Schleier ab und legte ihn über seine Schulter, wie der Brauch es vorschrieb.

Die Gäste riefen: „Die Herrschaft ruht auf seiner Schulter!" Noomi lächelte voller Stolz.

Ruth setzte sich neben Boas auf eines der Kissen unter dem Baldachin. „Ich habe dich noch nie so schön gesehen, Ruth", sagte er.

Sie sah zu ihm hoch, und er lächelte. Er sah fasziniert zu, wie ihr die Röte in die Wangen stieg. „Ich dich auch nicht", sagte sie und senkte schnell den Blick.

Er lachte leise. „Ich brauchte dringend ein neues Gewand."

Sie nahm seine Hand in ihre beiden. Die Wärme der Berührung stieg seinen Arm hoch und durch seinen ganzen Körper. „Möge Gott dich für deine Freundlichkeit und Güte segnen."

Ein Kloß entstand in seinen Hals. „Das hat er bereits getan."

Als die Feier vorbei war und sie allein im Brautgemach waren, kam Boas sich wie ein grüner Junge vor. Er wusste nicht, was er sagen sollte. Er wollte Ruth beruhigen, aber wie sollte er das machen, wenn er selbst so nervös war wie noch nie in seinem Leben? Er wünschte sich plötzlich, einen seiner verheirateten Freunde gefragt zu haben, wie man sich in der Hochzeitsnacht benahm. Aber er hatte ja keine Zeit gehabt! Er begann durch den Raum zu gehen und blieb wieder stehen. Er strich sich über seinen Bart, dann rief er sich zur Ordnung und ließ die Hand sinken. Gut, dass Ruth sich gerade umgedreht hatte und ihn nicht sah.

Als sie das bestickte Obergewand auszog, spürte er, wie heftig er sie begehrte. Das erschreckte ihn. „Wir können noch warten, Ruth."

„Wir müssen tun, was der Brauch verlangt."

War es Resignation oder Hingabe, was er in ihrer Stimme hörte? „Wir können noch warten", wiederholte er.

Sie sah sich kurz um, runzelte die Stirn, drehte sich zurück zu ihm und schaute ihn fest an. Einen langen Augenblick sagte sie nichts, ihre rehbraunen Augen musterten sein Gesicht. Er wollte den Blick abwenden, tat es aber nicht. Dann kam sie zu ihm, und der Schmerz in seiner Brust wurde noch heftiger. Er kam sich schutzloser, hilfloser vor als damals, als er um Noomis Hand angehalten hatte, denn sie hatte er nicht so tief geliebt, wie er diese junge Frau liebte.

Sie nahm seine Hand. Vergeblich suchte er nach Worten. Sie küsste seine Hand und legte sie an ihre Wange. Er stand einfach nur da wie angewurzelt.

„Wir brauchen nicht zu warten, mein Ehemann", sagte sie leise. „Ich bin freiwillig zu dir gekommen."

„Aber Noomi hat dich doch geschickt."

Sie sah ihn ernst an und suchte in seinen Augen nach etwas. Waren da Tränen in ihren? „Ich habe aus freien Stücken getan, was sie vorgeschlagen hat. Oh, ich habe so sehr gehofft, dass du mich annehmen würdest – aber ich habe es nicht zu glauben gewagt."

Er atmete heftig aus. „Ich habe auch gehofft … aber ich kann es immer noch nicht glauben …" Er konnte nicht weiterreden. Dieses Mädchen konnte ihn mit einem Wort vernichten.

Ihre Augen schimmerten feucht. Sie umfasste sein Gesicht mit beiden Händen. „Damit du weißt, dass ich dir gehöre, mein Herr …" Sie zog seinen Kopf zu sich und küsste ihn.

„Es war auch Zeit, dass Boas sich eine Frau nahm", sagten die Frauen.

„Und so ein liebes Mädchen."

„Ich kenne keine andere, die ihre Schwiegermutter so innig liebt."

„So eine Schwiegertochter möchte ich auch haben!"

„Ruth ist besser als ein Sohn."

„Und ob! Wenn ein Sohn heiratet, vergisst er seine arme alte Mutter."

„Jetzt kann Noomi in Frieden alt werden."

„Ich bete schon so lange um ein solches Mädchen für meinen Sohn, aber er interessiert sich ja nur dafür, wie die Frauen aussehen."

„Es wäre aber tragisch, wenn Boas Ruth gar nicht wirlich lieben würde."

„In einer Zweckehe bleibt das Bett oft kalt."

„Möge Gott die beiden rundherum glücklich machen."

Die Frauen waren sich einig und gingen nach Hause zu ihren Lieben.

„Ich habe es Boas gleich angemerkt, dass es etwas Wichtiges war. Er hatte es plötzlich so eilig im Stadttor", sagten die Männer.

„Rischon hatte gar keine Chance."

„Er hatte alle Chancen der Welt! Aber er wollte nur das Land und nicht die Verantwortung!"

„Sei nicht so schnell mit den Steinen zur Hand! Rischons Frau hat ihm drei Töchter geboren. Wenn Ruth von ihm einen Sohn bekäme … wärst *du* bereit, deinen erstgeborenen Sohn als Erbe eines anderen Mannes aufzugeben? Und was, wenn seine Frau ihm keine Söhne schenkt? Was dann?"

„Seine Pflicht gegenüber Noomi und Ruth hat er jedenfalls nicht erfüllt."

„Sie ist ein gutes Mädchen."

„Möge Gott ihr viele Söhne schenken."

„Boas ist die ganzen Jahre Junggeselle gewesen. Er wird sich gewaltig umgewöhnen müssen!"

„Also, ich würde mich gern an Ruth gewöhnen!"

Gelächter.

„Sie ist sehr jung. Hoffentlich bricht sie meinem alten Freund nicht das Herz."

„Ich glaube, da musst du keine Angst haben! Ruth ist jung, aber sie hat bewiesen, dass sie einen guten Charakter hat."

„Ihren Charakter stelle ich nicht infrage. Ich bete nur darum, dass sie ihn so liebt wie er sie."

„Möge der Gott Israels ihr Herz für unseren Freund erwärmen."

Kapitel 5

Neun Monate nach der Hochzeit brachte Ruth einen gesunden Sohn zur Welt. Sie ließ sich erschöpft zurücksinken und sah zu, wie Noomi den kleinen Jungen wusch, mit Salz abrieb und in seine ersten Windeln wickelte.

„Er ist so schön!“, weinte Noomi. „So schön.“

Sie trug ihn aus dem Raum, und Ruth drehte ihr Gesicht zur Wand hin; stumme Tränen liefen ihr über die Wangen.

Als Boas später zu ihr kam, war sie schon auf. Sie hatte sich angezogen, saß in der Tür, die zum Garten ging und schaute zu, wie Noomi mit dem Kind umherging.

Boas nahm sich einen Schemel und setzte sich neben sie. „Jetzt werden sie Noomi nicht mehr Mara nennen“, sagte er.

Ruth sah ihn an. Auch er schaute in den Garten hinaus, aber sie konnte den Ausdruck in seinem Gesicht nicht deuten. „Danke“, sagte sie leise.

Er sah sie nicht an. „Danke mir nicht dafür, dass ich das getan habe, was recht war.“ Seine Stimme war belegt.

„Du hast deinen erstgeborenen Sohn aufgegeben, damit er der Erbe eines anderen Mannes sein kann.“

„So ist es bei uns Sitte, Ruth.“

„Nein. Es war nicht Rischons Sitte. Es ist deine, Boas. Du hast einen anderen vor dich selbst gestellt.“

Er sah sie an. „Lob mich nicht zu sehr, Ruth. In mir kämpfen das Pflichtgefühl und meine Wünsche miteinander.“ Er schaute zur Seite. „Ich bin ein Mann wie alle anderen.“

Sie blinzelte ihre Tränen zurück. Am liebsten wollte sie rufen, dass er nicht so war wie andere Männer. Selbst Machlon, den sie so sehr geliebt hatte, hätte nicht das getan, was Boas getan hatte.

„Soll er Machlon heißen?“, fragte Boas leise, den Blick weiter auf Noomi gerichtet, die jetzt auf einer Steinbank saß.

„Ich würde ihn gern Obed nennen, der Diener."

„Gut, so sei es. Jetzt braucht Noomi keine Angst mehr zu haben, dass sie im Alter allein sein wird."

„Und du auch nicht."

Boas erhob sich, streichelte ihr über den Kopf und ging dann davon.

Sie behielt das Kind nachts bei sich und stillte es alle paar Stunden. Sie genoss diese Zeit, wenn die Stille der Nacht sie umschloss und sie ihren Sohn im Arm hielt und spürte, wie er an ihrer Brust saugte. Sie streichelte seine weiche Wange und seine kleinen Finger schlossen sich um ihren großen. Regelmäßig stiegen ihr dann die Tränen der Dankbarkeit in die Augen. Wenn er satt und zufrieden einschlief, legte sie ihn dicht neben sich auf das Bett. Morgens kam Noomi in ihr Zimmer, beugte sich zu ihr, um sie zu küssen, und nahm Obed aus ihren Armen, um ihn für den Tag zu sich zu nehmen; nur zum Stillen gab sie ihn an Ruth zurück.

„Nie mehr wird man mich Mara nennen." Noomi lachte über die lustigen Grimassen, die Obed schnitt. „Nie mehr."

„Was für ein hübsches Kind!", riefen die anderen Frauen aus. Das erste Lächeln, der erste Zahn – jede kleine Neuigkeit begrüßten sie mit Begeisterung, ständig kamen sie zu Besuch.

„Preist den Herrn, der dir einen Löser geschenkt hat!"

„Möge er groß und berühmt werden in Israel!"

„Möge dieses Kind dich wieder jung machen und für dich sorgen, wenn du alt wirst."

„Das wird er bestimmt tun, er ist doch der Sohn deiner Schwiegertochter, die dich so sehr liebt."

„Ruth ist mehr wert als sieben Söhne!"

Ja, Ruth – ihre liebe Ruth. Noomi hob den Kleinen lächelnd auf ihre Schulter und rieb ihm den Rücken. Sie mochte das Gefühl, wie er sich an ihren Hals drückte. Wann war sie je glücklicher gewesen als jetzt, mit diesem Kind in den Armen? Gott hatte ihr alles genommen – und jetzt baute er ihr Haus neu auf festem Grund. Dieses Kind, das geboren war, um ihr den Mann und die

Söhne zu ersetzen, würde von Boas erzogen werden, einem Mann des Glaubens, der das Gesetz befolgte und freundlich und großzügig war, einem Mann, der im Stadttor saß und die Menschen mit Weisheit und Liebe beriet.

„Ach, kleiner Mann", sagte sie und küsste Obed auf seine samtige Wange. „Mögest du so werden wie dein Vater, wenn du groß bist."

Sie drehte sich um und sah Ruth in der Tür stehen, Muttersehnsucht in den Augen. Ein Stich durchfuhr Noomi. Dieses Geschenk, das Ruth ihr so bereitwillig gegeben hatte – hatte sie je bedacht, was es sie kostete? Was es Boas kostete? Ihre Schwiegertochter lächelte und wandte sich wieder ihrer Arbeit im Haus zu.

Etwas fehlte. Noomi wusste, was es war, aber sie konnte nichts ändern daran. Und so betete und betete sie. Um das, was allein Gott den beiden geben konnte, die so viel aufgegeben hatten.

Boas' großer Haushalt erforderte Ruths ganzen Einsatz, aber sie war dankbar für die Arbeit, die sie so beschäftigt hielt. Boas ermutigte sie, fast alle Entscheidungen selbst zu treffen, und oft fragte sie Noomi um Rat. Nach und nach wuchs sie hinein in die Rolle der Ehefrau eines der führenden Männer Bethlehems. Sie lernte, Dinge an die Diener abzugeben, statt alles selbst zu machen. Sie lobte ihre Arbeit, dankbar, dass sie sich so viel Mühe gaben, und die Diener schienen ganz begierig darauf zu sein, es ihr recht zu machen. Schon vor Sonnenaufgang stand sie auf, um das Frühstück zu richten und die Arbeiten für den Tag zu verteilen. Sie achtete auf die besten Angebote auf dem Markt und war freigibig, wo Menschen in Not waren. Niemandem in ihrem Haus fehlte es an etwas. Ihre Hände waren stets offen, denn alles, was Boas berührte, schien sich zu vervielfachen.

Als Boas sie vor nun fast zwei Jahren als seine Braut in sein Haus geholt hatte, hatte sie Angst gehabt, sie würde ihn enttäuschen und es nicht schaffen, ihn so zu lieben, wie er es verdiente. Das hatte sich von Grund auf geändert, als er ihr in der Hochzeitsnacht so behutsam und achtungsvoll begegnet war. Wer würde einen solchen Mann nicht lieben? Im Laufe der Monate waren ihre Gefühle immer tiefer geworden, bis ein Wunder geschehen war: Sie hatte es nicht erwartet, aber nun empfand sie eine so große Liebe zu ihm, dass sie sich in Erinnerung rufen musste, dass er sie nur geheiratet hatte, um einen Sohn für ihren ersten Mann zu zeugen.

Viele Stunden verbrachte sie damit, zusammen mit Noomi Flachs zu hecheln, aus dem sie Kleider für die Armen machen konnten, während Obed auf dem Fußboden saß und spielte. Sie lachten über seine Possen; er war ein fröhliches, glückliches Kind. Er hielt sie beide voll beschäftigt, als er zu kriechen und dann zu laufen begann und alles und jedes anfassen musste. Manchmal kam Boas und sah ihm zu, aber auf den Arm nahm er ihn nur, wenn Noomi ihn ihm gab. Es war, als wartete Boas auf die Erlaubnis, seinen eigenen Sohn halten zu dürfen.

Trotz ihrer Geschäftigkeit verspürte Ruth tief drinnen eine vage Unruhe und schmerzliche Einsamkeit. Fast zwei Jahre nach der Hochzeit wusste sie immer noch nicht mehr über das, was Boas im Innersten bewegte, als an dem Tag, als sie ihn zum ersten Mal in dem Gerstenfeld gesehen hatte. Er war ihr Ehemann, und doch schien er sie auf Armeslänge von sich zu halten.

„Ich glaube nicht, dass er glücklich ist", sagte sie eines Tages zu Noomi, als diese beiläufig erwähnte, wie viel Zeit Boas mit den anderen Ältesten im Stadttor verbrachte.

„Wie kommst du darauf?", fragte Noomi.

„Er steht noch vor mir auf, betet allein im Garten und geht dann für den Rest des Tages fort. Er verbringt mehr Zeit mit den anderen Männern als in seinem eigenen Haus, Mutter. Manchmal frage ich mich, ob er mir aus dem Weg geht."

Noomi stand hastig auf, um Obed einzufangen, bevor er ein großes Bündel Flachs umwerfen konnte. Sie schimpfte ihn lachend aus, dann wandte sie sich wieder Ruth zu. „Hast du mit Boas darüber gesprochen?"

„Wie könnte es wagen, ihn mit so etwas zu belästigen, Mutter? Nach allem, was er schon für uns getan hat, kann ich doch nicht noch mehr erwarten."

Sie beugte sich über das Leinentuch, das sie gerade webte. Hoffentlich hatte sie jetzt nicht zu viel gesagt. Das Letzte, was sie wollte, war, ihrer Mutter wehzutun, indem sie zugab, wie sehr sie ihren Mann liebte. Noomi sollte nicht den Eindruck bekommen, dass sie ihrem Machlon untreu geworden war.

Noomi lächelte, Obed auf ihrer Hüfte balancierend. „Es hat sich etwas geändert, nicht wahr?"

„Geändert?"

„Du bist zu Boas gegangen, damit er dir einen Sohn und Erben für Machlon zeugt. Du bist zu Boas gegangen, damit wir beide ein Dach über dem Kopf haben. Du bist gegangen, weil ich dich schickte."

„Ich bin freiwillig zu ihm gegangen." Ruths Lippen bebten. Sie wollte nicht, dass ihre Schwiegermutter dachte, sie hätte aus lauter Selbstlosigkeit gehandelt. Wenn sie Boas nicht damals schon so gemocht und geschätzt hätte, hätte sie sich ihm nicht so bereitwillig angeboten. Sie presste ihre Lippen zusammen. „Du weißt, wie sehr ich Machlon geliebt habe, Mutter."

Noomi sah einen Augenblick nachdenklich aus, dann wurden ihre Augen plötzlich groß. „Oh, meine Liebe!" Sie setzte Obed ab und setzte sich neben Ruth. „Du warst meinem Sohn eine wunderbare Ehefrau, das weiß ich besser als jeder andere."

Ruth hielt ihre Hände im Schoß gefaltet; sie zitterten. „Ich will dir nicht wehtun."

Noomi legte ihre Hände über Ruths. „Willst du mir sagen, dass du Boas liebst? Ich würde das niemals als Treulosigkeit gegenüber meinem Sohn sehen, sondern als eine Gebetserhörung!"

„Wirklich?" Ruth musterte Noomi, doch in ihren Augen lag kein Schmerz.

Noomi nahm ihr Gesicht in beide Hände. „Oh Ruth, ich liebe dich wie meine eigene Tochter. Ich will, dass du glücklich wirst. Und Boas ist ein guter Mann. Ein sehr guter Mann."

Ruths Lächeln war unsicher. „Ja, er ist ein wunderbarer Mann." Sie brauchte also keine Schuldgefühle zu haben. Aber das löste ihr Dilemma nicht. „Aber ich habe den Eindruck, dass er mich nur geheiratet hat, um seine Pflicht als unser Verwandter zu erfüllen."

„Ich glaube, da liegst du falsch. Boas liebt dich. Habe ich dir das nicht schon gesagt, bevor ich dich zu ihm schickte?"

„Er sieht mich kaum an. Und er hat mich nicht mehr berührt, seit ..." Sie schüttelte den Kopf, schluckte heftig und fuhr fort: „Boas hat seine Pflicht und Schuldigkeit als unser Verwandter erfüllt, Mutter."

„Ach", sagte Noomi. Ihr Blick zeigte, dass sie verstand.

Ruth schaute zur Seite. Was würde aus Boas' Erbe? Wenn er ohne weitere Söhne starb, würde all sein Besitz an Obed fallen, zusätzlich zu Machlons. Aber ein so guter und liebevoller Mann wie Boas hatte Söhne verdient, die seinen eigenen Namen weitertrugen!

Er hielt sich ihr gegenüber in so vielen Dingen so sehr zurück, dabei wollte sie seine Gedanken, seinen Schmerz, seine Kämpfe, seine Hoffnung teilen. Aber er schien sich ganz in seine Arbeit zurückzuziehen, in seine Pflichten als Ältester, seinen Dienst für Gott – in alles Mögliche, das ihn von seinem Haus und seiner Frau fernhielt. Aber durfte sie sich darüber beklagen? Er tat doch so viel Gutes, nicht zuletzt an ihr und Noomi. Er gab alles, was er hatte, und erwartete nichts dafür. Noch nicht einmal ihre Liebe.

Ruth steckte fest, gefangen im Schweigen. Ihr Inneres war ein Schlachtfeld gegensätzlicher Gefühle. Nicht einmal damals, als sie Moab verlassen hatte, hatte sie sich so unsicher gefühlt. Sie war in der Erwartung nach Bethlehem gekommen, den Rest ihres Lebens für ihre geliebte Schwiegermutter verantwortlich zu sein. Und dann hatte Gott sie unter den Schutz seiner mächtigen Flügel genommen und ihr Boas und seine Güte geschenkt. Dass sie, die Niedrigste der Niedrigen in Bethlehem, eine Fremde, vor aller Augen so erhöht und die Frau des freundlichsten, wohlhabendsten, gerechtesten Mannes der Stadt geworden war – sie konnte es immer noch nicht fassen. Täglich dankte sie Gott für diesen unverdienten Segen.

Aber warum spürte sie dann diesen tiefen Schmerz? Wie konnte sie noch mehr verlangen? Und doch war es so: Sie sehnte sich mit jeder Faser danach, ihren Mann glücklich zu machen!

Oh Boas, mein Boas!

Den ganzen Tag wartete sie darauf, dass er nach Hause kam. Sie zerschmolz innerlich, wenn er sie anlächelte, selbst wenn es nur ein väterliches Lächeln war. Der Klang seiner Stimme ließ ihr Herz singen, und wenn er sie berührte, zitterte sie.

Aber Boas war immer seltener zu Hause, und sie konnte sich nur einen Grund dafür vorstellen: Er erwiderte ihre Gefühle nicht und fühlte sich in ihrer Nähe unbehaglich. Denn er musste ja spüren, wie sehr sie ihn liebte.

Sie hatte darum gebetet, dass sie sich damit abfinden würde, den Rest ihres Lebens am Rand der Welt ihres Mannes zu verbringen, zufrieden mit seiner Zufriedenheit. Doch sie wollte ein Teil seines Lebens sein, wollte, dass er ihr genug vertraute, um seine Kämpfe und Siege mit ihr zu teilen. Sie wollte ein Teil von *ihm* werden. Aber es schien, als ob Boas diesen Wunsch nicht teilte.

„Was ist, meine Tochter?“, fragte Noomi, weiter Ruths Hände in den ihren haltend. „Was für einen Kummer hast du?“

„Ich liebe ihn. Ich liebe ihn so, dass es wehtut.“ So wie ihn hatte sie noch niemanden geliebt, nicht einmal Machlon.

„Aber du hast es ihm nicht gesagt?“

„Ich will ihn nicht in Verlegenheit bringen.“

„In Verlegenheit bringen? Findest du es etwa besser, wenn er denkt, er habe als Ehemann versagt?“

Ruth schrak zurück. „Er hat nicht versagt.“

„Aber du bist nicht glücklich, das sieht doch ein Blinder.“

„Ja, weil er … so viel Abstand von mir hält, Mutter.“ Sie erhob sich von ihrem Webstuhl und machte ein paar ruhelose Schritte durch den Raum. „Er ist nie zu Hause.“

„Meine liebe Ruth, ein Mann, der so spät heiratet, weiß nicht, wie eine Frau denkt und fühlt, und schon gar nicht eine, die jung und verliebt ist. Wahrscheinlich macht er sich rar, weil er glaubt, dass dir das lieber ist.“

Ruth blinzelte. An diese Möglichkeit hatte sie noch nicht gedacht.

„Boas ist ein Mann, Kind, und die Männer sind nicht immer so stark, wie sie sich gerne darstellen. Wahrscheinlich denkt Boas, dass er zu alt ist, als dass eine so hübsche junge Frau ihn wollen könnte. Du könntest sein Herz mit einem Wort zerquetschen."

„Ich will ihn glücklich machen."

Noomi lächelte. „Dann nimm den Segen einer alten Frau an und *tu* es."

Was Ruth ihr gesagt hatte, ließ Noomi keine Ruhe. Auf der Tenne war Ruth mutig gewesen, aber da war es um einen Plan ihrer Schwiegermutter gegangen; Noomi bezweifelte, dass sie für sich selbst so kühne Schritte unternehmen würde.

Nach dem Gespräch mit Ruth verließ sie das Haus, angeblich, um eine kranke Freundin zu besuchen, und ging schnurstracks zum Stadttor. Da war Boas, an seinem üblichen Platz. Als er sie sah, ging ein Schatten über sein Gesicht, der tiefer wurde, als sie ihm zuwinkte. Er erhob sich, entschuldigte sich bei den anderen Ältesten und kam zu ihr. „Ist etwas passiert?"

„Es ist alles gut", antwortete sie.

„Warum siehst du dann so aus?"

„Wie sehe ich denn aus?"

„Wie eine Frau, die bereit zum Kampf ist."

Er war nur dann blind, wenn es um seine junge Frau ging. „Können wir irgendwo hingehen, wo die Leute nicht jedes Wort hören?"

Boas ging mit ihr, die Stirn gerunzelt. Sie spazierten ein Stück hinaus auf die Felder vor der Stadt. Lange Zeit sagte sie nichts. Absichtlich. Sollte er ruhig etwas schmoren. Sollte er sie selbst fragen, was los war.

„Hat Ruth dich geschickt?"

„Nein, ich komme aus eigenem Antrieb. Irgendjemand muss dir ja mal das Licht anmachen, Boas."

„Wie bitte?"

Sie hielt an und sah zu ihm hoch. „Es gibt Situationen, in denen ein Mann nach seinem Herzen und nicht nach seinem Kopf handeln muss, Boas."

Er machte einen Schritt zur Seite. „Wovon redest du, Noomi?"

„Ja, was denkst du denn? Du liebst sie doch, oder nicht?“ Die Röte, die in sein Gesicht schoss, war ihr Antwort genug. Sie verschränkte die Arme vor der Brust und funkelte ihn an. „Wann wirst du ihr endlich sagen, dass du sie nicht nur geheiratet hast, weil die Ehre und das Gesetz es verlangten?“

„Das weiß sie doch“, murmelte er.

Noomi warf ihre Arme hoch. „Und *wie,* bitte sehr, soll sie es wissen?“ Sie begann, auf und ab zu laufen. „Die sieben Tage der Hochzeit bist du bei ihr geblieben, aber danach bist du zurück in dein altes Leben gegangen. Den ganzen Tag verbringst du damit, die Arbeit zu tun, für die du deinen Aufseher bezahlst. Und wenn du nicht deinen eigenen Geschäften nachgehst, sitzt du im Tor und regelst die Angelegenheiten anderer. Du behandelst Ruth gerade so, als sei sie ein Gast in deinem Haus! Sie ist *deine Frau*!“

Sie hielt inne, hochzufrieden über seinen schockierten Gesichtsausdruck. „Ich wusste das mit Rischon, Boas. Dachtest du etwa, dass ich nach einem Monat in Bethlehem nicht über jeden meiner noch lebenden Verwandten und Freunde Bescheid wusste? Aber ich wollte nicht, dass Rischon Ruth bekommt! Hätte er sie etwa so in Ehren gehalten wie du? Hätte er sie geliebt? Ich habe dich beobachtet, ich habe deinen Blick gesehen, wenn sie von den Feldern zurückkam. Und ich habe Gott gedankt für deine Gefühle für sie. *Darum* habe ich Ruth zu dir geschickt. Ich habe sie geschickt, *weil du sie liebst.*“

„Ja, ich liebe sie“, sagte er rau. „Und jetzt hast du einen Sohn, der Elimelechs Namen weiterführt. Was willst du noch von mir, Noomi?“ Er wandte sich ab und fuhr sich mit beiden Händen durchs Haar.

Sie seufzte. Mitleid und Schmerz stritten sich in ihr. „Ich möchte, dass du glücklich bist, Boas. Ich möchte, dass du das Geschenk annimmst, das ich dir gemacht habe.“

„Ich habe Ruth angenommen.“

„Nein, hast du nicht.“

Er drehte sich zu ihr um, seine Augen dunkel vor Schmerz. „Ihr Sohn wird meinen ganzen Besitz erben. Zeigt das nicht, wie sehr ich sie schätze – und dich?“

„Ruth ist bis über beide Ohren in dich verliebt, Boas."

Er starrte sie an. „Was?" Noch nie hatte sie einen Mann so überrascht gesehen. „Was sagst du da?"

„Ruth ist in dich verliebt." Sie sprach langsam, wie mit einem kleinen Kind.

„Das kann nicht sein."

„Warum nicht?" Sie musste noch deutlicher werden, auch wenn es wehtat. „Weil ich damals blind für deine Schönheit war? Denn du bist schön, Boas, in jeder Hinsicht, die von bleibendem Wert ist. Ruth sieht dich klarer, als ich das je getan habe, mein lieber, lieber Freund. Und jetzt musst *du* deine Augen öffnen und das Mädchen sehen, das du geheiratet hast."

„Soll ich etwa das Unmögliche glauben?"

„Ist bei Gott denn etwas unmöglich? Wie habe ich darum gebetet, dass Ruth dich bekommt, und ich kenne ein Dutzend andere, die auch gebetet haben. Hört Gott etwa unsere Gebete nicht? Weißt du, wie viele Menschen in Bethlehem darauf gewartet haben, dass der Herr seinen größten Segen über euch beide ausschüttet – *Liebe*? Und er hat es getan."

„Ich kann das nicht glauben."

„Wie kannst du das mit demselben Mund sagen, der Gott für seine Wunder preist? Ich weiß, wovon ich rede. Ruth war vorhin erst bei mir, und sie hat geweint."

„Geweint?"

„Ja. Weil du nie zu Hause bist, wo du hingehörst."

Er schwieg kurz, dann lachte er, die Augen weit vor Staunen. Es tat gut, dieses Lachen zu hören. Und das Licht in seinen Augen zu sehen, das noch nie so hell gestrahlt hatte wie jetzt. Sein Lächeln wurde weicher, seine Augen forschten in ihren. „Es ist merkwürdig, Noomi, nicht wahr? Ich habe dich einmal geliebt."

„Und ich war ein dummes junges Ding." Sie trat näher und legte eine Hand auf seinen Arm. „Aber jetzt bin ich deine Schwiegermutter", sagte sie lächelnd und gab ihm einen spielerischen Klaps auf den Arm. „Also hab ein bisschen Respekt vor mir, ja? Geh nach Hause, *Sohn.* Nach Hause zu meiner Tochter, Ruth, die den Boden verehrt, auf dem du gehst."

Boas beugte sich zu ihr hinunter und küsste sie auf die Wange. „Möge Gott dich segnen, Noomi", sagte er rau.

Sie sah ihm hinterher, wie er davonging, jetzt mit großen Schritten. Sie schüttelte den Kopf darüber, dass Ruth und Boas so wenig Selbstvertrauen hatten. Aber sie hatten einen unerschütterlichen Glauben an Gott, und das war gut, nein, es war das Beste. Denn Gott würde sie nie enttäuschen.

Sie drehte sich um und schaute mit feuchten Augen auf die abgeernteten Felder. Sie musste an Elimelech denken. Und an Kiljon und Machlon. Die Lieben, die sie verloren hatte. Und doch konnte sie Gott danken, denn trotz allem würden ihre Namen doch nicht aussterben.

Mit klopfendem Herzen und einem Kloß in der Kehle trat Boas in sein Haus. „Ruth?"

„Ich bin hier!" Sie klang überrascht. Er trat in das große Zimmer und sah, wie sie eilig von ihrem Webstuhl aufstand. „Boas!" Sie errötete. „Du kommst heute früh."

„Stört dich das?"

„Oh, nein, natürlich nicht."

Er ging zu ihr hin. Wie rot ihre Wangen waren. Als er näher kam, wurden ihre Augen immer größer. So nervös hatte er sie noch nie erlebt. Aber ihm selbst ging es ja nicht anders.

„Hast du mit Noomi gesprochen?" Ihre Stimme klang merkwürdig gepresst.

„Ja. Und ich kann kaum glauben, was sie gesagt hat."

Sie sah zu ihm hoch. „Was hat sie denn gesagt?"

Er hatte Angst, zu viel zu sagen. „Sie sagte … dass du mit mir reden willst." Die Farbe ihrer Wangen wurde noch intensiver. „Entschuldige bitte, jetzt habe ich dich in Verlegenheit gebracht. Sie hat wohl etwas missverstanden. Oder ich, oder …"

Sie unterbrach ihn. „Nein. Sie hat recht, ich möchte wirklich mit dir reden. Es ist … Du hast genügend Land für viele Söhne, Boas."

Sein Herz begann zu hämmern.

Ihr Lächeln war schüchtern nach diesen kühnen Worten. Aber sie war noch nicht fertig. Sie trat dicht vor ihn und sah ihm fest in die Augen. „Ich würde dir gern so viele Söhne und Töchter schenken, wie der Herr es will."

„Oh, meine Liebe." Ihre Augen flackerten überrascht, dann wurden sie so voll Hoffnung, dass er keinen Zweifel mehr daran hatte, was sie für ihn empfand. Er lachte leise auf. „Als ich die Leute über dich reden hörte, als du mit Noomi in Bethlehem ankamst, wusste ich gleich, dass du jemand Besonderes bist. Und als du auf mein Feld kamst … es hat mich überrascht, dass ein Mann in meinem Alter noch solche Gefühle empfinden kann."

Sie schlang ihre Arme um seine Taille und drückte sich an ihn. Er umarmte sie, halb ratlos. Wie sie zitterte. Was hatte er gesagt, dass sie jetzt sogar weinte? Er atmete den Duft ihres Haares ein und dachte an die Nacht, in der sie zu ihm auf die Tenne gekommen war. Damals war sie parfümiert gewesen, aber er zog ihren natürlichen Duft vor. Wie der Frühling roch sie, und es bewirkte, dass er sich wieder jung fühlte. „Was kann ich sagen oder tun, damit du glücklich wirst?"

„Ich *bin* glücklich!"

„Aber du weinst."

„Ja, das tue ich, nicht wahr?" Sie schaute zu ihm hoch und lachte, während ihr die Tränen über die Wangen strömten. „Ich bin noch nie glücklicher gewesen! Ich möchte lachen und singen und tanzen, weil du mich liebst."

Er lachte mit ihr, badete im Strom ihrer Gefühle. „Ich hätte viel früher etwas gesagt, wenn du mir einen kleinen Wink gegeben hättest."

„Wie konnte ich das? Ich dachte die ganze Zeit, ich würde dich damit nur in Verlegenheit bringen."

„So, so. Willst du mir damit sagen, dass du dich auf den ersten Blick in mich verliebt hast?"

„Nein, das nicht, aber vom ersten Tag an hast du mich mit deiner Freundlichkeit tief berührt."

„Wie ein Vater", sagte er trocken.

„Nur, weil du mich dauernd ‚Tochter' nanntest."

Er legte zärtlich eine Hand an ihre Wange. „Ich habe mich jeden Tag daran erinnern müssen, dass ich viel zu alt für dich bin und dass meine Gefühle für dich nicht schicklich waren."

„Und ich musste schließlich zu dir auf die Tenne kommen und dir einen Antrag machen."

„Und das hättest du auch nicht getan, wenn Noomi dich nicht gedrängt hätte."

„Ich bin so froh, dass sie mich gedrängt hat. Möge Gott sie auf ewig segnen!" Ruth schüttelte den Kopf. „Ich dachte, ich könnte nie mehr einen Mann so lieben, wie ich Machlon liebte – aber was ich jetzt für dich fühle ist so viel mehr. Oh, Boas, Gott ist gnädig!"

Er umfasste ihr Gesicht mit beiden Händen und sog den Anblick ihrer Liebe tief in sich ein. „Ja, so ist der Herr, und noch viel mehr." *Oh ja, Herr, ich staune über dich! Nie im Leben hätte ich mir träumen lassen, dass du mir solch einen Schatz schenkst!*

Und Boas beugte sich zu Ruth hinunter und küsste sie mit all der Liebe, die er in seinem ganzen Leben angesammelt hatte.

„Sie war immer schon hübsch, aber jetzt …! Kennt ihr eine Frau, die schöner ist als Ruth?", sagten die Frauen.

„Das macht die Liebe."

„Nein, die kostbaren Kleider. Jede Frau kann schön aussehen, wenn sie mit dem reichsten Mann der Stadt verheiratet ist."

„Das Mädchen würde auch strahlen, wenn sie einen Sack anhätte!"

„Sie leuchtet wie eine Kerze."

„Habt ihr gesehen, wie sie ihren Boas anschaut?"

„Und wie *er sie* anschaut?"

Kichern.

„So einen Mann wünsche ich mir auch."

„Noomi kann stolz darauf sein, dass sie die beiden verkuppelt hat."

„Na, Boas hat nicht viel davon gebraucht. Ein Wort hier, ein Wink dort …"

„Aber er hat sie auch verdient. Oder kennt ihr einen Mann, der freundlicher und großzügiger ist als Boas?“

„Und gibt es ein Mädchen, das seine Schwiegermutter so liebt wie Ruth?“

„Aber der Segen kommt von Gott!“

„Gelobt sei der Name des Herrn.“

„Wie schön zu sehen, dass unser Bruder so glücklich ist!“, sagten die Männer.

„Boas hat lange gewartet, bis der Herr seine Gebete erhört hat.“

„Eine gute Frau ist kostbarer als Rubine.“

„Schönheit hält nicht ewig.“

„Ja, aber Ruth ist eine junge Frau, die Gott fürchtet und ihren Mann achtet.“

„Und ihn liebt! Das sieht jeder, der Augen im Kopf hat.“

„Sie ist hoch zu loben.“

„Möge das Haus unseres Bruders wachsen und gedeihen.“

„Mögen ihre Söhne wie Boas werden und ihre Töchter wie Ruth!“

„Dein Wort in Gottes Ohr.“

Und alle im Tor sagten: „Amen!“

Epilog

Dies ist der Stammbaum des Boas, beginnend mit seinem Vorfahren Perez, dessen Mutter Tamar war: Perez, Hezron, Ram, Amminadab, Nachschon, Salmon, Boas, Obed, Isai und David, der König von Israel wurde. Und aus dem Geschlecht Davids kam der Messias Jesus, unser Heiland und Herr.

Batseba

Schönheit aus der Asche

Prolog

Der mächtige König Saul von Israel war eifersüchtig auf einen jungen Hirten. Der Grund war einfach: Gott hatte den jungen David zu seinem erwählten König gesalbt. Und nicht nur das: Die Herzen der Menschen in Israel flogen David zu. Wenn er redete, spitzten sie die Ohren. Wenn er tanzte, fielen Mädchen vor Entzücken in Ohnmacht. Wenn er sang, priesen Männer, Frauen und Kinder Gott.

Als David vor Sauls mörderischer Eifersucht in die Berge fliehen musste, folgten ihm Hunderte von Männern und kampierten mit ihm in den Höhlen von Adullam und En-Gedi. Einige von ihnen waren einfach unzufrieden mit der Situation, andere auf der Flucht vor den Philistern. Oder vor dem König, der sie mit Steuern erdrückte und dem sie nicht mehr vertrauten. Und neben den Ehrenhaften, die den Tag herbeisehnten, an dem David Israel führen würde, gab es hier und da auch Männer, die einfach Freude am Blutvergießen und Plündern hatten.

Je größer die Eifersucht des Königs auf seinen vermeintlichen Feind wurde, umso mehr spaltete sich die Nation. Doch David weigerte sich, die Krone mit Gewalt von Sauls Haupt zu reißen. Er wartete darauf, dass Gott selbst handelte.

Davids Anhängerschar wuchs und wuchs, von 200 auf 400, dann 600. Unter ihnen waren 30 „Helden", eine Elitetruppe aus Männern von besonderer Tapferkeit und Loyalität. Davids Mut und Integrität schmiedete sie zu einer Familie zusammen, die entschlossen war, es mit jedem Feind aufzunehmen, ob er nun der König Israels war, der Gott den Rücken gekehrt hatte, oder die Armeen der feindlichen Nachbarvölker Israels.

Diese Helden waren nicht allein, als sie sich David anschlossen, sondern brachten ihre Frauen und Söhne und Töchter mit. In der wachsenden Schar, die mit David zog, war auch ein Mädchen, das Batseba hieß.

Kapitel 1

Batseba riss ein Stück von dem Brot ab und hielt es ihrem Großvater hin, auf dessen Knie sie saß. Ahitofel nahm es ihr aus der Hand. „Sie wird jeden Tag mehr wie deine Mutter, Eliam."

Der Vater betrachtete das Mädchen mit leicht gerunzelter Stirn. „Es ist kaum zu glauben, wie schnell sie wächst. Acht Jahre. Bald werde ich ihr einen Mann suchen müssen ..."

„Ja. Einen starken Mann, der ein hübsches Mädchen beschützen kann."

Batseba schaute am Feuer vorbei zu dem jungen Mann hin, der auf der anderen Seite saß und ihr wie ein Engel des Himmels vorkam. Sie zupfte an dem Gewand ihres Großvaters und flüsterte: „Ich möchte David heiraten."

Ahitofel lachte laut auf und schaute ebenfalls zu dem stattlichen jungen Mann hin. „David, hier ist die nächste deiner Verehrerinnen!"

Röte schoss in Batsebas Gesicht, als David verlegen den Blick ihres Großvaters erwiderte. Der küsste sie auf die Wange. „Vergiss David, Batseba, er hat schon drei Frauen." Er sah ihr in die Augen, und die Belustigung wich aus seinem Blick. „Es ist besser, die einzige Frau eines Armen zu sein als eine unter vielen im Harem eines Königs."

„Komm, Batseba!" Ihre Mutter winkte ihr zu und ihr Großvater entließ sie mit einem freundlichen Klaps. Batsebas Blick wanderte wieder zu David. Ihre Mutter nahm sie am Arm, zog sie in das Zelt hinein und ließ die Türklappe fallen. „Zeit fürs Bett."

Batseba legte sich auf ihr Lager. Ihre Mutter breitete die Decke über sie und küsste sie. Mit besorgtem Blick strich sie eine schwarze Haarsträhne aus dem Gesicht. „Es gibt Träume, die bringen nur Herzeleid."

„Aber ich ..."

Der Finger ihrer Mutter legte sich auf Batsebas Lippen. „Psst, Kind.“ Sie richtete sich anmutig wieder auf. „Schlaf jetzt.“

Batseba lag noch lange wach und lauschte auf die ruhigen Stimmen der Männer draußen. Andere hatten sich dazugesetzt. Sie erkannte Joabs Stimme und die seines Bruders Abischai. Beide waren Offiziere in Davids Armee, und sie kamen oft, um sich mit Batsebas Großvater zu besprechen, der sich mit seinen klugen taktischen Ratschlägen Davids Respekt erworben hatte. Er war gut informiert über die Philister und Ammoniter und ihre Kampftechiken und kannte das Land Kanaan wie seine eigene Hand.

„Saul war in unserer Hand, David“, sagte Joab gerade. „Du hättest ihn töten sollen. Es war die Gelegenheit.“

Abischai fiel rasch ein. „Jawohl, du musst Saul töten! Gott hat ihn in der Ziegenhöhle in unsere Hand gegeben. Ich hätte ihm die Kehle durchgeschnitten, wenn du es befohlen hättest.“

„Ich habe euch schon einmal gesagt, dass ich ihn nicht töten werde“, sagte David. „Er ist der Mann, den der Herr zum König gesalbt hat.“

„Aber er wird dich immer weiterverfolgen“, sagte Joab. „Er hört nicht auf, bis einer von euch beiden tot ist.“

„Es wäre besser für das Volk, wenn du Saul jetzt die Krone nehmen würdest“, kam eine andere Stimme. Allgemeines Beifallsmurmeln.

„Schlag den Hirten, und die Herde wird sich zerstreuen“, sagte Joab.

„Was soll ich nur mit euch Söhnen der Zeruja machen?“ Davids Stimme klang ungeduldig, und Batseba wusste, dass er mit Joab und Abischai sprach. „Wie oft muss ich euch noch sagen, dass ich nicht meine Hand gegen den Gesalbten des Herrn erheben werde?“ Sie hörte, wie er vom Feuer fortging.

„Ich verstehe ihn nicht“, sagte Joab frustriert. „Kannst du nicht mal mit ihm reden, Ahitofel?“

„Was hätte David gewonnen gehabt, wenn er den König getötet hätte, während der ihm den Rücken zuwandte und seine Notdurft verrichtete?“ Batsebas Großvater sprach ruhig und bedächtig. „Als Saul hörte, wie David ihn rief, wusste er, dass er ein toter Mann hätte sein können – aber David ließ ihn mit einem Knick in seinem Stolz entkommen! Hätte ein Mann, der das Königreich an sich reißen will, so etwas getan? Niemals! Jetzt weiß jeder der Männer, die mit Saul ziehen, dass David im Recht ist! Und sie wissen auch, dass David dem König Gelegenheit gegeben hat, zur Einsicht zu kommen."

„Einsicht? Sauls Zorn wird bald wieder da sein, und dann müssen wir wieder um unser bisschen Leben rennen! Sollen wir wirklich den Mann schonen, der in Nob fünfundachtzig Priester und ihre Familien ermorden ließ?"

„Überlass das Richten dem Herrn. David geht den geraden Weg."

„Du weißt so gut wie ich, dass Saul David verfolgen wird, solange er atmet!"

„Aber ich weiß auch, dass Gottes Wille erfüllt wird, Joab. Er – und nicht wir – wird dafür sorgen, dass David eines Tages König von Israel wird. Der Herr hat alles in der Hand. Jeden Tag stoßen mehr Männer zu uns. Warum? Weil sie dasselbe glauben wie wir: dass Gott bei David ist, wohin er auch geht. Weder die Philister noch die Ammoniter noch die Amoriter können einen Mann besiegen, der den Gott Israels hinter sich hat."

„Ich will endlich die Krone auf Davids Haupt sehen."

„Das wollen wir alle, Joab. Aber lass es zu Gottes Zeit geschehen."

Die Männer redeten weiter. Batseba fielen die Augen zu. Sie begann zu träumen – von David, wie er im Königspurpur dasaß und ihr seine Hand hinstreckte. Sie schrak hoch, als heftige Männerstimmen erklangen. Sicher der nächste Streit. Dann hörte sie direkt vor dem Zelteingang bekannte Stimmen. Sie setzte sich vorsichtig auf und lugte durch eine der Zeltnähte hinaus. David war zurückgekommen. Er saß im Feuerschein und sprach mit ihrem Vater und ihrem Großvater.

„Wir schließen uns den Philistern an", sagte David gerade. „Wenn das Blatt sich dann gegen Saul wendet, können wir den Kampf zu seinen Gunsten entscheiden."

Batsebas Großvater runzelte nachdenklich die Stirn. „Wie viele Männer willst du mitnehmen?"

„Alle."

„Und wer beschützt solange unsere Frauen und Kinder?"

Batseba konnte ihre Augen nicht von David abwenden. Wie schön er war, als er seinen Kopf zur Seite legte, während er ihrem Großvater zuhörte.

Die Männer weiter hinten wurden wieder laut und David schaute mit einem Stöhnen zu ihnen hin. „Diese Männer sind zu viel für mich."

Ihr Großvater nickte. „Sie sind eine Herde, die einen starken Hirten braucht."

„Manchmal benehmen sie sich eher wie ein Rudel Wölfe!" David schüttelte den Kopf und stand auf. „Ich muss da mal eingreifen." Er seufzte und ging hin.

„Ich verstehe ihn nicht", sagte Batsebas Vater, einen Stein in die Dunkelheit werfend. „Warum kommt er dauernd Saul zu Hilfe, selbst wenn es ihn das Leben kosten kann? Er müsste eigentlich wissen, wie riskant das ist!"

„Hast du vergessen, dass Sauls Sohn Jonatan Davids bester Freund ist? Und seine erste Frau ist Sauls Tochter."

„Jonatan hat sich für seinen Vater entschieden, Abba, und Michal ist entehrt, denn Saul hat sie einem anderen gegeben. David hofft immer noch, dass alles wieder so wird, wie es war, bevor Saul vor Eifersucht wahnsinnig wurde. Aber da kann er lange warten."

Ihr Großvater schürte das Feuer mit einem Ast. „Joabs Rat ist klug: Sauls Tod würde diesen Krieg beenden und David auf den Thron bringen. Aber darauf würde kein Segen ruhen, wenn David den Gesalbten des Herrn tötete. Ach, mein Sohn, Davids Lebenselement ist es, Gott zu gefallen. Seine große Leidenschaft ist der Herr." Er blickte hoch, sein Gesicht leuchtete. „Wenn wir alle Davids Herz hätten, welch ein Reich würde Gott für uns bauen!" Er warf den Ast ins Feuer und erhob sich. „Kommt, lasst uns zu unserem Freund gehen und hören, welche Worte der Herr ihm diesmal gegeben hat."

Batseba wusste es schon: David würde die Streitenden nicht anbrüllen, auch nicht mit ihnen diskutieren. Er würde sich einfach zu ihnen setzen und singen. Da kam er auch schon – der Klang seiner Harfe mitten in dem aufgeregten Geschrei, eine beruhigende Melodie, die sachte gegen die zornigen Stimmen ansang. Schon wurden sie leiser. Batseba versuchte, die Zeltplane ein Stückchen auseinanderzuziehen, um besser sehen zu können. Ihr Großvater sagte immer, dass Gott Davids Worten und seiner Musik die Macht gab, die Herzen der Zuhörer hochzuheben zu Gottes Majestät und dem Segen, den er über seinem erwählten Volk ausgegossen hatte. Schon oft hatte Batseba David singen und spielen gehört; sie konnte nie genug davon bekommen.

Ihre Mutter schlief. Und wenn sie sich einfach aus dem Zelt schlich, so nah zu den Männern, dass sie richtig zuhören konnte? Sie schlüpfte hinaus und rannte zum Feuer. Am Rand des Lichtkreises kauerte sie sich in die Dunkelheit, die Arme um die Knie gelegt, und lauschte. Ihr Herz flatterte, als sie Davids schön geschnittenes Gesicht sah, das im Feuerschein bronzen leuchtete. Niemand sonst auf der ganzen Welt war so vollkommen wie David.

„Herr, unser Herrscher, wie herrlich ist dein Name in allen Landen!“ Seine Stimme trug weit in die Nacht hinaus. Die Männer schwiegen jetzt, ihre Augen und Ohren auf David gerichtet, gefesselt von den kraftvollen Worten, dem Lobpreis, der lauter und echter war als der eines Priesters. Aus Davids Mund kam eine Melodie ohne Worte, die direkt ins Herz ging. Dann wieder Worte:

„Wenn ich die Himmel sehe, deiner Hände Werk, den Mond und die Sterne, die du gemacht hast: Was ist der Mensch, dass du seiner gedenkst, und des Menschen Kind, dass du dich seiner annimmst?“

Alle blickten sie gebannt auf Davids gesenkten Kopf und seine Finger, die über die Saiten der Harfe strichen. Batseba war es, als ob er an ihrem Herz zupfte. Er spielte noch ein paar Schlussakkorde, dann hob er langsam seine Hand über den Kopf, in einer Dankgeste zu dem Gott und Herrn der ganzen Schöpfung.

Im Lager war es so still geworden, dass Batseba ihr eigenes Herz pochen hören konnte.

„Sing uns noch einen Psalm, David", sagte ihr Großvater, Ahitofel. Andere fielen ein. „Ja, sing!"

Batseba huschte zu ihrem Großvater und kuschelte sich an ihn. „Was machst du denn hier?", flüsterte er rau. Sein Arm umfing sie und zog sie näher.

„Ich muss das hören." Sie sah zu ihm hoch. „Bitte, Opa, bitte, nur ein bisschen …"

„Du weißt doch, dass ich bei dir nicht Nein sagen kann." Er legte seinen Mantel um sie und sie kuschelte sich noch näher an ihn. „Gut, noch ein Lied."

David stimmte den nächsten Psalm an. Sein ebenmäßiges Gesicht leuchtete im Licht des Feuers, und seine Worte flossen wie Quellwasser in Batsebas durstige Seele. Sein Herz war nicht auf Krieg aus, er sehnte sich nach Frieden. Er bat Gott um Hilfe und Rettung vor seinen Feinden. Wie würde es sein, ohne Angst vor den Nachstellungen des Königs und vor den Philistern und Ammonitern und Amoritern leben zu können? Batseba sah zu ihrem Vater hin. Mit feuchten Augen saß er da, nach vorne gebeugt, auf jedes Wort des Sängers lauschend. Wie oft hatte er gesagt, dass Gott ihnen beistand? In den Felsspalten würde er sie verstecken, in den Höhlen von En-Gedi und Adullam. Speise und Wasser würde er ihnen geben, und Sieg gegen die Feinde. Und warum? Weil sie mit David waren und David nichts tat, ohne vorher den Herrn zu fragen. David betete seine Lieder, sein ganzes Leben, und Gott erhörte ihn.

David hob den Kopf und sah in die Runde. Würde er auch sie ansehen? Würde er sie bemerken, wie sie zwischen ihrem Vater und Großvater saß?

„Der Herr ist mein Hirte, mir wird nichts mangeln …"

Ja, jetzt – jetzt sah er sie an. Ihr Herz hüpfte ihr in die Kehle. Sie hielt den Atem an und starrte zurück, aber schon glitt sein Blick weiter, berührte jeden der anderen, als seien sie ihm alle gleich wertvoll. Eine unerfüllte Sehnsucht überkam Batseba. Warum nahm er keine Notiz von ihr?

Du bist mein Hirte, David. Du machst mich zu etwas, für das ich noch nicht einmal Worte habe. Du führst uns durch das finstere Tal, aber ich habe keine Angst, weil du bei uns bist. Ich würde alles für dich tun …

Von hinten legte sich eine Hand auf ihre Schulter. „Batseba!", zischte ihre Mutter.

„Sie ist wieder erwischt", flüsterte ihr Großvater.

Ihre Mutter nahm sie ohne Umstände hoch und trug sie fort. Erst als sie auf halbem Weg zurück zum Familienzelt waren, stellte sie sie wieder auf die Füße. „Sei froh, dass ich nicht die Rute hole!"

Batseba folgte ihr mit gesenktem Kopf. Ihre Mutter schlug die Zeltklappe zurück. „Rein mit dir!" Sie schob sie hinein und gab ihr einen Klaps aufs Hinterteil. „Du schläfst jetzt neben mir, bis dein Vater wiederkommt."

Batseba schniefte. „Entschuldige, Mama, aber ich … ich liebe ihn doch so sehr."

Ihre Mutter seufzte. „Das tun wir alle."

„Aber nicht so wie ich. Eines Tages heirate ich ihn, ganz bestimmt."

Der Griff ihrer Mutter wurde fester. „Ach, Kind, das wünschen sich alle Mädchen hier. Aber hör mir zu, Batseba! Was du da hoffst, ist unmöglich. Es ist ein Kindertraum, sonst nichts!"

„Warum?"

„Weil David zu weit über dir steht."

Ein Kloß stieg in Batsebas Kehle. „Er war doch ein Hirte."

„Ja, und das ist er immer noch, aber nicht so, wie du denkst. David wird einmal unser *König* sein. Ein König heiratet die Töchter von anderen Königen, und du bist nur das Kind eines seiner Soldaten."

„Papa ist ein Kriegsheld, einer der besten, die David hat. Und einer seiner besten Freunde. Und Opa …"

„*Psst!* Weißt du nicht, dass er schon mit Sauls Tochter Michal verheiratet ist, auch wenn Saul sie jetzt einem anderen Mann gegeben hat? Und mit Ahinoam und Abigail."

„Abigail ist auch keine Königstochter!"

„Nein, aber sie hat David davor bewahrt, eine große Sünde zu begehen. Und schön ist sie auch."

„Meinst du, dass ich eines Tages auch schön sein werde? Schön genug, um …"

„Ja, du wirst einmal sehr schön werden. Und weiser als jetzt, wie ich hoffe. So weise, dass du begreifst, dass einige Dinge einfach nicht sein können. Dein Vater wird dir einen so guten Mann besorgen, dass du ganz vergessen wirst, dass du je für David geschwärmt hast."

Niemals! Batseba blinzelte ihre Tränen weg.

„Wenn du größer wirst, Kind, wirst du verstehen, dass es besser ist, Gott zu verehren und nicht einen Menschen."

Batseba lag still, bis sie das tiefe Atmen ihrer Mutter hörte. Dann schlüpfte sie vorsichtig aus ihren Armen, kroch auf die andere Seite des Zeltes und lugte wieder in die Nacht hinaus. Ihr Vater und Großvater waren zum Feuer zurückgekehrt, und David saß wieder bei ihnen. Sie unterhielten sich leise über die nächsten Schlachtpläne. Batseba schloss ihre Augen und lauschte auf Davids Stimme. Zufrieden schlief sie ein.

Als sie am nächsten Morgen aufwachte, lag sie auf dem Bett unter der Decke. Ihr Vater lag schnarchend neben ihrer Mutter. Leise stand Batseba auf und ging aus dem Zelt. Bestimmt war David schon aufgestanden. Er war immer als Erster wach und ging fort, um zu beten. Mehrere Male schon hatte sie gesehen, wie er vom Bach zurückkam, deshalb lief sie jetzt dorthin. Ihr Herz schlug schneller, als sie David erblickte, der am Bach hockte und sich Gesicht, Arme und Hände wusch. Ihr Vater und Großvater taten das auch immer, bevor sie beteten.

Unter ihren Füßen rollten ein paar kleine Steine den Hang hinunter. David drehte sich abrupt zu dem Geräusch um, seine eine Hand griff an sein Schwert. Als er Batseba sah, entspannte sein Gesicht sich wieder.

„Du bist aber früh auf, Batseba. Bist du nicht ein bisschen weit weg vom Lager?"

Mit hämmerndem Herzen trat sie näher. „Ich … ich muss Wasser holen."

„Dann hast du aber ein Problem, Mädchen."

„Was für eins?"

Er lächelte. „Du hast keinen Krug dabei."

Die Hitze schoss in ihre Wangen. Er drehte sich wieder weg, und sie zwang sich weiterzureden, bevor ihr Mut sie ganz verließ. „K-könnten wir uns unterhalten, David? Ich bin deshalb hergekommen."

Er sah sie wieder an. „Du solltest nicht so weit vom Lager weggehen. Das ist gefährlich. Geh am besten zurück."

„Aber …"

„Du weißt doch, dass deine Mutter sich Sorgen macht. Es würde ihr bestimmt nicht gefallen, wenn sie dich schon wieder suchen muss."

Sie unterdrückte ein Schluchzen, hastete den Hang hinauf und rannte den ganzen Weg zurück zum Zelt ihres Vaters. Gut, dass alle noch schliefen und keiner sie fragen konnte, warum sie weinte.

Die Nachricht verbreitete sich wie ein Lauffeuer: „Die Philister ziehen gegen Saul!" Batsebas Vater und Großvater überprüften ihre Waffen. Batseba half ihrer Mutter, getrocknetes Getreide und Rosinenkuchen als Proviant für die Männer fertig zu machen. Ihre Mutter war sehr ruhig, wie immer, bevor die Männer in den Kampf zogen. Batseba hörte zu, wie sie sich unterhielten.

„Morgen gehen wir zu den Philistern", sagte ihr Großvater. Batseba erinnerte sich an den Plan, von dem David gesprochen hatte: Seine Leute würden nur so tun, als ob sie sich den Philistern anschließen wollten. In Wirklichkeit warteten sie auf eine Gelegenheit, König Saul dabei zu helfen, die Feinde zu besiegen.

Die Stimme ihres Vaters war skeptisch. „Die schöpfen bestimmt Verdacht. Es ist allein Gottes Gnade, dass sie uns nie erwischt haben, wenn wir die Dörfer der Geschuriter und Amalekiter angegriffen haben."

„Wir haben die Einsätze gut geplant und keine Überlebenden hinterlassen."

„Sauls Schicksal ist in Gottes Hand, und es gefällt mir nicht, dass wir unsere Frauen und Kinder allein lassen."

Am folgenden Morgen, als die Sonne aufging, schaute Batseba ihrem Vater und Großvater nach, die zusammen mit David das Lager verließen. Als sie außer Sichtweite waren, ging ihre Mutter zurück ins Zelt und brach in Tränen aus. Sie fasste sich aber rasch wieder und setzte sich in den Schatten, um Wolle zu kämmen. Batseba schickte sie mit den Schafen fort.

Am nächsten Tag brachte Batseba gerade Wasser vom Bach hoch, als sie lautes Geschrei hörte. Sie ließ den Wasserschlauch fallen und rannte die Uferböschung hinauf. Amalekiter! Die Frauen flohen in alle Richtungen gleichzeitig, Kinder an der Hand und auf den Armen. Es nützte ihnen nichts. Schon hatten die Männer sie erwischt.

Batseba sah, wie einer der Amalekiter ihre Mutter zu Boden stieß und ein Seil um ihre wild um sich schlagenden Hände binden wollte. Mit einem wütenden Schrei sprang Batseba ihm auf den Rücken, zerkratzte seine Stirn, riss an seinem Haar. Der Mann packte sie fluchend und warf sie über seine Schulter. Sie schlug hart auf dem Boden auf, rappelte sich keuchend wieder auf, aber schon hatte ein anderer der Angreifer einen Strick um ihren Hals gelegt. Sie rollte sich zur Seite, packte den Strick und verpasste dem Mann einen Tritt. Er stöhnte rau auf und knickte ein, sein Gesicht plötzlich weiß. Einer der anderen rief lachend: „Ist der Kampffloh zu viel für dich?"

Der Amalekiter riss voll Wut an dem Seil, sodass Batseba würgen musste. Er packte sie am Arm und schüttelte sie heftig. „Noch einen Mucks und du bist erledigt!" Dann warf er sie wie ein Bündel zu den übrigen Frauen und Kindern.

Ihre Mutter befreite sie schluchzend von dem Seil und zog sie an sich. „Batseba, mein Mädchen!"

Batseba hustete heftig und sog krampfhaft die Luft ein. Ihre Kehle brannte. „David kommt bestimmt und …" Die Hand ihrer Mutter legte sich auf ihren Mund. „Psst, Kind, keinen Laut!"

Noch nie hatte sie solche Angst in den Augen ihrer Mutter gesehen.

Der amalekitische Wächter funkelte sie an. *„Nicht reden!“*

Die Männer fesselten die Frauen und die größeren Kinder; die kleineren durften von ihren Müttern getragen werden. Dann begann der Marsch. Stundenlang gingen sie durch die heiße Mittagssonne. Die Gefangenen bekamen nur gerade so viel Wasser, wie sie brauchten, um nicht zusammenzubrechen. Erst bei Sonnenuntergang hielten sie an, und sie waren zu müde, um auch nur zu jammern. Jeder bekam eine Handvoll getrocknetes Getreide zu essen.

Batseba aß mit Heißhunger, doch das bisschen füllte ihren Magen nicht. Ihr Hals brannte immer noch von dem Strick, ihre Füße waren von den Steinen wund, alles tat ihr weh. Als sie anfing zu weinen, zog ihre Mutter sie an sich.

Ihre Mutter strich ihr das Haar aus dem sonnenverbrannten Gesicht. „Weinen hilft jetzt nicht. Wir müssen unsere Kräfte sparen für das, was kommt.“

„David rettet uns doch, nicht wahr?“

„Wir wollen beten, dass er und Papa bald kommen.“ Batseba spürte, wie ihre Mutter zitterte und fragte lieber nichts mehr. „Bete, Kind, bete.“

Batseba betete: *David! David, komm und hilf uns! Mach schnell!*

Als der Morgen kam, ging der Marsch weiter. Die Amalekiter trieben die Frauen und Kinder unbarmherzig an, sodass sie am Abend fast umfielen, zu müde, um an Widerstand auch nur zu denken. Am dritten Abend nahmen sie ihnen die Fesseln ab und setzten sich unbekümmert um das Lagerfeuer, lachten und tranken.

Als die Sonne zum dritten Mal unterging, begannen die Frauen und Kinder die Hoffnung zu verlieren. Vor ihnen lag die sichere Sklaverei. Oder die Prostitution. Oder der Tod.

Kampflärm riss Batseba aus dem Schlaf. Schreie,, Waffenklirren, Flüche. Sie wollte aufstehen, doch ihre Mutter hielt sie zurück. „Bleib liegen!"

Keine drei Schritte von ihnen fiel einer der Amalekiter mit einem Aufschrei hin, sein Arm war abgetrennt. Uria, der Freund von Batsebas Vater, stürmte an ihm vorbei. Er stieß seinen Schlachtruf aus und fiel über den nächsten Amalekiter her. Wenn Uria da war, dann musste auch ihr Vater da sein! Und ihr Großvater.

„Abba!", schrie Batseba. *„Abba!"*

Die Amalekiter versuchten zu fliehen, doch die rachedurstigen Väter, Ehemänner und Brüder machten sie ohne Gnade nieder. Batseba sah, wie Ittai den Mann, der sie fast erwürgt hatte, förmlich entzweihieb. Das wütende Kampfgeschrei der Israeliten und das Angstgebrüll der Amalekiter war furchtbar. Batseba drückte sich fester an ihre Mutter.

Dann war es vorbei, so schnell, wie es begonnen hatte. Die plötzliche Stille war ebenso unheimlich wie der Kampflärm. Die Leichen der Amalekiter lagen über das Lager verstreut. Über ihnen standen die Retter, ihre Arme, Gewänder und Waffen blutverschmiert.

Dann Davids Stimme: „Ahinoam! Abigail!" Andere Männer riefen die Namen ihrer Frauen und Kinder.

Antwortrufe kamen: „Hier! Ich bin hier!"

„Eliam!" Batsebas Mutter ließ sie los, rannte zu ihrem Vater und warf sich in seine Arme.

„Batseba!", keuchte er. Er streckte seinen Arm aus, aber Batseba fürchtete sich vor dem Blut auf seinem Gewand. Seine Augen sahen so wild aus, dass er ein Fremder zu sein schien. „Komm, Mädchen", sagte er, jetzt sanfter. „Komm zu mir, ich tu dir nichts." Sie schaute zitternd zur Seite, auf das Schlachtfeld um sie herum.

Dann war auf einmal ihr Großvater da und hob sie hoch. „Es ist alles gut, meine kleine Blume." Über seine Schulter sah sie, wie David mit Ahinoam und Abigail redete. Dann stellte ihr Großvater sie zurück auf die Füße, seine Hand fest auf ihrer Schulter. „Für die Kinder ist der Krieg immer am schlimmsten", murmelte er.

„Ich hab nicht mehr gedacht, dass ihr uns noch findet“, sagte ihre Mutter, die ihren Vater immer noch umklammert hielt. „Oh Eliam, du wärest stolz auf deine Tochter gewesen.“ Sie erzählte ihm, was passiert war, als die Amalekiter das Lager überfielen.

Batseba schloss die Augen, doch selbst damit konnte sie das blutige Bild um sich herum nicht ausblenden. Ihr war kalt, und das Zittern wollte nicht aufhören. Jetzt begriff sie, warum ihre Mutter jedes Mal weinte, wenn ihr Vater mit David wegging.

„Die Philister wollten uns nicht“, sagte ihr Vater. „Sonst hätten wir euch vielleicht nicht so schnell folgen können.“

Ihre Mutter runzelte die Stirn. „Und Saul?“

„Hat nicht genug Männer.“

„Und was wird David jetzt tun?“

„Das Einzige, was er tun kann: nichts.“

Auf dem Rückweg zum Lager begannen einige der Männer, sich darüber zu streiten, wie die Beute aufzuteilen war, die sie den Amalekitern abgenommen hatten. Sie waren nicht bereit, mit denen zu teilen, die zu erschöpft gewesen waren, um den Fluss zu überqueren. David befahl, die Beute zu gleichen Teilen unter allen aufzuteilen und Geschenke an die Ältesten der Städte Israels zu schicken.

Und so geschah es, aber nicht ohne Murren.

Der Amalekiter, der in Davids Lager kam, brachte wichtige Nachrichten. Batseba war dabei, als er David eröffnete, dass Saul und sein Sohn Jonatan im Gilboa-Gebirge im Kampf gegen die Philister gefallen waren; ihre Leichen hingen jetzt an der Stadtmauer von Bet-Schean, Sauls Waffen hatte man in den Tempel der Astarte gebracht. Als der Mann mit ausgestreckten Armen vortrat, begannen Davids Männer zu murmeln. Mit einem triumphierenden Lächeln hielt der Amalekiter David die Königskrone Sauls hin.

David starrte sie wütend an und begann zu zittern. Batseba fragte sich, warum er so zornig war. David nahm die Krone. „Woher weißt du, dass Saul und Jonatan tot sind?“, fragte er.

Die Augen des Amalekiters flackerten. „Ich war selbst dort“, antwortete er. „Ich sah Saul, wie er auf seinen Speer gelehnt dastand, während die Streitwagen der Philister ihn umzingelten. Als er mich sah, rief er mir zu, zu ihm zu kommen. ‚Was ist?‘, fragte ich. Er sagte: ‚Wer bist du?‘ Ich antwortete: ‚Ein Amalekiter.‘ Da bat er mich: ‚Komm und mach ein Ende mit meinem Elend, denn meine Schmerzen sind groß und ich will sterben.‘ Da tötete ich ihn, denn ich sah, dass es aus war mit ihm. Und dann habe ich seine Krone genommen und einen seiner Armreife, um sie Euch zu bringen, Herr.“

Selbst aus der Entfernung sah Batseba, wie das Blut aus Davids Gesicht wich. „Hattest du keine Scheu, den Gesalbten des Herrn zu töten?“, rief er aus.

Der Amalekiter schaute zu Boden. David drehte sich zu einem seiner Männer hin. „Töte ihn!“ Der Mann rammte sein Schwert durch den Amalekiter.

„Du hast dich selbst gerichtet! Du hast zugegeben, dass du den Gesalbten des Herrn getötet hast!“ David riss das Schwert aus dem Leib des Amalekiters und schaute zu, wie er leblos zu Boden sackte.

Dann, als ob er ihre Blicke spürte, schaute er in die stumme Runde der Männer, Frauen und Kinder. Wie wünschte Batseba sich, ihn zu verstehen, teilzuhaben an seiner Trauer! Seine Augen glänzten feucht.

„Dein Stolz und deine Freude, o Israel, liegen tot in den Bergen! Wie sind die Großen gefallen! Oh, Saul, König Saul!“ Er schluchzte auf, ließ das Schwert fallen und barg seinen Kopf in den Händen. „Oh, Jonatan! Jonatan, mein Bruder!“

Bald trauerte das ganze Lager um König Saul und Davids besten Freund Jonatan. David sang Lieder zu ihren Ehren, die die anderen an die guten Tage erinnerten, als Saul den Herrn geliebt und ihm gedient hatte.

Und als die Zeit des Trauerns vorüber war, gehorchte David der Stimme Gottes und zog nach Hebron.

In Hebron war Batseba dabei, als David Maacha heiratete. Danach nahm er noch Haggit, Abital und Egla zur Frau, und mit jeder Heirat – so hieß es – ging er ein neues wichtiges Bündnis ein. Und er brauchte Bündnisse, denn obwohl Saul tot war, führte sein Haus weiter Krieg gegen David.

„Er hat ein Auge für schöne Frauen“, sagte Batsebas Großvater.

Und für fruchtbare offensichtlich auch. Ahinoam gebar David Amnon, Abigail Kilab und Maacha Absalom.

Eines Tages kamen Boten von Abner, dem Befehlshaber der Truppen von Isch-Boschet, einem Sohn von Saul, und schlugen David ein Bündnis vor. Batsebas Großvater riet David, Vorsicht walten zu lassen und zuerst Abners Ehrlichkeit und Stärke zu prüfen. Und so ließ David ihm ausrichten, dass er sich auf nichts einlassen würde, solange er nicht seine erste Frau, Sauls Tochter Michal, zurückbekam.

„Er muss sie sehr lieben“, sagte Batseba. Sie konnte David immer noch nicht ansehen, ohne dass ihr Herz sich regte, aber jetzt, wo sie kein kleines Mädchen mehr war, war sie vernünftiger geworden und klammerte sich nicht mehr so hartnäckig an ihren Wunschtraum, David zu heiraten.

Ihre Mutter schüttelte den Kopf. „Das hat nichts mit Liebe zu tun. David will sein Eigentum wiederhaben. Er wird Michal in sein Haus nehmen, aber Kinder wird sie nie von ihm bekommen.“

„Aber seine anderen Frauen haben doch alle Kinder; dann wird sie auch welche kriegen.“

„Dein Großvater wird ihm davon abraten. Sie ist für David entehrt. Vor Jahren, als du gerade geboren warst, gab König Saul sie einem anderen Mann. Sollte David ein Kind mit ihr zeugen, nur um so das Haus Sauls zu bauen? Auf keinen Fall! Ich hoffe, er hört auf deinen Großvater. Er wird für Michal sorgen, aber er wird sie nie mehr berühren.“

Batseba verspürte plötzlich Mitleid mit Michal. „Dann wäre es netter von ihm gewesen, wenn er sie dem anderen Mann gelassen hätte.“ Und eine schöne Frau weniger in seinem Haus hätte.

„Vielleicht“, sagte Batsebas Mutter leise. „Ich habe gehört, dass ihr Mann ihr meilenweit gefolgt ist und um sie geweint hat.

Abner musste ihm schließlich befehlen, umzukehren. Aber David ist ein König, Batseba; er ist kein gewöhnlicher Mann."

„Das wäre er auch nicht, wenn er nicht König wäre."

Ihre Mutter sah sie ernst an. Batseba lächelte. „Mach dir keine Sorgen, Mama. Ich weiß, dass ich nur die Tochter eines einfachen Kriegers bin." Etwas flackerte in den Augen ihrer Mutter auf und Batseba wandte sich ab. „Wenn David nie Kinder von Michal bekommen wird, warum ist es ihm dann so wichtig, sie wiederzuhaben?"

„Er muss Stärke beweisen. Ein König, der seine Ehefrauen nicht zusammenhalten kann, kann auch kein Reich zusammenhalten."

Batseba wusste, dass David stark genug für alles war. Und was ihm vielleicht an Kraft fehlte, würde Gott ihm geben. Sie sah zu Davids Zelt hinüber. „Glaubst du, dass sie ihn liebt?"

„Sie hat ihn geliebt. Früher. Einmal hat sie ihm sogar das Leben gerettet. Aber das ist Jahre her."

„Ich glaube nicht, dass er sie noch liebt. Ich glaube, er hat sein Herz nie einer Frau gegeben. Ich meine, wirklich … ganz."

„Ach, Mädchen." Ihre Mutter seufzte auf. „Es ist besser für eine Frau, sich in einen Mann zu verlieben, der sich nur eine leisten kann."

Batseba spürte, wie sich ein Kloß in ihrem Hals bildete. Ihre Mutter erhob sich, trat zu ihr und hob ihr Kinn an. „Vor einem Monat bist du eine Frau geworden. Ich habe mit deinem Vater gesprochen, und er sagt, dass schon einer nach dir gefragt hat."

Batsebas Herz begann zu hämmern. „Wer?"

Ihre Mutter lächelte. „Ein guter Mann. Und stark."

„Wer … wer ist es?"

„Das sage ich dir erst, wenn alles geklärt ist. Aber du wirst einen guten Mann bekommen, den du achten kannst."

„Achten ist nicht dasselbe wie lieben."

„Mit der Zeit wirst du ihn auch lieben lernen. Du musst Geduld haben."

Batsebas Vater und Großvater akzeptierten den Brautpreis, den der Hetiter Uria vorgeschlagen hatte, und damit war für sie die Sache erledigt. Ihre Mutter erklärte Batseba die vielen Dinge, die für Uria sprachen: Er hatte einmal ihrem Vater im Kampf das Leben gerettet. Er gehörte zu Davids 30 Kriegshelden. Er hatte sich auch in schwierigen Situationen stets als mutig und verlässlich erwiesen. Ahitofel hatte gesehen, wie er sich furchtlos in das wildeste Kampfgetümmel stürzte, um David herauszuhauen. Er wurde von allen geachtet und bewundert und war ein Freund des Königs. Dieser Mann würde Batseba beschützen und für sie und die Kinder sorgen, die sie ihm schenkte.

„Er ist ein mutiger Mann, Batseba. Und sehr loyal. Er geht weise mit seinem Besitz um. Anders als manche anderen hat er die Beute aus den Kriegen mit den Philistern und Amalekitern nicht vergeudet."

„Aber er ist so viel älter als ich!"

Ihre Mutter sah sie fest an. „Er ist ein Jahr jünger als David."

Batseba setzte sich hin und schlug resigniert aufschluchzend die Hände vor das Gesicht. Sie war nur ein Mädchen; sie wurde nicht gefragt. Die Entscheidung, wen sie einmal heiraten würde, hatte nie bei ihr gelegen, und tief drinnen hatte sie schon immer gewusst, dass David so unerreichbar für sie war wie die Sterne am Himmel. Aber wie wehtat es dennoch, dass er ihr jetzt endgültig weggerissen wurde.

„Wenn er nur ein einfacher Hirte geblieben wäre ..."

Ihre Mutter stampfte mit dem Fuß auf. „Schluss mit dem Unsinn! Hör endlich auf zu träumen! Ich gestatte nicht, dass meine Tochter sich wie ein Dummkopf aufführt! Du solltest Gott danken, dass David mehr als ein Hirte ist! Was wäre wohl aus uns geworden, wenn er nie die Herden seines Vaters verlassen hätte? Und selbst wenn du eine Königstochter wärst und würdig, ihn zu heiraten – könntest du es ertragen, dass er sich eine Frau und Nebenfrau nach der anderen nimmt? Ein König muss sich ein starkes Haus aufbauen und sein Reich zusammenhalten. Du müsstest deine eigenen Wünsche zurückstellen, um des Wohles des Volkes willen, das auf ihn angewiesen ist."

Ihre Mutter packte heftig ihre Schultern. „Dein Vater hat einen guten Mann für dich ausgesucht. Uria ist freundlich, stark und anständig, und du wirst seine *einzige* Frau sein. David hat dich noch nie eines Blickes gewürdigt, Batseba, aber Uria sieht dich an, als ob du eine kostbare Perle wärst. Du wirst sein größter Schatz sein."

Batseba schämte sich plötzlich. „Ich habe doch nichts gegen Uria, Mama! Es ist nur …" Die Tränen flossen über ihre Wangen. Sie wusste: Es war zwecklos, noch ein Wort zu sagen. Was konnte sie schon ändern?

Ihre Mutter ließ sie los. „Niemand erwartet, dass du Uria sofort liebst, Batseba. Aber das kommt schon. Gib ihm nur Zeit und Gelegenheit. Und du wirst Uria die Achtung und den Gehorsam erweisen, die er als dein Mann verdient. Wenn du das nicht tust, hole ich persönlich die Peitsche!"

Batseba hob ihr Kinn an. „Ich werde Uria heiraten, Mutter, und ich werde ihm den Respekt und Gehorsam erweisen, den er verdient. Aber Liebe … die kann man nicht befehlen."

Solange sie zurückdenken konnte, hatten ihr Herz und ihre Seele David gehört. Und sie wusste: Das würde nie anders werden, egal, was andere von ihr verlangten.

Nicht im Traum hätte Batseba sich vorstellen können, dass David zu ihrer Hochzeit kommen würde. Als sie ihn durch die gefärbte Gaze ihres Schleiers sah, weinte sie fast vor Schmerz. Er war gekommen – aber nicht, um sie zur Frau zu nehmen, sondern aus Höflichkeit gegenüber seinem Freund, ihrem Ehemann.

Uria war für die Zeremonie wie ein König gekleidet, aber nein, er konnte nicht mit ihrem eigentlichen Herrn mithalten, der ein schlichtes Gewand mit einem ledernen Gürtel trug. Davids Licht überstrahlte das aller anderen Männer. Er persönlich setzte die Bräutigamskrone auf Urias Haupt. Er selbst brauchte keine Krone, seine Ausstrahlung war auch ohne sie königlich. Keiner war schöner und erhabener als er, niemand konnte so singen und tanzen, kein Mensch hatte mehr Macht im Land – oder ein demütigeres, sanfteres Herz. David verlangte die Achtung der anderen nicht; jeder erwies sie ihm von selbst, aus Liebe und Bewunderung. Auf tausend Arten hatte Gott David gesegnet.

Wie durch einen Nebel nahm Batseba den Verlauf des Hochzeitsfestes wahr. Sie war froh, als Uria sie verließ, um David zu begrüßen. Die Männer lachten zusammen und tranken einen Becher Wein, während sie unter dem Baldachin saß und zuschaute. Es war David, der ihren Mann wieder zu ihr führte, David, der einen Krug nahm und erst Urias Becher, dann den ihren bis zum Rand füllte. Sie ließ ihre Finger an seinen entlangstreichen, als sie den Becher nahm. Sie spürte seine Überraschung; hielt er sie für kühn?

„Möge der Herr dein Haus mit vielen Kindern segnen, Uria", sagte David so laut, dass jeder es hören konnte, und hob seinen Becher. Batseba sah ihn an, hielt seinen Blick fest, und für einen winzigen Augenblick schien etwas zu geschehen zwischen ihnen. Ihr wurde warm. David fuhr grinsend fort: „Und mögen alle deine Söhne und Töchter so aussehen wie deine Frau und nicht wie du." Er sah ihr in die Augen, als er aus dem Becher trank, und die seinen waren merkwürdig dunkel, halb fragend.

Die Männer um sie herum lachten, Uria am lautesten. David blinzelte kurz und stimmte dann ein. Er schlug Uria auf den Rücken und sagte etwas zu ihm, das in dem allgemeinen Trubel unterging. Uria nickte und sah Batseba voller Stolz an, seine Augen leuchteten. Davids Augen begegneten wieder den ihren, und in ihrem Bauch kribbelte es. Es lag etwas ebenso Verlockendes wie Erschreckendes in diesem Moment. Wenn Uria sie ansah, verspürte sie nichts, aber Davids Blick ließ ihre Wangen brennen und ihr Herz hämmern. Sie senkte die Augen, verunsichert durch die mächtigen Gefühle in ihr.

Sie sah vorsichtig in die Runde; hatte jemand etwas bemerkt? Sie spürte, dass sie zitterte. Ängstlich schaute sie zu ihrer Mutter hinüber, aber die tanzte und lachte mit den anderen Frauen, und ihr Vater und ihr Großvater tranken mit den Männern.

Schnell blickte sie sich um und begegnete wieder Davids Blick. Was für ein Blick das war! Sie begriff instinktiv, was er bedeutete, und spürte, wie ihr Hochgefühl der Verzweiflung wich. *Warum sieht er mich erst jetzt als Frau, wo es zu spät ist? Warum hat er mich nicht einen Neumond eher so ansehen können?*

Uria kam zurück und setzte sich wieder neben sie. Er nahm ihre Hand und küsste sie, seine Augen strahlend von Bewunderung und vom Wein. „Ich bin gesegnet unter den Männern", sagte er mit schwerer Zunge. „Es ist kein Mann hier, unser König eingeschlossen, der mich nicht um meine schöne junge Frau beneidet."

Sie lächelte ihn zittrig an, verlegen von dem Kompliment.

Das Fest wollte nicht enden. Sie merkte, dass sie nicht mehr konnte. Ihre Wangen taten weh von dem dauernden Lächeln. Sie tat tapfer so, als ob sie glücklich war und nicht in einem Meer der Traurigkeit versank. Noch zwei Mal sah David sie an, und beide Male erwiderte sie seinen Blick, ihre Tränen niederkämpfend. Jedes Mal schaute er rasch wieder weg, wie ein Junge, der bei etwas Unrechtem erwischt worden ist. Es machte ihren Schmerz noch größer.

Oh David, David, ich bin verflucht! Ich werde dich immer so lieben, wie ich dich schon als kleines Mädchen liebte. Weißt du noch, wie ich dir zu dem Bach bei En-Gedi gefolgt bin, um dir beim Beten zuzusehen? Ich war nur ein Kind, aber die Liebe hat mich schon damals fest gepackt und nicht mehr losgelassen. Nichts kann diese Liebe töten. Und jetzt bin ich mit einem Mann verheiratet, den ich niemals lieben kann, weil ich vor Jahren schon mein Herz dir gegeben habe!

Als er aufstand und ging, war sie fast erleichtert.

Uria war ein von den jahrelangen Kämpfen gegen die Philister, Amalekiter und König Saul gestählter Soldat, doch Batseba fand bald heraus, dass er eine überraschend sanfte Seite hatte.

„Ich weiß rein gar nichts über Frauen, Batseba", sagte er. „Ich habe mein ganzes Leben damit verbracht, an Davids Seite zu kämpfen, und das wird auch so bleiben; meine größte Treue wird immer David gelten, denn er ist der Gesalbte Gottes. Aber ich verspreche dir, dass ich gut für dich sorgen werde. Und sollte mir je etwas zustoßen, wirst du immer ein Dach über dem Kopf und zu essen zu haben." Seine Hände waren schwielig von seinem Schwert, aber sie bebten, als er sie streichelte. „Bitte weine nicht."

Sie weinte, weil Uria ihre Liebe verdiente und sie sie ihm doch nicht geben konnte.

Die Monate vergingen, und Batseba gab ihre Träume auf und erfüllte ihre Pflichten gegenüber ihrem Mann. Sie holte Wasser am Brunnen. Sie wusch, kochte, putzte und kämmte Wolle. Sie webte Tücher und machte Kleider für ihren Mann. Sie tat alles, was sie konnte, um sein Leben angenehm zu machen. Sie lernte, ihn zu achten – aber ihr Herz dazu zu bringen, ihn zu lieben, das stand nicht in ihrer Macht.

Uria war meist mit Davids anderen Kriegshelden zusammen. Er trainierte, plante, redete mit ihnen bis spät in die Nacht. Manchmal brachte er Soldaten mit nach Hause; dann musste Batseba einen Schleier vor ihr Gesicht ziehen, damit die Gäste sie nicht anstarrten, wenn sie sie bediente. Er bat sie, den Schleier auch dann zu tragen, wenn sie hinausging. „Es sind raue Gesellen in Davids Armee – Männer, die keinen Respekt vor Frauen haben."

„Solche Männer kenne ich mein ganzes Leben lang, Uria. Mir hat noch nie einer etwas getan."

„Damals warst du noch ein Kind, Batseba. Jetzt bist du eine schöne junge Frau. Meine Frau. Hör auf mich." Er hob ihr Kinn an und sah ihr in die Augen. „Es ist weise, sich nicht unnötig in Gefahr zu begeben."

Uria und die anderen Krieger unterhielten sich immer laut, während sie aßen und tranken, und so erfuhr Batseba einiges von dem, was im Land vorging. Als Joab, Davids Befehlshaber, einen Mann aus Rache ermordete, wusste Batseba es schon nach ein paar Stunden. Sie hörte, wie wütend David darüber war und wie er den Ermordeten betrauerte. Sie war dabei, als David Joabs Tat öffentlich verurteilte. Und sie bekam Angst um David, denn Joab war ein mächtiger Mann, und stolz dazu. Warum behielt David so einen Mann als Heerführer?

Dann kamen neue Ereignisse, die den Lauf von Batsebas Leben veränderten. Isch-Boschet, Sauls Thronerbe, wurde ermordet. Die Täter, die David die Nachricht von seinem Tod brachten, dachten, dass er froh wäre, den lästigen Rivalen los zu sein: Jetzt konnte er endlich seinen rechtmäßigen Platz als König über ganz Israel einnehmen! Isch-Boschets Kopf hatten sie gleich als Beweisstück mitgebracht. Doch David gab ihnen nicht die erhoffte Belohnung, sondern ließ sie hinrichten; seine Leute mussten ihnen Hände und Füße abschlagen und ihre Leichen am Teich bei Hebron aufhängen.

Viele der Gäste, die Uria mit nach Hause brachte, waren harte Männer, die sich eher im Krieg als im Frieden zu Hause fühlten. Ständig gab es neue Geschichten über Intrigen um David. Warum gab es nur so viel Grausamkeit in der Welt? Wenn David zum König über ganz Israel gekrönt wurde, würde es dann Männer geben, die versuchten, ihn auch zu ermorden, wie schon Saul und Isch-Boschet vor ihm?

Oft musste Batseba an die Worte ihrer Mutter denken: „Das Leben eines Königs ist nicht einfach … Besser einen armen Mann lieben …“ Aber es war auch nicht einfach, die Frau eines Soldaten zu sein. Wenn Uria in den nächsten Kampf zog, wusste sie nie, ob sie bald eine kinderlose Witwe sein würde.

„Ich habe auch jeden Tag Angst, deinen Vater zu verlieren“, sagte ihre Mutter, als sie sich am Brunnen trafen und miteinander sprachen.

Ja, was würde aus Urias Haus werden, wenn er starb? Batseba hatte keine Kinder. Nicht, dass sie es nicht häufig genug versucht hatten. War ihr Mann enttäuscht über ihre Kinderlosigkeit? Wenn ja, zeigte er es jedenfalls nicht. Zwei Jahre waren jetzt vergangen seit der Hochzeit, und nach wie vor war Uria beschämend gut zu ihr.

Dann kam der Tag, wo alle Stämme Israels sich in Hebron vor David versammelten und feierlich erklärten, dass er Gottes Gesalbter war. „Wir sind alle dein Fleisch und Blut“, sagte der Hohepriester zu David. „Schon früher, als Saul noch König war, warst du es, der Israel führte. Der Herr hat dir gesagt: ‚Du sollst mein Volk Israel weiden und sollst Fürst sein über Israel.‘“

Batsebas Herz wurde weit, als sie mit in der Menge stand und zusah, wie David einen Bund mit dem ganzen Volk schloss und zum König Israels gesalbt wurde. Er war erst 30 Jahre alt, aber die Ältesten aller Stämme verneigten sich vor ihm. Und neben ihm stand Uria, als einer von Davids Leibwächtern und engsten Freunden, und jubelte dem König zu.

Danach zog David in den nächsten Krieg, Uria an seiner Seite.

Batseba wartete mit den anderen Frauen auf Nachrichten, und als sie kamen, stimmte sie in den allgemeinen Jubel ein. „Sie haben Jerusalem erobert!"

Weder David noch Uria kamen zurück nach Hebron. Stattdessen sandten sie eine Abteilung Soldaten, die ihre Familien nachholten. Bald wurde überall auf dem Zionsberg gebaut. Neue Stadtmauern entstanden. Hiram, der König von Tyrus, sandte Zedernholz und Zimmerleute sowie Steinmetze für den Bau von Davids Palast. Und ganz in der Nähe ließ Uria sich ein Steinhaus bauen.

Aber der Friede wollte immer noch nicht kommen. Die Philister versammelten sich wieder gegen David in der Ebene Refaïm, und wieder musste Uria in den Krieg ziehen. Diesmal weinte Batseba, denn inzwischen war er ihr ans Herz gewachsen.

„Hab keine Angst um mich. Der Herr ist mit uns!", sagte er, als er ging.

Die Worte trösteten sie nicht. Sie hatte keinen Sohn, um Urias Namen weiterzutragen oder für sie zu sorgen, wenn sie alt wurde.

Die Nachricht kam, dass die Philister bei Baal-Perazim vernichtend geschlagen worden waren. Als Uria mit einem Götzenbild als Beutestück zurückkam, protestierte Batseba. Es war das erste Mal in ihrer Ehe, dass sie es wagte, ihren Mann zu kritisieren, aber sie wusste, was für ein Gräuel dem Herrn Götzenbilder waren. „Wird es Gott etwa gefallen, wenn du dieses scheußliche Ding in unserem Haus aufstellst?"

„Das bedeutet doch nichts weiter. Jeder hat etwas mitgenommen. Es ist eine Erinnerung an unseren Sieg, und weiter nichts."

„David würde nichts so Unreines in sein Haus nehmen. Du hättest es zerstören sollen!"

Der Stolz des siegreichen Kriegers kam in seine Augen. „Mach mir keine Vorschriften! Wovor hast du Angst, Frau? Das ist ein Klumpen Ton, sonst nichts. Hat es den Mann gerettet, dem es gehörte?"

„Es ist etwas Böses, Uria!"

Er warf seine Rüstung beiseite und funkelte sie an. „Denkst du, ich weiß nicht, dass es nur einen Gott gibt? Es ist der Herr, der David überall den Sieg gegeben hat. Lass mich wegen der Figur in Ruhe! Sie ist eine Erinnerung daran, wie *ich* an der Seite meines Königs gekämpft habe!"

Batseba sah betreten zu Boden und schwieg.

Doch die Philister gaben keine Ruhe. Wieder griffen sie an, wieder musste Uria in die Schlacht. Die Philister waren wie eine Pestepidemie, die nicht weggehen wollte. Abermals gab Gott David den Sieg, und er schlug die Philister von Gibeon bis nach Geser. Aber Batseba wusste: Der Krieg würde nie wirklich vorbei sein. Die Herzen der Männer waren versessen auf Krieg und nochmals Krieg. Vor allem Urias Herz.

Diesmal kam Uria nicht nach Hause. Von ihrer Mutter erfuhr Batseba, dass ihr Vater und Uria zusammen mit David nach Baala in Juda gezogen waren, um die Bundeslade nach Jerusalem zu holen. Batseba rannte mit den anderen Frauen die Straße hinunter und weinte vor Erleichterung, als die Männer kamen. Doch ihre Freude verflog rasch, als sie sie sah. David schaute weder nach links noch nach rechts, als er vorbeiritt. Sein Gesicht war staubverschmiert und ernst. Auch Uria und seine Männer sahen aus wie nach einer Niederlage. David befahl ihnen zu gehen und zog sich in seinen Palast zu seinen Frauen zurück.

Uria kam zu Batseba. Noch nie hatte sie ihn so müde gesehen. Sie ließ ihr Tuch sinken und suchte in seinen Augen nach einer Erklärung. „Was ist passiert, Uria?"

„David hat Angst, die Bundeslade nach Jerusalem zu bringen."

„David hat *Angst*?"

Sein Kiefer mahlte. Er nahm ihren Arm. „Er hat Angst vor Gott. Wie wir alle. Usa, der Sohn des Priesters, ist tot. Er hat die Lade berührt, als die Ochsen stolperten. Noch nie habe ich einen

Mann so schnell sterben sehen." Sein Griff lockerte sich. „Er fiel zu Boden, als sei er vom Blitz getroffen."

„Und wo ist die Lade jetzt?"

„Im Haus Obed-Edoms, des Gatiters. Und da bleibt sie, so lange, bis der Herr David andere Anweisungen gibt."

Bald kamen wieder Urias Freunde zu Besuch. Manchmal blieben sie bis spät in die Nacht. Das große Gesprächsthema war, wie Gott das Haus Obed-Edoms mit Segen förmlich überschüttete. Drei Monate ging das so, dann machte sich David zusammen mit seinen Kriegshelden auf den Weg, um die Bundeslade zu holen. Uria war auch dabei.

Laute Trompetenstöße und Jubelgeschrei kündigten ihre Rückkehr an. Die Frauen rannten auf die Straße, dem Zug entgegen. Da waren sie schon. Batsebas Herz hüpfte, als sie sah, wie das Gold der Bundeslade in der Sonne leuchtete. Alle sechs Schritte hielten die Träger an und warteten, bis David einen Ochsen und ein gemästetes Kalb geopfert hatte. Und David tanzte, sein Gesicht leuchtend. Er tanzte so wild, dass er seinen Mantel ausziehen musste, und Männer, Frauen und Kinder tanzten mit und sangen und weinten vor Freude.

Endlich waren sie vorbei, die harten Jahre. Gott hatte David beschützt und ihm den Sieg an allen Fronten gegeben! Er hatte ihn zum König über ganz Israel gemacht! Die Feinde konnten nicht gegen ihn bestehen, weil der Herr auf seiner Seite war! Gott hatte ihn stark gemacht und ihm eine mächtige Armee gegeben, und jetzt würde die Bundeslade auf dem Berg stehen, auf den einst Abraham gestiegen war, um Gott seinen einzigen Sohn Isaak zu opfern.

Batseba strömte die Freude durch alle Adern. Sie konnte nicht stillstehen. Wenn sie nicht laut jubeln und jauchzen und tanzen durfte, würde sie noch platzen. Lachend und weinend zugleich riss sie sich den Schleier ab, ließ ihn über ihrem Kopf wehen und tanzte mit, hingerissen von der Freude des Augenblicks.

Endlich Frieden! Kein Feind würde sie mehr besiegen können.

Aber vor der Tür lauerte ein größerer Feind als die Feinde Israels. Ein größerer Kampf stand kurz bevor, einer, der das Volk in Stücke reißen konnte. Und dieser Krieg würde nicht in den Bergen, Tälern oder Ebenen von Israel toben. Sondern in der unwegsamen Wüste des menschlichen Herzens.

Kapitel 2

„*Was* hat Hanun gemacht?“ David beugte sich nach vorne. Was er da hörte, war kaum zu glauben. Er hatte Boten nach Ammon geschickt, um dem verstorbenen König Nahasch Ehre zu erweisen und seinem Sohn Hanun zu zeigen, dass er nicht die Absicht hatte, in sein Land einzufallen. Nahasch hatte in den Jahren, als König Saul David verfolgte, seinen Eltern Asyl gewährt. Aber Hanun hatte nun Davids Gesandte schwer gedemütigt.

Der staubbedeckte, schwitzende junge Bote trat näher und wiederholte seine Nachricht in verlegenem Flüsterton. „König Hanun hat deine Gesandten beschuldigt, Spione zu sein! Er hat ihnen die Bärte halb scheren und die Gewänder bis zum Gesäß abschneiden lassen und sie unter dem Gelächter des ganzen Hofes so aus dem Palast gewiesen!“

David stand abrupt auf. Die Männer, die in kleinen Gruppen im Raum standen, verstummten einen Augenblick, dann begann ein allgemeines Geflüster wie in einem Bienenkorb. Was würde der König jetzt tun?

Joab hatte den Wortwechsel zwischen David und dem Boten mit zusammengekniffenen Augen beobachtet. Ahitofel und Eliam verließen die Männer, bei denen sie standen, und gingen zum König. „Ruhe!“, rief Ahitofel gebieterisch über den Lärm. „Der König spricht!“

David wünschte, er hätte seine Wut nicht so offen gezeigt. Er hätte den Thronsaal verlassen sollen, als der Bote kam, und die Nachricht unter vier Augen entgegennehmen. Dann hätte er in aller Ruhe überlegen können, wie er reagieren würde, bevor seine Männer wussten, was geschehen war. Joabs Gesicht war wie Stein. David wusste: Er hungerte nach dem nächsten Krieg. Und die anderen auch, alle. Manchmal wollten sie ihn zur Verzweiflung treiben, diese Krieger. Aber was hatte er für ein Recht, über sie zu klagen, wenn sein eigenes Blut nach Rache an Hanun schrie?

Der Narr! Dachte er im Ernst, dass er Israel ungestraft so beleidigen konnte? Was er mit Davids Männern gemacht hatte, durfte und wollte David nicht hinnehmen. Er konnte es sich nicht leisten, die Achtung seiner Männer zu verlieren. Und schon gar nicht die der umliegenden Länder, die es für Schwäche halten würden, wenn er jetzt milde mit Hanun verfuhr. Wenn er nicht bald etwas tat, würden die Ammoniter denken, dass Israel reif für eine Invasion war. Er brauchte Ahitofels Rat nicht, er wusste auch so, was er zu tun hatte: diesem arroganten Ammoniterkönig eine solche Lektion erteilen, dass niemand mehr wagen würde, Israel anzugreifen!

Sie sollen erfahren, dass Gott in Israel herrscht!

Gerade eben erst hatte David mit Gottes Hilfe die Philister besiegt. Er hatte auch Moab geschlagen und die Aramäer unter König Hadad-Eser; in Edom hatte er Statthalter eingesetzt. Und jetzt kam dieser Hanun und goss neues Öl ins Feuer. Er würde verbrennen!

Wie lange, Herr, wie lange muss ich noch Kriege führen? Wie lange muss ich noch mit meinem Schwert zuschlagen, bevor die Völker erkennen, dass du der Herr über Israel bist? Wie ich mich nach Frieden sehne! Ich möchte lieber mein Leben mit Psalmen und Liedern zu deiner Ehre verbringen, mein Herr und König, als diese Männer schon wieder in einen Krieg zu führen. Es ist zu viel für mich! Ich bin müde. Wann werde ich endlich Ruhe haben?

„David“, sagte Ahitofel leise.

Davids Kiefer mahlten. Er schloss die Augen, rang darum, seine Wut und Frustration zu beherrschen. Er wusste, was seine Männer wollten: Krieg! Blutvergießen! Joab und Abischai waren wie zwei wilde Esel, die an den Zügeln des Friedens zerrten und rissen. Und viele der anderen waren genauso. Ruhelose Geister, die nur auf die nächste Schlacht warteten. Sie suchten nur einen Vorwand, und jetzt hatte Hanun ihnen einen vorzüglichen in den Schoß fallen lassen!

Oh Herr, wie sehne ich mich nach den Tagen meiner Jugend!

Er hätte am liebsten geweint, wenn er an die Freiheit dachte, die er als Hüter der Herden seines Vaters gehabt hatte. Stundenlang hatte er draußen über Gottes Gebote und Gesetz nachsinnen können. Ob unter dem blauen Himmel des Tages oder dem Sternenzelt der Nacht, überall war ihm Gott begegnet. Niemand hatte ihn gestört. Stunde um Stunde hatte er in Gottes Gegenwart gebadet.

Und jetzt musste er hart darum kämpfen, auch nur fünf Minuten mit Gott allein sein zu können. Er sehnte sich danach, wieder Psalmen zu dichten und auf seiner Harfe zu spielen. Wie einfach war doch das Leben gewesen, als seine Aufgabe darin bestanden hatte, Futter und Wasser für die Schafe seines Vaters zu finden und sie vor Raubtieren zu schützen. Jetzt war er von Männern umgeben, die selbst wie Raubtiere waren!

Er neigte den Kopf und griff sich in den angespannten Nacken.

„Mein König.“ Ahitofel trat noch näher.

David hob den Kopf. Er fühlte sich, als ob die Last der ganzen Welt auf ihm lag. Jede Entscheidung, die er traf, kostete das Blut von Menschen. Aber was hatte er für eine Wahl? Er war der König!

„Wir ziehen wieder in den Krieg, Ahitofel.“ Er sah, wie Ahitofels Augen Feuer fingen. „Komm mit mir ins Ratszimmer, damit wir alles bereden.“ Er winkte dem Boten. „Joab! Abischai! Ihr beide auch!“ Wie gierig sie ihn ansahen.

Er flüsterte dem Boten zu: „Ruh dich aus und geh morgen früh zurück. Sage meinen Gesandten, dass sie in Jericho bleiben sollen, bis ihre Bärte wieder gewachsen sind.“

Bald würde es Hanun leidtun, dass er sie je gesehen hatte.

König Hanun heuerte Söldner an, und David zog gegen sie und die Ammoniter. Zu Tausenden fielen die Feinde, und als der Frühling kam, befahl David Joab, Hanuns Hauptstadt Rabba zu belagern.

Batseba stand neben ihrer Mutter am Stadttor, als die Männer wieder auszogen. David saß auf seinem Maultier und gab seinen

Offizieren seine Anweisungen. Unter ihnen war auch Uria. Batseba sah es mit Stolz.

Jedes Mal, wenn die Bundeslade aus der Stadt hinaus in den Kampf getragen wurde, fühlte Batseba sich merkwürdig unsicher. Sie wusste natürlich, dass man Gott nicht in eine Kiste stecken konnte, und doch symbolisierte die Lade seine Gegenwart im Volk. Und jetzt zog Gottes Gegenwart mit der Armee fort.

Ihre Mutter begann zu weinen, als Batsebas Vater vorbeimarschierte. „Jedes Mal, wenn er geht, weiß ich nicht, ob ich ihn noch einmal wiedersehe."

In feierlichem Schweigen sahen die Frauen zu, wie ihre Väter, Brüder und Ehemänner in den Kampf zogen. Auch Batseba weinte. Uria hatte ihr ein Haus in der Straße gleich neben dem Palast gebaut, auch wenn er selbst die meiste Zeit im Palast weilte. Dann und wann schenkte er ihr Schmuck, um ihr zu zeigen, dass er sie liebte. Sie war stolz darauf, dass alle ihn achteten – nicht zuletzt ihre Eltern. Es gab viele mutige Soldaten in Davids Armee, aber wenige hatten die Integrität ihres Mannes. Uria war ein Mann seines Wortes und sehr beliebt bei den anderen Offizieren.

Wenn sie ihn nur lieben könnte – mehr für ihn empfinden würde als Zuneigung und Achtung. Aber sie brauchte David nur anzusehen, um zu wissen, dass ihre Gefühle für ihn kein bisschen schwächer geworden waren.

Ihre Mutter nahm ihre Hand. „Ich werde darum beten, dass Uria sicher zurückkommt."

„Gott schütze ihn." Sie sah, wie David sein Maultier wendete und zurück in die Stadt ritt, anstatt mit seinen Männern zu gehen. „Reitet David nicht mit ihnen?"

„Nein. Dein Großvater hat gehofft, dass er es sich noch anders überlegt, aber David sagt, er ist müde, und müde Männer sind schlecht im Entscheiden."

Davon hatte Uria nichts gesagt.

„Du brauchst dir keine Sorgen um deinen Mann zu machen, Kind. Joab und Abischai haben mehr als einmal bewiesen, dass sie die Armee führen können. Der König denkt wohl, dass seine Anwesenheit diesmal nicht nötig ist."

Batseba hörte den Ernst in der Stimme ihrer Mutter. Fast klang es so, als ob sie David kritisierte. „Ist es falsch, wenn er hierbleibt?"

„Sagen wir: unweise. Aber wer bin ich, dass ich einem König sagen sollte, was er zu tun oder zu lassen hat?" Ihre Mutter schaute zur Seite. „Wenn nur alle Männer kriegsmüde wären! Aber das wird es wohl nie geben. Männer sind geborene Kämpfer. Und wir Frauen gebären die Söhne für die Armeen der Könige."

Batseba nahm die Hand ihrer Mutter und drückte sie. „Vielleicht wird es nicht immer so sein. Vielleicht hilft Gott David, alle unsere Feinde zu besiegen, und wir haben endlich Frieden, für immer."

„Müßiggang ist aller Laster Anfang."

Batseba ließ sie los. „David ist nie müßig gewesen!"

Ihre Mutter sah sie an. „Nein. Aber wen kann er hinter den Mauern seines Palastes besiegen?"

Die Tage schlichen dahin. David konnte sich nicht zum Essen hinsetzen, ohne das andauernde Gezanke und Gejammer seiner Frauen und Kinder zu hören. Seine Söhne und Töchter wetteiferten um seine Aufmerksamkeit, bis er nur noch eines wünschte: endlich seine Ruhe zu haben. Aber wenn er dann allein war, kam die große Rastlosigkeit. Er war unzufrieden und unruhig. War dies alles, was das Leben zu bieten hatte? Er versuchte, Psalmen zu dichten, aber die Worte wollten nicht kommen. Jeder Ton, den er der Harfe entlockte, klang schräg. Er versuchte sich auszuruhen, aber je mehr er schlief, desto müder fühlte er sich. Todmüde.

Ein Bote kam mit der Nachricht, dass Joab und Abischai die Aramäer geschlagen hatten und jetzt Hanuns Hauptstadt Rabba belagerten. David nahm es ohne Freude zur Kenntnis. Er wusste, dass es Monate dauern würde, bis die Ammoniterstadt ausgehungert war. Ein Sturm auf die Mauern würde ihren Fall beschleunigen, aber unnötig Menschenleben kosten. Wie satt er den Krieg doch hatte!

Gelangweilt und melancholisch ging der König durch seinen Palast und sah auf die zu seinen Ehren umbenannte Stadt hinaus. Wenn nur endlich etwas passieren würde …

Die Tage krochen auch für Batseba dahin. Wann würde Uria aus dem Krieg zurückkommen? Als die Nachricht kam, dass die Armee Rabba belagerte, machte sie sich keine Illusionen, dass dies das Ende des Krieges bedeutete. Es würden noch viele Monate vergehen, bevor die Ammoniter sich ergeben und Uria nach Hause kommen würde. *Wenn* er nach Hause kam. Jedes Mal, wenn er in einen Krieg zog, hatte sie diese bohrende Ungewissheit: Was, wenn er nicht mehr zurückkam? Dann wäre sie ganz allein, ohne einen Sohn, der Urias Namen weitertragen würde. Wie sehr sie sich nach Kindern sehnte! Aber wie sollte sie eines empfangen, wenn ihr Mann so selten zu Hause war?

Die Einsamkeit wurde ihr größter Feind. Sie wuchs und wuchs, bis ihre ganze Seele davon erfüllt war. Manchmal saß sie allein in ihrem stillen Zimmer und weinte einfach vor sich hin. Aber was hatte sie für eine Wahl? Glücklich sein – das war ein ferner Traum.

Die Stadt war halb leer, bevölkert nur von Frauen und Kindern, dazu nur ein paar Männer, die zu alt zum Kämpfen waren. Und der König, der beschlossen hatte, zu Hause zu bleiben, während draußen der Krieg tobte.

Wenn sie zu der Mauer von Davids Palast emporsah, stellte sie sich ihn vor, wie er von seinen Frauen und Nebenfrauen verwöhnt wurde. Dazu hatte er mittlerweile wohl ein Dutzend Söhne und Töchter. Wer konnte unglücklich sein inmitten einer so großen Familie? Und da saß sie, allein und kinderlos, und ihr Mann war fort. Wie viele Monate war es jetzt her, seit sie Uria das letzte Mal gesehen hatte? Wie viele Monate, seit sie zum letzten Mal seine Arme um sich gespürt hatte? Wie viele Monate würden noch kommen und gehen, ohne dass sie ein Kind hatte?

Sie schöpfte Wasser aus der Schüssel und benetzte ihre geröteten Wangen damit. Jedes Mal, wenn ihre Monatsblutung vorbei und die Zeit für das rituelle Reinigungsbad gekommen war, schwappte das Selbstmitleid über sie wie eine Flutwelle. Was für einen Sinn hatte es, sich für einen Mann bereitzumachen, der nie zu Hause war? Der nächste Monat und der übernächste und der danach, sie würden vergehen, und immer noch würde sie kein Kind in den Armen halten. Die Tränen kamen wieder.

„Dein Bad ist bereit, Herrin."

Batseba legte ihr Gewand ab und stieg in das Bassin, das ihre Magd ihr im Hof ihres Hauses gerichtet hatte. Unter dem dünnen Baldachin, der sie vor der beißenden Nachmittagssonne schützte, goss die Magd langsam Wasser über ihren Körper, während Batseba sich wusch. Als sie fertig war, trat sie aus dem Becken und schaute zu, wie die Magd es ausleerte. Die trocknenden Tropfen auf ihrem Körper waren angenehm kühl. Sie hob die schwere Lockenpracht ihres Haares von ihrem Nacken und den Schultern. Die Magd kam zurück, und Batseba stieg wieder in das Becken. Sie atmete genießerisch die Kühle des frischen Wassers ein, mit dem die Magd sie übergoss. Mit geschlossenen Augen und erhobenem Kopf ließ sie es über sich fließen und allen Kummer fortspülen.

Die Stadt war so still, dass es schien, als ob sie den Atem anhielt. Ihre Haut prickelte. Plötzlich hatte sie das Gefühl, dass jemand sie beobachtete. Sie schaute nach oben. Da, auf der Mauer stand jemand. Ein Mann. Sie legte instinktiv die Arne um ihren Körper und duckte sich unter den halb durchsichtigen Baldachin. Es war mitten am Nachmittag, eine Zeit, in der die meisten Menschen vor der Hitze in den Schatten ihrer Häuser flohen. Was machte dieser Mann da auf dem Dach des Palastes?

Sie merkte, dass sie wütend wurde. Sie spähte zu der Mauer hoch, um zu sehen, welcher Wächter es war, der sie da begaffte. Sie würde es Uria berichten. Und ihrem Vater und Großvater.

Ihr Herz stolperte. Das war kein Palastwächter. Das weiße Gewand war mit Purpur verziert.

David!

Ihr Herz begann zu hämmern. Plötzliche Sehnsucht überflutete sie. Selbst das sachte Flattergeräusch des Baldachinstoffes in dem Wind klang auf einmal sinnlich. Sie erinnerte sich, wie David sie angeschaut hatte, damals auf ihrer Hochzeit. Der süße Schock der Begierde, die sie damals in seinen Augen gesehen hatte … jetzt spürte sie ihn wieder.

Sie wusste, dass sie jetzt eigentlich ins Haus fliehen sollte, aber der plötzliche, wütende Schmerz war zu stark. Sollte er ruhig sehen, was er sich entgehen lassen hatte! Sollte er sich ruhig an das sonnenverbrannte Mädchen erinnern, das ihm gefolgt war wie ein mutterloses Lamm dem Hirten! Sie schaute trotzig offen zu der Palastmauer hoch. Vielleicht wünschte er sich jetzt, er hätte damals um ihre Hand angehalten, anstatt es ihrem Vater zu überlassen, ihr einen Mann zu suchen?

David schaute weiter zu ihr hinunter, und ihre Wut wich einer unbestimmten Traurigkeit. Warum stand er dort und blickte auf sie herab? Warum sah er sie überhaupt an, wo er doch an jedem Finger eine Frau hatte?

„Herrin?"

Batseba zuckte zusammen und schaute weg, die Röte schoss ihr ins Gesicht. Ihre Magd sah irritiert zur Mauer hoch. Voller Erleichterung stellte Batseba fest, dass David nicht mehr da war.

„Ist etwas, Herrin?"

„Ich habe nur … gebetet." Sie schämte sich auf einmal, riss dem Mädchen das Tuch aus der Hand, wickelte es um ihren Körper und rannte ins Haus. Sie schlug die Tür des Schlafzimmers zu und lehnte sich gegen sie, das feuchte Tuch an sich gedrückt. Schwer atmend ging sie durch den Raum und sank auf ihr Bett.

Was hatte sie getan? Was war in sie gefahren, dass sie zugelassen hatte, dass der König sie nackt sah? Sie presste die Hände an ihre Brust, als könnte sie das wilde Schlagen ihres Herzens so beruhigen. Ein Wirrwarr der Gefühle kämpfte in ihr. Scham, Erregung, Trauer, Wut, Abscheu. Was musste David jetzt von ihr denken?

Sie legte sich auf das Bett, das sie mit ihrem Mann teilte, schlug sich die Hände vor das Gesicht und weinte.

David hatte sieben Frauen und viele Nebenfrauen, aber keine von ihnen konnte es mit der Frau aufnehmen, die er gerade vom Dach seines Palastes aus beim Baden gesehen hatte. Er war wie verzaubert von den Kurven ihres Körpers und der Anmut ihrer Bewegungen. Eva selbst konnte nicht perfekter gewesen sein!

Er hatte ihn genau bemerkt, den Augenblick, in dem die Frau seine Gegenwart gespürt hatte; sie hatte innegehalten und ihren Kopf leicht zur Seite geneigt. Ganz langsam hatte sie sich umgesehen und dann den Kopf gehoben. Als sie ihn auf dem Dach erblickt hatte, hatte sie sich rasch unter den dünnen Baldachin geflüchtet, und einen Augenblick lang war es ihm peinlich gewesen, dass sie mitbekommen hatte, wie er sie beobachtete. Aber nur einen Augenblick. War er nicht der König, war dies nicht *sein* Palast und *sein* Dach? Hatte er nicht das Recht, einen Spaziergang zu machen, wenn es ihm beliebte? Und überhaupt – warum hatte sie ihr Bad nicht in ihrem Haus genommen anstatt im Hof? Er hatte den Atem angehalten, als sie zu ihm hinaufsah. Eine schönere Frau hatte er in seinem ganzen Leben nicht gesehen.

Er ging die Zinnen entlang, bis er einen der Wächter sah. „Joram!"

Der Soldat schaute auf, und David winkte ihn zu sich.

„Mein Herr und König?"

David nahm seinen Arm und zeigte auf den Hof des Hauses unter der Palastmauer. „In dem Haus da wohnt eine Frau. Finde heraus, wer sie ist."

Der verdutzte Wächter ging.

David atmete langsam aus. Er umklammerte die Brüstung mit beiden Händen und wartete, bis der Wächter unten auf der Straße erschien. Dann drehte er sich um und ging eilig die Treppe hinunter. Er winkte mehrere seiner Kinder ungeduldig fort und sagte einem anderen Wächter: „Wenn Joram zurückkommt, schick ihn sofort in meine Privatgemächer."

„Ja, mein Herr und König."

David ging in sein Gemach und wartete. Er trommelte ungeduldig mit den Fingern. Nach ein paar Minuten stand er auf und fuhr sich mit den Händen durchs Haar.

Noch nie hatte er eine solch heftige Begierde nach einer Frau verspürt. Eine ferne Stimme in seinem Kopf schien ihm sagen zu wollen, dass etwas nicht stimmte. Er hörte nicht auf sie, schloss stattdessen die Augen und stellte sich die Frau wieder vor. Ihre kleinen offenen Hände, ihr wie zum Beten erhobener Kopf und ihr Körper – oh, ihr Körper …

Er sprang auf. „Warum braucht der so lange?" Nervös marschierte er durch das Zimmer. Er musste diese Frau haben, koste es, was es wolle.

Es klopfte an die Tür. „Herein!" Joram stand auf der Schwelle. „Komm herein und schließ die Tür hinter dir." David wartete, die Hände auf den Hüften. „Nun?"

„Der Name der Frau ist Batseba."

„Batseba?" Warum kam ihm der Name so bekannt vor? „Batseba …"

Joram nickte. „Batseba, die Tochter Eliams und die Frau des Hetiters Uria."

Oh nein! David spürte, wie sein Magen nach unten sackte. Er erinnerte sich an das dünne kleine Mädchen, das auf Ahitofels Knie gesessen und zu ihm hingestarrt hatte. Nein! Das war nicht möglich! Die kleine Batseba, die ihn förmlich angebetet hatte und ihm bei En-Gedi zu dem Bach gefolgt war. *„Könnten wir uns unterhalten, David?"* Ihr Herz war in ihren Augen gewesen. Batseba, die Ehefrau eines seiner besten Freunde, die Tochter eines Mannes, dem er vertraute und der ihm vertraute, die Enkelin Ahitofels, des fähigsten Militärberaters von Israel. Was konnte es Schlimmeres geben? Er erinnerte sich, wie er ihr an ihrem Hochzeitstag in die Augen gesehen und sich gefühlt hatte, als ob ihm jemand in den Magen geboxt hätte. Er hatte damals beschlossen, sie nie mehr anzuschauen.

Er lachte rau auf, drehte sich um und griff sich an den Nacken. Die alte Müdigkeit und Niedergeschlagenheit kam zurück. „Du kannst gehen, Joram."

„Habt Ihr noch einen Wunsch, mein Herr und König?"

David biss die Zähne zusammen. „Nichts, was ich bekommen könnte."

„Ihr könnt alles haben, Herr. Ihr seid der *König*. Was ihr wollt, ist euer."

David ließ seine Hand sinken und blickte auf. Ja, er war der König. Und seine Armee war meilenweit entfernt, vor Rabba in Ammon. Uria, Eliam und Ahitofel waren fort; es würde viele Monate dauern, bis sie wiederkämen. Sein Herz klopfte schneller. Was, wenn er Batseba einfach in seine Gemächer kommen ließ? Was, wenn sie sich einander eine Nacht voller Freuden schenkten? Was machte es? Wer würde je davon erfahren?

Seine Begierde wurde heißer.

„Was wünscht Ihr, Herr?"

„Bring sie zu mir." Er verspürte einen Stich seines Gewissens, doch er brachte es rasch zum Schweigen und dachte an die Nacht der Lust, die vor ihm lag. Aber er musste vorsichtig vorgehen. „Warte, bis es dunkel ist, ehe du zu ihr gehst, und nimm einen anderen Soldaten mit, der ein Geheimnis für sich behalten kann."

„Und wenn die Frau nicht will?"

„Sie will." Batseba liebte ihn seit Jahren, das wusste er genau. Sie hatte ihn regelrecht verfolgt in den Lagern bei Adullam und En-Gedi. Damals war es ihm lästig gewesen, aber jetzt …

„Aber wenn sie sich weigert …?"

Sie war eine einfache Frau, er war der König. „Ich habe dir etwas befohlen."

Joram verneigte sich und ging. David wusste: Batseba würde kommen. Sie hatte ihn förmlich eingeladen, als sie seinen Blick vorhin so offen erwidert hatte. Und wenn es ihr jetzt auf einmal leidtat – es wäre ihm ein Vergnügen, sie umzustimmen.

Aber es würde noch ein paar Stunden dauern, bis sie Batseba in sein Zimmer brachten. Zeit genug, um zu baden und sich mit wohlriechenden Ölen einzureiben. Zeit genug, um ein kleines Festmahl zu bestellen. Zeit genug, um Räucherwerk abzubrennen, das ihre Sinne betören würde. Zeit genug, um sich vorzufreuen auf diese Nacht.

Den Rest des Nachmittags saß Batseba in ihrem Zimmer und weinte. Würde sie je den Mut haben, dem König noch einmal unter die Augen zu treten? Sie zog ein weites, besticktes Kleid an, das jede Rundung ihres Körpers verdeckte, und bürstete sich ihr Haar, bis die Kopfhaut schmerzte. Dann, die Bürste gegen die Brust gedrückt, wiegte sie sich hin und her und schluchzte. Die Zeit hatte ihre Liebe zu David nicht ausgelöscht. Als sie an diesem Nachmittag gemerkt hatte, wer es war, der sie da vom Palast aus beobachtete, waren all die alten Gefühle wie eine unterirdische Fontäne wieder hochgekommen.

Jemand klopfte an die Tür. „Herrin?" Es war die Stimme ihrer Magd.

„Geh weg!"

„Es ist ein Soldat an der Tür, Herrin!" Die Stimme des Mädchens zitterte. „Er sagt, du musst mit ihm kommen!"

Ein Soldat? Batseba erhob sich rasch. Sie konnte sich nur einen Grund vorstellen, warum ein Soldat an ihre Tür kam: Uria war verwundet oder tot! Sie stieß aufschluchzend die Tür auf und rannte durch das Haus, die Magd auf ihren Fersen.

Der Soldat stand im Eingangsflur, aber er war nicht staubbedeckt von einer langen Reise. Und er trug die Uniform eines Palastwächters. Batseba hielt überrascht inne. „Warum bist du hier?"

Sein Mund verzog sich ein wenig nach oben. „Der König lässt dich zu sich rufen, Herrin Batseba."

„Zu sich rufen?" Sie starrte ihn verdutzt an. „Der König?"

„Jawohl. Der König." Er trat zurück und wies mit der Hand auf die offene Eingangstür. Draußen stand ein zweiter Soldat und sah sie an. Batseba begann zu zittern. Auf einmal war sie wieder das kleine Mädchen, das vor David davonlief. Ihre Wangen wurden feuerrot.

„Herrin." Die Magd stöhnte auf. „Oh, Herrin."

Batseba drehte sich rasch zu ihr um und ergriff ihre Hände. „Psst, Hatschepsut. Der König wird mir nichts zuleide tun. Er kennt meinen Vater und Großvater seit vielen Jahren." War das vielleicht der Grund, warum er sie zu sich rief? „Vielleicht hat er

Nachrichten von ihnen. Geh rasch und hole mir mein Schultertuch."

Das Mädchen lief davon. Batseba stand unschlüssig vor dem Palastwächter. Der wartete, die eine Hand auf dem Heft seines Schwertes, den Kopf hoch erhoben, die Augen geradeaus gerichtet. Gab es schlimme Nachrichten aus Rabba? „Hat der König auch meine Mutter zu sich befohlen?", fragte sie. Aber warum sollte er sich dazu herablassen, zwei Frauen zu informieren, dass ihre Männer im Krieg gefallen waren?

„Deine Mutter?" Die Stimme des Wächters wurde eine Spur spöttisch. „Ich glaube kaum."

„Kannst du mir dann sagen, warum der König mich zu sehen wünscht?"

Er sah sie an, mit einem Blick, der ihr die Röte in die Wangen trieb.

Die Magd kam mit einem Tuch zurück. Batseba nahm es mit klopfendem Herzen und schlang es so um ihren Kopf und eine Schulter, dass ihr Gesicht nicht mehr erkennbar war. Sie ging hinaus, die Wachen links und rechts von ihr. Erst als sie schon fast am Eingang des Palastes waren, fiel ihr ein, dass sie ja immer noch das bestickte Kleid anhatte, das sie normalerweise nur zu Hause trug.

„Hier entlang!" Der Kopf des einen Wächters ruckte in die Richtung. Er führte sie zu einem Seiteneingang, der normalerweise nur von Dienern benutzt wurde, und jegliche Zweifel, die Batseba darüber gehabt haben mochte, warum der König sie sehen wollte oder was für eine Stellung sie in seinen Augen hatte, waren fort. Das plötzliche Schamgefühl trieb ihr Tränen in die Augen. Mit gesenktem Kopf betrat sie das Palastgebäude. Die Wächter führten sie durch die Küche, vorbei an den Gesinderäumen und durch mehrere Gänge, dann eine Treppe hoch, bevor sie vor einer Tür anhielten. Der eine klopfte leise an.

Die Tür ging auf. Batseba blickte auf – und vergaß die beiden Wächter und alles andere um sich herum.

Vor ihr stand David. Und er sah sie an.

Er streckte ihr lächelnd seine Hand entgegen, und sie nahm sie. Wie warm und fest seine Finger sich um ihre schlossen. Er führte sie in sein Schlafgemach. Schon im Gehen, über seine Schulter, gab er den Wächtern die Anweisung: „Sorgt dafür, dass niemand mich stört." Dann schloss er die Tür hinter ihr.

Ihr Herz raste wie ein Kaninchen, das um sein Leben flieht. Er machte keine Anstalten, ihre Hand loszulassen. „Ich bin froh, dass du gekommen bist."

„Habe ich denn eine Wahl gehabt?"

„Du hast bereits gewählt."

Er küsste ihre Hand. Seine Augen schauten lächelnd in ihre. „Warum verdeckst du dein Gesicht, wo du doch schöner bist als die Sonne und der Mond zusammen?"

Sie hob ihre freie Hand, um das Tuch festzuhalten. Er neigte seinen Kopf etwas zur Seite. „Komm. Ich habe uns ein Mahl richten lassen. Lass mich dich bedienen."

Die Luft war von einem süßlichen Duft erfüllt. Auf dem Fußboden lagen Kissen verstreut. Am Ende des Raumes stand ein breites Bett. Ein länglicher Tisch war reich mit Speisen gedeckt. „Wie viele Gäste erwartest du?", fragte Batseba.

Der kehlige Klang seines Lachens ließ sie erzittern. „Nur dich, meine Liebste."

„Ich habe eigentlich keinen Hunger." Sie nahm all ihren Mut zusammen und sah ihn an. „Weißt du, wer ich bin?"

„Natürlich." Seine Augen streichelten ihr Gesicht. „Du bist das Mädchen, das am Lagerfeuer immer so intensiv zu mir hinsah. Weißt du noch, wie du mir bei En-Gedi zu dem Bach gefolgt bist?"

„Ich bin kein kleines Mädchen mehr. Ich bin …"

„Die schönste Frau im ganzen Reich." Er suchte in ihren Augen nach etwas, was sie nicht einschätzen konnte. „An jenem Morgen sagtest du mir, dass du dich mit mir unterhalten wolltest. Und ich habe dich nach Hause geschickt." Er nahm ihr Tuch und zog es von ihrem Gesicht. „Jetzt rede, Batseba." Nun von ihrem Haar. „Sage mir alles, was du willst." Das Tuch glitt von ihren Schultern auf den Fußboden.

„Warum hast du mich rufen lassen?" Ihre Stimme war tränenerstickt. All die Jahre des Träumens und Hoffens … Aber *so* hatte sie nie zu ihm kommen wollen, im Dunkeln und durch den Nebeneingang.

„Das weißt du." Sein Atem kitzelte ihren Nacken.

Ihre Haut prickelte. „Es ist zu spät."

„Aber du bist jetzt bei mir."

Sie richtete sich auf. Durch ihre Tränen konnte sie ihn kaum sehen. „Gerufen wie eine Hure und durch den Dienstboteneingang hereingelassen!" Sie schüttelte den Kopf und sah wieder nach unten. „Und so, wie ich mich an diesem Nachmittag verhalten habe, bin ich selbst schuld. Es tut mir leid. Ich ..."

„Du hast mir den Atem geraubt."

„So?" Ihr Kinderherz zitterte und schwoll vor Stolz. „Oh, David. Schick mich zurück."

„Noch nicht." Er hob ihr Kinn an. „Du bist nicht sehr glücklich, nicht wahr?"

Zwei Tränen rollten ihre Wangen hinab. „Wie kannst du so etwas fragen?"

„Ich will, dass du glücklich bist." Er musterte sie, sein Blick wurde eine Spur bekümmert. „Erinnerst du dich, bei deiner Hochzeit in Hebron? Als ich dir in die Augen sah, wurde mir heiß und kalt. Ich musste mich von dir losreißen."

„Bist du deswegen damals so schnell wieder gegangen?"

„Natürlich." Er legte seine Arme um sie.

Sie drückte ihre Hände gegen seine Brust. *Du musst etwas sagen, um ihn aufzuhalten. Ihm wie Abigail zeigen, dass er im Begriff steht, eine Sünde zu begehen.* Aber dann spürten ihre Finger das wilde Hämmern seines Herzens, noch wilder als ihr eigenes. Er begehrte sie. *Gut, er darf mich küssen, nur ein Mal, und dann bremse ich ihn. Dieser Kuss soll mein Andenken an ihn sein. Nur dieser eine ...*

Als sein Mund ihren berührte, war ihr, als ob sie beide in einen Strudel hineinfielen, einen Wirbel der Begierde. Seine Finger fuhren heiß durch ihr Haar. Er flüsterte ihren Namen, und die warnenden Worte erstarben ihr in der Kehle. Ihr Körper fing Feuer.

Sie hielt ihn umschlungen und sagte kein Wort.

Einige Stunden danach stand David neben seinem Bett und betrachtete die schlafende Batseba. Sie war so schön, dass es ihm das Herz zerreißen wollte. Aber nicht mehr lange, und die Morgendämmerung würde kommen. Er musste dafür sorgen, dass sie den Palast verließ, bevor jemand bemerkte, dass sie da gewesen war. Als er aufgewacht war und sie neben sich liegen sah, hatte er an Ahitofel, Eliam und Uria denken müssen und daran, was sie wohl von dieser Affäre halten würden. *Was ist da in mich gefahren? Sie können die ganze Armee gegen mich wenden!*

Er kniete sich mit dem einen Bein auf das Bett, beugte sich zu ihr hinunter und küsste sie. Ihre Augen öffneten sich langsam, noch schlafverhangen. Sie lächelte. „David", seufzte sie, und sein Puls wurde wieder schneller. Er richtete sich hastig auf.

„Es ist fast Morgen, Batseba. Du musst gehen."

Ihr Lächeln erstarb.

Davids Magen zog sich zusammen bei dem verwundeten Blick in ihren Augen. Sie wandte sich rasch ab und wickelte die Decke um sich. In der Nacht hatte sie keine Scham verspürt, nur ungezügelte Leidenschaft. Jetzt, im beginnenden Morgenlicht, sah sie ihre Lage, wie sie wirklich war.

„Meine Wächter werden dich nach Hause begleiten." Warum sollte er ein schlechtes Gewissen haben? Durfte der Mensch nicht ein bisschen glücklich sein?

Sie setzte sich rasch auf. „Ich finde den Weg schon allein."

Er hörte das leichte Raschelgeräusch, als sie nach ihrem Gewand griff. „Batseba", sagte er, seine Stimme rau und bewegt. Sie zuckte zurück, doch er zog sie an sich. „Batseba", wiederholte er und vergrub sein Gesicht in ihrem Nacken. Wie konnte er sie gehen lassen nach dieser Nacht? Er atmete ihren Duft ein und wusste: Es war um ihn geschehen.

„Ich dachte, eine Nacht wäre genug." Sie drückte ihre Handrücken gegen ihre Augen. „Ich dachte, ich könnte mein Leben lang von der Erinnerung zehren. Aber jetzt … fühle … fühle ich mich … unrein!" Sie erschauderte.

Es gefiel ihm nicht, wie sehr ihre Worte seine eigenen Gefühle spiegelten. „Denkst du etwa, ich *will* dich fortschicken?" Er fühlte sich auf einmal zerrissen. „Ich würde dich als meine Frau behalten, wenn das nicht das ganze Land in Aufruhr stürzen würde. Dein Vater ... dein Großvater ...“

„Mein Mann!“

„Ich muss dich in Sicherheit bringen, bevor jemand mitbekommt, was geschehen ist.“

Ihr Körper war steif in seinen Armen, nicht weich und empfänglich wie in der Nacht. Als er sich zu ihr hinunterbeugte und ihren Nacken küsste, bog sie den Kopf mit einem zittrigen Seufzer zurück. „Irgendjemand wird es herausfinden, und dann werde ich sterben.“

Seine Muskeln verkrampften sich. „Niemand wird etwas herausfinden!“

Sie drehte sich in seinen Armen zu ihm um, und er sah die Angst in ihren Augen. „Es wissen doch schon Leute, David! Deine Wächter und meine Magd. Und die, die vielleicht gesehen haben, wie deine Männer mich gestern Abend durch den Dienstboteneingang gebracht haben.“

Seine Finger gruben sich in ihr Haar. „Und wer sind diese Leute, dass sie es wagen könnten, gegen den König zu sprechen? Meine Männer werden nichts verraten, und deiner Magd wirst du sagen, dass sie den Mund halten soll, wenn ihr ihr Leben lieb ist.“ Er sah den Schreck in ihren Augen und wurde sanfter. „Du wusstest nicht, was für ein harter Mann ich sein kann, nicht wahr?“ Er wollte lächeln, aber das Feuer in ihm ließ es nicht zu. „Hör zu, meine Liebste. Wenn wirklich jemand über unsere Nacht tuscheln würde, welcher Priester würde wohl zu mir kommen und mich zur Rede stellen?“

„Nathan würde es tun.“

„Nathan kennt mich. Er würde solchen Klatsch als bösartiges Gerücht abtun. Und wessen Wort glaubt man wohl mehr – dem eines Wächters oder einer Magd oder dem eines Königs?“ Er küsste ihre Tränen fort. „Vertrau mir. Dir wird nichts geschehen, ich schwöre es!“

„Ich habe dir immer vertraut, David. Mein Vater hat immer gesagt, dass du ein Mann von Ehre bist.“

David spürte, wie er innerlich zusammenzuckte. Aber warum sollte er eigentlich ein schlechtes Gewissen haben? Er war der König; hatte ein König nicht auch ein bisschen Glück verdient? Könige nahmen sich, was sie wollten; so war es schon immer gewesen. Und wer hatte denn mehr getan als er, um die Stämme Israels zu einen? Wer hatte Goliat getötet und die Armee des Gottesvolkes von Sieg zu Sieg geführt? Wer war jahrelang verfolgt und verleumdet worden? Und wer hatte in diesen schweren Jahren nicht aufgehört, Gott zu preisen? Und wen ging es überhaupt etwas an, was er in seinem Schlafzimmer trieb?

Aber … nein, er musste vorsichtig sein. Er dachte an Eliam, seinen alten Freund. An Ahitofel, seinen bewährten Ratgeber. An Uria, den mutigsten aller Krieger. Wenn sie herausfanden, dass Batseba eine Nacht in seinem Bett verbracht hatte, würde das schwere Folgen haben. Sie waren Männer Gottes, die dem Gesetz bis auf den Buchstaben folgten. Und das Gesetz des Mose verlangte die Todesstrafe für eine Ehebrecherin.

David spürte, wie Angst um Batseba ihn ergriff. Er schob sie beiseite. War er nicht doch der König? Wer würde es wagen, einer Frau etwas anzutun, die er liebte?

„Kein Stein wird dich je treffen." Er würde den Mann töten, der versuchen würde, ihr etwas anzutun.

Dass er selbst es war, der gerade ihr Leben in Scherben schlug, daran dachte er nicht.

Batseba wartete darauf, dass David sie wieder zu sich rufen würde, aber er tat es nicht. Sie wartete darauf, dass er wieder auf der Palastmauer erscheinen würde, aber er kam nicht. Sie wartete auf ein Wort von ihm, aber sie hörte nichts.

Sie versuchte sich damit zu beruhigen, dass David mit wichtigen Staatsangelegenheiten beschäftigt war, aber die Eifersucht und der Schmerz meldeten sich immer heftiger. Ihre Fantasie folterte sie: *Wen hat er heute in seinem Bett? Ahinoam? Abigail?* Oder hatte er das Interesse an seinen Frauen und Nebenfrauen verloren? *Wie viele andere Frauen in dieser Stadt hat er wohl schon zu sich geholt?*

Sie wusste noch zu gut, dass die anderen Mädchen im Lager David genauso angehimmelt hatten wie sie.

Die Tage vergingen, und die Reue und die Angst quälten sie. Wäre sie nur an jenem Nachmittag ins Haus geflohen. Hätte sie ihr Bad nur nicht fortgesetzt. War sie nicht selbst schuld? War sie nicht freiwillig auf Davids Bett gestiegen? Sie hatte sich eingebildet, dass die Liebe rechtfertigte, dass sie sich ihm hingab. David, ihrem Gott.

Warum hatte sie nicht an das Gesetz gedacht, bevor sie zu ihm kam? Er hatte ihr versichert, dass kein Stein sie berühren würde. Aber was würde er tun, wenn die Priester sie anklagten? Denn wenn ihre Affäre bekannt würde, wem würde man dann die Schuld geben? Natürlich ihr. David war der geliebte König, sie eine machtlose Frau …

Ehebruch! Sie hatte Ehebruch begangen! Wie hatte sie so etwas tun können, wo doch ihre Mutter, ihr Vater und Großvater sie so treu im Gesetz des Mose unterwiesen hatten?

Wenn das je herauskommt, bringen sie mich um!

Eine Woche verging, dann noch eine und noch eine, und immer noch kam kein Wort aus dem Palast, kein Wink, dass David an sie dachte. Wie schnell er sie vergessen hatte!

Die Zeit der Monatsblutung kam und ging, ohne dass Blut kam, und eine kalte Angst kroch in Batseba hoch. Jahrelang hatte sie vergeblich versucht, von Uria ein Kind zu bekommen, und jetzt war sie nach einer einzigen Nacht mit David schwanger? War es die Liebe, die sie all die Jahre für David empfunden hatte, die den Boden ihres Leibes so fruchtbar gemacht hatte? Und was sollte sie jetzt tun?

Hatte sie sich die Zärtlichkeit von Davids Händen, die Liebe in seinen Augen nur eingebildet? Wenn er wirklich etwas für sie empfand, hätte er sie nicht längst wieder rufen lassen? Oder ihr wenigstens eine Botschaft geschickt?

Sie presste ihre Hände an ihre Schläfen. Er hatte sieben Frauen und zehn Nebenfrauen … wozu brauchte er sie überhaupt?

Würde er um das Kind seines Abenteuers mit ihr etwas geben? In ein paar Monaten würden alle wissen, dass sie Ehebruch begangen hatte. Ihre Magd hatte schon Verdacht geschöpft – und sie konnte sich auch denken, von wem das Kind war. Bald würde auch ihre Mutter es merken, und bald würde jeder Mann, jede Frau und jedes Kind, das sie sah, ihr Geheimnis kennen.

Zitternd legte sie ihre Hände auf ihren Bauch. Sie war hin- und hergerissen zwischen Angst und einer merkwürdigen Erregung. In ihrem Leib wuchs das Kind eines Königs heran – aber nicht irgendeines Königs, sondern Davids, des Helden ihrer Mädchenträume. David, der Dichter und Krieger, Sänger und Eroberer! Wie ein Gott war er ihr immer erschienen.

Dann kam die Wut. Sie sah wieder zu der Palastmauer hoch, auf der David an jenem schicksalhaften Tag gestanden hatte. Sie hatte immer gedacht, dass sie endlose Freude empfinden würde, wenn sie schwanger war – reine Freude darüber, dass sie ihrem liebenden, geduldigen Mann einen Sohn gebären würde. Aber stattdessen verspürte sie eine Verzweiflung, wie sie sie noch nie erlebt hatte.

Nur der König selbst konnte sie vor den Folgen ihrer Sünde beschützen. Aber würde er es tun? Was würde Uria mit ihr machen, wenn er herausfand, dass sie ihn betrogen hatte? Wie konnte sie sich verteidigen? David hatte sie ja nicht gerade mit Gewalt in seinen Palast schleppen müssen!

Uria … Er war ein so guter Mann, freundlich und großzügig. Nie im Leben hatte sie ihm wehtun wollen. Aber Urias Hände ließen ihren Körper nicht auflodern; in Davids Armen war sie zerschmolzen. War es wirklich so falsch, die Liebkosung eines Mannes zu genießen, den sie schon so lange liebte, wie ihre Erinnerung zurückreichte? Hatte sie nicht eine einzige Nacht des Glücks verdient, ohne dass anschließend ihr ganzes Leben in Scherben ging? Das Leben war ungerecht!

Sie war nie für Uria bestimmt gewesen, sondern für David. War es da nicht ihr gutes Recht, ein paar glückliche Stunden mit ihm zu verbringen? Sie hatte gedacht, dass die Erinnerung an diese Liebesnacht ihr ganzes Leben versüßen würde; stattdessen folterte sie sie. Das Feuer, das David in ihr gelegt hatte, war dabei, ihr Leben in Schutt und Asche zu legen. Sie hatte sich ausgegossen wie ein Trankopfer für David, ihren König. David, ihr Idol. Und jetzt war sie zerrissen von Angst, und ihre Einsamkeit war schlimmer als je zuvor. Und es war zu spät, um das Geschehene ungeschehen zu machen. Was für einen Preis würde sie zahlen müssen für diese eine Nacht? Was würde sie die Menschen kosten, die sie liebten und die sie liebte? Uria, ihr Vater, ihr Großvater ... sie konnte den Gedanken nicht ertragen. Lieber wäre sie tot, als dass sie es herausfanden. Aber würde sie den Mut haben, sich das Leben zu nehmen?

Sie legte ihre zitternden Hände wieder auf ihren Leib. Wenn sie starb, würde Davids Kind mit ihr sterben. Etwas tief in ihr freute sich über dieses wachsende Leben. Aber eine andere Stimme wünschte sich, dass der Beweis ihrer Sünde ihren Leib in einem Strom von Blut verlassen würde, bevor die anderen von ihm erfuhren. Jeder würde genau wissen, dass dieses Kind im Ehebruch gezeugt worden war. Jeder wusste, dass ihr Mann die ganzen letzten Monate im fernen Rabba gewesen war. Sie sah die Szene schon vor sich, wie eine wütende Menschenmenge sie umzingelte, wie die Ersten ihre Steine aufhoben. Sie sah die Verurteilung in den Augen ihrer Mutter vor sich, den Schmerz, die unendliche Enttäuschung. Ihre Mutter hatte jahrelang gewusst, dass sie für David schwärmte. Hatte sie ihr nicht immer geraten, ihre kindischen Träume fahren zu lassen? Nicht dem König würde sie die Schuld geben, sondern eindeutig ihr. Nein, niemand konnte ihr helfen. Niemand außer David.

Sie krampfte die Hände in ihrem Schoß zusammen. Schweigen bedeutete nicht unbedingt Gleichgültigkeit. Hatte er ihr nicht versprochen, dass ihr nichts geschehen würde? Und hatte er nicht immer sein Wort gehalten?

Sie schnitt ein Stück Papyrus aus Urias Papieren. David würde ihr helfen. Er musste ihr helfen! Sie schrieb ein paar Worte auf, dann rollte sie das Blatt zusammen, band eine Schnur darum und rief ihre Magd. „Bring dies dem König."

„Und wenn die Wächter mich nicht durch das Tor lassen?"

„Frag nach Joram und gib ihm den Brief. Sag ihm, dass er von mir ist und nur für den König persönlich bestimmt.“

„Ja, Herrin.“

Batseba schloss die Tür und presste ihre Stirn dagegen. Hundert schreckliche Möglichkeiten wirbelten durch ihren Kopf. David würde die Tochter Eliams und Enkelin Ahitofels nicht im Stich lassen. Er würde irgendetwas unternehmen, damit Uria nie erfuhr, dass sie ihn betrogen hatte. Aber was konnte er denn tun? Sie vielleicht an einen geheimen Ort bringen lassen, wo sie fern von neugierigen Augen ihr Kind zur Welt bringen würde? Doch wohin?

Oh, David, hilf mir! Bitte hilf mir!

Sie setzte sich, erschöpft von ihren Grübeleien. Sie hatte keine Wahl, als zu warten; ihr Leben war in der Hand des Königs.

Eine dunkle Vorahnung durchzuckte David, als der Wächter flüsterte: „Die Magd von Batseba, der Frau des Uria, ist mit einem Brief gekommen.“

Der bloße Name Batseba war wie ein Signal, ließ Gefühle wieder hochsteigen, die er am liebsten vergessen wollte. Nie hatte er eine Frau so begehrt wie sie. Wie viele Male in den letzten Wochen hatte er sich verboten, sie wieder holen zu lassen, weil er wusste, dass die Gefahr zu groß war. Wieder und wieder hatte er sich in Erinnerung rufen müssen, dass sie die Frau eines guten Freundes war, die Tochter eines seiner besten Offiziere, die Enkelin Ahitofels, den er so hoch achtete! Er hatte genug Sorgen in seinem Reich, er durfte sich nicht auch noch seine Freunde zu Feinden machen!

David verließ den Thronsaal und ging zu seinen Privatgemächern. „Bring die Magd zu mir.“

Er löste das Band um die kleine Papyrusrolle und las Batsebas kurze Mitteilung. Ihm wurde flau, und er merkte, wie die Hitze ihm den Hals hoch und ins Gesicht kroch. Drei Worte nur, aber diese drei Worte genügten, um seinen Frieden gründlich zu zerstören.

Ich bin schwanger.

Er spürte die Anklage in diesen drei Worten. Und den verzweifelten Hilfeschrei. Er fuhr mit den Fingern über den Papyrus und spürte den plötzlichen Stich seines Gewissens.

Oh, Batseba. Er erinnerte sich an das Versprechen, das er ihr gegeben hatte. Wie sollte er es einlösen? Er brauchte Zeit, um nachzudenken, Zeit, um eine Lösung zu finden!

Er zerknüllte den Brief in seiner Hand, schickte die Magd fort und ging wieder in den Thronsaal. Dort setzte er sich lächelnd auf seinen Thron und rief den nächsten Bittsteller auf. Er hörte ihm ungeduldig zu und traf seine Entscheidung. Der Bittsteller war sichtlich unzufrieden damit, aber was gingen ihn die unbedeutenden Probleme dieser Leute an, wenn Batseba vor dem sicheren Tod stand? Er musste sie retten – aber wie? Wenn es ihm nicht gelang, ihre – und seine – Sünde zu vertuschen, konnte er das Vertrauen seiner Soldaten verlieren, ja einen Aufstand riskieren.

„Genug!" Er stand auf und schickte die Anwesenden fort. „Ich wünsche, allein zu sein."

Er ging zurück in sein Privatgemach, schloss die Tür, legte den zerknüllten Brief auf den Weihrauchständer und schaute zu, wie die Flammen ihn langsam verzehrten.

Eine Stunde lang saß er da, den Kopf in den Händen, bis ein Plan in ihm Formen annahm. Ein kluger Plan, der Batseba ebenso wie ihm selbst die Schande der Enthüllung ersparen und seinen Freunden sogar einen Grund zum Feiern geben würde. Selbstzufrieden lächelnd ließ er Joram rufen.

„Schick einen Boten nach Rabba und lass Joab sagen, er soll den Hetiter Uria zu mir bringen."

Joram verneigte sich und ging.

David nahm die Krone von seinem Kopf und warf sie auf das Bett. Dann fuhr er sich mit den Fingern durchs Haar. Am liebsten hätte er Batseba sofort rufen lassen und ihr seinen Plan erklärt, aber er widerstand dieser Versuchung. Warum noch mehr riskieren, wenn in noch nicht einmal einer Woche kein Grund zur Angst mehr bestand? Uria würde nach Jerusalem zurückkehren, wo sein König ihn wie einen hohen Gesandten empfangen und sich von ihm genau berichten lasse würden, wie die Lage in Rabba war.

Und dann würde er den Hetiter zu seiner Frau schicken.

Ein Mann, der so lange im Feld gewesen war wie Uria, würde nach seiner Frau hungern. Batseba war die Enkeltochter Ahitofels. Sie war nicht dumm und würde verstehen, was zu tun war. Er würde ihnen die besten Speisen und Wein schicken lassen, zur Belohnung für Urias treue Dienste.

Eine plötzliche Eifersucht packte David, sodass er die Faust ballte. Der Plan gefiel ihm nicht, aber es war das Einzige, was ihr Leben retten konnte. Und das seines Kindes. Und David selbst größere Schwierigkeiten ersparen. Wenn alles gut ging, würde Uria nie herausfinden, dass seine Frau ihn betrogen hatte. Und das Kind würde von einem ehrenhaften Mann erzogen werden, der dem Gott Israels diente. Gut.

Er fuhr sich wieder über den Kopf. *Eine* Nacht würde er dem Hetiter geben, dann würde er ihn zurück nach Rabba schicken. Ein paar Wochen später könnte Batseba ihrem Mann schreiben, dass sie schwanger war, und Uria würde mit seinen Freunden in der Armee feiern, während sie die Belagerung abschlossen.

David streckte sich auf seinem Bett aus und verschlief den ganzen Rest des Nachmittags.

Als ihre Magd endlich wieder zur Tür hereinkam, sprang Batseba auf. „Und?"

„Joram wollte von mir wissen, wer mich geschickt hatte." Die Magd begann zu weinen. „Ich musste es ihm sagen, Herrin. Aber ich war ganz leise. So leise, dass er sich zu mir beugen und mich bitten musste, es noch einmal zu sagen. Und dann ist er gegangen und hat es dem König gesagt."

Batseba hatte den Eindruck, dass dies alles noch schlimmer machte. „Und hat er ihm meinen Brief gegeben?"

„Ja, Herrin."

„Hat der König dich dann zu sich befohlen? Hat er dir eine Botschaft für mich mitgegeben? Hat er dir irgendetwas gesagt?"

„Nein, Herrin …“

Batseba wandte sich ab. „Du kannst gehen.“

„Oh, Herrin, ich …“

„*Geh!*“

Batseba, wieder allein, sank auf den Boden und bedeckte ihr Gesicht mit den Händen. Es war zu spät zu bereuen, dass sie sich ohne ein Wort des Protestes David hingegeben hatte. Jetzt konnte sie nur noch warten, was David tun würde. Doch im Augenblick sah es so aus, als ob er nichts tun würde.

Kapitel 3

David musterte Uria, als er in den Raum kam. Er war ein hochgewachsener Mann mit breiten Schultern, die Haut wetter- und sonnengegerbt, der Mund ein entschlossener Strich. Er hatte seinen Lederhelm abgenommen und unter seinen Arm geklemmt. David bemerkte die grauen Strähnen an den Schläfen des Hetiters.

Vor dem Thron blieb Uria stehen, die Faust an sein Herz gelegt, und verneigte sich tief. „Mein Herr und König!"

Er richtete sich wieder auf, und David neigte respektvoll den Kopf, wie es sich gegenüber einem Mann von so viel Mut und Loyalität gehörte, den alle Offiziere hoch achteten. In Urias Augen stand keine Neugier zu lesen; er war ein vollendeter Soldat, der dem Befehl seines obersten Kommandanten ohne Fragen gehorchte. David wusste: Was er auch befahl, Uria würde es tun.

Er lehnte sich zufrieden zurück. Dies würde einfach werden. „Wie schlägt Joab sich? Erzähl mir, wie es den Männern geht und was es Neues gibt."

„Alles läuft gut, mein Herr und König." Uria berichtete ihm detailliert, wie Joab und Abischai die Offiziere und Soldaten führten und wie die Lage zurzeit aussah. Er erwähnte Scharmützel, bei denen die Ammoniter zurück in die Stadt gejagt worden waren „wie Hunde mit dem Schwanz zwischen den Beinen". David lachte mit ihm. Uria erwähnte die Furcht, die über dem Land lag, seit David im vergangenen Jahr Hadad-Eser und seine Verbündeten besiegt hatte. „Hanun steht allein da. Es ist nur eine Frage der Zeit, bis Rabba fällt und Hanuns Krone in deine Hände kommt."

David nickte lächelnd. „Nun, das sind wahrlich gute Nachrichten." Er schaute zu den übrigen Männern im Saal hin, die Urias Worte mit gespitzten Ohren mitgehört hatten. Dann wandte er sich wieder Uria zu. Jetzt war der richtige Augenblick, sich großzügig zu zeigen. „Du darfst gehen, mein Freund. Geh nach Hause zu deiner Frau und genieße eine Nacht in deinem eigenen Bett."

Eine Falte wanderte über Urias Stirn. „Mein Herr und König!" Die Faust an sein Herz gepresst, verneigte er sich wieder tief, erhob sich, trat zurück und machte mit der Präzision eines gut gedrillten Soldaten kehrt. Mit mühsam unterdrückter Eifersucht sah David ihm hinterher, wie er den Thronsaal verließ.

„Joram." Er winkte den Wächter herbei. „Lass Uria und seiner Frau ein Festmahl zubereiten. Etwas Besonderes, das sie an ihre Hochzeit erinnert. Und den besten Wein natürlich." Seine Hände umklammerten die Lehnen seines Thrones. „Lass es sofort zubereiten und in Urias Haus liefern."

„Jawohl, mein Herr und König."

Den Rest des Tages verbrachte David damit, sich verschiedene Rechtsstreitigkeiten anzuhören. Die unwichtigen Fälle strapazierten seine Geduld, aber in der Zeit, die er mit ihnen verbrachte, konnte er nicht daran denken, wie Batseba in den Armen eines anderen lag. Eine Nacht würde er Uria geben – und dann zurück nach Rabba mit ihm!

Batseba war vollkommen verblüfft, als ihre Mutter sie auf dem Markt mit der Neuigkeit begrüßte, dass Uria in Jerusalem war. Mehrere Leute hatten gesehen, wie er in die Stadt kam.

„Er bringt bestimmt Nachrichten aus Rabba", sagte ihre Mutter und schob gleich ein Dutzend Spekulationen nach, während Batseba der kalte Schweiß ausbrach. Was ging in David vor? Würde er ihrem Mann alles beichten? Würde er behaupten, dass sie ihn verführt hatte, indem sie sich ihm nackt gezeigt hatte? Oder hatte er andere Pläne? Würde er sich bei Uria mit Geschenken von seiner Schuld loskaufen? Sie sagte ihrer Mutter, dass sie ein paar Vorbereitungen zu treffen hätte, und eilte nach Hause, wo sie aufgeregt durch die Zimmer ging.

Ihre Angst wuchs noch, als Joram und mehrere andere königliche Diener mit Tabletts zu ihrem Haus kamen, die mit köstlichen

Speisen beladen waren. „Was soll das bedeuten?“, stammelte sie. Wollte David sie am Ende besuchen? Nicht auszudenken – die Nachbarn würden es sehen, und bald würde die ganze Stadt Bescheid wissen!

Joram grinste süffisant. „Richte Uria aus, der König wünscht ihm alles Gute und einen angenehmen Abend.“

„Ist Uria denn hier?“

„Ja, der König hat ihn aus Rabba kommen lassen, um ihm über den Fortgang des Krieges zu berichten. Mein König und Herr hat ihm erlaubt, für die Nacht zu dir nach Hause zu kommen.“

Sie spürte, wie sie von Fuß bis Kopf rot wurde. „Aber Uria ist nicht hier.“ Und selbst wenn er da wäre, würde er sie nicht berühren. Kannte David seine Männer denn so wenig? Hatte er das Gesetz vergessen? Ein Mann, der in den Krieg zog, hatte enthaltsam zu sein, um seine Kräfte für den Kampf gegen die Feinde Israels zu schonen.

„Dann werde ich ihn aufsuchen“, sagte Joram, „und ihm sagen, was der König getan hat, um ihn zu ehren.“ Er winkte die Diener hinaus und ging.

Uria *ehren*? Dann begriff Batseba, was David vorhatte, und tiefe Scham durchschoss sie. Er wollte ihre Sünde also damit vertuschen, dass er ihren Mann dazu brachte, mit ihr zu schlafen und zu glauben, dass er das Kind gezeugt hatte! Wusste David nicht, dass er sie damit nur noch tiefer in die Sünde zog? Sie sollte lügen und so tun, als freute sie sich über ihre Schwangerschaft, denn alle würden natürlich annehmen, dass das Kind von Uria war – während ein verlegener Uria zugeben müsste, dass er das Gebot der Enthaltsamkeit als Soldat im Krieg gebrochen hatte.

Auf einmal sah sie alles deutlich. David, der Befehlshaber der Armee Israels, der sich in seinem Palast ausruhte, während seine Männer den Krieg ausfochten. Der gelangweilte König, der einer Frau beim Baden zusah und sie anschließend zu sich befahl, um sein Vergnügen zu haben. Dass sie einem anderen Mann gehörte, einem Freund zudem, der in den Jahren auf der Flucht vor Saul treu zu ihm gehalten hatte, das zählte nicht für ihn. Und sie – sie war willig zu ihm gegangen und hatte sich ihrem König und Idol wie eine Hure hingegeben, während ihr Mann im Kampf gegen die Feinde Israels seinen Kopf riskierte!

Wie konnte sie Uria gegenübertreten, wenn er wirklich zu ihr kam? Wie konnte sie ihm überhaupt jemals wieder in die Augen sehen? Wie hatte sie ihn nur so verraten können? Sie hatte sich von ihren kindischen Fantasien mitreißen lassen und sich eingebildet, dass eine Nacht der Leidenschaft dem König etwas bedeuten würde. Sie hatte seine Begierde gestillt, und dann hatte er sie vergessen, bis sie ihm ihren verzweifelten Brief geschickt hatte, die Nachricht von dieser Schwangerschaft, die ihm vermutlich lästig war.

„Was habe ich getan?" Sie stöhnte und wiegte sich hin und her. „Was habe ich getan?"

Joram kam zurück. „Dein Mann sitzt mit den Dienern und Soldaten vor dem Haus des Königs. Ich habe ihm gesagt, was der König zu seinen Ehren geschickt hat." Er trat einen Schritt vor. „Du musst zu ihm gehen, Herrin. Geh zu ihm und tu, was immer nötig ist, damit er diese Nacht mit dir verbringt. So wünscht es der König."

Der König.

Wenn sie ihren Teil in diesem Plan erfüllte, würde der Ruf des Königs unbefleckt bleiben, sie würde leben, das Kind würde leben und Uria würde nie die Wahrheit erfahren. Sie könnte weiter die Rolle der treuen, pflichtbewussten Ehefrau spielen. Sie würde das Kind haben, nach dem sie sich so gesehnt hatte. Das Volk müsste nicht das durchmachen, was sie jetzt durchmachte – die Erkenntnis, dass in ihrem geliebten und verehrten König tiefe Abgründe der Sünde verborgen lagen. Er war nicht mehr der charismatische Jüngling, der Goliat getötet und die Nation begeistert hatte. Er war ein Herrscher, den die Macht verdorben hatte, ein Mann, der selbstsüchtig, intrigant und betrügerisch geworden war.

Sie kam sich schmutzig vor. Und hilflos. Aber was war, wenn sie nicht auf Davids Plan einging? Dann würde sie sterben. Und das Kind, das sie in sich trug, auch. David bot ihr eine Tür zum Leben an.

„Geh", sagte sie leise. „Geh und lass mich das tun, was ich muss." Sie schloss die Tür hinter Joram. Dann entließ sie ihre Magd für die Nacht, nahm ihr Schultertuch und ging aus dem Haus.

Draußen blieb sie lange in der Dunkelheit stehen; sie fühlte sich völlig leer. Oh, wie sehr sie sich wünschte, dass es einen anderen Ausweg aus der Grube gäbe, in die sie gefallen war! Sie ging die mondbeschienene Straße entlang und schaute zu der Mauer hoch, auf der David gestanden hatte. Und sie merkte: Ihre Gefühle für ihn hatten sich nicht verändert. Wie war es möglich, dass sie David jetzt, wo ihre Augen so weit geöffnet worden waren, immer noch liebte?

Das Palasttor war für die Nacht geschlossen; zwei Wächter standen davor. Sie ging langsam darauf zu. Das Herz klopfte ihr bis zum Hals. Was, wenn sie ihren Namen wissen wollten und fragten, warum sie hier war? Oder waren es vielleicht Soldaten, die sie von den Zelten ihres Vaters kannte oder im Haus ihres Mannes bedient hatte?

Die beiden Soldaten traten vor. „Frau, was willst du um diese Zeit?"

„Ich bin Batseba, Urias Frau. Ich habe gehört, dass mein Mann aus Rabba zurückgekehrt ist."

„Uria hat sich bei den Dienern des Königs zur Ruhe begeben. Bei seinen *Freunden*."

Die letzten Worte klangen eisig. Klatschten also nicht nur die Frauen untereinander, sondern auch die Männer? Machten unter den Palastdienern schon Gerüchte die Runde? Aber wer würde es wagen, Uria zu sagen, dass sein Freund, der König, ihm Hörner aufgesetzt hatte?

„Ich sage ihm, dass du hier bist", sagte einer der Wächter und verschwand. Der, der zuerst gesprochen hatte, ging ohne ein weiteres Wort zurück an seinen Posten. Er würdigte sie keines Blickes, und sie begriff: Er wusste Bescheid. Wie viele mochten es noch wissen?

Sie zog ihr Tuch weiter vor das Gesicht und wartete. Die Stadt schlief, nur der Wächter war in ihrer Nähe, aber ihr war, als ob tausend Augen sie beobachteten, Augen, die bis in ihr Herz sahen. Am liebsten hätte sie sich in ein Loch verkrochen.

Das Tor öffnete sich. Der zweite Wächter erschien und hinter ihm Uria.

Ihr Herz hämmerte, als er auf sie zukam. Sein Blick war bekümmert und er musterte ihr Gesicht ohne ein Wort.

„Der König hat uns ein Festmahl nach Hause schicken lassen, als Willkommensgruß für dich." Ihre Stimme war zittrig.

Der Ausdruck in seinen Augen veränderte sich, und sie merkte, wie es ihr kalt den Rücken hinunterlief. Er sah aus wie jemand, der gerade einen schlimmen Verdacht bestätigt bekommen hatte. „So", sagte er.

Er wusste alles! Sie wünschte sich, tot umzufallen, jetzt und hier, direkt vor seinen Füßen. Konnte es etwas Schlimmeres für einen Mann geben, als erfahren zu müssen, dass die Frau, die er liebte, ihn mit einem anderen betrogen hatte – und dann noch einem König, dem er seit Jahren treu diente? Sie hätte ebensogut Urias Schwert aus seinem Gürtel ziehen und ihm ins Herz rammen können. Ihre Kehle war wie zugeschnürt. *Was kann ich nur tun? Wie kann ich ihm zeigen, wie leid mir alles tut?* Ihre Hände sanken nach unten, das Tuch rutschte auf ihre Schultern, ihre Augen füllten sich mit Tränen. „Oh, Uria …" Sie kam nicht weiter.

„Sie erwarten von mir, dass ich dich auf der Stelle umbringe", sagte er rau.

„Dann tu es doch." Was hatte sie schon zu ihrer Verteidigung vorzubringen? Sie konnte die Schuld nicht allein David zuschieben. Schließlich hatte er sie nicht gerade zwingen müssen, zu ihm zu kommen. Jetzt sah sie, was dies den Mann kostete, der sie wirklich liebte. Sie ging auf die Knie und nahm einen Stein auf, der so groß war, dass er ihre Hand füllte. Sie hielt ihn ihm hin. „Du hast jedes Recht dazu."

Seine Kiefer mahlten, Tränen rannen seine Wangen hinunter in seinen Bart. Er nahm den Stein und schloss seine Hand darum. Sie sah, wie er mit sich kämpfte. Nach einem langen Augenblick schüttelte er den Kopf und ließ den Stein fallen. Er hob seine Hand, und sie wartete auf den Schlag, aber er legte die

Handfläche sehr sanft an ihre Wange. Dann wischte er mit dem Daumen ihre Tränen fort und sah ihr in die Augen, seine eigenen voll Schmerz und Vergebung. Sie legte ihre Hand über die seine und schloss die Augen.

Er zog seine Hand weg und ging zurück – langsam, mit hängenden Schultern. Einer der Wächter öffnete das Palasttor gerade so weit, dass er durchpasste, wieder zum inneren Tor, wo er die Nacht mit den anderen Soldaten verbringen würde, Männern wie ihm, die ihr Leben dem Dienst für den König geweiht hatten. Das Tor schloss sich, und die Wächter nahmen wieder ihre Posten ein.

Es war das letzte Mal, dass Batseba Uria sah.

Davids Hände krallten sich um die Lehnen seines Thrones. „Was soll das heißen – Uria hat die Nacht bei den Dienern am Tor verbracht?"

Er versuchte, seine Stimme ruhig zu halten. Was für Qualen hatte er durchgemacht in der vergangenen Nacht, als er sich vorgestellt hatte, wie der Hetiter Batseba berührte. Wie konnte Uria es wagen, seinem Befehl zu trotzen! „Ich hatte ihm doch gesagt, er sollte zu seiner Frau gehen."

„Dennoch hat er am Tor geschlafen, mein Herr und König."

„Bring ihn zu mir." Der Diener ging und David atmete tief durch. Jetzt nur ruhig bleiben und sich nichts anmerken lassen, damit niemand Verdacht schöpfte. Er würde großzügig sein und dem Hetiter eine zweite Chance geben.

Als Uria hereinkam, entließ David die anderen und begrüßte ihn mit einem breiten Lächeln. „Was muss ich da hören, mein Freund? Was ist los mit dir? Warum bist du gestern Abend nicht nach Hause zu deiner Frau gegangen, nachdem du so lange fort warst?"

Die dunklen Augen des Hetiters waren unergründlich. „Die Lade des Bundes und die Krieger Israels und Judas wohnen in Zelten auf dem offenen Feld, und ich soll in mein Haus gehen, um zu essen und zu trinken und bei meiner Frau zu liegen? So etwas Unrechtes würde ich niemals tun."

David spürte, wie die Hitze in sein Gesicht schoss. War das etwa ein Vorwurf an ihn? Er zwang sich, gleichmäßig zu atmen, lehnte sich zurück und betrachtete Uria. „Nun, bleib noch einen Tag hier; morgen kannst du dann zurück an die Front gehen."

Uria drehte sich um und ging. Mit zusammengebissenen Zähnen sah David ihm hinterher. Der Hetiter hatte ihn nicht mit der üblichen Anrede „Mein Herr und König" angesprochen. Hatte er es vergessen oder war es Absicht gewesen?

Am nächsten Morgen berichtete ihm Joram, dass Uria wie befohlen in der Stadt geblieben war; aber in sein Haus war er nicht gegangen. Es war wie verhext. David befahl hastig, ein üppiges Mahl für zwei zu richten, und lud Uria zum Abendessen ein.

Uria erschien pünktlich. Ein gutes Mahl, so Davids Plan, sollte den Mann entspannen und seine Sinne öffnen, doch Uria rührte kaum einen Bissen an. Dafür trank er umso reichlicher, und die ganze Zeit redete er unablässig von den großartigen Schlachten, die sie zusammen ausgefochten hatten. Seine Worte waren wie Bienenstiche in Davids Gewissen. Er brauchte nicht daran erinnert zu werden, wie treu seine Kriegshelden ihm gedient hatten! Wer hatte sie denn geführt bei ihren Heldentaten? Ohne ihn wären diese „Helden" nicht viel mehr als eine Räuberbande gewesen!

Uria hob wieder seinen Becher und trank David zu. „Auf den Hirten, den wir zum König gemacht haben!" Er kippte den Becher hinunter, und David sah Tränen in seinen Augen.

Diese Sentimentalität war unerträglich. Der Hetiter schien nicht viel vertragen zu können. David musste ihn loswerden! Er stand auf, nahm Uria beim Arm und zog ihn auf die Füße. „Es ist schon spät, mein alter Freund." Er klopfte ihm jovial auf den Rücken. „Geh jetzt besser nach Hause." Er sah ihm nach, wie er mit unsicheren Schritten aus dem Zimmer ging.

Kurz danach kam Joram. „Er hat sich wieder im Tor schlafen gelegt, mein Herr und König."

„Ich kümmere mich morgen früh darum."

David ging in seine Gemächer, aber er war unruhig und fand keinen Schlaf. Er merkte, dass die Stimme mit ihm zu sprechen versuchte. Aber er wollte sie nicht hören – diesmal nicht. Er setzte sich auf die Kante des Bettes, das er mit Batseba geteilt hatte, und dachte an das Versprechen, das er ihr gegeben hatte. Mit beiden Händen fuhr er sich durchs Haar und hielt sich den Kopf. Sein Plan war gescheitert, weil Uria ihn durchkreuzt hatte. David musste eine andere Lösung finden … Schade eigentlich, dass der Hetiter nicht vor Rabba gefallen war, dann gäbe es dieses Problem jetzt nicht. Aber was, wenn …

Sein Kopf fuhr hoch. Natürlich – das war der perfekte Plan. Die endgültige Lösung, die ihm zudem auch das geben würde, was er am meisten wollte: Batseba.

Er erhob sich und ging zu dem Tisch, an dem er mehrere seiner schönsten Psalmen gedichtet hatte. Er rührte die Tinte in dem kleinen Fässchen um, tauchte das Schreibrohr hinein und begann, eine Anweisung an Joab, den Befehlshaber der Armee vor Rabba zu schreiben: „*Stell Uria an die vorderste Front, wo der Kampf am härtesten tobt, und dann zieh die anderen zurück, sodass er fällt.*“

Joab würde verstehen, dass diese Sache äußerste Diskretion erforderte. Er würde auch Verständnis für die Leidenschaften im Herzen eines Mannes haben. Schließlich hatte er selbst schon einmal einen Mann aus Rache getötet. Er würde Davids Befehl ausführen, ohne Fragen zu stellen. Und ohne den König zu verurteilen. Vielleicht würde er sogar seine Klugheit bewundern.

David rollte den Brief zusammen, ließ etwas Wachs schmelzen und drückte seinen Ring hinein, um den Brief zu versiegeln. Dann wusch er sich die Hände, zog sich an und ging in seinen Gerichtssaal. „Bringt den Hetiter Uria zu mir.“

Ein paar Minuten nur, und Uria war da. Er ging hoch aufgerichtet und war korrekt gekämmt und gekleidet, von der Trunkenheit des vergangenen Abends war nichts zu spüren. Vor dem Thron blieb er stehen. Er sagte kein Wort, beugte auch nicht das Knie und legte nicht seine Hand auf sein Herz, wie er es bei seiner Ankunft aus Rabba getan hatte. Er stand einfach nur stumm da und wartete.

David hielt ihm die kleine versiegelte Rolle hin. „Bring dies Joab.“ Sein Herz machte zehn Schläge, bevor Uria vortrat, seine Hand ausstreckte und die Rolle entgegennahm. Seine Finger streiften flüchtig Davids, der schnell seine Hand zurückzog und dem Hetiter in die Augen schaute. Was er in ihnen sah, ließ sein Herz stolpern: Tiefe Traurigkeit. Und Resignation. Der Mann wusste, dass er sein eigenes Todesurteil in Empfang genommen hatte!

Uria schob die kleine Rolle in seine Rüstung, genau über seinem Herzen. Dann drehte er sich um und verließ den Hof aufrecht wie ein Soldat, der erneut auszieht, um seine Treue zu seinem König zu beweisen.

Die Nachricht traf Batseba wie ein Blitz aus heiterem Himmel. „Dein Mann Uria ist im Kampf vor Rabba gefallen."

Sie starrte den Soldaten ungläubig an. „Was?"

„Dein Mann ist gefallen."

„Nein! Nein!" Die Knie gaben unter ihr nach.

Ihre Magd fing sie auf. „Oh Herrin, Herrin ..."

Batseba wiegte sich wimmernd hin und her. Die Nachbarinnen kamen aus ihren Häusern, als sie sie hörten, und versuchten vergeblich, ihr Trost zu spenden. Als der Tag voranschritt, hörte man noch andere Frauen ihre Toten beklagen, doch Batseba war zu sehr mit ihrem eigenen Leid beschäftigt, um sich zu fragen, warum so viele auf einmal trauerten.

Erst als ihre Mutter zu ihr kam, regte sich langsam ein schrecklicher Verdacht in ihr. „Der Mann deiner Kusine Mirjam ist tot! Und Havalas Mann auch. Dein Uria war nicht der Einzige, der vor den Mauern von Rabba gefallen ist." Sie hockte sich vor Batseba hin und starrte sie an. „Sag mir, was das zu bedeuten hat, Tochter. Sag es!"

Ihre Augen waren hart. Batseba wich ihrem Blick aus. Was meinte ihre Mutter? Was hatte der Tod dieser anderen Männer mit ihr zu tun? „Woher soll ich denn wissen, was in Rabba geschehen ist, Mutter?"

„Weißt du nicht, was die Leute reden? Das, was im Dunkeln geschieht, kommt früher oder später immer ans Licht. Sag mir, was in dem Brief des Königs stand, Batseba."

Batsebas Bestürzung wuchs noch. „Was für ein Brief?"

„Der, den Joab bekam, kurz bevor er seinen Männern den Sturm auf die Mauern befahl! Und das ausgerechnet an einer Stelle, wo die Besten der Ammoniter standen! Sie haben einen vollkommen aussichtslosen Angriff versucht, und die besten Soldaten Davids sind gefallen." Sie packte Batsebas Arm. „Der Vetter deines Vaters, der im Palast dient, hat berichtet, dass David von der Nachricht kaum überrascht schien. Sag mir, warum, Batseba!"

„Ich weiß es nicht!", keuchte Batseba, ihr Gesicht jetzt hochrot. „Woher soll ich das denn wissen?" Sie wollte sich losmachen, aber die Finger ihrer Mutter bohrten sich in ihr Fleisch. „Mutter! Du tust mir weh!"

„Du weißt es nicht!" Ihre Mutter lachte höhnisch auf. „Der Bote hat gesagt: ‚Auch Uria, der Hetiter, ist gefallen', gerade so, als ob es das war, was der König hören wollte!"

Batseba spürte, wie alles Blut ihr aus dem Gesicht wich. „Nein", presste sie hervor. „Nein." Sie schüttelte den Kopf, weigerte sich zu glauben, was ihre Mutter da andeutete. „Sie … sie waren doch Freunde, David hätte doch niemals …"

„*David* – aha! Weißt du, was *David* sagte, als er von dem Tod deines Mannes hörte? Der Bote sollte Joab ausrichten, er solle nicht zu traurig sein, denn das Schwert frisst nun einmal bald diesen, bald jenen!" Sie spuckte die Worte förmlich aus. „Dein Vater ist auch in Rabba!"

„Woher sollte ich denn wissen, dass das geschehen würde?"

Ihre Mutter ließ sie los. „Ich habe die Frau beschimpft und bedroht, die mir sagte, dass sie dich gesehen hat, wie du vor über einem Monat abends in den Palast gebracht wurdest! Ich hätte wissen müssen, was du bei der ersten Gelegenheit tun würdest!"

Batseba brach weinend zusammen und zog ihr Tuch über ihren Kopf.

Ihre Mutter wendete sich ab wie unter Schmerzen. „Oooh. Was hast du uns angetan?"

Batseba legte schluchzend ihr Geständnis ab. „David hat mich vom Dach seines Palastes aus gesehen, als ich gebadet habe, und dann hat er mich holen lassen. Was sollte ich denn machen? Er ist der König!“

Ihre Mutter schlug ihr heftig ins Gesicht. Sie zuckte zurück und hob schützend ihren Arm über den Kopf.

„Warum hast du auf dem Dach gebadet?“, zischte ihre Mutter. „Konntest du nicht im Haus bleiben? Und als er dich hat rufen lassen, warum hast du es nicht wie Abigail gemacht und ihm gesagt, dass er sich versündigt? Du wolltest es doch! Die Schuld steht dir ins Gesicht geschrieben, du elendes, dummes Mädchen! *Du Hure!* Du hast uns alle ruiniert!“

Batseba zitterte vor der Wut ihrer Mutter. „Ich wollte doch nicht ...“

„Ich habe dir vor Jahren schon erklärt, dass David nicht für dich ist! Ich habe es dir gesagt, immer wieder! Warum hast du nicht auf mich gehört? *Du hast deinen Mann umgebracht!*“

„Ich habe Uria nicht umgebracht! Ich wollte nur eine Nacht in den Armen des Mannes verbringen, den ich liebe und den ich immer geliebt habe. Du wusstest es, aber hast du mir je geholfen? Ich wollte niemandem wehtun!“

„Bildest du dir ein, dass *Liebe* das entschuldigen kann, was du getan hast? Andere Männer haben neben Uria vor Rabba gekämpft! Viele Männer sind gestorben wegen dir!“ Sie schlug Batseba wieder, zitternd vor ohnmächtiger Wut. „Du hast Schande über mein Haus gebracht! Schande über deinen Vater! Schande über Ahitofel! Glaubst du etwa, dass sie dir je vergeben werden? Ich wünschte, ich wäre bei deiner Geburt gestorben! Oder besser noch, du wärst tot geboren!“

Batseba wehrte den dritten Schlag ab. „Ich trage Davids Kind unter dem Herzen!“

Ihre Mutter verstummte und sank auf ihre Knie. Sie presste die Hände um ihren Kopf. „Ooooh ...“

Batseba schluchzte haltlos. „Ich habe das alles nicht gewollt, Mutter! Das musst du mir glauben!“

„Was ändert es, was ich glaube? Du Närrin! Wie viele sind gestorben wegen dir? Es wird alles auf dich zurückfallen. Bildest du dir ein, dass das nicht herauskommt? In der ganzen Stadt sitzen

Witwen, die dich und den König verfluchen werden. Meinst du, die Söhne, die keinen Vater mehr haben, werden Davids Namen preisen? Oder für ihn zu den Waffen greifen? Sie werden ihn von ganzem Herzen hassen! Und was ist mit den dreißig Helden, die neben Uria für David gekämpft haben? Und mit deinem eigenen Vater und all den anderen, die in der Wüste zu David gehalten haben? Was werden sie jetzt von ihrem König denken? Ist er denn noch ihre Treue und ihr Blut wert? Was werden dein Vater und Großvater tun, wenn sie hören, dass David Uria ermordet hat, damit er dich haben kann? Du bist ihr Fleisch und Blut, und du hast sie verraten. Sie werden dich nicht mehr ansehen. Die Leute werden auf den Boden spucken, wenn du vorübergehst! Und sie werden Rache nehmen wollen an dem Mann, der das alles verursacht hat!" Ihre Mutter zerriss ihr Gewand. „Du bist tot für mich – für mich und für uns alle!"

Batseba streckte verzweifelt schluchzend die Hände nach ihr aus, doch ihre Mutter schlug sie weg und erhob sich. Batseba ging auf die Knie und packte das Kleid ihrer Mutter. „Mutter, bitte! Rede mit ihnen, bring sie zur Vernunft!"

Ihre Mutter stieß sie grob zurück. „Vernunft! *Du* wagst es, von Vernunft zu reden?" Sie trat nach ihr.

Batseba rollte sich zusammen, um ihr Kind zu schützen, aber ihre Mutter schlug sie nicht mehr. „Du bist verflucht unter den Frauen! Dein Name wird ‚Hure' bedeuten, und die Leute werden ihn nicht mehr in den Mund nehmen, solange ich lebe!" Sie spuckte Batseba ins Gesicht und ging zur Tür.

Dort blieb sie noch einmal kurz stehen, mit dem Rücken zu Batseba. „Der Herr und Gott Israels möge mich töten, wenn dein Name noch einmal über meine Lippen kommt! Möge er dir das antun, was du anderen angetan hast!"

Die Tage krochen dahin, und sie betrauerte den Tod ihres Mannes, den Tod der anderen Männer, die neben ihm gekämpft hatten, den Verlust ihrer Familie und ihren ruinierten Ruf – aber auch den des Königs, den sie nach wie vor heftig liebte. Sie beweinte das Chaos, das jetzt kommen würde, als Folge ihrer Sünde mit dem König und der Ermordung ihres Mannes. Sie fastete und weinte um Uria, streute sich Asche auf den Kopf und sammelte die Tränen in einem Fläschchen, das sie um ihren Hals trug.

Die siebentägige Trauerzeit verging, aber das Elend und die Scham ließen nicht nach. Ihre Angst wurde immer größer. In den dunklen Nachtstunden begriff sie: Was sie jetzt zahlte, war der Preis für ihren Ungehorsam, und er war höher, als sie es sich je hätte vorstellen können. Die eine Nacht der Leidenschaft würde sie ein Leben voller Reue kosten.

Und die anderen? …

Am achten Tag kamen Soldaten. „Wir haben den Befehl, die Frau des Hetiters Uria in den Palast zu holen."

Die Frau des Hetiters Uria. Batsebas Hände umklammerten ihr Tränenfläschchen, das sie an der Brust trug.

Der Befehlshaber der Palastwache trat vor. „Du musst mitkommen." Batseba folgte den Männern. Sie nahm nichts mit. Zwischen sechs Soldaten ging sie die Straße entlang. War dies eine Ehreneskorte oder eine Bewachung? Die Nachbarsfrauen traten in ihre Türen, um den kleinen Zug zu betrachten. Eine spuckte auf den Boden, als Batseba vorbeiging. Die Augen der ganzen Stadt schienen auf ihr zu liegen. Sie hörte, wie die Menschen miteinander flüsterten.

Diesmal brachten die Wachen sie nicht durch den Nebeneingang, sondern durch das große Tor. Der König würde die Witwe eines seiner gefallenen Helden zur Frau nehmen. Sollte das eine Geste der Großzügigkeit sein? Batseba war ja nur eine einfache Frau, die Tochter eines Soldaten und Enkelin eines Beraters. Doch niemand ließ sich für dumm verkaufen. Außer vielleicht der König selbst.

Kapitel 4

Ungeduldig erwartete David die Ankunft seiner neuesten Braut. Als es an die Tür klopfte, öffnete er selbst. Joram stand vor ihm; er trat beiseite, und David sah eine in Schwarz gekleidete Gestalt mit gesenktem Kopf. Sein Herz schlug schneller.

„Die Frau des Hetiters Uria, mein Herr und König", verkündete Joram.

„Nenn sie nie mehr so." David ruckte mit dem Kopf, zum Zeichen, dass Joram entlassen war. Er wollte keine Erinnerung daran, dass Batseba vor ihm einem anderen Mann gehört hatte. Sie war sein!

Jorams Schritte entfernten sich, und David wurde wieder ruhiger. „Batseba." Seine Stimme klang rau. Sie hielt die Augen gesenkt wie ein schüchternes Mädchen. „Meine Liebste", flüsterte er. Er nahm ihre Hand. „Ich habe dich so vermisst."

Sie trat mit zwei zögernden Schritten über die Schwelle. Ihre Finger waren kalt. Hatte ihr Zittern dieselbe Ursache wie das seine? „Jetzt brauchst du keine Angst mehr zu haben." Er schloss die Tür hinter ihr. „Du bist jetzt bei mir. Für immer. Unser Kind wird geboren werden, ohne dass eine dunkle Wolke über ihm hängt."

Warum sagte sie nichts? Er hob ihr Kinn an. Ihr Gesicht war schmaler geworden, ihre Haut blass wie Alabaster. Er nahm ihr ihren Schleier ab. Als er die kleine Flasche an der Kette sah, packte ihn die Eifersucht. Er hob die Flasche an, halb spöttisch. „Hast du ihn so sehr geliebt?"

„Ja, ich habe Uria geliebt", sagte sie leise. Ihre Augen waren dunkel vor Schmerz. „Aber nicht so, wie ich dich geliebt habe. Du warst immer der Mann meiner Träume." Sie hielt ihm ihre freie Hand nach oben geöffnet entgegen. „Der Mann, der mein Herz in seiner Hand hielt." Sie ballte die Hand zur Faust, ihre Augen füllten sich mit Tränen.

David strich ihr über die Wange. Wie weich ihre Haut war! Sie war die schönste Frau in seinem ganzen Reich, und jetzt gehörte sie ihm. „Du wirst nie begreifen, wie sehr ich dich liebe, Batseba." Er sah, wie sie zitterte, und umfasste ihr Gesicht mit beiden Händen. „Du bist jetzt *meine* Frau." Er nestelte das Tränenfläschchen von der Kette und warf es beiseite. „Vergiss ihn. Ich werde dich wie eine Königin behandeln."

Er beugte sich zu ihr hinunter und küsste sie, erst sanft, und dann, als ihre Lippen antworteten, leidenschaftlicher. „Alle anderen Frauen verblassen gegen dich." Er grub seine Finger in ihr Haar.

David stand vor der Tür seines Zimmers und las die Nachricht, die Joram ihm von einem seiner Berater überbracht hatte. Staatsangelegenheiten. Er zerknüllte das Schreiben ungeduldig. Niemand brauchte ihn daran zu erinnern, dass er für das Volk verantwortlich war und dass es Zeit war, zurück ans Regieren zu gehen. Joram wartete schweigend, den Blick geradeaus gerichtet.

„Hole mir den Eunuchen, der meinem Harem vorsteht", sagte er so leise, dass es Batseba nicht in ihrem Schlaf störte.

„Jawohl, mein Herr und König."

David ging zurück in sein Schlafgemach und schloss die Tür leise hinter sich. Er ging zum Bett, blieb stehen und schaute auf seine Frau hinunter. Ihre Schönheit war vollkommen, und er wusste: Es würde immer so bleiben. Wie bei Abrahams Sara. Er nahm versonnen lächelnd eine Strähne ihres schwarzen Haares und rieb sie zwischen seinen Fingern. Sie fühlte sich wie dicke Seide an. Jetzt war sie also sein; nie mehr würde ihre Abwesenheit ihn quälen. Er konnte sie zu sich rufen lassen, wann immer er wollte.

Behutsam setzte er sich auf das Bett, beugte sich zu ihr hinab, küsste sie und schaute zu, wie sie wach wurde. Sie reckte sich und seufzte leise. Dann sah sie zu ihm hoch, und er merkte, dass der schwärmerische Blick des jungen Mädchens einem bewussteren, halb liebevollen, halb nachdenklichen Blick gewichen war. Er fragte sie nicht, warum. Sie berührte sanft seine Stirn mit ihren

Fingern. Er nahm die Hand und drückte einen Kuss darauf. „Am liebsten würde ich bei dir bleiben, aber ich muss jetzt gehen."

„Du bist der König."

„Ich habe Gemächer für dich vorbereiten lassen." Er strich eine der langen schwarzen Locken aus ihrer Stirn. „Wenn du etwas brauchst oder willst, brauchst du es nur dem Vorsteher des Harems zu sagen, er wird sich darum kümmern."

Ihre Wangen wurden plötzlich rot, ihre Augen begannen feucht zu glitzern. Er spürte Gefühle in sich, die er nicht einordnen konnte, und wurde ungeduldig. Er hatte keine Zeit für Tränen! „Auf, meine Liebste. Wir können nicht den ganzen Tag im Bett liegen."

Er erhob sich, um zu gehen. Hinter sich hörte er das Rascheln der Decken und drehte sich um, um zuzuschauen, wie sie sich anzog. Sie griff nach ihrer Witwentracht. „Nein!" Er riss ihr das schwarze Kleid aus den Händen und funkelte sie an.

„Soll ich nackt in den Harem gehen, mein Herr und König?"

Er kam zurück und ergriff eines seiner eigenen Gewänder. „Zieh das so lange an!"

Sie schlüpfte hinein, heftig zitternd. Der Purpursaum umspielte ihre Füße. Jetzt sah sie wieder so jung und zerbrechlich aus wie das Mädchen, das ihm zu dem Bach bei En-Gedi gefolgt war. „Es tut mir leid, Batseba."

Es klopfte an die Tür, und sie fuhren beide zusammen. Es war der Eunuch, der sie zu ihren Gemächern führen sollte. Batseba sah den Diener an, blieb aber stehen.

„Ich lasse dich dann bald wieder rufen", sagte David bestimmt. Begriff sie nicht, dass er der König war?

Ihre Augen flackerten, ihre Wangen röteten sich. Sie verneigte sich tief. „Ich stehe zu deinen Diensten, mein Herr und König." Sie richtete sich wieder auf, und er sah, wie eine Träne sich ihre Wange hinabstahl, bevor sie sich rasch umdrehte und dem Eunuchen aus dem Zimmer folgte.

David rieb sich über die Brust. Warum tat ihm das Herz nur so weh, wo doch alles genau nach Plan gelaufen war?

Batsebas neue Gemächer waren luxuriös, ihr Leben bequem und behaglich. Sie hatte schöne Kleider, exquisite Mahlzeiten und das Wohlgefallen des Königs. Sie war nie allein, denn über 200 Menschen lebten in Davids Palast: sechs seiner anderen Frauen, ihre zahlreichen Mägde, seine Kinder, Diener, Sekretäre, Handwerker, Kindermädchen, Hausmeister, Köche, Wächter, Träger, Verwalter und Musiker, dazu etliche treue Diener im Ruhestand und Kriegsveteranen. Und ein wahrer Strom von Besuchern kam und ging ständig – vor allem Freunde und Verwandte von Davids Frauen.

Zu Batseba kam niemand. Wenn Davids Frauen sich zur Abendmahlzeit versammelten, sprachen sie nicht mit ihr und taten so, als sei sie Luft. Davids ältere Söhne sahen sie dagegen durchaus an: Amnon, der Älteste, mit lüsternen Blicken; Absalom voller Verachtung. Diese Frauen und ihre Kinder waren jetzt ihre Familie, und Ahinoam hatte mehr oder weniger für alle gesprochen, als sie an Batsebas erstem Tag sagte: „Das ist also die Hure des Königs!"

Batseba erinnerte sich, wie vor Jahren ihr Großvater zu ihrem Vater gesagt hatte: „Traue nie jemandem, der nicht zur Familie gehört." Aber sie wusste genau: Keiner dieser Frauen und keinem ihrer Nachkommen konnte sie vertrauen, und ihr Kind würde immer in Gefahr sein.

Die Tage vergingen. Die geflüsterten Worte stachen wie Sandkörner im heftigen Wüstenwind. Batseba saß allein in ihren Gemächern und tröstete sich mit der Liebe zu dem Kind, das sie unter ihrem Herzen trug. Wenn ihr Sohn zur Welt kam, würde sie ihn nicht an eine Amme abgeben, sondern bei sich behalten und mit ihrer ganzen Liebe überschütten. Und wenn es ein Mädchen war, würde sie über ihr wachen und sie persönlich zu einer starken Frau erziehen. Aber sie hoffte, dass das Kind ein Junge sein würde – ein Sohn, der David stolz machen würde.

Sie wartete einen Monat, bis sie offiziell verkündete, dass sie das Kind des Königs trug. Einige im Palast waren David so treu ergeben, dass sie sich weigerten, etwas Schlechtes über ihn zu denken, egal was andere tuschelten; sie freuten sich, dass das Haus des Königs wieder um ein Kind reicher werden würde. Doch viele sahen Batseba kritisch an und manche nach wie vor überhaupt nicht.

Die königlichen Frauen verbrachten ihre Tage mit Spielen, Musik und Gesprächen. Einige schlugen die Zeit mit Handarbeiten tot. Als es hieß, dass der König den Abend mit ihnen verbringen wollte, mobilisierten sie all ihre Energie, um sich auf dieses Ereignis vorzubereiten. Sie machten sich stundenlang zurecht und hielten ihre Dienerinnen auf Trab. Ahinoam schminkte sich mit ägyptischem Henna und persischem Khol. Maacha bemalte ihre Fußnägel und legte sich Zehenringe an. Batseba hingegen badete nur, bürstete ihr Haar, bis es wie ein glänzender Wasserfall über ihre Schultern fiel, und zog ein schlichtes Kleid an; David sollte das sehen, was sie gewesen war, und nicht das, was sie geworden war.

Als David hereinkam, hüpfte ihr Herz. Sie sah, wie er sich umschaute. Einen Augenblick lang sah er sie an; seine Augen leuchteten warm auf. Aber dann schaute er schon wieder weg und begann, mit Ahinoam zu reden, die seinen Arm tätschelte und ihn ansah, als sei er der Mond und die Sterne. David setzte seine Runde fort. Batseba beobachtete ihn mit wachsender Qual. Er begrüßte jede der Frauen mit einem Lächeln, redete freundlich mit ihr, berührte sie. Er war so unfassbar schön; es war unmöglich, ihn nicht zu lieben. Jedes Mal, wenn er über eine Wange strich, eine Hand küsste, ein leises Wort sprach oder lachte, versetzte es ihr einen Stich. Die Frauen flirteten mit ihm, einige so heftig, dass Batseba Lust hatte, zu schreien und sich das Haar zu raufen. Aber sie blieb sitzen und zwang sich, ruhig zu bleiben. Wenn David sich auf ein Kissen setzte, war er sofort von einem Dutzend schmeichelnder, streichelnder Arme umgeben. Er sah sie nur noch einmal an, aber das tröstete sie nur wenig, denn er wandte seine Aufmerksamkeit sofort einer anderen zu.

Dies war also das Elend, vor dem ihre Mutter sie gewarnt hatte! *Eine unter vielen.* Konnte es etwas Quälenderes geben, als zusehen zu müssen, wie der Mann, den sie liebte, von sechs anderen Frauen umworben wurde? Sie wandte sich ab.

Doch da kam David zu ihr. „Geht es dir gut, Batseba?" Sie war zu niedergedrückt, um zu antworten; sie hatte Angst, dass ihre Worte den anderen Frauen nur Munition für neue Sticheleien geben würden, wenn David fort war.

„Batseba?" Er flüsterte es, hockte sich neben sie und drehte ihr Gesicht zu sich hin, sodass sie ihn anschauen musste. Er suchte in ihren Augen, die seinen waren hungrig und besorgt. „Du musst das verstehen. Ich kann nicht einfach meinen Wünschen nachgeben und die anderen hier alle verlassen."

Was für eine grausame Ironie. Hatte sie nicht für ihn alles andere in ihrem Leben verlassen? War nicht ihr Mann tot, weil sie ihren und seinen Wünschen nachgegeben hatte, ohne an die Folgen zu denken?

„Batseba", wiederholte er. Es klang wie ein Seufzer. Die anderen Frauen beobachteten die Szene argwöhnisch.

„Natürlich verstehe ich das", flüsterte sie und hoffte, dass er ihre Verzweiflung nicht zu sehr spürte. Er war der König, und ein König brauchte viele Frauen, um sich ein starkes Haus mit vielen Söhnen zu bauen. Und sie war ja schon schwanger; was für einen Grund hätte er da noch, sie in sein Bett zu rufen? Wieder erinnerte sie sich an Worte ihrer Mutter. *Wenn du groß bist, wirst du verstehen, wie weise es ist, Gott anzubeten und nicht einen Menschen.*

Sie musste endlich erwachsen werden und ihre Wunschträume loslassen! Sie musste sich der Realität stellen! Wenn der König sie jetzt zu sich rief, wo ihre Schwangerschaft bekannt war, würde das den Skandal noch größer machen. Jeder wusste, dass der König nur deswegen zu einer seiner Frauen ging, um weitere Kinder zu zeugen. Sie würde erst dann wieder mit ihm zusammen sein können, wenn das Kind geboren war und sie die vorgeschriebenen Reinigungstage hinter sich gebracht hatte – 40 Tage für einen Jungen, 80 für ein Mädchen. *Gott, lass es ein Junge sein!*

Monate der Einsamkeit lagen vor ihr, denn diese Frauen verachteten sie, sie waren eifersüchtig auf sie, sie klatschten unablässig über sie. Und sie konnte es ihnen nicht mal verdenken. Es stimmte ja, was sie sagten!

David streichelte ihr über die Wange und stand auf. Mit schwerem Herzen schaute sie ihm hinterher, wie er ging. Dann nahm sie ihr Stickzeug wieder zur Hand und vermied es für den Rest des Abends, ihn anzusehen. Nie hatte sie sich vorgestellt, dass ihre Träume von David sich in solch einen Albtraum verwandeln würden. Halb war sie erleichtert, halb verzweifelt, als er sich endlich erhob, um die Frauengemächer zu verlassen. Sie spürte, dass er sie ansah, aber sie schaute nicht hoch. Für ihn war sie einfach nur eine weitere Frau in diesem Raum. Sie war eine von den vielen, die nur dazu da waren, ihm Gesellschaft zu leisten, wenn ihm danach war.

Kaum hatte die Tür sich hinter dem König geschlossen, ließ die Anspannung spürbar nach. Jetzt brauchten seine Frauen nicht mehr um seine Aufmerksamkeit zu wetteifern. Einige unterhielten sich, andere ruhten sich aus oder nahmen ihre Handarbeit wieder auf.

Als der Eunuch hereinkam, verstummten sie. „Abigail", sagte er, und sie erhob sich rasch und folgte ihm mit geröteten Wangen aus dem Raum.

Batseba war es, als risse ihr jemand das Herz aus dem Leib. Maacha grinste. Haggit flüsterte hinter vorgehaltener Hand Egla etwas zu, die lachte und in Batsebas Richtung sah. Stand ihr der Schmerz so ins Gesicht geschrieben? Sie wollte weglaufen, sich in ihr Gemach einschließen und ihre Not hinausschreien.

Ahinoam rümpfte die Nase. „Warum Abigail? Er hat sie monatelang nicht holen lassen. Und sie ist sowieso zu alt, um ihm noch einen Sohn zu gebären."

„Besser sie als eine andere, die ich hier nicht nennen will."

Maacha schaute zu Batseba hinüber. „Vielleicht wünscht David die Gesellschaft einer *tugendhaften* Frau."

Batseba schluckte die Worte hinunter, die ihr auf der Zunge lagen. Warum Öl auf das Feuer gießen? Und womit konnte sie sich denn verteidigen? Sie war ja wirklich nicht tugendhaft. Sie nahm ihr Stickzeug, erhob sich, neigte leicht den Kopf und ging still aus dem Raum. Als sie in ihrem Zimmer war und die Tür fest hinter sich geschlossen hatte, sank sie auf ihr Bett und erstickte ihr Schluchzen mit einem Kissen.

Sie schlief wenig in dieser Nacht. Immer wieder musste sie an David und Abigail denken. Sie stand früh auf und ging allein in den Palastgarten. Dort setzte sie sich unter einen Olivenbaum und neigte den Kopf. Sie brachte es nicht fertig zu beten. Besser Gott nicht ansprechen, wenn der Preis der Sünde der Tod war. Sie strich langsam über ihren Bauch, und die Liebe begann sie von ihrem Elend abzulenken. Sie würde ihr Leben geben für dieses Kind. Davids Kind.

„Batseba?“

Sie schaute überrascht hoch. Es war Abigail. „Ich komme gerade vom König“, sagte sie.

Batsebas Herz krampfte sich zusammen. Würde Abigail ihr jetzt von der Nacht vorschwärmen, die sie in Davids Armen verbracht hatte? Sie zwang sich, ruhig zu bleiben. Davids dritte Frau musterte sie einen Augenblick. „Darf ich mich zu dir setzen?“

„Wenn du willst.“

Abigail setzte sich neben sie. „Ich bin nicht hier, um dich noch mehr zu quälen, Batseba.“ Sie wischte ein nicht vorhandenes Staubkorn von ihrem Kleid. „David hat mich gestern Abend gefragt, wie du dich in das Palastleben einfindest, und ich habe ihm geantwortet, dass du große Würde zeigst. Er wollte wissen, ob es dir gut geht, und ich habe ihm gesagt, dass ich nicht ein Wort der Klage von dir gehört habe. Er hat auch gefragt, ob du Besuch bekommst, und ich habe geantwortet: Soviel ich weiß, nicht.“ Sie lachte halb wegwerfend. „Ich schätze, unser Ehemann hat deswegen mich gefragt, weil ich älter bin als er und vorher mit einem anderen verheiratet war. Wahrscheinlich denkt er, ich verstehe, wie du dich fühlst.“ Sie holte Luft und atmete langsam aus. „Und er hat mich auch gefragt, ob du noch um Uria trauerst.“

Batseba blickte starr geradeaus, gegen ihre Tränen ankämpfend.

Abigail sah sie an. „Ich habe noch nie erlebt, dass David so viele Fragen über eine seiner Frauen stellte. Er hat immer sehr darauf geachtet, sie alle gleich zu behandeln, damit Frieden in seinem Haus ist. Wir wetteifern natürlich alle um seine Aufmerksamkeit, aber er hat nie eine von uns offen vorgezogen. Gestern Abend hat er mir sein Herz gezeigt. Nicht, weil er damit prahlen will, sondern weil er nicht anders kann. Du hast einen besonderen Platz in seinem Herzen."

Batseba sog unwillkürlich die Luft ein. Plötzliche Freude flammte in ihr auf. Sie fing sich rasch wieder, als sie den Schmerz in Abigails Augen sah. Wie viele andere Frauen mochten David lieben? „Entschuldige, Abigail."

Abigail begriff und lächelte versonnen. „Es ist nie weise, sich in einen König zu verlieben."

„Ja, das hat meine Mutter mir schon immer gesagt."

„Deine Mutter ist eine kluge Frau." Abigail sah ihr in die Augen. „Ich glaube, David liebt dich wirklich. Sonst hätte er nicht das getan, was er getan hat."

Röte schoss in Batsebas Wangen, aber es war keine Verurteilung in Abigails Stimme. „Ich bin diejenige, die gesündigt hat." Es war besser für alle, wenn sie zu ihrer Verantwortung stand.

Abigail schüttelte den Kopf. „Wir sind alle Sünder."

„*Du* hast nicht gesündigt. Du hast David vor einer großen Sünde bewahrt." So ganz anders als sie selbst.

„Ich habe meinen Mann vor Zeugen einen Narren genannt."

„Aber du bist ihm treu geblieben."

„Ich habe gewartet, bis Nabal wieder nüchtern war, damit ich ihm sagen konnte, was er angerichtet hatte. Ich wusste, dass er gierig war. Und arrogant. Und feige. Ich sprach und sah, wie der Schrecken über ihn kam. Ich sah, wie er starb, und dankte Gott für meine Erlösung. Und als David nach mir schickte, um mich zu seiner Frau zu machen, packte ich sofort meine Siebensachen und ging zu ihm, weil ich so viel Gutes über ihn gehört hatte. Und als ich ihn sah, war es um mich geschehen." Ihre Augen waren tränenfeucht. „Ich liebe ihn immer noch."

Es rührte Batseba tief, dass Abigail sich ihr so anvertraute. „Du hast nichts getan, was unrecht gewesen wäre. Alle haben deine Weisheit und Geistesgegenwart gerühmt. Du hast viele Menschenleben gerettet damals, Abigail", sagte Batseba. Aber sie war schuld an Urias Tod und dem vieler Männer.

„Ach, lobe nicht mich. Gott sieht das Herz an, Batseba, und er wird uns alle einmal richten."

Batseba spürte, wie ihr Magen sich zusammenkrampfte. Sie schloss die Augen und ließ ihren Kopf hängen. „Davor habe ich am meisten Angst.“ *Ich habe das Gesetz gebrochen. Wie kann ich das, was durch meine Sünde passiert ist, je ungeschehen machen? Oh Herr, Gott Israels, erbarme dich über mich! Zieh mich heraus aus der Grube, die ich mir selbst gegraben habe, und ändere die Richtung meines Lebens!*

Abigail legte ihre Hand auf Batsebas und drückte sie sanft. „Gott ist barmherzig mit dem, der Buße tut.“ Sie erhob sich und ging, und Batseba grübelte darüber nach, wie ihre Buße jetzt noch etwas ändern konnte. Egal was sie auch tat, für die Menschen um sie herum war sie die Ehebrecherin.

Und das Kind, das sie in ihrem Leib trug, war der lebende Beweis dafür.

Als das Kind zur Welt kam, sah Batseba in den Augen der Hebamme, dass ihre Sünde nun ganz ans Tageslicht gekommen war. Die achte Frau des Königs hatte ganze sechs Monate, nachdem sie in den Palast gekommen war, einen gesunden und voll entwickelten Sohn zur Welt gebracht. Batseba spürte deutlich die Abneigung der Hebamme, die das schreiende Bündel in den Armen hielt. Sie schaute in die Runde der anderen Gesichter und bekam Angst. Keuchend nahm sie all ihre Kraft zusammen und streckte die Arme nach dem Kind aus. „Gib mir meinen Sohn!“

Die Hebamme drückte ihr das Kind in die Arme, als ob es etwas Unreines sei. Batseba drehte sich von ihr weg und drückte ihren Sohn an sich. Für den ganzen Palast, nein, das ganze Volk war er das Kind, das in Sünde empfangen war …

Die Hebammen gingen, aber Batseba hörte ihre Stimmen hinter der Tür.

Bald danach kam Abigail. „Hast du etwas dagegen, wenn ich ein wenig bei dir bleibe?“

Batseba musste weinen über ihre Freundlichkeit. „Ich verstehe ja, dass sie *mich* alle so hassen, aber mein Kind ist doch *unschuldig*!“

Abigail schob ihre Hände unter den Kleinen. „Lass mich ihn nehmen, dann kann ich ihn waschen und mit Salz einreiben, damit sich nichts entzündet. Danach werde ich ihn wickeln und dem König zeigen."

Und ihr Großvater, Ahitofel, würde dabei sein und alles mitbekommen ... David hatte Ahitofel nach dessen Rückkehr aus Rabba viele Geschenke gemacht. Batseba hatte er versichert, dass alles gut war zwischen ihrem Vater, ihrem Großvater und ihm, aber sie wusste, dass David jetzt ein toter Mann wäre, wenn er nicht der König wäre. Ihr Großvater war klug, aber mindestens so nachtragend wie Joab. Was mochte jetzt in ihm vorgehen? Als David an der Spitze seiner Armee und mit Hanuns Krone auf dem Kopf in die Stadt eingezogen war, hatte sie von der Palastmauer aus zugeschaut. Ihr Großvater hatte die übrigen Kriegsberater angeführt. Als er sie sah, hatte er nicht gelächelt und nicht seine Hand gehoben, sondern zu ihr hingestarrt, als visierte er ein Ziel an.

Sie konnte nur hoffen, dass ihr Vater nicht die ganze Geschichte gehört hatte. Sicher war ihre Mutter nicht so grausam gewesen, ihm brühwarm zu erzählen, dass seine Tochter Ehebruch mit dem König begangen hatte und schuld an der Ermordung ihres Mannes war? Hoffentlich war sie barmherzig gewesen und hatte ihm einfach gesagt, dass David Batseba nach der Nachricht von Urias Tod als seine Frau in den Palast geholt hatte.

Sie hatte oft Albträume. Dann wachte sie schweißgebadet auf und erwartete halb, ihren Großvater mit seinem Dolch über sie gebeugt stehen zu sehen. Manchmal träumte sie auch, dass sie an der Tür zum Haus ihres Vaters stand und hörte, wie ihr Großvater seinem Sohn schwor: „Oh, sie werden nicht ungestraft bleiben! David ist König, aber ich werde ihn fällen, und möge ich sterben, wenn es mir nicht gelingt!"

Sie versuchte, nicht an die Zukunft zu denken. Vielleicht reichte es, wenn sie ihren Sohn in den Armen halten und stillen konnte.

David freute sich über den Jungen. Er saß oft bei ihr und hielt sanft seinen Kopf und sah ihr in die Augen. Sie beschloss, ganz für diese seltenen Augenblicke zu leben, in denen David bei ihr war, und in seiner Liebe zu baden, auch wenn sie sie mit anderen teilen musste. Ihr Sohn würde anders werden. Sie genoss seine Wärme in ihren Armen, das Ziehen seines Mundes an ihrer Brust. Nie hatte sie einen Menschen so geliebt, wie sie dieses Kind liebte. Sie weihte ihm ihr Leben. Tag und Nacht wachte sie über ihm, ließ niemanden an ihn heran. Jede seiner Bewegungen, jedes Geräusch nahm sie wahr. Ein Kind war dazu da, um geliebt zu werden, und sie goss ihre Liebe wie ein Trankopfer über ihm aus.

Bis der Prophet Nathan kam.

Man meldete David sofort, als Nathan in den Palast kam, und er ging persönlich in den Hof, um den Propheten herzlich zu begrüßen. Als er das Feuer in den Augen des Alten sah und begriff, dass Nathan offenbar nicht gekommen war, um ihm Loblieder zu singen, zuckte er innerlich zusammen.

„Was bringt dich in den Palast?", fragte er, als er sich wieder auf seinen Thron gesetzt hatte. „Was kann ich für dich tun?"

Nathan stand vor ihm, ein Bild der Stärke. Er war viel älter als der 40-jährige David, aber seine Statur war aufrecht und seine Augen waren voller Leben. Als er zu reden begann, war seine Stimme tief und klar und deutlich, und die Gegenwart Gottes mit ihm war förmlich spürbar.

„Ich muss dir etwas erzählen: Ein reicher und ein armer Mann lebten in derselben Stadt. Der Reiche hatte sehr viele Schafe und Rinder, der Arme aber besaß nichts außer einem kleinen Lamm, das er erworben hatte. Er versorgte es liebevoll und zog es zusammen mit seinen Kindern groß. Es durfte sogar aus seinem Teller essen und aus seinem Becher trinken, und nachts schlief es in seinen Armen. Es war für ihn wie eine Tochter. Eines Tages bekam der reiche Mann Besuch. Er wollte seinem Gast, der einen weiten Weg hinter sich hatte, etwas zu essen anbieten. Aber er brachte es nicht über sich, eines seiner eigenen Schafe oder Rinder zu schlachten. Darum nahm er dem Armen sein einziges Lamm weg und bereitete es für seinen Besucher zu."

David wurde vom Zorn gepackt und brauste auf: „So wahr der Herr lebt: Dieser Mann hat den Tod verdient! Dem Armen soll er vier Lämmer geben für das eine, das er ihm rücksichtslos weggenommen hat."

Nathans Augen loderten. *„Du bist dieser Mann!"*

David erbleichte, seine Haut kribbelte.

Nathan trat näher, und seine Stimme wurde leise, aber gerade dadurch noch mächtiger. „Der Herr, der Gott Israels, lässt dir sagen: Ich habe dich zum König von Israel erwählt und dich beschützt, als Saul dich umbringen wollte. Den gesamten Reichtum Sauls und auch seine Frauen habe ich dir gegeben. Ganz Israel und Juda gehören dir. Und sollte dir das noch zu wenig sein, würde ich dir sogar noch mehr schenken."

David begann zu zittern. Nathan fuhr fort: „Warum also missachtest du meinen Willen? Warum hast du getan, was ich verabscheue? Den Hetiter Uria hast du ermordet und dann seine Frau geheiratet."

Die Münder der Höflinge standen offen, aller Augen starrten auf David und eine angespannte Stille lastete auf dem Raum. Ihm brach der Schweiß aus, dass die Tropfen seine Schläfen hinabliefen. Seine Ohren waren plötzlich offen, er hörte die Wahrheit, die Nathan da sprach. Das Böse, das er getan hatte, stand auf einmal voll sichtbar vor seinen Augen. *Wie habe ich so blind sein können? Wie ist es möglich, Gott so zu lieben und so völlig der Sünde zum Opfer zu fallen?* Er sprang förmlich von seinem Thron und fiel dem Propheten zu Füßen. Sein Herz donnerte ihm in den Ohren, er spürte das Auge Gottes auf sich.

„Von mir hast du dich abgewandt und Uria die Frau weggenommen. Darum sollen von nun an in jeder Generation einige deiner Nachkommen einen grausamen Tod erleiden. Ich, der Herr, sage dir: Jemand aus deiner eigenen Familie wird dich ins Unglück stürzen. Ich selbst werde dafür sorgen. Du musst erleben, wie ein Mann, der dir sehr nahe steht, dir deine Frauen wegnimmt und in aller Öffentlichkeit mit ihnen schläft. Was du, David, heimlich getan hast, das lasse ich am helllichten Tag geschehen. Ganz Israel soll Zeuge sein."

Eine tiefe Reue durchschoss David. „Ich habe gegen den Herrn gesündigt!" Er verdiente den Tod. Plötzlich stand er wieder vor ihm, der Blick in Urias Augen, bevor er sich umdrehte, um in seinen Tod zu gehen. *Was habe ich getan?* David begann zu weinen. *Mein Freund! Mein Freund!* Er wartete. Gleich würde Gott ihn schlagen und töten. Aber stattdessen spürte er Nathans Hand auf seinem Kopf. Sie war sanft.

„Der Herr hat dir vergeben. Du wirst nicht sterben."

Davids Kopf fuhr hoch, halb ungläubig. Nathan strich ihm über das Haar, als sei er ein Kind, aber in seinen Augen stand Traurigkeit. „Doch wegen deiner Tat spotten die Feinde Gottes noch mehr über ihn. Darum muss der Sohn, den Batseba dir geboren hat, sterben."

David starrte den alten Propheten an. Aber Nathans Augen sagten ihm, dass dieses Urteil endgültig war. Sein Herz krampfte sich zusammen, als er daran dachte, was dies Batseba kosten würde. Er schloss die Augen und bedeckte sein Haupt, während Nathan sich umdrehte und aus dem Thronsaal ging.

Batseba bekam Angst, als das Kind nichts mehr trank, fiebrig wurde und jämmerlich schrie. Sie tat alles, was sie wusste, um das Fieber zu senken, aber es brannte so heiß, dass der Kleine alle Kraft verlor. Sie hielt den Jungen und wiegte ihn und ging mit ihm hin und her. Als sie keine Kraft mehr hatte, legte sie sich mit ihm auf ihr Bett. Und weinte …

„Wo ist David?", fragte sie. „Weiß er es?"

„Er weiß Bescheid, Herrin", sagte der Eunuch. „Er fastet und betet schon für das Kind."

Diese Nachricht gab Batseba einen Hoffnungsstrahl, denn hatte der Herr Davids Gebete nicht immer erhört? Hatte er ihm nicht stets geholfen? Selbst zu Gott zu rufen traute sie sich nicht.

Mit jedem Tag wurde das Kind schwächer. Am siebten Tag, als sie es wieder in den Armen hielt, hörte es einfach auf zu atmen. Einen langen Augenblick kam es Batseba so vor, als habe ihr eigenes Herz aufgehört zu schlagen. Sie schrie nicht auf, riss auch nicht an ihrem Haar oder ihren Kleidern. Sie legte ihren Sohn auf das Bett, legte sich selbst daneben und schloss die Augen.

Gott, ich weiß: Du hast mir meinen Sohn genommen. Warum hast du nicht mich genommen?

Einige der anderen Frauen, die selbst schon ein Kind verloren hatten, hatten Mitleid mit ihr. Andere freuten sich diebisch über dieses Gottesgericht. „Das geschieht ihr recht", tuschelten sie. „Der Lohn der Sünde ist der Tod! Jetzt muss sie selbst das Gift trinken, das sie den anderen gemischt hat …"

Abigail saß bei ihr, weinte mit ihr, streichelte ihr über das Haar und sagte nichts. Als das kleine Bündel zum Begräbnis geholt wurde, hielt sie die weinende Batseba in den Armen.

Als Batseba keine Tränen mehr hatte, lag sie einfach nur noch da und starrte zur Decke hoch. „David ist nicht gekommen, kein einziges Mal. Ich habe ihm Boten geschickt, er wusste, dass unser Kind im Sterben lag. Aber er ist nicht gekommen. Und ich dachte, er liebt mich. Uns."

Abigail legte ihre Hand auf ihre Schulter. „Er hat sieben Tage lang gefastet und gebetet und Gott um Gnade angefleht, Batseba. Die Priester hatten Angst, ihm zu sagen, dass dein Kind gestorben ist; sie dachten, er würde sich vielleicht etwas antun."

Batseba setzte sich auf, ihr Blick verängstigt. Abigail schüttelte rasch den Kopf. „Hab keine Angst. Als die Männer schließlich kamen, um es ihm zu sagen, wusste David schon, was geschehen war. Er ist aufgestanden, hat sich gewaschen und gesalbt und die Kleider gewechselt und ist ins Haus des Herrn gegangen, um anzubeten. Jetzt ist er wieder im Palast und isst etwas."

Batseba sank zurück auf ihr Bett und wandte sich ab. „Gott ist so grausam."

„So etwas darfst du nicht sagen."

„Und warum nicht? Er hätte *mich* töten sollen und nicht ein unschuldiges Kind! Soll er mich ruhig jetzt auch noch holen!" Ihr Schluchzen schüttelte sie. „Es war doch *meine* Sünde! Warum lässt er seinen Zorn an einem hilflosen Neugeborenen aus? Mein Sohn … oh, mein Kind …"

Abigail strich ihr über die Wange. „Du wirst noch krank."

„Ja, lass mich krank werden und sterben!“ Batseba zog die Knie an und bedeckte ihren Kopf. „Warum hat Gott meinen Sohn für meine Sünde leiden lassen? Warum?“

„Das weiß ich nicht“, antwortete Abigail.

Davids Ratgeber hatten eine Meinung parat, kaum dass er fertig gegessen hatte. „Es wäre weise, mein Herr und König“, sagte der eine, „die Frau Urias in eine eigene Wohnung zu verbannen und sie nicht mehr zu dir zu holen.“

David hob den Kopf. Daher also wehte der Wind. Es war immer am einfachsten, die Schwachen auszustoßen.

„Das Volk!“, sagte ein anderer. „Der König muss an das Volk denken.“

Er dachte die ganze Zeit an das Volk und daran, was seine Sünde ihm antun mochte. Wie hatte er so blind sein können für das Böse, das er tat? Und jetzt umgaben ihn diese Männer wie eine Schar alter Hennen, die jemanden suchten, den sie totpicken konnten.

„Du musst natürlich Wachen abstellen, die sie vor denen schützen, die vielleicht die Gerechtigkeit in die eigene Hand nehmen wollen.“

„Mach es wie bei Michal; verbanne sie.“

„Es könnte noch klüger sein, sie nach Hebron oder Jericho zu schicken.“

David schob seinen Teller zurück und stand auf. „Ich habe euren Rat gehört.“ Er sah seine Berater an. „Ich werde Batseba nicht für eine Sünde bestrafen, die ich selbst begangen habe. Ich habe vor Gott meine Schuld bekannt und bereut, und ich werde dem Volk die Wahrheit sagen.“

Diejenigen seiner Berater, die ihn wahrhaft liebten, kapitulierten rasch; andere nickten nur zum Schein. David kannte sie gut. Er hatte mit diesen Männern Jahre in der Wüste verbracht. Die schönen Häuser und Kleider hatten sie nicht verändert. Es würde sie immer im Palast geben, jene Menschen, die wie hungrige Löwen auf die nächste Beute lauerten.

„Nathan hat gesagt, dass Gott mir meine Sünden vergeben hat."

„Ja, mein Herr und König. Er hat *dir* vergeben. Von dieser Frau hat er nichts gesagt."

Diese Frau. Erstaunlich, wie viel Verachtung in diesen beiden Worten steckte. „Batseba ist unschuldig an Urias Tod."

„Ist eine Frau je unschuldig, mein Herr und König? War es nicht schon in Eden die Frau, die den Mann in die Sünde zog?"

Er musterte seine Berater. Wie unbarmherzig sie waren. Wie schnell sie dabei waren, ihn freizusprechen, weil er auf dem Thron saß, und die ganze Schuld auf eine wehrlose Frau abzuwälzen!

„Du wirst von ganz Israel geliebt", sagte ein anderer.

David hörte, wie falsch das klang. „Ich war der Hirte, der das Lamm in die Irre führte."

„Du bist der König, und das Wohl der Nation steht auf dem Spiel, Herr. Opfert man nicht ein fehlerloses Lamm zur Sühne von Sünden?"

Ihre Härte trieb ihm die Tränen in die Augen. „Der Herr hat sich sein Lamm selbst erwählt. Er hat unseren Sohn genommen." Er drehte sich um und ging zu den Frauengemächern. Zu lange schon hatte er Batseba vernachlässigt und diesen Männern zugehört, die sie vernichten wollten.

Ihm brach das Herz, als er in ihr Zimmer trat und sie sah, wie sie zusammengerollt, den Kopf zur Wand, auf ihrem Bett lag. Er entließ ihre Magd mit einem kurzen Nicken und setzte sich auf das Bett. „Batseba." Sie fuhr zusammen und schlug die Hände vor das Gesicht. „Batseba." Er drehte sie zu sich und zog sie in die Arme. „Es tut mir so leid."

„Unser Kind … Unser Kind …" Sie klammerte sich schluchzend an ihn, ihre Finger krallten sich in sein Gewand.

Er drückte sein Gesicht in ihren Nacken und weinte mit ihr. „Es ist alles meine Schuld."

Sie ruckte heftig zurück. „Nein, nein. Ich bin schuldig."

„Batseba …"

„Wer ist dir denn immer nachgeschlichen im Lager? Welche Frau hatte nur für dich Augen, als ihr eigener Bräutigam neben ihr saß? Welche Frau badete nackt in ihrem Hof, sodass du sie sehen konntest? Wer gab sich in deine Arme, ohne an den eigenen Mann zu denken?“ Sie schlug sich auf ihr Herz. „Ich!“

David packte ihre Hände. „Gott hat unseren Sohn nicht bestraft, Batseba. Er hat ihn den Händen böser Menschen entzogen.“ Den Händen der Männer, von denen er gerade kam. Und anderer, die diese Sache benutzen würden, um sich gegen ihn zu erheben.

„Aber ich will mein Kind! Ich will mein Kind wiederhaben!“

David umfasste ihr Gesicht mit beiden Händen und sah ihr in ihre rot umrandeten Augen. „Er ist jetzt bei Gott, Liebste. Ich kann ihn dir nicht zurückholen.“ Er zog sie wieder fest an sich und wiegte sie hin und her wie ein Kind. „Doch eines Tages werden wir ihn wiedersehen.“

Batseba ließ sich gegen ihn sinken. „Der Herr muss mich so sehr hassen.“

„Nein.“ Er strich ihr sachte ihr dunkles Haar aus dem Gesicht. Wie blass sie war, wie verzweifelt ihre Augen. „Ich habe meine Macht missbraucht, Batseba. Als ich dich gesehen hatte, erkundigte ich mich, wer du warst. Nicht ein Mal dachte ich an deinen Mann oder deinen Vater oder Großvater. Ich dachte nur noch an das Mädchen, das draußen in der Wildnis so für mich geschwärmt hatte. Ich sah, was für eine schöne Frau du geworden warst, und ich begehrte dich. Ich dachte nur an meine Lust. Was das andere kosten würde – vor allem dich –, daran dachte ich nicht.“

„Ich hätte wie Abigail sein und dich warnen müssen …“

„Damals bei Abigail war ich ein anderer Mann. Jung und brennend für den Herrn und auf der Flucht. Und heute? Als ich dich von dem Dach aus sah, war ich ein König, den sein Stolz blind gemacht hatte.“ Jetzt sah er es deutlich, und es schmerzte ihn bitter. Er hatte seine Pflichten als Feldherr vernachlässigt. Er hatte sich dem Müßiggang hingegeben. Und als er eine ausnehmend schöne Frau beim Baden gesehen hatte, hatte er sie holen lassen, denn warum sollte ein König sich nicht das nehmen, was er wollte? Was für ein Narr war er gewesen!

„Ich habe mir eingebildet, groß und mächtig zu sein. Ich dachte, ich könnte alles haben, was ich will. Und da habe ich dich deinem Mann gestohlen, ein Kind gezeugt und dann versucht, meinen Freund dazu zu bringen, die Folgen meiner Sünde zu vertuschen. Uria hatte so viel mehr Anstand im Leib als ich."

Er merkte, wie ein Schauer sie überlief. „Er wusste Bescheid", flüsterte sie.

„Ja, er wusste es." Er schloss die Augen. „Eines Tages muss ich vor Gottes Gericht treten, Batseba, denn ich habe unschuldiges Blut vergossen." Er merkte, wie es ihn vor sich selbst ekelte.

„Ich auch. Das Herz eines Menschen kann schon sterben, bevor der Speer ihn durchbohrt." Die Tränen strömten ihre Wangen hinab. Uria war ein guter Mann gewesen, ein aufrichtiger Mann, und sie hatte ihm das Herz gebrochen.

David hielt sie an sich gedrückt. Er konnte nicht mehr reden. Wie war es möglich, dass zwei Menschen Gottes Gesetz liebten und doch so furchtbar sündigten? Wann hatte das Böse angefangen, in ihr Leben einzusickern und sich auszubreiten, bis es das Gewissen abgetötet hatte? War es vor Jahren schon geschehen, auf ihrer Hochzeit, als er sich wünschte, er hätte um ihre Hand angehalten, bevor Eliam sie einem anderen gab? Hatte er diesen Samen dann mit seinen Fantasien bewässert?

Aber es war nicht bloße Lust. Er *liebte* Batseba.

Er hob ihr Kinn an und küsste sie. Seine Lippen waren sehr sanft, fragend. Er spürte ihr Zögern. Er küsste sie wieder, und diesmal antwortete sie. Danach lehnte sie sich mit einem leisen Seufzen an seine Brust.

„Gott hat uns vergeben", sagte er, während er die Augen schloss und ein stilles Dankgebet zum Himmel schickte. „Er hat uns seine große Gnade erwiesen, indem er uns nicht hat sterben lassen. Und er hat nicht gesagt, dass ich dich aufgeben muss."

„Aber wie sollen wir leben, nach dem, was wir getan haben? Wir haben Menschenleben zerstört!"

„Wir nehmen jeden Tag so, wie er kommt."

„Es wird nie vorüber sein, David. Oh, jetzt sehe ich es so deutlich, und es tut so weh. Wenn wir nur die Einzigen wären …"

Er legte eine Hand an ihre Wange. „Nathan hat mir das Wort des Herrn gesagt. Ich weiß, was kommen wird."

Sie kam wieder in seine Arme, klammerte sich an ihn. „Ich liebe dich, David. Ich habe dich immer geliebt, und ich werde dich immer lieben, egal, was passiert.“

Er lächelte traurig. „Ich weiß.“

Er liebte sie auch, so stark und heftig, wie er noch nie eine Frau geliebt hatte. Aber wie schmählich hatte er seine Freunde verraten! Uria, der in mehr Schlachten an seiner Seite gekämpft hatte, als er zählen konnte. Eliam, der alles mit ihm geteilt hatte. Ahitofel, seinen brillanten Kriegsberater. Würden sie jetzt noch zu ihm stehen? Verratene Liebe verwandelte sich leicht in Hass. Ahitofel nahm Batsebas Namen nicht mehr in den Mund, und ihre Mutter hatte sich zu der Geburt ihres Kindes nicht blicken lassen. Ihre eigene Familie hatte mit Batseba gebrochen. Nicht, dass sie darüber geklagt hätte.

David schwor sich, alles zu tun, was er konnte, um die Wunden der Herzen zu heilen, neues Vertrauen aufzubauen und Gottes Namen zu verherrlichen.

„Es tut mir so leid“, sagte er, sein Herz zerrissen von dem Schmerz, den er über Batseba gebracht hatte. Er betete, dass die Ehre, die er ihr als seiner Lieblingsfrau geben würde, die Herzen derer, die er so verletzt hatte, nach und nach wieder weicher machen würde.

„Unser Kind …“ Sie begann wieder zu weinen, ihr ganzer Körper bebte. „Unser Kind …“

David nahm sie noch fester in die Arme und tröstete sie. Und er betete zu Gott, ihnen noch gnädiger zu sein und ein zweites Kind zu schenken, nachdem das erste den Preis für ihre Sünden gezahlt hatte.

Kapitel 5

Als Batseba merkte, dass sie erneut schwanger war, hatte sie Angst davor, sich zu freuen. Würde Gott ihr auch dieses Kind nehmen? Würde auch dieses Kind in ihren Armen sterben wie ihr Erstgeborenes?

Umgeben von Luxus lebte sie in trauriger Einsamkeit als Lieblingsfrau eines abwesenden Königs, von ihren Verwandten und Freunden gemieden. David war jetzt in Rabba bei seiner Armee, und sie musste allein mit ihren Feinden kämpfen. Für die Menschen außerhalb der Palastmauern war sie, ebenso wie für ihre Mutter, nach wie vor die Hure. Wie konnte sie auf Gottes Gnade hoffen, wenn ihre eigene Mutter sie hasste? Wie sollte sie glauben, dass Gott ihre Sünden vergeben hatte, wenn niemand sonst ihr vergab? Der Prophet Nathan hatte David gesagt, dass Gott ihm vergeben hatte – aber schloss das auch sie ein? David behauptete es, aber Batseba hatte ihre Zweifel. Sie lebte in ständiger Angst. Sie hatte ja keinen eigenen Besitz, kein Geld, um Opfer darbringenn zu können. Alles, was sie Gott bieten konnte, war ein zerschlagenes Herz und der Wunsch, für den Rest ihres Lebens das Richtige zu tun.

Wie sie sich danach sehnte, zurückgehen zu können in ihre Kindheit, wieder sicher in den Armen ihrer Mutter zu sein oder auf dem Knie ihres Großvaters zu sitzen und auf den weisen Rat zu hören, den er den Menschen gab. Damals war sie ein unschuldiges Mädchen gewesen, das für einen schönen Krieger schwärmte, der Psalmen sang und eine wachsende Armee anführte. Jetzt war sie Davids achte Frau und weit und breit als die Ehebrecherin bekannt, die den von allen geliebten König dazu gebracht hatte, ihren Ehemann zu ermorden. David vergaben die Menschen bereitwillig, aber sie hatte die volle Last ihrer gemeinsamen Schuld zu tragen – sie war der Sündenbock.

Sie verübelte es ihnen nicht. Einer musste der Schuldige sein, und es war besser, die Leute beschuldigten sie. Sie war nur eine einfache Frau, er war der König.

Sie betete zu Gott, ihr zu vergeben und sie zu läutern. „Gib mir ein Herz, das dir gefällt, Herr. Schick mich nicht hinaus in die Dunkelheit." Aber durfte sie überhaupt so beten und um Gnade bitten?

Am stärksten kam die Angst, wenn sie nachts allein in ihrem Zimmer war. Wie viele andere Frauen gab es, die um ihren Mann oder Bruder oder Sohn trauerten, und es war ihre Schuld? Was für ein Recht hatte sie, ein Kind in den Armen zu halten? Aber das Kind, oh, das Kind …

„Oh Gott der Gnade, nur du kannst mich von meiner Schuld befreien. Tröste die Trauernden. Tu mit mir, was du willst, aber bitte verschone mein Kind, das keine Schuld trägt."

Die Geburt war leicht. Es war ein kräftiger, gesunder Junge. Batseba hielt ihn in den Armen und weinte, halb vor Freude, halb vor Angst. Die Finger seiner rechten Hand klammerten sich beim Stillen fest um ihren Daumen.

„Gott, ich verspreche dir, meinen Sohn als Mann nach deinem Herzen aufzuziehen. Ich will ihn lehren, dich zu lieben." Sie hob die winzige Hand an und küsste sie. „Und er soll Salomo heißen, denn seine Geburt hat mir Gottes Frieden gebracht."

Bitte, bitte, lass es so sein zwischen uns, Herr. Vergib mir.

Ein paar Stunden später kam ein Brief des Propheten Nathan. Nathan schrieb: *„Dein Sohn soll Jedidja heißen – ‚Geliebter des Herrn'."*

Batseba lachte auf. *Oh Herr, du hast mich rein gewaschen und mit deiner Liebe gewärmt.* Während die anderen sie verachteten und die Geburt dieses Kindes nicht feierten, sah Gott sie gnädig an und gab ihr seinen Segen. Dankbarkeit und Staunen erfüllten sie.

„Mein Sohn … Mein Sohn …" Sie weinte vor Freude und küsste das kleine Gesicht. „Jedidja." Sie küsste das Kind auf beide

Wangen und drückte es an ihre Schulter. „Jedidja." Sie genoss die Wärme des kleinen Körpers. „Mein Kelch fließt über vom Segen des Herrn", flüsterte sie.

Jedidja. Gott persönlich hatte ihren Sohn *„Geliebter des Herrn"* genannt.

Rabba fiel, und die besiegten Ammoniter wurden als Fronarbeiter eingesetzt, um den Tempel und die Altäre des Gottes Milkom und die Mauern der Stadt niederzureißen. Vor seinem Abzug befahl David ihnen, nach Ende dieser Arbeiten die eroberte Stadt nach seinen Angaben wieder aufzubauen.

Dann führte er seine Armee nach Jerusalem zurück, auf seinem Kopf die Krone des Gottes Milkom, zum Zeichen dafür, dass die falschen Götter nicht gegen den Herrn bestehen konnten. Unter dem Jubel des Volkes ritt er durch das Stadttor ein, hinter ihm die mit Beute beladenen Wagen.

Batseba sah ihren Vater unter Davids Beratern. Würde jetzt endlich Friede zwischen ihnen sein? Würde Ahitofel ihr vergeben, wenn er hörte, dass er einen Enkel hatte? Doch was sie von Joram hörte, beunruhigte sie: David war nicht aus eigenem Antrieb nach Rabba gezogen. Joab hatte nach ihm gesandt, denn er hatte den Kampf gewonnen und die Krone wartete auf David. Er hätte genauso gut sagen können: *Du bist der König und wirst die Krone tragen, aber vergiss nicht, dass ich es bin, der die Stadt eingenommen hat!* Sie hatte Angst um David.

Joab und sein Bruder Abischai waren beide von der rachsüchtigen Sorte. Batseba erinnerte sich an Joabs Rachemord an Abner, einem der mächtigsten Männer in Sauls Armee. Abner hatte nach der Schlacht am Teich von Gibeon Joabs Bruder Asahel getötet, und Joab hatte Asahel gerächt. Sie wusste noch gut, wie zornig David darüber gewesen war und wie er Abners Tod betrauert hatte. Sie war dabei gewesen, als David Joabs Tat verurteilte. Damals hatte sie Angst um David gehabt. Und jetzt hatte sie wieder Angst um ihn, denn jetzt war Joab noch mächtiger geworden. Und noch entschlossener.

War es nicht Joabs Idee gewesen, zusammen mit Uria noch andere Männer in den Tod zu schicken und so Davids Sünde noch zu verzehnfachen? Und die Botschaft, die er nach Urias Tod an David geschickt hatte, war eine Herausforderung gewesen: Er hatte David daran erinnert, dass Gideons Sohn Abimelech durch einen Mühlstein ums Leben gekommen war, den eine Frau von der Stadtmauer geworfen hatte. Batseba wusste, Joab hatte sie gemeint; sie, so meinte er, würde noch Davids Untergang werden.

Joab war eine Bedrohung für David, aber David schien es nicht zu sehen – oder nicht sehen zu wollen.Und wie viele andere Feinde mochten unter Davids eigenen Leuten und in seiner eigenen Familie aufstehen? Wie viele würden Lügen flüstern, heimliche Ränke schmieden und Fallen stellen, um ihn zu stürzen? Nathan hatte ihn gewarnt.

Der Palast war ein Moloch aus Spannungen und Feindschaft, Ehrgeiz und Eifersucht. Batseba sah genau, wie Davids andere Frauen ihre Söhne zu Thronprätendenten erzogen. Sie waren begierig darauf, ihrem Nachwuchs Macht zu verschaffen, und sahen Davids Liebe zu ihr als Bedrohung. Davids Söhne platzten vor Stolz und Hochmut – und er tat nichts, um sie zu bremsen.

Die größte Angst hatte Batseba vor ihrem Großvater. Sie war unter Kriegern groß geworden, sie hatte die Gespräche um Ahitofels Lagerfeuer mitgehört. Sie hatte mitbekommen, was ihr Großvater über Feinde und Verbündete sagte. Ihr Großvater war ein exzellenter Stratege; wenn einer wusste, wie man einen König zu Fall brachte, dann er.

Sie sprach mit David über ihre Ängste, aber er tat sie ab. „Ich habe lange mit Ahitofel gesprochen. Er hat mir erneut die Treue geschworen. Und dazu habe ich ihm Geschenke gegeben, mehr als das Doppelte des Brautpreises, den ich für Ahinoam gezahlt habe. Mach dir keine Sorgen über Dinge, die eine Frau nicht versteht.“

Sie begriff, dass David ihrem Großvater zu zeigen versucht hatte, dass er sie mehr schätzte als alle seine anderen Frauen und ihr dieselbe Ehre erzeigen würde wie einer ersten Ehefrau. Aber die Geschenke konnte man leicht als Bestechung deuten, und ihr Großvater war immer ein kompromissloser Mann gewesen. Der Hass eines Mannes konnte tief sitzen. Aber was sie auch sagte, David hörte weiter ohne Bedenken auf den militärischen Rat ihres Großvaters und weigerte sich, ihn als möglichen Feind zu sehen.

Es war das erste Mal gewesen, dass sie und David sich gestritten hatten, und das erste Mal, dass er ihr Bett vor Sonnenaufgang wieder verließ. Beim nächsten Besuch in seinem Harem sprach er nicht mit ihr.

Als Batseba erfuhr, dass David sich eine weitere Frau genommen hatte, die mehrere Jahre jünger war als sie, die Tochter eines mächtigen Kaufmannes aus dem Stamm Benjamin, fühlte sie sich verraten. Sie trat weinend vor Gott und betete. Stundenlang dachte sie über ihre Situation nach und kam schließlich zu dem Schluss, dass sie sich wieder einmal kindisch verhielt. David war der *König*, er würde ihr nie ganz gehören. Wenn sie nicht akzeptierte, dass sie nur eine unter vielen Frauen für ihn war, würde sie sich und ihm das Leben nur unnötig schwer machen. In den kommenden Jahren würde er sich sicher noch mehr Frauen und Nebenfrauen nehmen. Sie musste einfach lernen, mit dem Schmerz zu leben. Als Davids junge Braut in den Frauenflügel gebracht wurde, zügelte Batseba ihre Eifersucht und begrüßte sie so, wie sie es sich für sich selbst gewünscht hätte.

Sie merkte, dass sie allmählich erwachsen wurde. Als kleines Mädchen hatte sie David vergöttert. Jetzt begriff sie, dass er kein Gott war, sondern ein gewöhnlicher Mensch, der allein durch Gottes Gnade ungewöhnlich geworden war. David war ein Mann, der große Siege erringen, aber auch große Niederlagen erleiden konnte. Hatte seine Lust auf sie ihn nicht um ein Haar vernichtet? Und sie selbst konnte auch immer noch ein Opfer ihrer Schwäche werden. Wenn David starb, wären sie und ihr Sohn Männern wie ihrem Großvater und Joab ausgeliefert – oder demjenigen der anderen Söhne von David, dem es gelang, die Macht an sich zu reißen.

Wenn die Angst sie überwältigen wollte, ging sie zu Gott und tröstete sich mit der Erinnerung an all das, was er schon für sie getan hatte. Sie sang ihrem Kind die Psalmen seines Vaters vor und klammerte sich an die Verheißungen in ihnen. Und jedes Mal, wenn sie das tat, verspürte sie inneren Frieden. Der Herr war ihr Schild, ihr Erlöser, der Arzt ihrer Seele. Gott, und nicht David. David war nur der Mann, den sie liebte, nicht der Gott, den sie jetzt anbetete.

Das Wissen um die Fehler und Schwächen ihres Mannes machte ihn in ihren Augen nicht kleiner, ja es verstärkte ihre Liebe zu ihm noch. Zwei Jahre des Leidens hatten sie aufwachen lassen: Die Macht lag allein beim Herrn! Gleich nach dem Aufwachen morgens kniete sie sich hin, um Gott für seinen Segen zu danken und um seine Leitung zu bitten und darum, dass er David beschützen und ihm Weisheit geben möge. Und wenn David bei ihr war, tat sie, was sie konnte, um ihm Freude, Liebe und Trost zu schenken. Sie wusste: Eine zänkische Ehefrau war schlimmer als ein undichtes Dach in einem Wolkenbruch. Vor allem aber hörte sie ihm zu.

Nein, sie war kein träumendes Kind mehr, sondern eine Frau, die durch die Schule des Schmerzes gegangen war. Oft sprach sie mit dem Propheten Nathan und suchte seine Weisheit, die doch direkt von Gott kam. Wenn sie sich abends schlafen legte – ob nun in Davids Armen oder allein, weil er im Bett einer anderen Ehefrau war –, dankte sie Gott für alles, was der Tag ihr gebracht hatte, das Gute wie das Schlechte.

Jedes Mal, wenn David sich die nächste Frau in seinen Harem holte, kam der Schmerz wieder in ihr hoch und sie weinte ein paar Tränen. Aber sie lernte, nicht vollkommene Liebe von David zu erwarten, denn solche Erwartungen machten ihr Leid nur größer. Sie weigerte sich, den Gefühlen nachzugeben, die an ihrem Herzen rissen, und erinnerte sich daran, wo die Quelle aller Liebe war. Ihr Mann vermochte nach wie vor ihre Leidenschaft zu wecken, und noch immer fühlte sie sich manchmal einsam, verwirrt und verraten. Aber im Gegensatz zu früher verzweifelte sie nicht mehr daran.

Der Gott Israels lehrte sie, was Liebe, Treue, Vergebung, Fürsorge, Schutz, Frieden und Barmherzigkeit war. Wenn David sie verletzte, ließ sie sich von Gott heilen und trösten. Und Gott war immer da, denn seine Liebe war vollkommen.

„Der Herr ist unser Hirte", flüsterte sie Salomo ins Ohr, „uns wird nichts mangeln. Er weidet uns auf einer grünen Aue und führt uns zum frischen Wasser. Er erquickt unsere Seele. Er führt uns auf rechter Straße um seines Namens willen. Und ob wir schon wanderten im finstern Tal, fürchten wir kein Unglück; denn er ist bei uns, sein Stecken und Stab trösten uns. Er bereitet vor uns einen Tisch im Angesicht unserer Feinde. Er salbt unser Haupt mit Öl und schenkt uns voll ein. Gutes und Barmherzigkeit werden uns folgen unser Leben lang, wenn wir ihm nur von ganzem Herzen gehören, und wir werden bleiben im Hause des Herrn immerdar."

David ließ sie öfter zu sich rufen als irgendeine seiner anderen Frauen und Nebenfrauen, und jedes Mal, wenn er ihr sagte, dass er sie liebte, wusste sie, dass dies aus seinem tiefsten Herzen kam. Sie wusste auch, dass es sein ehrlicher Wunsch war, in allem, was er tat, Gott zu gefallen – und wie oft er über sein Versagen seufzte.

An einem der Abende, die sie mit ihm verbringen durfte, lag sie wieder in seinen Armen und hörte ihm zu. „Was hätte Gott wohl getan", sinnierte er, „wenn ich an dem Tag, an dem ich dich dort auf dem Dach baden sah, zu ihm gebetet hätte, anstatt einfach meinen Gelüsten zu folgen?" Er strich mit seinen Fingern durch ihr Haar.

Sie schloss die Augen. Wie sehr hatte Gott sie trotz ihrer großen Sünde gesegnet! Was geschehen wäre, wenn sie damals gehorsam und treu gewesen wäre – nein, sie konnte es sich nicht vorstellen. Doch das eine wusste sie: Gott hatte ihr Leben komplett umgewandelt. Jetzt wusste sie felsenfest, wie groß seine Güte und Gnade war, und sie war ihm unendlich dankbar dafür! Der bittere Zerbruch ihres Lebens hatte den süßen Wohlgeruch des Glaubens hervorgebracht.

Jeder wusste, dass David sie liebte, gewährte er ihr doch alle Ehren, wie sie sonst nur eine erste Ehefrau bekam. Die Probleme, zu denen diese Bevorzugung im Palast führte, schien er nicht zu sehen. Männer und Frauen fürchteten Batsebas Einfluss und wetteiferten um Davids Gunst. David war auf alle seine Söhne stolz, vor allem auf Absalom, aber ein ganz besonderes Band schien ihn mit Salomo zu verbinden, der seine innige Liebe zu Gott teilte. Batseba wusste, dass diese offensichtliche Seelenverwandtschaft eine Gefahr darstellte, und war auf der Hut.

Gott segnete Batseba, und sie gebar David einen dritten Sohn, Schammua, einen vierten, Schobab, und einen fünften, Nathan. Seine übrigen Frauen begegneten Batseba wohl oder übel mit Respekt; keine hatte Lust, das Schicksal von Michal zu teilen, Davids erster Frau, die dazu verdammt war, die Kinder ihres Bruders zu hüten, und keine Aussicht hatte, je eigene zu bekommen. Doch einige der Frauen rächten sich auf ihre Art. Sie pflegten den Stolz und die Arroganz ihrer Söhne. Sie fachten die Flamme ihres Ehrgeizes an, statt sie zu guten, ehrenhaften Männern zu erziehen.

Es gab nur wenige Menschen in ihrer Umgebung, denen Batseba wirklich vertraute: David selbst, Abigail, ihre Magd und der Prophet Nathan, nach dem sie ihren vierten Sohn benannt hatte und der ihr guter Freund und Ratgeber geworden war.

Mit nun vier Söhnen hatte sie keine Zeit für hohle Schmeicheleien oder dafür, sich über die Ränke der übrigen Frauen im Palast oder der anderen Kinder Davids den Kopf zu zerbrechen. Ihre Pflicht war klar: ihre Söhne zu Männern Gottes zu erziehen. Sie hatte keine Macht über David und seine Taten, und es missfiel ihr zu sehen, wie er ständig mehr von seinen Pflichten an andere abgab: an ihren Großvater Ahitofel, an seinen Oberbefehlshaber Joab und an seine ältesten Söhne Amnon und Absalom. Er verbrachte immer mehr Zeit damit, Psalmen zu schreiben, sein Herz vor Gott auszuschütten und Pläne für einen prächtigen Tempelbau zu machen. Und alle diese Dinge waren ja gut, aber was war mit Israel – mit den Menschen, die David und seine Führung brauchten?

David sah die Sturmwolken am Horizont nicht.

Nathan hatte Batseba erzählt, was kommen würde, und sie nahm sich das Wort Gottes zu Herzen und ging mit wachsamen

Augen durch ihre Tage. Bald würde der Erdrutsch beginnen. Batseba lehrte ihre Söhne so viel über Gott, wie sie wusste. Wenn sie sie abends ins Bett brachte, erzählte sie ihnen von der Erschaffung der Erde und des Menschen, von der Sintflut, von den Erzvätern, von der Sklaverei in Ägypten und der Befreiung durch Mose. „Vergesst nicht, was Gott getan hat“, war ihr ständiges Motto.

Die Feindseligkeit der anderen ihr gegenüber würde sich über ihren Söhnen entladen, das war ihr klar. Als sie anfingen, ihr unangenehme Fragen zu stellen, antwortete sie mit der ungeschminkten Wahrheit. „Ja, euer Vater und ich haben Ehebruch begangen. Ja, wegen mir sind Soldaten gestorben.“ Sie hatte ein Mal Kompromisse gemacht; noch einmal wollte, ja durfte sie das nicht tun. Sie nahm jede Gelegenheit wahr, mit ihren Kindern über Buße und Verantwortung zu reden, über die Folgen der Sünde und über Gottes Größe. Sie erzählte ihnen auch von seiner großen Güte und Gnade.

„Wenn ihr sündigt – und das werdet ihr tun –, dann müsst ihr immer wieder zu Gott umkehren. Wenn ihr das tut, wird er euch vergeben.“

„Und alles wiedergutmachen“, sagte Salomo.

Sie lächelte traurig. „Er wird euch vergeben, aber die Folgen eurer Sünde wird er nicht auslöschen.“

„Warum nicht?“

„Damit wir Gehorsam lernen.“

Als Nathan ihr ausrichten ließ, dass er ihre Söhne im Gesetz Gottes unterweisen wollte, schickte sie sie voller Dankbarkeit zu ihm. „Hört ihm mit eurem ganzen Herzen zu, Kinder“, sagte sie ihnen. Wieder war Gott ihr zu Hilfe gekommen.

Wie ein Sturm tobte die Nachricht durch den Palast: Amnon, Davids Ältester und Thronerbe, hatte seine Halbschwester Tamar vergewaltigt. David zerriss sein Gewand, als er es hörte. Zu spät erkannte er, dass die Bitte des angeblich kranken Amnon, ihm doch Tamar ans Bett zu schicken, eine List gewesen war.

Jetzt verlangte Tamars Mutter Maacha laut schreiend, dass Amnon für sein Verbrechen bestraft würde. Aber wie konnte David das zulassen, wenn auf Vergewaltigung der Tod stand? Konnte er seinen Sohn und Erben hinrichten lassen? Als Tamar schreiend und weinend hinaus auf die Straße gelaufen war, hatte ihr Bruder Absalom ihr Ruhe geboten.

David versuchte, Maacha zu beruhigen. „Frau, wenn Absalom nicht das Blut seines Bruders verlangt, warum dann du? Er hat unsere Tochter in sein Haus genommen und ihr geboten, nicht mehr über die Sache zu reden."

„Weil er erwartet, dass *du* etwas tust!"

„Würdest du genauso schnell nach Rache schreien, wenn *dein* Sohn gesündigt hätte?"

„Mein Sohn würde nie eine Frau vergewaltigen!" Sie weinte hysterisch. „Das ist alles deine Schuld! Der Sohn deines Bruders, Jonadab, hat Amnon den Plan vorgeschlagen, und *du hast meine Tochter zu Amnon geschickt!* Du hast sie geschickt, und jetzt ist sie entehrt! Was soll nun aus Tamar werden? Amnons Sünde ist auf deinem Haupt!"

David weinte. Sie hatte ja recht.

Die Ratgeber, die es gut mit ihm meinten, rieten ihm, dem Gesetz zu folgen, aber davon wollte David nichts hören. „Wie könnt ihr von mir verlangen, dass ich meinen Sohn steinige? Habe ich nicht auch gesündigt, als ich Batseba in den Palast holen ließ? Und als ich Uria töten ließ? Aber Gott ist mir gnädig gewesen!"

„Du hast Buße getan, mein Herr und König, aber Amnon …"

„Ich werde nicht einen anderen richten, wenn ich selbst so sehr gesündigt habe. Ich vergebe ihm und befehle euch, das Gleiche zu tun!"

Batseba bedeckte ihr Gesicht und weinte allein in ihrem Zimmer. Was konnte ein Sohn von einem Vater lernen, der die Frau eines anderen Mannes gestohlen und diesen Mann ermordet hatte? Doch nur, dass er tun konnte, was ihm beliebte! Er hatte gelernt, sich das zu nehmen, was er wollte, ohne sich darum zu scheren, was dies die anderen kostete.

Oh Gott, wenn deine Liebe und Güte nicht wäre, wie könnte ich es ertragen, mit anzusehen, was meine Sünden angerichtet haben?

Batsebas Herz schmerzte für Tamar. Und für Maacha, die so untröstlich und bitter war. Und für Amnon, den Gott für seine Tat richten würde. Und mitten in ihrem Elend spürte sie die anklagenden Blicke, hörte das Flüstern. Sie wusste, was die Leute dachten: *Was du damals getan hast, ist der Grund für all dieses Elend jetzt!*

Absaloms Schweigen ließ sie zittern, denn er war nicht weniger brutal und anmaßend als Amnon. Schon als kleiner Junge war er von allen wegen seiner Schönheit bewundert und verwöhnt worden, und je älter er wurde, umso arroganter wurde er. Würde ein solcher Mann etwa einem anderen die Vergewaltigung seiner schönen Schwester vergeben?

Mehrere Monate vergingen, ohne dass etwas geschah. David betrachtete die Angelegenheit anscheinend als erledigt und erwähnte sie nicht mehr. Batseba blieb wachsam.

Ein Jahr verging, dann das zweite, und das Unkraut wuchs immer höher in dem Weizen.

„Absalom hat mich zur Schafschur eingeladen“, erzählte David ihr eines Abends, als sie allein miteinander speisten. „Und alle seine Brüder auch.“

Da stimmte etwas nicht, das spürte Batseba sofort. Absalom hatte *ihre* vier Söhne nicht eingeladen. Aber eigentlich war es ihr ganz recht so. Absalom hasste sie, weil David sie seiner Mutter vorzog. Und er betrachtete ihre Söhne als Rivalen, obwohl er selbst nach Amnon der nächste Thronanwärter war. Sie goss David Wein nach. „Und gehst du hin?“

Er schüttelte den Kopf und nahm den Becher, wobei er ihr über die Finger streichelte. „Ich bleibe lieber hier. Und was soll ich Absalom die Verpflegung meines ganzen Gefolges zumuten? Die jungen Männer können sich besser ohne mich amüsieren. Amnon hat sich schon bereiterklärt, mich zu vertreten.“

„Ich bin froh, dass meine Söhne nicht hingehen.“

„Warum nicht?“

„Weil sie nicht eingeladen sind.“

David runzelte die Stirn und dachte einen Augenblick nach. Dann zuckte er die Achseln. „Vielleicht dachte Absalom, sie interessieren sich nicht für so etwas, da sie so oft bei Nathan sind.“

Ein paar Tage danach hallten plötzlich Schreie und Wehklagen durch den Palast. Batseba rannte aus ihren Gemächern, voller Angst, dass David etwas zugestoßen sein könnte. Salomo fing sie ab, sein Gesicht schreckensbleich. „Es ist gerade ein Bote gekommen! Er sagt, Absalom hat alle Brüder ermordet, die bei der Schafschur waren! Sie sind alle tot!“

Ihr wurde eiskalt. Wenn Absalom etwas so Schreckliches zu tun bereit war, dann wusste sie, was er als Nächstes wagen würde. Absalom war hinter dem Thron her, und die einzige Möglichkeit, ihn an sich zu reißen, war der offene Krieg gegen David.

„Hol deine Brüder, und dann geht zu eurem Vater und bleibt an seiner Seite!“

Der Palast war in Aufruhr. Frauen schrien und weinten, Männer standen in zerrissenen Gewändern da. David war am Boden zerstört.

Ein weiterer Bote kam. Jetzt hieß es, dass nur Amnon tot sei. Dann kamen einer nach dem anderen Davids Söhne nach Hause. Sie erzählten, dass Davids Erbe auf dem Fest guter Dinge vom Wein gewesen war, als Absalom plötzlich seinen Dienern befahl, ihn zu töten. Und dann hatte er ungerührt zugeschaut, wie sie auf ihn einstachen.

David sammelte seine Männer, um Absalom zur Rechenschaft zu ziehen. Doch der floh nach Geschur, wo er Asyl am Hof von König Talmai fand, dem Vater seiner Mutter.

Was bedeutete der Mord an Amnon? Batseba versuchte, ihn mit den Augen ihres Großvaters zu sehen. Es gab drei Gründe für Absalom, Amnon zu ermorden: um seine Schwester zu rächen, um offen seinen Vater herauszufordern und um sich selbst zum Thronerben zu erklären. Vermutlich waren es alle drei auf einmal. Davids übrige Söhne lebten jetzt in ständiger Angst vor Absalom; sie wussten, dass sein Rache- und Machtdurst keine Grenzen kannten.

Hätte Absalom auch David ermordet, wenn dieser mit zum Fest gekommen wäre? Aber welcher Sohn brachte denn seinen eigenen Vater um?

David sprach ständig davon, auszuziehen und Absalom zu fassen. Aber es blieb bei den Worten.

Drei Jahre vergingen, und David schien mittlerweile über Amnons Tod hinweggekommen zu sein. Seine Kundschafter berichteten ihm, dass Absalom in Geschur keine Armee um sich versammelt hatte, woraus David schloss, dass Amnons Ermordung nur aus Rache für die Vergewaltigung von Tamar geschehen war und nicht als Angriff auf seinen Thron. Batseba wusste, dass Davids Herz an Absalom hing. Er war hin- und hergerissen zwischen der Liebe zu seinem missratenen Sohn und dem Zorn über das, was er getan hatte.

„Dein Sohn wartet darauf, dass du ihm vergibst", sagte Joab zum König. Batseba wusste, David suchte nur einen Grund dafür, Absalom wieder aufzunehmen, dem es ohne Soldaten und Verbündete ohnehin unmöglich war, den Thron an sich zu reißen. Aber Batseba traute Absalom nach wie vor nicht. David gegenüber erwähnte sie das allerdings mit keinem Wort; er hätte es nur falsch verstanden. Nein, alles, was sie tun konnte, war, dafür zu sorgen, dass ihre eigenen Söhne Gott zu gefallen suchten und ihrem Vater zur Seite standen.

Wenn David sie für den Abend zu sich holen ließ, ließ sie Salomo und seine Brüder immer mitkommen. David genoss die Gespräche mit ihnen; vielleicht konnten sie ihn trösten, diese einzigen seiner Söhne, die wirklich Gott nachfolgten.

Der Palast veränderte sich. Um den Frieden zwischen seinen Frauen zu wahren, befahl David den Bau mehrerer neuer Häuser. Ahinoam betrauerte Amnon noch immer sehr, während Maacha so hartnäckig und so laut für Absaloms Rückkehr eintrat, dass David sie schließlich nicht mehr holen ließ.

Salomo und seine Brüder verbrachten viel Zeit mit Batseba. Sie hörte ihnen gerne zu, wenn sie erzählten, was sie alles bei Nathan lernten. Und sie waren gut informiert über das, was in Jerusalem vor sich ging, während sie selbst hinter den Palastmauern nur wenig mitbekam. Es waren ihre Söhne, die ihr eröffneten, dass Absalom bald zurück nach Jerusalem kommen würde.

„Hat euer Vater ihm vergeben?"

„Nicht ganz", sagte Salomo. „Ich war neulich im Gerichtssaal dabei, als eine Witwe aus Tekoa kam und darüber klagte, dass die Sippe von ihr verlangte, ihren Sohn auszuliefern, der seinen Bruder getötet hatte. Natürlich wollte sie das nicht. Vater hat ihr versprochen, das Leben ihres Sohnes zu schützen. Und dann hat er gemerkt, dass die ganze Geschichte eine Falle war."

„Eine Falle?"

„Joab hatte der Frau die Worte in den Mund gelegt."

Batseba stand auf, zutiefst beunruhigt. Wieder Joab. War dies eine neue Botschaft an David: *Hol Absalom zurück, oder ich helfe ihm gegen dich?*

„Mein Vater wäre gut beraten, Absalom in der Nähe zu halten, damit er ihn unter Aufsicht hat", sagte Salomo.

„Ja, das stimmt." Sie sah ihn an. „Sei so gut und rede mit Nathan darüber." Sie selbst würde darum beten, dass David sich nicht wieder von seinen Gefühlen lenken lassen würde. Joab hatte ihn manipuliert, aber Vergeltung würde nichts bringen.

Als Absalom schließlich zurück nach Jerusalem kam, machte David einen Schachzug gegen Joab: „Absalom darf zurück in sein Haus gehen, aber mich soll er nicht sehen." Das Wort Gottes, das Nathan so viele Jahre zuvor ausgesprochen hatte, war dabei, sich zu erfüllen: Das Schwert würde nicht von Davids Haus weichen. Jetzt hatte er, um Joab in seine Schranken zu weisen, die Tür zur Versöhnung mit Absalom verschlossen.

Als Batseba von Davids Entscheidung hörte, wurde ihr bange. Wie lange würde es noch dauern, bevor Absaloms Stolz ihn zur Rache trieb? Und wie viele würden dann sterben?

Es dauerte zwei Jahre, bis der Vulkan in Absaloms Herzen ausbrach.

„Absalom hat Joabs Feld angezündet", berichtete Schobab.

Salomo schüttelte den Kopf. „Jetzt ist es nur noch eine Frage der Zeit, bis Joab zu Vater geht und für unseren Bruder eintritt."

„Wenn euer Vater sich mit Absalom versöhnt, kann das nur gut für das Volk sein." Es musste endlich Schluss sein mit den Kämpfen in der Familie. Der Bruch mit seinem jetzt ältesten Sohn bedrückte David und entzweite das Volk. Viele fanden es richtig, dass Absalom Amnon getötet hatte, weil der König die Vergewaltigung von Absaloms Schwester nicht so geahndet hatte, wie das Gesetz es vorschrieb. Andere sagten, dass Davids Untätigkeit kein Zeichen von Gnade, sondern lediglich von Unentschlossenheit war. Ein unentschlossener König aber war ein schwacher König, der den Angriffen seiner Feinde ausgeliefert war – und David hatte Feinde überall. Nur Gott konnte ihn und seinen Thron beschützen.

„Das bedeutet nichts Gutes, Mutter", fuhr Salomo fort. „Wenn Absalom es wagt, Joabs Feld anzuzünden, ist er zu allem fähig."

„Meinst du, dass er sich gegen den König erheben wird?"

„Er ist zu klug, um so offen vorzugehen. Und er braucht Verbündete. Joab wird nicht zu ihm stehen – nicht mehr jetzt. Aber du weißt ja besser als ich, wie stolz Absalom ist."

Schammua lachte. „Ich habe gehört, jedes Mal, wenn er sich das Haar schneiden lässt, lässt er es wiegen!"

„Seine Schönheit hat ihn eitel gemacht", sagte Batseba leise.

„Ja, alle schwärmen sie davon, wie gut er aussieht, aber sein Herz ist tückisch. Vater hat ihn vor zwei Jahren in sein Haus verbannt, und daran hat sich nichts geändert. Zwei Jahre – das ist mehr als genug, um den Zorn zu schüren."

Batseba suchte nach einem Hoffnungsfunken. „Absalom ist der Thronerbe. Er muss geduldig sein. Was hätte er denn davon, wenn er das Volk entzweit, das er eines Tages regieren wird?"

Salomo lachte bitter. „Die einzige Zeit, in der ich meinen Bruder geduldig erlebt habe, waren die zwei Jahre, in denen er die Ermordung Amnons geplant hat."

Batseba erhob sich. „Lasst uns nicht mehr darüber reden." Sie ertrug es nicht. „Haltet eure Augen und Ohren offen und berichtet mir alles." Sie wusste: Wenn Absalom je gegen David kämpfte und siegte, waren sie und ihre Söhne dem Tod geweiht.

Salomo verneigte sich und küsste sie auf die Wange. Er wollte noch etwas sagen, aber sie legte ihren Finger auf seine Lippen. „Rede mit Nathan über deine Sorgen. Und such den Rat Gottes."

„Ja, Mutter."

Sie küsste ihn und ihre anderen Söhne und schaute ihnen nach, als sie gingen. *Gott, beschütze meine Söhne! Lass die Sünden der Vergangenheit auf mich fallen, nicht auf sie!*

David erhörte Joabs Bitte und erlaubte Absalom, vor ihn zu treten, aber der Versöhnungskuss, den er ihm gab, war mehr eine formelle Geste als ein Akt des Herzens. Bald danach hörte Batseba, dass Absalom sich einen von Pferden gezogenen Wagen hielt und eine Leibwache von 50 Mann, die vor ihm herliefen, als sei er bereits der König. Morgens stand er zeitig auf und ging zum Stadttor, wo er die Bittsteller, die ihre Rechtssachen vor den König bringen wollten, abfing und ihnen sagte, dass allein er ihren Fall gerecht behandeln würde.

Als er vor David trat und um die Erlaubnis bat, nach Hebron gehen zu dürfen, um ein Gelübde zu erfüllen, das er in Geschur abgelegt hatte, ließ David ihn nichts ahnend ziehen. Und Absalom verließ Jerusalem und nahm 200 Männer, die er als Gäste geladen hatte, mit nach Hebron, wo er sich zum König ausrufen ließ.

Eilboten kamen nach Jerusalem: „Die Herzen der Menschen in Israel haben sich Absalom zugewandt!" Und die Boten wussten noch mehr: Absalom war auf dem Weg nach Jerusalem, zusammen mit einer ganzen Armee, um seinem Vater den Thron abzunehmen.

Keine Stunde, und Frauen und Diener eilten durch den Palast, um das nötigste Reisegepäck zu packen. David hatte befohlen, dass sein ganzes Haus Jerusalem verlassen sollte, bevor Absalom mit seiner Armee da war. Nur zehn Nebenfrauen würden bleiben, damit der Palast nicht leer stand.

Batseba ging neben ihren Söhnen, als David die Seinen aus dem Palast und der Stadt hinausführte. Als sie beim letzten Haus angelangt waren, schlossen sich ihnen 600 Männer an – Ausländer, die erst vor Kurzem in die Stadt gekommen waren. Batseba war erleichtert, als sie Davids Angebot ausschlugen, zu gehen und sich Absalom anzuschließen; David würde alle Männer brauchen, die er finden konnte, wenn er überleben wollte.

Männer und Frauen weinten und wehklagten, als sie den Kidron überschritten und hinaus in die Wüste zogen. Der Hohepriester Zadok und alle Leviten folgten David mit der Bundeslade, doch als David das hörte, befahl er ihnen, zurück nach Jerusalem zu gehen: „Wenn der Herr will, wird er mich zurückbringen, um wieder die Lade und das Zelt des Bundes zu sehen. Und wenn er nicht will, so soll er tun, was ihm das Rechte scheint."

Er ging barfuß und weinend, das Haupt verhüllt zum Zeichen der Trauer über seinen rebellischen Sohn.

Als sie den Ölberg hinaufgingen, kam ein staubbedeckter Bote an. „Ahitofel ist mit unter den Verschwörern!"

Batseba fiel auf die Knie, weinte laut und häufte sich Staub auf den Kopf. Ihr Großvater, der Mann, den sie als Kind so geliebt hatte, hatte das Schwert der Rache gegen David und sie erhoben. Sie merkte, wie David sie ansah und ließ den Kopf auf ihre Knie sinken, voller Schmerz darüber, was ihre Liebe zu ihm angerichtet hatte. Sie hörte, wie David voll Trauer und Zorn ausrief: „Oh Herr, vereitele du Ahitofels Pläne!"

Davids Höflinge und Berater drängten sich um ihn, alle redeten gleichzeitig. Dann spürte Batseba starke Arme, die sie hochhoben, und hörte, wie Salomo flüsterte: „Gott wird uns beschützen."

„Das ist meine Schuld", wimmerte sie. „Alles meine Schuld."

Er umarmte sie, wie ein Schutzwall gegen die Blicke der Umstehenden. „Willst du der Sündenbock für alle sein?"

Sie zitterte heftig. „Die Lawine hat vor Jahren begonnen, mein Sohn, und jetzt kommt der ganze Berg auf uns herab!"

„Jeder Mensch trifft seine eigenen Entscheidungen, Mutter. Ahitofels Sünde ist seine Sünde."

Sie schüttelte den Kopf. „Er ist dein Urgroßvater."

„Er erbat sich vor einigen Jahren die Erlaubnis, in seine Vaterstadt Gilo zu ziehen, weil Israel Frieden hatte. Jetzt kennen wir also seinen eigentlichen Grund: Verrat! Wenn ich eines aus dieser Sache gelernt habe, Mutter, dann, dass man niemandem trauen darf, noch nicht einmal seinem eigenen Fleisch und Blut."

„Mir kannst du trauen. Und deinem Vater."

„Ich liebe dich, Mutter, und ich vertraue dir, aber wie viel Macht hast du? Und meinen Vater liebe ich auch, aber er ist seinem Volk seit Jahren entfremdet."

Batseba rügte ihn nicht wegen seiner Worte; er sprach sie traurig aus, nicht verurteilend. Sie musste wieder an ihren Großvater denken, und ihr Herz erbebte. All die Jahre hatte er nur vorgegeben, Frieden mit David gemacht zu haben, die ganze Zeit auf eine Gelegenheit gewartet, ihn zu vernichten.

Oh, wenn ich nur stärker und weiser gewesen wäre … Sie rief sich zur Ordnung. *Wenn ich nur … wenn nur …* Was brachten solche Gedanken? Es war zu spät, sich zu wünschen, dass sie anders gehandelt hätte. Sie und die anderen waren alle Sünder, und alle Opfer bedeckten die Sünde nur mit dem Blut eines anderen. *Oh Gott der Gnade, wie sehne ich mich danach, wieder ein unschuldiges Kind zu sein, frei und mit einem Herzen weiß wie Schnee.*

Hatte Ahitofel sich das alles gut überlegt? Konnte es sein, dass er sie und David so hasste, dass er seinen eigenen Untergang riskierte, um es ihnen heimzuzahlen? Wenn es ihm gelang, Absalom auf den Thron zu setzen, würde David sterben. Und sie. Und Ahitofels vier Urenkel! Mit jedem Schritt, den sie machte, betete Batseba zu Gott, das Gebet ihres Mannes zu erhören und Ahitofels Pläne mit Absalom zu vereiteln. Wenn Gott ihnen jetzt nicht half, waren sie alle verloren. Ahitofel wusste mehr über Kriegsführung als jeder andere im ganzen Reich, einschließlich Joab, der jetzt mit David marschierte und ihn vor dem Sohn beschützte, mit dem er früher unter einer Decke gesteckt hatte. Joab mit seinem mörderischen Stolz. Joab mit seinen heimlichen Motiven und seinem tödlichen Ehrgeiz! In ein Dutzend verschiedene Richtungen hatte er David in den letzten 30 Jahren gezogen!

Sie sah zu Salomo auf. „Du und deine Brüder, ihr müsst gehen und eurem Vater zur Seite stehen."

„Das tun wir."

„Ich meine, ihr müsst in seiner unmittelbaren Nähe bleiben. Ihn vor Absalom schützen und allen anderen, die ihm ans Leben wollen. Wenn der König fällt, fallen wir alle mit." Sie konnte durch ihre Tränen kaum noch etwas sehen. „Zeigt David, dass er Söhne hat, denen er vertrauen kann!"

Sie ging weiter in dem Zug, jetzt allein, und musste an die Gespräche denken, damals vor dem Zelt ihres Vaters bei En-Gedi. „Du musst Saul töten", hatte Abischai einmal gesagt. „Schlag den Hirten, und die Herde wird sich zerstreuen", hatte Joab gesagt. David hatte nicht auf sie gehört, und als er und die anderen gegangen waren, hatte ihr Großvater mit ihrem Vater über die Sache gesprochen. „Joabs Rat ist klug", hatte er gesagt. „Sauls Tod würde diesen Krieg beenden und David auf den Thron bringen. Aber auf David würde kein Segen ruhen, wenn er den Gesalbten des Herrn tötete."

Kein Segen. Das Letzte, was ihr Großvater dem Haus Davids jetzt gönnte, war Segen. Und was für eine bessere Methode gab es für ihn, seine ach so wichtige Ehre zu rächen, als wenn er den Sohn gegen den Vater aufhetzte? Er war bereit, eine ganze Nation seinem Familienstolz zu opfern. Waren alle Menschen so: unfähig, anderen zu vergeben? Was für ein Recht hatte ein Mensch, das weiterhin zu verurteilen, was Gott vergeben hatte? Sie erinnerte sich, wie ihre Mutter sie damals gewarnt hatte, dass ihr Großvater die Sache nie auf sich beruhen lassen würde. Wie hatte sie gehofft und gebetet, dass er einen anderen Weg wählen würde. Jetzt sah sie unter Tränen ein, dass ihre Mutter recht behalten hatte. Sie wusste, dass Ahitofel Absalom raten würde, David zu töten. Und wenn ihm das gelang, wäre auch Absaloms Königreich verflucht, denn welchem Volk konnte es gut gehen, wenn der Sohn das Blut seines Vaters vergossen hatte? Davids Haus würde fallen.

Und egal, wie der Kampf ausging, immer würde einer ihrer Lieben sterben.

Dann lass es Ahitofel sein, Herr. Sie weinte bei diesem Gebet. *Lass es meinen Großvater treffen und nicht meinen Mann und meine Söhne.*

Als David Bahurim erreichte, kam ein Mann namens Schimi heraus, der zur Sippe Sauls gehörte, und schleuderte ihm Flüche entgegen. Er ging neben dem Zug her und bewarf David mit Steinen. „Hau ab, du Mörder!", schrie er. „Du verfluchter Schuft! Jetzt zahlt Gott es dir heim, dass du Saul und die Seinen ermordet hast! Seinen Thron hast du gestohlen, aber zum Ausgleich hat der Herr dir deinem Sohn Absalom gegeben! Jetzt darfst du deine eigene bittere Medizin schlucken, du Bluthund!"

Abischai zog sein Schwert. „Dieser Hund wagt es, meinen Herrn und König zu verfluchen?! Lass mich ihm den Kopf abhauen!"

„Nein!", rief David. „Was soll ich mit euch machen, ihr Söhne Zerujas? Wenn der Herr ihm geboten hat, mich zu verfluchen, wer bin ich, dass ich ihn daran hindern sollte?" Er zog scharf die Luft ein und fuhr fort: „Mein eigener Sohn will mich töten. Hat dieser Verwandte Sauls nicht noch viel mehr Grund dazu? Lasst ihn weiterfluchen, denn der Herr hat es ihm geboten. Und vielleicht wird der Herr sehen, dass mir Unrecht geschieht, und die Flüche in Segen verwandeln."

David ging weiter die Straße entlang. Bei jedem neuen Wort Schimis zuckte er zusammen. Er spürte die Steine, die ihn trafen, er schmeckte den Staub, den die Füße Schimis aufwirbelten.

Als seine Leute zu müde waren, um weiterzugehen, befahl er, ein Nachtlager aufzuschlagen. Er hatte getan, was er konnte. Er hatte einen weiteren seiner Kriegsratgeber, Huschai, in Jerusalem zurückgelassen, der sich zum Schein Absalom anschließen sollte, um Ahitofels Plänen entgegenzuwirken. Er hatte auch den Priester Zadok und seine Söhne in Jerusalem gelassen; sie sollten als Boten zwischen ihm und Huschai fungieren. Wenn es eine

Möglichkeit gab, Absalom aufzuhalten, würde Huschai dafür sorgen, dass David davon erfuhr. Alles lag jetzt in Gottes Händen; sein Wille würde geschehen.

Wenn mein Sohn mich jetzt verfolgt, werde ich sterben, Herr. Ich bin zu müde, um weiterzugehen, und meine Leute auch. Hilf mir, oh Gott, hilf mir!

Er nahm seine Krone ab und hielt sie in den Händen. „Herr, erhöre mein Gebet", flüsterte er. „Verbirg dich nicht vor mir. Sie wollen mir ans Leben und greifen mich an wegen der Sünden, die ich vor so langer Zeit beging. Und ich bin müde." Er schloss die Augen und packte die Krone fester. „Gott, ich habe Angst vor dem Tod. Vor meinem Tod und dem all meiner Lieben. Ich zittere wie ein Junge, der noch nie gekämpft hat. Hätte ich nur Flügel wie eine Taube, um entkommen zu können." Er schluckte. „All die Jahre habe ich Ahitofel für meinen Freund gehalten, aber er hat seine Ränke gegen mich geschmiedet." Er fuhr sich mit einer Hand durch sein Haar. „Ahitofel. Mein Freund und Gefährte in den Wüstenjahren."

Er knirschte mit den Zähnen. „All die Jahre sind seine Worte so weich wie Butter gewesen. Er sprach von Frieden, aber in seinem Herzen war Krieg und er hielt schon das Schwert hinter seinem Rücken bereit. Er hat den Ehrgeiz meines Sohnes angefacht und ihn gegen mich aufgehetzt." Der Zorn packte ihn, dass er zitterte. „Lass das nicht zu, Herr! Lass ihn lebendig ins Totenreich fahren!"

Er atmete langsam aus, versuchte, die Fassung wiederzugewinnen. Er musste jetzt ruhig sein, nachdenken, weise handeln. *Was war ich für ein Narr, dass ich die Zügel des Reiches in andere Hände gelegt habe!* Er drehte die Krone langsam zwischen seinen Händen und setzte sie wieder auf, dann rieb er sich über das Gesicht. Der Staub des Weges fühlte sich rau an auf seiner Haut. *Oh Gott, ich wollte doch nie König sein!* Er wäre glücklicher gewesen, wenn er der Hirte geblieben wäre, der Psalmen dichtete und nachts zu den Sternen emporsah. Wenn er ein armer Mann geblieben wäre, mit nur einer Frau.

Der Mensch denkt, aber Gott lenkt.

Er stand seufzend auf. „Ich will auf dich vertrauen, Herr, auf dich allein. Tu mit mir, was du willst."

Huschai warnte Zadok, und der Priester sandte seine beiden Söhne zu David. „Schnell! Du musst noch heute Abend den Jordan überqueren! Ahitofel hat Absalom geraten, euch sofort zu verfolgen und zu töten. Huschai rät dir, nicht die Nacht an der Furt zu verbringen, sondern sofort hinüberzugehen!"

Und es gab noch mehr Nachrichten – bittere Nachrichten, die David an die Prophezeiung Nathans erinnerten. „Auf Ahitofels Rat hat Absalom deine zehn Nebenfrauen auf das Dach geführt und sie vor den Augen ganz Israels genommen."

David spürte, wie seine Nackenhaare sich sträubten. Er sah Ahitofels vom Hass verzerrtes Gesicht förmlich vor sich, glaubte, seine Gedanken zu hören: *Erinnerst du dich, wie du auf dem Palastdach gestanden und meine Enkelin angegafft hast? Weißt du noch, wie du sie genommen und entehrt und Schande über mein ganzes Haus gebracht hast? Jetzt schaue ich zu, wie dein Sohn deine Frauen entehrt und vor den Augen ganz Israels Schande über dein Haus bringt!*

David weckte seine Leute auf, und sie zogen weiter nach Mahanajim. Dort brachten Männer aus Rabba und Ammon ihnen Bettmatten, Töpfe und Schüsseln, außerdem Mehl, Bohnen, Linsen, Honig, Butter und Käse. Und David und seine Begleiter aßen sich satt und ruhten sich aus.

David zählte seine Männer und setzte Offiziere über 1.000 und über 100 ein. Er teilte seine Armee in drei Teile auf: Die erste Abteilung stellte er unter Joabs, die zweite unter Abischais Kommando, die dritte unterstellte er dem Gatiter Ittai. Und dann machte er sich mit schwerem Herzen bereit, gegen seinen eigenen Sohn in den Krieg zu ziehen.

Seine Soldaten protestierten: „Du darfst nicht mit uns gehen. Wenn wir geschlagen werden, ist Absaloms Truppen das egal; sie sind nur hinter dir her. Du bist mehr wert als zehntausend von uns; es ist besser, du bleibst hier in der Stadt und schickst uns Hilfe, wenn wir welche brauchen."

Und David hörte auf sie. „Wenn ihr meint, dass das das Beste ist ...“ Er gab Joab, Abischai und Ittai seine letzten Anweisungen. „Bitte – wenn ihr mich je geliebt habt, verschont meinen Sohn Absalom!“ Dann blieb er im Tor stehen, während seine Männer an ihm vorbei in die Schlacht zogen.

Wieder blieb David in der Stadt, während andere für ihn kämpften. Aber diesmal tat er es, weil sein Volk es wollte – und nicht er selbst.

Der Turmwächter rief: „Da kommt ein Läufer!“

David marschierte ruhelos hin und her. „Wenn er allein ist, hat er schlechte Nachrichten“, murmelte er. Als der Wächter rief, dass ein zweiter Bote hinter dem ersten kam, zog Davids Herz sich vor Angst zusammen.

„Der Erste läuft wie Ahimaaz, der Sohn Zadoks!“, rief der Wächter.

David presste seine Hände zusammen und öffnete sie wieder. „Er ist ein guter Mann und bringt gute Nachrichten.“

Noch bevor er das Tor erreichte, rief Ahimaaz aus: „Die Schlacht ist gewonnen!“ Davids Herz machte einen Freudensatz, als der junge Mann vor ihm auf die Knie fiel und sich tief verneigte. „Gelobt sei der Herr, dein Gott“, keuchte er, „der dir den Sieg gegeben hat über die Rebellen, die sich gegen dich erhoben haben.“

„Wie geht es Absalom? Ist er in Sicherheit?“

Ahimaaz' Blick flackerte kurz, dann verneigte er sich wieder. „Als Joab mir befahl, hierherzukommen, war noch ein großes Durcheinander, und ich konnte nichts Genaues ausmachen.“

Warum schaute Ahimaaz ihn nicht an? Davids Herz schlug heftiger. Da rief der Wächter wieder: Der zweite Läufer war da. „Warte hier“, befahl David Ahimaaz.

Der zweite Bote, ein Äthiopier, staubbedeckt und außer Atem, trat vor David. „Ich habe gute Nachrichten für meinen Herrn und König! Heute hat der Herr dich vor allen errettet, die sich gegen dich erhoben hatten!“

„Was ist mit meinem Sohn Absalom?“

Die Augen des Äthiopiers blitzten. „Möge es allen deinen Feinden so ergehen, wie es ihm ergangen ist!“

Davids Herz krampfte sich zusammen. „Mein Sohn! Mein Sohn ist tot! Oh Absalom, mein Sohn, Absalom, Absalom! Wäre ich nur gestorben statt deiner! Oh Absalom, mein Sohn, mein Sohn!“

David stolperte die Treppe hinauf in das Turmzimmer über dem Stadttor und brach weinend zusammen.

David stand nicht auf, als die Tür sich öffnete, hob auch nicht den Kopf, bis er Joabs zornige Stimme hörte.

„Wir haben heute dein Leben gerettet und das deiner Söhne, Töchter, Frauen und Nebenfrauen!“ Joabs Gesicht war rot, seine Hand hatte den Griff seines Schwertes gepackt. „Und du sitzt hier und heulst wie ein Mädchen! Du liebst die, die dich hassen, und hasst die, die dich lieben. Bedeuten wir dir denn überhaupt nichts? Wenn wir alle tot wären, aber Absalom lebte noch, das wäre dir wohl recht?!“

David sah ihm in die Augen und begriff: Es war Joab, der für Absaloms Tod verantwortlich war. „Er war mein Sohn und Erbe!“ Hatte er Joab nicht vor vielen Zeugen befohlen, seinem Sohn nichts anzutun? Aber Joab tat immer, was er für richtig hielt, ohne Rücksicht auf die anderen – oder auf das, was recht war. Er diente nur seinem eigenen Ehrgeiz. David sah Mord in seinem hitzigen Blick.

„Steh auf!“, schrie Joab. „Geh raus und gratuliere den Truppen, denn ich schwöre dir beim Herrn: Wenn du es nicht tust, wird kein Einziger von ihnen heute Abend noch hier sein, und dann stünde es schlimmer um dich je zuvor!“

Roter Zorn stieg in David hoch. Er versuchte sich zu beruhigen, dem Impuls zu widerstehen, den Mann vor ihm zu schlagen. Aber wenn er nicht tat, was Joab sagte, was würde das für das Reich bedeuten? Er schaute in die Augen seines Befehlshabers und las in ihnen: Wenn er nicht aufstand, würde Joab handgreiflich werden; zu deutlich stand ihm die Wut und der Widerwille im Gesicht geschrieben.

David erhob sich und ging zu Joab. Er blieb vor ihm stehen und sah ihm in die Augen. „Hast du ihn getötet, weil er dein Feld abgebrannt hatte?“

Joab erwiderte seinen Blick, starr und wortlos, die Lippen zu einer Linie zusammengepresst.

Aber David wusste, er konnte Joab nicht bestrafen. Nicht jetzt. Wieder war es Joab gewesen, der die Armee zum Sieg geführt hatte, während der König hinter den Mauern der Stadt saß und wartete.

Joab trat zurück und neigte den Kopf. Seine Augen waren wie die einer lauernden Schlange.

David gab ihm keine Gelegenheit zuzuschlagen. Er schluckte seinen Zorn und seine Trauer hinunter, ging hinaus und setzte sich neben dem Tor hin. Einer nach dem anderen kamen seine Soldaten zu ihm, und er dankte jedem von ihnen, dass er ihm geholfen hatte, sein Königreich zu retten.

Und dann führte David sein ganzes Haus zurück nach Jerusalem.

Batseba saß in ihrem Zimmer und wartete. Würde David ihr die Schuld an Absaloms Tod geben? Ihr Großvater war ja der Drahtzieher gewesen hinter der Verschwörung, David zu töten und ihm den Thron abzunehmen.

Tage vergingen, ohne dass sie ihn sah. Er ließ auch keine der anderen Frauen zu sich rufen. Dann ging eines Tages die Tür auf, und David trat ein, ganz plötzlich und unangemeldet. Sie stand auf, ihr Herz schlug ihr bis zur Kehle. Er sah dünner aus, sein Gesicht verhärmt, seine Schläfen ergraut. Sie machte ein paar Schritte auf ihn zu, dann ging sie auf die Knie und verneigte sich, bis ihre Stirn den Fußboden berührte. „Oh David, das tut mir alles so leid.“ Sie begann zu weinen.

Seine Hand legte sich sanft auf ihren Kopf. „Ich gebe dir keine Schuld an dem, was Ahitofel getan hat.“

Sie hob ihren Kopf und sah ihm in die Augen. *Ich liebe dich, wie eh und je,* stand in ihnen geschrieben. „Oh David!" Sie fiel ihm in die Arme; auch er war auf die Knie gegangen. Er drückte sie so fest, dass es wehtat. Sie legte ihren Kopf an seine Brust und spürte, wie er ihr den Nacken küsste.

„Ich habe Neuigkeiten", flüsterte er in ihr Haar, seine Arme schlossen sich noch fester um sie. „Als Absalom Huschais Rat befolgte, noch mit dem Angriff zu warten, ist Ahitofel nach Hause gegangen und hat sich erhängt."

Sie zitterte heftig. Gott hatte ihr Gebet also erhört. *„Ahitofels Sünde wird auf sein eigenes Haupt kommen"*, hatte Salomo gesagt, als sie vor Absalom flohen. Mit dem Maß, mit dem er selbst geurteilt hatte, war ihr Großvater gerichtet worden.

David hielt sie unendlich zärtlich fest, sein Atem warm auf ihrer Haut. Sie hörte den raschen Schlag seines Herzens.

„Ich habe beschlossen, dass Salomo meinen Thron erben soll", sagte er dann.

Sie machte sich frei und sah ängstlich zu ihm hoch. Er nahm ihr Gesicht in beide Hände. „Willst du wissen, warum ich so entschieden habe? Die anderen haben ihren Söhnen nur Ehrgeiz und Machthunger beigebracht." Sie sah den Schmerz in seinen Augen. „Ich schwöre dir, Batseba, dass *dein* Sohn die Krone tragen wird."

„Aber wer bin ich, dass du …"

„Von all meinen Frauen und Nebenfrauen hast nur du von ganzem Herzen den Herrn gesucht."

Ihre Augen füllten sich mit Tränen. „Wo sonst konnte ich hingehen nach dem, was ich getan hatte, und mit all dem Leid, das daraus entstanden ist?"

Er küsste ihr die Tränen fort. „Vielleicht können nur Menschen, die ein solches Chaos aus ihrem Leben gemacht haben, die ganze Breite, Höhe und Tiefe der Gnade Gottes verstehen." Er küsste sie noch mal, diesmal auf den Mund. „Zuerst mochte ich dich, weil du die Tochter meines Freundes warst. Dann wollte ich dich, weil du so schön warst. Und schließlich liebte ich dich, weil du mir so viel Freude gibst und ich bei dir Frieden finde." Er nahm ihre beiden Hände und küsste sie. „Aber am allermeisten liebe ich dich, weil du eine so gute Ehefrau und Mutter meiner Söhne bist. Du hast vier junge Männer aufgezogen, die den Herrn von ganzem Herzen lieben und sein Angesicht suchen; Söhne, auf die ich stolz sein kann, Söhne, die ich …“ Seine Stimme brach.

Sie schlang ihre Arme um ihn und tröstete ihn. Sie wusste, was er sagen wollte und nicht konnte.

Sie hatte ihm Söhne aufgezogen, denen er vertrauen konnte.

Kapitel 6

Kurz vor Davids Rückkehr nach Jerusalem hatte ein anderer Aufstand das Volk entzweit, als Scheba, ein Benjaminiter, die Männer Israels zum Krieg gegen David aufrief. Sein Aufruf brachte den Riss ans Tageslicht, der schon seit einiger Zeit zwischen Davids Stamm Juda und den anderen Stämmen Israels bestand. Nur die Männer Judas hielten zu ihrem König. David befahl Amasa, die Armee zu mobilisieren, doch Joab ermordete Amasa und führte selbst das Heer gegen Scheba. Er belagerte den Rebellen bei Abel-Bet-Maacha, bis eine kluge Frau aus der Stadt die Ältesten dazu überredete, Scheba zu enthaupten und über die Stadtmauer zu werfen und so die Stadt vor Joab zu retten.

Dann zogen die Philister gegen Israel, und David führte das Volk wieder in den Krieg. Er war alt und müde, und seine Männer protestierten. „Du wirst nicht wieder in den Kampf ziehen! Sollten wir etwa riskieren, dass das Licht Israels ausgelöscht wird?"

David gab nach, und seine Männer zogen ohne ihn in den Krieg. In den Kämpfen töteten seine Helden die Brüder Goliats.

Batseba sah, wie ihr geliebter David älter wurde. Sein Haar war jetzt grau, die Falten in seinem immer noch schönen Gesicht wurden tiefer, und seine Schultern hingen herab, als ob die ganze Last Israels auf ihnen ruhte. Er ging langsamer durch die Flure des Palastes und besuchte seine Nebenfrauen nur noch selten. Seine Ehefrauen belagerten ihn weiter mit ihren Klagen und hörten nicht auf, ihm ihre Söhne anzupreisen, bis er einigen von ihnen gewisse Pflichten übertrug.

Dann und wann kam er in Batsebas Gemächer, um den Nachmittag mit ihr zu verbringen. „Früher war ich so schnell wie ein

Adler, und jetzt sind meine Beine wie Baumstämme, die mich am Boden halten", seufzte er.

Sie lächelte ihn an. „Wir werden nun einmal alle älter, mein Liebster."

Er nahm ihre Hand und küsste sie. „Für mich bist du immer noch so schön wie früher."

„Und du bist noch genauso charmant wie damals." Sie erhob sich und küsste ihn voller Zärtlichkeit. Ihre Beziehung hatte nun die einzigartige Qualität eines Paares, das im Laufe der Jahrzehnte so manchen Sturm gemeistert hatte. „Du fröstelst ja."

„Das heiße Blut meiner Jugend ist abgekühlt. Aber meine Leute haben sich etwas ausgedacht, um mich zu wärmen."

Sie lächelte spitzbübisch. „Ja, das habe ich gehört."

Sie hatten das ganze Land durchkämmt, um die schönste Jungfrau zu finden, die dem König das Bett wärmen konnte.

„Abischag ist wirklich wunderschön anzuschauen, aber das ist auch alles, was ich noch tue – sie anschauen. Der Rest … das war einmal."

„Wenn ich dich ganz für mich hätte haben können, ich hätte es getan."

„Und wenn ich als junger Mann klüger gewesen wäre …" Er seufzte. „Wenn … wenn …" Er schüttelte den Kopf. „Ich kannte das Gesetz so gut. Ich glaube, selbst wenn das Gesetz in unserem Herzen geschrieben stünde, würden wir immer noch sündigen."

„Nathan hat gesagt, dass du ein Mann nach Gottes Herzen bist."

„Aber ich habe auf allen Ebenen versagt. Ich bin ein Ehebrecher, ein Mörder, ein …"

Sie legte einen Finger auf seine Lippen. „Gott liebt dich, weil du ehrlich bist und von Herzen versuchst, das Rechte zu tun. Gott weiß doch am besten, dass du nur ein Mensch bist."

„Ja. Ein Mensch, der allen seinen Lieben wehgetan und das Leben Tausender zerstört hat." Er schüttelte den Kopf, seine Augen waren voller Tränen. „Warum hat Gott unter allen Männern Israels ausgerechnet mich zum König erwählt?"

Sie kniete sich vor ihm hin und legte ihren Kopf in seinen

Schoß. Lächelnd schloss sie die Augen, als seine Finger durch ihr Haar fuhren. „Weil du der Einzige bist, der diese Frage stellt."

Batseba wusste, dass Haggit ihren Sohn Adonija dazu anstachelte, seine Rechte als Thronanwärter geltend zu machen, denn er war der Nächstgeborene nach Absalom. Als Adonija sich – genau wie einst Absalom – einen Wagen und eine Leibwache zulegte und sich so benahm, als sei er schon der König, bekam Batseba es mit der Angst zu tun. Kam jetzt der nächste Aufstand?

David kommentierte Adonijas Aktivitäten nicht, und Batseba hütete ihre Zunge. Aber sie machte sich ihre Gedanken. Hatte David sein Versprechen vergessen, Salomo zum König zu machen? Wenn Adonija König wurde, würden an dem Tag, an dem David starb, auch sie und ihre Söhne umkommen, denn Adonija war nicht weniger skrupellos und machtlüstern als Absalom. Als ihre Söhne ihr berichteten, dass Adonija sich mit Joab und dem Priester Abjatar beriet, war ihr klar, dass es nicht mehr lange dauern würde, bevor er sich zum König ausrufen ließ. Sie brachte ihre Ängste vor Gott, fastete und betete und wartete auf seine Antwort.

Es kam der Tag, an dem Adonija bei En-Rogel ein großes Opferfest feierte. Er lud alle Söhne Davids dazu ein – bis auf Salomo und seine Brüder, den Propheten Nathan, den Priester Zadok, Benaja sowie die Krieger, die David die Treue hielten. Das roch nach Krieg. War dies womöglich Gottes letztes Gericht über Batsebas und Davids Sünden?

Nathan kam zu ihr, sein faltiges Gesicht ernst, die Augen flammend. „Weißt du, dass Haggits Sohn Adonija sich zum König gemacht hat und dass unser Herr David nichts davon weiß?"

„Ja. Aber ich wollte den Ratschluss des Herrn abwarten."

„Wenn du dein Leben und das deines Sohnes Salomo retten willst, geh sofort zu König David und sag ihm: ‚Mein Herr und König, hast du mir nicht versprochen, dass mein Sohn Salomo nach dir auf dem Thron sitzen wird? Warum ist dann Adonija König geworden?' Und während du redest, werde ich hereinkommen und alles, was du sagst, bestätigen."

„Gut, dann werde ich das tun", sagte sie. Sie zitterte bei dem Gedanken daran, dass David sein Versprechen vielleicht vergessen hatte. Würde er denken, dass sie genauso war wie die anderen Frauen, die nur Macht und noch mehr Macht für ihre Söhne wollten? Aber was für eine Wahl hatte sie?

Sie betete inbrünstig, während sie durch die Gänge des Palastes zu den Gemächern ihres Mannes eilte. „Ich muss in einer wichtigen Sache mit dem König sprechen", sagte sie zum Türwächter. Der verneigte sich und ging, um dem König den Besuch anzumelden. Kurz darauf kam er zurück und öffnete ihr die Tür.

Als Batseba eintrat, sah sie, wie die schöne junge Abischag dem König sein Frühstück servierte. Das Mädchen sah auf, und ein süßes Lächeln erhellte ihr bildhübsches Gesicht. Batseba hatte sie von Anfang an gemocht. Abischag hatte die Herden ihres Vaters gehütet, bevor man sie nach Jerusalem geholt hatte. Die junge Schunamiterin hatte trotz des großen Altersunterschieds viel mit David gemeinsam, nicht zuletzt ihren Glauben.

Batseba ging auf die Knie und verneigte sich tief vor ihrem Ehemann, dem König.

David sah sie an. „Was kann ich für dich tun, Batseba?"

Ihr Herz hämmerte, während sie betete: *Oh Herr, Gott, gib, dass David mein Herz sieht.* Sie hob zitternd den Kopf. „Mein Herr und König, du hast mir bei Gott geschworen, dass mein Sohn Salomo nach dir auf dem Thron sitzen soll. Doch jetzt ist Adonija der neue König geworden, ohne dass du es weißt. Er hat viele Ochsen, Mastkälber und Schafe geopfert und alle deine Söhne, den Priester Abjatar und deinen Heerführer Joab dazu eingeladen."

David setzte sich auf, seine Augen loderten. Sie fuhr fort. „Und jetzt, mein Herr und König, wartet ganz Israel auf deine Entscheidung. Wenn du nicht handelst, werden an dem Tag, an dem du stirbst, Salomo und ich wie Übeltäter behandelt werden."

„Mein Herr und König", kam die Stimme des Türwächters, „der Prophet Nathan ist hier. Er sagt, es ist sehr dringend."

„Lass ihn ein!", befahl David. Er atmete schwer, sein Gesicht war rot. Er winkte Batseba ungeduldig fort. „Geh, Batseba. Lass mich allein mit Nathan!"

Sie nahm sich zusammen und ging aus dem Zimmer. Draußen marschierte sie im Flur hin und her, während sie stumm betete: *Oh Herr der Gnade, lass ihn auf deinen Propheten hören! Bewege Davids Herz. Ich weiß, dass ich unwürdig bin, aber bitte rette meine Söhne.*

Davids Stimme erklang, laut und befehlend. „Ruft Batseba!"

Ihr Herz wollte stehen bleiben. Sie hastete zu der Tür, die der Wächter gerade öffnete. „Hier bin ich, mein Herr und König."

David war aufgestanden. „So wahr der Herr lebt, der mich aus jeder Gefahr errettet hat: Dein Sohn Salomo wird der nächste König sein und nach mir auf dem Thron sitzen, wie ich es dir vor dem Herrn, dem Gott Israels, geschworen habe."

Sie fiel auf die Knie, den Kopf bis auf den Boden geneigt, und sagte das, was aus ihrem tiefsten Herzen kam: „Möge mein Herr, König David, ewig leben!"

David ließ den Priester Zadok sowie Benaja und Nathan holen und gab ihnen Anweisungen: „Führt Salomo mit meiner Leibwache hinunter zur Gihon-Quelle! Salomo soll auf meinem eigenen Maultier reiten. Dort an der Quelle sollen der Priester Zadok und der Prophet Nathan ihn zum König über Israel salben. Blast die Trompeten und ruft: ‚Lang lebe König Salomo!' Dann bringt ihn zurück hierher und setzt ihn auf meinen Thron. Er wird mir auf dem Thron nachfolgen, denn ich habe ihn zum Herrscher über ganz Israel und Juda eingesetzt."

„Amen!", sagten die Priester. Mit leuchtenden Augen sahen sie einander an.

Der alte Löwe war aufgewacht.

Batsebas Herz schlug ihr bis zum Hals, als sie zusammen mit vielen anderen aus Davids Haus an der Quelle stand und zuschaute, wie Zadok das Horn mit dem Salböl aus dem Bundeszelt nahm und ihren ältesten Sohn zum König salbte. David wurde von zwei Männern gestützt; er lächelte, und etwas abseits stand Abischag. Nathan sagte stellvertretend für alle Diener des Königs: „Möge Gott der Herr Salomos Herrschaft noch größer machen als die meines Herrn und Königs David!"

Nathan drehte sich zu David, und der nahm sich seine Krone ab und hielt sie ihm hin. „Gib sie Batseba."

Die Augen des alten Propheten leuchteten auf. Er reichte die Krone Batseba, und ihre Augen wurden feucht vor Rührung darüber, dass David sie vor all den Menschen so ehrte. David neigte lächelnd seinen Kopf zu ihr hin. Sie erwiderte das Lächeln, drehte sich um und setzte die Krone auf das Haupt ihres Sohnes, und alle riefen laut: „Lang lebe König Salomo!"

Wieder und wieder riefen sie ihre Glückwünsche. Batseba lachte und weinte gleichzeitig, ihr Herz war so voll, dass es platzen wollte. Sie sah David an, dann Salomo, dem das Salböl über das Gesicht in den Bart lief. „Geliebter des Herrn!" Wer hätte je gedacht, dass ihr Sohn einmal König über Israel werden würde? *Oh Herr, Gott Israels, der meine Seele erhebt, ich kann kaum fassen, was du für mich getan hast!* Sie legte ihre Hände auf ihr Herz und verneigte sich.

Dann zogen sie in einer feierlichen Prozession zurück in die Stadt, unter Singen, Tanzen und Flötenspiel, dass die Erde erbebte unter dem Jubel des Volkes.

Als Salomo sich auf den Königsthron gesetzt hatte, verneigte David, dem die Erschöpfung deutlich ins Gesicht geschrieben stand, sich vor ihm. „Gelobt sei der Herr, der Gott Israels dafür, dass meine Augen noch sehen dürfen, wie er den erwählt hat, der nach mir auf meinem Thron sitzt!"

Ein Bote kam mit der Nachricht, dass Adonijas Gäste geflohen waren, als sie von Salomos Krönung hörten. Jetzt konnten sie wohl nicht schnell genug Salomo ihre Reverenz erweisen. David erhob sich. Als auch Batseba aufstehen wollte, schüttelte er den Kopf. „Genieß diesen Tag, meine Liebste, und freu dich über das, was Gott getan hat." Er ließ sich von zwei Dienern hinausführen, gefolgt von Abischag.

Ein zweiter Bote kam und warf sich vor Salomo nieder. „Mein Herr und König!"

„Steh auf und sag, was deine Botschaft ist!"

„Adonija ist hier. Er fürchtet, dass du ihn töten wirst."

Batseba hielt den Atem an, als sie sah, wie Salomos Augen dunkel wurden und seine Hände sich um die Lehnen des Thrones klammerten. „Wenn er mir treu ergeben ist, wird ihm nichts geschehen. Doch wenn nicht, muss er sterben."

Sie atmete erleichtert aus. Salomo schickte mehrere der Wachen los, um seinen Halbbruder in den Thronsaal zu holen. Der ältere Bruder verneigte sich vor Salomo, aber er warf sich nicht vor ihm nieder wie die anderen.

Batseba sah, dass Salomo ihn sehr aufmerksam musterte. „Geh nach Hause, Adonija", sagte er nach einer Weile. „Geh und denk an meine Warnung."

Es war totenstill, als Adonija sich umdrehte und aus dem Thronsaal ging. Und Batseba wusste: Es würden stürmische Zeiten kommen, wenn kein Weg zum Frieden zwischen den Brüdern gefunden werden konnte.

Nachdem Salomo die Regierungsgeschäfte übernommen hatte, ließ Davids Gesundheit immer mehr nach. Batseba ging jeden Morgen zu ihm, um bei ihm zu sitzen, aber Abischag übernahm die Hauptpflege. Batseba tat das Herz weh, als sie mit ansehen musste, wie der Mann, den sie am meisten von allen Menschen liebte, immer weniger wurde.

Sie wusste, dass die letzte Stunde nahe war, als er Salomo zu sich rufen ließ. Der neue König brachte seine Brüder Schobab, Schammua und Nathan mit.

Salomo verneigte sich vor seinem Vater. Der legte seine Hand auf seinen Kopf. „Mein Sohn", sagte er mühsam, „setz dich, damit wir miteinander reden können, so wie früher." Er lächelte seine vier Söhne an und nahm Batsebas Hand. „Ich gehe jetzt bald dorthin, wohin wir alle einmal gehen müssen."

Salomo und seine Brüder begannen zu weinen. David lächelte ihn an. „Sei guten Mutes, sei ein Mann. Befolge die Gebote des Herrn, deines Gottes, und geh auf seinen Wegen, damit dir alles gelingt, was du tust. Der Herr wird die Verheißung erfüllen, die er mir gab: ‚Wenn deine Nachkommen so leben, wie es mir gefällt, und mir von ganzem Herzen und ganzer Seele nachfolgen, wird immer einer von ihnen auf dem Thron Israels sitzen.'"

Batseba schloss die Augen. Ihr Herz zog sich zusammen, als sie merkte, wie Davids Stimme schwächer wurde. Sie war dabei, ihn zu verlieren. Bald würde er nicht mehr da sein.

David zog seine Hand aus der ihren und bewegte sich unruhig. „Und noch etwas: Du weißt, dass Joab, der Sohn der Zeruja, meine beiden Heerführer Abner und Amasa in Friedenszeiten ermordet und sich mit dem Blut des Krieges besudelt hat. Tu mit ihm, was dir richtig scheint, aber lass ihn nicht in Frieden sterben!"

„Ja, Vater."

„Und denk an Schimi, den Sohn Geras, der mich verfluchte, als ich nach Mahanaj floh. Als er mir nachher am Jordan entgegenkam, schwor ich ihm, ihn nicht zu töten, aber dieser Eid macht ihn nicht unschuldig. Du bist ein weiser Mann und wirst wissen, wie du mit ihm verfahren sollst."

David sank auf sein Lager zurück, schwer atmend. Er drehte den Kopf in ihre Richtung und sah sie schmerzvoll an. „Ah, meine Liebste", flüsterte er. Dann atmete er lang und tief aus, wie ein zufriedener Seufzer, und sein Körper erschlaffte.

Batseba fühlte einen so tiefen Schmerz, dass sie darunter schwankte. Abischag beugte sich über David und schloss ihm sachte die Augen, und da brach sich Batsebas Trauer Bahn. Sie zerriss sich aufweinend ihr Gewand und presste sich die Hände auf ihre Brust, die sich anfühlte, als ob jemand ihr Herz herausgerissen hätte. „David! *Daaaviiiiid!*"

Ihre Söhne erhoben sich und traten neben sie wie vier Wächter. König Salomos Hand legte sich beschützend auf ihre Schulter.

David wurde mit großem Zeremoniell in der nach ihm benannten Stadt begraben. Als Batseba das trauernde Volk sah, betete sie darum, dass die Menschen das Gute im Gedächtnis behalten würden, das David für sie getan hatte, und sein für Gott brennendes Herz, und nicht die Fehler, die er gemacht hatte.

Salomo saß souverän auf seinem Thron; Nathan und die Priester hatten ihn gut auf seine Aufgaben vorbereitet. Aber noch war er nicht wirklich sicher. Die Feinde begannen sich zu regen.

Eines Nachmittags kam Adonija zu Batseba. „Meine Mutter sendet dir ihre besten Grüße", sagte er, sich tief vor ihr verneigend. Sie konnte sich nicht erinnern, dass er sich je vorher vor ihr verneigt hatte.

Haggit war genauso ehrgeizig wie Maacha, wenn es um ihre Söhne ging. „Bist du gekommen, um Zwietracht zu säen?", fragte sie. Sollte sie ihn an die Warnung erinnern, die Salomo ihm gegeben hatte? Oder ihn anhören, um herauszufinden, was in ihm vorging?

„Nein", antwortete er rasch. „Ich komme in friedlicher Absicht – mit einer Bitte an dich."

Eine Bitte? Sie legte ihren Kopf schräg. „Und wie lautet diese Bitte?"

„Du weißt ja, dass das Königreich schon so gut wie mein war."

Ihr Rücken versteifte sich, ihr Herz schlug heftiger. Wollte er sie daran erinnern, dass er nach Absalom der nächste Thronanwärter gewesen war? Oder meinte er seinen misslungenen Aufstand, als er einige der Mächtigen im Reich dazu gebracht hatte, ihn zum König zu ernennen, und als sie alle gedacht hatten, dass David zu müde und zu schwach wäre, um die Rebellion zu ersticken?

Adonija breitete seine Hände aus, wie um zu zeigen, dass er unbewaffnet war. „Alle hatten erwartet, dass ich der nächste König werden würde. Aber dann kam alles ganz anders und mein Bruder bekam das Reich, weil dies der Wille des Herrn war."

Sie musterte sein Gesicht, suchte nach Anzeichen des Verrats, aber er schien Davids Wunsch zu akzeptieren. *Weil dies der Wille des Herrn war.* Der Herr hatte Salomo, ihren Sohn, zum neuen König erwählt. *Gott, ich staune immer noch, dass du den Sohn einer Ehebrecherin erwählt hast …*

Adonija sprach weiter. „… und jetzt habe ich nur eine Bitte an dich."

„Was ist es?"

Er trat näher und ging auf ein Knie hinunter, sein Gesicht angespannt, die Augen dunkel. „Sprich für mich mit König Salomo, denn ich weiß, er wird alles tun, worum du ihn bittest. Ich möchte ihn darum ersuchen, mir Abischag zur Frau zu geben."

Abischag! Sie schaute ihm in die Augen. Was trieb ihn zu diesem Ansinnen? Führte er irgendetwas Böses im Schilde? War es Liebe? Oder einfach Leidenschaft für das bildschöne Mädchen?

Wenn Salomo seinem Bruder Abischag gibt, wird dann Frieden zwischen ihnen sein? Wird dieses sanfte Mädchen Adonijas Herz weicher machen? Oh, gib, dass es so kommt!

„Also gut", sagte sie langsam. Sie sah, wie seine Augen aufleuchteten. „Ich werde ein Wort für dich beim König einlegen."

Adonija erwiderte nichts, aber als er sich erhob, verzogen seine Lippen sich zu einem merkwürdigen, beinahe triumphierenden Lächeln.

Batseba zog ihre besten Kleider an, bevor sie zu ihrem Sohn, dem König, ging. Sie meldete ihren Wunsch nach einer Audienz beim Türwächter an und wartete. Als sie in den Thronsaal gerufen wurde, erhob Salomo sich von seinem Thron und kam die Stufen zu ihr herab. Sie errötete, als er sich vor ihr verneigte, vor den Augen des ganzen Hofes. Er nahm lächelnd ihre Hand und führte sie die Stufen hinauf. „Bringt einen zweiten Thron für meine Mutter!", befahl er.

„Du erweist mir zu viel Ehre, mein Sohn", flüsterte sie, als ein zweiter Thron rechts neben seinen gestellt wurde.

„Das Volk soll wissen, wie sehr ich dich achte. Komm, setz du dich zuerst." Er schaute ihr lächelnd zu. „Heißt es im Gesetz nicht: *Du sollst deinen Vater und deine Mutter ehren?*"

Die Klatschzungen würden nie ganz über sie schweigen, und sie würde ihren Sohn nicht vor dem schützen können, was man über sie flüsterte. War ihren Söhnen nicht die ganzen Jahre Verachtung und Kälte entgegengeschlagen? Es wäre wohl am besten, wenn sie sich ganz zurückzog. Wenn die Leute sie nicht mehr sahen, würden sie sie vielleicht vergessen, und die Flecken ihrer Sünde würden Salomos Herrschaft nicht verdunkeln. „Ich trage niemandem etwas nach, mein Sohn."

„Ich auch nicht, Mutter." Seine Augen glänzten. „Aber es muss Grenzen geben. Mein Vater liebte dich und behandelte dich wie seine Königin, und so sollen alle dich behandeln." Er atmete aus und lächelte wieder. „Aber jetzt sag mir, was du auf dem Herzen hast, denn du bist sicher nicht ohne Grund gekommen."

Sie legte ihre Hände über die seinen. „Ich habe eine kleine Bitte an dich." Wie sie hoffte, dass sie Frieden zwischen ihm und seinem Bruder und auch zwischen ihr und den anderen Witwen von David schaffen könnte! „Ich hoffe, du schlägst sie mir nicht ab."

„Was ist es, Mutter? Du weißt, ich kann dir nichts abschlagen."

Sie lehnte sich entspannter zurück. „Lass deinen Bruder Adonija Abischag, die Schunamiterin, heiraten."

Schweigen. Dann ein Blick, der ihr Herz beinahe zum Stillstehen brachte. Salomo zog seine Hand abrupt weg. Sie sah ihn an, verwirrt von der plötzlichen Wut in seinen Augen.

„Wie kannst du mich darum bitten, Abischag Adonija zu geben?" Seine Stimme war leise, aber vor Zorn bebend. „Du könntest mich genauso gut bitten, ihm das Reich zu geben! Du weißt doch, dass er mein älterer Bruder ist und den Priester Abjatar und Joab, den Sohn der Zeruja, auf seiner Seite hat!" Er sprang auf. „Möge Gott mich strafen, wenn Adonija mit dieser Bitte nicht sein Schicksal besiegelt hat!"

Oh nein! Oh Gott, was habe ich getan?

„Der Herr selbst hat mich auf den Thron meines Vaters David gesetzt." Salomo sagte es so laut und deutlich, dass alle es hören konnten. „So gewiss der Herr lebt, noch heute wird Adonija sterben!"

Batseba unterdrückte einen Aufschrei. Salomo achtete nicht darauf, sondern ließ seinen treuesten Diener, Benaja, holen und befahl ihm: „Geh sofort zu Adonija und richte ihn hin!"

„Jawohl, mein Herr und König!" Benaja zog sein Schwert und ging aus dem Saal.

Batseba ließ ihre Hände in den Schoß fallen und senkte den Kopf. Sie hörte, wie Salomo einem zweiten Diener befahl, sofort den Priester Abjatar zu ihm zu bringen. Als er sich ihr wieder zuwandte, hob sie den Kopf, die Augen voller Tränen. „Das habe ich nicht gewollt."

„Geh zurück in deine Gemächer, Mutter." Salomos Stimme war wieder sanft. „Und ruh dich aus. Ich rede später mit dir."

Sie erhob sich zitternd. Er schob seine Hand unter ihren Arm. „Alles in Ordnung, Mutter?", fragte er leise.

„Danke, es geht schon." Ihre Stimme bebte.

„Geleite meine Mutter in ihre Gemächer", befahl er einem der Diener.

Batseba spürte hundert Augen auf sich. Sie hob den Kopf und schritt langsam und würdevoll aus dem Thronsaal. Der Diener ihres Sohnes übergab sie dem Eunuchen, der dem Frauenflügel vorstand. „Meine Herrin …", sagte dieser mit einem fragenden Stirnrunzeln.

Sie schüttelte nur den Kopf und ging in ihre Wohnung. Ihre Magd kam zu ihr. „Herrin! Was ist geschehen?"

Batseba legte die Hand an die Stirn. „Lass mich allein."

„Aber du siehst gar nicht gut aus."

Sie schüttelte den Kopf. „Ich muss mich nur etwas ausruhen. Geh bitte!"

Das Mädchen gehorchte zögernd. Die Tür schloss sich, und Batseba sank zu Boden. Einen Aufschrei unterdrückend, legte sie sich flach hin, das Gesicht nach unten, die Arme ausgebreitet. „Oh Herr, Gott Israels, erbarme dich … erbarme dich." Sie weinte heftig.

Soeben hatte sie noch einem der Söhne Davids den Tod gebracht.

Kapitel 7

Salomo ging rasch und entschlossen gegen seine Feinde vor. Als Joab von Adonijas Hinrichtung hörte, lief er in das Bundeszelt und packte die Hörner des Altars – normalerweise wurde Verbrechern mit dieser Handlung Asyl gewährt. Doch König Salomo schickte Benaja zu ihm: „Töte ihn dort beim Altar und begrabe ihn. Es wir Zeit, dass er für die Morde an zwei Männern bezahlt, die besser waren als er!"

Als Nächstes setzte Salomo den Priester Abjatar ab und verbannte ihn in seine Heimatstadt Anatot. Dann zitierte er Schimi zu sich und befahl ihm, in Jerusalem zu bleiben und die Stadt nicht mehr zu verlassen. „An dem Tag, wo du den Bach Kidron überquerst, wirst du sterben!" Salomo befahl seinen Wächtern, auf Schimi zu achten; er wusste: Es war nur eine Frage der Zeit, bis Schimi dem Verbot zuwiderhandeln würde, und dann würde er ihn für die Flüche, die er gegen Gottes erwählten König David geschleudert hatte, büßen lassen.

Inzwischen hatte jeder begriffen, dass Salomos Augen nichts entging. Es war überdeutlich: Der neue König würde die Zügel des Reiches fest in der Hand halten und sich nicht von seinen Untergebenen manipulieren lassen.

Batseba verspürte Erleichterung, wenn auch keine Freude. Vielleicht würde dieses neue Blutvergießen endlich Frieden in Israel bringen. Vielleicht bräuchten die Männer jetzt nicht mehr gegen die Nachbarvölker in den Krieg zu ziehen. Vielleicht würde jetzt eine Zeit kommen, in der die Menschen das Werk ihrer Hände genießen konnten und Gottes Segen das Land überströmte.

Sie war mitten im Krieg geboren worden. Frieden war ein seltener Gast gewesen, wie ein Frühlingshauch mitten im kalten Winter, der eine Ahnung von neuem Leben bringt, aber nicht lange anhält. Und jetzt war sie alt und müde – oh, so müde. Es war merkwürdig, wie lebhaft die Szenen aus ihrer Vergangenheit oft vor ihr standen. Die Erinnerungen überfielen sie oft und taten weh. Ahitofel, wie er sie auf dem Schoß hielt und anlächelte. Das lachende Gesicht ihres Vaters, ganz orange von dem Licht des Lagerfeuers. Ihre Mutter, die sie an sich drückte. Uria, wie er den Stein, den sie ihm gegeben hatte, fallen ließ und ging. Und David … immer wieder David. In ihren Träumen war er voller Leben, wie ein Hirsch, der anmutig über die Felsen sprang – der Mann, der seinen Kriegern Lieder vorsang und sie hinausführte, um ein Reich für Gottes Volk zu bauen. Oh, wie sie ihn geliebt hatte. Und immer noch liebte.

„Mutter." Die Stimme holte sie sanft zurück in die Gegenwart. Sie drehte sich zu ihr hin. Salomo. Sie strich ihm über die Wange. Die Krone saß fest auf seinem Kopf. Er war klug, er würde über seine Brüder wachen und sie beschützen. Er würde den Herrn immer um Rat bitten, wie er Israel zu einem Licht der Völker machen konnte. Sie brauchte keine Angst mehr zu haben um ihre Kinder. Hatte Gott nicht einen schützenden Zaun um sie gezogen, von der Zeit an, als sie kleine Kinder waren? Hatte er sie nicht bewahrt, mitten in einem Palast der Ränke und Intrigen? Wer hätte gedacht, dass Gott den Sohn einer Ehebrecherin auf den Thron setzen würde? Oder dass *ihr* Sohn die Zügel dieses störrischen Volkes in die Hand nehmen und es zum Zentrum der Zivilisation machen würde?

Gott, deine Gnade übersteigt mein Erkennen und Begreifen. Sie ist so viel mehr, als ich verdient habe. Hilf mir, noch von Nutzen zu sein, bis ich den Weg allen Fleisches gehe, zurück zum Staub.

„Hört mir zu, meine Söhne." Sie sah in die Runde der Gesichter an ihrem Bett. „Denkt an die Weisungen eures Vaters, und vergesst nicht, was ich euch gelehrt habe. Fürchtet den Herrn, denn er hat alle Macht, und ohne ihn könnt ihr nichts tun. Lasst euch seine Gebote wertvoller sein als Gold und Silber; neigt eure Herzen zu ihm und hört auf ihn."

Sie sah Salomo an. Er war ebenso schön wie David, aber in seinem Blick war eine weltkluge, sarkastische Raffinesse, die sie bei seinem Vater nicht gesehen hatte und die sie traurig machte. Kam es vielleicht daher, dass er unter lauter machthungrigen Brüdern aufgewachsen war? Sie hielt ihm ihre Hand hin und er setzte sich auf ihr Bett, nahm ihre Hand und küsste sie. Schobab, Schammua und Nathan traten näher, ihre Augen feucht.

„Ihr wisst alle, wie sehr ich euren Vater liebte." Ihre Stimme bebte.

Der Griff von Salomos Hand wurde fester. „Ja, Mutter. Niemand hätte an deiner Liebe zu David gezweifelt."

„Dann hört mir zu, damit ihr euch viel Herzeleid erspart."

„Sie hat Schmerzen", flüsterte Schobab.

„Vielleicht sollten wir ihre Magd rufen?"

„Nein." Salomos Augen ließen die ihren nicht los. „Lasst sie reden."

Sie spürte, dass sie nicht mehr viel Zeit hatte. „Wenn ihr euch Frauen nehmt ..." Sie sah ihre Söhne der Reihe nach an, bis ihr Blick an Salomo hängen blieb. „Sucht euch eure Gefährtin sorgfältig aus. Wählt eine Frau, die den Herrn fürchtet, der ihr vertrauen könnt, die mit ihren Händen arbeitet und Freude dabei hat, die einem Haushalt weise vorstehen kann, die freundlich ist und ein Herz für die Armen hat. Auch stark muss sie sein und schön, sodass sie euch gesunde Söhne schenken und zu Männern nach Gottes Herzen erziehen kann. Aber wählt eine Frau nicht nur wegen ihrer Schönheit." Sie lächelte traurig. „Schönheit ist oft eitel und betrügerisch. Ihr seid alle umgeben von schönen Frauen aufgewachsen und wisst, wie böse sie sein können."

Oh Herr, lass es bei meinen Söhnen nicht so sein wie bei mir! Lass sie Frauen wählen, die dich mehr lieben als die Dinge dieser Welt, Frauen, die dich von ganzem Herzen, von ganzer Seele und mit all ihrer Kraft lieben!

Sie lächelte Salomo an. „Eine tugendhafte Frau ist eine Krone auf deinem Haupt – eine Krone, die schöner anzusehen ist als die, die du trägst, mein Sohn."

Sie sah Schobab, Schammua und Nathan an. Prächtige junge Männer, jeder ein Segen Gottes und ein Zeichen seiner Güte und Gnade. *Oh Gott, lass sie meinen Rat annehmen.* „Eine gute Frau bringt euch Ehre. Sie erzieht eure Kinder in den Wegen des

Herrn. Solche Söhne werden das Haus Davids stärken und unser Volk segnen."

Es gab noch so viel mehr, das sie ihnen sagen wollte, aber sie wusste: Je länger eine Mutter sprach, umso tauber wurden die Ohren ihrer Söhne. Und sie hatte es ja alles schon so oft gesagt. Als sie noch an ihrer Brust tranken, als sie auf ihren Knien saßen, als sie sie als junge Männer zu Nathan schickte – all die Jahre hatte sie ihnen immer wieder versucht mitzugeben, was sie glaubte und für richtig hielt. Sie hatte getan, was sie konnte, um ihre Söhne zu Menschen zu machen, die den Herrn liebten und ihm dienten. Sie wollte, dass diese jungen Männer noch besser würden als ihr Vater David, den sie so geliebt hatte und immer noch liebte, denn der Tod konnte die Liebe nicht auslöschen.

„Ich bin so müde." Sie sog den Anblick jedes ihrer Söhne ein, als er sich zu ihr beugte, sie küsste, sich wieder aufrichtete und zur Tür hinausging, zurück in sein eigenes Leben.

Salomo blieb noch bei ihr. „Du warst Vater eine sehr gute Frau", sagte er leise. „Du hast ihn nicht nur mit Worten geehrt, wie die anderen, sondern in der Tat und in der Wahrheit."

„Ich habe ihm auch großes Leid gebracht."

„Und großen Segen." Er lächelte. „Vier Söhne, und einer davon ist der König geworden."

„Ja, mit Gottes Hilfe, mein Sohn." Sie küsste seine Hand. „Vergiss nie, wer es ist, in dessen Händen die wirkliche Macht liegt."

Erinnerungen. Die Stimme ihrer Mutter: *„Ein König muss sich ein starkes Haus bauen und sein Reich erhalten."* Sie packte Salomos Hand fester. „Das Leben eines Königs ist schwerer als das eines Hirten, mein Sohn. Dein Vater trank aus der Zisterne eines anderen und vergiftete seinen eigenen Brunnen."

Salomo runzelte die Stirn, seine Lippen wollten sich öffnen. Sie sprach rasch weiter. „Hast du je einen anderen Menschen geliebt, Salomo, wirklich geliebt?"

„Ja. Abischag."

Ihre Nackenhaare sträubten sich. Sie musste an Davids Befehl denken, Uria zu töten. Und an Salomos Zorn an dem Tag, als sie ihn gebeten hatte, Adonija Abischag zur Frau zu geben.

Salomo beugte sich zu ihr. „Nein, Mutter, ich habe die Hinrichtung meines Bruders nicht wegen ihr befohlen. Ich ließ Adonija töten, weil er Böses im Schilde führte. Er wollte den Thron an sich reißen. Ein Aufstand hätte Tausende Menschenleben gekostet und Israel ins Chaos gestürzt. Der Krieg hat seine Zeit, Mutter. Gott hat David benutzt, um die Feinde niederzuwerfen, die uns umgeben. Ich hatte die Aufgabe, die Feinde zu vernichten, die unter uns waren. Und jetzt ist es Zeit für Frieden."

Lass es so sein, Herr, oh, lass es so sein.

Sie spürte, wie die Kräfte sie verließen. „Dann halte deinen Brunnen rein", sagte sie leise. „Nimm Abischag zur Frau, denn sie ist eine gute Frau, wie ich sie dir beschrieben habe. Aber bleib ihr treu. Ich weiß, dass du dir als König so viele Frauen und Nebenfrauen nehmen kannst, wie du willst. Ich weiß, dass alle Könige so verfahren, aber lass dich durch diese Freiheit nicht zur Sünde verleiten. Freue dich an der Frau deiner Jugend."

„Aber ich muss mein Haus bauen."

Ihr Herz sank. „Nein, mein Sohn. Lass *Gott* dein Haus bauen."

Salomo küsste sie auf die Wange und sie merkte, wie er sich ihrem Rat entzog. Er war in die Welt der Männer eingetreten. *Oh Gott, wird er die gleichen Fehler machen wie sein Vater? Sind alle Männer und Frauen zum Sündigen verdammt? Liegt es in ihrem Wesen? Es scheint ganz so. Wir haben das Gesetz von dir bekommen, aber wir scheinen es nicht halten zu können.*

Salomo erhob sich. Sie streckte einen Arm nach ihm aus, hielt seine Hand fest, so lange sie konnte. „Ich liebe dich, Mutter", flüsterte er rau und sah auf sie herab. „Ich liebe dich, aber ich muss jetzt gehen."

Sie lockerte ihren Griff, und seine Finger glitten aus ihren. Ihre Magd öffnete ihm die Tür, und er ging hinaus.

Batseba sank zurück in ihre Kissen und schloss die Augen. *Herr, nur du kannst uns vor uns selbst bewahren. Komm und rette uns. Sei wieder bei uns wie früher im Garten Eden. Rede mit uns von Angesicht zu Angesicht wie mit Mose. Nimm uns auf zu dir, wie du es mit Henoch getan hast! Mache unsere Herzen neu.*

„Herrin." Die Stimme ihrer Magd war voller Trauer.

Batseba schlug die Augen auf. „Es gibt nichts zu befürchten." Das Mädchen zog die Decken zurecht, legte kurz eine Hand auf Batsebas und setzte sich wieder hin. Batseba schloss wieder die Augen und ließ ihren Erinnerungen freien Lauf.

Die bitteren Worte ihrer Mutter hallten in ihrem Kopf: „*Du hast Schande über mein Haus gebracht! … Du Närrin! Wie viele sind gestorben wegen dir? … Die Leute werden auf den Boden spucken, wenn du vorübergehst, sie werden den Tag deiner Geburt verfluchen! … Du bist verflucht unter den Frauen! Dein Name wird ‚Hure' bedeuten, die Leute werden ihn nicht mehr in den Mund nehmen, solange ich lebe!*"

Der Schmerz der Ablehnung stach noch immer so heftig wie an dem Tag, an dem ihre Mutter aus der Tür gegangen war. Danach hatte Batseba sie nur noch einmal gesehen – auf dem Sterbebett, zu schwach, um zu sprechen. Batseba hatte sie mehrere Tage lang gepflegt und stumme Gebete zu Gott geschickt, dass ihre Mutter sich mit ihr versöhnen möge. Aber sie hatte ihr Gesicht weggedreht und war gestorben, ohne ein Wort zu Batseba zu sagen.

Und jetzt – jetzt lag sie selbst hier und wartete auf ihren eigenen Tod. Sie hoffte, dass er bald kommen würde. Sie wollte nicht mehr miterleben müssen, wie ihre Söhne versagten. Und versagen würden sie, denn sie waren auch nur Menschen. Was für eine Chance hatten sie, ihr Leben tadellos vor Gott zu führen, mit Davids heißem Blut in ihren Adern? Und *ihrem* Blut …

„*Die Leute werden deinen Namen nicht mehr in den Mund nehmen …* " Ihre Mutter hatte sie verflucht. *Nur Gott kann Sünden vergessen. Allein Gott kann sie wegnehmen und so weit fortwerfen, wie der Osten vom Westen ist. Die Menschen zählen nach, die Menschen tragen nach, die Menschen verurteilen.*

Wie viele Jahre würden kommen und gehen, wenn sie nur noch Staub war, in denen Männer und Frauen immer noch Batsebas Sünden hochhalten und wie eine blutige Fahne schwenken würden? *Wird mehr von mir bleiben als die Szene, als David mich vom Dach seines Palastes sah und in sein Bett holen ließ?*

Sie spürte etwas wie einen warmen Atem auf ihrem Gesicht, einen sachten Kuss auf ihrer Stirn.

Bist du das?

Ihr Herz galoppierte plötzlich vor Freude. Sie öffnete die Augen. Seit wann war es so dunkel? Ihre Magd schlief auf dem Stuhl neben dem Bett; sonst war niemand zu sehen.

Es roch nach Weihrauch. Wie der Weihrauch im Zelt des Bundes, so stark und süß, dass ihre Seele Flügel bekam. Sie ließ sich fallen. Ihre Gedanken wanderten wieder, doch diesmal sanft, als ob sie in einem reinigenden Strom schwammen.

Ich weiß, dass sie sich an meine Sünden erinnern werden, Herr, aber wenn sie mein Leben betrachten, dann lass sie auch sehen, was du getan hast. Lass sie die Hoffnung sehen, die aus der Verzweiflung kam. Du hast mich bewahrt. Du hast mich erhöht. Die hast mir Söhne geschenkt. Oh Herr, Gott Israels, wenn sie an mich denken, dann sollen sie deine unendliche Gnade und Liebe sehen. Und lass sie …

Sie seufzte tief.

… Mut daraus schöpfen.

Maria

Das Ende ist der Anfang

Prolog

„Du hast wieder ein Mädchen." Die Hebamme hielt das schreiende Kind hoch, während Hanna zurück auf ihr Bett sank, erschöpft von den langen Wehen.

Hannas Herz wurde schwer. Sie drehte ihr Gesicht zur Wand hin und schaute nicht zu, wie die Hebamme die Nabelschnur durchtrennte, das Kind wusch und den zitternden kleinen Körper zur Vorbeugung gegen Infektionen mit Salz einrieb.

„Deine Tochter", sagte die Hebamme.

Hanna nahm das kleine Runzelwesen sachte in ihre Arme und weinte. Wie würde ihr Mann enttäuscht sein, wie hatte er gefastet und gebetet um einen Sohn.

Sie küsste die Kleine und hielt sie der Hebamme hin. „Bring das Kind zu seinem Vater, damit er es segnen kann." Die ältere Frau ging hinaus. Hanna legte sich bequemer hin, die Zähne gegen den Schmerz zusammengebissen. Sie lauschte. Was sagte ihr Mann jetzt? Aber alles, was sie hörte, war die begeisterte Stimme ihrer älteren Tochter Maria: „Darf ich sie halten, Papa? Bitte, sie ist sooo süß!"

Jojachin sprach so leise, dass Hanna die Worte nicht hören konnte. Als er hereinkam, schaute sie ihm forschend ins Gesicht. Sein Blick war nicht anklagend, aber enttäuscht. Er beugte sich zu ihr und legte das Neugeborene zurück in ihre Arme. Was konnte er sagen, um ihrer beider Herzen leichter zu machen? Gott hatte ihnen keinen Sohn geschenkt.

Maria kam herein. „Ich liebe sie!", erklärte sie.

„Wir alle lieben sie", sagte Jojachin rasch, doch Hanna durchschaute ihn. Ein Sohn arbeitete Seite an Seite mit seinem Vater; ging zur Synagoge und machte seinem Vater Ehre; sorgte für die alte Mutter, wenn der Vater gestorben war; würde vielleicht eines Tages gegen die Feinde Israels kämpfen. Oder sich sogar als der lang ersehnte Befreier erweisen, der Messias, auf den ganz Israel wartete.

Aber was hatte man von einem Mädchen, außer dass es bei der täglichen Hausarbeit mithalf? Ein Mund mehr zu füttern für den Vater, bis er einen geeigneten Mann für sie fand.

„Ich möchte sie Debora nennen", sagte Hanna leise, ohne aufzuschauen. Dieses Kind war zarter als das erste, aber in seinem Gesicht war etwas, das Hannas Herz berührte.

„Wir werden sie Maria nennen."

„Aber so heiße ich doch schon." Ihre Älteste sah ihre Eltern fragend an.

Jojachin legte seine Hand auf ihren Kopf. „Deine Schwester wird eben die kleine Maria sein."

Hanna tätschelte ihrer Ältesten die Hand. „Sei nicht traurig, Liebes. Geh nach draußen, damit ich mit deinem Vater sprechen kann." Als sie allein mit Jojachin war, sah sie zu ihm hoch. „Kannst du es dir nicht noch einmal überlegen, mein Mann? Debora ist ein starker Name. Und es gibt schon so viele Marias. Es ist der häufigste Name in Israel geworden."

„Nun, wenn es genug Marias sind, wird der Herr vielleicht unser Bitten hören." Jojachins Stimme stockte. Er schaute errötend zur Seite. „Ihr Name wird Maria sein." Er ging nach draußen. Hanna hörte noch, wie er zu Maria sagte, sie solle mit ihren Freundinnen spielen und ihre Mama ausruhen lassen.

Sie musterte das Gesicht des Neugeborenen. „Maria", flüsterte sie. „Liebe kleine Maria." Ihr Herz wurde schwer. Jetzt hatten ihre beiden Töchter einen Namen, der „Bitteres Leiden" bedeutete. Die ganze Tiefe der Verzweiflung jedes Juden unter dem römischen Joch lag darin. Maria – das war ein Hilfeschrei zu Gott.

Hanna zog ihre Knie leicht an und legte die Kleine auf ihre Oberschenkel. Sie wickelte das Tuch vorsichtig auseinander und streichelte über die kleinen Arme, die von den Monaten in ihrem Leib gekrümmten Beinchen. Unter Tränen küsste sie die winzige Hand, die sich um ihren Finger schloss. Die Haut der Kleinen war weicher als das Fell eines Kaninchens.

„Gott, Herr, gib, dass ihr Name mehr bedeutet als Bitterkeit und Leiden. Bitte. Lass ihn ‚Der Herr gibt Kraft' bedeuten. Lass ihn bedeuten: ‚Gottes Liebe trägt uns'. Lass ihn bedeuten: ‚Vertraue auf Gott.'"

Kapitel 1

Maria saß allein unter einem Senfstrauch, die Hände vor das Gesicht geschlagen. Fühlten alle Bräute sich so, wenn der Vertrag unterzeichnet, die Geschenke ausgetauscht, die Zukunft zweier Menschen durch den Willen anderer besiegelt war? Sie zitterte vor der Aussicht auf ein Leben mit einem Mann, den sie kaum kannte, außer dass ihr Vater Freundschaft mit ihm geschlossen hatte, als er vor drei Jahren nach Nazareth gezogen war.

„Er ist aus unserem Stamm, Hanna", hatte Jojachin berichtet, nachdem er Josef in der Synagoge kennengelernt hatte. „Er kommt aus dem königlichen Geschlecht Davids."

„Ist er verheiratet?", hatte ihre Mutter mit einem Seitenblick auf Maria gefragt.

Und so war ihre Zukunft ins Rollen gekommen. Ihr Vater hatte bald herausgefunden, dass Josef auf der Suche nach einer Braut war, die ebenfalls aus dem Stamm Juda und ein Nachkomme Davids sein sollte. Und tugendhaft und gläubig. Maria kannte den Ehrgeiz ihrer Eltern. Ihre ältere Schwester war bereits mit einem Nazarener verheiratet und ihre Eltern hofften, ihre Jüngste bei einem anderen Mann aus ihrem eigenen Stamm unterzubringen. Der natürlich aus guter Familie sein müsste und fähig, seiner Frau und den Kindern, die sie ihm gebären würde, ein gutes Heim zu bieten. Sie hatten angefangen, den Zimmermann häufig in ihr Haus einzuladen, und Josef hatte ihre Hoffnungen nicht enttäuscht.

„Warum hat er sich keine Frau in Bethlehem gesucht?", hatte Maria ihre Mutter einmal gefragt.

„Warum fragst du so etwas?" Ihre Mutter war ungeduldig gewesen. „Gott hat ihn eben zu uns nach Nazareth geschickt."

Ihr Vater war weniger geneigt gewesen zu glauben, dass Gott sich besonders für das Leben eines einfachen Zimmermanns interessierte. Oder für das eines armen, nicht mehr ganz gesunden Mannes, dessen zweite Tochter bald im heiratsfähigen Alter sein würde. „Josef braucht Arbeit wie andere auch, und der Bau von Sepphoris schreitet gut voran. Da können Zimmerleute und Maurer mehr Geld verdienen als in Bethlehem."

Die Männer waren in die Eheverhandlungen eingetreten, aber dann war Marias Vater gestorben, und die Regelung ihrer Zukunft war ihrer Mutter zugefallen. Und die hatte beschlossen, ihre Tochter so schnell wie möglich zu verheiraten.

„Dein Vater wollte dir noch etwas Zeit lassen, Maria", hatte sie gesagt. „Aber Zeit kann ein Feind sein. In unserer Lage haben wir keine Zeit zu verlieren. Ich habe mit Josef gesprochen und er ist bereit, dich zur Frau zu nehmen. Jetzt wird alles gut, Kind, jetzt haben wir wieder jemanden, der für uns sorgt."

Maria vergrub ihr Gesicht in ihren Armen. Hätten sie sonst wirklich niemanden gehabt, der für sie gesorgt hätte? Hatte Gott nicht verheißen, bei denen zu sein, die ihr Vertrauen auf ihn setzten? Maria glaubte an Gottes Verheißungen.

Solange sie sich zurückerinnern konnte, war das ihr großes Ziel gewesen: nahe bei Gott zu sein. Ihr Herz sehnte sich nach ihm wie ein Hirsch, der nach frischem Wasser lechzt. Wie wünschte sie sich, dabei gewesen zu sein, als Gott die Israeliten aus Ägypten hinausgeführt hatte. Wie gesegnet waren diese Menschen gewesen, die jeden Tag Gottes Wunder erlebt, sein Gesetz gehört, Wasser aus dem Felsen schießen sehen und das Manna vom Himmel geschmeckt hatten! Manchmal wünschte sie sich fast, als Mann geboren worden zu sein. Dann hätte sie in die Berge von Qumran gehen und dort als Gottgeweihter leben können.

War es ihre Jugend, die sie so ruhelos machte? Ihre Sehnsucht nach Gott frustrierte sie. Wie konnte sie Gott, den Herrn, von ganzem Herzen, von ganzer Seele und mit all ihrer Kraft lieben, wenn sie eine Ehefrau werden sollte?

Aber sie verstand die Vorteile einer Ehe gut. Wie oft hatte sie schon die Schritte der römischen Soldaten gehört, wenn sie in das kleine Nazareth marschiert kamen und am Brunnen ihre Wasserschläuche füllten. Wenn sie ihr Wasser hatten, pressten sie den hilflosen Dorfbewohnern den Proviant ab, den sie gerade brauchten. Manchmal nahmen sie auch ein paar junge Frauen mit. Das Leben konnte grausam sein für eine Frau – besonders einer jungen –, die keinen männlichen Beschützer hatte. Marias Mutter hatte ihr beigebracht, sich zu verstecken, wenn sie herannahendes Pferdegetrappel oder den Marschschritt von Soldaten hörte. Ihr Herz presste sich ängstlich zusammen – gerade kamen wieder welche.

Die *Pax Romana* – der römische Frieden – hatte Israel alles andere als Frieden gebracht, denn Marias Volk wehrte sich gegen die fremden Unterdrücker. Wäre es nicht weiser, wenn sie unverheiratet bliebe und nicht auch noch Kinder in diese schlimme Welt brachte? Viele Hebräer kämpften voll Hass und Bitterkeit gegen die fremde römische Kultur und griffen dabei auch zu Gewalt. Andere verrieten ihr Volk und den Gott Abrahams, Isaaks und Jakobs und passten sich den Sitten ihrer Eroberer an.

Wo war Gott in alledem? Maria wusste, dass er ebenso mächtig war wie damals, als er die Welt erschuf. War es mangelnde Loyalität, wenn sie sich manchmal fragte, ob ihr Volk dieses Elend nicht selbst über sich gebracht hatte? Sie kannte die Geschichte gut, sie wusste, was zwischen Gott und seinem Volk vorgefallen war. Warum musste Israel immer wieder ungehorsam werden, eine Generation nach der anderen? Solange sich Maria zurückerinnern konnte, hatte sie den Schrei ihres Volkes nach Befreiung von dem römischen Joch gehört.

Eines Tages würde der Herr den großen Befreier schicken, den, den er nach Adams und Evas Sündenfall verheißen hatte, den, der alles neu machen würde. Den Messias. Jeden Tag betete Maria, dass er bald kommen möge – auch jetzt, wo sie im Schatten des Senfstrauches saß und mit Fragen kämpfte, die sie nicht verstehen konnte. Hin- und herrissen von dem Strudel der Welt um sie herum und dem Aufruhr in ihrem eigenen Herzen, schrie Maria nach einem Erlöser.

Oh Gott, wann wirst du uns einen Erlöser schicken? Errette uns von diesen fremden Unterdrückern mit ihren vergoldeten Götzen, die ihren launischen Kaiser zum Gott erklären!

Sie musste aufhören damit. Bald würde sie Josef heiraten, es war beschlossene Sache. Sie würde ihrem verstorbenen Vater und ihrer Mutter gehorchen.

Oh Herr, Gott Israels, ich verstehe das alles nicht. Ist es falsch, ganz zu dir gehören zu wollen? Meine Seele sehnt sich nach dir. Hilf mir, zu gehorchen und Josef eine gute Frau zu sein. Denn du bist der Herr über alles; bestimmt hast du diesen Mann für mich ausgewählt. Mach mich zu einer Frau nach deinem Herzen. Schaffe in mir ein reines Herz und gib mir einen neuen, sicheren Geist.

Ein merkwürdiges Kribbeln wanderte über ihre Haut, ihr Haar sträubte sich. Sie schaute hoch und sah einen Mann vor sich stehen. Ein Fremder. Sie starrte ihn in jähem Entsetzen an. Wer war das? Noch nie hatte sie eine so Ehrfurcht gebietende Gestalt gesehen. Oder war es nur die Sonne hinter seinem Rücken, die ihn so … so übermenschlich wirken ließ?

„Ich grüße dich, du Auserwählte. Der Herr ist mit dir!"

Sie saß wie erstarrt da. Was war das für ein seltsamer Gruß? Sie kniff die Augen zusammen und öffnete sie wieder. Doch der Fremde war keine Fata Morgana, er stand immer noch vor ihr und sah auf sie herab, mit einer Art freundlicher Geduld. Was bedeuteten seine Worte? War nicht das ganze Gottesvolk auserwählt? Und warum sagte der Mann, dass Gott mit ihr sei? War es – war es etwa der Herr selbst? Sie fühlte Panik in sich aufsteigen und schloss hastig wieder ihre Augen. Wer Gott sah, der musste sterben, das hatte sie gehört.

„Habe keine Angst, Maria! Gott hat beschlossen, dich zu segnen!"

Ein plötzlicher Kloß stieg in ihre Kehle, ihre Augen wurden tränennass. Sie wollte nichts lieber, als Gott zu gefallen! Aber der Herr wusste doch, wie unwürdig sie war. Sie wurde rot. Noch einen Augenblick zuvor hatte sie mit der Aussicht gerungen, Josef heiraten zu müssen, obwohl er doch Gott ebenso liebte, wie sie das selbst tat, und jetzt sagte dieser Fremde solche Worte, die sie mit Freude erfüllten!

Der Mann trat näher. „Du wirst schwanger werden und einen Sohn bekommen; den sollst du Jesus nennen."

Jesus. Der Name bedeutete „Der Herr errettet". Der Bote sprach weiter. „Er wird groß werden und Sohn des Höchsten heißen, und Gott der Herr wird ihm den Thron seines Vaters David geben. Er wird auf ewig über Israel regieren, und sein Reich wird nie enden."

Maria schluckte. Ihr schwirrte der Kopf. Sagte dieser Mann ihr da, dass sie – sie! – den Messias gebären würde? Aber kaum hatte er die Worte ausgesprochen, kamen die Zweifel wie ein Chor schwarzer Stimmen.

DU? Warum sollte Gott dich erwählen? Der Messias wird wohl kaum von einem Bauernmädchen aus Nazareth kommen. Hör nicht auf diesen Verrückten, schau ihn nicht an!

Doch dann kam eine andere Stimme, eine leise Stimme, die sie wiedererkannte. *Wie lautet deine Antwort, Maria?*

Sie stand mit weichen Knien auf und sah zu dem Engel hoch. „Aber wie soll ich ein Kind bekommen? Ich bin noch Jungfrau."

War da ein Lächeln auf dem Gesicht des Engels? „Der Geist des Herrn wird über dich kommen, und die Kraft des Höchsten wird dich überschatten. Das Kind, das du bekommen wirst, wird heilig sein und der Sohn Gottes genannt werden. Und deine Verwandte Elisabeth ist in ihrem Alter ebenfalls schwanger geworden. Die Menschen haben sie immer für unfruchtbar gehalten, aber jetzt ist sie im sechsten Monat. Denn bei Gott ist nichts unmöglich."

Maria sog scharf die Luft ein. Sie musste plötzlich lächeln. Oh, sie wusste, wie sehr Elisabeth sich immer ein Kind gewünscht hatte; ja, für Gott war wirklich nichts unmöglich. Elisabeth würde wie Sara sein, die als alte Frau Isaak geboren hatte. Und wie Hanna, die ihren Sohn Samuel dem Herrn geweiht hatte. Marias Herz machte einen Satz. Am liebsten wäre sie auf der Stelle zu Elisabeth gerannt, um mit eigenen Augen dieses Wunder zu sehen. Aber der Engel stand vor ihr und wartete auf ihre Antwort.

Wenn sie Ja sagte, würde sie die Mutter des Messias werden. Diese Erkenntnis war in ihrem Kopf angekommen, nicht aber in ihrem Herzen. Warum sie? Sie war ungebildet und arm, aus einem Dorf in der hintersten Provinz, die die meisten Juden verachteten.

Aber aus den Schriftlesungen in der Synagoge wusste sie auch, dass Gott oft die unwahrscheinlichsten und unwürdigsten Menschen einsetzte. Der Engel des Herrn stand vor ihr und bot ihr an, bei Gottes großem Rettungsplan mitzuwirken. Und alles in ihr rief, jubelte: „Ja".

Wieder kamen die dunklen Stimmen: *Denkst du wirklich, dass du die Mutter des Messias sein kannst? Weißt du etwa, wie man Gottes Sohn erzieht?*

Nein, ich weiß das nicht, antwortete ihr Herz. *Aber Gott.*

Sie nahm ihren Mut zusammen und schaute zu dem Engel hoch. „Ich bin die Magd des Herrn." Sie breitete ihre Hände aus. „Ich bin bereit, alles anzunehmen, was er schickt. Möge das, was du gesagt hast, sich erfüllen."

Kaum hatte sie die Worte ausgesprochen, war der Engel nicht mehr zu sehen. Wenn die Luft um sie herum nicht noch vibriert hätte, hätte sie geglaubt, sich alles nur eingebildet zu haben. Sie presste zitternd ihre Hände an ihre Brust. Dann erinnerte sie sich daran, dass der Engel ihr gesagt hatte, sie müsse keine Angst haben. Sie atmete langsam aus und kniete sich hin. Dann hob sie ihr Gesicht zum Himmel und breitete die Hände aus, die Handflächen nach oben. *Herr, dein Wille geschehe.*

Ihre Haut begann wieder zu kribbeln. Eine Art Wolke war über ihr, jetzt um sie herum. Sie schloss die Augen, roch den Duft der Frühlingsblumen, der Erde, des Himmels. Ihre Haut wurde warm, dann ihr ganzer Körper. Sie hielt den Atem an. Einen Augenblick lang – oder war es eine Ewigkeit? – war kein Laut zu hören. Es war, als ob die ganze Schöpfung kurz innehielte.

Im Körper eines armen Bauernmädchens aus einem vergessenen galiläischen Dorf wurde der Sohn Gottes eins mit den Nachkommen Adams.

Josef funkelte Maria an. „Und das soll ich dir glauben?"

Seine Zukunftshoffnungen lagen jäh in Scherben. Nie hätte er erwartet, dass ein Mädchen wie Maria – so jung, so liebenswert, so fromm – ihn so elend hinters Licht führen könnte. Schwanger! Er schloss die Augen und kämpfte gegen die gewalttätigen Gedanken an, die in ihm aufsteigen wollten. *Verwirf sie! Melde es den Rabbis! Lass die Leute sie steinigen!*

„Nein!" Er presste die Hände auf seine Ohren und sah zu Marias Mutter hin, die leise weinend in der Ecke kauerte.

Die Einzige, die absolut ruhig war, war Maria. „Du wirst es glauben, Josef." Ihre unschuldigen dunklen Augen sahen zu ihm hoch. „Du wirst es glauben, das weiß ich."

Wie konnte sie so ruhig sein, wenn er sie mit einem Wort töten könnte? „Eine Frau kann nur auf eine Art empfangen."

„Bei Gott ist alles möglich."

„Und warum sollte Gott dich erwählt haben, um den Messias zu gebären?"

Sie lachte, das Gesicht leuchtend vor Freude. „Hat Gott nicht immer schon die Schwachen erwählt, um die Starken zunichte zu machen? Oh, Josef!" Sie ergriff seine Hände. „Denk doch daran: Gott wählt nie so, wie Menschen es tun."

„Ich kann das nicht glauben, ich kann's nicht! Das geht gegen jede Vernunft!" Er musste hinaus an die frische Luft. Solange er sie ansah, konnte er nicht klar denken,.

„Josef!" Hanna stand hastig auf. „Josef! Bitte!" Aber er war schon zur Tür hinaus, die er hinter sich angelehnt ließ. *„Josef!"*

Er bog um die Ecke und ging mit raschen Schritten eine der engen Gassen entlang, die aus der Stadt hinausführten. Er wollte nicht, dass jemand sah, wie aufgewühlt er war, und anfing, ihn auszufragen. Er musste nachdenken …

Er verlangsamte seine Schritte erst, als der Ort weit hinter ihm lag. Die Tränen kamen ihm. Was sollte er jetzt tun? Vergessen, dass sie die Tochter eines Freundes war, eines Mannes aus seinem eigenen Stamm? Großzügig darüber hinwegsehen, dass sie mit dem Kind eines anderen schwanger war? Sie hatte eine schwere Sünde begangen, sie war unrein! Wenn er sie jetzt noch heiratete, würden die Leute mit dem Finger auf ihn zeigen. Sein guter Ruf wäre dahin. Und ihrer. Und wenn das Kind geboren war, was dann? Jeder würde wissen, dass es vor der Hochzeit gezeugt sein musste; das Klatschen und Flüstern würde Jahre anhalten.

Warum ließen Frauen sich nur so leicht umgarnen? Er stampfte wütend auf. Wer hatte das mit seiner Maria gemacht, wer hatte es gewagt, ein unschuldiges, vaterloses Mädchen so auszunutzen? Und wie kam sie dazu, sich so eine verrückte Lüge auszudenken, um ihre Sünde zu vertuschen? Ein Engel, der zu ihr gekommen sei und ihr verkündet habe, dass sie den Sohn Gottes zur Welt bringen würde! Welcher Mann, der seine fünf Sinne beisammen hatte, konnte so etwas glauben?

Als Jojachin ihm Maria als Ehefrau angeboten hatte, hatte Josef gedacht, dass er eine Zukunft und eine Hoffnung hatte. Und jetzt das. Wenn er ihre Sünde bekanntmachen würde, müsste er dabeistehen und zuschauen, wie Jojachins Tochter wegen Ehebruchs gesteinigt wurde. Und das Kind, das sie trug, würde mit ihr sterben.

Ja! Tu es!, zischte die dunkle, fremde Stimme. *Warum soll sie nicht sterben, so, wie sie dich und ihren Vater verraten hat? Sie hat das Gesetz, nach dem du lebst, verachtet! Töte sie! Und das Kind!*

Diese Gedanken machten ihm Angst. Er schrie auf: „Oh Gott, hilf mir! Was soll ich machen? Warum hast du das zugelassen? Hab ich nicht mein Leben lang versucht, das Rechte zu tun und dein Gesetz zu befolgen?" Er setzte sich abrupt hin. Tränen des Zorns standen in seinen Augen. „Warum, Gott? Sag mir, warum!"

Als die Sonne am Horizont verglühte, war er einer Antwort immer noch nicht näher. Er erhob sich müde und ging zurück in die Stadt. Die Straßen waren leer, die Bewohner alle schon in ihren Häusern. Er ging in seine Werkstatt und setzte sich auf die Bank. Noch nie hatte er sich so einsam gefühlt. „Wo bist du, Gott? Wo bist du, wenn ich deinen Rat brauche?"

Sollte er sich dem Rabbi anvertrauen? Aber die Rabbis behielten das, was man ihnen erzählte, nicht immer für sich, und Josef wollte nicht, dass jemand das mit Maria erfuhr, bevor er sich nicht entschieden hatte, was er tun würde. Er strich gedankenverloren über das Joch, das er in Arbeit hatte, dann nahm er seine Werkzeuge in die Hand. Vielleicht half es, wenn er arbeitete.

Wer war er eigentlich, dass er Maria verurteilte? Josef befolgte das Gesetz, aber tief drinnen wusste er, dass das nur die Oberfläche war. Unter den pflichtgemäßen Besuchen in der Synagoge, dem Zehnten und den Opfern lag sein Herz, und das begehrte oft auf. Gegen das Joch Roms, das Joch der korrupten Rabbis, das Joch des Gesetzes selbst. Die Sünde verlockte Josef jedes Mal, wenn er sah, wie wieder ein römischer Soldat eine Frau am Stadtbrunnen verhöhnte oder ein Rabbi einer armen Witwe wortreich den Zehnten abverlangte. Oder ein reicher Kunde die Zahlung „vergaß". Oder ein Bettler ihn verfluchte, weil er ihm nichts geben konnte. Wie viele Lämmer hatte Josef im Laufe der Jahre als Opfer in den Tempel gebracht? Er wusste es schon nicht mehr. Er wusste nur, dass er sich nie wirklich rein von seiner Sünde gefühlt hatte. Das Blut des Opferlammes hatte sie bedeckt – bis er das nächste Mal sündigte. Er schaffte es einfach nicht, Gottes Gesetz zu halten.

Er unterbrach die Arbeit und legte sich auf sein Lager. Er wusste immer noch nicht, was er mit Maria machen sollte. Die Worte des Gesetzes waren eindeutig, aber sein Herz war hin- und hergerissen. Er schloss die Augen, um zu schlafen. Vielleicht würde er am Morgen klarer denken können. Aber statt der Ruhe kamen Albträume. Er hörte wütende Stimmen und das Schreien eines Mädchens. Er versuchte hinzurennen, aber seine Füße versanken in Sand. Dann kam eine Stimme aus der Dunkelheit: *Töte das Mädchen und seine Brut!* Dann plötzlich eine andere Stimme. „Josef, Sohn Davids!" Er hatte die Stimme noch nie gehört, aber er erkannte sie sofort. Ein Mann in einem schimmernd weißen Gewand stand über ihm. „Habe keine Angst, Maria zu heiraten. Das Kind, das sie trägt, ist von Gott. Sie wird einen Sohn bekommen und du sollst ihn Jesus nennen, denn er wird sein Volk von seinen Sünden erlösen."

Was für Worte! Josef sog sie förmlich ein. Der Messias ... solange Josef sich zurückerinnern konnte, sprachen die Menschen von ihm. Seit den Tagen Davids warteten die Israeliten auf einen neuen, großen König, der über Israels Feinde triumphieren, ja über die ganze Welt herrschen würde. Und jetzt war die Zeit gekommen. Gott sandte seinen Gesalbten. Durch Maria. Und Josef würde ihn sehen; er würde an der Seite der Mutter des Messias sein und Gottes Erwählten wie seinen eigenen Sohn beschützen.

Du willst ihn beschützen? Du, ein einfacher Zimmermann? Schwarzes Lachen erklang. Josef stöhnte im Schlaf auf. *Ich werde ihn töten. Und dich auch, wenn du dich mir entgegenstellst.*

Josef stöhnte wieder und drehte sich auf den Rücken. Er öffnete die Augen, spürte die Dunkelheit wie eine Last. Dann ein Flüstern, das die Angst zerriss: *Er wird sein Volk von seinen Sünden erlösen …*

Josefs Sehnsucht nach Gottes Gerechtigkeit flammte auf wie der Durst eines Mannes, der sich in der Wüste verlaufen hat. Und er erinnerte sich an die Worte seines Vorfahren David und flüsterte sie in die Dunkelheit: „*Wer im Schutz des Höchsten wohnt und ruht im Schatten des Allmächtigen, der sagt zum Herrn: Du bist für mich Zuflucht und Burg, mein Gott, dem ich vertraue …*"

Die Dunkelheit wich wie ein Vorhang, der zur Seite gezogen wurde, und Josef sah durch das Fenster die Sterne leuchten. Er schaute lange zu ihnen hoch, dann schlief er mit einem Lächeln wieder ein.

Hanna weinte vor Erleichterung, doch Maria schien kein bisschen überrascht, als Josef ihnen eröffnete, dass er sie so bald wie möglich heiraten wolle. Sie legte ihre Hand auf seinen Arm und sagte einfach: „Gut. Und dann muss ich unbedingt meine Verwandte Elisabeth besuchen."

Ihre Mutter protestierte. „Was willst du denn da? Der Weg durch die Berge ist beschwerlich und …"

„Oh, Mutter, das macht nichts. Elisabeth ist auch schwanger!"

„Mach dich nicht lächerlich! Dazu ist sie viel zu alt."

„Der Engel hat mir gesagt, dass sie schwanger ist."

„Und was meinst du wohl, was die Leute sagen, wenn du Josef heiratest und dann in das Bergland von Judäa gehst?"

„Wen interessiert, was die Leute sagen, wenn es der Wille des Herrn ist, dass ich gehe?"

Josef sah, dass diese Reise mehrere Probleme auf einmal lösen könnte. Der Engel hatte nichts davon gesagt, dass sie den Bürgern von Nazareth erklären sollten, dass Maria von Gott persönlich schwanger war und den Messias gebären würde. Sobald die Leute bemerkten, dass Maria schwanger war, würde der Klatsch beginnen. Und falls jemand die Wahrheit ahnte … was für Gefahren konnte das dem Kind bringen! Aber wenn sie zusammen diese Reise machten …

„Direkt nach der Hochzeit bringe ich Maria zu ihrer Verwandten“, sagte er fest.

„Die Leute werden reden“, sagte Hanna.

Ja, sie würden reden, aber die Zielscheibe wäre er und nicht Maria.

Als Marias Bauch größer wurde, glaubten einige in Nazareth zu wissen, warum Josef sie so hastig geheiratet hatte. Die Frauen flüsterten am Brunnen, während die Männer in der Synagoge ihre Köpfe schüttelten und diskutierten. Was wusste man schon über Josef, außer dass er ein Zimmermann aus Bethlehem war? Armer Jojachin, der diesem Kerl vertraut hatte, weil er auch ein Nachkomme Davids war. Er würde sich im Grab umdrehen, wenn er wüsste, dass Josef sich seine ehelichen Rechte vorzeitig genommen hatte. Einige gingen zum Rabbi und verlangten von ihm, das Paar zu bestrafen, damit andere junge Leute nicht den Eindruck bekämen, dass man in Nazareth solch ein Verhalten tolerierte. Der Rabbi erklärte ihnen, dass Josefs Verhalten sich streng genommen im Rahmen der Legalität bewegte; der Ehevertrag sei ja schon unterzeichnet worden, die Brautgeschenke ausgetauscht.

Eine Stimme kam aus dem Schatten ganz hinten in der Synagoge. „*Wollt ihr nicht das Böse in eurer Mitte ausrotten?*“

Der Rabbi hob den Kopf von der Schriftrolle. „Wer spricht?“

„*Sagt die Schrift nicht, dass dem Herrn hochfahrende Augen und eine lügnerische Zunge ein Gräuel sind?*“ Die Stimme war tief und dunkel und vielen nicht unbekannt. „*Wir müssen das Böse in unserer Mitte ausrotten.*“ Die Männer sahen einander an, das Flüstern wurde lauter. Der Ankläger blieb unsichtbar. „*Wer ist dieser Zimmermann, der den Herrn versucht? Wer ist dieses Mädchen, das die Hure spielt?*“

Ein Mann erhob sich, das Gesicht gerötet. „Er hat recht!" Heftiges Nicken der anderen.

Der alte Rabbi hob beschwörend die Hände. „Das Gesetz sagt auch, dass es zwei Zeugen geben muss. Mögen sie vortreten!"

Ein Murmeln ging durch die Ränge der Männer, aber niemand trat vor. Köpfe wandten sich nach links und rechts. Der Rabbi öffnete zitternd die Rolle des Gesetzes. „Der Herr hasst falsche Zeugen und Menschen, die lügen und Zwietracht unter Brüdern säen." Er sagte es leise, aber seine Stimme war gut zu verstehen.

Der Ankläger verschwand.

Bald darauf erstarb das Geklatsche über Josef und Maria, als römische Soldaten mit einem Erlass des Kaisers Augustus in Nazareth ankamen. Der Kaiser hatte eine Volkszählung angeordnet. Die Männer waren bestürzt. Wusste dieser römische „Gott", was für ein Chaos er mit seinem Erlass anrichtete? Denn für diese Zählung hatte jeder in seinen Geburtsort zu reisen.

Kapitel 2

Seit der Ausrufer den Erlass verlesen hatte, hatte Josef Angst vor diesem Augenblick gehabt. Jetzt war er da. Er sah die beiden Frauen an dem Tisch an – die eine so jung und lieblich, dass es ihm das Herz bewegte, die andere älter und erschöpft.

„Wir müssen nach Bethlehem gehen", sagte er in die Stille hinein. Er erklärte den beiden Frauen die Lage.

Maria sah zu ihrer Mutter hin; die schüttelte den Kopf. „Marias Zeit ist bald gekommen, Josef."

„Wir müssen dem Gesetz gehorchen."

„Wessen Gesetz müssen wir gehorchen? Willst du das Leben meiner Tochter für einen römischen Kaiser aufs Spiel setzen, einen heidnischen Götzendiener, der sich für einen Gott hält?"

Josef beugte sich nach vorn und legte seine Hand über Hannas. „Die Schrift erfüllt sich, Mutter." Seit er ein kleiner Junge gewesen war, hatte er gehört, dass der Messias in Bethlehem geboren werden würde. „Der Prophet Micha hat gesagt: ‚*Und du, Bethlehem Efrata, die du klein bist unter den Städten in Juda, aus dir soll mir der kommen, der in Israel Herr sei, dessen Ausgang von Anfang und von Ewigkeit her gewesen ist.*'"

Marias Augen leuchteten. Sie sah ihre Mutter an und sagte aufgeregt: „Du kannst doch mit uns kommen, Mutter. Komm und sieh, wie der große Tag des Herrn sich erfüllt."

„Ja", sagte Josef und drückte Hannas Hand leicht. „Komm mit."

„Nein!" Sie riss ihre Hand weg. „Ich gehöre hierher, nach Nazareth. Und Maria auch!" Sie stand abrupt auf und verschränkte die Arme vor der Brust. „Wie kannst du an so eine Reise auch nur denken, so kurz vor der Geburt?"

Maria sah Josef an. Der senkte den Blick. Hatte seine Schwiegermutter vielleicht recht? Setzte er Marias Leben für die Launen eines ausländischen Herrschers aufs Spiel? Sollte er vielleicht diese Prophezeiung über Bethlehem nicht so ernst nehmen und die Reise noch etwas aufschieben?

Maria legte ihren Kopf zur Seite. „Ich muss dahin gehen, wohin mein Mann geht. Hast du Ruth vergessen, Mutter?"

„Komm mir nicht mit Ruth", sagte ihre Mutter ärgerlich. „Das war eine andere Zeit. Und Ruth verließ ihre heidnischen Eltern, um mit ihrer Schwiegermutter zu gehen, die sie zum Herrn geführt hatte."

„Mutter, hör zu, bitte!"

„Nein!" Hanna schlug aufweinend die Hände vor das Gesicht. „Ich dachte, es könnte keine größere Ehre für meine Tochter geben, als den Gesalbten zur Welt zu bringen, und jetzt wollt ihr mir mein Herz herausreißen! Woher soll ich wissen, dass du die Reise überstehst?"

Maria nahm die Hand ihrer Mutter und drückte sie an ihre Wange. „Wird nicht der Herr selbst über seinen Sohn wachen? Hat er je etwas verheißen, was er nicht gehalten hätte?"

Josef sah den Schmerz in Hannas Augen, als sie über die Wange ihrer Tochter strich. Er wusste, dass eine Geburt eine gefährliche Sache war, nicht nur für das Kind, sondern auch für die Mutter. Wer würde ihr helfen? „Bitte, Mutter, komm mit uns."

Seine Schwiegermutter dachte einen Moment nach, dann schüttelte sie langsam und entschlossen den Kopf. „Jojachin ist hier geboren, Josef, und ich auch. Du musst nach Bethlehem zurück und ich muss hier in Nazareth bleiben. Vielleicht will der Herr mich so dazu bringen, dass ich meine Tochter loslasse." Ein trauriger Zug spielte um ihren Mund. „Heißt es nicht in der Schrift, dass der Mann und die Frau ihren Vater und ihre Mutter verlassen werden, um ein Fleisch zu werden?" Sie hob Marias Kinn an. „Du hast recht, mein Schatz. Du musst mit deinem Mann gehen. Deine Schwester und ihr Mann werden für mich sorgen."

Marias Gesicht hellte sich auf. „Natürlich. Und du kommst mit ihnen zum Passahfest nach Jerusalem. Wir sehen uns dann dort."

Hannas Augen wurden feucht. Sie zwang sich zu einem Lächeln und wandte sich ab, während Maria Josefs Hände nahm.

„Wir gehen nach Bethlehem, Josef. Wir lassen uns dort für die Volkszählung eintragen und dann werden wir in Sichtweite der Mauern Jerusalems wohnen, unter den Flügeln des Höchsten."

Josefs Herz machte einen Satz bei diesen Worten. Bis die schwarze Stimme kam. *Ja! Kommt nur nach Bethlehem und bringt das Kind dort zur Welt – unter den Augen meines Dieners Herodes.*

Nach einigem Überlegen beschloss Josef, sich für die Reise einer der mesopotamischen Karawanen anzuschließen, die durch Nazareth kamen. Da Marias Schwangerschaft schon weit fortgeschritten war, mussten sie den schnellsten Weg nach Süden wählen – also nicht den durch die Küstenebenen des Mittelmeers oder durch das Jordantal, sondern die alte Handelsstraße durch das unwegsame Bergland. Die Aussicht, mit Fremden zu reisen, gefiel ihm nicht, aber die Karawanenbegleiter waren bewaffnet – ein guter Schutz gegen Räuber und wilde Tiere.

Der Tag der Abreise kam. Maria weinte, als die Karawane Nazareth verließ. Im Osten wurde der Gipfel des Tabor sichtbar. Alle paar Minuten drehte Josef sich zu seiner jungen Frau um, die auf dem Esel saß. Sie beklagte sich nicht, aber er merkte, dass ihre Handknöchel immer weißer wurden, während die Stunden vergingen. Nur einmal hob sie den Kopf und sah ihn mit einem Ausdruck stiller Erschöpfung an. „Lass mich absteigen und ein Stück zu Fuß gehen, Josef." Er ließ sie, aber schon bald konnte sie nicht mehr.

Als sie das Nachtlager aufschlugen, aß sie nur wenig, bevor sie sich auf die Seite rollte. Zum ersten Mal an diesem Tag ging ein Lächeln über ihr Gesicht. Sie legte ihre Hand beschützend über ihren Bauch und schlief fast sofort ein. Josef saß neben ihr und betete. Als die Nachtkälte kam und sie zu zittern begann, legte er sich hinter sie und breitete seinen Mantel wärmend über sie.

Am nächsten Tag kamen sie durch die schöne Jesreel-Ebene. „Riech nur die Luft, Josef!", sagte Maria lächelnd. Sie ritten durch grüne Haine. Als die Karawane eine Rast machte, trieb Josef den Esel beiseite, sodass Maria in einer Blumenwiese ausruhen konnte.

Sein Herz wurde warm, als sie eine Lilie pflückte und ihm hinter das Ohr steckte. „Hörst du, wie die Schöpfung singt, Josef?" Mit leuchtenden Augen streckte sie ihre Hand zu dem wolkenlos blauen Himmel hoch. „Herr, unser Herrscher, wie herrlich ist dein Name in allen Landen!"

Josef nahm ihre Hand und küsste sie. Wie er sie liebte!

In den nächsten Tagen kampierten sie an erfrischenden Bächen. Dann begann der lange, schwere Anstieg in die Berge. Der Sabbat kam und Josef sah schweigend der Karawane hinterher, die weiterzog, während er und Maria den Tag des Herrn begingen. Er wusste: Schon am nächsten Tag würden sie sie wieder einholen, denn die schwer beladenen Lasttiere kamen nicht so schnell vorwärts wie ein kräftiger Esel, dessen einzige Last ein Mädchen und der Reiseproviant waren. Aber was konnte nicht alles passieren an einem Tag …

Maria brach das Brot und reichte ihm seinen Teil. Ihre Finger strichen sanft über seine Hand. „Gott wacht über uns, Josef." *Sie hat die Augen eines Rehs,* dachte Josef, *und das Herz einer Löwin.*

Am folgenden Nachmittag holten sie die Karawane wieder ein. Sie wanderten am Berg Gilboa vorbei, wo König Saul und sein Sohn Jonatan im Kampf gegen die Philister gefallen waren. Sie kamen durch Dotan, wo Jakobs Sohn Josef von seinen Brüdern in die Sklaverei verkauft worden war. Den ganzen Tag unterhielten sie sich über Josefs Geschichte und die Knechtschaft Israels in Ägypten. Über 400 Jahre waren damals vergangen, ehe Gott aus dem brennenden Busch zu Mose geredet und ihn eingesetzt hatte, um Israel zu befreien, und weitere 40 Jahre Wüstenwanderung hatte es gedauert, bis die Nachkommen der ungehorsamen Generation endlich das Gelobte Land erreicht hatten.

„Bald wird das Gelobte Land wieder uns gehören", sagte Maria, während sie mit der Hand über ihren Bauch strich. „Gott wird alles recht machen."

Mit jedem Tag fiel Maria das Reisen schwerer. Jedes Mal, wenn Josef sah, wie sie sich vornüberbeugte, packte ihn die Angst. Sie sprach wenig, aber er sah, wie ihre Lippen sich bewegten, wenn sie vermutlich so inbrünstig wie er darum betete, dass sie rechtzeitig in Bethlehem ankommen würden.

Als die Karawane vor den Stadtmauern von Schomrom-Sebaste, dem alten Samaria, lagerte, betete Josef, dass die Händler ihre Waren schnell verkaufen würden, damit sie weiterziehen könnten. Es gab Samariter, die keine Skrupel hatten, einen Juden zu töten und seine schwangere Frau dazu. Sie zogen zehn Meilen weiter nach Süden, nach Sichem, einer anderen reichen Samariterstadt. Dass der Jakobsbrunnen ausgerechnet hier war … Josef konnte den Gedanken kaum ertragen.

Er schüttelte den unreinen Staub von seinen Füßen, als er und Maria das Gebiet der Samariter verließen. Sie zogen weiter nach Silo. Hier hatte einst die Stiftshütte gestanden. Jetzt hatte man auf den Trümmern der alten Stadt eine neue errichtet. Bei Bethel trennten Josef und Maria sich kurz von der Karawane, um in der Synagoge zu beten, denn hier hatte Abraham Gott geopfert und Jakob den Traum von der Himmelsleiter gehabt. Erst als sie Rama erreichten, konnten sie im Licht der untergehenden Sonne die heilige Stadt Jerusalem und die Zinnen des großen Tempels sehen.

„Nur noch ein Tag, Maria“, sagte Josef, „dann haben wir es geschafft.“

Als sie in Jerusalem ankamen, waren die Straßen voller Menschen. Josef führte den Esel an einer Gruppe wachsamer römischer Soldaten vorbei. Über ihnen thronten die nach Marcus Antonius benannte römische Festung und der Tempel mit seinen goldverzierten Zinnen. Josef ergriff Marias Hand und küsste sie. „Die Wege Gottes sind höher, als ich begreifen kann. Ich hätte gedacht, dass der Messias in der Zionsstadt geboren würde, im Heiligtum.“

Die Sonne ging unter, als sie endlich Bethlehem erreichten. An sich ein überwiegend von Bauern und Hirten bewohntes kleines

Dorf, wimmelte es jetzt von Angehörigen des Stammes Davids, die sich für die römische Volkszählung hierher begeben hatten. Da war schon eine Schlange der Wartenden, und Josef und Maria, die sich müde an den Esel lehnte, stellten sich an, bis er an der Reihe war, seinen Namen und die Zahl der Personen in seinem Haushalt anzugeben.

„Josef aus dem Stamm Juda, und meine Frau Maria."

Der Römer hob kurz den Kopf, sah Marias Zustand und machte gleich noch einen Eintrag in der Spalte für die Kinder – Kinder bedeuteten mehr Steuern. „Der Nächste!", rief er ungeduldig und sie waren entlassen.

„Oh, Josef." Maria krümmte sich nach vorn und umklammerte ihren Bauch.

„Ich suche uns rasch eine Unterkunft." Er legte seinen Arm um sie.

Überall standen Leute herum, die über den kaiserlichen Erlass und die Menge der Fremden in ihrem Ort murrten. Josef setzte Maria wieder auf den Esel, aber mit jedem Schritt wurde ihr Stöhnen lauter. Wohl ein halbes Dutzend Mal hielt er vor einer Herberge an, nur um jedes Mal dieselbe Antwort zu hören. „Wir sind voll, geht woanders hin!"

„Josef!", keuchte Maria und krümmte sich wieder. „Oh, Josef."

Noch nie hatte er eine so hilflose Angst in ihren Augen gesehen. Ihre Finger gruben sich in die Mähne des Esels, sie versuchte krampfhaft, nicht herunterzufallen. Josef hob sie hastig von dem Tier und setzte sie vorsichtig an der Wand der letzten Herberge ab. Er hämmerte an die Tür. „Bitte!", sagte er, als ein Mann öffnete. „Bitte, habt ihr Platz für uns? Meine Frau steht kurz vor der Niederkunft."

Der Mann spähte an Josef vorbei und verzog das Gesicht, als er Maria sah. „Wir sind völlig überfüllt, nichts zu machen!"

„Hab Erbarmen mit uns!" Josef packte die Tür, bevor sie zuging. „Bitte!"

„Du kannst bitten, so viel du willst", knurrte der Mann. „Das ändert nichts." Einen Augenblick lang flackerte etwas wie Bedauern in seinem Blick auf, als er Maria wieder ansah. „Verdammter römischer Hund, der Leute wie euch auf die Straße jagt." Er schubste Josef zurück, schloss die Tür und schob polternd den Riegel vor.

Josef, zitternd vor hilfloser Wut, sah Maria an. Deren Augen wurden plötzlich groß. „Ohhh ..." Ihre Stimme versagte vor Schmerz, sie presste die Arme um ihren Bauch, die Knie angezogen.

Er kniete sich neben sie. „Warte noch, Maria, warte."

Die Wehe ging vorüber. Sie sah ihn aus angstvollen Augen an. „Er kommt bald, egal, wo wir sind."

Oh Gott, hilf uns! Josef schob den Zügel des Esels in seinen Gürtel und hob Maria hoch. *Gott, zeig mir, wo wir hingehen sollen!* „Der Herr wird uns helfen, Maria", sagte er. „Er hilft uns." Er kämpfte die Zweifel zurück, die ihn angriffen. Maria stöhnte, ihr Körper versteifte sich in seinen Armen. Er schaute hektisch nach links und rechts. Was sollte er tun?

Eine ältere, in eine verschlissene Decke gehüllte Frau saß an einer Mauer. „Versucht es mit den Höhlen da drüben." Eine knotige Hand kam aus der schmutzigen Decke heraus, ein Finger wies die Richtung. „Im Winter bringen die Hirten da ihre Tiere unter, aber jetzt werden sie schon draußen sein."

„Der Herr segne dich!" Josef trug Maria den Hang hinunter und über ein Stück ebenes Gelände. Da, weiter oben, war schon die Öffnung einer kleinen Höhle. Er rümpfte die Nase, als er hineinging. Es stank nach kaltem Rauch und Schafsmist. Der Esel folgte ihm zu der Futterkrippe an der hinteren Wand.

Maria verkrampfte sich wieder und stieß einen Schmerzensschrei aus. Josef betrachtete verzweifelt den schmutzigen Boden der Höhle. *Und hier soll der Messias geboren werden?* Tränen traten ihm in die Augen. *Hier, Herr?*

„Es kommt ...", stöhnte Maria. „Oh Josef, es kommt."

Was wusste er über Geburtshilfe? Hatte er noch Zeit, eine Hebamme zu holen? Aber wo sollte er denn eine finden? Und was sollte aus Maria werden, während er fort wäre? „Komm hierher." Er half ihr vorsichtig auf die Füße. „Halt dich an diesem Pfosten fest, während ich dir ein Lager bereite."

Er verteilte das muffige Stroh, das in einer Ecke lag, auf dem Boden. Dann zog er seine Decke von dem Bündel auf dem Esel und breitete sie über das Stroh. Er half Maria, sich hinzulegen. „Versuch dich kurz auszuruhen, während ich Feuer mache und Wasser hole." An der einen Seite des Höhleneingangs lag Brenn- und Anmachholz gestapelt, neben einem Trog stand ein Fass mit Wasser. Josef probierte es; es war erstaunlich frisch.

Ein paar Minuten, und in der Feuergrube vorne in der Höhle brannte ein kleines Feuer. Über der Feuerstelle war die Decke schwarz vom Ruß vieler Jahre. Der Boden war eine einzige Kruste von dem getrockneten Dung der zahllosen Tiere, die man hier im Laufe der Jahre untergebracht hatte.

„Es tut mir so leid, Maria." Er kniete sich neben sie, zwei Tränen liefen ihm in seinen Bart. „Dass ich keine bessere Stelle gefunden habe, wo er zur Welt kommen kann."

Sie nahm seine Hand und presste sie an ihre Wange. „Gott hat uns hierher gebracht." Ihre Finger verkrampften sich, sie begann zu keuchen und zu stöhnen. Er spürte ihre Schmerzen, als seien es seine eigenen. Zum ersten Mal in seinem Leben wünschte er sich, kein Zimmermann zu sein, der nichts von diesen Dingen verstand. Er schickte heftige Stoßgebete zum Himmel. *Herr, hilf ihr, gib, dass sie nicht solche Schmerzen hat, gib, dass das Kind sicher zur Welt kommt.* Dann kam ein zischendes Keuchen von Maria und unter ihren Hüften entstand ein nasser Fleck, der sich rasch über die Decke ausbreitete.

„Sag mir, wie ich dir helfen kann!"

„Du – kannst – mir nicht – helfen." Der Griff ihrer Finger um seine Hand wurde lockerer, sie lächelte durch ihren Schmerz. „So ergeht es allen Frauen seit dem Garten Eden."

Die nächste Wehe rollte heran, und sie schloss die Augen, ihre Finger krampften sich wieder um die seinen. Als der Schmerz nachließ, keuchte sie schwer. „Meine Mutter hat mir eine kleine Tüte mit Salz, einen Schneidestein, etwas Bindfaden und ein paar Leinenstreifen mitgegeben. Es ist alles in dem Bündel." Er holte ihr die Sachen. „Und ich brauche Wasser, Josef."

„Es ist frisches Wasser in dem Fass. Ich fülle dir den Schlauch."

„Gut. Leg ihn neben mich und dann geh raus."

„Aber Maria …" Sie war doch erst 14 Jahre alt, fast selbst noch ein Kind. Wie wollte sie eine Geburt allein schaffen?

„Geh, Josef!" Ihre Stimme klang bestimmt. „Ich weiß, was ich zu tun habe. Mutter hat mir alles erklärt, bevor wir aufgebrochen sind, und wenn Gott mich bis hierhin geführt hat, wird er mich auch jetzt nicht verlassen. Geh." Sie biss die Zähne gegen den Schmerz zusammen, ihre Schultern hoben sich. „*Geh!*"

Er ging nach draußen, wo er ruhelos hin und her marschierte und flüsternd betete. Er hörte, wie Maria aufstöhnte, und blieb stehen, die Ohren spitzend, falls sie es sich anders überlegte und nach ihm rief. Er hörte das Stroh rascheln und ging weiter hin und her, sah zu den Sternen hoch. Er spürte etwas wie eine … Anwesenheit, so als ob unsichtbare Wesen sich versammelten, um diesem Ereignis beizuwohnen. Waren es Engel oder Dämonen? Er wusste es nicht. Mit hämmerndem Herzen rief er weiter Gott um Hilfe an. Ein eisiger Wind erhob sich und einen Augenblick lang glaubte er, ein Lachen zu hören und eine dunkle Stimme, die sagte: *Glaubst du wirklich, du kannst die beiden vor mir beschützen?*

Er fiel auf die Knie und hob seine Hände zum Himmel empor, wo irgendwo Gott auf seinem Thron saß. „Herr, du bist unser Gott, der Schöpfer des Himmels und der Erde. Beschütze Maria und deinen Sohn vor dem, der sie beide vernichten will." Und er breitete seine Arme aus wie einen Schutzschild gegen den unsichtbaren Feind.

Der kalte Wind ebbte ab, die Luft wurde wieder wärmer. Josefs Herz hämmerte nicht mehr so stark. Er hörte etwas wie Flügelschlagen. Sätze aus den Heiligen Schriften kamen ihm in den Sinn. *Fürchte dich nicht, ich bin bei dir. Ich bin bei dir.*

Ein letzter, heftiger Schrei, und der Sohn Gottes kam mit einem Schwall von Wasser und Blut aus ihrem Leib. Sie hob ihn hoch, drückte ihn an ihre Brust und hieß ihn mit leisen Freudentränen in der Welt willkommen. Er wimmerte in der kalten Nachtluft und Maria band die Nabelschnur ab, bevor sie sie durchschnitt. Dann wusch sie, ihn andächtig betrachtend, den kleinen Körper mit Wasser und rieb ihn zur Vorbeugung gegen Infektionen mit Salz ab.

Sie war überrascht, dass er genauso aussah wie jedes andere Neugeborene. Keine Spur von dem Schein der Herrlichkeit oder der Majestät seines allmächtigen Vaters. Zehn Finger, zehn Zehen, ein Flaum dunkler Haare, dünne Beinchen und Ärmchen und das verschrumpelte Gesicht eines Wesens, das neun lange Monate in Wasser gewohnt hatte.

Sie wickelte lachend die Leinenstreifen um ihn und nahm ihn, das kleine Gesicht küssend, wieder in die Arme. „Jesus", flüsterte sie, „mein Jesus."

Ihr wollte schwindlig werden. Das kleine Paket, das sie da in den Armen hielt, war die Hoffnung Israels, der Gesalbte des Herrn, der Gottes- und Menschensohn. Sie schloss die Augen und betete inbrünstig: „Hilf mir dabei, seine Mutter zu sein, Herr. Hilf mir."

Als sie alles so gemacht hatte, wie ihre Mutter es ihr erklärt hatte, setzte sie sich auf das Lager und rief leise: „Josef! Komm rein und schau ihn dir an."

Josef kam sofort in die Höhle, sein Gesicht blass und schweißbedeckt, fast so, als habe *er* eine Geburt hinter sich und nicht sie. Sie lachte in leiser Freude und schaute auf den schlafenden Jesus in ihren Armen hinunter. „Ist er nicht wunderbar?" Noch nie hatte sie solch eine Liebe zu einem Lebewesen verspürt; ihr war, als müsste sie platzen vor lauter Liebe.

Josef trat näher und musterte das winzige Kind. Er sah überrascht aus. Maria schaute sich in der Höhle um, die Knie vor Erschöpfung zitternd. Wo wäre hier ein warmes Bett für ihren Sohn? Alles, was sie sah, war die Krippe. „Tu noch etwas Stroh hinein, Josef, dann hat er es warm." Josef machte sich daran, die Krippe vorzubereiten, und Maria küsste das Neugeborene, das also eines Tages das Schicksal Israels in seinen Händen halten würde.

„Fertig", sagte Josef. Maria brachte das Kind zur Krippe und legte es hinein. Als sie sich umdrehte, schwankte sie.

Josef fing sie auf und bettete sie vorsichtig wieder auf das Stroh. Wie schwer ihre Augen waren. „Es tut mir so leid, Liebes", presste er hervor. „Aber ich bin der Einzige, der dir helfen kann." Er zog ihr das verschmutzte Kleid aus, wusch sie vorsichtig, zog ihr wie einem Kind das weiche wollene Hemd an, das ihre Mutter ihr gemacht hatte, und breitete alle mitgebrachten Decken über sie.

Maria seufzte zufrieden auf. „Jetzt ist alles gut, Josef, nicht wahr?"

Er küsste sie sanft. „Ja, meine Liebe. Es ist gut."

Josef stand auf und trat an die Krippe. Mit klopfendem Herzen schaute er auf das Kind hinunter. Er zog die Decke etwas zur Seite, damit er das Gesicht des Messias sehen konnte, der sein Volk erlösen würde.

„Jesus", flüsterte er. „Jesus." Er strich mit dem Finger über die samtige Wange des Neugeborenen und über seine winzige Hand. Die Finger des Kindes schlossen sich um seine, und sein Herz klopfte noch schneller. Noch nie hatte er solche Freude verspürt – und solche Angst.

Und ich soll sein irdischer Vater sein, Herr? Ich, ein einfacher Zimmermann? Dein Sohn hat jemand Besseren verdient! Dieses Kind verdiente es, in einem Palast geboren zu sein! Stattdessen hatte er es in einen Stall geschleppt. „Vergib mir." Die Tränen rollten ihm die Wangen hinab.

Die Augen des Kindes öffneten sich, noch ohne ihn zu sehen. Er spürte, wie die Scham wich und stattdessen Liebe in ihm wuchs. Er beugte sich zu der winzigen Hand hinunter, die seinen Finger umklammert hielt, und küsste sie, und alles in ihm öffnete sich dem Willen Gottes.

Er hörte Schritte hinter sich. Rasch fuhr er herum und stellte sich schützend vor die Krippe. Ein alter Schafhirte stand im Eingang der Höhle, gleich hinter ihm ein jüngerer. Ihre Gesichter sahen erwartungsvoll aus. „Ist das Kind hier?" Der Ältere trat in die Höhle. „Das Kind, von dem die Engel geredet haben?"

„Engel?“ Jetzt sah Josef noch mehr Hirten im Eingang der Höhle und hinter ihnen eine Schafherde, die im Gras vor der Höhle weidete.

Noch mehr Hirten drängten sich herein und der Alte fuhr fort. „Vorhin ist uns ein – ein Engel des Herrn erschienen, und die Herrlichkeit des Herrn war um uns. Wir sind zu Tode erschrocken, aber der Engel hat gesagt, wir sollen keine Angst haben.“

Ein anderer fiel ein: „Er sagte uns, dass er gute Nachrichten und Freude für alle Menschen bringt.“

„Ja“, sagte ein Dritter. „Dass heute Nacht der Erlöser – der Messias, der Herr – geboren sei. Hier in Bethlehem, in der Stadt Davids!“

Der Alte schaute von Josef zu der schlafenden Maria hin, dann zu der Krippe. „Er sagte: ‚Und daran sollt ihr ihn erkennen: Ihr werdet ein Kind in einer Krippe liegen sehen, in Windeln gewickelt.‘ Und dann waren auf einmal viele Engel da, die ganzen himmlischen Heerscharen, die sangen: ‚Ehre sei Gott in der Höhe und Friede auf Erden allen Menschen seines Wohlgefallens.‘“

Josef spürte, wie die Tränen ihm über das Gesicht liefen. Er drehte sich um und hob das Kind aus der Krippe. „Sein Name ist Jesus.“

Als sie den Namen hörten, fielen die Hirten auf die Knie, ihre Gesichter leuchteten im Schein des Feuers.

Maria wachte auf und richtete sich halb auf, ihr Gesicht ein Fragezeichen. Josef trat rasch zu ihr und hockte sich neben sie, das Kind in den Armen. „Der Herr hat diesen Leuten hier die Geburt unseres Jesus verkündet, Maria.“ Er berichtete kurz, wie die Hirten zu ihnen gekommen waren.

Maria lächelte die Hirten an und sank zurück auf ihr Lager. Josef legte den Gottessohn in ihre Arme und sah zusammen mit den Hirten zu, wie sie und das Kind einschliefen.

„Der Herr ist gekommen“, flüsterte Josef.

Der alte Hirte schloss seine Augen. In seinem Bart glitzerten Tränen. „Gepriesen sei der Name des Herrn.“

Es war noch dunkel, als Maria vom Schreien des kleinen Jesus erwachte. Sie nahm ihn auf und stillte ihn, staunend über das Wunder, das Gott an ihr getan hatte. Das Saugen des kleinen Mundes an ihrer Brust machte ihr ihren Sohn noch lieber. Die Nacht draußen war still. Durch den Eingang der Höhle drang ein ungewöhnlich heller Lichtfinger.

Als das Kind gestillt war, stand sie umständlich auf, die Zähne gegen den Schmerz zusammenbeißend, und legte es zurück in die Krippe. Dann zog sie ihren Umhang um sich und trat in den Höhleneingang, um zum Nachthimmel emporzublicken. Bildete sie sich nur ein, dass einer der Sterne viel heller schien als alle anderen? Er war wie ein Lichtpfeil, der durch den Himmel brach und sich über die Davidsstadt ergoss. War es der Prophet Joel, der gesagt hatte, dass Gott bei der Ankunft des Heilands Zeichen am Himmel und auf der Erde geschehen lassen würde?

Sie zog ihr Tuch über ihr Haar. „Du höchster Herr, Schöpfer aller Menschen, du, der du so weit über uns im Himmel wohnst, du, der du heilig bist, ich liebe dich.“ Sie drückte ihre gefalteten Hände auf ihr Herz. „Ich bete dich an. Keiner ist wie du im ganzen Weltall.“ Sie schloss ihre Augen, das Herz voll Hoffnung und Zuversicht. „Du hast mich zum Gefäß für deinen Sohn gemacht. Dein Reich wird kommen. Durch ihn wirst du über die Erde herrschen, wie du im Himmel herrschst.“ Sie sah wieder hoch. „Gesegnet sei der Name des Herrn und gesegnet sei der Name deines Sohnes, Jesus.“

Der kalte Nachtwind zerrte an ihrem Gewand. Sie schlang die Arme um ihren Leib und blieb noch einen Augenblick im Höhleneingang stehen und dachte daran zurück, wie der Engel zu ihr gekommen war, um ihr anzukündigen, dass sie Gottes Sohn zur Welt bringen würde. Sie dachte an Josefs Traum und wie er sie und das Wunderkind angenommen hatte, das sie in sich trug. Und wie selbst ein römischer Kaiser, ohne es zu wissen, dem Willen Gottes gehorchte, indem er die Volkszählung befahl, die Josef nach Bethlehem gebracht hatte, sodass die Prophezeiung über den Geburtsort des Messias sich erfüllte. Sie dachte an die Hirten, die die Kunde von der Geburt von Engeln erhalten hatten.

Und je mehr sie über das nachdachte, was da geschehen war, desto deutlicher erkannte sie, dass sie im Leben nicht würde fassen können, was Gott geplant hatte und durch ihren Sohn ausführen würde.

Ihr Blick ging über die schlafenden Felder und blieb am Palast des Herodes auf dem Berg hängen, der über Bethlehem emporragte. Dort oben wohnte ein irdischer König, der so machtversessen war, dass er seine eigene Frau Mariamne und zwei seiner Söhne ermordet hatte. Ein Schauer durchlief sie, als sie zu den beleuchteten Fenstern der großen Burg hochsah. Fast schienen sie wie Augen zu sein, die sie anstarrten.

Die Müdigkeit kam wieder, sie drehte sich um. Sie musste schlafen, damit sie bereit war, wenn Jesus das nächste Mal gestillt werden wollte. Sie gähnte und kehrte zu dem Lager zurück, das Josef ihr gemacht hatte. Das Stroh raschelte, als sie sich hinlegte, und ihr Mann wachte auf. Sie legte ihre Hand auf seine Schulter. „Es ist alles gut, Josef. Schlaf weiter."

Sie legte sich hin und er zog die Decke über sie beide. Er fragte sie, ob ihr warm genug sei, und zog sie näher zu sich.

Draußen standen Gottes Boten Wache gegen den, der das Kind vernichten wollte. Als er den Weg in das schlichte Heiligtum blockiert fand, kehrte um, voll ohnmächtiger Wut.

Ich werde einen anderen Weg finden, um den zu töten, der mir meine Herrschaft wegnehmen will!

Seine Untergebenen kamen mit der Nachricht, dass weise Männer aus fernen Ländern unterwegs seien, um den König zu sehen, den der neue Stern verkündete.

Ich werde sie zu Herodes führen; dann wird mein Wille geschehen auf Erden. Schwarzes Lachen hallte durch die Nacht, während Maria und Josef schliefen.

Kapitel 3

Maria drückte Jesus fester an sich, als sie und Josef den Tempel betraten. Sie waren nach Jerusalem gegangen, um das vom jüdischen Gesetz nach einer Geburt vorgeschriebene Opfer für ihren Sohn darzubringen. Josef ging von einem Stand zum nächsten, bis er zwei Turteltauben fand, die ihm fehlerlos genug schienen, um sie dem Priester zu geben.

Er betrachtete die beiden kleinen Vögel und seufzte auf. „Ich wünschte, ich hätte das Geld für ein Lamm."

Maria lächelte ihm zu. Wie demütig ihr Mann war! „Vergiss nicht, dass es eine Taube war, die Noah die Botschaft brachte, dass Gott die Flut beendet hatte."

Josefs Gesicht wurde weicher. Er legte seinen Arm um sie, und gemeinsam stiegen sie die Stufen hoch. Die Pracht des Tempelneubaus des Herodes nahm Maria den Atem. Jetzt kam von weiter oben das tiefe Dröhnen der Schofars. Da standen die Priester auf ihren Podesten, die langen Widderhörner an ihren Lippen. Der Klang jagte Maria eine Gänsehaut über den Rücken. Die Tempelvorhöfe wimmelten von Pilgern, man hörte wohl ein Dutzend Sprachen gleichzeitig, dazu das Blöken und Meckern von Schafen und Ziegen. Geldwechsler boten lautstark ihre Dienste an. Münzen klimperten, Männerstimmen stritten hitzig um den besten Kurs.

„Denkst du, Gott sieht nicht, wie du mich beraubst?", rief jemand wütend aus.

„Wenn du nicht willst, kauf doch woanders!"

Josef führte Maria hastig einen der Gänge entlang zum Eingang des Frauenvorhofs, wo andere Frauen und Kinder warteten. Er ließ sie dort kurz allein und ging mit den Turteltauben zu einem der Opferpriester.

Ein alter Mann ging zwischen den Frauen umher, die Säuglinge im Arm hielten, und blieb hin und wieder stehen, um in das nächste kleine Gesicht zu schauen und die stolze Mutter leise zu segnen, bevor er weiterging. Maria hörte, wie eine ältere Frau ihn mit „Simeon“ anredete. Sie unterhielten sich kurz, bis er sich umdrehte, um weiterzugehen. Maria spürte, wie sein Blick sie traf.

„Was für ein Kind ist das?“ Seine Stimme zitterte.

„Er heißt Jesus.“ Maria hielt das Kind stolz höher und zog die Decke etwas zur Seite, damit der Alte es bewundern konnte. Wenn die Leute wüssten, dass sie den Messias in den Armen hielt … sie, ein einfaches Bauernmädchen aus Nazareth!

„Jesus“, erwiderte Simeon leise. „‚Der Herr rettet.‘ Ein verbreiteter Name in Israel; jedes fromme Mädchen wünscht sich, den zur Welt zu bringen, der sein Volk von seinen Sünden erlösen wird.“

Maria schaute in die trüben Augen des ehrwürdigen Alten. Ihr Herz stolperte. Diese Augen waren fast blind, aber sie schienen mit aller Kraft etwas zu suchen. Irgendetwas trieb sie dazu, mehr zu sagen. „Den Namen habe nicht ich ihm gegeben. Es *ist* sein Name.“

Mit einem leichten Stirnrunzeln wandte der Alte seinen Blick wieder auf ihren Sohn. Er beugte sich näher. Jesus erwachte mit einem leisen Wimmern. Das Gesicht des Alten wurde erwartungsvoll. „Darf ich ihn einmal halten?“ Er streckte seine leicht zitternden Hände aus.

Maria zögerte nur kurz. Sie musterte das Gesicht von Simeon, als er Jesus auf dem Arm hielt. Wie er sich freute! Sie sah, wie die winzigen Finger des Kindes sich um die lange weiße Locke an der Schläfe des Alten legten. Der sog heftig die Luft ein, dann schluchzte er leise auf.

Maria trat hastig näher. Hoffentlich ließ er das Kind nicht fallen! Doch dann hob Simeon seinen Kopf, und Maria stockte der Atem. Wie anders seine Augen auf einmal waren – nicht mehr matt und stumpf, sondern dunkel und glänzend. Ihr Herz begann zu rasen. Als Jesus Simeons Locke wieder losließ, nahm der Alte die winzige Hand und küsste sie.

„Herr“, sagte er mit zitternder Stimme. „Nun kann ich in Frieden sterben! Jetzt habe ich, wie du es verheißen hast, den Erlöser gesehen, den du allen Menschen gegeben hast, ein Licht, für die Völker, und die Herrlichkeit deines Volkes Israel!" Er lachte und weinte gleichzeitig und starrte das Kind an, als könne er sich nicht satt sehen. „Herr, mein Gott ..."

„Maria?" Josef stand plötzlich neben ihr. Er klang besorgt.

„Alles ist gut", sagte sie. Sie spürte die Tränen nicht, die ihr über die Wangen rannen. Hier war ein gottesfürchtiger Mann, der im Tempel lebte, und er hatte ihren Sohn als den Messias erkannt!

Simeon sah sie beide an. „Möge der Herr über euch wachen und euch bewahren, wenn ihr dieses Kind in den Wegen seines Vaters aufzieht. Es wird von vielen in Israel verworfen werden und sie zu Fall bringen."

Verworfen. Das Wort war wie ein Stachel in Marias Herz. Wer in Israel würde denn den Messias verwerfen? Sehnten sich nicht alle danach, dass endlich Frieden würde? Die Priester und Ältesten würden doch jubeln über Gottes Gesalbten, oder?

Simeon erklärte seine Worte nicht. Er sah wieder Jesus an. „Aber vielen anderen wird er die Freude aller Freuden sein." Er legte das Kind zurück in Marias Arme. Dann nahm er plötzlich ihr Gesicht in seine beiden Hände und hielt sie fest, als sei sie seine eigene Tochter. Seine Augen waren voller mitleidiger Wehmut. „So werden die tiefsten Gedanken vieler Herzen offenbar werden und ein Schwert wird dir durch die Seele gehen."

Maria wollte ihn fragen, wie er das meinte, aber Josefs Hände drückten sanft ihre Schultern. „Wir müssen gehen, Maria." Sie verneigte sich kurz vor dem Alten und drehte sich um.

Als sie zurück in den Gang kamen, sah Maria, wie die Leute einer vom Alter gebeugten Frau in schwarzer Witwentracht Platz machten, die eilig dem Frauenvorhof zustrebte. Die Umstehenden begannen zu flüstern: „Das ist doch Hanna, die Tochter des Panuel aus dem Stamm Asser ... Meine Mutter sagt, sie kam in den Tempel, als ihr Mann starb ... Sie verbringt Tag und Nacht mit Fasten und Beten ... Sie soll eine Prophetin sein ..."

Maria schaute zurück. Simeon stand immer noch da, die Augen auf sie gerichtet. Als sie sich wieder umdrehte, sah sie, dass die alte Witwe genau auf sie und Josef zusteuerte.

„Er ist da!“ Die Augen der Alten fixierten das Kind in Marias Armen. Sie breitete die Hände aus, schloss die Augen und hob ihren Kopf. „Aus dem Wurzelstock Davids wird ein Schößling kommen, ein neuer Zweig, der reiche Frucht trägt. Der Geist des Herrn wird auf ihm ruhen – der Geist der Weisheit und der Einsicht, der Geist des Rates und der Kraft, der Geist der Erkenntnis und der Furcht des Herrn. Er wird nicht nach dem äußeren Schein oder dem richten, was die Leute sagen. Er wird die Armen und Bedrückten verteidigen und die Bösen zu Fall bringen.“

Ja!, wollte Maria ausrufen. *Mein Sohn wird die Ketten zerbrechen, die uns binden. Rom wird die Welt nicht länger beherrschen. Mein Sohn wird regieren, er wird alles gut machen.*

Josef zog an ihrem Arm. „Wir müssen gehen, Maria. Jetzt.“

„Aber sie verkündet den Tag des Herrn.“

„Ja, und die Spione des Herodes sind überall, selbst hier.“

Sie verstand die Warnung sofort. Herodes hatte bereits seine Lieblingsfrau und zwei seiner Söhne umgebracht, weil er dachte, dass sie seinen Thron bedrohten. Und der Messias war erst recht sein Rivale, er würde die Macht aller irdischen Könige beenden.

„Ja, natürlich“, sagte sie und ließ sich mitziehen. Sie musste ihren Sohn beschützen, bis er alt genug war, um den ihm gebührenden Platz einzunehmen. Sie verschwanden in der wachsenden Menge, die sich um die Prophetin drängte. Marias Herz raste; gerade hatte Gott die Geburt des Messias in seinem Tempel verkünden lassen!

Da war der Ausgang. Im Schatten an der Seite stand ein Mann. Er sah Maria an, als wollte er sie mit den Augen durchbohren; seine waren so schwarz, als wäre seine Seele voller Hass.

„Josef!“

Der Arm ihres Mannes legte sich beschützend um sie. Sie drückte das Kind fester an sich, während sie die Stufen hinabeilten.

„Was war das gerade?“, fragte Josef.

„Nur ein Mann, Josef“, sagte sie außer Atem. *Ein Mann mit den Augen des Todes.*

Josef fand, dass es am besten sei, wenn sie in Bethlehem blieben, weit weg von den Klatschweibern von Nazareth. Bald nach ihrem Besuch im Tempel fand Josef ein kleines Haus am Rande der Stadt, wo sie wohnen konnten. Es bot genügend Platz für eine kleine Werkstatt. Nachdem sie mit ihren wenigen Habseligkeiten eingezogen waren, zog Josef für ein paar Tage mit dem Esel los, um Baumstümpfe auszugraben. Als er wiederkam, begann er sogleich, das Holz zu Geräten und Gefäßen zu verarbeiten, die er auf dem Markt in Jerusalem verkaufte.

Jeden Morgen ging Maria, Jesus im Tragetuch, zum Brunnen, um Wasser zu holen. Während der Hausarbeit legte sie das Kind in die Wiege, die Josef gemacht hatte. Oft trug sie es zu ihm in die Werkstatt. „Sieh nur, Josef, wie er lächelt!" Dann lachte Josef mit ihr.

Mit sechs Monaten setzte Jesus sich auf, mit sieben krabbelte er. Mit zehn Monaten konnte er sich an Josefs Fingern hochziehen, um aufrecht zu stehen. Josef liebte das Plappern des Kleinen und sein niemals erlahmendes Interesse an allem, was um ihn vorging. Mit elf Monaten begann er, hinter Maria herzulaufen, mit einem Jahr hatte er sein erstes blutiges Knie. Manchmal schien er ein ganz normales Kind zu sein – und dann wieder wurde Josef von einer merkwürdigen Ehrfurcht gepackt, wenn Jesus ihn aus seinen unschuldig-weisen Augen ansah.

Jeden Morgen und Abend las Josef Maria und dem Kind aus den Schriftrollen vor, die seit der Zeit Davids in seiner Familie aufbewahrt wurden. An einem Abend spielte Jesus ruhig auf dem Teppich, während Josef vorlas, und füllte ein kleines hölzernes Schiff mit Tierpaaren, die Josef geschnitzt hatte. Josef unterbrach sich und sah dem Kind zu; sein Herz wurde weit. Gerade steckte Jesus zwei kleine Schafe in das Schiff, dann schloss er die Tür und klatschte in die Hände. Josef ließ die Schriftrolle sinken. „Fragst du dich manchmal auch, woher er schon so viel weiß, Maria?"

„Jeden Tag." Sie folgte seinem Blick.

Josef lächelte halb verlegen. „Warum hat der Herr sich nicht einen gebildeteren Mann erwählt, einen, der seinem Sohn eine bessere Kindheit bieten könnte?"

„Hat Gott nicht schon immer das erwählt, was in den Augen der Welt nicht viel darstellt? Vielleicht hat er deswegen ein Bauernmädchen zur Mutter des Messias erwählt und einen Zimmermann zu seinem irdischen Vater, weil der Messias für *alle* da sein soll, nicht nur für die Reichen in ihren schönen Häusern und Palästen."

Es klopfte an die Tür. „Wer kann das so spät sein?"

Maria hob Jesus hoch, während Josef rasch die Schriftrolle in die Kiste neben der Wand legte. Er öffnete die Tür und Maria hörte fremde Stimmen; sie sprachen Aramäisch mit einem starken Akzent. Sie hörte, wie Josef „Ja" sagte, worauf die Stimmen der Männer sich freudig hoben. Josef schaute kurz zu ihr zurück, seine Augen leuchteten aufgeregt. „Diese Männer kommen aus dem Morgenland."

„Und wer sind sie?"

„Weise Männer, die die Sterne erforschen. Sie sagen, dass sie einem neuen Stern gefolgt seien, der die Geburt des Königs der Juden angekündigt habe. Sie sind gekommen, um ihn anzubeten."

Maria trat vor. „Bitte sie herein, Josef."

„Sie sind Heiden, Maria; sie würden uns das Haus unrein machen."

„Wie können sie es unrein machen, wenn der Herr selbst sie geschickt hat?"

Josef nickte, drehte sich wieder um und öffnete die Tür weit. Männer in ausländischer Kleidung kamen in die kleine Stube. Maria trat zur Seite, damit sie mehr Platz hätten. Es waren drei und jeder hatte einen Diener dabei. Sie starrten Jesus mit einer Mischung aus Freude und Ehrfurcht an. Dann knieten sie einer nach dem anderen vor ihm nieder und verneigten sich bis zum Fußboden.

Jesus zog an Marias Arm, zum Zeichen, dass er hinunterwollte. Sie stellte ihn auf den Boden.

„Wir haben Geschenke gebracht", sagte einer der Fremden rasch. Er ließ sich von seinem Diener ein reich geschnitztes Kästchen geben und öffnete es. Maria hielt den Atem an – es war voller Goldstücke. Noch nie hatte sie so viel Geld auf einmal gesehen, außer an den Geldwechslertischen im Tempel. Der nächste der Fremden reichte ihr einen mit Stickereien verzierten Lederbeutel. „Weihrauch." Der Dritte stellte eine versiegelte Alabasterflasche vor das Kind. „Myrrhe."

Maria kam aus dem Staunen nicht heraus. Gold für ihren Sohn, der einst König sein würde; Weihrauch, das er als Räucheropfer im Tempel darbringen könnte, und Myrrhe, um seinen Körper zu salben.

Der kleine Jesus kümmerte sich nicht weiter um die Geschenke, sondern tappte zwischen den Männern hin und her, berührte ihre Gesichter und Turbane, schaute ihnen in die Augen. Er ging sogar zu den Dienern, die ihre Köpfe verschreckt bis auf den Boden neigten. Er setzte sich ohne Umstände zwischen sie, öffnete das kleine Holzschiff und schüttete die Tiere aus.

Josef lachte. „Kommt, macht es euch bequem. Wir haben nicht viel, aber was wir haben, teilen wir gern mit euch." Er goss Wein in Becher und brach einen Laib Brot in Stücke und hörte mit großem Interesse zu, wie die Männer von ihrer langen Reise nach Juda berichteten. Maria saß auf der Bodenmatte neben Jesus, der weiter mit seinem Schiff und den Holztieren spielte, und sog jedes Wort ein. Als Jesus gähnte, nahm sie ihn hoch und brachte ihn ins Bett.

Erst jetzt wandte sich das Gespräch den Gefahren zu, die ihrem Sohn drohten.

„Wir gingen zu Herodes", sagte einer der Weisen, „und fragten ihn: ‚Wo ist der neugeborene König der Juden?' Wir erzählten ihm von dem neuen Stern und dass wir so weit gereist waren, um diesen neuen König anzubeten."

Josef wurde plötzlich blass. „Und was hat König Herodes gesagt?"

Der älteste der Männer beugte sich vor. „Er ließ die obersten Priester und Lehrer eures Volkes rufen und befragte sie. Sie sagten ihm, dass der Messias in Bethlehem in Juda geboren würde, denn einer eurer Propheten habe gesagt: ‚Oh Bethlehem in Juda, du bist mitnichten nur ein kleines Dorf, denn aus dir wird der Herrscher kommen, der der Hirte meines Volkes Israel sein wird.'"

Der Zweite fuhr fort: „Wir gingen schon wieder hinaus aus dem Palast, als ein Diener des Herodes hinter uns herkam. Er sagte, dass König Herodes wünsche, dass wir das Kind suchen, und wenn wir es gefunden hätten, sollten wir zurück zu ihm gehen und es ihm sagen, damit er auch kommen und es anbeten könne."

Maria sah, wie Angst in Josefs Augen kam. „Und wann werdet ihr das tun?"

„Sorge dich nicht, Josef", sagte der Älteste. „König Herodes ist bekannt unter den Völkern." Er beugte sich vor. „Und außerdem kam ein Bote Gottes zu uns und warnte uns davor, zurück in den Palast zu gehen."

Maria sah Josef an, aber der hatte nur Augen für die Fremden.

„Wir pflegen bei Tag zu schlafen, damit wir nachts dem Stern folgen können", sagte ein anderer der Gäste. „Gestern, nachdem wir Herodes verlassen hatten, gingen wir in eine Herberge in Jerusalem."

„Und dort hatten wir alle den gleichen Traum."

„Genau denselben Traum."

Der Älteste hob seine Hand, Ruhe gebietend. „Wir alle erhielten den Befehl, nicht zu Herodes zurückzukehren, sondern auf einem anderen Weg nach Hause zu ziehen."

„Herodes wird euch suchen lassen", sagte Josef mit besorgter Miene.

„Er wird Späher aussenden, aber er wird uns nicht finden, denn jeder von uns wird in eine andere Richtung ziehen. Babylonien, Assyrien, Mazedonien … Aber ihr werdet nur ein paar Tage haben, bevor der König es merkt; dann wird er selbst anfangen, das Kind zu suchen."

Marias Herz begann ängstlich zu klopfen. Sie sah zu Josef hoch. Sein Gesicht war angespannt.

„Es ist Zeit", sagte der Älteste und sie erhoben sich. Er packte Josefs Arme. „Möge der Gott eurer Väter über euch wachen und euren Sohn beschützen."

Dann gingen sie hinaus in die Nacht und Josef schloss die Tür hinter ihnen.

Maria stand auf, vor Angst zitternd. „Was sollen wir tun, Josef?"

„Warten."

„Du hast mir doch einmal gesagt, dass Herodes überall seine Spione hat, sogar im Tempel. Bestimmt sind sie diesen Männern gefolgt und jetzt weiß er, wo wir wohnen."

Er trat zu ihr und umfasste ihr Gesicht. „Wer erinnert mich seit Monaten daran, dass Jesus der Sohn Gottes ist?"

Sie konnte das Zittern nicht aufhalten. Wie sollten sie Jesus beschützen, wenn Herodes nach ihm suchte?

Josef zog sie in seine Arme. „Ich habe auch Angst, Maria, aber bestimmt kann Gott seinen eigenen Sohn beschützen."

„Wir sollten zurück nach Nazareth gehen."

„Nein. Wir warten hier. Gott wird uns zeigen, was wir tun sollen."

Als Josef in dieser Nacht auf seiner Schlafmatte lag, Maria neben sich, hörte er wieder die Stimme. „Josef", sagte der Engel, der gleichzeitig beängstigend und tröstlich klang. „Josef."

„Ja, Herr", murmelte Josef im Schlaf.

„Steh auf und flieh mit dem Kind und seiner Mutter nach Ägypten", fuhr der Engel fort. „Bleibt dort, bis ich dir befehle zurückzukehren, denn Herodes will das Kind töten."

Josef wurde abrupt wach. Draußen war alles still und dunkel. Er stand leise auf, um Maria nicht zu wecken, nahm die Geschenke, die die Weisen dagelassen hatten, und legte sie sorgfältig in das Kästchen mit den Schriftrollen. Dann ging er hinaus zu dem Unterstand, den er an das Haus angebaut hatte, und legte dem Esel den Packsattel auf, mit je einem Korb an jeder Seite. In den einen Korb steckte er das Kästchen mit den Schriftrollen und den Geschenken, in dem anderen verstaute er sein Werkzeug, seine Lederschürze und mehrere Stücke unbearbeitetes Olivenholz. Danach füllte er zwei Schläuche mit Wasser und schüttete Getreide für eine Woche in einen Proviantbeutel.

Er beugte sich zu seiner Frau hinunter und küsste sie auf die Stirn. „Maria", flüsterte er. „Maria, wach auf!"

Sie setzte sich auf und rieb sich wie ein kleines Mädchen die Augen. Er schob ein paar Strähnen ihres Haars zurück. „Ein Engel des Herrn ist gerade im Traum zu mir gekommen. Wir müssen weg, sofort."

Sie sah zu ihm hoch, plötzliche Hoffnung in den Augen. „Gehen wir zurück nach Nazareth?"

„Nein, Liebes, nach Ägypten." Er sah, wie ihr Blick ängstlich wurde, aber er hatte jetzt keine Zeit, sie zu beruhigen. „Komm mit." Er nahm ihre Hand. „Wir müssen sofort aufbrechen." Sie stand auf, und er faltete rasch die Schlafdecken zusammen. „Mach Jesus fertig." Er trug die Decken hinaus und band sie oben auf den Körben fest.

Da kam Maria schon nach draußen, das schlafende Kind im Tragetuch, das sie um ihre Schultern gebunden hatte. So konnte sie es während der Reise jederzeit stillen.

Sie zogen los, hinein in die Nacht. Josef trauerte dem gemütlichen kleinen Haus und dem Geschäft, das gerade zu blühen begann, nicht nach. Er hatte nur einen Gedanken: Jesus sicher aus Bethlehem hinauszubringen, bevor Herodes seine Soldaten schickte, um ihn zu töten.

„Herr, gib uns Kraft für die Reise", flüsterte Josef. „Gib uns Mut für das, was vor uns liegt."

Sie bogen auf einen Nebenweg ein, den die aus Aschdod, Aschkelon und Gaza kommenden Pilgermassen breiter gemacht hatten. Die Sonne ging auf. Jesus wachte auf und begann zu weinen. „Er hat Hunger", sagte Maria. Sie hielten an, damit sie ihn stillen konnte.

„Hast du schon einmal daran gedacht, dass das vielleicht dieselbe Straße ist, auf der unser Vorvater Josef nach Ägypten verschleppt wurde, nachdem seine Brüder ihn verkauft hatten?"

Es berührte ihn, dass sie an so vieles außerhalb ihrer kleinen Welt dachte und immer das große Ganze im Blick behielt. „Nein. Ich wollte nur so schnell wie möglich weg aus Bethlehem, das ist alles."

Sie setzte das Kind ab und schaute lachend zu, wie es zu einigen leuchtend roten Blumen am Wegesrand hinschwankte. Manchmal konnte Josef nicht begreifen, dass dieses Kind der Sohn Gottes war. Die meiste Zeit schien er genauso zu sein wie jeder andere kleine Junge in seinem Alter, fasziniert von den Dingen um ihn herum und unendlich schutzbedürftig. Aber manchmal kam ein Licht in seine Augen, als ob er sich an etwas erinnerte. War er nur ein Kind? Oder war er die Fleisch gewordene Weisheit, die jeden Tag stärker aufblühte, bis er ganz begreifen würde, wer er war? Und was würde dann geschehen? Würde dieser kleine Junge, den Josef wie sein eigenes Fleisch und Blut liebte, der König und Kriegsherr werden, nach dem ganz Israel sich sehnte?

Oder ... Josef spürte, wie es ihm merkwürdig kalt und heiß den Rücken hinunterlief und er plötzlich einen Kloß in der Kehle hatte. Oder würde Jesus der leidende Gottesknecht werden, von dem der Prophet Jesaja sprach? Was für Widerstände würde Jesus erleben, wenn er zum Mann gereift war? Hatten nicht die meisten Propheten außer Mose und Elia einen gewaltsamen Tod erlitten?

Mit Tränen in den Augen betrachtete er das Kind. Den Sohn des Gottes Abrahams, Isaaks und Jakobs. Und jetzt trachtete Herodes, der mächtigste Mann in Juda, ihm nach dem Leben ...

„Jesus! Komm!" Er nahm ihn hoch und drückte ihn an sich, und die Liebe füllte ihn, dass es wehtat. Mit feuchten Augen küsste er das Kind und setzte es auf seine Schultern. Wie gut es tat, die kleinen Arme um sein Kinn zu spüren. Er nahm die Hände des Jungen und küsste sie beide, dann breitete er sie auseinander und bewegte sie wie Flügel. Jesus lachte fröhlich.

Marias Augen leuchteten. „Er sieht aus, als ob er die ganze Welt umarmen möchte."

Ja, dachte Josef. *Aber wird die Welt ihn annehmen?*

Zwanzig lange Monate vergingen. Das Leben in Ägypten war gut, aber Josef fühlte sich nicht wohl unter den Götzendienern. Das Gesetz verlangte, dass er mindestens alle zwei Jahre mit seiner Familie eine Pilgerreise nach Jerusalem machte, und bald würde es wieder so weit sein. Aber nicht nur deshalb wollte er nach

Jerusalem. Er sehnte sich nach dem Klang des Schofars und dem aramäischen Stimmengewirr auf den Straßen. Jeden Tag bat er Gott, sie bald aus Ägypten zurückzurufen.

Jeden Abend, wenn die Sonne unterging, öffnete er das Kästchen mit den Schriftrollen und rief Jesus zu sich. Der Junge kletterte dann auf seinen Schoß und Josef las laut aus der Thora vor oder öffnete eine Rolle mit den Worten König Davids oder des Propheten Jesaja. Und danach betete er.

Josef ruhte sich gerade in der Nachmittagshitze aus, als der Engel des Herrn ihm wieder erschien. „Steh auf und bring das Kind und seine Mutter zurück in das Land Israel, denn die, die ihm nach dem Leben trachteten, sind tot."

Josef setzte sich abrupt auf, sein Herz hämmerte. „Maria!" Er stand auf und ging nach draußen, wo sie im Schatten saß und dem Jungen zuschaute, wie er mit einem Stock Figuren in den Sand malte.

Er zog sie auf die Füße und küsste sie. „Maria! Wir gehen nach Hause!"

Und so ließen sie wieder alles bis auf ein paar wenige Besitztümer stehen und liegen und folgten der Stimme des Herrn. Die Rückreise über den Weg am Meer ging schnell, denn sie konnten es kaum erwarten, in die Heimat zurückzukehren. Josef hatte vor, zurück nach Bethlehem zu gehen. Der Ort lag in bequemer Nähe zu Jerusalem und zum Tempel – war das nicht angemessen für den Sohn Gottes?

Aber als sie an der Südgrenze von Israel an eine Zollstation kamen, sah Josef ein Wappen, das ihm gar nicht gefiel. Er runzelte die Stirn. „Wer ist der Nachfolger des Herodes?", fragte er den römischen Soldaten.

Der schaute kurz auf und schnaubte verächtlich. „Wo kommst du denn her, Jude? Na, sein Sohn Archelaus natürlich, wer sonst?"

Angst packte ihn mit eisiger Hand um die Kehle.

Maria stand geduldig wartend da, Jesus an der Hand. Als Josef zu ihnen zurückkam, sah sie ihn an. „Was ist los, Josef?"

Manchmal wünschte er sich, dass seine Frau weniger aufmerksam wäre. „Archelaus regiert in Jerusalem."

Sie wurde blass. Ob der Sohn des Herodes ein ebenso skrupelloser Feind war wie sein Vater? Sie hob das Kind hoch. „Sollen wir zurück nach Ägypten gehen?"

Josef dachte einen Augenblick nach, dann nahm er die Führleine des Esels. „Es hat sich nichts geändert, Maria. Gott hat uns gesagt, wir sollen nach Israel zurückkehren, und das werden wir tun, solange er nichts anderes sagt." Er brauchte sie nur anzusehen, um zu wissen, wie angestrengt sie nachdachte, hundert Möglichkeiten abwog. So war sie einfach. „Der Herr wird uns genauso beschützen, wie er es in Bethlehem getan hat."

Sie gingen weiter, die Freude der Rückkehr verflogen in der Hitze der Angst. Wegen Herodes hatte Gott sie nach Ägypten geschickt. Würde Archelaus weniger aggressiv vorgehen? Würden die Leute in Bethlehem sich an die Szene im Tempel mit dem alten Simeon und der Prophetin Hanna erinnern? Oder an den merkwürdigen Besuch der fremden Weisen, die wochenlang gereist waren, um das Kind zu sehen, dessen Geburt die Sterne angekündigt hatten? Solche Dinge ließen sich nicht geheim halten, sie führten zu Gerüchten. Und die würden dem neuen König zu Ohren kommen und Archelaus würde genau wie sein Vater jeden beseitigen wollen, der es wagte, sich seiner Autorität entgegenzustellen – und wenn es der Sohn Gottes wäre.

Herr, Herr, ich habe Angst um das Leben deines Sohnes und seiner Mutter! Josef rief sich zur Ordnung. Der Befehl des Engels war eindeutig gewesen. *Geht zurück in das Land Israel.* Aber mit jedem Schritt wuchs Josefs Furcht. *Herr, ich habe solche Angst. Hilf mir, gehorsam zu sein und dir zu vertrauen.*

„Josef, können wir uns unter den Bäumen da drüben ein wenig ausruhen?", fragte Maria. Er schaute zu ihr zurück und sah den Schweiß auf ihrem Gesicht. Sie hatte den Kleinen nicht abgesetzt, seit sie die Zollstelle verlassen hatten. Er führte den Esel in den Schatten und band ihn so an, dass er grasen konnte, während sie sich hinsetzten. Maria stellte das Kind auf seine Füße und ließ sich mit einem Seufzer auf den Boden sinken. Sie schloss die Augen, atmete tief ein und lächelte. „Jedes Land hat seinen eigenen Geruch."

Während Jesus mit ein paar Steinchen und Grashalmen spielte, befingerte Josef die Knoten an seinem Gebetstuch. *Herr …*

Maria setzte sich neben ihn. „Ruh dich auch etwas aus, Josef."

Er wollte nicht, dass sie seine Angst sah. Sie sollte sich sicher fühlen. „Ich bin nicht müde."

Sie legte ihre Hand auf seine. „Mach ein bisschen die Augen zu. Tu's für mich." Sie erhob sich und ging zu dem Kind. Als sie sich zu ihm in den Schatten legte, entspannte Josef sich. Die Mittagshitze legte sich wie eine schwere Decke auf ihn. Er fühlte sich plötzlich, als ob er in die Erde sinken würde. Müde, so müde –

Da war sie wieder, die mittlerweile vertraute Stimme. Ganz leise. „Josef, Sohn Davids, geh nicht zurück nach Bethlehem; dort wird Jesus in Gefahr sein. Geh nach Galiläa und lass dich in Nazareth nieder."

Er erwachte und setzte sich auf. Am Stand der Sonne sah er, dass mehrere Stunden vergangen waren. Jesus schlief in den Armen seiner Mutter.

„Maria", sagte Josef leise.

Sie öffnete die Augen halb und sah zu ihm hoch. Sie blinzelte und setzte sich auf. „Der Herr hat wieder zu dir gesprochen, nicht wahr?"

„Wir sollen nach Nazareth gehen und dort wohnen."

„Oh!" Ihr Gesicht erhellte sich. Das Kind wurde wach. Sie streichelte es. „Wir gehen nach Hause, Schatz. Nach Hause zu Oma und Tante und Onkel. Nach Hause!"

Als Maria und Josef mit Jesus in Nazareth ankamen, fanden sie das Dorf unverändert vor. Bis auf das Haus von Marias Mutter, das leer stand; im Garten wuchs Unkraut. Maria und Josef gingen gleich weiter zum Haus ihrer Schwester und ihres Schwagers.

„Deine Mutter ist ein Jahr nach der Zählung gestorben", eröffnete Marias Schwager Klopas ihnen, nachdem alle sich freudig begrüßt hatten.

„Wir haben alle gedacht, dass euch etwas zugestoßen sein muss", sagte Marias Schwester. „Als wir hörten, was Herodes getan hatte, dachten wir, ihr lebt nicht mehr."

„Was hat Herodes denn getan?", fragte Josef.

„Er hat die männlichen Kinder in Bethlehem töten lassen", erklärte Klopas. „Alle, von den Neugeborenen bis zu den Zweijährigen. Wenn die Eltern sich den Soldaten entgegengestellt haben, haben sie sie gleich mit umgebracht."

Maria wurde es schwindelig. Sie drückte ihr Kind fester an sich. So war das also. Hätte Josef nicht der Stimme Gottes gehorcht, wäre Jesus auch von den Soldaten des Herodes getötet worden. Darum also hatte er sie mitten in der Nacht aufgeweckt und mit dem Kind aus der Stadt gebracht. Josef hatte nicht gewusst, welche furchtbare Gefahr ihnen drohte, er hatte nur Gottes Wort gehörtt: „Flieht nach Ägypten." Durch Gottes Gnade war Jesus bewahrt und der Plan des Herodes vereitelt worden.

Sie schluckte. Ihren Sohn hatte Gott gerettet, aber wie viele unschuldige Kinder hatte Herodes niedermetzeln lassen? Was mochten ihre Mütter und Väter durchgemacht haben? Wie konnte es in der Welt etwas so Böses geben? Sie streichelte über den Kopf ihres Sohnes, während ihr die Tränen die Wangen herabliefen.

„Mama?"

Sie weinte stumm, das Gesicht in seinen Nacken gedrückt. Ihre Schwester trat zu ihr. „Als ihr nicht nach Nazareth zurückgekommen seid, dachten wir, ihr wärt auch umgekommen." Sie umarmte Maria und Jesus. „Und jetzt seid ihr alle hier, gesund und munter. Gott sei gelobt!"

„Eure Mutter ist in dem Glauben gestorben, dass ihr tot seid."

Maria hörte die Anklage in der Stimme ihres Schwagers und hob ihr Kinn. „Gott hat Josef damals geboten, nach Ägypten zu gehen und dort zu warten."

Klopas schaute Josef mit zusammengekniffenen Augen an. „Gott hat dir *geboten*, nach Ägypten zu gehen?"

Josef antwortete nicht. Maria sah die beiden Männer an. Klopas' Ablehnung war offensichtlich. In Marias Empörung mischte sich Verlegenheit. Josef machte keine Anstalten, sich zu verteidigen. Dachten ihre Verwandten etwa, dass sie die ganze Geschichte mit dem Engel Gottes, der ihr die Geburt des Messias angekündigt hatte, erfunden hatte? Glaubten sie den Gerüchten, dass Josef sie vor der eigentlichen Hochzeit verführt habe und sie sich anschließend eine völlig verrückte Geschichte ausgedacht hatten, um dem Zorn des Dorfes zu entgehen? Würden die Gerüchte jetzt wieder aufleben, wo sie zurück waren?

Sie drehte sich zu ihrer Schwester um, die nach Josef der Mensch war, der sie am besten kannte. „Als Jesus in Bethlehem geboren war, kamen Hirten von den Feldern herein, um ihn zu sehen. Sie erzählten uns, dass der Engel des Herrn ihnen erschienen sei und die Herrlichkeit des Herrn sie umleuchtet habe. Der Engel sagte ihnen, sie sollten keine Angst haben, denn er brächte ihnen eine große Freudenbotschaft: In dieser Nacht sei in Bethlehem der Messias geboren worden. Der Engel sagte, dass sie ihn in Windeln gewickelt in einer Krippe finden würden."

„In einer Krippe?", fragte ihre Schwester ungläubig.

War das das Einzige, was sie hörte? Sah sie nicht, wie sich hier die Schriften der Propheten erfüllten?

Klopas räusperte sich. „Der Messias, in einem Stall geboren? Und das sollen wir euch glauben?"

Maria kämpfte mit den Tränen. „Es kamen auch Weise aus dem Morgenland zu uns, Klopas. Sie sagten, dass sie einem neuen Stern gefolgt seien, der zur Zeit der Geburt von Jesus am Himmel erschienen sei. Sie brachten Geschenke. Aber vorher waren sie zuerst zu Herodes gegangen, um ihn zu fragen, wo der neue König zu finden sei."

„Maria …", sagte ihre Schwester beschwichtigend.

Klopas funkelte Josef an. „Wie hast du es fertiggebracht, ihr das in den Kopf zu setzen?"

„Ich sage die Wahrheit!", rief Maria. „Warum wollt ihr mir nicht glauben?"

„Hör auf, Klopas, bitte", sagte ihre Schwester.

„Sag bloß, *du* glaubst das!"

„Ich kenne meine Schwester." Sie legte den Arm um Maria. „Sie hat noch nie gelogen."

„Und jetzt lüge ich auch nicht!“, sagte Maria wütend. „Jesus ist der Messias!“

Klopas schüttelte den Kopf. „Sie weiß ja nicht, was sie redet.“

„Sie sagt die Wahrheit“, sagte Josef ruhig.

Klopas sah ihn einen langen Augenblick an und runzelte die Stirn. „Selbst wenn ich es glauben würde, was würde das ändern? Was zählt, ist doch, was die anderen im Ort glauben.“ Er sah zu Jesus hin und verzog das Gesicht. „Ein Bauernmädchen aus Nazareth bringt den Messias zur Welt – das glaubt euch kein Mensch!“

Maria fehlten die Worte. Josef nahm ihr das Kind ab. „Komm, Maria.“ Er legte seinen Arm um sie.

„Entschuldigt“, flüsterte ihre Schwester.

„Jetzt entschuldige dich nicht auch noch“, knurrte Klopas. „Er ist doch schuld an der Schande, die auf unsere Familie gekommen ist.“

„Das ist nicht wahr.“ Marias Kinn zitterte. „Josef ist an überhaupt nichts schuld und Jesus ist Gottes Gesalbter. Auch du wirst die Wahrheit noch erkennen!“ Eines Tages würden sie ihr alle recht geben – wenn ihr Sohn auf dem Thron saß und in Gerechtigkeit regierte!

„Ich glaube erst dann, dass er der Messias ist, wenn er an der Spitze einer Armee sämtliche Römer aus Jerusalem jagt!“

Maria spürte, wie Josefs Arm sich fester um sie legte. Er schob sie durch die Tür nach draußen. Sie sperrte sich, wollte ihrer Schwester und ihrem Schwager noch mehr sagen, aber Josef ließ sie nicht. Jetzt waren sie wieder draußen in der engen Gasse. „Oh, Josef, so hab ich mir die Heimkehr nicht vorgestellt! Warum glauben sie lieber Lügen als die Wahrheit? Soll Jesus unter so einem Schatten aufwachsen?“

„Gott hat uns hierher gebracht, Maria. Ich weiß auch nicht, was jetzt kommt, wir müssen einfach jeden Tag aus Gottes Kraft leben.“

„Mama?“ Jesus schienen die Tränen seiner Mutter Angst zu machen. Josef fuhr ihm sanft über das Haar. Als Jesus zu ihm hochsah, presste er sich ein Lächeln ab. Maria sah die Liebe in den Augen ihres Mannes. Wie sie mit ihm fühlte! Sein Ruf war ja nicht weniger ruiniert als der ihre. Die Leute glaubten nach wie vor, dass er sie einfach vor der Hochzeit verführt habe.

Oh Herr. Bitte segne Josef für das, was er erleiden muss.

Wie viele Männer gab es, die bereit waren, auf ihren guten Ruf zu verzichten, weil sie wussten, dass sie Gott gehorchten? Wie viele, die auf Gottes Stimme hin sofort aufstanden und Haus und Geschäft verließen, um in ein fernes Land zu ziehen? Oder um zurückzukehren in eine Stadt, in der jeder glaubte, dass er ein junges Mädchen schmählich verführt und ihm irgendwelche Märchen über Engel und den Messias in den Kopf gesetzt hätte? Mit jedem Tag liebte Maria ihn mehr, diesen Mann, den Gott für sie gewählt hatte. Als sie ihn kennengelernt hatte, hatte sie ihn gemocht. Und mit jeder Prüfung, die sie durchmachten, war ihre Achtung und Zuneigung gewachsen. Und jetzt liebte sie ihn mehr, als sie es je für möglich gehalten hätte. *Oh Herr, du hast mir Segen um Segen gegeben.*

Josef nahm die eine Hand von Jesus und sie die andere. Als sie so zu dritt die Straße entlanggingen, lächelte Maria ihren Mann an; sie spürte, wie ihr Herz leichter wurde.

„Eines Tages werden sie alle sehen, was die Wahrheit ist." Sie schluckte ihre Tränen hinunter, hob ihren Kopf und ging schweigend weiter.

Josefs kleines Haus sah noch genauso aus, wie sie es verlassen hatten. Er öffnete seine Werkstatt wieder und verdiente sich sein Geld mit der Anfertigung von Pflügen, Gattern und Möbelstücken. Wenn er keine Aufträge hatte, stand er besonders früh auf und ging in das nahe gelegene Sepphoris, wo er sich als Zimmermann verdingte. Gute Handwerker, die Gatter, Türen und Möbel für die Reichen fertigen konnten, waren gefragt.

Alltag kehrte ein. Morgens standen sie gemeinsam früh auf und wuschen sich. Maria sprach den Haussegen und fütterte draußen den Esel. Danach ging sie mit dem kleinen Jesus zum Dorfbrunnen, um das Wasser für den Tag zu holen. Anschließend arbeitete sie im Garten, presste Öl für die Lampen, zerstieß Gewürze, sammelte Feuerholz, wusch die Wäsche, spann und webte, bereitete die Mahlzeiten zu und legte abends die Schlafmatten auf dem Boden aus.

Maria sprach mit niemandem über den Besuch des Engels, die wundersame Empfängnis von Jesus, die Berichte der Hirten oder die Geschenke der Weisen. Auch nicht über die vier Träume, in denen der Herr mit Josef geredet hatte. Eines Tages, wenn Jesus seine Macht enthüllen würde, würden die Menschen sich sagen lassen, wie er in die Welt gekommen war, aber jetzt sprach sie besser nicht über diese Wunder. Sie wollte niemandem einen Vorwand liefern, über den Gottessohn zu spotten und die Heiligkeit der Geschehnisse zu beflecken.

Manchmal machte es sie nachdenklich, wie normal ihr Leben eigentlich war. In so vieler Hinsicht war Jesus ganz genau wie jedes andere Kind. Erst hatte er krabbeln, dann laufen gelernt. Seine ersten Schritte waren unsicher gewesen. Erst hatte er in einer unverständlichen Kleinkindsprache gebrabbelt, dann angefangen, Wörter und schließlich Sätze zu bilden. Er war neugierig und lernbegierig; alles, was er sah, musste er anfassen.

Alle Mütter waren stolz auf ihre Söhne, aber Maria wusste, dass es mit Jesus anders war. Er war normal und doch besonders. Er beobachtete alles um sich her mit großer Neugier und ruhigem Verständnis, und es war einfach, ihm eine Freude zu machen. Nie versuchte er, mit Tränen oder Trotzanfällen seinen Willen durchzusetzen, sondern sagte einfach nur, was er brauchte.

Einige sagten, dass er aussehe wie sie. „Jesus hat dein Kinn, Maria ... Er hat deine Nase ...“

Aber nie sagte jemand, dass er ihre Augen habe.

Es war Josef, der Jesus die Locken schnitt, als er kein Kleinkind mehr war. Sie begingen den Tag mit einem kleinen Fest, zu dem sie alle Verwandten und alten Freunde einluden.

Wenn Josef in Sepphoris war, ging Maria gegen Sonnenuntergang mit Jesus zum Ortsrand hinaus. „Da kommt er, Mama!“, rief Jesus, wenn Josef auf der Straße erschien. „Papa!“ Und er rannte zu ihm, um ihn zu begrüßen, und dann gingen sie gemeinsam zurück nach Hause.

Abends nahm Josef ihn noch immer auf den Schoß und las ihm aus den Heiligen Schriften vor. Viele der Psalmen, die sein Vorfahr David verfasst hatte, kannte er auswendig. Maria hörte ihm gerne zu. Beim Abendessen, das Maria zubereitet hatte, unterhielten sie sich über die Ereignisse des Tages.

Sie genoss es, wenn Josef genügend Arbeit zu Hause in Nazareth hatte. Dann nahm er Jesus mit in seine Werkstatt und sie brachte ihnen mittags einen Imbiss und schaute ihnen eine Weile bei der Arbeit zu. Josef ließ keine Gelegenheit aus, dem Jungen zu zeigen, wie man mit Hammer, Hobel und Maßstock umging. Wenn er älter war, würde Jesus auch Dechsel und Beil kennenlernen. Sie arbeiteten gut zusammen – Josef war ein geduldiger Lehrer, Jesus ein williger, eifriger Schüler. Die Brauen des Jungen waren voller Konzentration zusammengekniffen, wenn er ein Muster herausschnitzte, das Josef auf ein Brett gezeichnet hatte: eine Weinrebe mit Trauben, einen Davidsstern oder einen Granatapfel.

„Wenn wir am Passahfest wieder in den Tempel gehen", sagte Josef, „zeige ich dir die großen Goldsäulen. Sie sind das Werk meisterhafter Zimmerleute, die sie geschnitzt und dann mit dünnem Blattgold überzogen haben, sodass sie aussehen, als ob sie aus purem Gold seien."

Abends, wenn sie an ihrem Webstuhl saß, hörte Maria zu, wie Josef aus dem Gesetz, den Propheten oder den Psalmen Davids vorlas. Es war Josef, der Jesus das Lesen und Schreiben beibrachte. Und der ihn, als er sechs Jahre alt war, an die Hand nahm und dem Synagogenlehrer vorstellte, damit dieser ihn unterwies.

Bald danach wurden Marias Gebete erhört. Sie stand in der Tür von Josefs Werkstatt und schaute zu, wie er einen hölzernen Becher schnitzte. „Du hast noch nie darüber gesprochen, dass du gern einen eigenen Sohn hättest, Josef."

Er schaute auf und schüttelte den Kopf. „Sollte ich mehr wollen als das, was Gott mir gegeben hat? Jeden Tag, wenn ich Jesus anschaue, sehe ich, wie die Hoffnung Israels aufwächst."

„Aber es wäre doch gut, wenn er Geschwister hätte." Es gab immer noch böse Zungen im Dorf, die über die verfrühte Geburt des Jungen tuschelten und ihre Kinder anwiesen, nicht mit ihm zu spielen. „Was meinst du?“, fuhr sie fort. „Kinder sind doch ein Segen vom Herrn, oder?“

Er hob den Kopf und lächelte. „Wer bin ich, dass ich den Herrn um mehr Segen bitte, als ich schon habe?“

„Der Herr segnet die, die ihn lieben, aus voller Hand.“

Sie schaute zu, wie er eine Unebenheit an dem Becher wegfeilte. Sie sah ihm gern bei der Arbeit zu; er war so sorgfältig in allem, was er tat. Ein starker, guter, liebevoller Ehemann und Vater, ein Mann, der sich auf Gott verließ und ihn jeden Tag suchte. Ihr Herz wollte vor Freude schier platzen. Und gleich würde sie dieselbe dankbare Freude in seinen Augen sehen.

Er sah sie wieder an, diesmal mit gerunzelter Stirn, seine dunklen Augen fragend – und jetzt wusste sie, dass er Gott wirklich nie um noch mehr Segen gebeten hatte. Aber *sie* hatte ihn gebeten. Um einen ganzen Segensstrom für diesen Mann hatte sie gebetet, den Gott ihr an die Seite gegeben hatte. Und für Jesus. Sollte er nicht die Freude haben, mit liebevollen Geschwistern aufzuwachsen?

„Ja, Josef, der Herr hat uns gesegnet.“

Plötzliches Begreifens leuchtete in seinem Gesicht auf. Ihre Augen wurden feucht. „Unser Kind wird zur Zeit der Weizenernte geboren werden.“

Sie lachte fröhlich auf, als er sie in seine Arme nahm.

Kapitel 4

Maria hieß ihren zweiten Sohn mit der gleichen Vorfreude willkommen, die sie bei Jesus gehabt hatte. Ihr Herz wurde weit, als sie ihn an sich drückte und stillte.

„Schau, Jesus, das ist dein Bruder Jakobus." Sie legte den Kleinen behutsam in die Arme ihres Erstgeborenen. Wie vergnügt er den Neuankömmling ansah! Sie strich ihm das dunkle Haar zurück. „Er ist gesegnet unter den Kindern, dass er dich zum Bruder hat."

Die nächsten Monate waren eine Zeit der Entdeckungen. Wie verschieden sie waren, Marias Söhne! Jesus hatte als Säugling nur geschrien, wenn er Hunger hatte oder nass war; Jakobus weinte, um auf sich aufmerksam zu machen. Noch mit zehn Monaten wachte er nachts mehrere Male auf und schrie so lange, bis sie aufstand und ihn aus seinem Bettchen holte.

Die Frauen am Brunnen überboten sich mit guten Ratschlägen. „Wenn du ihn nicht auch mal schreien lässt, ziehst du dir einen kleinen Tyrannen heran."

„Jesus hat nie so geweint."

Eine der Frauen rollte die Augen. „Natürlich! Jesus ist der Nabel der Welt, ja." Sie ging mit ihrem Wasserkrug davon.

„Jedes Kind macht Mühe, Maria", sagte eine andere. „Manchmal ist es schlimmer, wenn das erste Kind pflegeleicht ist und die nächsten dann nicht mehr. Kein Kind ist vollkommen."

Jesus schon, wollte Maria sagen, aber sie hielt den Mund; sie wusste: Es würde nur prahlerisch klingen. Der kleine Jakobus bewies ihr, dass es nicht an ihrer Erziehung lag, dass Jesus so ein liebes Kind war; hätte Jakobus sonst nicht genauso wie er sein müssen? Ihre Söhne waren beide starke Persönlichkeiten. Aber während Jesus ganz darauf bedacht schien, Gottes Willen zu tun, war Jakobus voll damit beschäftigt, seinen eigenen Dickkopf durchzusetzen. Wenn er als Kleinkind schon so war, wie würde er erst werden, wenn er älter würde?

„Ich wünschte, Jakobus wäre wie Jesus", sagte sie zu Josef.

„Dazu müsste er denselben Vater haben." Josef nahm ihre Hand in die seine. „Maria, lass uns unser Bestes tun, unsere Söhne in den Wegen des Herrn zu erziehen. Und selbst ein Leben führen, das Gott gefällt. Den Rest muss Jakobus selbst entscheiden."

Trotz der Schule und der Arbeit mit Josef fand Jesus Zeit, sich zu ihr zu setzen und mit ihr zu reden. Oft nahm er seinen kleinen Bruder auf die Knie und spielte mit ihm, während er Maria viele Dinge fragte. Vieles konnte sie nicht beantworten. „Hast du deinen Papa schon gefragt?", sagte sie dann.

Aber mit dieser Antwort war Jesus nie zufrieden. „Ich hab' *dich* gefragt, Mama."

„Was ich über das Gesetz weiß, ist nur das bisschen, was ich von meinen Eltern gelernt habe."

Und sie sagte ihm das, was sie wusste. Aber dann wollte Jesus wissen, was für ein Sinn dahinter lag. Einmal fragte er sie, warum mehrere Jungen einen alten Aussätzigen mit Steinen beworfen hatten. Sie erklärte ihm, was im Gesetz über den Aussatz stand.

„Hm, aber ist das ein Grund, einen armen alten Mann mit Steinen zu bewerfen?"

Der Schmerz in seinen Augen, als er das sagte ... Sie legte eine Hand an seine Wange. „Es gibt niemals einen Grund für Grausamkeit. Sie ist einfach da."

Gott segnete ihren Leib wieder, und auf Jakobus folgte der kleine Josef. Dann kam Hanna, benannt nach Marias Mutter.

Die jüngeren Geschwister liebten Jesus und wetteiferten um seine Aufmerksamkeit ebenso wie um Marias oder Josefs. Vor allem Hanna konnte gar nicht genug davon bekommen, auf dem Schoß ihres großen Bruders zu sitzen. Sie bat ihn, ihr Geschichten zu erzählen, und Maria hörte zu, wie er seinen jüngeren Geschwistern von Noah und der Arche mit den Tieren erzählte, von Jona und dem großen Fisch und von Daniel in der Löwengrube. Abends sang er ihnen Psalmen vor, und wenn es Lieder waren, die sie kannten, sangen Maria und Josef mit. Aber manchmal sang Jesus die vertrauten Worte zu einer Melodie, die sie noch nie gehört hatten.

Jeden Morgen, wenn sie Jesus zum Abschied küsste, bevor er mit den anderen Jungen seines Alters in den Thora-Unterricht ging, versetzte es ihr einen Stich, dass sie ihn nicht mehr für sich allein hatte. Er wurde größer und ihre Tage waren ausgefüllt mit der Arbeit einer Hausfrau. Und wenn Jesus nach Hause kam, setzte er sich nicht mehr zu ihr, sondern ging zu Josef, um ihm bei der Arbeit zu helfen und das Brot für die wachsende Familie mitzuverdienen.

Ist er wirklich der Messias? Dieser stille Junge, der wenig spricht und dessen einziger Ehrgeiz darin zu bestehen scheint, das Gesetz und Josefs Beruf zu lernen?

Der Gedanke kam so plötzlich, dass sie zusammenzuckte. Sie presste ihre Finger an ihre Stirn, um ihn wegzureiben. Aber er blieb wie das dunkle Echo einer Stimme.

Kann er wirklich der Messias sein, der Israel erlösen wird, der Kriegerkönig, der sein Volk befreien wird?

Wie war so ein aufrührerischer Gedanke in ihren Kopf gekommen? Sie wusste doch, wer Jesus war! Sie wusste, dass er von Gott gekommen war! Sie wusste, dass er der lang ersehnte Messias war!

Laute Geräusche erklangen von draußen. Jakobus und Josef lieferten sich mit zwei Stöcken, die Schwerter sein sollten, ein Duell. Sie seufzte. Die beiden kämpften ständig miteinander. Oft dachte sie sehnsüchtig an die Tage zurück, als sie nur Jesus gehabt hatten. Den lieben, gelehrigen Jesus, der die Welt um sich herum förmlich einsog und doch nicht so ganz zu ihr zu gehören schien. Ihr Sohn aus einer anderen Welt. Ihr Kind Gottes. Wie konnte er ihr nicht der Liebste sein?

Das Spiel der beiden wurde noch hitziger. Jetzt stieß Jakobus seinen kleinen Bruder zu Boden und baute sich in Siegerpose über ihm auf, die Spitze des Stocks auf das Herz gerichtet. „Du bist tot!"

Mit Tränenspuren in seinem schmutzigen Gesicht rappelte Josef sich hoch. „Aber jetzt bist du der Römer!"

„Hört auf!“ Warum mussten die Jungen so oft Krieg spielen und kämpfen? Sie wusste die Antwort: Es war der Traum jedes jüdischen Jungen – ihre Söhne nicht ausgenommen –, die Ketten Roms zu zerbrechen.

Und genau deshalb war Jesus doch gekommen. Aber würde er es so tun, wie sie es alle erwarteten? Langsam kamen ihr Zweifel. Jesus, ihr Sohn. Gottes Sohn. Würde er eines Tages gegen Jerusalem marschieren wie einst David? Warum konnte sie sich das so schwer vorstellen? Was würde es diesen Jungen kosten, der seine streitsüchtigen Freunde und Brüder so liebevoll ansah?

Sie wusste, dass er mit vielem zu kämpfen hatte. Sie erinnerte sich noch gut daran, wie oft er als kleiner Junge Albträume gehabt hatte. Wie oft hatte sie ihn in die Arme genommen und gefragt, was ihn bedrückte! Er hatte es ihr nie gesagt. Und jetzt sah sie den Schmerz in seinen Augen, wenn er aus der Synagoge nach Hause kam. Den Zorn, wenn er erlebt hatte, wie jemand ungerecht behandelt wurde. Manchmal liefen ihm Tränen über die Wangen, wenn er mit dem Gebetstuch über seinem Kopf dasaß und mit konzentriertem Gesicht betete.

Eines Tages fragte sie ihn: „Warum siehst du so bekümmert aus? Was hast du?“

„Was würde es bringen, wenn ich es dir sage?“

„Vielleicht würde es dein Herz etwas leichter machen.“

Er sah sie an, seine dunklen Augen voller Mitgefühl. „Ich brauche keine Erleichterung, Mama, sondern neue Kraft, und die kommt immer dann, wenn ich sie am meisten brauche.“

Sie wollte weiter in ihn dringen, als Josef ins Haus kam. Seine Schultern hingen nach unten. Maria sank das Herz. „Hat Tobias dir den Stuhl nicht bezahlt?“

„Er sagt, dass er unerwartete Ausgaben gehabt hat.“

Ihre Wangen wurden heiß. Es war doch nicht richtig, dass Josef so hart arbeitete und dann noch auf seinen Lohn warten musste! Tobias konnte bezahlen, er saß mit den Ältesten im Tor! *Unerwartete Ausgaben* … Ein Maultier für seinen Jüngsten hatte er gekauft, sie hatte es gestern gehört. Sie erhob sich, die Hände zu Fäusten geballt. „Ich gehe hin und rede mit ihm.“

Josef richtete sich auf. „Das wirst du nicht tun.“

„Es ist ungerecht, dass er dich so übervorteilt! Wenn du nicht willst, dass ich hingehe, dann lass wenigstens Jesus mit ihm reden.“

„Maria.“ Josefs Gesicht war schmerzvoll. „Tobias wird schon bezahlen. Das tut er immer.“

„Und wovon sollen wir bis dahin unser Brot kaufen?“

„In Sepphoris gibt es jede Menge Arbeit.“

Die Tränen traten ihr in die Augen. „Das ist einfach falsch, Josef. Du arbeitest so viel.“

„Es ist nicht Tobias, der uns unser Brot gibt, sondern Gott.“

Am folgenden Morgen gingen Josef und Jesus gemeinsam nach Sepphoris. Am Nachmittag wurde Hanna krank.

Zwei Tage vergingen und das Fieber des Kindes wollte nicht hinuntergehen. Hanna jammerte und weinte unaufhörlich in Marias Armen, die verzweifelt mit ihr hin und her ging. Die Jungen waren ausnahmsweise ruhig. Sie liebten ihre kleine Schwester und spürten die Angst ihrer Mutter.

Am dritten Tag verlor Hanna das Bewusstsein. Als Josef und Jesus aus Sepphoris zurückkamen, warf eine aufgelöste Maria sich in die Arme ihres Mannes, denn ihre Jüngste lag im Sterben.

Jesus legte sein Werkzeug hin und ging durch den Raum. Einen langen Augenblick stand Jesus über seine Schwester gebeugt. Dann kniete er sich neben ihrer Matte hin. „Hanna“, sagte er leise und fuhr mit seinen Fingerspitzen über ihre Stirn. Sie holte tief Luft und schlug die Augen auf. Maria umklammerte Josefs Hand.

„Jesus“, sagte die Kleine. Ihr Gesicht bekam zusehends Farbe. „Du bist wieder da.“

Sie streckte ihm die Arme entgegen. Er nahm sie hoch und richtete sich auf. Maria ließ sich auf den Schemel neben der Tür fallen. Ihr Herz hämmerte, ihre Haut kribbelte. Josefs Finger zitterten, als er ihre Schulter berührte. Dann fing sie an zu lachen, während ihr gleichzeitig die Tränen das Gesicht hinunterliefen.

„Hanna ist wieder gesund, Mama.“ Jakobus stand auf. „Können wir dann jetzt wieder spielen?“ Er lief zu Jesus, der seinen freien Arm um ihn legte.

„Ja, Jakobus. Geht nur.“

Der kleine Josef rannte hinter ihm her. Die Jungen hatten alles gesehen. Und nichts begriffen.

Josia, ein Freund von Jesus, kam mit einer Nachricht vom Rabbi in die Werkstatt. „Er möchte, dass du sofort zu ihm kommst. Es ist wegen Jesus.“

„Wegen Jesus?“ Josef legte das Querbeil hin und wischte sich die Holzspäne von der Schürze, während er Josia nach draußen folgte.

„Der Rabbi ist wieder wütend auf ihn.“

„Ich wusste noch gar nicht, dass er schon mal wütend war.“ Josef spürte, wie ihm im Nacken der Schweiß ausbrach. „Was ist denn passiert, Josia?“

Der Junge schüttelte den Kopf. „Weiß ich nicht. Jesus hat ihn bloß was gefragt, und da wurde der Rabbi ganz rot im Gesicht und fing an zu zittern. Und dann hat er mir gesagt, ich soll dich holen.“

Sie eilten im Laufschritt zu der kleinen Synagoge in der Ortsmitte und traten ein. Der Rabbi sprach gerade über irgendein Detail des Gesetzes, seine Stimme klang gepresst. Als er Josef sah, klatschte er in die Hände. „Genug für heute. Denkt über das nach, was ihr heute gelernt habt.“ Er winkte mit der Hand, zum Zeichen, dass die Schüler entlassen waren.

Die Jungen erhoben sich und gingen hinaus, bis auf Jesus, der auf der vordersten Bank saß. Josef trat zu ihm und legte ihm die Hand auf die Schulter.

Der Rabbi schob seine Hände in die Ärmel seines Umhangs und funkelte den Jungen an. „Diese dauernden Fragen – ich ertrage es nicht mehr!“

Josef blinzelte überrascht. „Rabbi?“ Die Synagoge war doch der Ort, wo man Fragen über das Gesetz Gottes stellte.

Der Rabbi schüttelte verärgert den Kopf. „Ich habe nichts gegen Fragen, aber die Art, *wie* er mich fragt …"

Josef schaute vom Rabbi zu Jesus und wieder zurück.

„Rede du mit ihm!" Die Augen des Rabbi blitzten. „Erklär deinem Sohn, dass *ich* der Rabbi bin und dass ich ihn nicht mehr in die Synagoge lasse, wenn er mir weiter mit Fragen kommt, die mich … selbstgerecht wirken lassen. Ich werde ihn aus der Synagoge ausschließen. Ich dulde nicht, dass ein Zimmermannssohn meine Autorität untergräbt!"

Die Hitze der Empörung schoss durch Josef. Er ließ die Schultern des Jungen los und machte einen Schritt nach vorn, aber Jesus nahm seine Hand und stand auf. „Ich habe es nicht respektlos gemeint, Rabbi", sagte er mit ruhiger Würde und sah dem Mann fest in die Augen.

Der Rabbi blinzelte, plötzlich entwaffnet. Dann wurden seine Augen schmal, suchten eine noch so kleine Spur Spott in der Miene des Jungen. „Nun, du bist gewarnt."

Josef ging mit dem Jungen nach Hause. Was für eine Frage mochte das gewesen sein, die den Rabbi so aufgebracht hatte? Aber als er Jesus anschaute, sah er die Tränen in seinen Augen. Er legte den Arm um ihn. „Hat er dich vor den anderen gedemütigt?" *Natürlich*, dachte er. Er hatte große Lust, umzudrehen und dem Rabbi die Meinung zu sagen.

Jesus schüttelte den Kopf. Er hatte wieder diesen weit entfernten Blick in den Augen. „Warum sind die Menschen so starrsinnig?"

Josef wusste, dass er keine Antwort erwartete.

Als der Tag kam, an dem Jesus zum ersten Mal in der Synagoge aus der Thora vorlesen sollte, drängte Maria sich auf der Frauenempore nach vorn, bis sie gut nach unten sehen konnte. Der Chasan rezitierte das *Höre, Israel.* Die Kinder antworteten mit einem lauten „Amen". Auf dem Podium saßen der Rabbi und der reiche Kaufmann, der der Gemeinde vorstand, hinter ihnen die sieben Ältesten und dahinter die Männer nach ihren Berufen. Da saßen sie unter den Zimmerleuten: Josef, Jesus, Jakobus und der jüngste, Josef.

Marias Finger umklammerten das Geländer. Auf diesen Tag, wo ihr Sohn vor der Gemeinde die Schriftlesung halten würde, hatte sie gewartet. Würde er sich heute erklären? Würden die Menschen nun endlich sehen, dass er der Gesalbte Gottes war?

Der Rabbi, gefolgt vom Gemeindevorsteher und dem Gerichtsvorsteher, trat an den Thora-Schrein und holte die heilige Gesetzesrolle hervor. Die ganze Gemeinde stand auf und rief: „*Und als die Bundeslade weiterzog, rief Mose: ‚Erhebe dich, oh Herr, und lass deine Feinde zerstreut werden! Lass sie fliehen vor dir!*'"

Jetzt erhob sich Jesus und ging nach vorn, das Gebetstuch um seine Schultern glatt streichend. Für jemanden, der so jung war, bewegte er sich mit großer Würde. Ob die anderen das auch merkten? Mit klopfendem Herzen schaute Maria zu, wie er das Podium betrat. Würde gleich etwas geschehen, das den Klatschzungen in Nazareth zeigte, wer er war? Würden sie endlich erkennen, dass ihr Sohn der Messias war? Würden sie sich um ihn scharen und ihm folgen?

Gott, gib, dass es so wird. Lass seine Zeit jetzt da sein. Vater im Himmel, wir haben so lange gewartet. David wurde auch als Junge zum König gesalbt und du hast ihm Sieg gegen alle seine Feinde gegeben.

Jesus trat an den Platz des Vorlesers und öffnete die Schriftrolle. „*Denn siehe, es kommt ein Tag, der brennen soll wie ein Ofen. Da werden alle Verächter und Gottlosen Stroh sein, und der kommende Tag wird sie anzünden, spricht der Herr Zebaoth, und er wird ihnen weder Wurzel noch Zweig lassen …*" Marias Haut kribbelte, während Jesus las. Seine Stimme war die eines Jungen, aber sie hatte eine Vollmacht, die weit über seine Jahre hinausging. Ob die anderen es auch hörten?

„*Euch aber, die ihr meinen Namen fürchtet, soll aufgehen die Sonne der Gerechtigkeit und Heil unter ihren Flügeln. Und ihr sollt herausgehen und springen wie die Mastkälber. Ihr werdet die Gottlosen zertreten; denn sie sollen Staub unter euren Füßen werden an dem Tage, den ich machen will, spricht der Herr Zebaoth.*"

Ihr Herz wurde weit vor Stolz. Josef schaute kurz zu ihr hoch; seine Augen leuchteten.

„*Gedenkt an das Gesetz meines Knechtes Mose, das ich ihm befohlen habe auf dem Berge Horeb für ganz Israel, an alle Gebote und Rechte!*“, fuhr Jesus fort. „*Siehe, ich will euch senden den Propheten Elia, ehe der große und schreckliche Tag des Herrn kommt. Der soll das Herz der Väter bekehren zu den Söhnen und das Herz der Söhne zu ihren Vätern …*“

Jesus hob den Kopf, sein Blick wanderte über die lauschenden Männer und dann hoch zu der Frauenempore. „*… auf dass ich nicht komme und das Erdreich mit dem Bann schlage.*“

Maria hatte keine Angst um den Sohn, den sie für Gott geboren hatte, aber um die Zukunft ihres Volkes. Und wie war das mit ihren übrigen Söhnen und ihrer Tochter? Würden sie glauben, dass Jesus der Gesalbte Gottes war, und ihm folgen, egal, was es kostete? Oder würden sie weiter mit ihm zusammenleben und immer noch nicht begreifen, dass er mehr war als ihr großer Bruder? Er war Gottes Sohn, der vom Himmel gesandt war, um Israel aus der Knechtschaft zu befreien!

Der Sohn, den du geboren hast, ist größer noch als Mose. Dein Kind wird herrschen, Maria! Schau ihn dir an, dein Blut fließt in seinen Adern. Ihr Herz schwoll an vor Mutterstolz, als sie zu Jesus hinuntersah. Die Männer von Nazareth drängten sich um ihn und gratulierten ihm zu seiner ersten Thora-Lesung vor der Gemeinde. Dies war ein großer Tag! Die Frauen beglückwünschten sie. „Wie gut er liest, Maria … So würdevoll …“ Einer der Ältesten stimmte ein Loblied an, die anderen fielen ein.

Mein Sohn! Mein Sohn! Maria sah wie gebannt zu Jesus hinunter. Jetzt schaute er zu ihr hoch, sein Gesicht auf einmal merkwürdig besorgt, und dann merkte sie, in welche Richtung ihre Gedanken gingen. *Mein Sohn. Mein Blut. Mein Kind wird herrschen!*

Sie erwiderte seinen Blick und presste ihre Hände an ihre heißen Wangen.

Oh Herr, Gott Israels, vergib mir! Jesus ist dein *Sohn. Er ist dein Kind und ich bin nur das Gefäß, das du benutzt, um deine Verheißung zu erfüllen.*

Jesus' Gesicht war wieder weicher geworden. Mit leuchtenden Augen wirbelte er auflachend herum, Hand in Hand mit den Männern des Glaubens im Kreis tanzend.

Maria saß in der Abendstille auf der kleinen Bank im Garten. Die Kinder schliefen bereits. Jesus und Josef saßen, wie meist abends, auch am Ende dieses großen Tages über den Heiligen Schriften. Die anderen Kinder waren noch zu jung, um das zu begreifen, aber ihr Vater sagte ihnen immer wieder: „Denkt über das Gesetz nach, meine Kinder, denn die Gebote des Herrn werden euch weiser machen als eure Feinde."

Wie schade, dass es Frauen nicht erlaubt war, die Thora zu studieren und stundenlang über das Gesetz und die Propheten zu diskutieren. Sie musste sich damit begnügen, von der Frauenempore aus die Worte aufzusaugen, die unten verlesen wurden. Oder Josef zuzuhören, wenn er zu Hause aus den Schriftrollen vorlas, die er geerbt hatte. Es gab so vieles, was sie nicht wusste, nicht verstand.

„Maria?"

Sie spürte Josefs Hand auf ihrer Schulter. Sie legte ihre Hand über seine, gegen ihre Tränen ankämpfend. Vielleicht war sie einfach zu müde.

„Was bedrückt dich, meine Liebe?" Er setzte sich neben sie auf die Bank.

Sie schluckte, suchte nach den richtigen Worten. „Ach, Josef … heute war ich so stolz auf meinen Sohn. Er hat so gut gelesen, das haben alle Frauen gesagt." Sogar einige von denen, die sonst über sie getuschelt hatten. „Und der Rabbi hat gelächelt." Derselbe Rabbi, der Jesus gedroht hatte, ihn aus der Synagoge auszuschließen.

Josef wischte eine Träne von ihrer Wange. Er sagte nichts, wartete geduldig, dass sie ihm ihr Herz ausschüttete. Er war so liebevoll zu ihr; ihm konnte sie alles sagen. Vielleicht konnte er das Gefühlswirrwar in ihr entwirren, dieses bohrende Gefühl, dass irgendetwas nicht stimmte, etwas, was sie nicht begriff.

„Ich weiß, dass alles zu Gottes Zeit geschehen wird, Josef“, sagte sie leise, „aber manchmal wünsche ich mir, sie wäre schon jetzt gekommen.“ Sie schaute zu den Sternen hoch. „Mose war achtzig Jahre alt, als der Herr ihn aus der Wüste rief und ihm half, vor den Pharao zu treten.“ Sie schaute auf ihre gefalteten Hände hinunter. Sie schluckte, bevor sie den nächsten Satz sagte. „Seine Mutter war damals bestimmt längst tot.“

„Hast du Angst, dass du nicht mehr erleben wirst, wie Jesus seine Herrschaft antritt?“

„Ist es falsch, wenn ich sehen möchte, dass er den Platz einnimmt, der ihm gebührt?“ Sie musste an den Gesichtsausdruck von Jesus denken, als er in der Synagoge zu ihr hochgeblickt hatte, und spürte wieder, wie ihre Wangen heiß wurden. Aber warum sollte sie sich schämen? Warum sollte sie nicht stolz auf ihren Sohn sein? „Alle in Israel sehnen sich danach, dass der Messias kommt und alles gutmacht, Josef. Und dass wir erleben, wie die Bösen ihre Strafe bekommen.“ Die Bösen – das waren die Römer, die Steuereinnehmer.

„Maria“, sagte Josef leise. „Es gibt viele Schriftstellen über den Messias.“

„David war ein Junge, als Gott ihn zum König salbte.“

„Ja, meine Liebe. Aber Jesus ist mehr als ein König. Denk einmal nach: Wird der Herr kommen, um die Welt zu richten, ohne zuvor einen Weg bereitet zu haben, auf dem wir vom Fluch der Sünde frei werden können?“

„Aber es gibt doch das Gesetz. Und die Opfer …“

„Vielleicht fühlst *du* dich durch Opfergaben von aller Sünde gereinigt, Maria. Ich nicht. Wer kann denn vor dem Herrn bestehen am Tag des Gerichts?“

„Wir gehorchen ihm doch.“

„So? Mit jedem Atemzug? Mit jedem Gedanken?“ Josef schüttelte traurig seinen Kopf. „Manchmal denke ich, Gott hat uns das Gesetz nur dazu gegeben, um uns zu zeigen, dass wir es nicht halten können. Jeden Tag höre ich, wie Menschen um das Kommen des Messias beten. Aber sie wollen, dass er mit dem Schwert kommt und die Römer aus unserem Land jagt.“ Er sah sie an, seine Augen waren weich. „Was wollen sie – Gerechtigkeit oder Rache? Ich sehne mich nicht nach der großen Abrechnung, sondern danach, dass es wieder so wird, wie es am Anfang im Garten Eden zwischen Adam und Gott war."

„Dafür wird Jesus schon sorgen, Josef. Und eines Tages werden Jakobus und der kleine Josef den ihnen gebührenden Platz neben ihm einnehmen." Als Josef nicht antwortete, schaute sie zu ihm hoch. Sie spürte, dass sie wütend wurde. Er hatte doch wohl dieselbe Hoffnung wie sie: dass Jesus auf dem Thron sitzen würde und seine Brüder neben ihm. „Du weißt genauso gut wie ich, dass Jesus der Messias ist."

„Ja", sagte Josef leise. „Aber wie du selbst mir schon oft gesagt hast: Gott handelt selten so, wie seine Leute es erwarten."

Wie seltsam er das sagte. „Sehnst du dich denn nicht auch nach der Erfüllung der Verheißungen?" Warum antwortete er nicht? Warum sah er so nachdenklich aus? „Ich habe all die Jahre von der Frauenempore aus gut zugehört, Josef. Und auch, wenn du Jesus aus der Schrift vorgelesen hast. Wovor sollten wir denn Angst haben? Mose hat gesagt, dass der Herr ein Kriegsheld ist, und der Prophet Daniel hat gesagt, dass alles in seine Hände gegeben werden wird. Jesus wird Macht, Ehre und ein großes Reich bekommen. Alle Nationen werden ihm dienen und sein Reich wird nie mehr aufhören und unzerstörbar sein. Oh, wie ich mich danach sehne, dass es bald kommt!"

Josef nahm ihre Hand. „Daniel hat auch gesagt, dass es den Anschein haben wird, als ob der Menschensohn nichts erreicht hätte."

Sie sah ihm suchend in die Augen. „Das verstehe ich nicht."

„Ich auch nicht, Maria. Aber Jesaja nennt den Messias einen Mann der Schmerzen und der Krankheit."

„Nein." Seit dem Tag, an dem der Herr sie überschattet hatte, hatte Maria immer wieder Zurückweisung erfahren. Nein, das würde, das durfte mit Jesus nicht geschehen! Nein, die Menschen würden die Wahrheit erkennen. Alle! Sie ergriff Josefs Hände und hielt sie fest. „Niemand wird Jesus verwerfen. Er ist so gut, Josef! So voller Liebe. Wie sollten die Menschen sich nicht über ihn freuen? Wenn die Zeit kommt, wird Gott allen zeigen, dass Jesus der ist, auf den wir seit Jahrhunderten gewartet haben. Und auch den Heiden wird er sich offenbaren."

„Maria, hast du vergessen, wie Gott sich den Heiden offenbarte, als er sein Volk aus Ägypten befreite? Und was geschah? Die gesamte Generation der Israeliten, die trockenen Fußes durch das Schilfmeer gezogen waren, starb in der Wüste, weil sie Gott ablehnten."

„Diesmal wird es anders sein. Ich weiß das, Josef, ich bin seine Mutter!"

„Ja, Maria, du bist seine Mutter. Aber entscheiden wird sein Vater."

Sie ließ ihn los. „Sag mir nicht, dass der Herr seinen eigenen Sohn in die Welt schickt, damit er scheitert! Das ergibt doch keinen Sinn!" Plötzlich musste sie daran denken, was der greise Simeon damals im Tempel gesagt hatte: dass ihr ein Schwert durch die Seele gehen würde. Sie stand abrupt auf. „Nein. Gott ist *gnädig.*"

„Willst du Gnade für all die spitzen Zungen, die dir nicht geglaubt haben, woher Jesus gekommen ist? Für die, die dich am liebsten gesteinigt hätten? Willst du wirklich Gnade, Maria – oder vielleicht doch eher Rache?"

Seine Worte trafen sie tief, aber sie merkte, dass er das nicht sagte, um sie zu verletzen. Sondern um sie zum Nachdenken zu bringen. Sie legte ihre Hand auf ihren bebenden Mund. Ja, was wollte sie eigentlich? Dass die Menschen die Wahrheit erkannten und es ihnen leidtat, was sie getan hatten? War es denn falsch, wenn sie sich danach sehnte, dass Jesus Schluss machte mit Unterdrückung und Elend? War es falsch, dass sie wollte, dass jeder in Nazareth sehen sollte, dass sie die Wahrheit gesagt hatte, dass Gott wirklich sie zur Mutter des Messias erwählt hatte? Ja, auch sie wollte, dass die Welt wieder gut wurde, so wie einst im Garten Eden.

Josef nahm ihre Hand und küsste sie, dann wischte er ihr die Tränen von den Wangen. „Irgendwie wird Gott Gnade und Gerechtigkeit zusammenbringen, Maria. Ich weiß nicht, wie er das anstellen wird, aber er wird es durch Jesus tun. Und es wird mehr kosten, als wir Menschen uns vorstellen können."

„Ja“, murmelte sie, „Menschen werden sterben.“ Wenn Gott sein Volk richtete, würden Tausende fallen.

„Die Menschen sterben seit dem Sündenfall, Maria. Was ich mit ‚kosten‘ meine, ist der Preis des Gehorsams. Alles, was wir wissen, ist, dass Jesus der Messias ist. Wir wissen nicht, wann oder wie er seine Herrschaft antreten oder wer dann neben ihm stehen wird. Gottes Gedanken sind ein großes Geheimnis. Aber ich weiß dies: Alle Gläubigen vor uns haben sich nach diesem Tag gesehnt, und jetzt erleben wir, wie der Menschensohn unter uns aufwächst. Das ist ein unglaubliches Privileg! Aber wie alle vor uns müssen auch wir auf den Herrn warten. Ihm müssen wir vertrauen, was auch geschieht.“ Seine Stimme brach. „Und genau das tut unser Jesus, vom frühen Morgen, wenn er aufsteht, bis zum Abend, wenn er sich schlafen legt. Alles in ihm kennt nur ein Ziel: seinem Vater zu gefallen.“

Maria sah das Glitzern der Tränen in seinen Augen. „Du hast Angst um ihn, nicht wahr? Das brauchst du nicht. Gott wird ihn beschützen.“

Josef zog sie in seine Arme und drückte ihr einen Kuss auf den Scheitel. „Der einzige Prophet, der bisher lebendig diese Welt verlassen hat, war Elia.“

Maria schaute Josef und den Jungen hinterher, während sie Hannas Hand nahm und auf den Frauenvorhof zusteuerte. Sie waren nach Jerusalem gekommen, um das Passahfest zu feiern, wie jedes Jahr seit ihrer Rückkehr aus Ägypten. Heute begann sie, die große Gedenkfeier an den Tag, als Gott das Volk der Juden verschont und die Erstgeborenen der Ägypter getötet hatte. Die Feier der großen Befreiung der Hebräer aus der Sklaverei.

Auf dem Heimweg zu ihrem Verwandten Abija, bei dem sie untergebracht waren, sah Maria eine Abteilung römischer Soldaten durch die Straßen marschieren. Sie hörte, wie die Passanten murmelten: „Wenn der Messias kommt, wird er die römischen Schweine endlich vernichten! Er wird ein größerer König sein als Salomo, und alle Völker werden ihm dienen.“

Sie und die anderen Frauen im Haus bereiteten die ungesäuerten Brote, rund und hart, die zum Passah gegessen wurden. Sie mahlten den Meerrettich und wuschen die Petersilie, hackten Nüsse und anderes Obst und mischten Gewürze und Wein dazu.

Es war Abija, der dem Passahmahl vorstand, als sich alle gesetzt hatten. Er war der jüngere Bruder von Marias Verwandtem Zacharias, der vor Kurzem verstorben war; auch seine geliebte Frau Elisabeth war nicht mehr unter ihnen. Maria fragte sich, was wohl aus dem Sohn des Paares geworden war, Johannes. Als Maria damals zu Beginn ihrer Schwangerschaft Elisabeth besucht hatte, war Elisabeths Kind vor Freude in ihrem Leib gehüpft. Als Maria wieder aufgebrochen war, hatte Elisabeth ihr ins Ohr geflüstert: „Wenn die Zeit reif ist, wird mein Sohn in ganz Israel verkünden, dass der Messias gekommen ist."

Später hatte Maria gehört, dass Johannes bei der Ordensgemeinschaft der Essener in ihrer Siedlung am Toten Meer leben würde. Seitdem hatte man von Johannes nichts mehr gesehen und gehört. Falls er mit den anderen Essenern zum Passah nach Jerusalem gekommen war, machte er keinen Versuch, Kontakt mit seinen Verwandten aufzunehmen. Manchmal sah Maria eine Gruppe dieser Männer, ausgemergelt von einem Leben der Askese. Die Waisenjungen, um die sie sich kümmerten, sahen gesünder aus als ihre Wohltäter, aber nie sah sie einen, der Ähnlichkeit mit Elisabeth oder Zacharias hatte.

Hatte Gott Johannes vielleicht vor den Augen der Welt verborgen, so wie er Jesus in Ägypten versteckt hatte? Eines Tages würde er wieder erscheinen und dann wäre es wohl nicht mehr weit bis zum Tag des Herrn. Es war offensichtlich, dass Gottes Hand auf ihm war, geradeso wie auf Jesus.

Abijas Frau zündete die Kerzen an, zum Zeichen, dass das Mahl beginnen könnte. Abija nahm einen Becher Wein in die Hand. Die anderen taten es ihm gleich, während der ehrwürdige Patriarch mit den vorgeschriebenen Gebeten begann.

„Gesegnet seist du, oh Herr, Gott Israels, du König des Universums, der du uns mit deinen Geboten geheiligt und aus Ägypten erlöst hast …"

In dem vorgeschriebenen Augenblick fragte das jüngste Kind, Abijas Enkelin Lea, warum einer der Plätze am Tisch leer sei. Abija erklärte: „Wir haben einen Platz für Elia freigelassen, denn der Prophet Maleachi hat gesagt, dass Gott den Propheten Elia senden wird, bevor der große Tag des Herrn kommt. Geh und sieh nach, ob er vielleicht an der Tür ist."

Das Kind sprang auf und rannte hinaus, um Elia zu suchen.

Mit klopfendem Herzen sah Maria zu Jesus hin, der zwischen seinen Vettern saß. Die Rabbis sagten, dass der Messias zum Passahfest erscheinen würde, und sie wusste: An diesem Tisch saß der Messias. Sie drehte sich zur Tür um. Würde gleich Johannes hereinkommen und allen verkünden, wer Jesus wirklich war?

Das Kind kam zurück. „Elia ist nicht da, Großvater."

Abija hob seinen Becher. „Nächstes Jahr in Jerusalem!"

Josef sah die Hoffnung in Marias Gesicht, als sie zuschaute, wie die kleine Lea zur Tür ging, um Elia zu suchen. Und die Frage in ihren Augen, als das Kind zurückkam und erklärte, dass niemand da sei. Er hörte den Gesprächen um ihn herum zu, mit ihrer Sehnsucht nach dem kommenden Messias, der endlich das Böse ausrotten und die Menschen aus ihrer Sklaverei erlösen würde.

Als er Jesus ansah, wurde ihm schwer ums Herz, wie jedes Jahr beim Passahfest, wenn er an die Stellen aus den Schriften des Propheten Jesaja denken musste. Manchmal fragte er sich, ob Maria so war wie die anderen und einen Messias erwarte, der als Kriegerkönig wie David die Feinde Gottes schlagen würde.

Die Rabbis sagten, dass der Messias zum Passahfest kommen würde. Und in der Schrift hieß es, dass er von einer Jungfrau geboren werden und sich erheben würde, um den Kopf der alten Schlange Satan zu zertreten. Aber was bedeutete das? Wie würde es geschehen? Woher kam dieser Schmerz, den Josef bei jedem neuen Passahmahl verspürte? Die Antwort schien zum Greifen nah und doch weit weg. Wer konnte schon Gottes Pläne begreifen? Aber eines wusste Josef ohne jeden Zweifel: Der Messias war da! Hier an diesem Tisch, bei diesem Seder-Mahl. Der

Gottessohn, der sein Volk erlösen würde, aß mit von dem Lamm und dem ungesäuerten Brot und trank den Wein.

Und keiner wusste es. Wer Jesus anschaute, der sah einen ganz normalen Zwölfjährigen, der die Thora studierte, seinem Vater zur Hand ging und unter der Knute Roms aufwuchs.

Jesus. Der Messias. Gott mit uns.

Jedes Jahr erinnerte Josef sich an die Worte des Engels, als habe er sie erst gestern gehört. Ein inneres Raunen ließ ihn erzittern, und wenn die Feierwoche ihren Gang nahm, ohne dass Johannes erschien, dann kam es ihm wieder: Passah – das war das Opferlamm, dessen Blut für die, die an Gottes Wort glaubten, das große Erlösungszeichen war. Das Lamm ... der blutrote Wein ... das ungesäuerte Brot.

Jesus hob den Blick und schaute Josef an, und für den Bruchteil einer Sekunde sah Josef deutlich vor sich, wie der Junge tot dalag. Er schloss zitternd die Augen und schluckte die Angst hinunter, die in ihm hochstieg. *Oh Gott, Herr ... oh Gott ...*

Das Mahl ging fröhlich seinen Gang. Abija holte das ungesäuerte Brot hervor und wickelte es aus dem Leinentuch. Er brach ein Stück ab und ließ es um den Tisch gehen, sodass alle davon nehmen konnten. Und Josef aß seinen Bissen und fragte sich, wann die anderen erkennen würden, was er und Maria seit zwölf Jahren wussten.

Der Messias ist hier! Gott ist mit uns! Bald wird er die Gefangenen befreien!

Maria ging mit den Frauen, als sie den Heimweg antraten. Jakobus und Josef liefen mit den übrigen Jungen voraus. Sie hatte Jesus den ganzen Morgen nicht gesehen; er war wohl mit seinen Vettern unterwegs. Sie hatte ihm in der vergangenen Woche erlaubt, Jerusalem auf eigene Faust zu erforschen, und sie sah keinen Grund, ihn jetzt, auf der Heimreise, unter Aufsicht zu nehmen. Er hatte ihr noch nie Sorgen bereitet und sie genoss die Gespräche mit ihren Verwandten aus Galiläa. Erst in einem Jahr würden sie sich wieder sehen und es gab so viel zu bereden ...

Als sie den ersten Tagesmarsch hinter sich hatten und das Dorf erreichten, in dem sie übernachten würden, sah sie Jesus nicht unter ihren Neffen. „Habt ihr Jesus gesehen?"

„Nein, seit gestern nicht mehr."

Ihr wurde eiskalt. „Seit gestern? Soll das heißen, dass er den ganzen Tag nicht bei euch war?"

„Nein. Er ist weggegangen und seitdem haben wir ihn nicht mehr gesehen. Ist er nicht bei Onkel Josef?"

Maria rannte zu ihrem Mann, aber auch Josef hatte den Jungen den ganzen Tag nicht gesehen. „Jakobus! Josef!" Sie befragte ihre beiden jüngeren Söhne, aber auch sie konnten ihr nichts sagen. „Oh, Josef! Das hat er noch nie gemacht! Wo kann er bloß stecken?"

„Er muss noch in Jerusalem sein."

„Bestimmt ist ihm etwas zugestoßen! Oh, warum habe ich nur nicht besser aufgepasst!"

Josefs Gesicht war genauso besorgt wie ihres. Sie gingen zusammen zu ihrer Schwester Maria und Klopas und baten sie, auf Jakobus, Josef und Hanna aufzupassen, während sie zurückgehen würden, um Jesus zu suchen.

„Jesus hat sich bestimmt nicht von Jerusalem losreißen können", sagte ihre Schwester. „Wahrscheinlich ist er jetzt unterwegs und holt uns bis morgen früh ein."

Maria verbrachte eine halb schlaflose Nacht; jeder Laut ließ sie aufschrecken. Josef erging es nicht besser. Vor Morgengrauen war er auf den Beinen und weckte Klopas. „Wir gehen jetzt zurück nach Jerusalem. Die Kinder bleiben bei euch, sie wissen ja Bescheid."

„Wenn ihr ihn findet, gebt ihm eine tüchtige Abreibung", rief Klopas halblaut hinter ihnen her.

Sie erreichten die Stadt bei Sonnenuntergang, kurz bevor die Tore für die Nacht geschlossen wurden, und gingen schnurstracks zu Abija. Jesus war nicht dort.

Maria begann zu weinen. „Wir müssen ihn suchen, jetzt sofort!"

„Es ist schon dunkel", sagte Abija. „Wenn ihr jetzt rausgeht, halten euch höchstens die Römer an und verhaften euch."

„Wie kann ich schlafen, wenn ich nicht weiß, wo mein Sohn ist?“ Maria schlug sich die Hände vor das Gesicht. „Ihm ist bestimmt etwas Schreckliches passiert!“

Josef legte seine Arme um sie. „Wir fangen morgen früh mit dem Suchen an, gleich nach dem Aufstehen. Hab keine Angst, meine Liebe. Die Hand des Herrn ist über dem Jungen.“

Er hatte ja recht. Aber warum tröstete sie das nicht mehr? Simeons Worte im Tempel kamen ihr wieder in den Sinn. *Ein Schwert wird dir durch die Seele gehen.* Würde sie durch das Schwert sterben, bevor ihr Sohn den Thron besteigen würde? Oder war dies hier schon das, was der alte Prophet gemeint hatte? Dieser Stich tief in ihrem Inneren, weil sie nicht besser auf den aufgepasst hatte, den Gott ihr anvertraut hatte?

„Du musst dich ausruhen, meine Liebe.“ Josefs Stimme war leise, aber fest. Sie war so erschöpft, dass sie kaum stehen konnte, geschweige denn ihren Sohn suchen. Wieder fing sie an zu weinen.

Gott, vergib mir, dass ich nicht besser aufgepasst habe!

Abija riet ihnen, zuerst auf dem Markt zu suchen, der alle Kinder magisch anzog mit seinem exotischen Gewimmel der Stände und Händler und feilschenden Kunden. Den ganzen Tag durchkämmten Maria und Josef das Labyrinth der Stände, die alles zu bieten hatten, von Tonlampen bis zu Goldschmuck.

Jesus war nicht dort.

Sie gingen zur Synagoge, aber auch dort, unter den Freunden, mit denen sie das Passahfest gefeiert hatten, war Jesus nicht; auch bei den Jungen, die den exerzierenden römischen Soldaten zusahen, oder im Tempelvorhof bei den Geldwechslern und Opfertieren. Oder hatte er vielleicht Johannes getroffen? Sie gingen zum Essenertor, wo die Brüder sich aufhielten, die noch nicht in ihre Siedlung über dem Toten Meer zurückgekehrt waren.

Jesus war nirgends.

Maria betete ununterbrochen, während sie mit Josef durch die Stadt irrte, auf der Suche nach dem Sohn, den Gott ihr geschenkt hatte. Was konnte einem Kind in dieser Stadt nicht alles passieren!

Die nackte Angst hielt sie fest in ihren Klauen. Er war doch noch so jung, so unschuldig.

„Ja, Liebes", sagte Josef. „Aber er ist nicht dumm."

Sie brachte keinen Bissen hinunter. „Ich weiß noch nicht einmal, wann wir ihn verloren haben, Josef. Ich schäme mich so. Ich habe die ganze Zeit gedacht, er sei bei unseren Verwandten irgendwo in der Reisegesellschaft. Das letzte Mal habe ich ihn am Morgen nach dem Passahmahl gesehen, als ich alles für die Rückreise gepackt habe. Da muss er mir etwas gesagt haben und ich habe nicht zugehört. Warum hab ich nicht zugehört?"

Josef drückte sie an sich. „Wir waren alle beschäftigt, Maria. Jetzt mach dir nicht solche Sorgen, der Herr ist mit ihm."

„Ich habe solche Angst, dass Gott ihn mir wegnimmt." Sie lehnte sich an ihren Mann und schloss die Augen. Hatte Gott vielleicht beschlossen, Jesus zu verstecken, bis der Tag seiner Machtergreifung gekommen war? Tief in ihrem Herzen wusste sie, dass der Herr bei Jesus war, wo immer er auch war, dass sein ganzes Leben in den Händen des himmlischen Vaters lag. Und doch schrie sie innerlich: *Oh Herr, du Gott Israels, bitte gib mir meinen Sohn wohlbehalten wieder!*

Als sie am nächsten Morgen aufstanden, berichtete Abija ihnen, dass er mit seinen Freunden in der Synagoge gesprochen habe. „Eljakim sagt, er habe Jesus im Tempel gesehen."

Endlich ein Hoffnungsschimmer! Maria warf ihr Tuch um ihre Schultern und eilte zur Tür hinaus, Josef hinter ihr her. Sie rannte, bis ihr die Seiten wehtaten, dann ging sie, bis der Schmerz erträglicher wurde, und rannte wieder weiter. Sie bahnte sich ihren Weg durch die Menschenmenge zum Tempelberg und stürmte durch den Hauptgang, suchend und betend.

Dann sah sie ihn. Er saß mitten unter den Schriftgelehrten.

Abrupt blieb sie stehen. Ihr Herz hämmerte, ihre Lungen brannten. Keuchend dankte sie Gott still, dass Jesus in Sicherheit war. Erst dann merkte sie, dass er den Männern so konzentriert zuhörte, dass er Josef und sie gar nicht bemerkte.

Die kalte Stimme kam in ihren Kopf: *Schau, wie wenig du ihm bedeutest!*

Tränen stiegen ihr in die Augen, heiß und brennend, während sie ihren Sohn betrachtete. Wie lange war er schon hier? Hatte er überhaupt versucht, ihnen zu folgen?

Deine Gefühle sind ihm egal. Du zählst nicht mehr. Wie kann er es wagen, dir solche Sorgen zu bereiten?

Heißer Zorn stieg in ihr hoch. Wie konnte Jesus ihr und Josef das antun? Sie riss sich von Josefs Arm los und trat abrupt nach vorn. Das Gespräch der Männer verstummte bei ihrem Anblick. Jesus drehte sich in ihre Richtung, sah sie und erhob sich lächelnd. Sie hatte nicht übel Lust, ihn zu packen und zu schütteln. Wusste er denn nicht, was sie seinetwegen durchgemacht hatte? Hatte er gar nicht an ihre Gefühle gedacht?

„Sohn", sagte sie und ihre Stimme zitterte. „Warum hast du uns das angetan? Dein Vater und ich haben dich überall gesucht."

Er schaute erst sie, dann Josef an, der neben sie getreten war. „Aber warum musstet ihr mich suchen?", fragte er sanft. „Wusstet ihr nicht, dass ich im Haus meines Vaters sein muss?"

Da siehst du, wie er dich herabwürdigt!

Maria schüttelte den Kopf. Es war kein Trotz in den Augen ihres Sohnes, aber sie verstand ihn einfach nicht.

„Komm", sagte Josef schlicht und legte seinen Arm um Jesus' Schultern. „Klopas und Maria passen auf deine Geschwister auf und alle fragen sich, was mit dir passiert sein könnte."

Maria nahm Jesus' Hand, als sie den Tempel verließen, und hielt sie fest, als wollte sie sie nie mehr loslassen.

Kapitel 5

Im Sommer gebar Maria eine Tochter, die sie Sara nannten. Hanna schmollte jedes Mal, wenn Maria die Kleine stillte. Sie fing an, wieder am Daumen zu lutschen, weil ihre kleine Schwester das auch tat, und stibitzte den Beißring, den ihr Vater für sie geschnitzt hatte, um ihr das Zahnen zu erleichtern. Jakobus und Josef stritten sich andauernd, um auf sich aufmerksam zu machen.

Achtzehn Monate danach kamen die Zwillinge Simon und Judas zur Welt. Inzwischen hatte Maria die schmerzliche Wahrheit begriffen: Nur Jesus war Jesus. Seine Brüder und Schwestern schafften es nicht, längere Zeit gehorsam zu sein; selbst wenn sie sich anstrengten, brav zu sein, kam über kurz oder lang die nächste Rebellion.

Es war schwer zu akzeptieren, dass Jesus' liebevolle Art, seine Verständigkeit, sein Gehorsam und seine Lernbereitschaft absolut nichts mit ihren mütterlichen Fähigkeiten zu tun hatten.

Jakobus war ein Schock für sie gewesen. Josef, Hanna, Sara, Simon und Judas waren nur noch Bestätigungen. In Jesus' Brust schlug Gottes Herz – alle anderen neigten der Sünde zu, da konnten ihre Eltern machen, was sie wollten. Sie kämpften und stritten sich. Sie erfanden Ausreden, wenn sie bei etwas Unrechtem erwischt wurden. Sie verbogen die Wahrheit, um ihren Willen zu bekommen, und wenn sie bestraft wurden, schmollten sie. Weder Umarmungen noch Schläge konnten ihren Egoismus brechen. Alle ihre Kinder hatten einen starken Willen, aber während der Wille von Jesus ganz darauf gerichtet war, Gott zu gefallen, wollten die anderen nur sich selbst gefallen, und wenn sie einmal freundlich und aufmerksam waren, mischte sich sofort Selbstzufriedenheit mit hinein.

Maria konnte schon nicht mehr zählen, wie oft sie sich auf die Zunge gebissen hatte, um nicht auszurufen: „Warum könnt ihr nicht so sein wie Jesus?“ Aber welches Recht hatte sie eigentlich, zu schimpfen, wenn sie in ihren rebellischen Kindern … sich selbst sah?

Sie liebte sie. Alle. Sie waren ihre Kinder. Und wenn sie sich die anderen Mütter in Nazareth ansah – die hatten es auch nicht leichter. Das Leben war ein ständiger Kampf. Jedes neue Kind wurde freudig begrüßt – aber es war ein Mund mehr, der gefüttert werden musste, ein Körper mehr, der Kleidung brauchte, ein Herz mehr, das in Gottes Wegen erzogen werden wollte. Und kein einziges ihrer Kinder von Josef war wirklich auf Gott ausgerichtet – kein einziges! Von dem Augenblick an, wo sie den Mutterleib verließen, war ihr Eigenwille da. Wenn sie „Nein“ sagte, weil es im Begriff war, etwas Gefährliches anzufassen, antwortete es mit einem süßen Lächeln und befingerte das Verbotene prompt wieder.

Manchmal musste sie über den Starrsinn ihrer Kinder lachen, manchmal wollte sie weinen, manchmal losschreien vor Zorn. Sie versuchte, ihnen alles beizubringen, was sie über Gottes Gesetz wusste. Sie betete ständig für sie. Sie liebte sie mit aller Kraft. Sie achtete darauf, was für ein Vorbild sie ihnen war; was brachte es, sie Gottes Wege zu lehren und selbst nicht auf ihnen zu gehen?

Und dann beobachtete sie Jesus und fühlte sich gesegnet. Wenn sie ihn ansah, wurde ihr Herz weit vor Glück und Vorfreude. Sie konnte nicht aufhören, darüber zu staunen, dass der Gott Abrahams, Isaaks und Jakobs sie – ja, *sie* – zum Gefäß für den Messias erwählt hatte. Sie war kein bisschen besser als die anderen Frauen. Oder als ihre Kinder. War dies vielleicht das Wichtigste, was Gott sie lehren wollte? Sie lachte über sich selbst und dankte Gott für ihre anderen Kinder, die ihr so deutlich zeigten, dass es nicht an ihr und Josef lag, dass ihr Ältester so gut, so besonders, so ganz anders war als alle Menschen, die über die Erde gingen. Er war Gottes Sohn durch ihr Fleisch.

Jeder neue Tag brachte seine eigene Plage, aber sie entdeckte, dass die Schwierigkeiten des Alltags die Ecken und Kanten ihres Glaubens blank schliffen, so wie Josefs Holzbecher.

Warum dauerte es so lange, bis Gottes Plan mit Jesus sich erfüllte? *Oh Herr, bitte lass mich lange genug leben, um Jesus in seiner*

Herrlichkeit zu sehen! Sie hatte bereitwillig Ja zu Gott gesagt, aber das Warten wurde ihr schwer.

Wann, Herr? Wie lange müssen wir noch warten, bevor er alles gut machen wird und wir frei sein werden? Wie lange wird dein Sohn zufrieden damit sein, mit meinem lieben Josef Tische und Stühle und Joche und Pflüge zu bauen, wenn es ein ganzes Reich zu bauen gibt? Wie lange noch wird er den Fußboden der Werkstatt fegen? Wann kommt endlich der Tag, an dem er die ganze Erde so rein macht, wie sie am Anfang war? Wann wird er sie endlich vernichten, die Bösen, die Israel bedrücken? Oh Herr, wie lange noch? Wie lange?

Schließlich konnte sie es nicht mehr aushalten und fragte Jesus geradeheraus: „Weißt du eigentlich, wer du bist?"

Als er nicht antwortete, bohrte sie nach: „Junge, weißt du, wer du bist?"

Warum sah er sie so an, halb zärtlich, halb kummervoll? Sie wollte ihn doch nicht ärgern, sie fragte doch nur … Er hatte sie schon öfter so angesehen wie jetzt, und jedes Mal hatte sie ein schlechtes Gewissen bekommen. Aber wer liebte ihn denn mehr als sie? Sie nahm seine Hand, ließ ihre Fingerspitzen über die Schwielen gleiten. Der Messias mit Zimmermannshänden … „Oh Jesus, darf ein König solche Hände haben?"

Seine Hand drückte beruhigend die ihre. „Ich bin der Sohn meines Vaters."

Sie forschte in seinen Augen. Meinte er Josef oder Gott? Sollte sie ihm erzählen, wie er in diese Welt gekommen war? Sollte sie ihm sagen, dass die ganze Welt darauf wartete, dass er aus der Verborgenheit heraustreten würde? Dass *sie* wartete?

„Du bist auch *mein* Sohn, Jesus. Ich will nur, dass du die Ehre bekommst, die dir zusteht."

Sie hatte sie gesehen, die Zeichen seiner Macht. Selbst wenn Kunden nicht zahlten oder römische Soldaten die Vorräte der Familie konfiszierten, gab es immer genügend Brot, um alle Mägen zu füllen, genug frisches Wasser, um den Durst zu löschen, genügend Öl, um die Lampen die ganze Nacht brennen zu lassen.

Aber obwohl Jesus immer mehr an Weisheit und Stärke zunahm, war das Leben für ihn nicht einfacher geworden. Seine inneren Kämpfe schienen heftiger zu werden. Sie schienen ihn viel Kraft zu kosten, aber er sprach nie darüber, weder mit ihr noch mit Josef.

„David war noch ein Junge, als der Prophet Samuel ihn zum König über Israel salbte“, sagte sie.

„Und es dauerte mehr als zehn Jahre, bis Gott ihn wirklich einsetzte.“

„Du bist jetzt schon bereit. Gott kann dich gebrauchen.“

Auf seiner Stirn bildeten sich winzige Schweißperlen. „Meine Zeit ist noch nicht gekommen, Mutter.“

„Und wann wird sie kommen?“

„Meine Zeit ist noch nicht gekommen“, wiederholte er.

Warum sah er so gehetzt aus? Sie hatte plötzlich Lust, ihn zu packen und zu schütteln, bis er es ihr sagte. Es war ihr Recht, es zu wissen, oder nicht? „Wie lange muss ich warten, bevor ich das sehe, wozu du geboren bist?“

„Du bedrängst mich.“

„Ja. Zu deinem eigenen Guten. Hat eine Mutter nicht die Aufgabe, ihren Sohn dazu zu ermutigen, dass er seine Pflichten gegenüber seinem Volk erfüllt? Ich liebe dich, Junge, das weißt du. Josef und ich haben manches für dich geopfert. Aber manchmal komme ich ins Fragen. Weißt du, wer du bist?“

„Mutter …“

„Ich will doch nur, dass endlich Gerechtigkeit kommt. Ist das falsch?“

„Du musst warten.“

„Ich kann nicht mehr warten! Schau dich doch um, Jesus. Schau dir an, wie dein Volk leidet!“ Ihre Stimme brach. Sie sah zur Seite, mit ihrem Schmerz kämpfend. „Wann, Jesus? Sag mir einfach, wann, und ich frage dich nicht mehr …“ Sie sah ihn durch einen Tränenschleier an. „Bitte.“

Seine dunklen Augen waren feucht. „Meine Zeit ist noch nicht gekommen“, sagte er wieder. Etwas in seiner Stimme ließ sie innerlich erschaudern. Sie spürte, dass sie seine innere Not mit ihrer Forderung nur noch stärker gemacht hatte. Eine Forderung, die er nicht erfüllen würde.

Sie drang nicht mehr in ihn. Stattdessen ging sie zu Josef und bat ihn, mit dem Jungen zu reden. Ihm würde er sich doch sicher öffnen.

„Du darfst ihn so etwas nicht fragen", sagte Josef.

„Warum nicht? Ich bin doch seine Mutter."

„Gott selbst wird es ihm sagen, wenn die Zeit reif ist."

„Wie kannst du so geduldig sein, wenn du weißt, dass endlich alles gut werden wird, wenn Jesus die Macht übernimmt? Schau dich doch um, Josef. Wir brauchen ihn jetzt."

„Ich habe kein Recht, ihn zu fragen, warum er sich nicht jetzt schon zu erkennen gibt."

Etwas in seiner Stimme ließ sie ihren Kopf in der Dunkelheit zu ihm hinwenden. „Und du meinst, ich habe dieses Recht auch nicht? Ist es das?" Eva hatte sich von der Schlange verführen lassen. War dies hier vielleicht auch eine Versuchung?

„Ja, das meine ich", antwortete Josef sanft, aber fest. „Du hast ihn ausgetragen, schön, aber Gott hat ihm das Leben gegeben, und Gott wird entscheiden, was er mit diesem Leben tun soll. Lass ihn in Ruhe, Maria." Er zog sie an sich. „Der Herr wird ihm sagen, wenn es so weit ist. Es hat keine Eile."

Sie legte ihren Kopf an seine Brust und lauschte auf den Schlag seines Herzens. Langsam atmete sie aus und schwieg lange, ließ innerlich ihr ganzes Leben Revue passieren. Gott hatte einmal zu ihr gesprochen, aber viermal zu Josef, um ihm den jeweils nächsten Schritt zu zeigen. Ihr Mann hielt seine Augen und Ohren offen für Gottes Willen. Jeden Tag sah sie, wie sehr er Jesus liebte. Und sie und ihre gemeinsamen Kinder.

Der Herr hatte Josef dazu bestimmt, ihr Mann und das Haupt ihrer Familie zu sein. Sie würde auf seinen Rat hören.

Josef sah gern zu, wenn Jesus mit seinen Halbgeschwistern zusammen war. Ihre ausgelassene Fröhlichkeit steckte Jesus zum Lachen an und Josef gleich mit. „Ruhig, Kinder. Macht eurem Bruder Platz, dass er sich setzen kann."

„Erzähl uns noch mal von David und Goliat!", rief Jakobus.

„Nein! Von Josua und Jericho!“

Die Jungen konnten nicht genug Kriegsgeschichten hören.

„Erzähl uns von Noah und der Arche, Jesus“, bettelte Hanna, die an ihn gelehnt dasaß. „Bitte …“

„Die Geschichte haben wir schon hundertmal gehört“, protestierte Jakobus, „die ist doch langweilig!“

Jesus nahm seine kleinen Zwillingsbrüder auf die Knie. „Wir fangen beim Anfang an …“

Der Alltag mit Jesus ließ Josef manchmal fast vergessen, dass dieser junge Mann Gottes Sohn war und nicht sein eigener. Dann erinnerte er sich wieder und die Ehrfurcht kam zurück. Jesus las die Heiligen Schriften nicht vor, er sprach sie, als seien sie das Natürlichste der Welt und von ihm selbst verfasst. Vielleicht war es auch so – auch wenn der Gedanke Josefs Kopf zu sprengen drohte. Manchmal ergänzte er sie durch eigene Worte, die so klangen, als sei er selbst dabei gewesen.

Josef schaute zu seiner Frau hin, die lächelnd an ihrem Webstuhl saß und arbeitete und mit etwas zur Seite geneigtem Kopf zuhörte, wie Jesus von der Erschaffung der Welt erzählte. Wie sie erst wüst und leer gewesen war und Finsternis über der Tiefe hing. Josefs Kinder saßen um Jesus herum, sein eigenes Fleisch und Blut. Jesus war der Sohn Gottes, aber was dies bedeutete, das überstieg Josefs Vorstellungskraft. Der Junge war mittlerweile fünfzehn und hatte Marias hohe Wangenknochen. Es gab junge Männer in Nazareth, die stattlicher waren oder selbstsicherer oder die die Heiligen Schriften Wort für Wort zitierten und behaupteten, Gottes Willen für Israel genau zu kennen.

Wie oft hatte er mitgehört, wie die Menschen um das Kommen das Messias beteten. Oder heiß darüber diskutierten, was Gott von Israel wollte.

„Gott will, dass wir das römische Joch zerbrechen!“

„Du Narr! Woher willst du denn wissen, was Gott will oder was nicht?“

„Sollen wir dann Däumchen drehen und zusehen, wie die Römer uns unsere letzten Vorräte wegnehmen?“

„Wie lange sollen wir noch warten?“

Josef schloss die Augen und lehnte sich zurück. Er war erschöpft von dem harten Arbeitstag in Sepphoris. Und dankbar für den Denar, den er heute verdient hatte, auch wenn er kaum ausreichte, um alle Münder zu füttern. Er war dankbar für die Arbeit, die Gott ihm gab, und noch dankbarer für den, der seine Last teilte: Jesus.

Der linke Arm tat ihm wieder weh. Seine Fingerspitzen waren halb taub, und der Schmerz zog bis in seine Brust. Er rieb sich den Arm und atmete langsamer. Morgen war Sabbat, da konnte er ausruhen.

Er schaute in die Runde der Kinder und da kam es ihm wieder: Der Junge, den er am meisten liebte, war nicht sein Sohn. *Mein Sohn gehört nicht mir. Er ist in diesem kleinen Nest aufgewachsen wie ein grüner Spross aus dürrer Erde. Er sieht wie jeder andere junge Mann aus, gar nicht besonders. Wenn die Leute ihn ansehen, sehen sie einen Zimmermannssohn, mehr nicht. Wer außer seinen Brüdern und Schwestern hört zu, wenn er redet? Und sie wissen auch nicht, dass er nicht so ist wie wir, sondern der Sohn des „Ich bin, der ich bin". Gott ist in ihm. Gott ist mit uns! Werden sie ihn erkennen, wenn seine Zeit gekommen ist?*

Da war sie wieder, die Frage. Und da kamen sie wieder, die Worte des Propheten Jesaja: *„Er war der Allerverachtetste und Unwerteste, voller Schmerzen und Krankheit … Er trug unsre Krankheit und lud auf sich unsere Schmerzen. Wir aber hielten ihn für den, der von Gott geschlagen war. … Aber der Herr warf unser aller Sünde auf ihn."*

Nein.

„So wollte ihn der Herr zerschlagen mit Krankheit … denn er trägt ihre Sünden …"

Josef stöhnte auf und griff sich an die Brust.

„Was ist, Josef?" Maria sprang auf. *„Josef!"*

Er spürte ihre Arme um sich, aber er konnte nur Jesus ansehen und weinen. Dann merkte er, wie Jesus ihn hochhob, während die anderen alle durcheinanderredeten.

Dann Marias Stimme: „Ruhig jetzt! Habt keine Angst, euer Bruder hilft Papa!"

Als Jesus ihn auf die Schlafmatte legte, spürte Josef den inneren Kampf, der in dem Jungen tobte. Hatte es überhaupt einen Augenblick in Jesus' Leben gegeben, in dem er nicht Auge in Auge mit der Versuchung gestanden und sein menschliches Wesen bekämpfen und überwinden hatte müssen? Dieser Schweiß auf seiner Stirn … Josef stöhnte auf, voll plötzlicher Angst. Würde Jesus das Böse besiegen, nur um am Ende getötet zu werden? Wie konnte das sein?

Der Schmerz in seiner Brust wurde stärker. So musste sich der Tod anfühlen. „Kommt näher, meine Kinder. Kommt!" Sie knieten sich neben ihn und er zog sie einzeln an sich, küsste und segnete sie. „Hört immer auf euren Bruder Jesus. Gehorcht eurer Mutter. Vertraut dem Herrn …"

„Es wird alles gut, Josef", sagte Maria, als er sie segnete, ihre Augen voller Tränen. „Das weiß ich. Jesus braucht nur …"

„Schscht." Josef legte einen Finger auf ihre Lippen. Dürften sie ein Wunder erwarten, nur weil sie gerade eines brauchten? Sollte der Sohn Gottes, der große *Ich bin,* ihr Diener sein? „Das entscheidet Gott", brachte er mühsam hervor. „Wir dürfen Jesus nicht noch mehr aufladen."

Maria sah ihren Sohn an, ihr Gesicht blass. Josef las die Bitte in ihren Augen. „Maria, lass mich allein mit Jesus sprechen."

„Ja, Josef." Sie erhob sich rasch.

Jeder Atemzug tat Josef weh. Sein ganzer linker Arm war jetzt taub, sein Untergewand schweißnass. Maria schickte die Kinder hinaus. Ihre Augen waren tränennass, als sie ihren Ältesten ansah. „Ich weiß, dass du ihm helfen kannst. Tu es. Bitte." Sie ging aus dem Raum.

Als alle fort waren, setzte Jesus sich neben Josef. Der lächelte ihn an, nahm, gegen den Schmerz in seiner Brust kämpfend, seine Hand und legte sie auf sein Herz. „Wir machen es dir nicht leicht."

„Das müsst ihr auch nicht."

Die Angst würgte Josef. „Mach ihre Herzen weich, Jesus. Die Kinder – bitte. Mach ihre Herzen weich, dass sie begreifen und gerettet werden."

„Jeder Mensch muss sich selbst entscheiden."

„Aber auch der Glaube kommt von Gott."

„Jeder muss sich entscheiden."

„Aber werden sie sich denn dafür entscheiden *können* zu glauben, dass du der Messias bist? Werden sie … ?"

„Glaubst *du* denn?"

Josef sah ihm in die Augen. „Ja." Er holte halb schluchzend Luft. „Ich habe an Jesaja denken müssen, als du mit den Kindern geredet hast. ‚*Wie ein Lamm*', sagt die Schrift. ‚*Wie ein Lamm, das zur Schlachtbank geführt wird.*'"

Er schaute suchend in Jesus' Augen. Sie waren voller Liebe und Erbarmen, ganz anders als die von anderen fünfzehnjährigen Jungen. Josef sah in ihm den Menschensohn, von dem der Prophet Daniel gesprochen hatte. Von seiner Geburt an hatte Josef die übermenschliche Kraft in ihm gespürt und den pausenlosen Kampf, in dem er stand. Nicht ein einziges Mal hatte Jesus Ja zur Sünde gesagt. Nicht ein Mal hatte Josef ein Schwert in seiner Hand gesehen, obwohl alle seine Altersgenossen eine Bande Zeloten oder die Krieger König Davids spielten. Nicht ein Mal hatte Jesus den menschlichen Begierden nachgegeben, die jeden plagten, der in diese Welt kam. Wer außer Gott selbst konnte dem pausenlosen Angriff der Versuchung widerstehen?

„*Wie ein Lamm, das zur Schlachtbank geführt wird.*"

Josef schloss die Augen, jetzt offen weinend. „Du wirst unsere Schuld auf dich nehmen und das Opfer sein. Dazu bist du uns gegeben worden, nicht wahr?" Die Liebe zu diesem Jungen, den er von Geburt an aufgezogen, aber nie sein Eigen zu nennen gewagt hatte, wollte ihn überwältigen. Und der Kummer über das, was Jesus bevorstand. „Sie werden dich ablehnen."

Jesus sagte nichts. Er legte nur sacht seine Hand auf Josefs Stirn.

„Ich liebe dich, Jesus. Rette meine Kinder. Und deine Mutter. Sie begreift es nicht."

„Hab keine Angst", sagte Jesus. „Ich bin bei ihnen."

„Ich bin so schwach." Aber nein, er würde nicht an Gott zweifeln. Nicht jetzt.

„Ruh dich aus“, sagte Jesus leise. Josef schloss wieder die Augen. Er glaubte zu hören, wie Jesus flüsterte: „Du bist ein guter, treuer Knecht gewesen.“

Der Schmerz ließ nach, als die Kinder zurück ins Zimmer kamen und sich wieder um ihn sammelten. Maria kniete sich neben ihn und nahm seine Hand fest in die ihre. Josef wollte ihr sagen, dass sie eine gute Frau und Mutter gewesen sei, aber das hatte er ihr schon so oft gesagt; sie wusste, dass er sie liebte. Aber er sah die Angst in ihren Augen, die bittenden Blicke, die sie Jesus zuwarf.

Josef versuchte zu sprechen. Sie beugte sich noch näher, ihr Ohr an seinen Lippen. „Glaube. Gehorche.“

Als sie aufweinend ihren Kopf auf seine Brust legte, sah er zu Jesus hoch. Der Eine, den sie brauchten, stand stumm neben der Tür, und die Tränen liefen ihm über die Wangen, während er dem Willen seines Vaters gehorchte und den Tod gewähren ließ. Aber Josef hatte keine Angst mehr. Er seufzte erleichtert auf.

Mit einem letzten Aufatmen schloss er die Augen und ging hinein ins Vaterhaus.

„Josef!“, schrie Maria, als er aufhörte zu atmen. „Josef!“ Sie zog ihn an den Schultern hoch und nahm ihn in die Arme. Wie konnte das geschehen sein? Sie sah Jesus an. Er weinte. „Warum?“, schluchzte sie. „*Warum?*“

Er hätte Josef gesund machen können, das wusste sie! Er hatte die Macht dazu. Hatte er nicht Hanna mit einer einzigen Berührung geheilt? Hatte er nicht das Brot der Familie vermehrt und die Ölkrüge immer wieder gefüllt? Warum hatte er zugelassen, dass Josef starb, den er doch so liebte?

Weil es ihm egal ist. Weil es seinen Zwecken dient.

Nein. Sie glaubte der Stimme nicht. Zu deutlich sah sie die Trauer in Jesus’ Augen. Sie wusste, wie sehr er Josef geliebt hatte. Wie oft hatte sie die beiden fröhlich lachend Seite an Seite in der Werkstatt gesehen! Oder, die Köpfe zusammengesteckt, die Heilige Schrift studieren!

Und jetzt steht er da und schaut zu, wie sein Vater stirbt, und tut nichts. Und du bist jetzt eine Witwe mit sieben Kindern. Ist das Gottes Fürsorge für dich?

Nein! Sie weigerte sich, etwas so Negatives zu denken. Sie würde nicht den Zweifel ihr Herz vergiften lassen.

„Jesus!", stöhnte sie. „Jesus!"

Er kam zu ihr und legte seine Hände auf ihre Schultern. „Ich bin hier, Mutter."

Sie ließ Josefs leblosen Körper weinend zurück auf das Lager gleiten und streichelte sein Gesicht. Wie sollte es weitergehen ohne seine Kraft, seine Weisheit, seine Liebe? Durch ihn hatte Gott sie nach Ägypten, zurück nach Israel und dann hierher nach Nazareth geführt. Und wie treu war Josef gewesen, wie unbedingt hatte er gehorcht, wenn Gott sprach.

Die Kinder weinten alle gleichzeitig. Wie gut sie sie verstehen konnte. Was sollten sie jetzt machen? Sie griff nach Jesus' Hand, die auf ihrer Schulter lag. Als der Erstgeborene war jetzt er das Haupt der Familie.

„Ich habe kein Geld, um Salböl zu kaufen", bekannte Maria ihrer Schwester. Wie sollte sie Josefs Leichnam zur Beerdigung vorbereiten?

„Wir haben doch Spezereien, Mutter." Jesus erhob sich und ging zu der kleinen Kiste, die Josef gepackt hatte, damals in Bethlehem, als sie Hals über Kopf vor Herodes nach Ägypten geflohen waren. Er öffnete sie und zog den kleinen Alabasterkrug hervor.

„Was ist das?", fragte Marias Schwester.

„Das können wir doch nicht benutzen", sagte Maria.

„Doch, nimm es." Jesus hielt es ihr hin.

„Aber das haben sie doch *dir* geschenkt, Junge."

„*Das* war ein Geschenk?" Ihre Schwester sah sie an, dann Jesus. „Wo habt ihr das her?"

„Es gehört mir", erklärte Jesus, „und ich kann es geben, wem ich will." Er legte den Krug in Marias Hände und ließ sie mit ihrer Schwester und Josefs Leichnam zurück.

Und Maria gehorchte ihrem Sohn. Unter Tränen öffnete sie den Krug und der schwere Duft von Myrrhe erfüllte den Raum.

In dem Monat, der auf den Tod ihres geliebten Josef folgte, war Maria innerlich zerrissen. Manchmal war es ihr, als sei sie von Feinden umzingelt, die ihr alle möglichen Zweifel und Anschuldigungen ins Ohr flüsterten. Das Einzige, was dagegen half, war Beten.

Oh Herr, ich weiß nicht, warum du Josef von uns genommen hast und warum das Leben so hart sein muss. Ich verstehe einfach nicht, warum dein Sohn wie jeder andere Mann schuften muss, um unseren Lebensunterhalt zu verdienen. Ich verstehe nicht, dass er immer noch in der Verborgenheit lebt, jetzt, nach so vielen Jahren. Aber ich halte mich an deine Verheißungen. Du hast gesagt, dass du ihm den Thron seines Vorfahren David geben willst und dass sein Reich nie enden wird. Ich weiß das noch so, als ob ich es erst gestern gehört hätte. Aber, oh Herr, es ist so schwer, auf die Erfüllung deiner Verheißungen zu warten …

Jesus arbeitete hart, um das Brot der Familie zu verdienen. Er musste sich mit säumigen Zahlern herumschlagen und mit Kunden, die es zu mögen schienen, sich zu beschweren und ihre eigene Stimme zu hören. Nicht ein Mal erlebte Maria, wie er deswegen aus der Haut fuhr.

Als die Zeit gekommen war, organisierte Jesus die Verheiratung seiner Schwestern mit guten, gottesfürchtigen jungen Männern. Zusammen mit seinen Brüdern führte er Josefs Werkstatt fort und brachte ihnen alles bei, was Josef ihn gelehrt hatte. Er versuchte auch, sie in den Wegen Gottes zu unterweisen. Jakobus war oft schwierig und der junge Josef folgte seinem Beispiel, aber Jesus war die Geduld und Beharrlichkeit in Person.

„Was bringt es, die Thora zu studieren, wenn die Römer unser Volk unterdrücken? Ich würde lieber lernen, wie man ein Schwert benutzt!", rief Jakobus einmal aus.

Jesus blieb ruhig. „Deine Aufgabe ist es, Gott treu zu bleiben."

Jakobus' Gesicht wurde rot. „Das bin ich doch! Ich lese das Gesetz und sage es auf."

„Ja, du liest es, aber du verstehst es nicht. Dein Herz ist vom Zorn beherrscht."

„Ja, vom gerechten Zorn!"

„Wo ist die Gerechtigkeit, wenn man denen folgt, die unschuldiges Blut vergießen würden?"

„Zeig mir einen Römer, der unschuldig ist!"

„Jakobus!" Maria musste an sich halten. „Hör auf deinen Bruder."

Jakobus funkelte sie an. „Du bist doch immer auf seiner Seite! Jesus weiß doch nicht alles, bloß weil er älter ist!"

Maria erhob sich. „Du wirst deinem Bruder den Respekt erweisen, der ihm als Haupt dieser Familie zusteht. Hör zu, was er zu sagen hat!"

„Ich höre nicht zu." Fast heulte Jakobus los vor Zorn. „Ich weiß doch, was er sagen wird, und ich will's nicht mehr hören!"

Maria sah Jesus bittend an. *Tu etwas, so geht das nicht weiter!* Jesus stand auf und ging hinaus, um seinen nächsten einsamen Gang durch die Berge zu machen.

Sie setzte sich wieder und versuchte, mit den anderen zu reden. „Ihr müsst auf Jesus hören und ihm gehorchen, denn eines Tages werdet ihr sehen, dass er mehr ist als nur euer Bruder."

Josef sah sie an. „Der Rabbi hat uns erklärt, dass jede jüdische Mutter ihren ersten Sohn für den Messias hält."

Maria seufzte. Wollten sie Zeichen und Wunder sehen? „Ihr wisst doch, Jesus hat eure Schwester geheilt. Er hat unser Brot und Öl vermehrt."

„Ach, die alte Geschichte wieder", sagte Jakobus. „Glaubst du das wirklich immer noch?"

Wie konnten sie so ungläubig sein? „Als er mit den Fingern über Hannas Kopf gestrichen hat, ist das Fieber weggegangen."

„Oder es ist eben einfach so weggegangen."

„Ja, ich erinnere mich", sagte Josef. „Hanna hat geschlafen, als wir nach Hause kamen."

„Hanna hatte das Bewusstsein verloren und lag im Sterben." Sie sah die beiden störrischen jungen Männer an, die ihrem Vater so ähnlich sahen, aber so wenig Glauben hatten. Sie wurde wütend. „Geht und fegt die Werkstatt! Jetzt gleich! Oder muss euer Bruder alles für euch machen?"

Dieses elende Warten. Aber eines Tages würden sie Jesus in seiner ganzen Macht und Herrlichkeit sehen und dann würden auch sie glauben. Eines Tages …

Aber wann? Oh, wann wird dieser Tag kommen?

Die Jahre gingen dahin. In jedem Frühjahr bat ihr Ältester sie, die Reise zum Passahfest in Jerusalem vorzubereiten. Und jedes Mal sah sie ihn ganz aufgeregt an. „Ist es so weit? Ist es dieses Jahr so weit?"

Jeder Schritt auf dem Weg nach Jerusalem war voller Vorfreude. Und wenn dann alle Verwandten sich in der Davidsstadt versammelt hatten, um das Mahl einzunehmen, betete sie inbrünstig, dass jetzt endlich Elia kommen und verkünden möge, dass der Messias da sei. Oder Johannes. Das Brot wurde gebrochen und herumgereicht, man trank den Wein, und dann wurde das jüngste Kind an die Tür geschickt, um zu sehen, ob Elia da sei. Und Maria hielt immer neu mit klopfendem Herzen den Atem an.

„Elia ist nicht da, Großvater."

Ein Jahr nach dem anderen. Jesus wuchs zum Mann heran und immer noch erschien der Sohn des Zacharias und der Elisabeth nicht.

Jedes Jahr hob Maria zusammen mit den anderen ihren Becher und sagte: „Nächstes Jahr in Jerusalem." Und dann neigte sie ihren Kopf, damit Jesus ihre Tränen nicht sah.

Kapitel 6

Maria trug ihren Krug zum Dorfbrunnen und reihte sich in die Schlange der Frauen ein. Mit einem Ohr hörte sie zu, wie sie über einen neuen Propheten am Jordan sprachen. Es gab immer irgendjemanden, der behauptete, ein Prophet Gottes zu sein.

„Mein Sohn ist hingegangen und hat ihn sich angehört", sagte eine der Frauen. „Gestern Abend kam er zurück. Er sagt, der Mann spricht die Worte des Jesaja mit Vollmacht."

„Glaubst du, dass er der Messias sein könnte?", fragte eine andere.

„Das weiß nur Gott."

„Mein Mann ist heute Morgen losgezogen, um diesen Johannes zu hören. Unsere Söhne hat er mitgenommen."

Bei der Erwähnung des Namens machte Marias Herz einen Satz. Sie beugte sich vor. „Heißt der Mann Johannes?"

„Ja. Johannes der Täufer nennen sie ihn."

Maria versuchte, ihre Aufregung nicht zu zeigen, als sie ihren Krug füllte und auf ihren Kopf stellte, um ihn nach Hause zu tragen. Sie setzte ihn so heftig ab, dass Wasser herausspritzte, und rannte geradewegs in die Werkstatt, in der Jesus arbeitete.

„Ich habe gerade gehört, dass am Jordan ein Prophet namens Johannes predigt. Wir müssen hingehen, vielleicht ist das der Sohn der Elisabeth!"

Jesus fuhr fort, ein Joch glatt zu hobeln. „Das habe ich gehört."

Wusste er es also schon? Warum hatte er ihr nichts gesagt? Sie trat näher. „Wir gehen am besten gleich! Ich sage Jakobus und Josef, dass sie sich fertigmachen sollen. Und Simon und Judas natürlich und deine Schwestern und ihre Männer. Sie müssen alle mitkommen!"

Jesus hob kurz den Kopf und sah sie an, dann wandte er seine Aufmerksamkeit wieder dem Joch zu.

Maria runzelte die Stirn. „Ist das nicht das Zeichen, auf das wir gewartet haben – dass Johannes wieder auftritt?“

„Alles zu Gottes Zeit, Mutter.“

Wochenlang zwang sie sich, geduldig zu sein, bis es schien, dass jeder in Nazareth außer ihrer Familie Johannes predigen gehört hatte. Die Frauen am Brunnen kannten nur noch ein Thema: den „Täufer“, wie sie ihn nannten.

„Die Leute kommen in Scharen zum Fluss.“

„Ich habe gehört, dass einige der Pharisäer auch hingegangen sind; er soll sie ‚Schlangenbrut‘ genannt haben.“

„Sogar Zöllner und römische Soldaten hören sich an, was er zu sagen hat.“

„Mein Sohn glaubt, Johannes sei der Messias.“

Ein Schauer lief über Marias Rücken. Sie musste sich auf die Zunge beißen.

Mit jedem Tag wurde sie ungeduldiger. Schließlich konnte sie es nicht mehr ertragen. „Ich gehe jetzt hin, Jesus“, verkündete sie. „Ich will Johannes sehen.“ Es ärgerte sie, dass er ihr nicht anbot, mit ihr zu gehen.

Die Ufer des Jordans wimmelten von Männern, Frauen und Kindern, als Maria und ihre jüngeren Söhne ankamen. Die Menge war aufgeregt. Einige riefen dem Mann, der mit wallendem Haar und einem von einem Ledergürtel zusammengehaltenen Kamelhaargewand auf einem flachen Stein saß, ihre Fragen zu. War dieser Kerl, der wie ein Landstreicher aussah, wirklich Elisabeths Sohn? Aber das halbe Land schien gekommen zu sein, um ihm zuzuhören; sie sah Prostituierte und Priester, römische Soldaten und jüdische Schriftgelehrte, Bauern und Fischer in der Menge.

„Beweist durch euer Leben, dass ihr euch wirklich von euren Sünden abgewandt und zu Gott bekehrt habt!“, rief Johannes und zeigte auf mehrere Pharisäer, die nahe am Fluss standen. „Sagt nicht: ‚Uns kann nichts passieren, wir sind Abrahams Nachkommen.‘ Das heißt gar nichts. Gott kann diese Steine hier in Kinder Abrahams verwandeln.“

Selbst aus der Entfernung konnte Maria sehen, wie seine Worte aufgenommen wurden. Die Köpfe der Pharisäer ruckten hoch, sie drehten sich abrupt um und stolzierten davon. Johannes schrie hinter ihnen her: „Die Axt des Gerichtes Gottes ist bereit, eure Wurzeln durchzuschlagen. Jeder Baum, der keine gute Frucht trägt, wird umgehauen und ins Feuer geworfen werden!"

„Mama!" Judas deutete mit seiner Hand. „Schau! Da ist Jesus!"

Richtig. Da stand er, mitten in der Menge am Fluss, unter all den Leuten, die Johannes lautstark darum baten, sie zu taufen. Ihr Herz schlug schneller, als ihr Sohn auf den Propheten zuging.

„Ich taufe euch mit Wasser zur Buße", rief Johannes, während er einen kräftigen Mann in das Wasser tauchte und wieder heraushob. Der Mann kletterte das Ufer hinauf, und der Blick des Täufers fiel auf Jesus, der am Ufer stand. Er starrte ihn an und verstummte plötzlich, als Jesus in das Wasser watete und vor den Mann trat, der ihn schon im Mutterleib erkannt hatte.

Maria ergriff Simons und Judas' Hände und drängte sich durch die Menge. Sie sah, wie Johannes und Jesus ein paar Worte austauschten, dann packte Johannes Jesus, tauchte ihn unter und zog ihn wieder hoch. Plötzlich zuckte sein Kopf nach oben, als habe er etwas am Himmel gesehen. Maria folgte seinem Blick, sah aber nichts. Johannes machte einen Schritt zurück und breitete seine Hände aus, während er Jesus erneut ansah, sein Gesicht wie verzückt. Jesus drehte sich um und watete aus dem Fluss. Schon traten die nächsten jungen Männer geräuschvoll in das Wasser, um sich taufen zu lassen.

„Kommt. Wir werden das tun, was euer Bruder getan hat." Maria führte ihre Söhne zum Ufer hinab, um sich taufen zu lassen. Ihre Augen durchsuchten die Menschenmenge. Wo war Jesus? War er vielleicht der dahinten? Aber das konnte nicht sein, der Mann ging in Richtung Osten davon.

Als Maria und ihre jüngeren Söhne rechtzeitig zum Beginn des Sabbats wieder zu Hause ankamen, war Jesus nicht da.

Eine Woche verging, eine zweite, eine dritte und Jesus kam immer noch nicht wieder. Wo konnte er nur sein? War er auf dem Nachhauseweg von Räubern überfallen worden? Sicher nicht. Aber was sonst könnte mit ihm passiert sein?

Jakobus und Josef gingen ihn schließlich suchen; nach einer Woche kamen sie allein zurück. „Keiner hat ihn gesehen, Mutter."

„Wenn die Zeit reif ist, kommt er schon wieder." Maria versuchte, die Worte überzeugt klingen zu lassen. Wusste sie nicht, dass Gott über Jesus wachte, wo er auch war?

Aber dann hörte sie, dass Johannes der Täufer auf Befehl von König Herodes Antipas gefangen genommen worden sei. War ihr Sohn womöglich nach Jerusalem gegangen, um die Freilassung des Täufers zu erwirken?

„Wo ist dein guter Sohn, Maria?", fragten die Frauen am Brunnen. „Als mein Mann gestern in der Werkstatt war, um seinen Pflug reparieren zu lassen, waren nur Simon und Judas da." Als Maria ihnen erklärte, dass Jesus zum Jordan gegangen sei, um sich taufen zu lassen, schüttelten sie den Kopf. „Aber das ist ja schon Wochen her. Es ist nicht recht, dass er dich und die Jungen so im Stich lässt."

Auch ihre Söhne beklagten sich darüber, dass Jesus ohne ein Wort der Erklärung einfach fortgegangen war.

„Er muss das tun, was sein Vater ihm befiehlt", sagte sie.

„Unser Vater ist tot, Mutter; jetzt ist Jesus das Haupt der Familie."

„Simon und Judas haben auch schon aus der Thora vorgelesen und lange genug bei Jesus gelernt, um ihren Bruder zu vertreten." Doch noch während sie die Worte sagte, dämmerte ihr, dass Jesus vielleicht nicht wiederkommen würde. Was könnte der Messias für ein Interesse daran haben, in ein kleines Dorf in Galiläa zurückzukehren? „Vielleicht ist er nach Jerusalem gegangen." Aber wenn nicht – wo könnte er dann sein?

Wieder die kalte Stimme. *Was für ein Sohn macht seiner Mutter solchen Kummer?*

Sie durfte sich keine Sorgen machen. Sie musste Gott vertrauen.

Er hätte wenigstens sagen können, wohin er geht und wann er wiederkommt! Warum lässt er dich ohne ein Wort der Erklärung sitzen?

Aber sie wusste, er hatte nie etwas ohne einen guten Grund getan. Und ohne zu beten.

Er ist dein Sohn. Er ist dir etwas schuldig für das, was du seinetwegen mitgemacht hast.

Er ist Gottes Sohn und er schuldet mir gar nichts! Maria schlug aufweinend ihre Hände vor das Gesicht. Noch nie hatte sie sich so einsam gefühlt wie jetzt, obwohl ihre Söhne bei ihr waren und ihre Töchter in der Nähe wohnten. Irgendwie war nichts so, wie sie es erwartet hatte.

Wieder die schwarze Stimme. *Lass ihn zurückkommen und dann schau zu, wie ich ihn vernichte.*

„Nein! Die Verheißung erfüllt sich." Maria hob ihren Kopf. „Der Herr ist mit uns und Jesus wird alles gut machen."

„Mutter." Jakobus legte seinen Arm um sie.

Sie schüttelte ihn ab und stand auf. „Der Herr ist mit uns und der Tag wird kommen, an dem der Messias den Satan unter seine Füße tritt."

Sie sah, wie ihre Söhne besorgte Blicke austauschten. Es würde mehr brauchen als ihr Wort, um sie zum Glauben zu bewegen. Es würde ein neues Herz brauchen.

Einen Tag, bevor Maria zu einer Hochzeit bei Verwandten in Kana aufbrechen wollte, kam Judas den Hang hinaufgerannt. „Jesus kommt! Er kommt nach Hause!"

Sie lief ihm entgegen und warf vor Freude weinend die Arme um ihn. Aber was war das? „Du bist ja so dünn! Und einen Sonnenbrand hast du auch!" Sie strich mit den Händen über sein Gesicht. „Komm, du musst dich ausruhen und essen."

Jesus hob sie lachend hoch, küsste sie auf beide Wangen und stellte sie wieder auf die Füße. „Frau, warum willst du mir dauernd vorschreiben, was ich tun soll?"

Maria lachte mit ihm und legte eine Handfläche an seine sonnenverbrannte Wange. „Ich bin nun mal deine Mutter. Mütter tun so etwas.“ Erst jetzt sah sie die Männer, die ein paar Schritte entfernt warteten.

Jesus bemerkte ihren Blick. „Das sind meine Freunde, Mutter.“

Zwei von ihnen kannte sie gut. „Jakobus! Johannes! Wie geht es meinem Bruder Zebedäus?“ Sie trat zu ihnen, um sie zu begrüßen.

„Es geht ihm gut, Maria“, antwortete Johannes und umarmte sie.

„Er ist nur wütend, dass wir sein Haus verlassen haben, um mit Jesus zu gehen.“

Sie sah die anderen an. Sie schienen ein recht bunter Haufen zu sein. „Kommt, ich habe Brot genug für alle, und morgen sind wir zu einer Hochzeit in Kana eingeladen. Du und deine Freunde sind herzlich willkommen.“ Sie begannen zum Haus hochzugehen. Simon und Judas wichen nicht von Jesus’ Seite.

Den ganzen Abend bediente sie fröhlich ihren Ältesten und seine Freunde. Als Jakobus und Judas kamen, gingen sie mit Jesus nach draußen, um allein mit ihm zu reden – sicher, um ihm Vorwürfe zu machen, dass er einfach fortgegangen war. Sie sagte wohl besser nichts; das würde nur Öl ins Feuer gießen. Aber sie blieb in der Tür stehen, in der Hoffnung, dass ihre Gegenwart den kritischen Zungen Zügel anlegen würde. Sie war dankbar, dass Jesus sich ihre Klagen so ruhig anhörte. Es stimmte ja: Sie hatten sich Sorgen gemacht, Maria hatte schlecht geschlafen.

Als sie ihn endlich zu Wort kommen ließen, sagte Jesus: „Ich muss hingehen, wohin mich der Geist führt.“

In Jakobus’ Gesicht stand die Frustration deutlich geschrieben. „Und Mutter zählt wohl nicht?“

Jesus legte die Hand auf seine Schulter und lächelte. „Ich habe unsere Mutter ja nicht unversorgt gelassen.“ Maria begriff so klar wie Jakobus und Josef, dass jetzt sie an der Reihe waren, für ihre Mutter zu sorgen.

Sie gingen, verstimmt, weil Jesus seine lange Abwesenheit nicht erklärte und keine Versprechungen für die Zukunft machte. Maria sah nur zu deutlich den Egoismus in ihren Sorgen. Ohne den großen Bruder, der alles regelte, war das Leben weniger angenehm für sie. Sie sah auch ihre Eifersucht auf Jesus, den die Mutter wie kein anderes der Geschwister liebte. Vielleicht zog sie ihn wirklich den anderen vor, aber wie könnte es auch anders sein? Sie liebte jedes einzelne ihrer Kinder; sie waren ihr Fleisch und Blut. Aber würden sie nie begreifen, dass Jesus mehr war als ihr Fleisch und Blut? Wie kam es, dass diese Fremden, die mit Jesus nach Hause gekommen waren, ihn klarer zu sehen schienen als seine eigenen Brüder?

Was für ein bunter Haufen die Freunde von Jesus waren – so verschieden in Alter, Beruf und Herkunft. Simon Petrus, ein Fischer mit einem grau gesprenkelten Bart, war fast in Marias Alter, während sein jüngerer Bruder Andreas mehr wie ein Schriftgelehrter aussah als wie jemand, der mit den Händen arbeitete. Nathanael lauschte auf jedes Wort, das Jesus sagte, ohne eine Bemerkung zu machen, während Philippus eine Frage nach der anderen stellte.

Aber so verschieden sie auch waren, diese Männer sogen jedes Wort in sich auf, das Jesus sagte, und in ihren Augen leuchtete Hoffnung. So ganz anders als bei Marias Kindern.

Als die Sonne unterging, zündete Maria die Lampe an und ging zu Bett. Jesus war wieder zu Hause. Jetzt würde alles gut werden.

Am folgenden Morgen gingen Maria, Jesus und seine Freunde zusammen nach Kana. Sie sehnte sich nach ein paar ungestörten Minuten allein mit ihrem Sohn, aber der war ganz in das Gespräch mit seinen Freunden vertieft. Nun ja, vielleicht später. Sie ließ ihre Hand seinen Arm entlanggleiten; das Gewand, das sie während seiner langen Abwesenheit gewoben hatte, um auf andere Gedanken zu kommen, stand ihm gut.

Sie kamen noch rechtzeitig an, um sich dem Hochzeitszug anzuschließen, der die Braut zum Haus des Bräutigams brachte. Das ganze Dorf war gekommen, wie es üblich war, und alle sprachen fleißig dem Essen und dem Wein zu und tanzten bis in die Nacht zu den Klängen von Harfe, Laute, Flöte und Trommel.

Noch nie hatte Maria eine so große Hochzeitsgesellschaft gesehen. Essen schien es reichlich zu geben, aber der Wein begann am zweiten und dritten Tag spärlicher zu fließen. Am vierten Tag bemerkte Maria, dass die Gäste unzufrieden zu tuscheln begannen. Jakob, der Bräutigam, war so hingerissen von seiner Frau, dass er die immer besorgteren Mienen der Diener nicht sah. Gerade versuchte einer von ihnen, den Speisemeister anzuhalten, aber der lief weiter.

Maria trat zu dem Diener. „Was ist los?"

„Der Wein wird bald ausgehen. Wir haben nur noch diese Krüge da, dann ist er leer."

„Vielleicht hat Jakob noch einen Weinvorrat in seinem Haus."

Der Diener schüttelte den Kopf.

Ein Bräutigam, dem vor Ende der Feierlichkeiten der Wein ausginge, wäre vor seinen Gästen bis auf die Knochen blamiert. Der arme Jakob. „Ich werde mit meinem Sohn sprechen", sagte Maria. „Er kann euch sicher helfen."

Jesus war in ein Gespräch mit seinen Freunden vertieft, als sie zu ihm kam. Sie trat in den Kreis, kniete vor ihrem Sohn nieder und sagte leise: „Sie haben keinen Wein mehr."

„Was geht das dich und mich an?", fragte Jesus, nicht unfreundlich. „Meine Zeit ist noch nicht gekommen."

Sie legte den Kopf zur Seite und sah ihn bittend an. Er wusste genauso gut wie sie, wie demütigend es für den Bräutigam wäre, wenn der Wein ausging. Unmöglich, dass Jesus die Not dieses jungen Verwandten einfach ignorierte, vor allem, da er noch zusätzliche Gäste mitgebracht hatte.

Sie nahm lächelnd seine Hand und küsste sie, dann erklärte sie den nervös wartenden Dienern: „Tut, was er euch sagt." Dann trat sie zur Seite. Was würde Jesus tun?

Jesus blieb sitzen und schaute zu den sechs großen tönernen Wassergefäßen hin, die an der Wand standen und für die jüdischen Reinigungsriten benutzt wurden. Im Augenblick waren sie leer. „Füllt diese Krüge mit Wasser", sagte er.

Die Diener sahen sich an. Maria konnte sich vorstellen, was sie dachten: Selbst der betrunkenste Gast würde den Unterschied zwischen Wein und Wasser bemerken. Aber was für eine Wahl hatten sie? Sie rannten los, um Wasser aus dem Dorfbrunnen zu holen, während Jesus seine Aufmerksamkeit wieder seinen Freunden zuwandte. Es waren etliche Märsche nötig, um die riesigen Krüge zu füllen. Als die Diener fertig waren, kamen sie zu Jesus, die Gesichter schweißglänzend.

„Schöpft etwas von dem Wasser", sagte er, „und bringt es dem Speisemeister."

Maria folgte dem Diener, der einen kleinen Krug in eines der Gefäße tauchte und zum Speisemeister trug. Er goss etwas von dem Wasser in den Probierbecher. Das „Wasser" war tiefrot. Der Speisemeister kostete, und genießerisches Erstaunen trat in seinen Blick. Er ließ den Bräutigam rufen.

Maria stand nahe genug, um zu hören, wie er sagte: „Gewöhnlich serviert man den besten Wein zuerst, und wenn die Gäste betrunken werden und den Unterschied nicht mehr merken, holt man den weniger teuren hervor. Aber du hast ja den besten Wein bis jetzt aufgehoben!"

Maria lachte auf. Sie sah zu ihrem Sohn hin. Die Gesichter seiner Freunde waren perplex. Die Diener begannen aufgeregt, den Wein zu servieren und jedem, der es hören wollte, zu erzählen, was passiert war.

Maria sah es, und die Freudentränen liefen ihr über das Gesicht. Jetzt würden sie es endlich glauben! Alle. Jetzt würden die Gerüchte, die es um sie und Josef gegeben hatte, aufhören und ihre Söhne und Töchter und Freunde würden die Wahrheit erkennen: dass Jesus der war, auf den ihr Volk seit Jahrhunderten wartete.

Jesus! Der Messias, der sein Volk erlösen würde! Immanuel – Gott mit uns!

Bald würde Israel frei sein!

Als sie nach Nazareth zurückgekehrt waren, gingen sie alle in die Synagoge, um den Herrn anzubeten. Jesus saß vorn, seine Freunde um ihn herum. Maria reckte auf der Frauenempore ihren Hals, um besser sehen zu können, und die Männer begannen, über die Bedeutung des Gesetzes des Mose zu sprechen. Als Jesus aufstand, wurde es still. Viele der Anwesenden wussten, dass er bereits am Ufer des Sees Genezareth gepredigt hatte, und es ging das Gerücht um, dass er bei der Hochzeit in Kana Wasser in Wein verwandelt hatte.

Der alte Rabbi hob seine Hand zum Zeichen, dass Jesus sprechen durfte. Jesus zog sein Gebetstuch über den Kopf und trat auf das Podium. Der Rabbi reichte ihm die Schriftrolle; Jesus öffnete sie und begann zu lesen: *„Der Geist des Herrn ist auf mir, weil er mich gesalbt hat, den Armen frohe Botschaft zu verkündigen."*

Marias Herz machte einen Satz. Sie erinnerte sich, wie Josef und sie gestaunt hatten, wenn Jesus die Thora las. „Seine Stimme", sagte Josef, Tränen in den Augen, „seine Stimme ist wie die keines anderen, wenn er aus dem Gesetz liest. Er spricht nicht mit einer gut geübten Zunge, er spricht aus seinem Herzen."

Da war es endlich! Ihr geliebter Jesus würde allen zeigen, dass er der lange erwartete Messias war! Maria sah zu ihren übrigen Söhnen hinunter, die auf ihren Plätzen saßen. Merkten sie auf? Aber nein, ihre Schultern und Köpfe hingen nach unten.

„Er hat mich gesandt, den Gefangenen zu predigen, dass sie frei sein sollen, den Blinden, dass sie sehen sollen, den Zerschlagenen, dass sie nicht mehr unterdrückt sein sollen, und das Gnadenjahr des Herrn zu verkündigen." Jesus schloss die Rolle und reichte sie dem wartenden Rabbi zurück, dann trat er von dem Podium herab und setzte sich wieder. Die Stille war ohrenbetäubend, jedes Augenpaar war auf ihn gerichtet. Marias Herz schlug schneller.

Dann sprach Jesus wieder und seine Stimme war voll ruhiger Vollmacht. „Heute hat sich diese Schriftstelle vor euren Augen erfüllt."

Ein Mann sprang auf. „Diese Schriftstelle bezieht sich auf den Messias! Dieser Mann lästert Gott!"

Maria sah, wie der, den sie Petrus nannten, ebenfalls aufsprang. „Frag ihn doch erst einmal, was-"

Seine Stimme ging in dem wachsenden Tumult unter. Ein Dutzend Leute redeten gleichzeitig: „Ich habe gehört, dass er Wunder getan hat … Wasser zu Wein … Er erzählt Geschichten über Saat und Ernte und Spatzen … große Weisheit …"

„*Woher kommen seine Weisheit und seine Wunder?*", kam eine Stimme aus dem Schatten. „*Er ist doch nur ein Zimmermannssohn. Was macht ihn so groß?*"

Maria spürte, wie ihr die Hitze ins Gesicht stieg, fühlte die Blicke der Frauen um sie herum. Wie die spöttische Stimme sie an die Gerüchte erinnerte. „Nein", sagte sie leise. „Nein, nein."

„Aber wir kennen doch seine Mutter, Maria", rief jemand.

„Und seine Brüder", fiel ein anderer ein. „Jakobus, Josef, Simon und Judas." Finger zeigten in die Richtung ihrer sichtlich verlegenen Söhne.

„Und seine Schwestern leben auch unter uns!"

Maria drehte sich um. Sie sah, wie Sara errötend ihr Gesicht verhüllte, während Hanna nach hinten zur Tür wich.

„Nein ... nein ... nein." Maria schüttelte den Kopf. Die mitleidigen oder gehässigen Blicke der anderen Frauen gaben ihr einen Stich.

Sie wandte sich ab. Eine der Frauen flüsterte: „Ich dachte immer, dass er ein netter Junge sei ... so gut zu seiner Mutter ... Diese Schande heute, das hat sie nicht verdient."

Jesus blieb sitzen. „Ein Prophet gilt nichts in seiner Heimatstadt."

„Jetzt nennt er sich auch noch einen Propheten!", rief ein Mann wütend.

Jesus schaute seine Brüder an, die aussahen, als würden sie am liebsten im Erdboden versinken. „Oder in seiner eigenen Familie." Er stand auf und sah seine Ankläger an. „Zur Zeit Elias gab es bestimmt viele hilfsbedürftige Witwen in Israel, als dreieinhalb Jahre kein Regen fiel und eine große Hungersnot im Land war. Aber Elia wurde zu keiner von ihnen gesandt, sondern zu einer Witwe in Sarepta – einer Ausländerin im Gebiet von Sidon. Und es gab viele Aussätzige in Israel zur Zeit Elisas, doch er heilte nur Naaman aus Syrien."

„Was bildet der sich ein, so zu reden?" – „Er lästert Gott! Steinigt ihn!"

Die ganze Synagoge war in Aufruhr. Mehrere Männer packten Jesus, seine Freunde versuchten hitzig, ihn zu verteidigen.

Maria schrie auf. „Nein!“ Sie schob sich zwischen den Frauen durch und rannte die Treppe hinunter. „Lasst ihn los! Lasst meinen Sohn los!“

Umsonst. Die Männer waren wie eine wütende Wand. Halb zogen, halb stießen sie Jesus und seine Freunde aus der Synagoge. Der wütende Haufen nahm Kurs auf den Abhang, auf dem die Stadt erbaut war.

„Nein!“, schrie Maria wieder. „Ihr wisst ja nicht, was ihr tut!“

Einer der Männer schubste sie grob zurück, sodass sie stürzte. Der steinige Boden riss ihr Hände und Knie blutig. Sie rappelte sich wieder auf und rannte hinter der Menge her. Plötzlich blieben alle stehen, die Stimmen verstummten abrupt. Sie sah, wie Jesus hoch aufgerichtet und ruhig mitten durch den Mob ging, der sich vor ihm teilte wie von unsichtbaren Händen zur Seite gedrückt.

Keuchend, die Wangen tränenüberströmt, lief Maria zu ihm, seine Freunde hinterher. „Öffne ihnen die Augen, Jesus. Ich weiß, dass du das kannst. Zeig ihnen, wer du bist!“

Am Ortsrand, wo die Straße zum See Genezareth begann, blieb er stehen und sah sie an. „Sie haben ihre Herzen verhärtet, Mutter.“

„Dann mach sie weich. Bitte. Tu es für mich.“

Noch nie hatte sie einen solchen Kummer in seinen Augen gesehen. Er streichelte sanft ihre Wange. „Mutter“, sagte er leise. „Nazareth ist nicht mehr meine Heimat.“

Sie sah ihn ungläubig an. „Wie kannst du so etwas sagen? Ich bin doch hier. Und deine Geschwister.“

Er zog sie in seine Arme und drückte sie an sich. Sie sog seinen Geruch ein, wie so oft schon. Aber jetzt war etwas anders. Sie spürte, wie seine Liebe sie umgab, ja trug – und wie er sich gleichzeitig von ihr zurückzog. Sie klammerte sich fester an ihn.

Er machte ihre Hände von sich los und trat zurück. Seine Stimme war nur ein Flüstern. „Jeder muss sich entscheiden.“

Er musterte einen Moment ihr Gesicht, dann wandte er sich ab. Als er die Straße hinabging, folgten ihm nur seine Freunde.

Maria versammelte ihre Söhne und Töchter in ihrem Haus. „Euer Bruder hat Nazareth verlassen und wird nicht wiederkommen."

„Und selbst wenn er wiederkäme – ich glaube kaum, dass sie ihn noch mal in die Synagoge lassen würden." Jakobus' Stimme war betreten.

Maria ergriff seine Hand und schaute die anderen an. „Er hat den Weg hinunter zum See Genezareth genommen. Ich glaube, er geht wieder nach Kapernaum. Und ich finde, wir sollten ihm folgen."

„Ein paar Tage aus Nazareth weg zu sein ist vielleicht kein Fehler", sagte Josef ernst. „Bis die Wogen sich etwas geglättet haben."

„Und wir könnten mit Jesus über alles reden", sagte Jakobus.

„Mein Mann braucht mich, Mutter", sagte Hanna. „Ich kann nicht ohne seine Erlaubnis gehen."

Sara sah genauso bedrückt aus wie ihre Schwester. „Kann überhaupt einer von uns mit ihm gehen, nach dem, was da in der Synagoge passiert ist?"

Glaubten sie denn immer noch nicht? „Habt ihr euren Bruder je als Lügner gekannt?"

„Nein, Mutter." Jakobus' Blick wurde finsterer. „Aber er hat bisher auch noch nie behauptet, Gott zu sein."

„Er *ist* der Sohn Gottes." Sie sah, wie ihre Kinder sie anstarrten. Und sie erzählte ihnen wieder – zum wievielten Mal? –, wie der Engel Gottes zu ihr gekommen war. Wie sie Jesus empfangen hatte. Wie der Engel des Herrn ihrem Vater im Traum erschienen war und ihm erklärt hatte, dass Jesus von ihm kam, und wie Josef sie daraufhin geheiratet und sie bis nach der Geburt von Jesus nicht berührt hatte. Sie berichtete ihnen von dem Stern über Bethlehem, vom Besuch der Weisen, von König Herodes' Befehl, alle männlichen Kinder zu töten. Als sie fertig war, sah sie ihre Kinder an, jedes einzeln, und holte halb schluchzend Luft. „Warum glaubt ihr mir nicht?"

Jakobus beugte sich nach vorn, die Hände zwischen den Knien, sein Gesicht ehrlich besorgt. „Wir wissen, wie Kinder gezeugt werden, Mutter. Er ist unser Bruder, und wir lieben ihn."

„Dann denkt ihr also, dass ich lüge?"

„Wir denken …“ Er sah die anderen an, dann wieder sie. „Wir denken, dass du das Opfer einer Lüge bist.“

„Wie kannst du so etwas sagen? Wer soll mich denn belogen haben? Etwa euer Vater Josef? Könnt ihr mir jemand anderen nennen, der so gottesfürchtig war wie er? Und hat Jesus nicht immer das getan, was richtig und gut ist und …“

Jakobus schaute nach unten. „Dass er das Gesetz hält, heißt noch lange nicht, dass er Gott ist.“

Sie stand auf. Sie spürte Wut in sich aufsteigen. Aber noch mehr Angst. Was würde aus ihren Kindern werden, wenn sie den Messias ablehnten? „Wir gehen nach Kapernaum. Euer Bruder wird euch alles erklären.“

Jakobus und Josef standen sehr früh am Morgen auf, um mit Jesus zu sprechen, aber man sagte ihnen, dass er bereits auf einem seiner üblichen einsamen Spaziergänge sei. „Die Leute, die er ‚Jünger‘ nennt, wollten uns nicht sagen, wo er ist“, berichteten sie, als sie zurückkamen. „Die führen sich auf wie seine persönlichen Leibwächter!“

Maria hatte gehofft, dass ihre Kinder erkennen würden, wer Jesus war, wenn sie ihn erst einmal predigen hörten. Aber die Gleichnisse über Weizen und Unkraut, Perlen und Senfkörner verwirrten sie eher noch mehr. Sie waren beleidigt, als Jesus sich weigerte, seine leiblichen Geschwister zuvorkommender zu behandeln als den bunten Haufen, der sich Tag und Nacht um ihn drängte. So viele Menschen wollten etwas von ihm, dass sie keine Chance hatte, auch nur ein paar Minuten allein mit ihm zu sein. Dass auch Priester in der Menge waren, machte die Sache nicht einfacher. Und schon gar nicht, dass Jesus – es war nicht zu fassen – mit Huren und Zöllnern das Brot teilte.

Marias Töchter und Schwiegersöhne gingen nach zwei Tagen wieder zurück nach Nazareth; Simon und Judas nahmen sie mit. Jakobus und Josef blieben noch einen Tag, dann drängten sie Maria, mit ihnen heimzugehen. „Er braucht dich nicht, Mutter. Diese zwölf Jünger folgen ihm wie Schafe ihrem Hirten.“

Sie fühlte sich wie zerrissen zwischen Jesus und ihren anderen Söhnen. Schließlich ließ sie sich überreden und ging mit ihnen.

Das Passahfest stand vor der Tür. Sie mussten sich für die jährliche Pilgerfahrt nach Jerusalem fertig machen. Sicher würde Jesus mit ihnen in die Davidsstadt kommen.

Als sie in Kapernaum ankamen, hörten sie, dass Jesus bereits nach Jerusalem aufgebrochen sei. Ohne sie.

„Dein Sohn ist schon in der Stadt", begrüßte Abija Maria, als sie mit den Ihren in Jerusalem ankam. „Es heißt, dass er in den Säulenhallen im Tempel lehrt." Die Stirn des alten Mannes runzelte sich.

„Er ist *das* große Gesprächsthema", fügte seine Frau Rahel hinzu. „Er scheint viele Anhänger zu haben."

Abija schüttelte den Kopf. „Die Pharisäer sind nicht gerade erfreut über seine Lehren."

„Das waren die Nazarener auch nicht", brummte Josef.

„Ich habe gehört, dass seine Jünger die Gebote der Ältesten brechen."

„Wie das?", fragte Maria.

„Sie waschen sich nicht die Hände, bevor sie essen. Als die Pharisäer Jesus deswegen zur Rede stellten, hat er sie Heuchler genannt."

Ihre Nackenhaare sträubten sich. „Heuchler?", stieß sie hervor. Dass Jesus so etwas sagte, konnte sie sich beim besten Willen nicht vorstellen.

„Ja. Ein Freund hat mir erzählt, dass er ihnen ins Gesicht sagte, dass sie Gott nur mit ihren Lippen ehren, aber nicht im Herzen. Dein Sohn hat gesagt, dass ihr Gottesdienst vergeblich ist, weil sie nur Meinungen lehren." Abijas Gesicht wurde mit jedem Satz roter. „Das Gesindel, das ihm folgt, war natürlich begeistert." Er funkelte Maria an. „Wie kommt dein Sohn dazu, solche Dinge zu behaupten? Du solltest dringend mit ihm reden und ihn an die Achtung erinnern, die er den Männern schuldig ist, die unsere Opfer vor Gott bringen!"

Dein Sohn … dein Sohn … Maria hörte die Anklage in der Stimme ihres Verwandten. Hier musste irgendwo ein Missverständnis sein. Jesus war noch nie respektlos zu irgendjemandem gewesen.

„Wenn er so weitermacht, kriegt er es mit Herodes zu tun und endet so wie Johannes der Täufer!"

„Abija", murmelte Rahel.

Maria erstarrte. „Wie meinst du das – ‚wie Johannes der Täufer'? Was ist denn mit ihm passiert?" Sie schaute ihre Söhne und übrigen Verwandten an. Was verschwiegen sie ihr? „Jakobus? Josef?"

Jakobus' Wange zuckte. „Johannes ist enthauptet worden."

Maria griff sich an die Kehle. „*Enthauptet*?" Tränen schossen ihr in die Augen. Johannes, das Wunderkind von Zacharias und Elisabeth, war tot? Johannes, der Jesus schon im Mutterleib erkannt hatte? Tot?

„Früher oder später musste es so kommen", sagte Abija. „Er hat Herodes und Herodias beleidigt. Man kann doch nicht den König und seine Frau öffentlich Ehebrecher nennen, ohne dass das Folgen hat. Er sagte, dass es nicht recht sei, dass Herodes Herodias zur Frau genommen hat, weil ihr erster Mann sein Bruder Philippus ist und noch lebt."

Sie starrte ihn an. „Aber das stimmt doch. Das weiß doch jeder."

„Natürlich stimmt es, aber es ist töricht, es so herauszuposaunen. König Herodes hat Johannes verhaften lassen. Wahrscheinlich wollte er ihn nur für eine Weile aus dem Verkehr ziehen, aber dann gab Herodias ein Geburtstagsfest für den König, und als er betrunken war, hat Herodias' Tochter vor ihm getanzt. Daraufhin hat er ihr versprochen, ihr jeden Wunsch zu erfüllen, und wenn es das halbe Königreich wäre. Tja, und da sagte die Königin dem Mädchen, es solle sich den Kopf von Johannes auf einem silbernen Teller wünschen."

Maria schüttelte langsam den Kopf. „Nein! Nein! Das darf nicht wahr sein!"

Abija sah ihre Söhne an. „Hattet ihr eurer Mutter das etwa nicht erzählt?"

„Wir wollten sie nicht unnötig beunruhigen“, sagte Josef. „Johannes ist zu der Zeit ins Gefängnis geworfen worden, als Jesus verschwunden war.“

„Verschwunden?“ Abija sah die jungen Männer an. „Wann war das?“

„Nachdem er zum Jordan gegangen war, um sich taufen zu lassen“, sagte Jakobus.

Maria rang ihre Hände, überfordert von den Gefühlen, die in ihr tobten. Hielten ihre Söhne sie also für zu schwach, um zu erfahren, was in der Welt geschah? Was verschwiegen sie ihr wohl noch? „Johannes war ein Prophet Gottes!“, sagte sie.

„Meinen einige, ja.“ Abijas Stimme war sarkastisch.

Sie hob ihren Kopf und sah die Männer ihrer Familie an. „Ein Prophet Gottes sagt immer die Wahrheit.“

Jakobus' Stirn runzelte sich. „Und bisher hat das noch jedem Propheten den Tod eingebracht.“

Abija beugte sich vor. „Euer Bruder wird auch sterben, wenn er weiter hingeht und die Leute beleidigt.“

Marias Augen glänzten nass. „Gott hat Jesus aus meinem Leib hervorgebracht und ihn von Anfang an gelehrt, nur auf ihn zu vertrauen. Jesus ist von seiner Zeugung an ganz des Herrn gewesen. Er kann nur das tun, was Gott ihm sagt.“

Abija und Rahel starrten sie mit offenem Mund an. Dann schaute Abija zu Jakobus. „Höre ich richtig, was sie da sagt? Glaubt sie das wirklich?“

„Ja“, sagte Jakobus und senkte wie ein ertappter Sünder den Kopf.

Abijas Stimme wurde mitleidig. „Frau, du bist offensichtlich nicht bei Sinnen, wenn du meinst, dass dein Sohn – der Junge, der jedes Jahr hierher nach Jerusalem gekommen ist und an meinem Tisch gesessen hat – der … der Messias sei!“ Er stand auf und trat mehrere Schritte von ihr weg, als habe sie eine ansteckende Krankheit.

Rahels Hand legte sich auf ihre Schulter. „Maria, meine liebe Freundin. Du bist eine gute Frau, aber glaubst du wirklich, dass du würdig wärst, den Gesalbten Gottes in deinem Leib zu tragen?

Eine einfache Frau aus Nazareth, deren Mann ein Zimmermann war?"

„Unser Vater kam aus dem Geschlecht Davids", korrigierte Judas sie.

„Das sind andere Männer auch, die höhergestellt waren als dein Vater", sagte Abija. Er hob seine Hände. „Doch kein Wort gegen unseren Verwandten. Er war ein guter Mann, fromm und ehrenhaft. Aber als Vater des Messias …"

„Jesus ist nicht Josefs Sohn."

„Mutter!" Jakobus' Augen blitzten zornig. „Jeder in diesem Raum weiß doch, was damals wirklich geschehen ist."

Maria spürte, wie das Blut ihr in die Wangen schoss. Sie schaute die anderen an. „Gott wird Jesus beschützen, ihm wird nichts geschehen!" Er war der Messias, der Gesalbte Gottes, der Verheißene, der Israel erretten würde! „Die Hand des Herrn ist auf ihm."

Aber sie sah in ihren Augen, dass sie ihr nicht glaubten. Und folglich auch Jesus nicht glauben würden.

Niedergeschlagen kehrte Maria nach Nazareth zurück. Die Spannungen in der Familie waren während der Passahwoche noch stärker geworden. Wieder und wieder hatten ihre Verwandten sie und ihre Söhne gedrängt, mit Jesus zu reden, bevor es zu spät sei. Wobei sie das Gefühl hatte, dass es Abija weniger um das persönliche Wohl ihres Ältesten ging als um die Schande, die Jesus über die Familie brachte.

Als Jakobus und Josef ihr berichteten, dass Jesus wieder in Kapernaum war, überraschte es sie nicht, dass sie hingehen und mit ihm reden wollten. Sie wusste, dass sie Angst um sein Leben hatten – und noch mehr Angst davor, ebenfalls aus der Synagoge ausgeschlossen zu werden. Der Rabbi hatte unmissverständlich erklärt, dass jeder, der Jesus für den Messias hielt, unverzüglich aus der Gemeinde ausgestoßen würde, so wie schon der Zimmermannssohn selbst.

„Ja, gehen wir", sagte sie fest. „Gehen wir und reden wir mit Jesus, dann werdet ihr schon sehen."

Aber als sie mit ihren Söhnen in Kapernaum ankam, war Petrus' Haus so von Menschen umlagert, dass kein Durchkommen war. Jakobus versuchte, ihnen einen Weg zu bahnen. „Macht Platz! Hier kommen die Mutter von Jesus und seine Brüder!"

Das wirkte. Hundert Hände berührten sie, unzählige Stimmen riefen aus, wie gesegnet sie seien. Sie schafften es schließlich bis zur Tür des Hauses, von wo aus sie Jesus hören, aber nicht sehen konnten.

Jakobus, erneut erfinderisch, bat den Mann vor ihm, seinen Vordermännern weiterzusagen, dass Jesus' Mutter und seine Brüder da seien und ihn zu sprechen wünschten. Ein paar Minuten später hörte Maria, wie drinnen jemand rief: „Deine Mutter und deine Brüder sind draußen und wollen mit dir reden."

Dann kam Jesus' Stimme: „Wer ist meine Mutter? Wer sind meine Brüder? Mein Bruder und meine Schwester und meine Mutter ist jeder, der den Willen meines Vaters im Himmel tut."

Maria spürte, wie sie heftig errötete, als die Umstehenden sie und ihre Söhne ansahen und dann hastig den Blick abwandten.

Die schwarze Stimme. *Dein Sohn braucht dich nicht mehr und will nichts mehr mit dir zu tun haben!*

Nein, mein Sohn liebt mich! Und seine Brüder auch. Er würde uns nie ablehnen!

Jakobus' Gesicht war rot vor Zorn. Josef sah blass aus, Simon und Judas verwirrt und betroffen. Jakobus beugte sich zu ihr. „Da siehst du es, Mutter. Jetzt, wo Jesus Anhänger hat, ist ihm seine Familie egal."

„Wir werden warten."

„Wozu? Damit wir noch mehr gedemütigt werden?"

Jakobus legte seinen Arm um sie, wie um sie vor den neugierigen Blicken der Menge zu schützen. „Wir gehen", flüsterte er rau.

Maria wollte sich nicht mit ihren Kindern streiten und den Gaffern eine Szene bieten. Sie ging ein Stück mit ihnen mit, dann blieb sie stehen. „Seid ihr alle so stolz, dass ihr euch einbildet, dass Jesus alles stehen und liegen lassen muss, wenn wir kommen?" Sie verkniff es sich, zu wiederholen, dass Jesus Gottes Werk tat; sie wollte sie nicht noch mehr aufregen.

„Wir sind gekommen, um ihn zu warnen, und so behandelt er uns!“ Simon liefen die Tränen über die Wangen. „Und dabei wollen wir nur nicht, dass er so endet wie Johannes der Täufer!“

Maria umarmte ihren Jüngsten und sah zu Jakobus und Josef hoch. „Wartet doch auf ihn, wartet! Seid ihr den ganzen Weg gekommen, nur um euch von ihm abzuwenden?“

„Er hat sich von *uns* abgewendet!“ Jakobus drehte sich um, aber sie sah auch in seinen Augen ein verdächtiges Glitzern.

Sie weigerte sich, sich verwirren zu lassen. Sie kannte Jesus besser als ihre Söhne. Hatte sie ihn nicht an ihrer Brust gestillt, hatte sie nicht miterlebt, wie er zum Mann geworden war? „Denkt doch an die Gleichnisse, die euer Bruder uns erzählt hat, als er das letzte Mal nach Hause gekommen ist. Er erklärt den Menschen das Reich Gottes. Er sagt ihnen, wie man ein Kind Gottes wird. Er hat ganz andere Dinge im Sinn als wir – höhere Dinge.“

Sie merkte, dass ihre eigenen Worte ihr Gewissheit und Trost brachten. „Er schließt nicht uns aus, meine Lieben, er schließt all diese Menschen *ein*, die zu ihm kommen, um zu hören, was für ein Leben Gott gefällt.“ Sie wies auf die Menge der Menschen, die die Hälse reckten, um die Hoffnungsworte ihres Ältesten zu hören. „Die, die merken, dass sie Gott brauchen – die Sanften und Demütigen, die Kranken und Trauernden, die, die Hunger und Durst nach Gerechtigkeit haben …“ Sie legte ihre Hand auf Jakobus’ Arm. „Ihr kennt ihn. Jakobus. Josef. Simon. Judas. Ihr *kennt* ihn. Meint ihr wirklich, dass er euch nicht liebt?“

Sie hörten ihr gar nicht zu.

Am liebsten wäre sie in Kapernaum geblieben, aber sie wusste: Wenn sie das tat, würden ihre Söhne glauben, dass auch sie nichts mehr von ihnen wissen wolle. Und so ging sie schweren Herzens mit ihnen zurück nach Hause. Mit jedem Schritt weg von Jesus fühlte sie sich einsamer.

Jeder muss sich entscheiden.

Die Worte hallten in ihrem Herzen wider. Jesus wusste, wie sehr sie ihn liebte. Jesus wusste, dass sie glaubte, dass er der Messias war. Er würde verstehen, dass sie ihre anderen Söhne nicht verlassen könnte.

Jeder muss sich entscheiden.

Sie musste bei ihnen bleiben und sie zu überzeugen versuchen.

Jeder muss sich entscheiden.

Wenn sie sie verließ, würden sie glauben, dass sie Jesus schon immer mehr geliebt hatte als sie.

Jeder muss sich entscheiden.

Je weiter sie sich von Kapernaum und Jesus entfernte, desto leiser wurde das Echo dieser Worte ihres Sohnes – und desto tiefer der Schmerz in ihrem Herzen.

Ihre Schwester Maria und ihr Mann Klopas klopften an ihre Tür. Sie waren reisefertig. „Wir haben es uns monatelang überlegt und jetzt haben wir beschlossen, unser Haus und unser Geschäft zu verlassen, um mit deinem Sohn zu gehen."

Dankbare Tränen traten in Marias Augen. Ihre Schwester und ihr Schwager glaubten es! Sie hatte nicht mehr zu hoffen gewagt, dass dieser Tag kommen würde. „Wartet", sagte sie. Sie ging zu dem Kästchen mit den Geschenken der Weisen, steckte den Weihrauch und die letzten Goldstücke in einen Beutel und reichte diesen ihrer Schwester. „Gebt Jesus das."

„Warum kommst du nicht mit uns?"

„Ich muss weiter versuchen, meine Söhne und Töchter zu überzeugen."

Bald danach ging sie wieder mit ihren Kindern zum Passahfest nach Jerusalem. Es gingen Gerüchte um, dass König Herodes nach Jesus suchte, weil er glaubte, dass er der wieder zum Leben erweckte Johannes der Täufer sei. Gut, dass Jesus sich in das Gebiet jenseits des Sees Genezareth begeben hatte, um dort zu predigen.

Als sie nach Nazareth zurückkamen, hieß es, dass Jesus jenseits des Jordans sei, dann, dass er nach Sidon und Tyrus gegangen sei. Was wollte ihr Sohn denn nur bei den Heiden? Es war doch Israel, das auf den Messias wartete.

Mit jedem Tag, der verging, spürte sie, wie der Abstand zwischen ihr und Jesus größer wurde und die Herzen ihrer Söhne verhärteter.

„Ich will zu ihm“, weinte sie. „Ich will meinen Sohn sehen!“ All ihre Versuche, ihre störrischen Kinder zu retten, waren vergeblich. Sie hatte nicht die Macht, ihre Herzen und Gedanken zu verändern, sie zur Erkenntnis der Wahrheit zu bringen, die sie kannte: dass Jesus der Messias war, der Sohn des lebendigen Gottes.

Oh Herr, Gott Israels, Gott der Gnade, warum sind sie so uneinsichtig? Ich lege sie in deine starken Hände. Sei gnädig, bitte sei gnädig.

„Du hast doch versucht, ihn in Kapernaum zu besuchen, Mutter“, sagten ihre Söhne. „Erinnerst du dich nicht mehr? Er hat jetzt Tausende von Anhängern, er hat seinen inneren Freundeskreis, er ist in ganz Judäa berühmt. An uns denkt er doch nicht mehr.“

Ein Jahr verging, dann das nächste, und Maria wusste: Mit Riesenschritten näherte sich der Tag, an dem sie sich entscheiden musste. Es wäre die gleiche Entscheidung wie damals, vor 33 Jahren. Und sie würde wieder Ja zu Gott sagen, egal, was es sie kostete. Selbst wenn es bedeutete, ihre Kinder aufzugeben.

Kapitel 7

Wieder einmal reiste Maria mit ihren Söhnen und Töchtern und deren Familien zum Passahfest nach Jerusalem. Jeder, den sie trafen, sprach über Jesus – was für Wunder er getan, was er in seinen Predigten gesagt hatte. Im vergangenen Jahr war er nicht zum Passah nach Jerusalem gekommen, sondern hatte die Festwoche mit seinen Jüngern in der Wüste verbracht, nachdem er Tausende von Menschen mit fünf Gerstenbroten und zwei Fischen satt gemacht hatte.

„Das sind doch nur Gerüchte", sagte jemand in ihrer Nähe.

„Ich sage dir, dieser Mann ist ein Prophet Gottes!"

„Er ist mein Bruder", sagte Simon stolz.

Die Fremden lachten. „Dein Bruder? Warum folgst du ihm dann nicht?"

Nach diesem Wortwechsel wurden ihre Söhne und Töchter vorsichtiger mit ihren Bemerkungen in der Öffentlichkeit, aber sie sprachen viel miteinander – in leisem, besorgtem Ton. Alle Welt redete über Jesus, und alle schienen zu hoffen, dass „der Nazarener" dieses Jahr nach Jerusalem kommen würde, damit sie ihn sehen könnten.

Maria kam aus dem Grübeln nicht heraus. Was genau erwarteten diese Leute von Jesus? Sie benahmen sich wie Kinder, die Flöte spielten und erwarteten, dass Jesus nach ihrer Melodie tanzen würde. Sie redeten nur von den Zeichen und Wundern, die ihr Sohn vollbrachte, aber von seiner Lehre schienen sie nichts zu begreifen. Jemand, der ihnen umsonst zu essen gab, ihre Krankheiten heilte und ihre Feinde vernichtete – das war es, was sie wollten. Aber ihr Sohn war nicht in die Welt gekommen, um den Willen der Menschen zu tun, sondern Gottes Willen.

Doch wie würde er das tun? Wie würde er diesen Menschen, die ebenso wie der römische Pöbel nur unterhalten werden wollten,

Erlösung bringen? Wenn Jesus nicht das tat, was sie erwarteten, würden sie sich gegen ihn wenden. Hatten seine eigenen Brüder ihn nicht abgelehnt, als er nicht nach ihrer Pfeife getanzt hatte? Was konnte sie dann von Fremden erwarten?

Als sie die Tore Jerusalems erreichten, hörte sie, wie jemand sagte, dass der Nazarener gesehen worden sei, ganz in der Nähe, am Ölberg. „Kommt, lasst uns hingehen und euren Bruder besuchen", sagte sie zu ihren Kindern.

„Ja, vielleicht braucht er uns." Jakobus sah so besorgt aus, wie sie sich fühlte. Als Haupt der Familie gab seine Meinung den Ausschlag. Simon und Judas waren begeistert von den Wundergeschichten, die man über Jesus hörte, aber weniger davon, Gottes Wort zu hören und ihm zu gehorchen.

Sie waren noch nicht weit gekommen, als sie laute Rufe hörten: „Preist Gott für den Sohn Davids! Gelobt sei, der da kommt in dem Namen des Herrn! Preist Gott im höchsten Himmel!"

Der Jubel wurde lauter, bis er regelrecht ohrenbetäubend war. Marias Herz schlug immer schneller. Diese Menschen jubelten Jesus zu. Ihrem Sohn! Endlich war er da, der Tag, an dem sie ihn als den Messias anerkennen würden!

Da kam er auch schon die Straße herauf, auf einem Esel sitzend, umgeben von begeisterten Menschen, die Palmzweige schwenkten und seinen Namen riefen. Andere breiteten ihre Obergewänder vor ihm auf der Straße aus oder rissen Zweige von den Bäumen und legten sie auf den Weg. Es waren so viele, dass fast kein Durchkommen war. „Das ist Jesus, der Prophet aus Nazareth in Galiläa", riefen die Leute um Maria.

Sie hatte Lust auszurufen: „Er ist kein Prophet, er ist der Sohn Gottes! Er ist der Messias!" Sie ließ die anderen zurück und lief am Rande der Menge mit. „Jesus! Jesus!", rief sie und versuchte, mit ihm Schritt zu halten, verlor ihn aber aus den Augen, als er in die Stadt hineinritt. Die Menge schob sie hinter ihm durch das Tor.

„Mutter!" Jakobus zog sie schützend zur Seite, bis Josef, Simon, Judas und die anderen sie erreicht hatten, dann schlossen sie sich der Menge an, die Jesus folgte.

„Er geht zum Tempel“, sagte Maria atemlos. „Er will sich offenbaren!“ Sie ließ sich von der Menge durch die Straßen der Stadt drücken und schubsen.

Fast hatten sie die Treppe zum Tempel erreicht, als sie laute Schreie hörten. Händler und Priester rannten mit geduckten Köpfen aus dem Tempelvorhof. Tauben flatterten zwischen den Säulen hervor, Schafe rannten blökend durch die Menge. War das Jesus' Stimme da hinten? „Macht das Haus meines Vaters nicht zu einer Räuberhöhle!“

Die Leute begannen, durcheinanderzuschreien. „Was ist da los?“ – „Er schmeißt die Tische der Geldwechsler und Opferverkäufer um!“ – „Der Nazarener treibt die Geldwechsler mit einer Peitsche aus dem Tempel!“

Jakobus' Gesicht war blass, Josefs nicht weniger. Simon und Judas versuchten, sich weiter nach vorne zu drängen. Von allen Seiten kamen Neugierige herbeigelaufen.

„Wenn die weiter so schreien, kommen die Römer“, sagte Jakobus. „Und was machen sie dann mit ihm?“

Maria hörte es kaum. Die Passahwoche hatte begonnen, die Woche, in der sie allen Sauerteig aus ihren Häusern entfernen mussten. Einmal, vor Jahren, hatte Jesus gesagt, dass er im Haus seines Vaters sein müsse – im Tempel. Und hier war er jetzt und warf die Bösen hinaus.

Freudentränen strömten ihr über die Wangen. „Jetzt wird endlich alles gut! Der Tag des Herrn ist gekommen!“

Als Maria und die Ihren endlich die Säulenhalle des Tempels erreichten, war Jesus nicht mehr da. Alle suchten ihn. „Er ist wieder in Betfage“, sagten einige. Andere meinten, dass er wohl nach Betanien gegangen sei, zu dem Haus eines Mannes, den er von den Toten auferweckt habe.

Maria ging erschöpft zurück zu Abijas Haus. Still und mit Tränen in den Augen hörte sie den aufgeregten Spekulationen der anderen zu, was Jesus wohl als Nächstes tun würde. Sie fragte sich, wo er jetzt war – ob er einen ruhigen Ort gefunden habe, wo er sich sammeln konnte. Was waren seine Pläne und wann konnte sie endlich zu ihm? Sie schloss ihre Augen und dachte an die vielen Passahfeste zurück, die sie und Josef mit Jesus verbracht hatten. Sie war schon einmal am Passah von ihrem Sohn getrennt worden.

Sie wurde ruhiger. Am Morgen würde Jesus bestimmt zurückkommen und dann würde sie ihn im Tempel finden.

Den ganzen Tag saß Maria im Frauenvorhof. Sie betete stumm, schaute dem Kommen und Gehen der Männer und Frauen zu und hörte, was sie sichtlich aufgeregt sagten.

„Die Pharisäer sagen, er treibt die Dämonen durch Satan, ihren Herrn, aus."

„Aber der Nazarener hat gesagt, ein Haus, das mit sich selbst uneins sei, könne nicht bestehen."

Zwei Priester stolzierten vorbei. „Wir bitten ihn um ein Zeichen und er hat die Stirn und nennt uns ein böses und treuloses Geschlecht!"

„Maria!" Sie drehte sich um. Ihre Schwester kam mit ausgebreiteten Armen auf sie zugelaufen. Sie umarmten sich lachend.

„Mein Sohn", sagte Maria. „Wie geht es meinem Sohn?"

„Oh, er ist wunderbar. Du musst kommen und ihm zuhören, Maria. Sind deine anderen Söhne hier? Und deine Töchter?"

Ihre Söhne waren an diesem Morgen mit ihr zum Tempel gekommen. Am Eingang des Frauenvorhofs hatten sie sich von ihr getrennt, um zu Jesus zu gehen. Sie konnte nur hoffen, dass sie mehr zuhören als reden würden.

„Komm." Marias Schwester legte ihren Arm um sie und zog sie zu einer Gruppe von Frauen. „Dies hier sind meine Schwestern."

Sie stellte sie Maria Magdalena vor sowie mehreren anderen, die mit Jesus gekommen waren. Jede der Frauen berichtete Maria, wie ihr Sohn sie gerettet hatte. Maria Magdalena war von Dämonen besessen gewesen, andere waren krank gewesen oder blind oder ohne Hoffnung. Maria weinte und freute sich mit ihnen allen. Die Freude in ihren Gesichtern war ansteckend.

Sicher würde das Volk Israel ihren Sohn so annehmen, wie diese Frauen und seine Jünger es getan hatten. Der Tempel war voller Menschen, die die Hoffnung Israels sehen und das Wort des Herrn hören wollten. Israel würde Buße tun und sich wie *ein* Mann neu dem Gott Abrahams, Isaaks und Jakobs hingeben.

„Es kommt ein furchtbares Gericht über euch Schriftgelehrte und Pharisäer. Ihr Heuchler!" Sie zuckte zusammen, als sie die Stimme Jesu hörte. „Denn ihr hindert andere daran, ins Himmelreich zu kommen, und selbst kommt ihr auch nicht hinein."

Lautes Gemurmel schwoll in der Menge an. Jesus ging zwischen den Säulen hin und her, der Zorn deutlich auf seinem Gesicht und in seinen Gesten zu sehen. „Ihr betrügt die Witwen schamlos um ihr Eigentum und dann leiert ihr lange Gebete herunter, damit keiner merkt, wie ihr wirklich seid. Eure Strafe wird umso größer sein."

Ihr Herz schlug ängstlich; sie sah die wachsende Empörung auf den Gesichtern der Männer, die er angriff. Die Gesichter ihrer Söhne waren weiß vor Angst. Ihre Blicke eilten über die Menschenmenge, dann zu ihr. Fast konnte sie die Worte hinter ihren Blicken hören: *„Tu etwas, Mutter. Halt ihn auf, bevor sie uns alle aus dem Tempel werfen!"*

Mit brennenden Wangen hörte sie zu, wie Jesus die Heuchelei der Priester und Ältesten anprangerte. Was alle dachten, aber keiner öffentlich zu äußern wagte – er rief es hinaus, hier, mitten im Tempel. Wo war der stille Junge, der unter dem Olivenbaum im Garten in Nazareth gesessen und über die Heilige Schrift nachgedacht hatte; der junge Mann, der die Thora-Lesungen in der Synagoge förmlich aufgesogen hatte und in stillem Gebet über die Hügel Galiläas gewandert war? Maria zitterte unter der Wucht seiner Stimme. Wenn er den Steinen des Tempels befehlen würde, sich aus den Mauern zu lösen, sie würden fallen.

„Ihr achtet darauf, für jede Kleinigkeit den Zehnten zu geben, aber das wirklich Wichtige im Gesetz – Gerechtigkeit, Gnade und Glaube – ist euch egal. Blinde Blindenführer! Ihr siebt euer Wasser, um ja keine Mücke zu verschlucken, und dann schluckt ihr ein ganzes Kamel!"

Noch nie hatte Maria Jesus wütend erlebt, aber da stand er, sein Blick auf die geistlichen Anführer des Volkes gerichtet, seine Stimme von einer Vollmacht erfüllt, die sie bis ins Herz des Tempels dringen ließ, obwohl er nicht so schrie wie seine Widersacher.

„Schlangenbrut! Wie wollt ihr dem Gericht der Hölle entrinnen? Ich werde euch Propheten und Weise und Lehrer senden und ihr werdet einige töten und kreuzigen und andere in euren Synagogen geißeln und von einer Stadt zur anderen jagen. Und das Blut all der Gerechten, von Abel bis zu Secharja, dem Sohn Berechjas, den ihr im Tempel zwischen dem Altar und dem Heiligtum getötet habt, wird über euch kommen. Das ganze Gericht der Jahrhunderte wird über dieses Geschlecht kommen!"

Dann hob Jesus seine Hände und seine Stimme war tränenerstickt. „Oh Jerusalem, Jerusalem, die du die Propheten tötest und Gottes Boten steinigst! Wie oft habe ich deine Kinder versammeln wollen, wie eine Henne ihre Küken unter dem Schutz ihrer Flügel versammelt, und ihr habt nicht gewollt."

Er zeigte auf die Schriftgelehrten und die schwarz gekleideten Pharisäer mit ihren Gebetstüchern. „Siehe, euer Haus wird zerstört werden. Denn ich sage euch: Ihr werdet mich nicht mehr sehen bis zu dem Tag, an dem ihr sagt: Gesegnet sei, der da kommt in dem Namen des Herrn!"

Er drehte sich um und ging aus dem Tempel.

Einen Augenblick herrschte völlige Stille, als ob das Leben selbst mit ihm gegangen sei. Dann erklangen wütende Stimmen und ein allgemeines Schieben und Stoßen begann. Die Frauen, mit denen Maria gesprochen hatte, rannten auf die Säulengänge zu, um ihrem Meister zu folgen.

Sie wollte mit ihnen gehen, aber es waren zu viele Menschen im Weg. Als sie endlich draußen war, war ihr Sohn nicht mehr da.

Ihre Kinder drängten sich um sie, als sie erschöpft und niedergeschlagen zurück zu Abijas Haus kam. „Ich habe ihn nicht gefunden, obwohl ich bis nach Betfage gegangen bin."

„Wenn er klug ist, wird er sich rar machen und nach dem Passah hier verschwinden", sagte Abija grimmig. „Das kann nicht gut enden. Die Priester und Ältesten des Volkes sind gerade beim Hohenpriester Kaiphas und beraten über das weitere Vorgehen wegen Jesus."

„Als er so hart gegen die Pharisäer und Schriftgelehrten gesprochen hat, dachte ich, es würde einen Aufstand geben", sagte Josef. „Sie haben alle durcheinandergeschrien."

„Wo kann er nur sein?", fragte Maria.

„Wahrscheinlich hat er sich bei einem seiner geliebten Aussätzigen oder einer netten Hure einquartiert. Diese Gesellschaft scheint ihm ja lieber zu sein als die seiner eigenen Familie."

Jakobus wurde rot. „Würdest du ihn denn überhaupt aufnehmen, wenn er hierherkäme, Abija?"

„Jetzt nicht mehr! Lieber würde ich einen Skorpion zu Gast haben. Er hat jeden Pharisäer und Sadduzäer und Priester in Jerusalem beleidigt!"

„Möge der Herr deine Augen und Ohren für die Wahrheit öffnen." Maria bedeckte ihren Kopf mit dem Gebetstuch und weinte.

Maria schlief unruhig. Sie träumte von Jesus im Tempel. Er hob seine Hände zum Himmel, während um ihn herum wütende Männer schrien. Sie wachte mit wild klopfendem Herzen auf. Im Zimmer war es dunkel. Sie stand auf und trat ans Fenster. Bildete sie sich das nur ein oder waren aus der Ferne wirklich brüllende Stimmen zu hören?

Ihre innere Unruhe wuchs. Wo war ihr Sohn? Eine Mutter spürte, wenn etwas nicht stimmte. Diese Angst … *Oh Herr, warum redest du nicht so mit mir, wie du mit Josef geredet hast?* Sie schlug die Hände vors Gesicht. Wer war sie, dass sie Forderungen an Gott stellte? Sie hätte mit Jesus gehen sollen, als er Nazareth verließ. Sie hätte Jakobus und Josef, Simon und Judas, ihre Töchter und Schwiegersöhne in die Hände Gottes geben sollen, anstatt zu versuchen, sie selbst davon zu überzeugen, dass Jesus der Messias war.

Oh Herr, gib, dass es nicht zu spät ist. Hilf mir, ihn zu finden.

Sie zog sich rasch an und ging los, zum Tempel. Mit jedem Schritt betete sie, dass Gott sie zu ihrem Sohn führen möge. Als sie zum Tempelberg kam, rannte ein Mann an ihr vorbei, der laut weinte. Sie drehte sich heftig um. Kannte sie ihn nicht? Doch, es war einer von Jesus' Jüngern.

„Judas!", rief sie und lief hinter ihm her. „Wo ist mein Sohn?"

Er rannte in die Dunkelheit davon.

Vor einer der gewaltigen Säulen des Tempelvorhofs lag ein Mann und schlief. Sie rüttelte ihn an der Schulter und fragte ihn, wo Jesus sei. Er gähnte und sagte: „Den haben sie gestern Abend am Ölberg gefangen genommen."

Ihr Herz raste vor Angst. „Wer hat ihn gefangen genommen?"

„Die Priester und Ältesten und eine römische Kohorte. Sie haben ihn zu Kaiphas geführt und ihm die ganze Nacht den Prozess gemacht. Vorhin haben sie ihn dann zu Pontius Pilatus gebracht."

„Aber warum?"

„Weil sie ihn hassen und ihn loswerden wollen." Der Mann hob den Kopf, seine schwarzen Augen bohrten sich in sie. „Das Gesetz verlangt, dass ein Gotteslästerer gesteinigt wird, oder nicht? Und da wir ja nicht mehr das Recht haben, Todesstrafen zu verhängen, müssen wir die Römer um Erlaubnis bitten."

Maria machte einen Schritt zurück. Den Mann hatte sie doch schon einmal gesehen. Aber wo? Und wann? Er erhob sich umständlich. „Sie werden ihn töten, Maria."

Ihr wurde kalt. „Nein." Sie wich noch weiter zurück. „Nein, das können sie nicht tun. Er ist Gottes Gesalbter. Der Messias."

Die Stimme des Mannes wurde höhnisch. „Er ist der große ‚Ich bin' und jetzt wird er sterben."

„Seine Jünger werden ihn verteidigen."

„Seine Jünger?" Der Mann warf den Kopf in den Nacken und lachte so laut, dass es zwischen den Säulen widerhallte. Dann sah er sie grinsend wieder an. „Die haben ihn alle verlassen. Sie sind gerannt wie die Kaninchen."

„Ich glaube dir nicht." Sie schüttelte den Kopf. „Ich glaube dir nicht."

„Jesus ist ganz allein. Schau es dir selbst an. *Geh und sieh das Werk meiner Hände.*"

Sie floh, sein gellendes Lachen in den Ohren.

Eine große Menschenmenge hatte sich vor dem Amtssitz des römischen Statthalters versammelt. Ganz vorne standen wie schwarze Krähen die Pharisäer, eifrig tuschelnd. Pilatus saß auf seinem Richterstuhl und sprach gerade mit einem seiner Beamten. Er winkte ungeduldig mit der Hand und die Türen wurden geöffnet. Maria keuchte auf, als sie sah, wer da von den Soldaten herausgeführt wurde: ein unbekannter Mann und ihr Sohn.

Jesus' Gesicht war zerschunden, Blut lief ihm vom Kinn. Da stand er und schaute sein Volk an, die Hände in Ketten wie ein Schwerverbrecher. Maria versuchte aufschluchzend, sich einen Weg durch die Leute zu bahnen. Sie stießen sie zurück. „Jesus!"

Pilatus hielt eine kurze Rede, in der er erklärte, dass es römische Sitte sei, während der Festzeit einen Gefangenen zu begnadigen, den das Volk sich selbst aussuchen dürfe. „Welchen dieser beiden hier soll ich freilassen – Barabbas oder Jesus, den einige den Messias nennen?"

Der dem Statthalter am nächsten stehende Wächter drehte sich zu ihm, sein Gesicht empört; Barabbas war ein berüchtigter zelotischer Freiheitskämpfer, der mehrere römische Soldaten in einen Hinterhalt gelockt und getötet hatte.

Die Menge schrie: „Barabbas!"

„Jesus!", schrie Maria.

„Barabbas! Barabbas!"

„Jesus! Jesus!"

Ein Offizier trat neben Pilatus und flüsterte ihm etwas ins Ohr. Der Statthalter runzelte die Stirn und schaute auf Jesus.

Die Hohenpriester und Ältesten wandten sich an die Menge. „Jesus ist ein Gotteslästerer! Wollt ihr ihn leben lassen? Ihr wisst, was das Gesetz verlangt – was Gott verlangt!"

„Barabbas!"

Pilatus schickte den Offizier weg und hob Ruhe gebietend seine Hände. „Welchen von diesen beiden soll ich freilassen?"

„Barabbas!" Sie wollten Gewalt und Blutvergießen. Sie wollten Aufstand und Hass gegen Rom. *„Barabbas!"*

Pilatus zeigte auf Jesus. „Wenn ich Barabbas freigebe, was soll ich dann mit diesem Jesus machen, der der Messias genannt wird?"

„Kreuzige ihn!"

„Warum? Was für ein Verbrechen hat er begangen?"

„Kreuzige ihn! Kreuzige ihn! Kreuzige ihn!" Die Menge kochte. Maria sah, wie noch mehr römische Soldaten in Stellung gingen, bereit, auf einen Wink von Pilatus den Mob zu zerstreuen. Doch der Befehl kam nicht. Stattdessen winkte Pilatus seinem Leibsklaven, der ihm eine Schüssel mit Wasser brachte. Der römische Statthalter wusch sich seine Hände – eine Spottgeste vor diesen Juden, denen es so wichtig war, rein zu sein. Er trocknete sich die Hände sorgfältig ab, dann rief er: „Ich bin unschuldig an dem Blut dieses Menschen. Die Verantwortung liegt bei euch!"

Und Maria hörte, wie alle um sie herum schrien: „Sein Blut komme über uns und unsere Kinder!"

„Nein! Tut das nicht!", schluchzte sie. Hilflos streckte sie die Hände zu Jesus aus, den die römischen Soldaten grob abführten.

Die Menge wartete ungeduldig. Als die Türen des Palastes wieder geöffnet und Jesus und zwei weitere Verurteilte hinausgeführt wurden, ertönten Hurrarufe. Maria spürte, wie ihre Brust sich zusammenkrampfte. Auf Jesus' Kopf saß ein Kranz aus Dornen, unter dem ihm das Blut in kleinen Streifen übers Gesicht lief. Sein Gesicht war bleich, sein Rücken gebeugt unter dem Gewicht des Kreuzes, das er die Stufen hinabtrug.

„Gotteslästerer!" Mehrere spuckten ihn an, als er an ihnen vorbeikam, die Gesichter hassverzerrt.

„Jesus!", schrie Maria. Sie sah, wie ihr Sohn seinen Kopf in ihre Richtung drehte. Jetzt sah er sie direkt an, seine Augen voller

Traurigkeit. „Jesus!", schluchzte sie und versuchte, sich weiter nach vorn zu drängen, um ihn berühren zu können. Aber schon war er vorbei, angetrieben von der Peitsche eines der Römer, als er stolperte und auf ein Knie fiel und kaum wieder hochkam, zur Begeisterung des schadenfrohen Mobs.

„Das kann nicht sein!", keuchte Maria. „Das kann nicht wirklich passieren ..." Sie versuchte, Schritt mit ihm zu halten, sich einen Weg durch die Masse der Gaffer zu bahnen. Ihr Sohn sollte wissen, dass sie da war, dass sie ihn liebte, dass sie ihn nicht verlassen würde.

„Jesus!", schrie sie wieder und wieder. Er hörte ihre Stimme bestimmt, er musste sie einfach hören.

Sie führten ihn hinaus aus der Stadt auf den *Golgatha* genannten Hügel, der direkt an der Straße lag. Der Name des Hügels („Schädelstätte") kam daher, dass er in der Form an einen Menschenschädel erinnerte. Maria sah, wie Jesus erneut zu Boden ging und die römischen Soldaten das Kreuz einem anderen Mann aufluden.

Jetzt kamen sie an der Hinrichtungsstätte an und der Mann ließ das Kreuz fallen und durfte gehen. Einer der Römer packte Jesus an den Schultern und schubste ihn zu Boden. Ein anderer beugte sich zu ihm und bot ihm etwas zu Trinken an, aber Jesus drehte sein Gesicht weg. Jetzt rissen zwei andere Soldaten ihm den Umhang ab und warfen ihn beiseite. Sie nahmen ihn bei den Armen und legten ihn auf das Kreuz, die Arme banden sie mit Lederriemen am Querbalken fest.

Der eine der beiden anderen Verurteilten schrie wie ein verwundetes Tier, als ein Soldat ihm mit einem großen Hammer die Nägel durch die Handgelenke trieb. Der andere schluchzte: „Ich will nicht sterben! Ich will nicht ..." Er wehrte sich heftig, doch umsonst. Jetzt nagelten sie auch ihn fest.

Am ganzen Leib zitternd schob Maria sich nach vorn, was inzwischen einfacher war; niemand schien den Kreuzen zu nahe kommen zu wollen. Ihr Herz flatterte wie ein gefangener Vogel, als sie sah, wie einer der Soldaten einen Hammer schwang und ihn auf Jesus' Hand heruntersausen ließ. Jesus schrie auf, sein ganzer Körper bäumte sich auf. Maria fiel schluchzend auf die Knie. Mit drei weiteren Hammerschlägen trieb der Soldat den Nagel vollends durch Jesus' Hand und jedes Mal zuckte Maria unter den Schreien ihres Sohnes zusammen. Dann trat der Soldat auf die andere Seite des Kreuzes, um die zweite Hand festzunageln, während ein anderer einen Nagel durch seine Füße trieb.

Fertig. Mehrere Soldaten zogen das Kreuz mit einer Art Seilzug hoch; mit einem dumpfen Knall rutschte es in das Bodenloch. Nachdem man es mit ein paar Holzkeilen gesichert hatte, wurden die Seile herausgezogen. Jede Bewegung ließ die Qual auf dem Gesicht Jesus' größer werden.

Maria konnte den Blick nicht von ihm abwenden. Sie presste die Hände zusammen. *Oh Gott, jetzt kommst du sicher und rettest ihn. Du wirst ihn nicht sterben lassen, er ist doch dein Sohn, der Gesalbte. Er ist unser Messias!*

Einer der Römer lehnte eine Leiter an das Kreuz und stieg hoch, um ein Schild über Jesus' Kopf anzubringen. Auf dem Schild stand: „Jesus von Nazareth, der König der Juden."

Wütende Rufe kamen von den Priestern: „Nehmt das wieder ab! Er ist nicht unser König, er ist ein falscher Prophet!"

„Es hängt auf Befehl des Pilatus dort!", sagte einer der Soldaten und zog sein Schwert, als mehrere der Männer zum Kreuz hinlaufen wollten. Sie wichen zurück.

Die meisten der Umstehenden wandten sich ab, um zu gehen, die Köpfe gesenkt. Doch viele blieben, um das Spektakel weiter zu beobachten. Einige schüttelten ironisch die Köpfe. „Sagtest du nicht, du könntest den Tempel zerstören und in drei Tagen wieder aufbauen? Wenn du wirklich Gottes Sohn bist, dann hilf dir doch selbst und steig herunter vom Kreuz!"

„Anderen hat er geholfen, aber sich selbst kann er nicht helfen!", spottete jemand.

„Der König der Juden ist er, wie?", rief einer der Priester. „Er soll vom Kreuz herabsteigen, dann glauben wir an ihn!" Er schob seine Hände in die Ärmel seines Priestergewands, das Gesicht hart.

Maria verspürte eine ohnmächtige Wut; sie fühlte sich beinahe fähig, die Spötter eigenhändig zu töten. Doch dann sah sie in die

Augen ihres Sohnes, und die Wut verschwand und an ihrer Stelle kamen Traurigkeit und Verwirrung und füllten sie bis zum Rand, als sei sie eines jener Tränenfläschchen, die manche Trauernde an einer Schnur um den Hals trugen.

Selbst einer der beiden anderen Gekreuzigten verhöhnte Jesus. Es gab einen Wortwechsel zwischen den beiden Mitgefangenen, und dann sah der andere Jesus an und sagte: „Jesus, denk an mich, wenn du in dein Reich kommst."

Jesus erwiderte seinen Blick. „Ich versichere dir: Noch heute wirst du mit mir im Paradies sein."

Maria weinte still, die Tränen strömten über ihre Wangen. Am liebsten hätte sie sie laut angeschrien, die Menschen, die ihrem Sohn dies hier antaten. *Oh Gott, warum? Warum?*

Die Soldaten teilten Jesus' Kleider unter sich auf. Zum Schluss hockten sie sich hin und losten um das Gewand, das sie selbst für ihn gewebt hatte.

Gegen Mittag wurde es plötzlich dunkel wie in der tiefsten Nacht. Ein ängstliches Raunen ging durch die Menge. Drei Stunden war der Himmel schwarz. Dann schrie Jesus laut: „Mein Gott, mein Gott, warum hast du mich verlassen?"

Maria schlug die Hände vor das Gesicht, ihr Herz zerriss von ihrem Schluchzen. Ja: *Warum? Warum?* Sein ganzes Leben lang hatte Jesus mit der Sünde gerungen und über sie gesiegt. Sie hatte es selbst miterlebt. Und jetzt, während des größten Festes ihres Volkes, wurde sein Blut vergossen wie das des Passahlamms.

„Der ruft wohl Elia", sagte einer der Umstehenden.

Ein Mann mit einem in sauren Wein getauchten Schwamm kam herbei und hielt ihn Jesus an einem Stab zum Trinken hin. „Lass!", rief jemand. „Wir wollen sehen, ob Elia kommt und ihn höchstpersönlich herunterholt!"

Der Himmel schien noch schwärzer zu werden.

Eine leise Stimme erklang an ihrer Seite. „Maria." Sie blickte auf und sah Johannes, den Sohn des Zebedäus, neben sich. „Maria", sagte er wieder und legte seinen Arm um sie. Sie lehnte den Kopf an seine Schulter. Brüchig flüsterte er: „Es tut mir so leid." Er unterdrückte ein Schluchzen, als sie sich an ihn lehnte.

Johannes sah zu Jesus hoch. Die Tränen strömten ihm über das Gesicht, seine Brust hob und senkte sich heftig.

„Frau", sagte Jesus und sah sie an. „Er ist jetzt dein Sohn." Sein Blick ging zu Johannes hin, und trotz seines Todeskampfes wurde sein Gesicht weicher. „Dies ist deine Mutter."

Maria verstand, wie er das meinte: Von jetzt an würde Johannes für sie sorgen und nicht mehr ihre eigenen Kinder. Als Johannes seinen Arm fester um sie legte, vergrub sie ihr Gesicht an seiner Brust und weinte noch heftiger.

„Vater", sagte Jesus. Maria schaute wieder zu ihm hoch. Würde jetzt doch noch Gott selbst vom Himmel herabkommen, um Jesus vom Kreuz zu nehmen? „Vater, vergib diesen Menschen, denn sie wissen nicht, was sie tun."

Sie sah, wie er nach Luft rang, sein Körper sackte etwas tiefer. Fast tonlos keuchte er: „Es ist vollbracht!" Und dann: „Vater, in deine Hände befehle ich meinen Geist!" Ein langer, letzter Atemzug, und er erschlaffte.

Maria starrte ungläubig zum Kreuz hoch, ihr Mund öffnete sich in stummem Protest. *Nein. Nein.*

Johannes hielt sie ganz fest.

Der Boden bewegte sich. „Ein Erdbeben!", schrie jemand. Die Gaffer begannen wegzurennen. Maria hörte, wie der Offizier, der die Hinrichtungen überwacht hatte, ausrief: „Dieser Mann ist wirklich Gottes Sohn gewesen!"

„Es ist vorbei, Mutter", presste Johannes hervor. „Komm, lass uns gehen."

„Nein. Ich verlasse ihn nicht."

„Dann bleibe ich auch hier."

Zwei Soldaten traten an die Kreuze und brachen zuerst dem einen der Mitverurteilten die Beine, dann dem anderen. Beide schrien auf, dann rangen sie nach Luft, denn mit gebrochenen Beinen konnten sie sich nicht mehr genügend abstützen, um noch richtig atmen zu können. Ein, zwei Minuten später waren sie tot.

Die Soldaten traten zum mittleren Kreuz, an dem Jesus hing. „Der hier ist schon tot", sagte der eine.

„Sicher ist sicher." Der andere hob seinen Speer und stieß ihn Jesus in die Seite. Blut und Wasser kamen heraus. „Stimmt. Der ist hinüber." Sie lösten die Holzkeile mit einem Hammer und ließen das Kreuz nach hinten sinken. Als sie die Nägel aus Jesus' Händen und Füßen zogen, trat Maria näher.

Der eine der Soldaten richtete sich auf, den Hammer in der Hand. „Was willst du?"

„Meinen Sohn … meinen Sohn …"

Der Mann zog eine Grimasse und trat zum nächsten Kreuz.

Maria fiel neben Jesus auf die Knie, nahm seinen Kopf in ihren Schoß und wiegte ihn wie damals, als er ein kleines Kind gewesen war. „Nein, nein, nein", flüsterte sie immer wieder und küsste seine Stirn. „Gott hat doch gesagt, du würdest uns erlösen …" Sie ließ eine Hand seinen Arm entlanggleiten, bis sie auf seiner Brust lag. *Gott, mach, dass sein Herz noch schlägt …* Aber da war nichts. Sie hielt ihn weiter fest und spürte, wie die Wärme seinen Körper verließ.

Und dann begriff sie es: Ihr Sohn war tot.

Sie begann zu wimmern, dann zu schreien. Sie schrie die Verzweiflung der ganzen Menschheit hinaus. Der Messias war tot, die Welt weiter in den Fesseln des Bösen.

Und um sie herum tanzten unsichtbare Wesen, stolz und schadenfroh, und ihr Herr lachte aus vollem Hals.

Habe ich dir nicht gesagt, dass ich ihn töten würde? Jetzt gehört die Erde und alles, was auf ihr ist, mir. Ich habe gewonnen! Schau meine Macht, sieh sie dir an! Ich habe gewonnen!

Maria nahm vorsichtig die Dornenkrone vom Kopf ihres Sohnes. „Maria", sagte Johannes leise. „Josef aus Arimathäa und Nikodemus sind hier."

„Wer?", fragte sie tonlos und schaute hoch. In respektvoller Entfernung standen zwei gut gekleidete Männer; sie sahen so aus wie die Reichen, die im Hohen Rat saßen. Maria legte instinktiv ihre Hand auf Jesus' kalte Brust, als wollte sie ihn gegen die Männer verteidigen.

Johannes kniete sich neben sie und sah sie mitleidig an. „Pilatus hat Josef gestattet, den Leichnam deines Sohnes zu begraben."

Begraben? Maria streichelte Jesus' Wange. Johannes legte seine Hand über die ihre und sie sah ihn an. Sein Gesicht war voller Trauer. „Mutter, es ist bald Sabbat. Er braucht eine letzte Ruhestätte."

Sie schaute zum grauen Himmel hoch. Einige der Zuschauer standen noch in kleinen Gruppen zusammen. Die Leichen der beiden anderen Gekreuzigten waren bereits fortgeschafft worden. Wenn sie ihren Sohn jetzt nicht freigab, müsste sie den ganzen nächsten Tag warten. Johannes fuhr fort: „Josef von Arimathäa hat seine eigene Grabstätte angeboten."

Sie beugte sich zu Jesus hinunter und küsste seine Stirn, wie sie es einst bei dem schlafenden Säugling gemacht hatte. „Nehmt ihn", flüsterte sie und breitete hilflos ihre Hände aus.

Nikodemus hob den Leichnam etwas an, sodass Josef ihn in ein sauberes Leinentuch wickeln konnte. Maria saß auf der Erde und wartete. Johannes half ihr hoch. „Komm, Mutter, ich bringe dich jetzt nach Hause."

„Wo ist das Grab?"

„In einem Garten, nicht weit von hier. Es ist eine Höhle, in den Felsen hineingehauen. Es ist schön dort, mit Olivenbäumen und einer Zisterne. Da kann Jesus in Frieden ruhen."

Mehrere Frauen kamen, um ihr Beileid zu bekunden. Weinend umarmten sie Maria. Sie wusste nicht, was sie sagen sollte, sie war wie betäubt. Als Johannes sie fortführte, sah sie ihre Söhne, die in der Nähe standen. Sie schauten sie an, voller beschämter Trauer, als erwarteten sie, dass sie sie jetzt hassen würde. Sie trat weinend zu ihnen und umarmte und küsste jeden von ihnen.

„Kommt mit uns", sagte Johannes zu ihnen, die Rolle einnehmend, die Jesus ihm zugewiesen hatte. „Ich habe ein Haus in der Stadt."

Sie gingen. Maria sah sich um. Zwei Männer trugen ihren Sohn fort, um ihn in ein geliehenes Grab zu legen.

Im Obergeschoss des Hauses, in das Johannes sie führte, waren die anderen Jünger. Die meisten konnten Maria nicht in die Augen sehen, denn alle waren sie geflohen und hatten Jesus schmählich im Stich gelassen. Die Frauen waren nicht da.

„Die Magdalena und die andere Maria sind beim Grab und warten auf das Ende des Sabbats", sagte jemand.

„Josef aus Arimathäa und Nikodemus haben Jesus' Leichnam bereits mit Myrrhe und Aloe einbalsamiert und in Leinentücher gewickelt."

„Wir sollten die Stadt besser verlassen."

„Er hat recht. Die Römer werden uns suchen."

„Warum sollten sie uns suchen?", murmelte Petrus. „Wir sind doch für niemanden eine Gefahr. Es ist vorbei, Jesus ist tot." Er schlug die Hände vor das Gesicht und weinte.

„Es ist *nicht* vorbei", sagte Maria ruhig. Wie könnte es vorbei sein? Gott hatte ihr gesagt, dass Jesus sein Volk erlösen würde, dass er der Messias war, und sie glaubte ihm. Immer noch. Wie könnte dies also das Ende sein?

Die Männer sahen sie mitleidig an.

„Es ist nicht vorbei", wiederholte sie.

„Mutter." Johannes legte sanft einen Arm um sie.

„Als ich noch ein Mädchen war, kam der Engel des Herrn zu mir und sagte, dass der Geist Gottes über mich kommen würde. Er sagte, die Kraft des Höchsten würde mich überschatten und der Sohn, der mir geboren würde, würde der Messias sein. Er sagte, ich solle ihn Jesus nennen, weil er sein Volk erlösen würde."

Die Jünger ließen die Köpfe hängen.

„Gott hat gesagt, dass Jesus sein Volk von seinen Sünden erlösen würde", sagte sie. Die Tränen kamen wieder. „*Gott hat es gesagt …*"

Sie wagten nicht, sie anzusehen. Sie wusste, was sie jetzt dachten: dass sie sich an eine Hoffnung klammerte, die es nicht mehr gab. Aber wenn Gott sprach, hielt er sein Wort. Immer. „Es kann nicht vorbei sein." Ihre Stimme brach. „Ich weigere mich, das zu glauben!" Sie schluckte. „Gott … hat versprochen …" Sie bedeckte ihr Gesicht und weinte.

Die Männer schwiegen ein paar Minuten lang, dann ging ihre Diskussion weiter.

„Ich sage euch, wir sollten aus der Stadt verschwinden."

„Und wie machen wir das, ohne dass uns jemand sieht?"

„Und wenn schon – was soll's?", sagte Petrus bitter. „Jetzt ist doch alles egal."

Maria erhob sich und ging in die hintere Ecke des Raumes. Sie zündete eine kleine Lampe an und kniete sich hin, um zu dem Gott zu beten, der verheißen hatte, dass durch ihren Sohn Jesus die Erlösung kommen würde.

Am Morgen des dritten Tages hörten sie, wie jemand die Treppe heraufrannte. Die Männer schauten sich erschrocken an. Die Tür flog auf und Maria Magdalena stürzte herein.

„Ich habe den Herrn gesehen! Er lebt!" Sie tanzte förmlich in die Mitte des Raumes, ihr Gesicht strahlte. Sie lachte und weinte gleichzeitig vor Freude und redete so schnell, dass die Worte sich überschlugen.

„Als wir mit unseren Spezereien zum Grab kamen, war der Stein beiseitegerollt, und als wir hineingingen, war Jesus nicht da."

„Aber …" Petrus hob in einer beruhigenden Geste seine Hände.

„Wir sind in das Grab hineingegangen und da saßen zwei Männer in leuchtenden Gewändern. Wir waren starr vor Schreck, aber sie sagten uns: ‚Was sucht ihr in einem Grab nach dem, der lebt? Er ist nicht hier, er ist von den Toten auferstanden! Wisst ihr nicht mehr, was er euch in Galiläa sagte – dass der Menschensohn in die Hände sündiger Menschen gegeben werden und sterben und am dritten Tag auferstehen würde?' Da haben wir uns erinnert." Sie schaute in die Runde. „Und ihr erinnert euch doch auch, nicht wahr? Ihr habt damals lange darüber geredet, weil ihr es nicht verstanden habt."

Maria erhob sich. Ihr ganzer Leib kribbelte von der Hoffnung in den Worten der jungen Frau. „Er ist auferstanden?!"

„Schau, was du angerichtet hast“, sagte einer der Jünger zu der Magdalena.

„Ich sage euch, er lebt, ich habe ihn selbst gesehen!“

„*Gesehen*? Wie das?“

„Ich saß weinend und verwirrt am Grab, und da sprach er mich an. Er sagte: ‚Warum weinst du?‘ Ich habe es erst gar nicht begriffen und fragte ihn, wo man ihn hingebracht habe. Darauf sagte er: ‚Maria!‘ Es war seine Stimme, ich weiß doch, wie sie klingt. Ich blickte auf und da war er. Ich habe ihn gepackt und wollte ihn nicht mehr loslassen.“ Sie presste die Hände auf ihre Brust. „Aber er sagte, ich solle ihn nicht festhalten, denn er müsse zu seinem Vater, unserem Herrn und Gott!“

„Sie ist von Sinnen vor Trauer.“

„Maria, zügele deine Fantasie! Ich verstehe deinen Wunsch, dass Jesus lebt, aber das heißt noch lange nicht, dass er wirklich lebt!“

Die Magdalena sah die anderen frustriert an. „Wie könnt ihr es nicht glauben? Jesus hat euch doch gesagt, dass es so kommen würde.“

Johannes stürzte zur Tür hinaus, Petrus hinterher.

„Lass sie gehen“, murmelte ein anderer.

Die Magdalena trat zu Maria und hielt ihren Blick fest. „Es stimmt wirklich. Er hat einmal gesagt, dass der Menschensohn an einen Pfahl gehängt werden müsse, so wie Mose in der Wüste die bronzene Schlange hängte.“

Maria kannte die Geschichte gut. Wegen der Sünde der Israeliten hatte Gott Giftschlangen geschickt, die viele bissen. Doch als das Volk seine Sünden bekannte und Gott um Rettung anflehte, wies er Mose an, ein Bild einer Giftschlange anfertigen und an einem Pfahl aufstellen zu lassen; und jeder, der gebissen war und zu der Schlange hochsah, wurde gesund.

Die Magdalena nahm Marias Hände. „Wir waren damals am See Genezareth, und er sagte, dass Gott die Welt so sehr geliebt hat, dass er seinen einzigen Sohn gab, damit jeder, der an ihn glaubt, nicht verloren geht, sondern ewiges Leben hat.“ Ihr Griff wurde fester. „Damals hat das keiner von uns begriffen.“ Ihr Blick wurde durchdringend. „Dein Sohn lebt, Maria. Er lebt!“

„Ich glaube dir.“ Wenn sie nur selbst diejenige gewesen wäre, die ihn gesehen hätte!

Petrus und Johannes kamen zurück. „Es stimmt“, sagte Johannes schlicht. Seine Augen leuchteten.

Die anderen Jünger sahen Petrus an. „Sein Leichnam ist tatsächlich weg.“

Verwirrung. Halb hoffende, halb fragende Blicke. Sie hatten immer noch Angst, fürchteten den Tod mehr als Gott. Sie verschlossen die Türen doppelt gut; bestimmt würde über kurz oder lang der Hohe Rat kommen, um sie zu verhören.

Sie unterhielten sich leise, damit ja kein Wort auf die Straße drang, als mitten aus dem Raum plötzlich eine vertraute Stimme kam.

„Friede sei mit euch.“

Marias Kopf ruckte hoch. Da – ihr Sohn stand mitten unter ihnen. Die Jünger schrien auf und fielen voll Angst zu Boden. Marias andere Söhne erstarrten und verhüllten ihre Gesichter. Ein Schluchzen unterdrückend stand sie auf. „Jesus.“ Sie lief zu ihm hin, um ihn zu umarmen. Dann sah er sie an und sie merkte, wer da vor ihr stand: Der große *Ich bin.* Das Schwert der Wahrheit ging durch ihre Seele und sie blieb stehen. Der Sohn, den sie geboren hatte, gehörte nicht ihr.

Am Beginn der Welt hatte die Schlange Satan die Menschen dazu verführt, Gott zu misstrauen und gegen ihn zu rebellieren, und so alle in das Gefängnis der Angst vor dem Tod geführt.

Maria sah in die Augen ihres Sohnes, der den Tod besiegt hatte. Mit einem Herzen voller Demut nahm sie seine Hände und küsste sie. Die Worte des Propheten Jesaja kamen ihr ins Gedächtnis – die Worte, die Josef ihr und den Kindern so oft vorgelesen hatte: *„Ich will dich nicht vergessen. Ich habe deinen Namen in meine Hand geschrieben.“* Jetzt sah sie es – dass Jesus das Lebendige Wort war. Die Erkenntnis durchdrang sie. Obwohl sie ihn in ihrem Leib getragen hatte, war er Gottes Sohn. Er war nie ihr Eigentum gewesen. Jesus war Gottes Sohn, Gottes

Erlösungsgeschenk an Israel und an die Welt. *„Der Herr lud auf ihn unser aller Missetat."*

Die ganze Ehrfurcht ihrer ersten Begegnung mit Gott kam wieder über Maria. Ihre Seele schwang sich auf in ungeahnte Höhen. Ihr ganzes Leben lang hatte sie darum gekämpft, Antworten zu finden, Gott zu gehorchen und – nicht immer geduldig – zu warten, dass sein Plan Gestalt annehmen würde. Und jetzt erkannte sie, was Gott getan hatte, und es raubte ihr den Atem. Sie hatte Leid getragen und jetzt war sie getröstet. Sie hatte Hunger und Durst nach Gerechtigkeit gehabt und jetzt sah sie den Richter der Welt vor sich.

Sie fiel vor Jesus auf die Knie und verneigte sich bis zum Fußboden. „Mein Herr", sagte sie. „Mein Herr und mein Gott."

Kapitel 8

Maria lag auf ihrem Bett und sann über die Jahre nach, die vergangen waren, seit sie Jesus das letzte Mal gesehen hatte. In einer Ecke des Zimmers saß Johannes und betete. Durch die Tür des kleinen Hauses am Stadtrand von Ephesus, in dem sie wohnten, drangen traurige Stimmen und Weinen.

„Johannes?“

Er erhob sich, trat zu ihr und nahm ihre Hand. „Ja, Mutter.“

„Warum trauern sie?“

„Weil sie wissen, dass deine Zeit bald gekommen ist.“

Sie seufzte auf. „Sie machen zu viel Aufhebens um mich.“

„Weil du die Mutter unseres Herrn bist.“

„Erinnerst du dich noch an die vierzig Tage nach der Auferstehung? Jesus hat mich damals auch nicht über die anderen erhoben. Sag ihnen das.“

„Das habe ich schon getan.“

„Dann sag es ihnen wieder. Wir waren alle zusammen und er erzählte uns vom Reich Gottes. Ich bediente ihn und berührte seine Hand und füllte seinen Becher mit Wasser.“ Ihre Gedanken gingen auf Wanderschaft. „Oh, wie gut ich mich an sein Lächeln erinnere. Erinnerst du dich auch, Johannes?“

Johannes' Augen waren feucht. „Ja, Mutter.“

„Als wir auf dem Ölberg standen und sahen, wie er in den Himmel aufgenommen wurde, dachte ich, das Herz müsste mir aus der Brust springen. Als die Wolken ihn einhüllten, habe ich gedacht: *Wie lange wird es dauern, bis du sein Gesicht wieder siehst?* Was hätte ich dafür gegeben, ihn nur noch ein einziges Mal sehen zu können.“

„Ja, das haben wir alle.“

„Ja, und wir standen da und starrten zum Himmel hoch und dachten: Bestimmt kommt er gleich wieder.“

„Bis die Engel kamen.“ Johannes schloss die Augen. „Sie sagten: ‚Ihr Männer aus Galiläa, was steht ihr da und seht zum Himmel hoch? Jesus ist von euch in den Himmel aufgenommen worden, und so, wie er von euch gegangen ist, wird er eines Tages wiederkommen!‘“

Maria seufzte. Sie war zusammen mit den Jüngern die kurze Strecke zurück nach Jerusalem gegangen. Von da an hatten sie und ihre Söhne sich zu ihnen gehalten, hatten immer wieder gebetet und gewartet, gewartet … Sie wartete immer noch. Jeden Tag hatten sie und Johannes darum gebetet, dass Jesus bald wiederkommen möge. Jeden Morgen war beim Aufstehen ihr erster Gedanke gewesen: *Vielleicht kommt er heute wieder. Bin ich bereit?* Aber sie wusste: Jesus würde zu Gottes Zeit wiederkommen, nicht, weil sie so fleißig darum betete.

Aber auch so war Jesus bei ihnen.

Sieben Wochen nachdem Jesus auferstanden war, hatte Gott, als alle seine Gläubigen versammelt waren, den Heiligen Geist auf sie ausgegossen. Sie erinnerte sich an den Tag, als sei es gestern gewesen, denn der Heilige Geist lebte seitdem in ihr wie in jedem Gläubigen. Die Freude darüber erfüllte sie immer noch mit Jubel, genau wie an jenem Tag, als sie durch die Straßen Jerusalems gelaufen war, um zusammen mit den anderen die Gute Nachricht zu verkündigen.

Und dann war die Verfolgung gekommen.

„Jetzt leben sie längst nicht mehr, Johannes, nicht wahr?“ Ihr kamen die Tränen, als sie sich an all diejenigen von ihnen erinnerte, die gestorben waren, als der Satan versucht hatte, die Botschaft der Erlösung durch Jesus Christus auszulöschen. Sie konnte noch ihre Gesichter vor sich sehen. Der junge Stephanus war der erste Märtyrer gewesen; am Damaskustor hatten sie ihn gesteinigt. Die Apostel, die sie kannte und liebte, waren in alle Winde zerstreut worden – und hatten so das Evangelium wie Samenkörner in die ganze Welt getragen.

Und der Same war reich aufgegangen; inzwischen gab es Gemeinden in Syrien, Mazedonien, Griechenland und Rom. Im Laufe der Jahre waren die Berichte zu ihnen gelangt, wie die

Apostel gestorben waren. Einige hatte man gegeißelt, andere in Kerker geworfen, wieder andere mit dem Schwert getötet. Petrus war in der Nähe des Obelisken in Rom mit dem Kopf nach unten gekreuzigt worden, Paulus außerhalb der Stadtmauern enthauptet. Nicht einer von ihnen hatte angesichts des Todes seinem Glauben abgesagt.

Unter den Märtyrern waren auch ihre Söhne gewesen. Als die Nachricht von ihrem Tod kam, hatte sie begriffen, warum Jesus sie selbst in die Obhut von Johannes gegeben hatte. Jesus hatte gewusst, was kommen würde, und noch am Kreuz für sie vorgesorgt.

Als die Verfolgungen begannen, hatte Johannes sie hierher nach Ephesus gebracht und seitdem wohnte sie in seinem Haus am Rande der Stadt des Satans und erzählte allen, die in dem Schatten des großen Artemis-Tempels wohnten, von Jesus, dem Christus, der gestorben war, um sie zu erlösen. Paulus war gekommen, um den Christen in der Stadt zu helfen; nachdem er weitergezogen war, hatte er ihnen einen Brief geschrieben, der immer noch in so manchem Gottesdienst verlesen wurde.

Der Teufel kämpfte weiter gegen die Wahrheit und versuchte, das Denken der Menschen zu verdunkeln. Und so würde es immer weitergehen. Jeden Tag war die Wahl die gleiche: *Wird Gott in meinem Leben regieren oder mein Ich? Werde ich Ansprüche an Jesus stellen und traurig sein, wenn er sie nicht erfüllt?*

Das Warten war das Schwerste. Warten war Maria noch nie leichtgefallen. Aber jetzt war sie alt. Sie war nicht mehr ungeduldig, sondern erwartungsvoll. Jeder Tag war ein läuterndes Feuer. Jeder Tag brachte aufs Neue die Frage: *Wirst du mir gehorchen, egal, was es kostet?*

„Heute sage ich Ja."

„Mutter?"

„Heute sage ich Ja. Und heute, und heute, und heute, bis es kein Heute mehr gibt."

Johannes drückte ihre Hand. „Jeder Tag hat seine eigene Plage."

„Und der Herr wird uns hindurchtragen."

Wie kam es, dass Gott ausgerechnet sie, ein einfaches Bauernmädchen, zu seinem Gefäß erwählt hatte? Das Vorrecht ließ sie immer noch staunen. Jesus, in der Dunkelheit geboren, war das Licht der Welt. Er, das Brot des Lebens, hatte Hunger gekannt. Das Lebendige Wasser hatte Durst gekannt. Er war missverstanden, für 30 Silberstücke verraten, von allen abgelehnt und gekreuzigt worden – und jetzt stand er vor dem Thron Gottes als Fürsprecher für alle, die an ihn glaubten.

Sie erinnerte sich, wie Jesus immer und überall gebetet hatte – im Stehen, im Sitzen, im Liegen und im Gehen. Er hatte gebetet und jetzt hörte er auf ihre Gebete und auf die all der anderen, die ihn anriefen. Unbefleckt von der Sünde hatte er sein Leben zur Sühne für alle Sünden der Menschheit gegeben, auch für ihre. Er hatte den Tod besiegt und war aus dem Grab auferstanden.

Sie hatte gehofft, dass ihr Sohn über die siegen würde, die Israel bedrückten. Sie hatte gehofft, dass er als irdischer König herrschen würde. Wie klein ihre Träume gewesen waren! Und wie gewaltig Gottes Plan! Jesus war tausendmal größer als das, was Menschen erwartet hatten. *Er ist der Sieger! Er ist der König der Könige! Er ist das ewige Leben, die Heiligkeit und Gerechtigkeit Gottes. Er ist der Menschensohn, der Messias, Gott im Geist und in der Wahrheit.* Und er war nicht nur gekommen, um Israel zu erlösen, sondern die ganze Welt.

Oh Jesus, du weißt, wie zahlreich meine Sünden sind. Ich war so stolz auf dich, so stolz darauf, dass ich dich in diese Welt bringen durfte. Ich konnte es nicht erwarten, dich als König herrschen zu sehen … Und du hast das alles gewusst, nicht wahr? Was habe ich dich gedrängt und gedrückt. Ich wusste nicht, dass der Teufel sogar mich benutzen würde, um dich zu versuchen. Selbst ich, deine von deinem Vater erwählte Mutter, habe dir deine Last noch schwerer gemacht. Ich verstand nicht, dass du in die Welt kamst, um das Opfer zu sein.

Oh Herr, du Gott meiner Väter, Gott Abrahams, Isaaks und Jakobs, du warst so gut zu mir. Wie hätte ich leben können mit dem Wissen, dass mein geliebtes Kind geboren wurde, um an ein Kreuz genagelt zu werden? Dreißig Jahre lang durfte ich in deiner Gegenwart sein, durfte deine Schönheit sehen, deine Liebe und Gnade erleben, deine Macht und Gerechtigkeit bestaunen, deine Vollkommenheit und Heiligkeit. Ich durfte die lebendige Erfüllung all deiner Verheißungen sehen.

Erst in den letzten drei Jahren begann ich zu ahnen, was kommen würde. Aber ich verstand es immer noch nicht. Durch deinen Tod hast du die schwarze Wand weggenommen, sodass wir vor dich treten und mit dir reden können wie einst Adam und Eva im Garten Eden, bevor die Sünde in die Welt kam. Die Angst vor dem Tod hält uns nicht mehr gefangen.

Sie spürte, wie sich etwas in ihrem Körper regte. „Bald werde ich bei ihm sein."

Johannes beugte sich zu ihr. „Ich werde dich vermissen, Mutter. Aber es macht mich froh zu wissen, dass du bei unserem Herrn Jesus Christus bist."

Wieder hörte Maria das Weinen, das durch die Tür kam. Sie schaute Johannes an. „Sind noch mehr gekommen?"

Er nickte.

Im Laufe der Jahre waren viele zu ihr gekommen, um den Saum ihres Gewandes zu berühren. Sie dachten, dass sie als Jesus' Mutter irgendwie auch seine Macht habe. Einige waren sogar vor ihr niedergefallen und hatten sie angefleht, für sie zu beten, weil sie sich für zu unwürdig hielten, selbst vor Gott zu treten. Aber sie war doch kein Stück würdiger als jeder andere. Sahen sie das nicht? Hatten sie die Botschaft nicht gehört?

Sie hatte sie immer liebevoll, aber fest korrigiert. „Ist Jesus für euch gestorben und auferstanden, damit ihr zu *mir* kommt, um Hilfe zu bekommen? Die Erlösung kommt allein vom Herrn! *Jesus* ist der Messias und Herr! Er liebt euch. Er erhört euer Gebet. Vertraut auf ihn."

Sie lächelte traurig. „Vielleicht begreifen sie es besser, wenn ich den Weg allen Fleisches gegangen bin." Sie spürte, wie die Bindungen an die Erde in ihr sich lösten. „Wenn ich gestorben bin, Johannes, dann begrabe mich an einem Ort, den keiner kennt. Lass nicht zu, dass sie mir Altäre bauen oder so etwas. Wir sind durch *Gottes* Gnade erlöst, durch *seine* Macht. Jesus ist für uns gestorben, damit wir frei werden von Sünde und Tod. Sag den anderen, dass sie Gott über alles lieben sollen. So ist es immer gewesen, von Anfang an. *Du sollst den Herrn, deinen Gott, lieben von ganzem Herzen, von ganzer Seele und mit all deiner Kraft, und deinen Nächsten wie dich selbst.* Halte das Evangelium rein, mein Sohn. Halte es rein."

„Das will ich tun, Mutter", sagte Johannes. Er strich ihr sanft über die Hand. „Ich werde ihnen die Wahrheit sagen. Jesus ist das Wort und das Wort war vor allem Anfang da. Er war bei Gott und er war Gott. Er hat alle Dinge erschaffen und es gibt nichts, was er nicht erschaffen hätte. In ihm war das Leben und das Leben gibt allen Menschen Licht. Und das Licht scheint in der Finsternis und die Finsternis kann es nicht auslöschen."

„Ja, mein Sohn. Sag ihnen das. Sag ihnen … sie sollen tun, was Jesus gesagt hat."